insel taschenbuch 4990

Judith Mackrell

Die Flapper

Die 1920er Jahre versprechen einen Aufbruch in ein neues Leben. In den USA machen die Flapper von sich reden: junge Frauen, die kurze Röcke und kurzes Haar tragen und sich selbstbewusst über gesellschaftliche Konventionen hinwegsetzen. Sie verkehren in Jazzbars und Nachtclubs, trinken hochprozentigen Alkohol, rauchen, tanzen Charleston, Shimmy und Black Bottom und leben ihre Sexualität aus. Doch es geht diesen Frauen um mehr als nur Provokation: Es ist vor allem der Kampf um Selbstverwirklichung und Unabhängigkeit in einer männerdominierten Welt. Mit dem Flapper ist der Typus einer neuen, »gefährlichen« Frau geboren!

Die britische Autorin und Kritikerin Judith Mackrell erzählt in diesem reich bebilderten und spannend geschriebenen Buch von sechs Frauen, die zu Ikonen der »Roaring Twenties« wurden: der Tänzerin und Sängerin Josephine Baker, der Schriftstellerin und Tänzerin Zelda Fitzgerald, den Schauspielerinnen Tallulah Bankhead und Lady Diana Cooper, der Publizistin und Verlegerin Nancy Cunard und der Malerin Tamara de Lempicka.

Judith Mackrell ist eine der wichtigsten Tanzkritikerinnen Großbritanniens und Autorin mehrerer Bücher, darunter die Biografie über die russische Ballerina Lydia Lopokova, die 2008 für den Costa Biography Award auf der Shortlist stand. Judith Mackrell lebt in London. Im insel taschenbuch ist außerdem erschienen: *Der unvollendete Palazzo. Liebe, Leidenschaft und Kunst in Venedig* (it 4826).

Susanne Hornfeck ist Germanistin und Sinologin, Übersetzerin und Autorin von Jugendbüchern. Sie übersetzt aus dem Englischen und Chinesischen in den Bereichen Sachbuch, Belletristik, Kinder- und Jugendbuch. Für ihre Übersetzungen wurde sie mehrfach ausgezeichnet.

Viola Siegemund, aufgewachsen in Niederbayern und Seattle, studierte Amerikanische Literaturgeschichte und Literarisches Übersetzen in München und Venedig und lebt heute in München.

Judith Mackrell

DIE FLAPPER

REBELLINNEN DER WILDEN ZWANZIGER

Aus dem Englischen von
Susanne Hornfeck und Viola Siegemund
Mit zahlreichen Abbildungen

Insel Verlag

Originalausgabe: Judith Mackrell,
Flappers. Six Women of a Dangerous Generation.
Macmillan Publishers Ltd., London 2013.

Die Übersetzung dieses Buches wurde mit einem Stipendium
des Deutschen Übersetzerfonds gefördert.

Für Fred und Oscar

Klimaneutral
Druckprodukt
ClimatePartner.com/14438-2110-1001

Erste Auflage 2023
insel taschenbuch 4990

Umschlaggestaltung: zero-media.net, München
Umschlagabbildungen: FinePic®, München
Satz: Satz-Offizin Hümmer GmbH, Waldbüttelbrunn
Druck: CPI books GmbH, Leck
Printed in Germany
ISBN 978-3-458-68290-5

www.insel-verlag.de

INHALT

VORWORT

Am 2. Oktober 1925 stand eine junge amerikanische Tänzerin aus dem Schwarzen Getto von St. Louis auf der Bühne des Théâtre des Champs-Elysées in Paris. Ihre Glieder zitterten nicht nur vor Erschöpfung, sondern auch unter dem Lärm der tobenden Zuschauermenge. Das Publikum kreischte, schrie und trampelte; doch was auf sie erschreckend aggressiv wirkte, war nur die lautstarke Art, mit der Paris seine Stars zu feiern pflegte. Drei Monate zuvor war Josephine Baker noch ein dürres Chorus-Girl gewesen, das von einer bescheidenen Gage und einem ehrgeizigen Traum lebte. Jetzt, mit ihrem neuen Image als dunkel glänzende, exotische Schönheit, wurde sie als kulturelles Phänomen bejubelt.

Der Paris-Korrespondent des *New Yorker* berichtete, keine halbe Stunde nach Bakers Debüt sei in sämtlichen Bars und Cafés der Stadt nur noch von ihrem ungemein erotischen Tanzstil gesprochen worden. Maurice Bataille, ein Restaurantbesitzer, der später einer ihrer Liebhaber werden sollte, behauptete, Josephines nackte Pobacken (»*Quel cul elle a!*«) hätten »ganz Paris einen Steifen« verpasst.[1] In den folgenden Tagen priesen Künstler wie Kritiker sie als »schwarze Perle«, als »Venus aus Ebenholz«, als »Vamp des Jazz mit der Seele einer afrikanischen Göttin«.

Bald gab es Postkarten von »La Baker« zu kaufen, ebenso eine Reihe von Josephine-Puppen. Ihr glänzend schwarzes Haar und die hellbraune Haut, für die sie zu Hause stets diffamiert worden war, dienten jetzt zur Vermarktung französischer Kosmetikprodukte: Haarpomade zum Gelen von Bubiköpfen und Walnussöl für falsche Sommerbräune.

Ihr drahtiger, gelenkiger Körper galt als Schönheitsideal; er entsprach der Hochglanzästhetik des Art déco und dem knabenhaften Flair der französischen *garçonne*.

Für einige junge Frauen, die sie tanzen sahen, wurde Josephine gar zum Vorbild für die eigene Verwandlung. In vielen Teilen der westlichen Welt waren die zwanziger Jahre als Jahrzehnt der Veränderung begrüßt worden. Der Erste Weltkrieg mit seinen Millionen Toten, zerstörten Volkswirtschaften und gestürzten Regimen mochte den Optimismus des Jahrhundertbeginns zum Platzen gebracht haben, doch aus der Verheerung heraus erfand sich die moderne Welt mit erstaunlicher Geschwindigkeit neu. Befeuert vom boomenden amerikanischen Aktienmarkt und einer brummenden Konjunktur entwickelten sich die Zwanziger zur Dekade des Massenkonsums und des grenzüberschreitenden Reisens, des Films, des Radios, der knallbunten Cocktails und des Jazz. Und sie bargen das Versprechen von Freiheit.

Vor allem für die Frauen war dieses Versprechen verlockend. Der Krieg hatte ihnen das Wahlrecht beschert, vielen auch die Berufstätigkeit, und die soziale Landkarte neu vermessen. Als Josephine Baker nach Paris kam, bewegte sie sich in einer Kultur und auf einem Markt, wie sie vor 1914 undenkbar gewesen wären. Das Gleiche galt für die polnisch-russische Künstlerin Tamara de Lempicka.

Im zaristischen Russland, wo Tamara behütet aufgewachsen war, bestand ihr Leben aus Vergnügungen und Privilegien. Doch als die Revolution von 1917 dieses Leben in Trümmer legte, sah sie sich gezwungen, mit Mann und Kind ins Exil zu gehen. Gestrandet in einem kleinen Hotelzimmer in Paris, fehlte es ihr schlichtweg an vermarktbaren Fähigkeiten, von einem amateurhaften Maltalent und einem gesunden Selbstvertrauen mal abgesehen. Gegen Ende der 1920er Jahre hatte sie beides erfolgreich dazu genutzt, sich zu einer der angesagtesten Künstlerinnen der neuen Dekade zu stilisieren.

Tamaras berühmteste Bilder stellten junge Frauen dar, deren Körper jene sexuelle Selbstbestimmtheit ausstrahlten, die für den Stil der 1920er Jahre so prägend war wie Josephine Bakers Tanz. Tamara hat ihre Affinität zu Josephine immer betont, auch wenn sie nie den Versuch unternahm, sie zu malen: »Jeder, der sie sah, lechzte nach ihrem Körper. Sie glich aber ohnehin den Figuren auf meinen Bildern, also konnte ich sie schlecht bitten, für mich Modell zu sitzen.«[2]

Zu Josephines Verehrerinnen gehörte auch die englische Dichterin und reiche Erbin Nancy Cunard. Sie hatte ebenfalls ihrer Heimat den Rücken gekehrt, um sich in Paris niederzulassen, doch obwohl sie dieselben Nachtklubs, Bars und Partys frequentierte wie Tamara, war sie vor allem mit der Pariser Avantgarde vernetzt. In besagtem Herbst war sie gerade dabei, sich aus einer Liaison mit dem Dadaisten Tristan Tzara zu lösen und in Louis Aragon zu verlieben, einen der Begründer des Surrealismus.

Nancy, ein einsames, kleines Mädchen mit einem Faible für Bücher, wurde durch den Widerstand gegen ihre Mutter, eine hemmungslose Gesellschaftslöwin, darin bestärkt, sich in Paris ein eigenes Leben aufzubauen. Acht Jahre später schien die Transformation von der englischen Erbin zur Rive-Gauche-Rebellin perfekt: Nancy trug einen präzisen Kurzhaarschnitt, umrandete ihre Augen mit Kajal, belud sich bis zum Ellenbogen mit Elfenbein- und Ebenholzarmreifen; und zu der langen Liste ihrer Liebhaber zählte ein Schwarzer Jazzpianist aus Georgia.

Ebenfalls Mitte der 1920er Jahre in Paris: Zelda Fitzgerald. Die »schlanke, geschmeidige« Grazie und der »verwöhnte, verführerische Mund« der Südstaatenschönheit aus dem ländlichen Alabama wurden bekanntermaßen zum Vorbild für die modernen Heldinnen in den Romanen ihres Mannes F. Scott

Fitzgerald.[3] Ihre Jugendfreundin Tallulah Bankhead hatte Zelda immer bewundert und sich selbst als das pummelige, aufsässige hässliche Entlein ihrer eigenen Südstaatenfamilie gefühlt. Doch als Fünfzehnjährige – Tallulah hatte sich inzwischen zu einer Schönheit zurechtgehungert – gewann sie im Wettbewerb einer Illustrierten eine Nebenrolle in einem Film. Das war der Einstieg in eine Karriere am Broadway und im Londoner West End, wo sie 1925 zum Star wurde. Frech, geistreich und atemberaubend hübsch, galt Tallulah bald als *die* Newcomerin auf den Bühnen Londons.

Nicht weniger fasziniert war das amerikanische Publikum von der *very* britischen und *very* aristokratischen Lady Diana Cooper, die Mitte der zwanziger Jahre mit Max Reinhardts Theaterspektakel *Das Mirakel* durch die Staaten tourte. Als jüngste Tochter des 8. Duke of Rutland stand Diana nur eine Stufe unter den Mitgliedern des Königshauses und war in einem goldenen Käfig aufgewachsen, aus dem sie am Arm eines reichen, blaublütigen Gatten entlassen werden sollte. Als sie sich in einen Mann verliebte, der weder Geld noch Titel besaß, brach sie mit einer jahrhundertealten Tradition. Sie verdiente selbst das Geld, das ihrem Mann später zu einer Karriere in der Politik verhalf, und dies in einem Beruf, mit dem sie eine Generation früher noch gesellschaftliche Ächtung riskiert hätte.

Im Herbst 1925 brachen alle sechs Frauen an Orte auf, die weit entfernt von dem lagen, was sie selbst oder andere sich für sie vorgestellt hatten. Sie taten dies nicht als Gruppe, obgleich sich ihre Wege vielfach kreuzten, doch ihre Reisen standen für einen tiefgreifenden Wandel, der sich in ihrem Umfeld vollzog und die Lebenswege und Erwartungen von Frauen grundlegend verändern sollte.

Die öffentliche Wahrnehmung reagierte auf diese Veränderungen, indem sie dem neuen Frauentyp ein eigenes Etikett verpasste – der vielfach dämonisierte und mythisierte »Flapper« war geboren. Wie Ardita Farnam[4], eine von F. Scott Fitzgeralds frühen Heldinnen, schien diese Art von Frau einzig von dem Ziel getrieben, »so zu leben, wie ich will, und auf meine Art zu sterben«. Getragen von der Dynamik des gesellschaftlichen Wandels in den Zwanzigern forderte sie für sich all das ein, was ihrer Mutter versagt geblieben war: von der Wahl ihrer Sexualpartner und dem Verdienen des eigenen Geldes bis zu immer kürzeren Haaren und Röcken und Rauchen in der Öffentlichkeit.

Für Diana Cooper, die älteste Vertreterin der Flapper in diesem Buch, entstand der Impuls, »so zu leben, wie ich will«, aus den qualvollen Erschütterungen der Kriegsjahre. Weil die traditionellen Regeln der Klassengesellschaft aufgehoben waren, fand sie die Kraft, sich ihrer Familie zu widersetzen, zunächst durch den Kriegsdienst als Krankenschwester, später durch die selbstbestimmte Wahl von Ehemann und Karriere. Auch Nancy Cunard diente der Krieg als Sprungbrett in die Rebellion, doch trieb sie diese viel weiter als Diana, indem sie sich den radikalen Experimenten ihrer Zeit in Kunst, Mode und Lifestyle verschrieb. Tamara de Lempicka, Tallulah Bankhead und Zelda Fitzgerald legten im Lauf des Jahrzehnts ähnlich weite Strecken zurück; sie verkörperten den Typus des Flappers aber nicht nur im Privatleben, sondern drückten ihm auch öffentlichkeitswirksam einen Stempel auf – Tamara durch ihre Frauenporträts, Tallulah durch ihre Bühnenrollen und Zelda durch die Romanheldinnen, die von Scott und später von ihr selbst geschaffen wurden. Josephine Baker avancierte weltweit zur Verkörperung des Jazz und der wilden, synkopischen Energie der zwanziger Jahre. Indem sie sich aus der Armut ihrer Kindheit befreite und zur Ikone der Schwarzen Musik und des Modernismus in der Kunst aufstieg, machte sie die bemerkenswerteste Entwicklung von allen durch.

Natürlich erlebten die sechs Frauen in diesem Buch die 1920er jede für sich auf sehr ungewöhnliche Weise. Es ist die

Kühnheit ihrer Selbsterfindung, die sie zum Inbegriff ihrer Zeit werden ließ. Die jungen Frauen dieser Ära waren nicht die erste Generation in der Geschichte, die nach einem Leben jenseits von Ehe und Mutterschaft strebte; sie waren allerdings die erste historisch bedeutsame Gruppe, die es als ihr Recht einforderte. Und aus der Art und Weise, wie man damals über die Flapper schrieb und sie abbildete, wird deutlich, dass sie für viele eine gesellschaftliche Bedrohung darstellten.

Im ausgehenden 19. Jahrhundert hatte »Flapper« noch den Beiklang von Unschuld; man stellte sich darunter ein schlaksiges, unreifes Mädchen vor. Doch schon zu Kriegsende stand der Begriff immer öfter für Trotz und Aufsässigkeit. Im Oktober 1919 veröffentlichte die *Times* eine Kolumne über die neuen Flapper und warnte vor dem aufrührerischen Geist, der sich unter den jungen Frauen Großbritanniens verbreite. Zwei Millionen waren während des Krieges einer bezahlten Arbeit nachgegangen und viele davon wollten darüber hinaus berufstätig bleiben, trotz des Drucks, ihre Stellen den rückkehrenden Soldaten zu überlassen. Im folgenden Jahr fragte dieselbe Zeitung, ob es klug sei, Frauen unter dreißig das Wahlrecht zuzugestehen, da sie nichts weiter seien als ein nutzloser Haufen »frivoler, spärlich bekleideter, jazzender Flapper …, denen ein Tanz, ein neuer Hut oder ein Mann mit Auto wichtiger sind als das Schicksal einer Nation«.[5] Angesichts der hohen Verluste unter den jungen Männern warnte die Presse allenthalben vor dem destabilisierenden Effekt, den die Flapper auf das Land haben könnten – eine noch nie dagewesene Generation von unverheirateten, unabhängigen Frauen, die alles daransetzten, selbstbestimmt zu leben.

In Frankreich mussten die Frauen bis 1944 auf das Wahlrecht warten, was die Nachkriegsgeneration allerdings nicht daran hinderte, zum Schrecken und Skandalon zu werden. Das Erscheinen von Victor Marguerittes *La Garçonne* (dt. *La Garçonne. Die Aussteigerin*) sorgte 1922 für einen nationalen Eklat, und der Roman verkaufte sich eine halbe Million Mal. Er erzählt die Abenteuer der Heldin Monique, die ihrem Taugenichts von Verlobten den Laufpass gibt, sich in ein Leben voll lesbischer Liebe und Drogen stürzt und ihr Kind allein erzieht. Zu Beginn der Dekade begegnete man dem Typus des faszinierenden, provokanten Flappers eher in Romanen und Zeitungsberichten als im alltäglichen Leben, doch schon ein paar Jahre später eiferten Hunderttausende junge Frauen diesem Vorbild nach. F. Scott Fitzgerald hat sich in der Beschreibung der Catherine, einer Nebenfigur seines Romans *The Great Gatsby* (dt. *Der große Gatsby*), über diese Möchtegern-Flapper lustig gemacht: »... ein schlankes, mondänes Mädchen – um die dreißig, mit einem rötlichen, mittels Pomade gefestigten Bubikopf und gepudertem, milchig weißem Teint. Ihre Augenbrauen waren ausgezupft und dann in einem gewagteren Winkel neu aufgemalt ... Wenn sie herumging, klingelten unzählige Armbänder aus Keramikperlen an ihren Armen.«[6]

Letztlich ist die Catherine im Roman nur ein Konstrukt aus flappertypischen Klamotten und Accessoires. An ihr wollte Fitzgerald 1925 zeigen, dass der Traum, sich neu zu erfinden, in den Zwanzigern mindestens so sehr durch wirtschaftliche Faktoren und Konsumsucht befeuert wurde wie durch die Aussicht auf Freiheit: Im rauen Wettbewerbsklima des Nachkriegskapitalismus ließ sich mit den vergnügungssüchtigen Flappern mit ihren gefärbten Haaren, Schmollmündern und Charleston-Kleidchen aufs Trefflichste Geld verdienen.

Abgesehen von einem kurzen Einbruch unmittelbar nach dem Krieg stieg die Zahl der berufstätigen Frauen in der westlichen Welt in den folgenden Jahren steil an – in Teilen Amerikas bis zu 500 Prozent –, und diese jungen, finanziell unabhängigen Frauen stellten einen lukrativen Markt für die Kosmetik- und Modeindustrie dar. Sie waren die ideale Zielgruppe für neue Kosmetika und Enthaarungsprodukte, Hautpflege, die

die verjüngende Wirkung von Mandelmilch, Kiefernrinde, Rosenöl und Wasserstoffperoxid versprach. Prominenten wie Josephine zahlte man hohe Summen, damit sie derlei Produkte bewarben. 1915 investierten amerikanische Werbeagenturen lediglich 1,5 Millionen Dollar in die Kosmetikindustrie; 1930 hatte sich diese Zahl verzehnfacht. 1907 ließ sich der französische Chemiker Eugène Schueller ein neues Haarfärbemittel patentieren, 1930 zählte seine Firma L'Oréal zu den erfolgreichsten Unternehmen Frankreichs.

Nie zuvor war so vielen Frauen eingeredet worden, sie hätten ein Anrecht auf gutes Aussehen. Modediäten und Schlankheitspillen für die schmalhüftige, flachbrüstige Flapper-Silhouette überschwemmten den Markt. Vor dem Krieg hätte kaum eine Frau, die etwas auf sich hielt, zum Glimmstängel gegriffen, doch sobald die Zigarette als Schlankheitsmittel angepriesen wurde, schnellte die Zahl der Raucherinnen in die Höhe. 1927 lancierte Lucky Strike eine Werbekampagne, die die Schauspielerin Constance Talmadge mit einer Zigarette in der Hand zeigte. Die Bildunterschrift lautete »Greif zur Lucky statt zum Bonbon«, worauf sich der Umsatz der Firma um 300 Prozent steigerte.

Einen ähnlichen Boom erlebte die Modebranche. Designer wie Coco Chanel und Jean Patou setzten mit schmalen Etuikleidern und kurzen Röcken ganz neue Trends, und moderne Technologien ermöglichten es, solche Modelle unerhört billig und schnell zu kopieren. (1913 benötigte man zur Herstellung eines Kleides durchschnittlich 17 Quadratmeter Stoff, 1928 waren es nur noch 6 Quadratmeter.) Kleidung, die in einem französischen Atelier entworfen worden war, ließ sich in Fabriken günstig herstellen und in Läden, Kaufhäusern und im Versandhandel beiderseits des Atlantiks verkaufen.* Madeleine

* Sears in Amerika, Freemans in Großbritannien und La Redoute in Frankreich waren groß im Geschäft.

Vionnet entwarf als erste europäische Modeschöpferin Konfektionsware, die direkt nach Amerika verschifft werden konnte. Und wer sich fragte, wie man den neuen Stil zu tragen hatte, fand in unzähligen Frauenzeitschriften und Zeitungskolumnen Rat. Was eigentlich als befreiende Demokratie gedacht war, brachte durch den Druck, stets mit der Mode gehen zu müssen, neue Probleme mit sich. Bereits 1920 schrieb Fitzgerald über die Nöte eines gesellschaftlich unbeholfenen Mädchens, das sich dazu überreden lässt, ihr langes Haar, ihren einzigen Pluspunkt, abzuschneiden.* Derweil versuchte eine Vierzehnjährige aus Chicago, sich mit Gas zu vergiften, weil »die anderen Mädchen in der Klasse ihre Strümpfe unterm Knie aufrollten, Kurzhaarschnitte trugen und sich Flapper nannten«, was ihre Eltern ihr jedoch verboten hatten.[7]

Für manche zeitgenössischen Kommentatoren war diese Modemanie Kennzeichen einer oberflächlichen und selbstverliebten Generation. Samuel Hopkins Adams beschreibt im Vorwort zu seinem 1923 erschienenen Bestseller *Flaming Youth*** (dt. *College-Girls: Ein Roman unter amerikanischen Studentinnen*, Berlin 1930) Flapper als »ruhelos und verführerisch, gierig, unzufrieden, zügellos, ein bisschen morbid und mehr als ein bisschen egoistisch«. Ohne nachzudenken, gibt sie ihr Geld für eine neue Puderdose oder eine Perlenkette aus und ist politisch erschreckend desinteressiert. Sie scheint sich der Kämpfe gar nicht bewusst, die erst vor wenigen Jahren in ihrem Namen ausgefochten wurden: dafür, dass sie selbst über ihr Vermögen verfügen, das Wahlrecht ausüben und Berufe wie den der Juristin ergreifen kann. Sogar dafür, dass sie anziehen darf, was sie will. Jahrzehntelang hatte man die Mitglieder der British Rational Dress Society*** – in Deutschland: Verein zur

* Vgl. die Kurzgeschichte *Bernice Bobs Her Hair* (dt. *Bernices Bubikopf*).
** Veröffentlicht unter dem Pseudonym Warner Fabian.
*** Gegründet 1881, lautete eine der moderateren Forderungen des Vereins,

Verbesserung der Frauenkleidung (1896) – als Spinnerinnen abgetan. Doch wie sie zu Recht geltend machten, war das Anrecht auf bequeme Kleidung im Grunde ebenso bedeutsam wie das allgemeine Wahlrecht. Keine Frau war dem Mann faktisch gleichgestellt, solange ihre Organe langsam von Walbeinkorsetts zerquetscht wurden oder sechs Kilo schwere Turnüren und Petticoats ihre Bewegungsfreiheit einschränkten.

Während die Flapper von ihren Kritikern der Selbstsucht und politischen Passivität bezichtigt wurden, feierten andere sie als neue und notwendige Phase des Feminismus. Das Wahlrecht galt gemeinhin als Meilenstein auf dem Weg zur Emanzipation, aber ebenso wichtig war die Befreiung der weiblichen Gefühlswelt. Die amerikanische Schriftstellerin Dorothy Dunbar Bromley gratulierte dieser Generation dazu, sich von den traditionellen weiblichen Tugenden der Aufopferung und Pflichterfüllung verabschiedet zu haben. Sie sah in dem »unausweichlichen inneren Drang, ein selbstbestimmtes Wesen zu sein«,[8] nichts weniger als eine seismische Verschiebung im weiblichen Selbstverständnis.

Für Aktivistinnen wie Marie Stopes und Margaret Sanger, die sich für Geburtenkontrolle einsetzten, war der eigentliche Knackpunkt die sexuelle Befreiung. Hier ging es jedoch nur langsam voran: In den 1920er Jahren war vorehelicher Sex für Frauen noch längst nicht selbstverständlich, doch während im Jahr 1900 nur vierzehn Prozent der amerikanischen Frauen sich dazu bekannt hatten, waren es 1925 bereits neununddreißig Prozent. Einen entscheidenden Fortschritt in Sachen Empfängnisverhütung brachte die Erfindung des Pessars, Scheidung wurde gesellschaftlich zunehmend akzeptiert, und was weibliche Sexualität betraf, konnte über vieles, das bislang unausgesprochen geblieben war, nun offener geredet werden. Da-

dass die Unterkleider einer Frau ohne Schuhe nicht mehr als sieben Pfund wiegen sollten.

durch, dass lesbische Liebe in den Zwanzigern als schick galt, wagten es viel mehr Frauen, ihre sexuellen Präferenzen klarer zu sehen und zu artikulieren, auch wenn die breite Öffentlichkeit ihre Ansichten nicht teilte. Eine der größten Draufgängerinnen war Mercedes de Acosta, zu deren zahlreichen Liebhaberinnen Isadora Duncan, Greta Garbo, Marlene Dietrich und Tallulah Bankhead zählten. »Man kann über Mercedes sagen, was man will«, kommentierte ihre Freundin Alice B. Toklas, »aber sie hat die bedeutendsten Frauen des 20. Jahrhunderts gehabt.«[9]

Für Dorothy Dunbar Bromley war es vor allem ihre Bereitschaft, die eigenen Ansprüche geltend zu machen, durch die den Flappern nicht nur eine Schlüsselrolle im Feminismus, sondern auch im generellen Zeitgeist zukam. Der Krieg hatte traditionelle Vorstellungen von Respekt, Pflicht und Vernunft entwertet. Aldous Huxley schrieb Ende 1923 an seinen Vater, es sei, als hätte seine Generation »einen grundlegenden Bruch mit nahezu allen Normen, Konventionen und Werten der vorangegangenen Ära« erlebt.[10] Einerseits ließ dieser Bruch die Betroffenen haltlos und ohne Orientierung zurück. Nicht umsonst hat Gertrude Stein sie als die »verlorene Generation« bezeichnet. Andererseits empfand so mancher diese ideologische Schwerelosigkeit als Befreiung. Sie ermöglichte es der Jugend, der Vergangenheit den Rücken zuzukehren und sich der eigenen, hell erleuchteten Gegenwart zuzuwenden.

Das Hier und Jetzt war so ziemlich alles, was Zelda Fitzgerald im Blick hatte, als sie 1920 auf der Kühlerhaube eines Taxis die Fifth Avenue hinunterbrauste. Dazu kam, dass sie auf keinen Fall enden wollte wie »all die kleinen Frauen« zu Hause in Montgomery.

Vergleichbares ging wohl der siebzehnjährigen Tallulah durch den Kopf, wenn sie durch New York stolzierte und witzelte: »Ich bin Lesbe. Und was machen Sie so?« Und wohl auch Nancy, während sie karaffenweise billigen Weißwein in sich hineinschüttete und am Arm ihres Schwarzen Liebhabers Skandale provozierte, oder Josephine, als ganz Paris mit Plakaten von ihr gepflastert war.

Alle diese Frauen lebten viele ihrer privaten Momente auf der öffentlichen Bühne aus. Nachdem sie sich als Schriftstellerinnen, Malerinnen, Performerinnen oder Socialites einen Namen gemacht hatten, wurde darüber, was sie sagten und wie sie sich kleideten, regelmäßig in der Presse berichtet, und sie hatten so großen Einfluss auf andere Frauen. Alle sechs waren elegant, talentiert und faszinierend, doch um sich ihr damaliges Leben wirklich vorstellen zu können, muss man hinter das grell glitzernde Scheinwerferlicht blicken. Oft fühlen wir uns ihnen besonders nahe, wenn sie kämpfen mussten und unsicher waren. Keine von ihnen hatte ein Vorbild, als es galt, mit den Konsequenzen ihrer Unabhängigkeit fertigzuwerden. Woher sollten ihre Mütter und Großmütter auch wissen, wie sexuelle Freiheit und Liebe oder öffentliches Image und persönliches Glück unter einen Hut zu bringen waren? Tallulah und Josephine wurden bei ihrer Suche nach der großen Liebe ein ums andere Mal von Gaunern und Selbstdarstellern enttäuscht, die es nur auf ihr Geld oder einen Skandal abgesehen hatten. Nancy, die so furchtlos und freimütig leben wollte wie ein Mann, wurde den Ruf nicht los, Nymphomanin zu sein. Und obwohl alle sechs Frauen es mit der Ehe versuchten, konnte nur Diana auf Dauer mit den damit verbundenen Kompromissen leben. Noch komplizierter wurde es, wenn Kinder ins Spiel kamen. Tamara de Lempicka musste sich zeitlebens von ihrer Familie vorwerfen lassen, bei aller Selbstverwirklichung im Namen der Kunst sei sie zur Rabenmutter geworden.

Gegen Ende der zwanziger und Anfang der dreißiger Jahre hatte jede der sechs Frauen einen Wendepunkt in ihrem Leben erreicht. So endet auch dieses Buch am Übergang zu einer neuen Dekade, als die Partystimmung der Goldenen Zwanziger mit der Wirtschaftskrise und den politischen Extremen von Kommunismus und Faschismus kollidierte, und am Horizont wie eine bedrohliche Wolke der Krieg heraufzog. In diesem Moment, als der Hype um den Jazz abflachte, ging auch die Ära der Flapper zu Ende. Während manche Vertreterinnen dieser Generation sich mit konventionellen Lebensentwürfen arrangierten, waren andere einfach zu erschöpft und verwundet, um im gleichen Tempo weiterzumachen.

Das kurzlebige Phänomen erwies sich im Nachhinein als historischer Paradigmenwechsel. So viele Frauen versuchten in den zwanziger Jahren, sich mit ungewöhnlichen Mitteln neue Freiheiten zu erkämpfen, so viele setzten sich gegen die Vorurteile der Gesellschaft zur Wehr. Manchmal gingen sie dabei selbstdarstellerisch und töricht vor – Tallulah, die auf dem Londoner Gehsteig Räder schlug; Zelda, die sich voll bekleidet in einen Springbrunnen stürzte –, manchmal auch destruktiv – Nancy, die reihenweise Herzen brach und sich bei ihren sexuellen Experimenten in London und Paris sogar Krankheiten zuzog –, aber mutig waren sie immer. In ihren Versuchen, selbstbestimmt zu leben und zu sterben, entwickelten die Flapper eine enorme subversive Kraft. Sie nahmen die Risiken ihrer Unabhängigkeit in Kauf und genossen deren Vorzüge – lauter gute Gründe also, sie zu Frauen einer gefährlichen Generation zu erklären.

***

Der Sprachgebrauch der 1920er Jahre war weit entfernt von der politischen Korrektheit unserer Tage. Junge Frauen waren Mädchen, Farbige waren Neger und Schauspielerinnen wurden nicht selten als Filmsternchen bezeichnet. Obwohl solche Ausdrücke unser modernes Sprachempfinden verletzen, habe ich mich dafür entschieden, sie im Sinne des Zeitgeistes und der Epochentreue teilweise beizubehalten. Aus denselben Gründen habe ich Zitate aus Briefen und Tagebüchern und dergleichen in ihrer ursprünglichen Form belassen, ohne sie in Orthografie, Grammatik oder Ausdrucksweise zu aktualisieren.

DIANA COOPER

KAPITEL 1

Zwei Monate nach der britischen Kriegserklärung an Deutschland ließ sich Lady Diana Manners zum Londoner Guy's Hospital chauffieren; dort wartete ihre neue Aufgabe als freiwillige Krankenschwester auf sie. Vom Haus ihrer Familie in Mayfair waren es nur knapp sechs Kilometer zu dem Krankenhaus in Southwark, doch Diana war sich bewusst, dass es für ihre Mutter, die verstört neben ihr im Wagen saß, eine Fahrt ins Ungewisse war.

In tränenreichen, langwierigen Auseinandersetzungen hatte sie ihre Mutter zu überzeugen versucht, dass es durchaus nicht abwegig sei, sich zum VAD (Voluntary Aid Detachment) zu melden. Unter den Tausenden von Frauen, die Schlange standen, um dem Vaterland zu dienen, waren auch einige von Dianas Freundinnen, von denen sich manche sogar für weit strapaziösere Aufgaben gemeldet hatten, wie Krankenwagen fahren, in einer Munitionsfabrik arbeiten oder Krankenpflege an der Front.

Doch für die Duchess of Rutland war die Vorstellung, dass ihre Tochter in einem öffentlichen Londoner Krankenhaus Tee kochte und Patienten wusch, im Grunde nicht minder abstoßend, als wenn diese erklärt hätte, als Prostituierte um die Häuser ziehen zu wollen. Ihre schlimmsten Befürchtungen schienen sich zu bewahrheiten, als der Rolls-Royce der Familie die Southwark Bridge überquert hatte und in die schmutzigen, schmalen, mit Kopfstein gepflasterten Straßen eintauchte, die überquollen vor Menschen, dem Gestank der Docks und faulendem Abfall. Noch Jahre später erinnerte sich Diana in allen Einzelheiten an diese unbehagliche, schweigende Fahrt: der graue Nieselregen auf der Windschutzscheibe, der gequälte Gesichtsausdruck ihrer Mutter, ihr zeitweilig schwindender Mut, bis sie schließlich vor der tristen, grauen Fassade des Guy's anhielten.

Die Szene, die sich vor ihnen auftat, war nicht gerade einladend. Eine Gruppe von Schwestern überquerte den großen Hof, die Köpfe gegen den stürmischen Wind gesenkt, die Röcke vom Wind gebauscht. Ebenso düster war die Miene der ältlichen Haushälterin, die ihnen öffnete und sie schweigend nach oben in das Zimmer führte, in dem Diana schlafen sollte. Das einzig frivole Möbelstück war der Ganzkörperspiegel, doch als Diana ihre Schwesternuniform anzog, sagte ihr bereits ein Blick in die Augen ihrer Mutter, dass sie – zumindest nach Ansicht der Herzogin – absolut unmöglich aussah.

Es tat ihr leid, ihrer Mutter Kummer bereiten zu müssen, aber letztlich überwog die Vorfreude. Der Kragen ihres mauve und weiß gestreiften Kleides war unangenehm steif gestärkt, der einfache, starre Baumwollstoff fühlte sich rau an nach dem Chiffon und der Seide, an die sie gewöhnt war, doch diese Unannehmlichkeiten brachten ihr auch die Veränderung zu Bewusstsein, die mit ihr vorging. Als Diana ihre Schnürsenkel band und den Gürtel schloss, tat sie das in dem Gefühl, zum ersten Mal in zweiundzwanzig Jahren eine gewisse Kontrolle über das eigene Leben zu haben.

Abgesehen vom Tod ihres Bruders Haddon – da war sie zwei – und einer seltenen Form von Muskelschwund, die sie mit zehn ans Bett gefesselt hatte,* kannte die heranwachsende Diana kaum etwas anderes als Familienpartys, Ferien in Seebädern und Bedienstete. Doch diese Privilegien waren mit Ein-

* Vermutlich handelte es sich um eine Lähmung des Spinalnervs oder Erb-Lähmung.

schränkungen erkauft. Die Familie erwartete von ihr, dass sie einen Mann von Vermögen und Stand heiratete; das setzte als Mitgift einen makellosen Ruf voraus, und noch als sie sich selbst längst erwachsen fühlte, stand sie – theoretisch – zu jeder Stunde ihres Lebens unter Aufsicht. Abgesehen von den Hauspartys ausgesuchter Freunde durfte sie nicht über Nacht wegbleiben; sie durfte nicht allein durch die Straßen gehen oder mit einem Mann zu Abend essen. Sie entwickelte hundert Methoden, ihren Anstandsdamen zu entkommen und gewisse Aktivitäten geheim zu halten, doch solche Täuschungsmanöver machten schon lange keinen Spaß mehr. Sie waren nur noch erniedrigend.

Das Leben im Guy's ließ sich hart an, mit langen Tagen voll niederer Arbeiten und lauter kleinlichen Vorschriften. Doch es versprach Befreiung. Nicht nur, dass Diana plötzlich nicht mehr unterm Dach ihrer Eltern wohnte, sie konnte in ihrer kostbaren Freizeit auch tun, was sie wollte, und treffen, wen sie wollte.

Ihren Hunger nach Unabhängigkeit teilten viele der 46 000 Britinnen, die sich zum Freiwilligendienst* meldeten; dasselbe galt für Millionen Frauen weltweit. Mit dem Kriegseintritt der europäischen Mächte hatte man ihnen unfreiwillig ein Geschenk gemacht: eine bislang ungeahnte Freiheit. Der Optimismus der amerikanischen Journalistin Mable Potter Daggett, die damals schrieb: »Für den 4. August 1914 können wir in den Geschichtsbüchern vermerken, dass die Tür des Puppenhauses sich geöffnet hat«,[1] war allerdings verfrüht.

In Großbritannien widmete die Presse der Flut an Freiwilligen große Aufmerksamkeit, und die reichsten und schönsten bevölkerten bald die Klatschspalten. Diana zählte zu den pro-

* Wer im VAD tätig war, bekam zunächst keinen Lohn. Erst 1916 machte die steigende Zahl der Verwundeten eine Verdopplung der Schwestern nötig, und man musste zusätzliche Anreize schaffen.

minentesten Vertreterinnen dieser neuen, selbstlosen Zunft. Die Öffentlichkeit betrachtete sie praktisch als Prinzessin, stammte sie doch nicht nur aus einer der ältesten Familien des Landes (die Rutland-Linie reichte bis ins Jahr 1525 zurück und die der Crawfords, der Familie ihrer Mutter, bis ins Jahr 1398), sondern auch aus einer der wohlhabendsten. Als ihr Vater, Sir Henry Manners, 1906 die Herzogswürde erbte, gingen neben Tausenden Hektar Land Gutshöfe, Landhäuser, Kohleminen und ganze Dörfer in seinen Besitz über.

Dass Diana, an solch feudalen Lebensstil gewöhnt, nun die Armen und Verwundeten pflegte, übte auf die Briten eine besondere Faszination aus, und während des gesamten Krieges wurde sie immer wieder in sentimental weich gezeichneten Pressefotos präsentiert. D.W. Griffith, der sie für »die meistgeliebte Frau Englands« hielt,[2] berichtete 1918 in dem Propagandafilm *Hearts of the World* über sie, und die Kriegsadaptation des Schlagers »Burlington Bertie« machte sie mit den Zeilen »I'll eat a banana / With Lady Diana / Aristocracy working at Guy's« unsterblich.

Doch noch faszinierender als ihre Ahnenreihe war für das Publikum Dianas Leben als Socialite. Seit ihrem ersten Debütantinnenball im Jahr 1910 wurde in Illustrierten wie *The Lady* oder den Gesellschaftsspalten der Tagespresse regelmäßig über die Dinnerpartys und die Nachtklubs berichtet, die sie besuchte, über ihre Garderobe gefachsimpelt und sich über ihre geistreichen Bemerkungen amüsiert. Dabei reichte ihr Ruf weit über London hinaus: Das *Aberdeen Journal* informierte seine Leserinnen, dass »Lady Diana bei keinem Kostümball fehlen darf«, und selbst jenseits des Atlantiks wusste der *New York American* zu berichten, dass kein namhaftes Kunstereignis auf ihre Anwesenheit verzichten könne.[3]

Dianas Originalität, ihre allseits geschätzte Intelligenz und Schönheit erfüllten durchaus die Erwartungen ihrer Mutter Violet. Trotz ihres öffentlichen Engagements im Dienst der

Familientradition hatte die Herzogin auch eine künstlerische, geradezu bohèmehafte Seite, die sie an ihre Töchter weitergegeben hatte. Wenn sich Diana 1914 nach einem Leben jenseits ihres vorausbestimmten Schicksals sehnte, dann hatte ihre Mutter sich das teilweise selbst zuzuschreiben.

Als junge Frau war Violet eine gertenschlanke Schönheit gewesen; die dunklen, tiefgründigen Augen und die Wolke aus goldbraunem Haar gaben ihr eine träumerische, jenseitige Aura. Sie kleidete sich nach der Mode des Aesthetic Movement – Turnüren und Puffärmel waren ihr verhasst, und sie bevorzugte einen schlichten Kleidungsstil, den sie mit romantischer Spontaneität durch Spitzenschals um Hals und Handgelenke oder kleine Sträuße aus Wildblumen an der Taille betonte. Die Familientiara trug sie grundsätzlich verkehrt herum, um damit ihre Haarfülle im Zaum zu halten. Was ihre Interessen betraf, so war sie engagiert und keineswegs schüchtern. Als bedeutendes Mitglied einer Ende des 19. Jahrhunderts gegründeten Gruppe von Intellektuellen mit dem Spitznamen »The Souls«* äußerte sich Violet kompetent über Kunst und wandte sich gegen das Philistertum der viktorianischen Epoche. Auch ihre amateurhafte künstlerische Begabung fand Anerkennung; einige ihrer Büsten, Silber- und Bleistiftzeichnungen wurden in Londoner Galerien ausgestellt.

Es hing ihr der Ruf an, etwas anders, ja sogar ein wenig rebellisch zu sein. Als Gattin eines Herzogs kam sie durchaus ihren gesellschaftlichen Pflichten nach, zog aber Abendessen im kleinen Kreis den großen Dinners und Einladungen bei Hofe vor. Zudem wagte sie es, Schauspieler wie Sir Herbert Beerbohm Tree und seine Frau Maud zu ihren engsten Freunden zu zählen. Selbst zu Beginn des 20. Jahrhunderts war ein solches Verhalten ungewöhnlich für eine Herzogin. Wie aner-

* Zu den Mitgliedern zählten Künstler, Schriftsteller und Politiker, darunter Lord Curzon, Arthur Balfour, Alfred Lyttelton und George Frederic Watts.

kannt die Trees in ihrem Beruf auch sein mochten, sie waren immer noch Theaterleute, die sich mit skandalumwitterten Personen wie Oscar Wilde abgaben. Lord und Lady Salisbury, die in London Tür an Tür mit den Manners in der Arlington Street wohnten, fürchteten eine sittliche Gefährdung ihrer Kinder und verboten ihnen Besuche im Nachbarhaus, wo »ausländische Schauspielerinnen und dergleichen Leute« verkehrten.[4]

Auch für die Erziehung ihrer drei Töchter – Marjorie, Violet (Letty) und Diana – erntete Violet Kritik: Sie ging mit den Mädchen nämlich regelmäßig ins Theater und ermutigte sie früh zu eigenständigem Denken. Diana, die Jüngste, war im August 1892 zur Welt gekommen und zunächst ein unscheinbares, aber erstaunlich fantasievolles Kind. So bildete sie sich zum Beispiel ein, eine »Geisterbeschwörerin« zu sein, und füllte ihr Zimmer mit Flaschen, die von Experimenten mit diversen Elixieren »verfärbt und von leuchtenden Sedimenten verkrustet waren«.[5] Und weil ihre Mutter nur »das Schöne an allem schätzte«,[6] wurde sie in ihren Grillen bestärkt. Die Gouvernante, die sie und ihre Schwestern erzog (den Bruder John schickte man aufs Internat), war angewiesen worden, »gewöhnliche« Fächer wie Mathematik und Geografie zugunsten von Dichtung, Gesang, Sticken und Kunst zu vernachlässigen.

Geschichte war ebenfalls erwünscht, besonders die Familiengeschichte, und schon als Kind war Diana geprägt von Erzählungen über ihre Vorfahren und dem imposanten Zauber von Belvoir Castle, Familiensitz der Rutlands. Von klein auf spielte sie in den mit Zinnen bewehrten Türmen und labyrinthischen Gängen zwischen Gobelins und niederländischer Malerei.* Sie wuchs in einem Reich voller Privilegien heran, geprägt von jahrhundertelangem Anspruchsdenken. Trotz der

* Inzwischen sind große Teile der Burg restauriert, doch als Diana ihre Großeltern dort besuchte, wirkte Belvoir uralt.

romantisch-ungezwungenen Atmosphäre und der Laienaufführungen, die Violet organisierte, trotz der Künstlerfreunde, die sie einlud, kannten Diana und ihre Geschwister neben dem Glamour auch die Bürde, die ihre Herkunft mit sich brachte.

Mit vierzehn hatte sich Diana zu einem hübschen, lebhaften Teenager entwickelt, und die Klarheit ihrer hellen Haut und die großen blauen Augen versprachen sogar echte Schönheit. In jenem Sommer war sie eingeladen, die Ferien mit den Beerbohm Trees und ihren drei Töchtern in Norfolk zu verbringen. Zu ihrer Freude hielt sich im selben Dorf auch eine Gruppe Oxford-Studenten auf. Maud und Herbert gaben die Einwilligung zu gemeinsamen Abendessen und Picknicks, und für drei Wochen genoss Diana die Gesellschaft dieser klugen, gutaussehenden Jungs. Es gab Spiele, Rätselrunden und Flirts, bei denen sie »maßlos angab«. Einmal entwischte sie sogar in die Dorfapotheke und besorgte sich eine Flasche Wasserstoffperoxid, mit dem sie sich die Haare silberblond färbte. Auch wenn sie sich in ihrem verzweifelten Versuch, Eindruck zu machen, vorkam wie »ein Zirkusjongleur«, wusste sie doch, dass sie in der Gesellschaft dieser Jungs ihr Metier gefunden hatte.

Anschließend schrieb sie einem von ihnen: »Brancaster war himmlisch, oder? Ich habe schier geheult, als ich wegmusste. Lasst uns auf jeden Fall alle bald wieder zusammenkommen … Wenn man Freunde gefunden hat, sollte man, meine ich, an ihnen festhalten.«[7] Briefe gingen hin und her, man traf sich bei gemeinsamen Bekannten, und Diana, die bisher so sehr an der Familie und ihrem Zuhause gehangen hatte, schwelgte nun in dem Wissen, einen eigenen Freundeskreis zu haben. »Zuallererst wollte ich geliebt werden, und dann wollte ich klug sein«, erinnerte sie sich. Um den Jungen ebenbürtig zu sein, bat sie ihre Mutter um Unterricht in Griechisch und Musik*

* Sie belegte auch je einen Kurs in Italienisch und Deutsch in der Berlitz School, um sich zur »petite fille modèle« zu stilisieren.

und übte in ihrem Zimmer vor dem Spiegel geistreiche, romantische Bonmots ein.[8]

Von Eitelkeit und Hoffnung getrieben, reifte Diana rasch. Während ihr Weltwissen arge Lücken aufwies (es blieb der vier Jahre jüngeren Iris Tree überlassen, sie in groben Zügen aufzuklären), drohte ihr Geist vor Gedichten, Eindrücken und Ideen schier überzuquellen, und manchmal war sie geradezu unerträglich vorlaut. Als eines Abends nach dem Essen die Freunde ihrer Mutter ein Ratespiel veranstalteten, packte sie angesichts der Langsamkeit eines Mitspielers die Ungeduld. »Gebrauchen Sie Ihren Verstand, Mr Balfour; gebrauchen Sie Ihren *Verstand*«, drängte sie ihn.[9] Mr Balfour war der ehemalige Premierminister und Diana ungefähr fünfzehn.

Seit sie bei einer Landhausparty Vita Sackville-West begegnet war, beneidete sie das ältere Mädchen glühend um ihr literarisches Talent. »Sie ist eine unverschämt reiche Aristokratin, die französische Lyrik mit größerer Lässigkeit schreibt, als ich auf dem Sofa liege.«[10] Da Diana meinte, selbst kein außergewöhnliches Talent zu besitzen, strebte sie danach, dies durch einen eigenwilligen Stil wettzumachen. Die Wände ihres Zimmers in Belvoir strich sie schwarz, damit der purpurrote Bettüberwurf besser zur Geltung kam, sie bastelte kunstvolle Arrangements aus Kerzen, religiösen Bildern und Trockenblumen und spielte mit ihrer Kleidung. 1907, als »alles Griechische« groß in Mode war, experimentierte Diana pflichtschuldig mit Sandalen und Draperien und steckte sich silberne Monde ins Haar. Unzufrieden mit dem Anblick ihrer nackten Füße, zog sie an ihrem zweiten Zeh, um ihn auf »griechische« Länge zu bringen, und ihre neue Bibel war *L'Art et la Mode*, eine französische Illustrierte, die ihre Schwestern abonniert hatten und die die revolutionären Entwürfe von Paul Poiret und Mariano Fortuny zeigte.

Sehnsüchtig bestaunte sie die lasziven Posen der Fotomodelle, deren faszinierend unkorsettierte Leiber in Seide und durchsichtige Gewänder gehüllt waren. Das theatralische Moment in den Kleidern von Poiret und Fortuny hatte es ihr angetan, die schillernden Farben und das orientalische Flair. Die meisten Mädchen ihres Alters in England orientierten sich noch immer am frischen und kurvenreichen Stil des »Gibson Girl« – die Haare hoch aufgetürmt, die Taille geschnürt, sodass der volle Busen betont wurde –, Diana aber hatte längst beschlossen, dass ihr neues, erwachsenes Selbst viel mehr avantgarde sein musste.

Zu dieser Zeit bekam ihre Mutter Besuch von dem Dramatiker Henri Bernstein und seiner Partnerin Prinzessin Murat. Diana war hingerissen von der Prinzessin und ihren Geschichten über die elegante, kultivierte französische Gesellschaft, die »so anders war als alles, was wir kannten«,[11] aber mehr noch von ihrer Garderobe. Bereitwillig ließ die Prinzessin Diana ihre Kleider inspizieren, farbenfrohe Fortuny-Kreationen aus exquisit plissierter Seide, die bei jeder Berührung schimmerte. Am meisten jedoch gefiel ihr eine von Poiret entworfene Tunika, die sie nachzuschneidern beschloss. Der Schnitt war einfach genug für Dianas dilettantische Nähkünste, und der Versuch erwies sich als so erfolgreich, dass sie noch weitere Kleider nähte und an ihre Freundinnen verkaufte, jedes mit einer anderen Bordüre aus Bändern und Tressen oder mit Pelzbesatz. Dadurch entwickelte sich ein profitables Unternehmen und Diana hortete ihr selbst verdientes Geld: Trotz des Reichtums der Familie erhielten die Manners-Kinder kein eigenes Taschengeld.

Diana erweiterte ihre Garderobe um selbst genähte, exzentrisch experimentelle Modelle, die sie für todschick hielt. Die neue fließende Mode aus Europa befreite die Frauen zwar vom Korsett, zeichnete aber die Körperkonturen so genau nach, dass sich daraus eine neue Tyrannei entwickelte. »Banting-Kuren«* und »Schlank-Hungern« waren angesagt, und

* Eine Art Low-Carb-Diät nach Wilhelm Banting (1797-1878).

als Diana sich im Spiegel betrachtete, war sie verzweifelt über den »runden, weißen, langsamen, trägen und insgesamt unappetitlichen Pudding«, den sie da sah.[12]

Zu Zeiten Edwards VII. wurde in Großbritannien die Idee der Fitness propagiert. Radfahren, Golf, Tennis und Schwimmen standen, dem flotten Tempo des neuen Jahrhunderts geschuldet, hoch im Kurs, doch Dianas Programm zur Selbstoptimierung war noch um einiges härter. Sie drehte lange Joggingrunden auf dem Gelände von Schloss Belvoir, tanzte wild zu den Klängen des Grammofons – ein höchst geschätztes Geschenk der Opernsängerin Dame Nellie Melba – und bearbeitete unermüdlich einen alten Sandsack. Im folgenden Jahr entdeckte sie dann eine kreativere Variante des Tanzes. London war berauscht von Isadora Duncan, der radikalen amerikanischen Tänzerin, die mindestens ebenso sehr dadurch begeisterte, dass sie barfuß und ohne Korsett tanzte, wie durch die entfesselte, expressive Schönheit ihrer Bewegungen. Im Feminismus, in der Mode und im Theater, überall war Duncans Einfluss spürbar, und zu einer Aufführung einer ihrer vielen Nachahmerinnen, Maud Allan, nahm Violet Diana 1908 mit.

Ein ungewöhnliches Ziel für einen Mutter-Tochter-Ausflug, wenn man bedenkt, welche Gerüchte über Maud Allan im Umlauf waren, über ihre frühere Karriere als Modell für Unterwäsche, über die von ihr publizierten Sex-Handbücher und ihre zahllosen männlichen und weiblichen Liebhaber. Zumal das Solo, das sie in London tanzte, *The Vision of Salome*, ein Werk von unverhohlener Erotik war. Nur mit durchsichtigen Haremshosen und einem juwelenverzierten Brustharnisch bekleidet, setzte Allan die Verführungskünste ihrer Heldin mit einer schockierenden Sinnlichkeit in Szene, wie man sie, so verhieß es die Werbung, auf einer Londoner Bühne nie zuvor gesehen hatte. Der Prospekt des Palace Theatre versprach eine Darbietung voll ungezügelter Leidenschaft: »Verlangen …

[schießt wie] perverse, unmoralische Flammen aus ihren Augen und dringt wie heißer Brodem aus ihrem scharlachroten Mund«; ihr Körper schlängelte sich wie eine »silberne Schlange, gierig nach Beute«.[13]

Höchst befremdlich muss die Schlussszene gewirkt haben, in der Allan mit dem abgetrennten Kopf von Johannes dem Täufer spielte und ihn betont langsam auf die Lippen küsste. Für manchen Betrachter war Allan nicht mehr als eine Stripperin mit künstlerischen Ambitionen, doch andere sahen in ihr eine mächtige kulturelle Kraft. Als jüngste in einer Reihe von Salomé-Interpretinnen – dem Oscar-Wilde-Stück und der Strauss-Oper folgend – wurde sie als wunderbar perverser und amoralischer Gegenentwurf zur viktorianischen Prüderie gefeiert. Ihren vielen tausend weiblichen Fans bot sie einen berauschend offenen Einblick in die eigene Sexualität.

Im Großbritannien von Edward VII., zumindest in der Welt, in der Diana lebte, war weibliche Erotik ein Tabuthema – die Theorien von Havelock Ellis hatten sich noch nicht herumgesprochen, und Marie Stopes' erhellende Ratschläge zu Liebe und Orgasmus mussten erst noch geschrieben werden. Für jene, die Allans fortschrittliche Neigungen kannten oder selbst so empfanden, war es nahezu unmöglich, darüber zu sprechen. Lesbische Liebe war zwar nicht gesetzeswidrig (Queen Victoria sah es schlichtweg als unmöglich an, dass Frauen Frauen lieben könnten, und hatte weibliche Homosexualität daher niemals kriminalisiert), doch es war schwierig, wenn nicht gar gefährlich, solche sexuellen Vorlieben öffentlich zur Schau zu stellen.

Allans Salomé – eine Frau, die schamlos zu ihrem eigenen sexuellen Verlangen steht – wurde zu einer Art Geheimcode. Frauen veranstalteten Privatpartys, auf denen sie in Kleidung und Tanz Allans wollüstigen Stil imitierten (die männlichen Orchester, die dazu aufspielten, verbarg man diskret hinter Topfpflanzen). Als ein amerikanischer Kommentator bemerkte, dass Allan in London »eine gefährliche Tendenz zu libertärem Lebenswandel und Tanz« ausgelöst habe, nahmen die Kundigeren unter seinen Leserinnen den sexuellen Subtext dieser Meldung durchaus wahr – so zum Beispiel Margot Asquith, Gattin des Premierministers und angeblich eine von Allans Liebhaberinnen. Ein Jahrzehnt später, als Noel Pemberton Billing, ein Politiker der extremen Rechten, seinen Kreuzzug gegen degenerierte und unpatriotische Elemente innerhalb der britischen Aristokratie begann, beschuldigte er Allan, einen »Kult der Klitoris« unter den Frauen zu verbreiten.

Die Herzogin war sicher keineswegs Teil dieses Kults und wollte davon auch nichts wissen. Sie mied alles, was ihr vulgär erschien. Hegte sie den Verdacht, dass ihre älteste Tochter Marjorie Kosmetik benutzte (was vor dem Krieg noch verpönt war), so brachte sie nicht einmal das Wort Rouge über die Lippen, sondern berührte mit dem Finger nur fragend die Wange ihrer Tochter. In der Kunst jedoch sah Violet nur Schönheit. Und wenn sie Diana dazu ermutigte, sich weitere Vorstellungen der Allan anzusehen, dann nur, weil sie meinte, ihre Tochter könnte von deren expressiver Grazie lernen.

Was Diana auch tat. Im folgenden Jahr besuchte sie Kurse in russischem Volkstanz und klassischem Ballett.* Nach den ungewohnten Bewegungen taten ihr Beine und Zehen weh, doch sie schätzte die neue Geschmeidigkeit, die sie ihrem Körper verliehen, vor allem aber ihre schlanke Figur. 1911 war sie bereits selbstbewusst genug, halb nackt für ihren Bruder John, einen leidenschaftlichen Amateurfotografen, zu posieren. Obwohl sie mit dem Rücken zur Kamera saß, ließ der Spiegel, den sie vor sich hielt, deutlich ihr Gesicht und ihre Identität erkennen. Diana Manners – schlank, elegant und voll trotziger Selbstbeherrschung.

* Ihre Lehrerin war Lydia Kyasht.

Dianas strenges Trainingsprogramm zeigte Wirkung, doch die sie umgebende Welt nach ihren Vorstellungen zu formen, erwies sich als schwieriger. Mit siebzehn war sie zutiefst empört darüber, immer noch wie ein Kind behandelt zu werden: Sie durfte sich nicht das Haar hochstecken, tanzen gehen oder ihre Freunde treffen, ohne dass Eltern oder Gouvernanten sich einmischten. Ihre Oxford-Jungs graduierten ins wirkliche Leben, und Diana hat die Sehnsucht, sie dorthin zu begleiten, immer wieder ihrem Tagebuch anvertraut: »Nur noch ein Jahr, und ich bin hier weg – und – weg, WEG.«[14]

Doch ihr Coming-»out« brachte nicht den erhofften Kick. Im Jahr 1910 war die Saison ungewohnt gedämpft; wegen des Tods von König Edward VII. wurden sämtliche Hofempfänge abgesagt, und der Debütantinnenball wurde aufs Folgejahr verschoben. Noch enttäuschender fand Diana die Gesellschaft, in der sie sich während dieses als so lang und langweilig empfundenen Sommers befand.

Die meisten ihrer Mitdebütantinnen waren unfertige, schüchterne Mädchen: »Sie haben nie die Bekanntschaft von Puder gemacht ... sind erbärmlich gekleidet und ihr formloses, dünnes Haar wird von krummen Kämmen gehalten.«[15] Und die Mehrzahl der jungen Männer, denen sie als potenzielle Gattinnen vorgeführt wurden, erschien Diana ebenfalls tölpelhaft und dümmlich. Ihr Männerideal war von den Oxford-Studenten geprägt worden: Alan Parsons, Raymond Asquith und Patrick Shaw-Stewart, die klug, geistreich und witzig waren und Lyrik lasen. Mit ihnen konnte sich keiner der Gardeoffiziere, Viscounts oder Earls messen, mit denen sie in jenem Sommer tanzte.

Auch waren sie meilenweit entfernt von der Verzückung, die Diana erlebte, als im darauffolgenden Juni Djagilews »Ballets Russes« nach London kamen. Sie war hingerissen von der fließenden Choreografie, von bewegenden Musikstücken wie *Scheherazade* und von den lodernden Farben der Bühnenausstattung eines Léon Bakst: Hier, das spürte sie, war endlich eine Welt, die ihre kühnsten Träume noch übertraf. Und als sie 1912 die Russische Oper sah, mit dem Bass Fjodor Schaljapin als Star, war es ihr, »als ob Kometen über einen unbekannten Himmel sausten und die Sterne tanzten«.[16]

Im selben Sommer entdeckte Diana noch eine andere Form des Theaters. Sie war mit ihrer Mutter nach Venedig gereist und machte die Bekanntschaft der fabelhaft reichen und exzentrischen Marchesa Luisa Casati. Die Marchesa bewohnte einen seltsam halb fertigen Palazzo* am Canal Grande, umgeben von einem düsteren, überwucherten Garten und einer Menagerie exotischer Tiere. Der extravagante Stil, in dem sie dort Hof hielt, war für Diana ein »herrlicher Schock«.[17]

Als sie und die Herzogin zu ihrer ersten Party in den Palazzo eingeladen waren, wurden sie in einer von Casatis Gondeln zum Palazzo gebracht. Ein Paar halb nackter Sklaven empfing sie; der eine goss Öl in eine Feuerschale und schickte zur Begrüßung Flammen in den Nachthimmel, der andere schlug einen riesigen Gong. Die Casati, eine moderne Medusa mit einer totenbleichen Maske aus Puder und Rouge und hennagefärbten Locken, erwartete sie ebenfalls auf der Uferterrasse des Palazzo. Wie eine Statue stand sie inmitten einer großen Schale mit Tuberosen und überreichte jedem Gast stumm eine der wächsernen Blumen.

Diana, an die vorhersehbare Formelhaftigkeit englischer Geselligkeit gewöhnt, erschien dieses dekadente Spektakel wie ein Wunder. Das war es, wonach sie sich gesehnt hatte, während sie den ganzen Sommer über mit Gleichaltrigen Fruchtpunsch trank und Quadrille tanzte. Doch allmählich reichte

* Den Palazzo Venier dei Leoni; er wurde später von Peggy Guggenheim gekauft und beherbergt heute das Guggenheim Museum Venedig. Siehe dazu Judith Mackrell, *Der unvollendete Palazzo. Liebe, Leidenschaft und Kunst in Venedig*, Berlin 2019.

selbst London an ihre Erwartungen heran. Ein Wandel lag in der Luft und die erste Ausstellung postimpressionistischer Gemälde, die radikalen psychoanalytischen Theorien eines Sigmund Freud und, für Diana zweifellos am spannendsten, die neuartigen Nachtklubs brachten einen Hauch von kosmopolitischer Energie in die Stadt. The Cave of the Golden Calf, ein winziges Tiefparterre an der Regent Street mit modischen Wandbildern im »Ballets Russes«-Stil, war eines von mehreren Etablissements, die 1912 eröffneten und ihren Gästen einen Zugang zur neuen Welt boten. Schwarze Bands spielten Musik, in der die Exotik Amerikas mitschwang – das schrille Gehupe aus St. Louis, das Näseln von den Plantagen des Südens, das sehnsuchtsvolle Echo des Blues. Cocktails wie Pink Lady wurden serviert, und man ermutigte die Frauen nicht nur, in der Öffentlichkeit zu trinken, sondern auch Lippenstift zu tragen, um Geld zu spielen und zu rauchen. Diana war in ihrem Element. Freilich musste sie die Anstandsdame des jeweiligen Abends erst bestechen oder austricksen, aber einmal ins rauchige Dunkel eingetaucht, fühlte sie sich frei. In der dichten Menge auf dem Tanzparkett konnte sie sich den Rhythmen des Turkey Trot oder Grizzly Bear hingeben, Ragtime-Tänzen, bei denen sie wie von inneren Fäden gezogen die Hüften schwenkte, während ihre Wangen glühten. In dieser Saison wurden die Röcke kürzer getragen; sie endeten einige Zentimeter über dem Boden, und Diana registrierte voller Stolz, dass beim Tanzen diskret ihre von Seidenstrümpfen umhüllten Fesseln hervorblitzten.

Nicht minder stolz war sie auf ihre neu erworbene Geschicklichkeit beim Rauchen. Wie so vielen Frauen ging es ihr dabei weniger um den Kick des Nikotins, sondern eher um die Eleganz der Zigarettenspitze – ein Accessoire, das verhindern sollte, dass Tabakkrümel an den bemalten Lippen hängen blieben, aber ähnlich viele Möglichkeiten zum koketten Flirt bot wie der Fächer. Spät in der Nacht, wenn der Himmel schon hell wurde und Diana mit einem ihrer Bewunderer im Taxi nach Hause fuhr, wurde der Fahrer häufig angewiesen, Umwege zu nehmen, während sie es sich gestattete, in aller Schicklichkeit geküsst zu werden.

Violet hätte so etwas höchst kompromittierend gefunden – für Diana hingegen war genau das der Punkt. Ihr Bestreben, »unvergleichlich« zu sein, orientierte sich längst nicht mehr an den Standards ihrer Mutter; sie wollte kühn und schlimm sein – »nicht wie andere Leute«.[18] Und sie erinnerte sich: »Alles hatte einen völlig neuen Look in diesen Jahren vor dem Ersten Weltkrieg – die Poiret-Bakst-Welle und der ungewohnte Freiraum, der das Ende des Viktorianismus einläutete. Wir spürten und genossen es.«[19]

An den Abenden, an denen Diana ihren Anstandsdamen entwischte, war nicht nur Tanzen im Goldenen Kalb angesagt, sondern auch verbotenes Mondscheinbaden in der Serpentine oder der Themse, Ausflüge zu Pubs an den Limehouse Docks und gelegentliche Fahrten auf dem Sozius eines Motorrads. Der neue Katechismus waren Texte von Aubrey Beardsley, Charles Baudelaire, Oscar Wilde und Max Beerbohm, und in diesem Geist und mit nur einem Anflug von Ironie erklärten sie und ihre Freunde sich zu einer Clique namens »Corrupt Coterie«. Sie erprobten neue Gefühle und rebellische Ideen und gaben sich den Anschein von Zynismus und Ruchlosigkeit: »Wir wollten uns nicht von Worten einschüchtern oder von Alkohol schockieren lassen, und schreckten auch vor ›Dekadenz‹ und Glücksspiel nicht zurück.«[20]

In Wirklichkeit war das Verhalten der Clique kaum mehr als kultivierter Ungehorsam. Sie erfanden Gesellschaftsspiele wie »Todesnachricht«, bei dem nachgespielt wurde, wie berühmte Frauen vom Tod ihrer Kinder erfuhren. Sie überboten sich in exhibitionistischen Darbietungen: Denis Anson täuschte epileptische Anfälle vor, Maurice Baring setzte bei einer Runde »Risiko« seine Haare in Brand, und Diana provozierte, indem sie bei einem Galaempfang des Duke of Westminster mit Blechorden erschien, die sie an ihr Kleid geheftet hatte.

Immerhin vermittelte diese moderate Form der Rebellion die Euphorie des Wagemuts und erregte ein gewisses öffentliches Aufsehen. Dass einige Mitglieder der Clique berühmte Eltern hatten, machte sie für die Presse umso interessanter, und Lady Diana Manners war die Interessanteste von allen. Insgeheim mochte sie sich wie ein »Pudding« gefühlt haben, der in Sachen Pfiffigkeit und Originalität nicht an ihre Freunde heranreichte, doch nach außen hin brillierte sie. Diana war die Wortführerin bei Scharaden und Spielen; sie brachte die Gäste dazu, spontan zu Grammofonmusik zu tanzen, und würzte die Unterhaltung mit intelligentem Nonsens.

Man buhlte darum, sie auf Partys zu haben, denn Diana war ein verlässlicher Spaßbringer. Außerdem war sie eine Schönheit geworden; groß und mittlerweile sehr schlank, mit einem klassischen, ovalen Gesicht und träumerisch verschleiertem Blick (die Folge einer leichten Kurzsichtigkeit), dem ihre muntere Geselligkeit hohnsprach. Die Schriftstellerin Enid Bagnold erinnerte sich, dass sie, als sie zum ersten Mal sah, wie Diana die Treppe herunterkam und den Raum mit »ihrem blinden, blauen Starren« maß, »ein Schock wie von Elektrizität durchfuhr«.[21] Für ihre Bewunderer, die Liebesbriefe schickten und Schlange standen, um einen Tanz zu ergattern, war Diana »eine Göttin«, »eine Orchidee unter Gänseblümchen«. Doch ältere Männer waren nicht weniger empfänglich. Einer ihrer Verehrer war der sagenhaft reiche amerikanische Financier George Gordon Moore. Er ließ Diana wissen, ein Wort von ihr genüge, und er würde sich von seiner Frau scheiden lassen. Er schien unter einem »Goldregen« zu leben und umwarb sie mit den erstaunlichsten Geschenken: einem Hermelinmantel, einem riesigen Saphir (der angeblich Katharina der Großen gehört hatte), ja sogar mit einem zahmen Affen namens Armide, der einen Gürtel und eine Kette aus Diamanten trug.[22]

Diana schwelgte in den Geschenken und ihrem fragwürdigen Ruf. Als Erwiderung auf einen ironischen Heiratsantrag von Duff Cooper beschrieb sie sich stolz als »sehr dekadent, sehr theatralisch & bewusst halbseiden – Attribute, die kein Mann an seiner Ehefrau schätzt«.[23] Doch mit der Zeit erntete sie auch bösartige Kommentare. Wer gegen ihre Elektrizität immun war, kritisierte Diana als Herzensbrecherin und »Skalpjägerin«; sie erhielt anonyme Briefe, in denen man ihr vorwarf, junge Männer aus ihrer Umgebung ins Unglück zu stürzen.

Doch in Wahrheit blieb Diana viel keuscher als so manche Gleichaltrige. Der 1909 erschienene Roman *Ann Veronica* von H. G. Wells schildert den Trend unter fortschrittlichen jungen Damen, ihre Jungfräulichkeit als lästige Hürde auf dem Weg zum Erwachsenwerden zu sehen. Als die zweiundzwanzigjährige Enid Bagnold sich im selben Jahr von dem Schriftsteller Frank Harris verführen ließ, war sie anschließend wahnsinnig erleichtert. Die Malerin Nina Hamnett hätte am liebsten ein Schild an dem Hause anbringen lassen, in dem sie ihre Unschuld verlor. Doch Diana war schon deshalb vorsichtiger als diese beiden, weil sie viel mehr im Licht der Öffentlichkeit stand. Im Frühjahr 1914 erhielt die Kritik an ihrem vermeintlich schlechten Benehmen neue Nahrung, als die Coterie erstmals mit dem Tod in Berührung kam. Gustav Hamel, ein schwedischer Amateurflieger und Rennfahrer, der der Clique nahestand, verunglückte mit seiner Privatmaschine auf einem Flug von Frankreich nach London. Kurz darauf ertrank Denis Anson bei einer nächtlichen Schwimmparty in der Themse. Als Todesursache machte die Presse in beiden Fällen »verrückte Jugend« aus und identifizierte Diana als die Anstifterin.

Der Bericht über Ansons Beerdigung erschien unter der Überschrift »DIANA'S LOVE«, und in London kursierten Gerüchte, dass sowohl Denis als auch Gustav starben, weil sie sich vor ihr produzieren wollten. Diana, ohnehin von Kummer gebeutelt, erlebte ihre erste erschreckende Zurückweisung durch die Gesellschaft. In jenem Sommer wurde ihr Name von der Gästeliste des Guards Ball gestrichen,[24] und selbst Menschen, die sie von Kindheit an kannten, beteiligten sich an der allgemeinen Ächtung. Lady Desborough, die Mutter ihrer Freunde Julian und Billy Grenfell, wollte Diana eine Zeitlang nicht mehr im Haus haben, und Margot Asquith verunglimpfte sie lautstark als gefühllose Verführerin.

Für die Herzogin war das alles höchst beunruhigend. Mehr als zwei Jahre waren seit Dianas Saison vergangen und sie machte sich Sorgen um die Heiratsaussichten ihrer jüngsten Tochter. Die gerade noch akzeptable Lücke zwischen Jugend und peinlicher Altjüngferlichkeit war schmal, und der Gedanke, Diana nicht an den Mann bringen zu können, unerträglich. Denn Violet war felsenfest davon überzeugt, dass die Ehe die einzige Absicherung für eine Frau sei. Wäre Diana erst einmal gut verheiratet und hätte wunschgemäß einen Sohn und Erben zur Welt gebracht, könnte sie ungehindert ihren privaten Projekten und Affären nachgehen. Sir Henry war nicht Violets einzige große Liebe gewesen, und umgekehrt galt dasselbe: Dem jahrhundertealten Oberschichtpragmatismus folgend hatten beide auf diskrete Weise außerhalb der Ehe ihre Leidenschaften ausgelebt, Sir Henry mit seinen Geliebten und beim Fliegenfischen, Violet mit ihrem Liebhaber Harry Cust.

Dieser kultivierte, gutaussehende Herr, »der Rupert Brooke unserer Tage«, war laut Lady Horner für mehrere Jahre das vergötterte Zentrum von Violets Universum gewesen.[25] Sie traf ihn an Spätnachmittagen, wenn sie angeblich Gesellschaftsbesuche machte. Mit solchen Einschränkungen hatte Violet kein Problem, konnte sie doch auf diese Weise ihr Leben sauber in Pflicht und Neigung unterteilen. Und für ihre anderen beiden Töchter, so stellte sie sich vor, würde eine solche Balance ebenfalls funktionieren. Sowohl Letty als auch Marjorie hatten bereits zufriedenstellende Ehemänner gefunden: Ego

Charteris, Sohn des Earl of Wemyss, und Charlie Paget, mittlerweile Marquess of Anglesey. Diana war die hübscheste von allen – Prinz Paul von Jugoslawien und Lord Rocksavage hatten ihr schon den Hof gemacht –, und Violet machte sich Hoffnungen auf die beste aller Partien. Der Prince of Wales mochte zwar drei Jahre jünger sein als Diana, doch eine lange Verlobungszeit wäre immer eine Option. Innerhalb der königlichen Familie zog man eine solche Verbindung durchaus in Erwägung, denn Dianas Beliebtheit käme dem Thron zugute. Und Violet konnte sich ohnehin keine hübschere künftige Königin vorstellen.

Doch Diana schien sich für niemanden außerhalb ihres eigenen engen Zirkels zu interessieren. Die Herzogin hielt deren Mitglieder allerdings nicht für gute Partien und war deshalb wachsamer und kritischer, als sie es eigentlich sein wollte. Die Institution der Anstandsdame war aus dem Leben einer respektablen unverheirateten Frau nicht wegzudenken – nicht einmal wer unabhängig genug für ein Universitätsstudium war, durfte ohne Begleitung öffentliche Vorlesungen besuchen. Dennoch hielt Diana das Ausmaß der eigenen Bewachung für absurd. Das einzige Hotel, das sie betreten durfte, war das Ritz. Es lag vom Londoner Haus der Familie nur einen Steinwurf entfernt, und jeden Abend ließ die Herzogin ihre Schlafzimmertür offen, um zu hören, wann Diana nach Hause kam. Am folgenden Tag erwartete sie dann einen detaillierten Bericht, mit wem ihre Tochter getanzt hatte, wer sie begleitet und wer sie nach Hause gebracht hatte.

Diana liebte ihre Mutter, aber allmählich riss ihr der Geduldsfaden; außerdem war sie mittlerweile im Besitz einer Information, die die Wachsamkeit der Herzogin absurd und heuchlerisch erscheinen ließ. Sie war gerade mal achtzehn gewesen, als Edward Horner damit herausplatzte, dass ihre Mutter eine Affäre mit Harry Cust habe und, noch viel erschreckender, dass Harry weithin als Dianas leiblicher Vater galt. Die

Beweislast der äußeren Ähnlichkeit war erdrückend: Dianas helle Tönung und ihre Gesichtsform sprachen eindeutig für eine genetische Verwandtschaft, und sie akzeptierte diese Behauptung erstaunlich widerspruchslos. Sie hatte Harry immer gemocht und fand den Gedanken amüsant, der »lebende Beweis eines Fehltritts« zu sein.[26]

Dennoch war es ein Schock, der sie distanzierter und kritischer werden ließ und mehr denn je in Aufbruchsstimmung versetzte. Immerhin war sie erst zweiundzwanzig. Ein neues Kleid oder ein flotter Ragtime konnten den Tag »schillernd« oder »berauschend« machen, und Liebesbriefe, Komplimente oder Zeitungsausschnitte konnten sie auch weiterhin begeistern. Und doch litt sie unter der »tristen Monotonie«[27] eines Lebens, in dem sie finanziell abhängig und persönlich eingeschränkt war wie ein Kind. Eine tödliche Langeweile befiel sie, die sie weder benennen noch abschütteln konnte.

Auf die Idee, das allgemeine politische Klima könnte für diese Unzufriedenheit verantwortlich sein, kam sie nicht. Als Kind hatte sie erklärt, wie dankbar sie sei, als Mädchen auf die Welt gekommen zu sein, denn »dann wird immer jemand da sein, der für mich sorgt«.[28] Und als Erwachsene konnte sie sich nicht mit den Suffragetten identifizieren, die mit ihrem Kampf für das Wahlrecht Gefängnis, wenn nicht gar den Tod riskierten. Sie taten ihr bestenfalls leid, schlimmstenfalls machte sie sich über sie lustig. Während einer Landhausparty kleideten sich Diana und ihre Cousine Angie Manners in Violett, Weiß und Grün, die Farben der WSPU (Women's Social and Political Union), bewarfen ihre männlichen Zuschauer vom Dach des Gartenpavillons mit Keksschachteln und fanden das rasend komisch. Doch trotz ihrer politischen Teilnahmslosigkeit hätte Diana der Feministin Agatha Evans sicher beigepflichtet, als diese die trostlose Vorhersehbarkeit im Leben von Frauen beklagte, die »hinreißend, dekorativ und dumm« zu sein hatten, während sie auf Männerfang waren, und anschließend dazu verurteilt waren, »vermählt, matronenhaft und mütterlich zu sein«.[29]

Doch es gab Ausnahmen: Dianas eigene Mutter war wohl kaum matronenhaft zu nennen, und auch unter den reicheren, ehrgeizigeren Societydamen, die sie kennenlernte, hatten einige beträchtlichen gesellschaftlichen Einfluss, so etwa die Marchesa Casati, Lady Cunard oder Lady Ripon. Hätte Diana einen Mann gefunden, der ihr und ihrer Mutter zugesagt hätte, wäre sie vielleicht eine zweite Lady Ripon geworden, eine Mäzenin des russischen Balletts und Gastgeberin für die kulturelle Elite Londons. Doch im August 1914 trat Großbritannien in den Krieg ein und Diana musste, wie der Rest der Bevölkerung, damit fertigwerden, dass ihr Leben und ihre Erwartungen aus den Angeln gehoben wurden.

Die Kriegserklärung erwischte sie kalt. Mit ihren eigenen kleinen Belangen beschäftigt, hatte sie weder der Ermordung des Erzherzogs Franz Ferdinand im Juni Aufmerksamkeit geschenkt, noch verstand sie, welche politischen Verwerfungen diese auf dem Kontinent verursachte. Sie war längst nicht so gut informiert wie die zwanzigjährige Studentin Vera Brittain, die in ihrem Tagebuch angsterfüllt darüber spekulierte, wie ein moderner Krieg wohl aussehen würde: »Die Angriffe können zu Land, zu Wasser & durch die Luft erfolgen & wenn die Armeen die moderne Kriegsmaschinerie einsetzen, wird die Zerstörung undenkbar und jenseits unserer Vorstellungskraft sein.«[30] Und im Gegensatz zu den Frauen, die sich in der Londoner Kingsway Hall zusammenfanden, konnte sie den Krieg nicht als ein Produkt männlicher Habgier und Aggression entlarven.

Diana hoffte zwar, der Krieg ließe sich noch abwenden (etwa durch die naive Idee, die einflussreicheren Mitglieder der Coterie könnten Asquith dazu bringen, auf einen internationalen Friedensvertrag hinzuwirken), war aber gleichzeitig fasziniert von diesem gigantischen, neuen Drama und seinen befreienden Möglichkeiten. Zunächst wollte sie sich als Krankenschwester für eines der Feldlazarette des Roten Kreuzes nahe der Front melden. Sentimental, wie sie war, meinte sie, dort ihren Freunden, die sich bereits reihenweise zur Offiziersausbildung meldeten, näher zu sein. Auch ließ sie sich nur ungern von anderen in den Schatten stellen, die als Krankenschwestern nach Frankreich gehen wollten – darunter Rosemary Leveson-Gower, die Verlobte ihres Bruders John, und ihre Cousine Angie. Und sie lebte in der romantischen Vorstellung, ihr stehe das größte Abenteuer ihres Lebens bevor.

Doch Violet blieb unnachgiebig. Sie hatte den Tod von Haddon, ihrem ersten und am meisten geliebten Kind, noch nicht verkraftet, und Diana in Gefahr zu sehen, ertrug sie nicht. Sie war überzeugt, dass ihre Tochter von betrunkenen Soldaten zu Tode vergewaltigt werden würde; auf jeden Fall würde sie unter unzumutbaren Bedingungen arbeiten. Über die schrecklichen Dinge, die junge britische Krankenschwestern erwarteten, kursierten bereits Gerüchte – eine Freiwillige schrieb nach Hause, dass es im Salles Military Hospital in Saumur fast nie heißes Wasser oder Licht gebe, dass man mit ungewaschenen, wenig reputierlichen Krankenpflegern zusammenarbeiten müsse, meist Soldaten, die »zu verrückt oder zu unfähig für den Fronteinsatz« seien.[31] Diana ließ sich von ihrem Entschluss, irgendwo Dienst zu tun, jedoch nicht abbringen und trat im Oktober – zornig, stur und der ewigen Diskussionen überdrüssig – ihr neues Leben im Guy's an.

Den Alltag dort fanden die meisten Freiwilligen hart. Doch Diana, an die Größe und den Luxus von Belvoir und dem Haus in der Arlington Street gewöhnt, musste ihren ganzen Mut aufbringen, um die ersten Tage zu überstehen. Von sechs Uhr früh, wenn die Glühbirne über ihrem Bett automatisch anging, bis Viertel nach zehn Uhr abends folgte sie den Anweisungen der professionellen Schwestern, die in den hallenden Gängen der sterilen Krankenstationen patrouillierten. Auf ihre Unerfahrenheit wurde keine Rücksicht genommen, wenn es galt, OP-Tabletts zu desinfizieren oder Bettpfannen zu leeren. Es wurde erwartet, dass sie trotz Frostbeulen, geschwollenen Knöcheln, Menstruationsbeschwerden und ungekannter Müdigkeit klaglos funktionierte.

Diana landete inmitten der Unappetitlichkeiten medizinischer Notversorgung. Sie hatte zwar versucht, sich gegen den Anblick und den Gestank zu stählen, indem sie in der Küche ihres Elternhauses beim Ausnehmen des Hasen fürs Abendessen zusah, doch nichts konnte sie auf das Trauma ihrer ersten Patientinnen vorbereiten: eine Frau, der man einen karzinogenen Tumor aus dem Kinn geschnitten hatte, eine andere, aus deren postoperativer Wunde »langsam ein Strom grünen Eiters rann«.[32]

Für Diana wurde die Beherrschung ihres Abscheus noch durch gesellschaftliche Faktoren erschwert. Abgesehen von den Hausangestellten hatte sie kaum Kontakt mit Menschen außerhalb ihrer eigenen Klasse gehabt und fand das Selbstmitleid mancher männlicher Patienten abstoßend. Sie war im Glauben an die Tugend der steifen Oberlippe erzogen, und diese klammernden, klagenden Männer kamen ihr vor wie »wimmernde Barbaren«.[33] Trotz der Scheuklappen ihrer sozialen Vorurteile reagierte Diana mit Neugier auf den spezifischen Mix aus offiziellen Regeln und menschlichem Chaos im Guy's. Willig ordnete sie sich jeder kleinlichen Vorschrift unter – ganz im Gegensatz zu Enid Bagnold, die 1917 einen ätzend kritischen Bericht über ihre Zeit als VDA verfasste und das Hospital zugunsten einer aufregenderen Betätigung verließ: Krankenwagen fahren in Frankreich.[34] Diana freundete sich mit einigen ihrer Mitschwestern an und war dankbar, an deren spätabendlichen »Wohnheimpartys« teilnehmen zu dürfen. Das Teilen von Süßigkeiten und Zigaretten und das

»unterdrückte Singen und Gekicher« waren völlig neue Erfahrungen für sie und machten ihr schmerzlich bewusst, wie eingeschränkt sie aufgewachsen war – all »die Späße, die ich verpasst hatte, weil ich nie ein Schulmädchen war«.[35]

Diana zwang sich zu akzeptieren, was ihre Mutter als erniedrigend oder schmutzig abgelehnt hätte. Sie entdeckte in sich ungeahnte Reserven an praktischer Veranlagung und gesundem Menschenverstand und war stolz auf ihren stoischen Gleichmut: Außer wenn sie ernstlich krank war, nahm sie nie einen Tag frei, fiel bei Operationen niemals in Ohnmacht und musste sich »beim Anblick abstoßender Dinge nicht länger abwenden«.[36] Als Arnold Bennett sie in seinem satirischen Roman *The Pretty Lady* mit der Figur der Lady Queenie Paulle als neurotischen, selbstgefälligen Gutmenschen lächerlich machte, traf sie das sehr, glaubte sie doch, als Krankenschwester wirklich etwas geleistet und sich durch diese Erfahrung verändert zu haben.

Das Beste an ihrem neuen Leben aber war die Unabhängigkeit, die es mit sich brachte. Freizeit war knapp – drei Abende pro Woche und gelegentlich ein Wochenende –, doch die konnte sie mit Freunden verbringen, die sie zu Taxiausflügen in den Park oder zum Abendessen in das einzige anständige Restaurant in ganz Southwark ausführten. An diesen kostbaren Abenden »flog« sie um fünf nach acht aus dem Krankenhaus, »geschminkt, gepudert und (wie ich hoffte) todschick zurechtgemacht«.[37] Dass die Herzogin keine Ahnung hatte, wohin und mit wem sie unterwegs war, machte diese zwar sittsamen, aber eben unüberwachten Unternehmungen so reizvoll.

Endlich kam Diana sich nützlich und selbstbestimmt vor, zum ersten Mal war sie Teil einer größeren, kollektiven Erfahrung. Damals veränderte sich das Leben der Frauen, sowohl für jene, die sich freiwillig zum VAD meldeten, als auch für die neuen weiblichen Arbeitskräfte, die die Jobs und Berufe eingezogener britischer Soldaten übernahmen. Es war eine langsame Entwicklung, aber allmählich wuchsen die Frauen über die niederen, meist häuslichen Arbeiten hinaus, die ihr traditionelles Betätigungsfeld gewesen waren.* Am Ende des Krieges sollten sich fast zwei Millionen Engländerinnen als Busfahrerinnen, Glaserinnen, Bankangestellte und Kassiererinnen, Motorradkuriere, Gepäckträgerinnen, Holzfällerinnen, Bäuerinnen, Inspizientinnen, Bibliothekarinnen, Ingenieurinnen, Polizistinnen und Lehrerinnen bewährt haben.**

Der Krieg wurde auf eine Weise, die die Suffragetten nicht hatten voraussehen können, zur überraschenden Möglichkeit, die bisherige Rolle als schwaches und dekoratives Geschlecht in Frage zu stellen. Ethel M. Bilbrough, eine wohlhabende junge Engländerin, schrieb im Juli 1915: »Endlich leben wir, und eines steht fest: Die Zeit der Spielereien ist vorbei.«[38] Doch Violet wehrte sich standhaft gegen diese Veränderungen. Die Vorstellung, dass ihre Tochter an einem so unpassenden Ort wie dem Guy's arbeitete, widerstrebte ihr zutiefst, und nachdem ihre Tochter keine Anstalten machte, zurückzukommen, fasste sie den Plan, Diana zurückzuholen, indem sie ihr Londoner Haus in ein Hospital für Offiziere umwandelte.*** Auch

* Zunächst wirkte sich der Krieg nachteilig für die Frauen aus: Vierzehn Prozent der bereits beschäftigten verloren durch die Schließung von Friedensindustrie ihre Arbeit. Es gab anfangs auch Vorbehalte gegen Frauen in Männerberufen, was sich notgedrungen änderte, als 1917 die militärische Dienstpflicht eingeführt wurde und klar war, dass die Nation ohne weibliche Arbeitskräfte nicht funktionieren würde.

** Als 1916 das Endell-Street-Militärhospital eröffnet wurde, arbeiteten dort nur Ärztinnen und Krankenschwestern. Auch an der Front leisteten Frauen Erstaunliches: Schwestern weigerten sich selbst unter heftigem Beschuss, ihre Patienten im Stich zu lassen. Edith Cavell wurde sogar zur Nationalheldin; sie war von den Deutschen hingerichtet worden, nachdem sie Soldaten zur Flucht aus dem besetzten Brüssel in die sicheren Niederlande verholfen hatte.

*** Der erste Plan der Herzogin, mit finanzieller Unterstützung von George Gordon Moore in einem französischen Schloss ein Privatkrankenhaus für Offiziere einzurichten, war vom Roten Kreuz nicht genehmigt worden.

andere Privathäuser in London wurden zu diesem Zweck umfunktioniert, doch Arlington Street 16 war sicher eines der komfortabelsten. Obgleich die Familie dort wohnen blieb, ließen sich im Ballsaal und in dem mit Goldstuck verzierten Wohnzimmer leicht Stationen mit zehn bis zwölf Betten einrichten, das Schlafzimmer der Herzogin wurde zum Operationssaal, sie selbst bezog ein kleineres Zimmer. Diana war gerade mal sechs Monate im Guy's gewesen, als ihre Mutter ihr diese bestens ausgestattete und bequeme Alternative offerierte.

Sie stand diesem neuerlichen manipulativen Übergriff ihrer Mutter zwiespältig gegenüber. Obwohl das provisorische Krankenhaus von Fachkräften geführt wurde, hatte das Ganze einen Beigeschmack von Marie Antoinette. Später schrieb sie: »Die Krankenhausarbeit macht einen glauben, man sei unverzichtbar. Danach kommt einem das häusliche Leben leichtfertig und banal vor.«[39] Freunde erschienen mit Maronencremetorte und Sherryflasche zum zweiten Frühstück – ein grotesker Kontrast zu der Diät aus eingelegten Eiern und fadem Fisch, an die sie sich im Guy's hatte gewöhnen müssen. Abgesehen von hektischen Aktivitäten bei der Einlieferung von Notfällen war Diana durchschnittlich nur fünf bis sechs Stunden am Tag im Dienst.

Die Rückkehr nach Hause bedeutete nicht, dass Diana ihre hart erkämpfte Unabhängigkeit aufgab: In der Arlington Street war viel zu viel los, als dass Violet ihre alte Wachsamkeit hätte durchhalten können. Sie selbst war oft über längere Zeit abwesend, denn in ihrem neu erwachten Patriotismus hatte sie nun die Umgestaltung von Schloss Belvoir in ein Erholungsheim für Offiziere in Angriff genommen. Violet hatte ihre felsenfesten Überzeugungen zu Wohlanstand und Ehe keineswegs aufgegeben, aber selbst sie musste einsehen, dass Anstandswauwaus nutzlos und überflüssig waren in einer Welt, in der junge Mädchen aus gutem Hause die Jobs der Arbeiterklasse übernahmen und junge Männer an der Front abgeschlachtet wurden.

Während der sechs Monate im Guy's war der Krieg für Diana nur ein Hintergrundgeräusch gewesen, beinahe abstrakt. Sie war von ihrer Arbeit als Krankenschwester völlig in Anspruch genommen, und fast alle ihre Bekannten befanden sich noch in der Offiziersausbildung und waren damit in Sicherheit. Doch nach ihrer Rückkehr in die Arlington Street, als die Hoffnungen auf einen baldigen Sieg schwanden, wurde der Krieg schrecklich real. Ihre wunderbaren, cleveren Jungs, mit denen sie getanzt, geflirtet und Lyrik gelesen hatte, wurden einer nach dem anderen an die Front geschickt, und einer nach dem anderen kamen sie dort zu Tode. Julian Grenfell, der so begeistert in den Kampf gezogen war für »die alte Fahne … das Mutterland und … die imperiale Idee«, starb quälend langsam in einem schmutzigen Feldlazarett, das Gehirn von Granatsplittern zerfetzt.[40] Dianas Cousin John sowie ihre Freunde Charles Lister und George Vernon wurden ebenfalls getötet. Letzterer schickte ihr einen Abschiedsbrief, den er diktiert hatte und der ihr schier das Herz brach; er endete mit einer selbst ausgeführten Unterschrift: einem krakeligen G und einem kaum lesbaren »love«.

Im Guy's hatte Diana Zivilisten gepflegt, doch in der Arlington Street wurde ihr das Gemetzel der Schützengräben nun in Gestalt der verstümmelten, von Bomben traumatisierten Soldaten direkt ins Wohnzimmer gebracht. Wenn sie nicht gerade Verbände wechselte, bei einer Operation assistierte oder einen von Albträumen geplagten Patienten tröstete, brach sie manchmal in hilflose Tränen aus und konnte das sinnlose Leid kaum ertragen.

Doch nur Stunden später trank und tanzte sie schon wieder. Das Elend des Krieges hatte London in einen berauschenden Fatalismus und eine Gier nach Leben getrieben. Männer starben, Kohle, Öl und Benzin waren rationiert, Lebensmittel und Kleidung knapp,* und doch empfand man es geradezu als moralische Verpflichtung, bei jeder sich bietenden Gelegenheit zu feiern und sich im Angesicht des Todes zu amüsieren.

Diana schien es, als hätten sich die hedonistischen Grundsätze der Corrupt Coterie mit neuer, apokalyptischer Energie aufgeladen. Wenn es keine Notfälle zu versorgen gab, ging sie jeden Abend mit ihren Freunden aus: mit denen, die in London geblieben waren, oder denen, die auf Heimaturlaub kamen. Die Presse versuchte weiterhin, über ihre Aktivitäten zu berichten, aber ein Kolumnist vermeldete im September 1916 bedauernd: »Ist Ihnen aufgefallen, dass wir schon länger nicht mehr über Diana Manners, Nancy Cunard und ihre Freunde berichtet haben? Das geht doch nun wirklich nicht.«[41] Der eigentliche Grund war, dass über ihre Vergnügungen zu Kriegszeiten auch deshalb nicht berichtet wurde, weil sie größtenteils illegal waren. Einer ihrer Lieblingstreffpunkte war das Cavendish Hotel, einschlägig bekannt für sein laxes Management, mit ausgelassenen Partys und illegalen Trinkgelagen nach der Sperrstunde. Polizeirazzien waren dort an der Tagesordnung, und Diana musste sich mehrmals im Hinterhof verstecken, bis die Luft wieder rein war. Im Dezember 1915 wäre es beinahe zu einem Skandal gekommen, als man sie dabei erwischte, wie sie im Kettner's Restaurant nach halb elf Uhr abends Brandy trank. Vor Strafverfolgung rettete sie nur ihr Freund Alan Parsons, der beim Chef der Metropolitan Police, Sir Edward Henry, »ein gutes Wort für sie einlegte«, worauf dieser versprach, »die Sache fallen zu lassen«.[42]

Sie wusste, dass sie mit solchen Übertretungen Risiken einging, und doch war sie süchtig danach: Das Hochgefühl, »ge-

* Die deutsche Seeblockade und die Konzentration von Ressourcen und Arbeitskraft auf die Kriegsindustrie führten zu einer Verknappung des normalen Warenangebots.

fährlich, zügellos und draufgängerisch« zu sein, war ein probates Mittel gegen die Albträume.[43] 1916 nahm sie an der besonders berüchtigten Party eines amerikanischen Schauspielers teil und war hocherfreut über die Reaktion von Duff Cooper, den sie dort ebenfalls antraf. Duff war entsetzt, sie in einem Raum »voll der gewöhnlichsten Schauspielerinnen und Chorusgirls« zu sehen, und vermutete, sie sei »die einzige Jungfrau im Saal«.[44] Sein Unbehagen steigerte für Diana nur den Reiz ihrer Ausflüge in die halbseidene Gesellschaft, und sie erwiderte lässig, sie habe nur sehen wollen, »wie weit sie gehen könne, ohne ihre Unschuld zu verlieren«.[45]

Den extravagantesten Ausdruck fand dieser Hedonismus in Kriegszeiten bei den Partys, die George Gordon Moore seit Herbst 1914 für Diana und ihre Freunde gab. Er trieb dabei einen ungeheuren Aufwand und ließ den Ballsaal seines riesigen Hauses am Lancaster Gate jedes Mal neu dekorieren zu Themen wie Zirkus, Wilder Westen, die Erotika Aubrey Beardsleys oder die »Ballets Russes«. Selbst die Esstische wurden zu Kunstwerken, überladen mit violetten Orchideen und raren Delikatessen, die während des Krieges nur Moores tiefe Taschen herbeischaffen konnten: Avocados, Schildkrötenfleisch und Weichschalenkrabben.

Noch erstaunlicher war die Ausstattung der Bar; der Champagner floss in Strömen und wurde mit Wodka und Wermut aufgepeppt (selbst hinter Moores »geschlossenen Türen« galt Whisky damals für Frauen als inakzeptabel). Man tanzte zu Ragtime und den tropischen Klängen von Hawaii-Bands, bis im Morgengrauen Eier mit Speck serviert wurden. Oder zumindest so lange, bis Diana beschloss, sie sei müde und wolle nach Hause. Daraufhin brachte Moore die Band sofort zum Schweigen und drängte die Gäste zum Gehen.

Jeder wusste, dass diese Partys speziell für Diana gegeben wurden, doch nur wenige wussten, wie komplex und schwierig die Beziehung der beiden geworden war. Während der ersten Kriegsmonate hatte der Finanzier noch mehr an Einfluss gewonnen. Geld floss ihm aus mysteriösen Unternehmungen zu – es hieß, er besitze Objekte der Versorgungsbranche in vier verschiedenen amerikanischen Bundesstaaten sowie in Kanada und Brasilien –, und sein Reichtum verschaffte ihm Zugang zu den höchsten Gesellschaftskreisen. Er war eng befreundet mit Sir John French, dem Oberbefehlshaber der britischen Truppen in Frankreich, der in seinem Haus wohnte; das war auch der Grund, warum Violet, die Moore immer verachtet hatte, dessen Verbindung zu Diana nun aktiv förderte. Sie wollte ihren einzigen verbliebenen Sohn vor den Schützengräben bewahren und hoffte, John durch Moores Einfluss eine sichere Position im Generalhauptquartier verschaffen zu können.

Diana befand sich in einer heiklen Situation. Vor dem Krieg hatte sie sich, wenngleich mit schlechtem Gewissen, von Moores Großzügigkeit beeindrucken lassen, hasste es aber, wenn George Gordon der Grässliche, wie sie ihn nannte, übergriffig wurde und sie zu küssen oder zu liebkosen versuchte. Groß und laut, mit »glattem, schwarzem Haar, flachem Gesicht und geradezu atomarer Energie«[46] hätte er für sie abstoßender nicht sein können. Doch in schockierender Verleugnung ihrer normalen Prinzipien verlangte ihre Mutter nun, Diana müsse ihre Abneigung überwinden und »nett« zu ihm sein. Diana erinnerte sich: »Sie war besessen von der Hoffnung, meinen Bruder im Generalhauptquartier unterzubringen, und dachte, nur ich könnte Moore diese Gefälligkeit abschmeicheln.«[47] Man erwartete nicht nur von ihr, einen Teil ihrer kostbaren Freizeit auf den Partys zu verbringen, die er für sie ausrichtete, sie musste beim Essen auch neben ihm sitzen, sich auf der Tanzfläche »beim Shuffle oder Bunny Hug« Zärtlichkeiten ins Ohr flüstern lassen und zum Abschied seine Umarmung erdulden.[48]

Ende Februar 1915 sollte John nach Frankreich geschickt

werden, und als eine Woche vor seiner Abreise immer noch keine Zusage für eine Schreibtischtätigkeit gekommen war, hatte Diana offenbar ein wenig intensiver schmeicheln müssen. Sie war zu Hause und erholte sich gerade von den Masern, als Moore um drei Uhr morgens in ihrem Schlafzimmer erschien. Die Herzogin wusste sehr wohl, dass er da war, und obgleich es keine Hinweise gibt, dass Diana ihm gestattete, mit ihr zu schlafen, bedeutete das eine größere Intimität, als sie bisher zugelassen hatte. Es war sicher kein Zufall, dass Sir John French Violet kurz darauf schrieb, er habe »einen guten Plan«, und John gegen seinen erklärten Widerstand schließlich doch nicht an die Front geschickt wurde, sondern in die Sicherheit des Generalhauptquartiers.

Diana fühlte sich von dieser Sache beschmutzt: In einem Brief an ihren Freund Raymond Asquith beschreibt sie Moores handgreifliche Avancen als »befleckend ... verstümmelnd und Narben zurücklassend«.[49] Noch geschmackloser fand sie die Heuchelei ihrer Mutter, die normalerweise alles so genau nahm und sie nun in eine derart kompromittierende Situation gebracht hatte. Diana zog sich daraufhin in sich selbst zurück, und auch wenn neuer Zorn gegen die Mutter aufbrodelte, änderte sie doch nichts an ihrem Leben. Ihre »Freundschaft« mit Moore wurde ohne offensichtlichen Bruch fortgesetzt, und sie redete sich die Sache als eine Art Kriegsdienst schön. So abstoßend sie Moore körperlich finden mochte, seine Partys waren die Highlights der Londoner Szene, besonders für Offiziere auf Urlaub. Wie viele ihrer Altersgenossen erinnerte sich Diana, dass sie »die Tarantella tanzten«, getrieben vom Bedürfnis, in Bewegung zu bleiben, um die Schrecken des Krieges zu vergessen.[50] Moores Partys boten Nacht für Nacht die Gelegenheit, in Hektik und Getümmel alles andere zu vergessen; man nannte sie nicht umsonst »Dances of Death«.

Während Dianas Kreis allmählich abhängig wurde von den

Vergnügungen des Tanzens und Trinkens, liebäugelte sie noch mit anderen Suchtstoffen. Wenn die Doppelbelastung durch Krankenhausdienst und Partys sie zu sehr erschöpfte, beruhigte sie ihre Nerven immer öfter mit einer Dosis »jolly old chlorers« (Chloroform) aus der hauseigenen Apotheke oder einer Morphiumspritze. Alle machten das. Während Haschisch und das neu importierte Kokain wegen der Nähe zur Kriminalität und Bohème in zweifelhaftem Ruf standen, betrachtete man Morphium ausschließlich als Medikament. Päckchen mit auf Papier aufgebrachtem Morphium waren als Geschenke für die Jungs in den Schützengräben im Handel, während es die Daheimgebliebenen als Allheilmittel gegen Schlaflosigkeit, Nervosität und jede Art von körperlichem Unwohlsein einsetzten.

Diana sehnte sich nach der ekstatischen Ruhe, in die das Morphium sie versetzte, das Gefühl der »absoluten Selbstgenügsamkeit … wie ein Chinese oder wie Gott, bevor er die Welt erschuf und ihm das Chaos gleichgültig war«.[51] Und sie brauchte diese Abgeklärtheit umso mehr, als Raymond Asquith, einer ihrer liebsten Freunde, im Frühjahr 1916 an die Front geschickt wurde.

Raymond war vierzehn Jahre älter als Diana und die unangefochtene Leitfigur unter ihren Freunden. »Wir mochten ihn alle am liebsten«, bekannte sie schlicht.[52] Er sah gut aus, war poetisch und klug, und obwohl er in ihren Teenagerjahren außerhalb ihrer Reichweite gewesen war, hatte er immer eine Schwäche für Dianas ernste Frühreife gehabt und dafür, wie sie fasziniert seine Ansichten nachplapperte. Obwohl er 1907 Edward Horners Schwester Katherine heiratete, hatte sich die Bindung zwischen ihnen weiter gefestigt. In Raymonds Gegenwart konnte Diana ganz sie selbst sein, und es war geradezu unvermeidlich, dass sich ihre Nähe, als sie erwachsener wurde, allmählich in Liebe verwandelte.

Keiner wollte Katherine wehtun, und die Beziehung der beiden blieb keusch, doch in der verunsichernden Atmosphäre des Krieges wurde es immer schwieriger, sich zu beherrschen. Vor Raymonds Abreise an die Front eilte Diana in das Ausbildungslager bei Folkestone, um sich von ihm zu verabschieden. Was die anderen darüber dachten, war ihr egal. Sie trafen sich in einem Gasthof, und die Begegnung dürfte leidenschaftlich gewesen sein, denn er schrieb ihr anschließend: »Selbst diese üble, schäbige Spelunke hellt die Erinnerung an den unauslöschlichen Strahl Deiner Schönheit auf – und an Deine liebste, allerliebste Barmherzigkeit am gestrigen Abend.« Diana antwortete ihrem eigenen »liebsten« Raymond auf nicht weniger innige Weise: »Deine letzten beiden flehentlichen Briefe sind mir so nahegegangen. Ich wünschte mir sehr, Du würdest mich wieder wollen, und nun hast Du es so voll und ganz getan.«[53] Sie wurden kein Liebespaar; worin auch immer Dianas »Barmherzigkeit« an jenem Abend bestand, die Affäre wurde nicht vollzogen, und das ließ sie in dem Glauben, ihre Liebe zu Raymond habe dessen Frau Katherine nicht verletzt. Im Gegenteil, ihre Zuneigung zu Raymond ließ sie umso größere Nähe zu Katherine empfinden; mit ihr teilte sie eine verzweifelte, schmerzstillende Morphiumspritze am Abend von Raymonds Aufbruch nach Frankreich.

Auch auf das fortgesetzte Drama ihrer öffentlichen Flirts hatten diese geheimen Gefühle keinen Einfluss. Ständig befand sie sich in Gesellschaft anderer Männer, und während das bei ihr der Ablenkung und der Verschleierung ihrer wahren Empfindungen diente, war es zugleich Teil der damaligen Kriegskultur. Diana fand es durchaus ehrenhaft, sich um ihre Offiziersfreunde zu kümmern, wenn diese auf Fronturlaub kamen; sie ließ sich von Männern wie Patrick Shaw-Stewart küssen und akzeptierte ihre Liebesschwüre, als gäbe es kein Morgen.

Auch das taten alle. Zwischen 1914 und 1918 gab es, quer durch alle Schichten, vermehrt außerehelichen Geschlechtsverkehr; die Soldaten auf Urlaub suchten sich mit sexuellen Kontakten zu trösten, während eine wachsende Zahl von Frauen diese offenbar gewährten. Manche Verbindungen führten zu überstürzter Heirat, manche zu ungewollten Kindern. Allein in Großbritannien stieg die Zahl unehelicher Geburten während jener Jahre um 30 Prozent, denn Verhütung war nach wie vor unangenehm und wenig effektiv, mit dicken Gummikondomen für die Männer und toxischen Spülungen für die Frauen.

Diana hingegen wollte ihre Jungfräulichkeit nicht aufs Spiel setzen, auch nicht für einen todgeweihten Soldaten. Sie war entschlossen, diesen wohl gehüteten Schatz für die Hochzeitsnacht zu bewahren, und gestand sich in Momenten der Offenheit ein, dass sie auch kaum in Versuchung geriet. Diana fand sexuelle Freude an vielen Dingen, beim Tanzen, Trinken und in hübschen Kleidern, doch während ein verführerischer Tanz sie in Ekstase versetzen konnte, schreckte sie vor den verpflichtenden, »unappetitlichen« Aspekten der sexuellen Vereinigung zurück. Selbst wenn sie einen Mann so sehr mochte, dass sie ihm in Abwesenheit der Herzogin Zutritt zu ihrem Schlafzimmer in der Arlington Street gewährte, blieb das Liebesspiel in engen, vorgegebenen Grenzen.

Der Forderndste unter diesen Männern war Patrick Shaw-Stewart; er drängte sie immer wieder, mit ihm zu schlafen, auch wenn sie ihn nicht heiraten wolle. Doch es war Duff Cooper, dem sie am meisten erlaubte. Duff hatte den Vorteil, immer greifbar zu sein – seine Arbeit im Schutz des Außenministeriums hielt ihn in London, weit weg von der Truppe. Darüber hinaus fühlte sie sich auf unerklärliche Weise von ihm angezogen. Er hatte bei Weitem nicht Raymonds heroische Schönheit; sein Kopf war zu groß für die kleinen Hände und Füße, und seine niedergeschlagenen Augen gaben ihm einen melancholischen Ausdruck. Auf Fremde konnte er barsch und verschroben wirken, doch unter Freunden und vor allem gegenüber Frauen entfaltete Duff eine witzige, leidenschaftliche Ausgelassenheit und einen Charme, dem man sich nur schwer entziehen konnte.

Duff verehrte die Frauen, und dank seines guten Verhältnisses zu Mutter und Schwester verstand er sie auch. Er hielt sich zugute, als Connaisseur gleichzeitig sexuelle Beziehungen zu einem Chorus-Girl, einer adligen Dame oder der Frau eines Malers unterhalten zu können. Dennoch hatte er immer betont, dass Diana sein Ideal sei, und er schrieb ihr bereits vor dem Krieg neckische Liebesbriefe, in denen er sich als schmachtender Troubadour stilisierte: »Es könnte sehr wohl passieren, dass ich Dich am meisten auf der Welt liebe. Aber ich fürchte mich offen gestanden davor, denn ich habe das Gefühl, Du könntest grausam und erbarmungslos sein.«[54]

In ähnlich extravaganter Manier schrieb er ihr am 23. Juni 1914 und schloss mit den unwissentlichen, aber grausam ironischen Worten: »Auf Wiedersehen, mein Schatz – ich hoffe, alle, die Du lieber magst als mich, werden bald sterben.«[55]

Der Tod kam tatsächlich bald, und Diana musste sich immer öfter von Duff trösten lassen, während die Männer, mit denen sie vor dem Krieg getanzt und geflirtet hatte, einer nach dem anderen an der Front verwundet oder getötet wurden. Er respektierte ihre Trauer, sie weckte seine Beschützerinstinkte. 1916 schrieb er ihr: »Dein Gesichtchen war so dünn und traurig heute Abend, und ich wäre so gern mit Dir allein gewesen, um Dir zu sagen, wie sehr ich Dich liebe.«[56] Er merkte, dass die extravagante Hingabe des Anfangs sich mit der Zeit zu einer erwachseneren Form von Liebe vertiefte. Nachdem sie im März jenes Jahres einen Tag lang gemeinsam St. Paul's und Westminster Abbey besichtigt hatten, notierte er in seinem Tagebuch, dass sie seiner Vorstellung »so viele Dinge [eröffnet hat], die ich vorher nicht bemerkt habe … Das Vergnügen, dergleichen Dinge mit Diana zu unternehmen, ist unbeschreiblich.«[57]

Und während Diana sich noch nach Raymond sehnte, begann sie sich bereits in Duff zu verlieben. Selbst seine schlechten Angewohnheiten besaßen für sie einen gewissen Reiz. Er trank und spielte zu viel und war ein unverbesserlicher Schürzenjäger, und doch bereitete es ihr ein angenehm befreiendes Gefühl, wenn sie ihn wegen seiner Charakterschwäche schalt. Manchmal schien es Diana, als mangelte es ihr an Leidenschaft, als wären ihre innersten Gefühle blockiert. Selbst bei den heftigen Auseinandersetzungen mit ihrer Mutter hob sie kaum je die Stimme oder knallte mit Türen. Nur beim Zanken mit Duff fanden ihre Gefühle einen Ausdruck: Während eines Streits 1915 schlug sie ihn sogar, so fest, dass seine Lippe blutete.

Die Hässlichkeit dieser Szene erregte sie, und mehr noch die anschließende Versöhnung. Normalerweise schreckte Diana vor engerem Kontakt mit einzelnen Menschen zurück; lieber setzte sie sich vor einer größeren Gruppe in Szene, wahrscheinlich aus ihrer alten Furcht heraus, sie könnte banal und langweilig erscheinen. War sie jedoch mit Duff allein, so konnte sie ungehemmt reden und reagieren und gewann auch sexuell an Selbstvertrauen. Zweifellos begehrte er sie, aber die Tatsache, dass er sich nie aufdrängte, ließ ihr mehr Raum für Eigeninitiative. Eines Abends kam er in ihr Zimmer, als sie sich gerade für ein *tableau vivant* umzog – eine beliebte Unterhaltung jener Jahre, bei der hübsche junge Frauen in Kostümen posierten, um Geld für Kriegszwecke zu sammeln. Diana trug einen kunstvoll verzierten, russischen Kopfputz und Perlschnüre, und als Duff sie bat, den Schnürleib ihres Kleides für ihn zu öffnen, damit er sie halb nackt in ihren Dessous bewundern könne, gab sie ihm eine Vorstellung, die einer Maud Allan würdig gewesen wäre.

Duff fand Dianas Mischung aus Verführung und Keuschheit höchst erregend: »Sie … versteht sich auf das Spiel und seine Regeln … Und es spricht vieles für ein Liebeswerben, das einen hungrig zurücklässt.« Blind für die Ironie seiner eigenen Doppelmoral schrieb er, ihr Tanz aus Entzug und Gewähren halte seine Sinne stets wach, wohingegen Frauen, die »übermäßige Intimität« zuließen, unweigerlich »Abscheu und Verachtung« in ihm hervorriefen.[58]

Einerseits war Diana dankbar für Duffs Taktgefühl, andererseits machte sie sich zunehmend Gedanken wegen ihrer vorsätzlich gewahrten Jungfräulichkeit. Sie fand, es mangele ihr an Poesie und Großzügigkeit, vor allem wenn sie sich mit einigen ihrer Freundinnen verglich. Insbesondere zwei, Iris Tree und Nancy Cunard, nutzten offenbar den Krieg als Vorwand, um sich über jegliche gesellschaftlichen Konventionen hinwegzusetzen. Obwohl einige Jahre jünger als Diana, mischten sie sich unter das wildeste Völkchen und verkehrten im Café Royal und im Restaurant Eiffel Tower in Soho. Heimlich mieteten sie ein Studio im Künstlerviertel Fitzrovia, wo sie zügellose Partys gaben und Schäferstündchen mit fremden Männern abhielten.

Diana fühlte sich von solchem Verhalten abgestoßen, fand es naiv und übertrieben. Als sie das Studio besuchte, war sie entsetzt über dessen verkommenen Zustand – die Betten ungemacht und der Boden vom Abfall der letzten Party übersät: leere Champagnerflaschen (mit abgebrochenem Hals, um sich die Mühe des Entkorkens zu sparen), überquellende Aschenbecher und im Badezimmer Spuren von Blut, Sperma und Erbrochenem. Dennoch war sie unwillkürlich beeindruckt von der Zahl der Liebhaber, mit denen Nancy und Iris dort offenbar verkehrten. »Sie sind mutiger als ich – sie ergreifen die Gelegenheit und zerdrücken sie am Gaumen, ganz gleich welchen Nachgeschmack sie hinterlässt, und sie sind glücklich dabei, während ich hungrig bleibe, stets zögerlich und darauf bedacht, meinen Sockel aus Eis zu wahren.«[59] Sie fühlte sich alt und nicht normal. Eine leidenschaftlichere Frau hätte sich Duffs Verführung sicher längst hingegeben, hätte bestimmt auch mit Raymond geschlafen, als sich in Folkestone die Gelegenheit dazu bot.

Aber eine solche Gelegenheit würde es nie wieder geben, denn Raymond wurde am 15. September 1916 in der Schlacht an der Somme erschossen, als er seine Männer aus einem Unterstand führte. Sein Leben war nur eines von Hunderttausenden, die beim sinnlosen Blutbad jenes Sommers geopfert wurden. In ganz Europa erhielten Frauen Briefe und Telegramme mit der Nachricht, dass ihre Männer, Söhne und Geliebten gefallen waren. Doch Diana konnte nur an Raymond denken. Der Schmerz überwältigte sie: »In meinem Kopf dreht sich alles und es schreit ununterbrochen: ›Raymond getötet, mein göttlicher Raymond getötet‹.«[60] Nach dem Tod anderer Freunde hatte sie ein paar grausame Stunden lang geweint und war dann stoisch zu ihren Pflichten als Pflegerin und zur allabendlichen Tarantella des Vergessens zurückgekehrt. Doch der Verlust von Raymond war unerträglich.

Diana hatte früher schon gelegentlich an depressiven Verstimmungen gelitten – Tage von unerklärlicher, düsterer Lustlosigkeit –, doch nun setzte sich die Trauer in ihr fest wie ein Gift, eine »abscheuliche Niedergeschlagenheit«, die ihr den Schlaf und die Konzentration raubte.[61] Diesmal konnte auch Duff ihr nicht helfen. Er hatte sie dazu gebracht, ihm zu erklären, weshalb Raymonds Verlust so besonders schmerzlich war, und obwohl das Eingeständnis von Dianas heimlicher Liebe ihn »rührte und erstaunte« – er selbst hatte Raymond sehr geschätzt –, wurde sein Mitgefühl schließlich doch von Eifersucht und Groll verdrängt.

Er zog sich innerlich zurück; mitleidlos stellte er fest, dass die Trauer Diana »müde und abgespannt« aussehen ließ, und ihre sexuelle Zurückhaltung machte ihn ungeduldig. Ihn quälte die Frage, welche Liebkosungen sie Raymond gestattet hatte, ihm jedoch versagte. Als sie ungeschickt erklärte, dass sie ihn »unter den Lebenden« natürlich am meisten liebe, wurde er wütend. »Wie«, verhöhnte er sie, solle er »wissen, ob das stimmt«, solange sie nicht zuließ, was er begehrte.

Eigentlich verbrachten die beiden nun mehr Zeit allein miteinander: Sie dinierten in Duffs kleiner Wohnung in der St. James's Street, spazierten durch die Londoner Straßen und unternahmen Landpartien mit Picknicks, die Diana liebevoll vorbereitet hatte. Und doch verdarben ihre ständigen Streitereien solche Anlässe, und Mitte November 1916 schlug Diana vor, sich besser zu trennen: »Duff, Liebster, ich kann es nicht ertragen, dass Du mir in meinen schweren Stunden so gar nicht beistehst und keine Geduld mit meiner Erschöpfung hast. Ich kann nicht mal in Ruhe daliegen, ohne dass Du zornig wirst, wenn ich Dir Deine Wünsche manchmal abschlagen muss.«[62]

Sie vertrugen sich wieder, doch die Reibereien hielten an. Als Duff in einer einzigen Partie Baccara 170 Pfund verlor, erklärte sie ihm verzweifelt, ihre Beziehung könne nun endgültig »nicht mehr dieselbe sein wie zuvor«.[63] Als Patrick Shaw-Stewart seine Heiratsabsichten bekräftigte, reagierte Duff mit gleichgültigem Schulterzucken und fragte sich bereits, ob er gerade dabei war, sich in eine andere Frau zu verlieben.

Doch im Juni 1917 klammerten Diana und er sich verzweifelter aneinander denn je. Die dezimierte britische Armee sah sich gezwungen, die Wehrpflicht einzuführen, und sogar Männer im Staatsdienst wurden eingezogen. Einer davon war Duff. Als er die Nachricht bekam, konnte er eine Welle wilder Euphorie zunächst nicht unterdrücken. Während andere kämpften und starben, hatte er hinterm Schreibtisch gesessen und sich »nach den Erfahrungen und Abenteuern gesehnt, die sich den anderen boten«.[64] Bei aller Begeisterung wusste er, dass seine Überlebenschancen schlecht standen, und der Gedanke, Diana womöglich niemals wiederzusehen, gab seiner Liebe und Zärtlichkeit neue Intensität. Dianas Reaktion war ähnlich; die Angst, Duff zu verlieren, löschte den Nachklang ihrer

Trauer um Raymond aus. Geschult im beklemmenden Kalkül des Krieges, rechnete sie sich genau aus, wie viel gemeinsame Zeit ihnen noch blieb: »Ich wusste, dass er bald mit der Kadettenausbildung beginnen würde und ich ihn vor seinem Aufbruch nach Frankreich kaum noch sehen konnte, und dann, mit viel Glück, vielleicht noch ein-, zweimal auf Fronturlaub und dann womöglich nie, nie, nie wieder.« Und in tiefer Besorgnis um ihre eigene Gemütsverfassung fragte sie sich: »Wer sorgt dafür, dass ich nicht den Verstand verliere«, wenn er fiel; und fallen würde er, dessen war sie sich sicher.[65]

Tatsächlich blieb Diana eine neunmonatige Gnadenfrist, bevor Duff an die Front geschickt wurde. Am 28. April, nachdem er mit anderen frisch rekrutierten Grenadieren von den Chelsea Barracks zum Bahnhof Waterloo marschiert war, schrieb sie ihm tapfer, sie bewundere »seine großartige Haltung«, und schilderte die Tränen, die sie vergossen hatte, während »der große Stolz meine vollkommene Liebe einmal mehr bestätigt«.[66] Doch als sie dann, in London zurückgeblieben, auf seine ersten Briefe aus Frankreich wartete, fühlte sie sich nur »lustlos und gelähmt«.

Der Krieg war zu einer »blind mordenden Tretmühle ohne absehbares Ende« geworden.[67] Eine ganze Generation wurde vernichtet für einen Zweck, der sich nur wenigen erschloss (allein das Rutland-Anwesen hatte über zweihundert Gefallene zu beklagen). Die Hornstöße, die ein militärisches Begräbnis begleiteten, waren allgegenwärtig, und im ganzen Land wurden Schreine für zivile Opfer errichtet, besonders in dem vom Feind bombardierten London.

Die zu Beginn des Krieges von Zeppelinen abgeworfenen Bomben hatten vergleichsweise geringen Schaden angerichtet. In Dianas Kreisen war es angesagt, bei solchen Anlässen »das Glas zu erheben und [sie] durch Lachen zu übertönen«, ja man freute sich, wenn man einen Luftangriff beobachten konnte. Aus sicherer Entfernung war es ein faszinierendes Spektakel, den Suchscheinwerfern zuzusehen, wenn sie den Himmel nach den riesigen silbernen Maschinen des Feindes absuchten; dann krachte die Explosion, gefolgt von auflodderndem Feuerschein. Inzwischen waren die Luftangriffe seltener geworden, dafür war die tödliche Last der neuen Generation deutscher Bomber, die Gothas und Giants, umso größer. Als Diana eines Tages im September 1917 in die Arlington Street kam, fand sie sämtliche Fenster zertrümmert und »einen Krater von der Größe eines halben Tennisplatzes, nur knapp zehn Meter entfernt im Park« vor.[68] Und als sie im Mai 1918 in einen Luftangriff geriet, ließ sich der Schreck nicht mehr einfach »weglachen«. Während albtraumhafter drei Stunden war sie zwischen lauter fremden, kauernden Menschen eingezwängt: »Die Luftabwehrstellung an der Tower Bridge erschütterte uns bis ins Mark, und in der Dunkelheit zogen in einer langen Reihe die Toten und Verwundeten vorbei.«[69]

In diesem vierten Kriegsjahr beobachtete Diana, wie sich eine gewisse Verrohung in England breitmachte. In den düsteren, zerbombten Straßen blühten »Diebstahl und Laster«.[70] Kriegsdienstverweigerer waren schon immer das Ziel von Angriffen gewesen, doch nun wurden auch Homosexuelle, moderne Maler, Dichter und Ausländer als potenzielle Verräter gebrandmarkt. Und die gegen Ausländer erlassenen Gesetze wurden rigoros umgesetzt: Rudolph Stulik, der österreichische Besitzer des Eiffel Tower, war interniert worden, und Duffs Freundin Olga Lynn, die in Deutschland geboren war und mit richtigem Namen Loewenthal hieß, lebte in ständiger Angst vor Abschiebung.

In dieser tristen Atmosphäre behauptete Noel Pemberton Billing auch noch, eine Gruppe sittenloser Aristokraten, Maler, Juden, Intellektueller und Anhängerinnen von Maud Allans Klitoris-Kult seien vom deutschen Geheimdienst als Ziele für Erpressung und als potenzielle Verräter oder Spione ins Auge gefasst worden. Das löste einen Skandal aus – Allan strengte eine Verleumdungsklage gegen Billing an –, und viele in Dianas Umfeld fürchteten, auf der Liste des Abgeordneten zu stehen. Diana selbst erhielt einen Brief von einem Mann, der behauptete, er habe Beweise gegen sie »in Verbindung mit einem Fall, der jetzt im Zentrum der öffentlichen Aufmerksamkeit steht«.[71]

Die ganze Sache entbehrte nicht einer makabren Komik, wie Diana am 5. Juni an Duff schrieb. Die Herzogin glaubte weiter standhaft an Allans Keuschheit: »Ihren Grundsätzen gemäß ist sie überzeugt, dass es unter Frauen kein Laster geben kann.« Noch komischer war die folgende Episode: »Lord Albemarle trat in den Ring und sagte: ›Habe noch nie von diesem griechischen Kerl namens Klitoris gehört, von dem jetzt alle reden‹.«[72]

Leider waren nur noch wenige übrig, mit denen sie über den Scherz lachen konnte. Im Januar 1918 waren zwei der letzten mit ihr befreundeten Offiziere, Edward Horner und Patrick Shaw-Stewart, gefallen, und die Korrespondenz mit Duff wurde immer sporadischer. In den langen Pausen zwischen den Briefen fürchtete sie, er sei verwundet oder gar tot. Und selbst in den eingehenden Briefen ließen die Schwärzungen der Zensoren Raum für die Vorstellung unaussprechlicher Gräuel. Zur Ablenkung stürzte Diana sich in die Arbeit. Bald nach Duffs Abreise meldete sie sich ein zweites Mal für einen Einsatz im Guy's. Es war zwar nur für einen Monat – ihre Mutter hatte weiterhin starke Vorbehalte gegen Dianas Arbeitseinsatz in einem öffentlichen Krankenhaus –, aber als zeitweilige Ablenkung funktionierte es. Vor lauter Erschöpfung kam sie gar nicht zum Nachdenken, und das Leid der Patienten relativierte ihren eigenen Schmerz. Während dieser Zeit pflegte sie Kinder mit schwersten Verbrennungen und musste ihnen heißes Wachs auf die offenen Wunden gießen – die damals gängige Behandlungsmethode. Die erbärmlichen Schmerzensschreie der Kleinen gingen ihr durch Mark und Bein, aber in diesen Wochen lernte sie, wie sie später berichtete, nicht zu weinen.

Während dieser trostlosen Zeit lebte Diana von einem Tag auf den anderen, war inzwischen aber überzeugt, dass sie nach Kriegsende mit Duff zusammen sein wollte. Früher hatten sie übers Heiraten allenfalls gescherzt, keiner war sich seiner Gefühle ausreichend sicher gewesen, nun jedoch schwor sich Diana: »Wenn ihn der Tod verschont, dann werden wir unser Leben gemeinsam leben.«[73] Und sie schwor sich auch, nicht länger auf die Vorbehalte ihrer Mutter zu hören, wenngleich sie wusste, dass das nicht einfach werden würde.

Die Herzogin betrachtete die wachsende Nähe zwischen Diana und Duff in der Tat mit Sorge und hatte sogar bei ihren Freundinnen sondiert, ob es Verlobungsabsichten gebe. Bei Katherine Asquith beklagte sie sich, dass sie keine Nacht schlafen könne aus Angst, ihre Tochter könnte »diesen schrecklichen Duff heiraten«.[74] In den Augen Violets war er in so vielerlei Hinsicht schrecklich, dass er als Heiratskandidat nicht mal ansatzweise in Frage kam. Sein Vater, der verstorbene Sir Alfred Cooper, war ein bedeutender Chirurg und Freund von König Edward VII. gewesen, aber sein Fachgebiet – Geschlechtskrankheiten – ließ sie vor Abscheu erschaudern.* Duffs Mutter stammte aus guter Familie, war jedoch in Ungnade gefallen, weil sie ihren ersten Ehemann verlassen und offen mit einem anderen Mann zusammengelebt hatte. Nachdem dieser gestorben war, verdiente sie sich ihren Lebensunterhalt als Schwesternschülerin. So kam es, dass Alfred Cooper in der Böden schrubbenden Lady Agnes jenes reizende junge Mädchen erkannte, das er in seiner Jugend verehrt hatte, und sie vom Fleck weg heiratete.

* Hätte Violet gewusst, dass man Sir Alfreds Wagen den Spitznamen »Coopers Tripperkarosse« gegeben hatte, wäre sie noch entsetzter gewesen.

Hätte die Herzogin diese romantische Geschichte in einem Buch gelesen, hätte sie sie zweifellos ganz reizend gefunden. In ihrer Familie hingegen wollte sie dergleichen nicht haben. Sie fürchtete, Duff mit seiner Schwäche für Alkohol und Frauen habe die verdorbenen Gene seiner Mutter geerbt, und er besaß auch kein Vermögen, mit dem er diesen Makel hätte wettmachen können. Sein jährliches Einkommen belief sich auf weniger als 1000 Pfund (sein privater Unterhalt plus das Gehalt, das er vom Außenministerium bezog), damit konnte er Diana keinesfalls das Leben bieten, das Violet für ihre Tochter im Sinn hatte.

Sie scharte ihre Freundinnen um sich – Duff sei ein »erbärmlicher Emporkömmling«, meinte Lady Sackville –, doch Diana, die vor dem Krieg vielleicht noch davor zurückgeschreckt wäre, so weit unter den Erwartungen ihrer Mutter zu heiraten, hatte sich verändert. Und sie glaubte, auch die Gesellschaft habe sich verändert. In diesem Sinne schrieb sie an Duff: »In gewisser Weise tragen die Entwicklungen dazu bei, unser mögliches Elend zu kaschieren.« Seit alle mit weniger Bediensteten und Privatautos auskommen müssten, sei es viel schwieriger für die anderen, sie wegen »unsere[r] Armut zu bedauern«.[75]

Sie malte ein tugendhaftes Bild von ihrem zukünftigen Leben. Während Duff gelobte, »die Champagnergläser zu zerdeppern, die Zigarren wegzuwerfen und die Spielkarten zu zerreißen … und sich mit den Gepflogenheiten der Busse und den Feinheiten der U-Bahn vertraut zu machen«,[76] begann sie, die Möglichkeiten des Geldverdienens zu eruieren. Ihre erste Idee war die Eröffnung eines Pflegeheims mit finanzieller Unterstützung von Moore. Duff gegenüber erklärte sie, dies sei eine sehr respektable Art des Broterwerbs, »ohne anrüchig zu sein oder mit Konventionen zu brechen, sodass Ihre Ladyships eigentlich nichts dagegen haben können«. Kurzzeitig spielte sie sogar mit dem Gedanken, mit Unterstützung ihres neuen Freundes, dem Zeitungsmagnaten Max Beaverbrook, eine Passagierfluglinie zu gründen. »Wir müssen unsere Skrupel über Bord werfen«, schrieb sie entschlossen an Duff, »Hauptsache, wir sind glücklich.«[77]

Es war schwer, diesen Optimismus aufrechtzuerhalten, während Duff in Lebensgefahr schwebte, doch allen Wahrscheinlichkeiten zum Trotz überlebte er weiterhin. Anfang Oktober erhielt er eine Auszeichnung wegen Tapferkeit im Felde (Distinguished Service Order) und zwei Wochen Urlaub in Paris. Diana gab ihm die liebevolle Erlaubnis, sich jede Freiheit zu nehmen, um sich von den Strapazen der Front zu erholen: »Du weißt, dass ich Deine Zufriedenheit über die meine stelle«, schrieb sie, zugleich aber bat sie ihn, nicht zu spielen, sich keine Krankheit einzufangen und nicht mit jemandem zu schlafen, den sie kannte (ihre Freundin Diana Wyndham, die Duff schätzte, hielt sich damals ebenfalls in Paris auf).[78]

Kaum zwei Wochen später las sie »berauscht« in *The Times*, dass der Krieg beinah vorüber sei, und Ende Oktober war Duff erstaunlicherweise schon zurück in London und in Dianas Armen. Beide waren überglücklich: »Alles, was ich mir während der letzten sechs Monate erträumt habe, ist wahr geworden«, schrieb Duff in sein Tagebuch.[79] Doch zu viele ihrer Freunde waren umgekommen, als dass sie sich unschuldig hätten freuen können. Den 11. November, den Tag des offiziellen Waffenstillstands, verbrachte Diana pflichtschuldig mit ihrer Familie. Sie konnte den Jubel, der durch die Straßen Londons brandete, kaum ertragen und schrieb: »Wie kann man nach so vielen bitteren Verlusten feiern?«[80]

Sie sorgte sich auch um Duff, der Symptome der Spanischen Grippe zeigte, die auf dem Kontinent wütete. Nachdem sie mit ihrer Mutter im Ritz ein frühes Abendessen zu sich genommen hatte, entwischte sie in seine Wohnung. Die Stimmung war gedrückt: »Statt uns für die Überlebenden zu freuen, kreisten unsere Gedanken nur um die Toten.« Und nicht nur die Erinnerung an ihre gefallenen Freunde dämpfte die Freude der beiden. »Der Krieg war vorbei«, schrieb Diana. »Doch nun musste mein eigener Kampf ausgefochten werden.«[81] Sie und Duff gegen den Willen ihrer Eltern und gegen die Zwänge von Tradition und Gesellschaft.

NANCY CUNARD

KAPITEL 2

Während Diana ihre gemeinsame Zukunft mit Duff plante, war Nancy Cunard dabei, das Gebäude ihrer kurzen, unglücklichen Ehe einzureißen. Nach zwei Jahren mit Sydney Fairbairn, einem Offizier und begeisterten Kricket-Amateur, war ihr das Konzept der Ehe gründlich verleidet. Bereits bei der Hochzeit hatte sie unversehens eine so heftige Abscheu verspürt, dass sie sich den Brautkranz vom Kopf gerissen und ihn auf den Boden geworfen hatte.

Für die meisten Gäste, die sich in der Guards' Chapel versammelt hatten, war der gesamte Anlass von einer unguten Atmosphäre überschattet. Die ganze Zeremonie schien überstürzt arrangiert; es fehlte die große Inszenierung mit Brautjungfern, Pagen und Blumengestecken. Auch die anschließende Familienfeier ging nicht ohne Peinlichkeiten über die Bühne. Lady Maud Cunard war mit ihrem Noch-Ehemann Sir Bache Cunard und mit ihrem Liebhaber Sir Thomas Beecham erschienen. Und in Mauds Haus in Mayfair hatte Nancy, verunsichert und von Champagner berauscht, sich zu besagter Kurzschlusshandlung hinreißen lassen. Sie war gerade im Gespräch mit Evan Morgan, dem elegant liederlichen Dichter, der mit seinem guten Aussehen an Shelley erinnerte, aber eher mäßig begabt war. Nancy hatte ihn einst angehimmelt, was jedoch unerwidert blieb. Vielleicht hatte Evan eine unpassende Bemerkung über die Hochzeit oder über Sydney gemacht, jedenfalls verstummte die Unterhaltung in Mauds aufwändig eingerichtetem Wohnzimmer plötzlich, als sich Nancy wütend den Kranz aus Orangenblüten vom Kopf riss und ihre Haare freischüttelte.

Es war eine klassische Kriegshochzeit. Das Paar hatte sich Anfang 1916 kennengelernt, als Sydney nach England zurückkehrte, um sich von der Schlacht von Gallipoli zu erholen. In seinen glatten, regelmäßigen Zügen war keine Spur dessen zu erkennen, was er durchgemacht hatte. Für die vielen Frauen, die ihn zu jener Zeit umschwärmten, war er das Abbild eines gutaussehenden Offiziers und Gentlemans.

Nancy fühlte sich normalerweise mehr zu fremdländischen, poetischen oder verrufenen Männern hingezogen, doch Sydney war zu einem Zeitpunkt in ihr Leben getreten, als gerade seine sehr englische Solidität eine besondere Anziehungskraft auf sie ausübte. Die ersten Kriegsjahre hatten ihr schwer zugesetzt. Wie Diana hatte sie viele gute Freunde verloren, und wie Diana wurde sie in den erregenden Fatalismus jener Londoner Jahre hineingezogen. Allerdings war Nancy dreieinhalb Jahre jünger, emotional verletzlicher und in heftiger Auflehnung gegen die Erwachsenenwelt begriffen. Für sie war es schwieriger, den Saturnalien der Kriegszeit Grenzen zu setzen, diesen »bis zum Morgengrauen dauernden, wilden Partys … und Besäufnissen im Café Royal Brasserie mit beschwipsten Poeten und den ›Jungs‹ auf Heimaturlaub«.[1] Nach einer Party im Fitz, ihrem Apartment in Fitzrovia, kam es nicht selten vor, dass sie sich in den Armen eines Fremden wiederfand, ohne zu wissen, was sie getrunken und was sie getan hatte.

Als Diana und Duff an einem Julimorgen 1916 ins Fitz kamen, fanden sie Nancy »noch ziemlich durch den Wind« von der vorigen Nacht.[2] Diana war »angewidert und bestürzt«, und auch Nancy schien zu spüren, dass sie Rettung nötig hatte. Sydney mochte zwar kein Interesse haben für die Bücher, die sie las, oder die Leute, mit denen sie verkehrte, doch seine Schultern wirkten breit genug, um ihr Zuflucht zu bieten vor dem Chaos, in das sie sich manövriert hatte.

Außerdem bot er Zuflucht vor ihrer Mutter, die zwar in Sachen Anstandsdamen eine laxere Auffassung hatte als die Duchess of Rutland, aber dennoch streitbar und dominant sein konnte. Nancy genoss ein hohes Maß an Unabhängigkeit, doch finanziell war sie auf die Mutter angewiesen, und Lady Cunard rückte nur dann Geld heraus, wenn sich die Tochter einigermaßen gefügig zeigte, indem sie etwa bei Mauds Dinnerpartys und Opernbesuchen anwesend war und die Tiraden über ihre Fehler geduldig über sich ergehen ließ.

Und diese waren in den Augen der Mutter zahlreich: das häufige Abtauchen in ihr verkommenes kleines Apartment, ihre abwegigen Ideen, ihr schräges Aussehen. Lady Cunard, die sich selbst gepflegt und durchaus modisch kleidete, war entsetzt, wenn Nancy in einem Herrenmantel ins Wohnzimmer schlenderte, der Mund ein blutroter Schlitz in einer Maske aus weißem Puder.

Schon mit achtzehn wollte Nancy unbedingt von zu Hause weg. Doch es wäre ihr nie in den Sinn gekommen, sich wie Diana als Krankenschwester zu melden. Sie war sich schon damals sicher, dass sie Dichterin werden wollte, und das reglementierte Leben des Freiwilligendienstes wäre ihr unerträglich gewesen. Also blieb ihr als Ausweg nur eine traditionelle Lösung. Eine Heirat würde ihre Eltern dazu zwingen, ihr finanzielle Mittel zur Verfügung zu stellen, und sie würde ein eigenes Haus haben, wo sie ohne Einmischung schreiben, Gäste empfangen und träumen konnte.

Der arme Sydney Fairbairn war ein eher zufälliger Posten in dieser Gleichung. Und auch wenn Nancy in klaren Momenten sehr wohl wusste, »dass es idiotisch war«, konnte sie der Befreiung, die sich ihr durch Sydney bot, nicht widerstehen. »Es war Krieg«, schrieb sie später in ihr Tagebuch. »[Ich] tat es und zog es durch, um von Ihrer Ladyschaft wegzukommen und ein eigenes Heim zu haben.«[3]

Ihre Begeisterung für den Plan wurde noch beflügelt durch

das ergötzliche Missfallen, das er bei ihrer Mutter hervorrief. Maud hatte sich für ihre einzige Tochter eine weitaus bessere Partie gewünscht und dabei, ähnlich wie die Duchess of Rutland, keinen Geringeren als den Prince of Wales ins Auge gefasst. Abgesehen davon fürchtete sie, dass Sydney und Nancy überhaupt nicht zueinander passten, und so versuchte sie, im Vorfeld der Hochzeit so subtil, wie es ihr möglich war, bei der künftigen Braut Zweifel zu säen. Doch da überbot sich die Presse bereits mit Berichten über die höchst interessante Verbindung zwischen Mr Sydney Fairbairn, einem Offizier der Royal Bucks Hussars, der »zu den bestaussehenden Männern seines Regiments« zählte, und Miss Nancy Cunard, »dem einzigen Kind schwerreicher Eltern und zweifellos der Fang der Saison«.[4] Und so wurde Nancy, aus einer verqueren Mischung von Ehrgefühl und Halsstarrigkeit heraus, am 15. November 1916 Sydneys Frau.

Rückblickend bezeichnete sie die zwanzig Monate ihres Zusammenlebens mit Sydney nach viel aufgestautem Groll als eine »widerwärtige Zeit«, eine grauenvolle »Zäsur« in ihrem Leben. In den ersten Wochen, als das Paar reiste und Freunde besuchte, gelang es ihr noch, den Abgrund zu überbrücken, der sich zwischen ihnen auftat, doch als im Sommer 1918 Sydneys Bein so weit verheilt war, dass er wieder einsatzfähig war, konnte Nancy seine Gegenwart kaum noch ertragen. Sein Geschwätz über Sport und den Krieg und seine Freunde aus der Armee, die sich im Wohnzimmer ihres kleinen Hauses in Mayfair zusammenfanden, kosteten sie den letzten Nerv. Sie fühlte sich eingesperrter als jemals bei ihrer Mutter. Es war fast unmöglich, sich aufs Schreiben zu konzentrieren, und sie wusste nicht, wie sie ihre Lage hätte ändern können. Nancy war von Natur aus aufbrausend und streitlustig, und ihr war nie vermittelt worden, wie man mit anderen Menschen auskam. Als einziges Kind von Eltern, die so wenig Zeit wie möglich miteinander verbrachten, hatte sie keine Vorbilder, bei denen sie sich hätte abschauen können, wie eine Ehe funktionierte. Das Einzige, was ihr einfiel, war Weglaufen.

Ihre Eltern waren sich 1895 in New York begegnet, wohin Sir Bache sich begeben hatte, um nach einer reichen, gebärfreudigen Frau Ausschau zu halten. Mit seinen dreiundvierzig Jahren schien es ihm höchste Zeit, endlich einen Erben für Nevill Holt, den imposanten Familiensitz in Leicestershire, in die Welt zu setzen, den er von seinem Großvater, dem Großreeder Samuel Cunard, geerbt hatte. Bei seinem geruhsamen Landleben mit Hunden, Pferden und Hobbys hatte Sir Bache bislang keine Gelegenheit gehabt, eine geeignete Frau zu finden. Doch um die stetig steigenden Kosten für den Erhalt von Nevill Holt aufzubringen, griff er zu einer bei der britischen Aristokratie mittlerweile gängigen Methode: Er bot seinen Titel im Tausch gegen amerikanisches Geld.

Miss Maud Alice Burke war für Sir Bache in jeder Hinsicht begehrenswert. Sie war blond, blauäugig, lebhaft und dreiundzwanzig Jahre jung; ihr vogelgleicher Körper, ihre appetitlich rosig weiße Haut, ihr wacher Geist und ihre Wissbegierde ließen die meisten englischen Frauen, die er kannte, daneben schwerfällig und langweilig erscheinen. Was sie unwiderstehlich machte, war jedoch die Tatsache, dass sie eine Aussteuer von zwei Millionen Dollar mitbrachte, mehr als genug, um die bodenlosen Ausgaben für Nevill Holt zu decken. Der normalerweise eher träge, maulfaule Sir Bache stürzte sich kopfüber in das erste sexuelle Abenteuer seines Lebens.

Auch Maud hatte es eilig, unter die Haube zu kommen. Sie war in San Francisco in einer recht unkonventionellen Familienkonstellation aufgewachsen. Ihre Mutter, die ihren Mann verlor, als Maud ein Teenager war, hatte sich mit einer Serie von Beschützern umgeben, und einem von ihnen, dem reichen und kultivierten Geschäftsmann Horace Carpentier, vertraute sie die Erziehung ihrer einzigen Tochter an. Carpentier hatte es sich offenbar zur Gewohnheit gemacht, junge Mädchen als Protegés zu adoptieren, und auch wenn diesen Beziehungen nichts Anrüchiges anhaftete, waren sie dennoch ungewöhnlich. Unter Carpentiers Anleitung entwickelte Maud eine intellektuelle und gesellschaftliche Frühreife, und war im Vergleich zu anderen Mädchen ihres Alters auch sexuell aufgeweckt. Mit einundzwanzig Jahren hatte sie eine Affäre mit dem irischen Schriftsteller George Moore, den sie auf einer Europareise kennengelernt hatte.

Es war eine leidenschaftliche Erfahrung für beide: Moore war fasziniert von Mauds Intelligenz und ihrem ungewöhnlichen, ja provokanten Selbstvertrauen in sexuellen Dingen; Maud ihrerseits begeisterten Moores Weltläufigkeit, sein ausgezeichneter literarischer Ruf und sein offensichtliches Verlangen nach ihr. Und doch war sie keine Angehörige der Bohème. Ihr ging es um Ehrbarkeit und Liebe gleichermaßen, doch schon beim ersten Versuch, sich einen Ehemann zu angeln, saß sie einer fatalen Fehleinschätzung auf: Wieder in Amerika, traf sie den Enkel des verstorbenen Königs von Polen, dessen schwärmerisches Interesse für sie Maud in dem Glauben wiegte, sie stünden kurz vor der Verlobung. Sie ließ entsprechende Gerüchte an die Presse durchsickern, nur um anschließend festzustellen, dass Prinz André Poniatowski ein Auge auf eine andere geworfen hatte, ein Mädchen von höherem gesellschaftlichen Rang. Sie sah sich zu einer beschämenden Richtigstellung gezwungen und litt noch immer unter dieser Niederlage, als sie in New York Sir Bache kennenlernte. Er war weder brillant wie Moore noch majestätisch wie Prinz André, doch sie redete sich ein, dass der schüchterne Funke von Begeisterung in seinen schweren Gesichtszügen auf eine romantische Disposition schließen ließ. Vor allem aber würde Sir Bache Cunard sie zu einer englischen Lady machen.

Kaum ein Jahr später, am 10. März 1896, kam Nancy zur

Welt, und Maud wusste bereits, dass sie einen Fehler gemacht hatte. Doch sie blieb unerschrocken. Mit brutaler Deutlichkeit verkündete sie, Mutterschaft sei »das Letzte – das Allerletzte« und sie wolle nie wieder schwanger werden. Stattdessen plante sie eine glanzvolle gesellschaftliche Karriere, mit Nevill Holt als Bühne.[5]

Das Haus an sich war schön, ein lang gestrecktes graugoldenes Gebäude mit zinnenbewehrten Mauern, Türmen und einem Kreuzgang. Sir Bache war stolz auf dessen vierhundertjährige Geschichte; letztlich war Nevill Holt die Liebe seines Lebens. Maud hingegen fand es überladen und düster, und da es ihr Geld war, mit dem die Instandhaltung finanziert wurde, sah sie keinen Grund, wieso sie es nicht nach ihren Vorstellungen umgestalten sollte. Erbarmungslos warf sie das triste viktorianische Mobiliar hinaus, brachte mit Orientteppichen und moderner Seidenpolsterung Licht und Farbe in die Räume und ließ Wände und Holzverkleidungen überstreichen, einschließlich der historischen Eichentäfelung.

Mauds Renovierung verursachte Sir Bache geradezu körperliche Schmerzen. Er fühlte sich wie ein Fremder im eigenen Haus, umso mehr, als Maud begann, im großen Stil Einladungen zu geben. Sie veranstaltete üppige Dinner, zu denen sie die besten Familien der Gegend bat – auch die Manners standen auf ihrer Gästeliste –, und organisierte für ihre smarten neuen Freunde, die sie von Ausflügen nach London kannte, Wochenendpartys (»Saturday-to-Mondays«, wie sie es nannte). In kürzester Zeit wurde Maud zur Gastgeberin von Schriftstellern wie Eddie Marsh, Max Beerbohm und Somerset Maugham oder führenden Politikern wie Balfour und Asquith. Und bald ließ die Salonlöwin Elsa Maxwell aus San Francisco verlauten, dass es einer »gesellschaftlichen Weihe« gleichkomme, bei der temperamentvollen Lady Cunard zu Gast zu sein.[6]

Sir Bache hatte wenig gemein mit Mauds neuem Freundeskreis. Er mochte ihr lautes, kluges Gerede und ihre laxen Sitten nicht. Die Zimmerverteilung in Nevill Holt war bekannt dafür, Verliebten ungeahnte Möglichkeiten zu bieten. Immer häufiger zog Sir Bache sich in seine Werkstatt zurück, wo er seinem Hobby, dem Kunstschweißen, frönte, oder unternahm längere Jagd- oder Angelausflüge nach Schottland. »Ich verstehe nicht, was in diesem Haus vor sich geht«, sagte er, als er einmal früher als erwartet zurückkehrte und die Party noch in vollem Gang war. »Aber es behagt mir nicht.«[7]

Auch Maud war häufig unterwegs, zum Shoppen, auf Reisen oder zu diskreten Rendezvous mit den vielen Männern, die als ihre Liebhaber galten. Während beide Elternteile ihre eigenen Wege gingen, saß die kleine Nancy in der Kluft zwischen ihnen fest. Für Kinder ihres Standes war es zwar normal, von Nannys und Gouvernanten beaufsichtigt zu werden, nicht aber, gänzlich ohne Familienleben aufzuwachsen. Diana Manners war in einer Schar von Geschwistern, Freunden und Verwandten groß geworden und hatte eine fürsorgliche, wenn auch gelegentlich etwas verhuschte Mutter gehabt. Nancy hingegen wurde über Wochen, ja Monate allein gelassen und hatte nur Personal um sich. Ein frühes Foto zeigt die Fünf- oder Sechsjährige, wie sie in der großen Eingangstür von Nevill Holt steht, eine winzige Gestalt fast erdrückt von der Grandezza ihrer Umgebung.

Selbst wenn beide Eltern zu Hause waren, sah Nancy sie kaum, außer zu der festgesetzten Stunde, in der sie im weißen Spitzenkleidchen nach unten geführt wurde, um über ihre Fortschritte im Schulzimmer ausgefragt zu werden. Nancy wusste von den wenigen Kindern in ihrem Umfeld – ihren Cousins Victor und Edward und den Manners-Kindern in Belvoir –, dass es in anderen Familien anders zuging, und bildete sich ein, ihre Eltern würden sie mehr lieben, wenn sie ein Junge wäre. Wenn Maud ihr aus der stets geöffnet neben ihr stehenden Schachtel eine Praline anbot, wandte sie manchmal das Gesicht ab; Liebkosungen wären ihr lieber gewesen als Süßigkeiten.

Später beschrieb sie sich als einzelgängerisches, einsames Kind, »das sich oft im Stillen fragte, wie das Leben wohl werden würde«.[8] Sie wusste die riesigen leeren Räume um sich nicht zu füllen, es sei denn mit wachsender Rebellion und mit Fluchtfantasien. Und sie wurde umso wütender und einsamer, als die bestens beleumundete, legendäre Zuchtmeisterin Miss Scrath als Gouvernante in ihr Leben trat.

Sie tauchte eines Tages auf, als Nancy ungefähr neun war, und löste die fröhliche junge Französin ab, die Nancy so geliebt hatte, die Lady Cunard aber für ineffektiv hielt. Die Zeugnisse, die Miss Scrath mitbrachte – darunter auch eines von der Mutter von Vita Sackville-West –, wiesen sie als hervorragende Lehrerin aus. In Nancys Augen war sie eine Tyrannin, die ihr mithilfe ihres Stahllineals französische Verben und Jahreszahlen einbläute, jeden Morgen kalte Bäder und Porridge zum Frühstück anordnete und Nancys liebste Freiluftbeschäftigungen, etwa das Paddeln auf dem Weiher unweit des Hauses, einschränkte.

Scrath wurde zum Monster, dem ersten von so vielen in Nancys Leben, und ihr Regiment legte in ihr den Grundstein für einen unversöhnlichen Hass gegenüber jeglicher Autorität. Für den Rest ihres Lebens würde sie Nahrung mit Strafe verbinden, verfolgt vom Anblick kalt gewordener Speisen auf ihrem Teller, denn Miss Scrath bestand darauf, dass sie erst aufstehen durfte, wenn sie alles aufgegessen hatte. Der Hass auf die Gouvernante brachte sie dazu, sich in ihre eigene Vorstellungswelt zurückzuziehen; sie las ununterbrochen und schrieb heimlich Geschichten und Gedichte. Im Park schuf sie sich eine Welt aus ungestörten Orten: ein hohler Baum, ein Graben, in dem sie ihre Schätze versteckte – ein besonders geformter Stein oder eine hübsche Glasflasche.

Ihr engster Vertrauter während dieser Kinderjahre war

George Moore oder GM, wie Nancy ihn mit der Zeit nannte. Obwohl er und Maud längst kein Liebespaar mehr waren, blieb er ein regelmäßiger Gast in Nevill Holt und wurde zu einer Art Ersatzvater für Nancy. Sir Bache liebte seine Tochter, aber es war eine unbeholfene, ratlose Liebe. Er wusste nicht, worüber er mit ihr reden sollte, außer über Pferde – auf sein Betreiben lernte Nancy reiten, kaum dass sie laufen konnte, und im Alter von sechs Jahren erhielt sie bei ihrer ersten Jagd die »Blutweihe«.

GM hingegen plauderte die ganze Zeit. Auf seine umgängliche, redselige Art fragte er Nancy nach den Büchern, die sie gerade las, und nach ihren kindischen, selbst verfassten Gedichten. Bei schönem Wetter nahm er sie mit auf lange Spaziergänge in den Park und die ländliche Umgebung. Sie waren ein merkwürdiges Paar – die kleine Nancy in den absurd schicken Outfits, die Maud ihr aufzwang, GM in Bowler und eng geschnürten Stiefeln –, aber für Nancy war er ihr »erster Freund«, und als sie alt genug war, um die allenthalben (zu Unrecht) kursierenden Gerüchte zu verstehen, dass er ihr leiblicher Vater sei, wünschte sie sich fast, es wäre wahr. Auch Moore mochte Nancy sehr gern und sorgte sich, dass sie nicht glücklich war. Sosehr er Maud verehrte, wusste er doch, dass sie keine gute Mutter war, und es beunruhigte ihn zutiefst, wenn Nancy mit irritierender Gelassenheit verkündete: »Aber ich *mag* Ihre Ladyschaft nicht.«[9]

Dennoch sehnte sich Nancy nach der Nähe ihrer Mutter. Wenn Maud unterwegs war, schien das Leben wie ausgesetzt: »Es wird ziemlich fad werden«, schrieb sie in ihr Tagebuch, nachdem sich die Mutter mal wieder zu einer längeren Reise verabschiedet hatte, »und es wird nicht viel los sein.«[10] Nach Mauds Rückkehr begann sich das Haus dann wieder zu beleben, mit Wochenendpartys, Tennismatches, Croquet- und Bridgepartien und »schönen, aufregenden Damen … in schillernder Seide und gestreiftem Taft«.[11] Nancy liebte es, den Erwachsenen nachzuspionieren, und hatte ihre speziellen »Aufgaben«: Sie musste nachsehen, ob in den Gästezimmern ausreichend russische Zigaretten, Bücher, Süßigkeiten, Briefpapier und Blumen vorhanden waren. Falls es Maud gerade einfiel, ihre Tochter vorzuzeigen, war Nancy mit Feuereifer dabei. Sie ließ sich als Velázquez' Infantin in schwarzen Samt und Spitze kleiden oder posierte für einen von Mauds Bildhauerfreunden mit einer kleinen Morgenhaube auf dem Blondhaar und einer Eule auf der Schulter als »Seele der Kindheit«. Willig spulte sie ihren altklugen Wissensvorrat ab. Manch einer belächelte nachsichtig das abgerichtete Äffchen mit den scharfen Zügen, andere fanden, ihre Frühreife grenze ans Monströse. Als Nancy älter war, durfte sie gelegentlich mit ihrer Mutter nach London ins Theater oder in die Oper. Eddie Marsh war mit von der Partie, als sie ihre erste Aufführung von *Figaros Hochzeit* sah, und erschrak über ihre erstaunlich erwachsene Reaktion auf die Darbietung: »Zwischen den Akten sagte Nancy in ihrer hohen, tonlosen Quietschstimme: ›Der Graf ist genau wie Georg der Zweite. Die Gräfin würde ich ein bisschen später ansetzen – so um 1790.‹ Was ist nur aus den Kindern geworden?«[12]

Aufmerksam und klug, wie sie war, schnappte Nancy auch anderes Erwachsenenwissen auf. Bereits als Teenager erkannte sie, wie öde die Ehe ihrer Eltern war, vor allem nachdem sie mitbekam, dass es zwischen ihren Hausgästen oft heftig funkte. Als Maud der fünfzehnjährigen Nancy eröffnete, sie beide würden von nun an in London leben, war ihr klar, dass ihre Mutter in der Nähe ihres Liebhabers, des Dirigenten Thomas Beecham, sein wollte.

Thomas war höchst musikalisch, klug und reich – sein Großvater hatte mit der Herstellung von Leberpillen ein Vermögen gemacht –, und er war auch sonst alles, was Sir Bache nicht war. Für die Scheidung war Maud noch nicht bereit, doch sie wollte so nahe wie möglich bei ihrem Liebhaber sein, und mietete als Stadtresidenz ein großes Haus am Cavendish Square.*

Nancy war unglücklich über den Abschied von Nevill Holt. Sie hing an der Schönheit des Hauses und der umgebenden Wälder. Sie liebte ihren Vater trotz seiner distanzierten Art und fand es falsch, dass Maud ihn zugunsten von Thomas Beecham verließ, einem Mann, den Nancy nicht lieben konnte und niemals lieben würde. Andererseits hatte sie sich jahrelang vorgestellt, wie es wohl sein würde, wenn sie endlich dem Schulzimmer und dem Minenfeld der elterlichen Ehe entkam. Und als sie im Herbst 1912 nach München geschickt wurde, teils um ihr Deutsch zu verbessern, teils um der Mutter freie Bahn mit Beecham zu geben, spürte Nancy zum ersten Mal den verheißungsvollen Reiz der Veränderung. Die Familie, bei der sie unterkam, war nett, und die Eltern behandelten sie so herzlich wie ihre eigenen Kinder. Noch überraschender war das Maß an Freiheit, das man ihr gewährte. Nancy war als enorm belesene, fantasievolle, aber emotional ausgehungerte Sechzehnjährige in München angekommen. Als sie die Stadt verließ, fand sie, sie sei »zur Frau geworden« und habe »das Erwachsenenleben gekostet«.

Weniger erfreulich waren die Monate, die sie in einem vornehmen Mädchenpensionat in Paris verbrachte. Mit siebzehn fühlte Nancy sich zu alt für die »kindischen« Lektionen und Regeln, mit denen sie dort traktiert wurde, und verordnete sich stattdessen ein strenges, systematisches Lesepensum in russischer Literatur.[13] Aber obgleich sie zu ihrer Enttäuschung die ganze Zeit unter strikter Bewachung von Anstandsdamen stand, blieb ihre Vorstellungskraft nicht unbeeindruckt von der Romantik dieser Stadt. »In diesen Straßen fand ich meinen Mystizismus«,[14] schrieb sie an GM und schilderte ihm ihre Begeis-

* Es war die Privatresidenz der Asquiths, die leer stand, nachdem Herbert Henry Asquith 1908 zum Premierminister berufen worden war.

terung für das Labyrinth der engen, alten Gässchen im Quartier Latin und ihren Besuch im Café de la Nouvelle Athènes, wo Moore sich einst mit Künstlern wie Manet getroffen hatte.

Nancy schwor sich, allein nach Paris zurückzukehren, doch im folgenden Sommer nahm Maud sie mit nach Venedig, die Stadt, die zu ihrer zweiten Liebe werden sollte. Diana Manners und ihre Mutter stiegen in dem Palazzo ab, den Maud gemietet hatte, und viele von Dianas Freunden waren ebenfalls nach Venedig gekommen, darunter Duff Cooper und seine Schwester Sybil, Raymond und Katherine Asquith, Billy Grenfell und Denis Anson. Sie alle waren Mitglieder der Corrupt Coterie. Nancy kannte diese jungen Frauen und Männer, zumindest vom Hörensagen, und war fasziniert von ihrem klugen Geplauder und ihrem Humor. Zu ihrer Freude ließen die Älteren sie im Kielwasser ihrer Brillanz mitschwimmen, wenn sie nackt im Meer badeten, in haarsträubender Kostümierung durch die Straßen zogen und in den Bars am Lido Cocktails tranken.

In diesen Ferien war Nancy zum ersten Mal längere Zeit mit anderen jungen Leuten zusammen und gewann zusehends an Selbstvertrauen. Als sie an den Cavendish Square zurückkehrte, war sie bereit, sich auf das Londoner Leben ihrer Mutter einzulassen, und neugierig darauf. Maud hatte einen Riecher für alles, was neu und interessant war. Sie war aufgeschlossen für die Veränderungen in der Kunst- und Musikszene* und erkannte (anders als Violet) die Bedeutung von Ragtime und Nachtklubs. Und sie wusste sich diese Veränderungen zunutze zu machen: indem sie sich selbst zum Mittelpunkt des neuen, modernen Londoner Lebens stilisierte und sich so ihre Nische als Gastgeberin schuf.

* In dieser Hinsicht war sie aufgeschlossener als Diana und die meisten Mitglieder der Coterie, die sich über die extremeren intellektuellen Trends der Avantgarde eher lustig machten.

Eine von ihrem Mann getrennt lebende Amerikanerin würde niemals Zugang zu den höchsten Kreisen der britischen Gesellschaft haben, und Maud war sich sehr wohl bewusst, dass die Königin persönlich ihre öffentlich ausgetragene Affäre mit Beecham missbilligte. Ihr war es egal, wenn die meisten Herzoginnen einen Bogen um sie machten, sie scharte stattdessen die intellektuelle Elite um sich. Ihr Kreis bestand aus einer kühnen Mischung von etablierten Persönlichkeiten wie Beecham und Djagilew und radikaleren Ikonoklasten wie dem Schriftsteller und Künstler Wyndham Lewis, der Mauds besonderer Liebling wurde. Inspiriert von Marinettis futuristischer Bewegung und dem Geist der europäischen Avantgarde, hatte Wyndham in jenem Herbst einen ziemlichen Wirbel gemacht mit einem »düster verstörenden, geometrischen« Bild für einen Wohltätigkeitsball.* Es zeigte Eddie March in einer spitz zulaufenden Röhre mit einer Schachtel auf dem Kopf.[15] Maud nutzte den Hype und beauftragte Lewis, eine Serie mit postimpressionistischen Figürchen zu entwerfen, die sie als Geschenke an ihre Gäste verteilen konnte.

Ein weiterer Protegé von Maud war der amerikanische Dichter Ezra Pound, der Nancy bei ihrer ersten Begegnung mit seinem fuchsfarbenen Bart, dem weiten schwarzen Umhang, dem breitrandigen Hut und der karierten Hose schwer beeindruckte. Er sah genau so aus, wie sie sich einen Dichter vorstellte, und während sie mit gespitzten Ohren und großen Augen der vollmundigen, lebhaften Unterhaltung von Mauds klugen jungen Männern lauschte, erhaschte sie einen ersten Blick auf die Welt der Künste und Ideen, der sie eines Tages selbst angehören und zu der sie selbst beitragen würde.

* Es war der von Lady Muriel Paget in der Albert Hall organisierte »Picture Ball«. Besonders gefragt war damals Filippo Tommaso Marinetti, der in London eine Serie von Lesungen hielt, bei denen er auch seine kakofonen »phonetischen Gedichte« über den Sieg von Adrianopel vortrug.

Auch das Verhältnis zur Mutter veränderte sich. Maud konnte man nur schwer lieben: Sie blieb stets kritisch und unterkühlt, und was sie an Wärme und Energie zu geben hatte, investierte sie lieber in die Beziehung zu Beecham und in ihr gesellschaftliches Leben als in ihre Tochter. Doch mittlerweile erkannte Nancy ihre Qualitäten. Maud ließ ihr ungewöhnlich viel Freiheit, sie konnte London erkunden und sich mit ihren Freunden treffen, und ihre Interessen waren eindeutig von der Mutter beeinflusst: Sie liebte Bücher, Bilder und Reisen und bewies stets Geschick bei der Wahl ihrer Kleidung.

Maud hatte ihre Tochter immer schon gern herausgeputzt, doch nun, da Nancys achtzehnter Geburtstag näher rückte, war sie ein noch dankbareres Objekt. Mauds hübsche Zartheit und Sir Baches schlaksige Größe hatten sich bei ihr zu einer eigentümlichen Schönheit verbunden. Sie war schlank, hatte lange Beine und lange, elegante Hände, ein schmales, aber fein ziseliertes Gesicht mit blasser, fast durchscheinender Haut, und ihr Haar war dicht und von rötlichem Gold. Iris Tree erinnerte sich, dass Nancy schon als ganz junge Frau »eine kristallene Qualität besaß, fast spröde, aber auf graziöse Weise ungestüm und von einer überheblichen Rebellion und Tapferkeit«.

Auf jeden Fall hatte sie die Figur für die neue Mode: Anfang 1914, in ihrem wichtigen Jahr als Debütantin, hatte Maud sie nach Paris geschleppt, um die Garderobe für Nancys erste Saison zusammenzustellen – neue Kleider für Bälle und Gartenpartys, Hüte für Ascot und einen neuen Leopardenfellmantel. (Bei dieser Gelegenheit ließ Maud das gleiche Modell für sich anfertigen.) Oberflächlich betrachtet sahen sich Mutter und Tochter ähnlich – beide blond, beide exquisit gekleidet –, doch selbst bei dieser seltenen gemeinsamen Einkaufstour zeigte Nancy Zeichen von Unnachgiebigkeit. Während Maud ihr große, mit Blumen verzierte Hüte und weibliche Farbtöne einreden wollte, wie sie selbst sie bevorzugte, bestand Nancy auf Baskenmützen und Turbanen und auf Kleidern in schrillen, gewagteren Farben und mit klarer Silhouette.

Das waren jedoch noch harmlose Scharmützel; in den folgenden Monaten wurden ihre Auseinandersetzungen häufiger und grundsätzlicher. Vor allem an Nancys ersten gesellschaftlichen Auftritten schieden sich die Geister. Maud wollte die Tochter ins beste Licht rücken und hatte dabei sowohl ihren eigenen Ruf als auch Nancys Heiratsaussichten im Blick; Nancy hingegen fand, das Ganze sei eine alberne Farce. Ihre Präsentation bei Hof ließ sie schmollend über sich ergehen; sie musste ein sittsames zartrosa Kleid tragen und lange anstehen, um vor der Königin ihren Knicks machen zu dürfen. Die Debütantinnenpartys langweilten sie bald und nur zu offensichtlich; sie sah keinen Sinn darin, wenn, wie sie sagte, dasselbe Tanzorchester für dieselben jungen Damen und langweiligen Herren aufspielte, deren nichtssagende Gesichter ihr ebenso verhasst waren wie »die geistlose Konversation beim Abendessen über Hortensiengestecke hinweg«.[16]

Auch Diana war von ihrer Saison gelangweilt gewesen, aber viel geübter im Umgang mit solchen Ritualen. Nancy hingegen sah keinen Grund, ihren Widerwillen zu verbergen, vor allem nachdem sie, unter Auslassung des für die Debütantinnen vorgesehenen Früchtecocktails, einige Gläser Champagner hinuntergestürzt hatte. Zu ihrer Freude und Mauds Bestürzung erhielt sie keine Einladung zum wichtigsten Ereignis des Veranstaltungskalenders, dem Ball von Queen Charlotte. Und je renitenter Nancy wurde, desto mehr trübte sich die Beziehung zu Maud ein. Sie fand es heuchlerisch von ihrer Mutter, dass sie an einem so bedeutungslosen Ritual festhielt und zugleich mit ihrer Verbindung zu Radikalen wie Lewis und Pound prahlte.

Die Beziehung, die sie im Lauf des vergangenen Jahres aufgebaut hatten, begann zu bröckeln, und Nancy distanzierte sich immer mehr von Maud. Ihre Rebellion war keine Ausnahme, viele junge Frauen – Diana eingeschlossen – verspürten den Drang, sich gegen ihre Mütter abzugrenzen. Sie war Teil der Aufbruchsstimmung, die unmittelbar vor dem Krieg in London herrschte. Doch Nancy zehrte von einer langen Vorgeschichte an Missgunst und Ablehnung, und ihre Bitterkeit gegenüber Maud war viel grundsätzlicher als Dianas Ungeduld mit Violet. Um diese Zeit spielte sie mit einer Gruppe von Freunden eines Abends nach dem Essen das Gesellschaftsspiel »Wahrheit«, bei dem jeder die Person nennen sollte, die er am liebsten zur Tür hereinkommen sähe. Mit flacher, schneidender Stimme sagte Nancy: »Lady Cunard, *tot*.«[17]

Im Laufe des Sommers 1914 inszenierte sie allerlei kleine Akte der Rebellion. Sie kam zu spät zu den Abendgesellschaften ihrer Mutter und drückte sich vor ihren gesellschaftlichen Verpflichtungen als Debütantin. Manchmal schloss sie sich Diana und ihrem Kreis an und trank und tanzte mit ihnen im Golden Calf, aber noch lieber traf sie sich mit ihrer neuen besten Freundin, Iris Tree. Iris und sie kannten sich seit Jahren, waren zu denselben Kindergeburtstagen und auf dieselbe schicke Mädchenschule in London gegangen, die Nancy zumindest zeitweilig besucht hatte. Damals hatte Iris Nancy steif und abweisend gefunden, und Nancy war von Iris' welpenhaftem Ungestüm eingeschüchtert gewesen. Nun jedoch erkannten sie einander als Geistesverwandte.

Iris, ein Jahr jünger als Nancy, hatte sich als Kunststudentin an der Slade School of Fine Art eingeschrieben. Sie lief in Bauernkitteln herum, die in Roger Frys Omega Studio gewebt worden waren, und trug ihr weißblondes Haar in einem kurzen Pagenschnitt. Nancy, deren Haar noch lang war, bewunderte diese kühne Alternative zu den aufwendigen Pompadour-Frisuren oder lockeren griechischen Haarknoten, die die meisten Mädchen ihres Alters bevorzugten. Mehr noch bewunderte sie die Künstler, in deren Szene Iris sie einführte.

Für manche Mädchen aus der Mittel- und Oberschicht bot

die Kunstakademie eine willkommene Fluchtmöglichkeit von zu Hause. Studienplätze an Universitäten waren weiterhin begrenzt (nur etwa tausend Studentinnen besuchten die reinen Mädchen-Colleges in Oxford und Cambridge, und erst ab 1921 war ihnen auch das Führen akademischer Titel gestattet). Selbst Diana, die keinerlei künstlerisches Talent besaß, war ein Semester lang an der Slade School eingeschrieben gewesen, nur um von ihrer Mutter wegzukommen. Iris hingegen stürzte sich begeistert in ihr Studium und den damit verbundenen Lebensstil. Sie hatte sich mit einigen Malern angefreundet, darunter Alvaro »Chile« Guevara und Nina Hamnett, und verkehrte mit den Dichtern Robert Nichols, Tommy Earp, Edward Wyndham Tennant und den Brüdern Sitwell.

Indem Iris eine verzauberte Nancy in ihren Kreis einführte, eröffnete sie ihr zugleich einen neuen Blick auf ein London, dessen Mittelpunkt das Eiffel Tower war. In diesem Restaurant trafen sich seit seiner Eröffnung 1896 Schriftsteller und Maler; geführt wurde es von dem österreichischen Koch Rudolph Stulik. Schon allein die Speisenkarte – aromatisch, knoblauchhaltig und kontinental – versetzte Nancy in eine andere, urwüchsige Welt. An manchen Abenden hielt der symbolistische Dichter Arthur Symons dort Hof, ein Veteran der Fin-de-siècle-Dekadenz mit ausladendem Hut, einem Glas Absinth und schwermütigem Blick. Doch für Nancy barg jeder Abend ein Versprechen, ganz gleich, wer da war. GM verspottete sie wegen ihres neuen Umgangs mit der Bohème und tat deren Gedichte und Malerei als »chaotisch« ab. Doch seine Kritik bestärkte Nancy nur in der Überzeugung, dass sie auch so leben wollte. In ihrem als Erwachsene geschriebenen Gedicht »An das Restaurant E. T.« verklärte sie das Tower und dessen Milieu zu ihrer »fleischlich-geistigen Heimat«; dort genoss man »Witz und Glamour, starken Wein, neue Gerichte« und »die fremd klingenden Sprachen unterschiedlichster Männer«.

Mit Iris zusammen mietete Nancy das Fitz, einen Ort, an

dem sie ungestört Zeit miteinander verbringen konnten, lesen, schreiben, malen und Freunde treffen. Ebenfalls mit Iris brütete sie über der ersten Ausgabe von *Blast* (erschienen am 1. Juli 1914), der ketzerischen Zeitschrift von Wyndham Lewis. Er hatte seine ideologischen Leitlinien abgesteckt, indem er die moderne Welt in Engel und Teufel einteilte – in eine »Bless«-Liste und eine »Blast«-Liste. Auf Ersterer stand eine provokativ zusammengewürfelte Mischung aus Künstlern, Suffragetten, Chansonetten und Berufsboxern, während sich auf Letzterer zahlreiche verhasste Figuren des Establishments wiederfanden, unter ihnen auch »Beecham (Pillen, Oper, Thomas)«. Für Nancy las sich diese Liste wie eine persönliche Kampfansage.

In diesen letzten, sonnigen Friedenswochen befand sich Nancy im Spagat zwischen zwei Welten – zwar beendete sie unter Mauds Aufsicht ihre Saison, entwischte aber immer wieder ins Fitz und experimentierte mit einem Leben, von dem ihre Mutter so gut wie nichts ahnte. Mit der Kriegserklärung änderte sich daran zunächst kaum etwas. Im Tower lauschte sie heftigen Debatten über Politik und die Ästhetik des Krieges; Lewis war einer der Wortführer und argumentierte, der Krieg sei ein notwendiges Übel, eine verdiente Geißel für die aufgeblasenen europäischen Imperialmächte. Am Cavendish Square hingegen wurde sie von Maud gezwungen, Wohltätigkeitsveranstaltungen für britische Soldaten zu organisieren. Fotos, auf denen Nancy bei einer »Omar-Chayyām-Gala« in Toga und Sandalen posiert, zeigen sie auch weiterhin als gefügige, gesellschaftskonforme Tochter.

Doch als sich der vorhergesagte Sieg über die Deutschen nicht einstellen wollte und die Opferzahlen stiegen, hörte für Großbritannien das Kriegspielen auf, und das galt auch für Nancy. Ihr erstes publiziertes Gedicht erschien im Juni 1915 im damals von ihrem Cousin Victor herausgegebenen Eton-

College-*Chronicle* und war eine Elegie auf die Gefallenen. Sprache und Thema waren konventionell – »Sie sterben unerkannt und ohne Erbe / Keine Lichter werden entzündet, keine Gebete gesprochen« –, doch die Zeilen entsprangen echtem Gefühl. Inzwischen waren fast alle ihre Bekannten an die Front geschickt worden, der Tod nahm persönliche Züge an.

Wie Diana und viele andere suchte auch Nancy nach Mitteln, ihre Angst zu betäuben. Sie arbeitete intensiver an ihren Gedichten, und danach wurde exzessiv gefeiert. Man begann mit Cocktails im *Café Royal*, ging dann auf irgendeine Party und beendete den Abend fast immer im Rausch: Mit einem Glas in der Hand krähte Nancy ihren Lieblings-Ragtime »Oh, You Beautiful Doll«, den Kopf an der Schulter eines Mannes, den sie eben erst kennengelernt hatte.

Wann genau sie sexuell aktiv wurde, entzieht sich unserer Kenntnis. Schon vor dem Krieg hatte Nancy als leichtlebig gegolten und die Wirkung ihrer neuen, erwachsenen Schönheit bei Flirts mit Männern wie Alvaro Guevara ausgetestet. Ihre Rechtfertigung war simpel: »Meine Mutter hat eine Affäre mit Thomas Beecham. Also kann ich machen, was ich will.«[18] Damals galt eine junge Frau allerdings schon als promisk, wenn sie sich von zu vielen Männern küssen ließ. Nancy hat sich ihre Jungfräulichkeit vermutlich erst im weiteren Verlauf des Krieges nehmen lassen, und tat dies unter entschlossener Nichtbeachtung ihres guten Rufes.

Etwas Wildes und Drängendes in ihr sprang auf diese spezielle Kriegsstimmung an. Bilder dessen, was die Männer an der Front, ihre eigenen Freunde, durchmachen mussten, suchten sie heim. Viele Offiziere gönnten den Frauen eine gewisse Diskretion, wenn sie auf Heimaturlaub kamen, doch einige junge Soldaten aus Iris' und Nancys Bekanntenkreis waren weniger rücksichtsvoll. Sie ergingen sich in Andeutungen über die Schrecknisse der Schlachtfelder: der Gestank, der Wahnsinn, der Lärm in den Schützengräben, das Gemetzel, das eine

Einheit erwartete, wenn sie in Stacheldrahtverhaue und Maschinengewehrfeuer geschickt wurde. Solche Bilder nagten an Nancy, sie schämte sich ihrer eigenen privilegierten Sicherheit, und Iris und sie meinten, ihr schlechtes Gewissen nur beschwichtigen zu können, indem sie sich den Männern hingaben, die nach ihnen verlangten.

Sie verklärten sich selbst als die guten Engel des Krieges. Iris erinnerte sich, wie sie beide zum ersten Mal einen Bombenabwurf auf London mitverfolgten und beobachteten, »wie die Feuer Himmel und Fluss rot färbten, und wir selbst ausgebrannt waren von den schrecklichen Lustbarkeiten der letzten Begegnungen«; sie schrieb über ihre »Begierden, die sich vor dem Opfer zu einer kurzen Erfüllung aufschaukelten«.[19] Angesichts des Pathos, mit dem andere ihre »sexuelle Wohltätigkeit« schilderten, ist schwer zu sagen, wie weit die beiden wirklich gingen, und selbst wenn Nancy nicht so maßlos war, wie manche behaupteten, dürfte die Mischung aus Alkohol, emotionalem Aufruhr und Erschöpfung eine fatale Wirkung auf sie gehabt haben. Es gab Tage, da erwachte sie voller Verzweiflung über die Ausschweifungen der vergangenen Nacht: In ihrem Gedicht »Reue« von 1916 geißelt sie sich dafür, »verschwenderisch, schamlos, töricht und dreist« gewesen zu sein und »mit gierigen Händen und lustvollen Augen geliebt zu haben«. Anschließend fühlte sie sich beschmutzt und zugleich erlöst, dabei war sie erst zwanzig.

In dieser Verfassung redete sie sich ein, sie könnte Sydney Fairbairn lieben. Er war ein attraktiver, gebildeter, ja schneidiger Mann, und nach dem Krieg stand ihm eine aufregende militärische Laufbahn in Nordafrika und dem Nahen Osten bevor. Auch wenn Nancys Wahrnehmung später durch Hass getrübt wurde, so muss er ihr bei den ersten Begegnungen doch die Aussicht auf Sicherheit und Halt vermittelt haben.

Inzwischen widmete sie sich ernsthaft dem Schreiben. Der Krieg lieferte ihr Themen und Material, und 1916 wurden sieben ihrer Gedichte in Edith Sitwells Anthologie *Wheels* aufgenommen, von denen eines der Sammlung sogar den Titel gab.* Ihre jüngsten Texte waren von T.S. Eliot beeinflusst, den sie erst kürzlich kennengelernt hatte. Er hatte soeben »The Love Song of J. Alfred Prufrock« (dt. »J. Alfred Prufrocks Liebesgesang«) veröffentlicht, und sie verehrte ihn. Die folgenden Zeilen aus ihrem Gedicht »Reue« sind fraglos von ihm inspiriert: »Beschämt und einsam sitz ich hier im Zimmer, / die Straßen nass vereint in trübem Schimmer.«

Wenn Nancy sich nach einem geordneteren, produktiveren Leben mit Sydney sehnte, dann hatte das auch mit dem Verlust von Iris zu tun. Ende 1915 war Herbert Tree nach Amerika gegangen, um in Hollywood an einem Filmprojekt zu arbeiten und ein Shakespeare-Festival in New York zu organisieren. Weil er um den Ruf seiner jüngsten Tochter fürchtete, hatte er sie mitgenommen. Nancy vermisste Iris sehr, und als aus Amerika die Nachricht kam, Iris habe sich in den Künstler und Fotografen Curtis Moffat verliebt und werde ihn heiraten, sah Nancy sich geradezu genötigt, mit Sydney dasselbe zu tun. Sie erlaubte sich nicht, über die unmittelbaren Annehmlichkeiten hinauszudenken, die diese Heirat bringen würde. Während des Krieges dachte niemand über die Zukunft nach. Schließlich konnte Sydney jeden Tag sterben, genau wie sie.

Das Leben mit ihrem neuen Ehemann erwies sich als noch schwieriger als das Leben zu Hause. Sydney war sehr gesellig, und nachdem sie ihr kleines Haus am Montagu Square, das Maud für sie gekauft hatte, bezogen hatten, betrachtete er es als selbstverständlich, dass seine Freunde dort jederzeit willkommen waren. Viele waren Offiziere auf Heimaturlaub, und

* Thematisiert wurde die zermürbende Tretmühle des Krieges, was Nancy durch karnevaleske Bilder zum Ausdruck brachte: »Manchmal denke ich, unsere Gedanken sind Räder / ewig rollend durch die angemalte Welt«.

ihre Unterhaltung über Sport und Regimentsangelegenheiten schien alle Räume zu füllen. Die wenigen Aufnahmen des frisch verheirateten Paares zeigen Nancy als verschwommenes Etwas, in den Schatten gestellt von den breiten Schultern, dem wachsamen Blick und dem militärischen Schnurrbart ihres Mannes. Die Realität hatte wenig gemein mit der lebhaften Presseberichterstattung, die die Hochzeit begleitet und der »originellen« Miss Cunard nach dem Krieg »eine führende Rolle in der Gesellschaft« prophezeit hatte.

Zunächst war Nancy pflichtbewusst genug, ihre wachsende Abneigung gegen ihren Mann zu verbergen, und auch als er Anfang Juli 1918 so weit wiederhergestellt war, dass er an die Front zurückkehren konnte, behielt sie ihre Erleichterung für sich. Während der sechs Monate, die er in Frankreich war, schrieb sie ihm regelmäßig – trügerisch süße, ehefrauliche Briefe, die sie in Päckchen mit Süßigkeiten steckte.

Doch kaum war sie allein, nahm sie mit Freude ihr selbstständiges Leben wieder auf. Iris war noch immer im Ausland, auf Reisen mit Curtis und ihrem Neuzuwachs, Baby Ivan, aber Nancy hatte sich inzwischen mit Sybil Hart-Davis angefreundet, der älteren Schwester von Duff Cooper. Sybil war elf Jahre älter, verheiratet und Mutter von zwei Kindern. Nancy bewunderte die faszinierende Balance, mit der sie Häuslichkeit und Unabhängigkeit in Einklang brachte. Auf jeden Fall war sie eine hingebungsvolle Mutter. Wenn Nancy sie beim Toben im Garten mit Rupert und Deirdre beobachtete, empfand sie die Vernachlässigung, die sie in ihrer eigenen Kindheit erfahren hatte, umso schmerzlicher.

In jenem Sommer mieteten Nancy und Sybil zusammen ein Haus auf dem Land in Oxfordshire, unweit von Kingston Bagpuize. Sie wollten den Bombenangriffen der Deutschen entkommen, außerdem hoffte Nancy, die ländliche Ruhe würde sie im Schreiben weiterbringen. Trotz der Besuche von Londoner Freunden wie den Brüdern Sitwell, Alvaro Guevara,

Mary und St John Hutchinson und trotz ausgedehnter, chaotischer Partys mit Karaffen voll billigem Wein und dienstfreien Offizieren vom nahe gelegenen Trainingscamp blieb Nancy ihrem Vorsatz treu. Sie schloss sich im Wohnzimmer des Hauses in Kingston Bagpuize ein, rauchte Kette und verbrachte auf diese Weise produktive Wochen.

Die Arbeit an ihren Gedichten brachte, wie sie fand, ihre beste Seite zum Vorschein. Doch jener Sommer war auch durchdrungen von der Energie ihrer ersten leidenschaftlichen Affäre.

Peter Broughton-Adderley war der einzige Freund von Sydney, den Nancy immer gemocht hatte. Er hatte das Paar 1917 am Montagu Square besucht und Nancy mit seiner literarischen Begeisterung und seinem freundlichen Wesen beeindruckt. Er war auch mit Duff Cooper und Diana Manners befreundet – ein weiterer Pluspunkt –, und als er in jenem Sommer auf Heimaturlaub war, lud sie ihn übers Wochenende ein.

Er blieb für den Rest seines Urlaubs, und wenn Nancy beschreibt, wie sie zusammen den neuesten Roman von George Moore im Garten von Kingston Bagpuize lesen, kommt ihre Begeisterung für Peter deutlich zum Ausdruck: »Mein Liebster und ich saßen mehrere Tage hintereinander in und unter einem Baum und lasen uns *The Story-Teller's Holiday* vor. Der bestechende Stil, die Stimmung des Buches und dazu unsere eigene, überhaupt alles an diesen Stunden war unbeschreiblich rührend.«[20]

Für den Rest ihres Lebens sollte sie dieses Buch mit Peter in Verbindung bringen und mit der Überzeugung, dass sie im Sommer 1918 zum ersten Mal erfuhr, was wahre Liebe bedeutete. Doch am Ende jenes goldenen Sommers musste Peter wieder nach Frankreich, und an einem frostigen Morgen Ende Oktober wurde Nancy von Sybil geweckt – Peter war nach einem Bauchschuss gestorben. Sie reagierte auf diese Nachricht mit einer großen, verzehrenden Trauer; das mag auch ein Grund gewesen sein, warum sie Sydney so erbittert hasste. Er lebte, und Peter war tot.

Hätten sie eine gemeinsame Zukunft gehabt, so wären Nancys Gefühle für Peter vielleicht genauso rasch abgekühlt wie ihr geringer Vorrat an Zuneigung für Sydney, und sie wäre seiner, wie so vieler anderer, überdrüssig geworden. So aber hielt sie jahrelang daran fest, dass er der einzige Mann war, »den ich aufrichtig liebte und mit dem ich leben wollte«. Auch einige ihrer Freunde waren überzeugt, dass ein Leben mit Peter Nancy zur Ruhe gebracht hätte und ihre Chance auf ein ganz gewöhnliches Glück gewesen wäre. Sein Tod versetzte ihrem ohnehin fragilen seelischen Gleichgewicht einen Schlag, von dem sie sich nie mehr ganz erholte.

Als der Krieg zu Ende ging, hasste Nancy den Rest der Welt für sein herzloses Gejohle. Eine andere trauernde junge Frau, Vera Brittain, vernahm im Glockenklang und im Jubel der Menge das Totengeläut für »die verlorene Jugend, die der Krieg gestohlen hat«, eine Mahnung, dass »die Toten tot waren und niemals wiederkehren [würden]«.[21] Viele davon waren Liebhaber, Ehemänner, Verlobte gewesen, und als die Flaggen eingeholt wurden, gab es überall Frauen wie Nancy, die das Gefühl hatten, ihre Hoffnungen für die Zukunft seien im Schlamm der Schlachtfelder begraben worden.

Ruth Holland verlieh ihrem Kummer in dem 1932 erschienenen Roman *The Lost Generation* Ausdruck. Für die Heldin Jinnie »war etwas zu Bruch gegangen. Statt eines Lebens, das sie wie eine großartige Melodie begleitete, mit geordneten Klängen und Sätzen und in festgefügter Form … fand sie sich nun in einer erschreckenden Kakofonie, in der sie keinen Sinn erkannte … es war, als hätte sie den Schlüssel verloren und könnte die Lebenszeichen um sich herum nicht länger entziffern.«[22]

Für viele dieser Frauen führte der einzige vorstellbare Lebensweg zu Heirat und Mutterschaft. Doch allein in Großbritannien gab es nun zwei Millionen mehr Frauen als Männer. Viele heimkehrende Soldaten waren zudem traumatisiert, entstellt, verkrüppelt oder hatten vom Giftgas geschädigte Lungen. Eine ganze Generation von Männern war auf schreckliche Weise reduziert worden, und so stand die Chance der jungen Frauen, einen Ehemann zu finden, eins zu zehn.

Es dauerte nicht lange, da verwandelte sich das Mitleid mit diesen »überflüssigen« Frauen in Beunruhigung. Die *Daily Mail* titelte hysterisch, sie seien »eine Katastrophe für die Menschheit«, während *The Times* in gemessenerem Ton von einem Problem sprach, »so weitreichend und immens, dass nur wenige seine Tragweite voll erfasst haben«. Für Verunsicherung sorgte auch die Tatsache, dass die heimkehrenden Soldaten nun mit weiblichen Arbeitskräften um ihre alten Arbeitsplätze konkurrieren mussten. Und als sich die Aussicht auf ein baldiges Frauenwahlrecht konkretisierte, begannen männliche Kommentatoren die Nachkriegsgeneration unmissverständlich zu tadeln. Verhaltensweisen wie Rauchen, Trinken, das Tragen von Make-up und Flirten in der Öffentlichkeit, die während des Kriegs großzügig übersehen worden waren, wurden nun verurteilt; das Konzept des Flapper-Girls wurde zur Bedrohung.

In materieller Hinsicht ging es Nancy deutlich besser als ihren Altersgenossinnen – sie musste weder für ihren Lebensunterhalt arbeiten, noch hatte sie Kinder zu versorgen –, das bedeutete aber auch, dass nichts sie von ihrer Trauer ablenkte. Und als sie an der Spanischen Grippe erkrankte, die in Europa wütete, war es ihr ziemlich egal, ob sie überlebte oder starb.*

* Sie hatte Glück – in Großbritannien forderte die Grippe 150000 Todesopfer, viele davon robuster als sie.

Der Tod, so fand sie, hätte sie immerhin der Schwierigkeit enthoben, sich von Sydney zu trennen. Er kam im Januar aus dem Krieg zurück, als Nancy noch immer fiebernd im neuen Haus ihrer Mutter am Grosvenor Square lag. Er war, vermutlich per Brief, davon in Kenntnis gesetzt worden, dass sie die Ehe beenden wollte, und reagierte ungläubig und wütend. Als Nancy Anfang April endlich genesen war, schob sie die Konfrontation mit ihm weiter hinaus, indem sie, der Anweisung ihres Arztes folgend, eine lange Reise nach Südfrankreich unternahm. Begleitet wurde sie von Marie Ozanne, ihrer einzigen Freundin aus dem Pariser Mädchenpensionat. Nancy war noch immer deprimiert, doch als sie und Marie sich der Riviera näherten, spürte sie die heilende Wirkung eines neuen Horizonts. Für Gedichte fand sie nicht die Kraft – Krankheit und Trauer hatten ihren Geist in »ein unordentliches Zimmer [verwandelt], zugemüllt mit unbeholfenen Wörtern, die wie nutzlose Möbel herumstanden«.[23] Immerhin füllte sie ihr Tagebuch mit Reiseimpressionen, übte Auge und Ausdruck, wenn sie die Oberfläche der rauen See beschrieb (»kleine schwarze Wellen torkelten durcheinander wie hilflose Babys, dazwischen Flecken luzider Ruhe«), die Beschaffenheit der Wolken über einem Berg oder die Kapitelle im Kreuzgang der Kathedrale von Arles.[24]

Doch wie stimulierend die neuen Landschaften auch sein mochten, die beste Medizin für Nancy waren immer noch Alkohol und Sex. Zu den Männern, mit denen sie in Frankreich Affären hatte, zählten St John Hutchinson, der ihr aus London nachgereist war, und ein verliebter Sänger namens Paul, den sie in Nizza traf. Nancy stürzte sich mit verbissener Vergnügungssucht in jedes sexuelle Abenteuer, mit »einer ungeheuer fröhlichen Rabelais'schen Stimmung, bereit zu jeder Vulgarität«.[25] Dennoch erlebte sie, wie schon im Krieg, immer wieder emotionale Durchhänger, Momente, in denen sie sich »aufgewühlt, dünnhäutig und verletzlich« fühlte.[26]

»O Gott, werde ich hier niemals wieder in *Stimmung* kommen und nicht alles auf ewig ungenügend finden«, klagte sie in ihrem Tagebuch.[27] Die Achterbahnfahrt ihrer Gefühle machte sie schwach und gereizt, und bei ihrer Rückkehr nach London Ende Mai war sie noch immer in diesem labilen Zustand. Ihre ersten Eindrücke von der Stadt waren trist: »Alle tot«, schrieb sie. »Denny, Edward, Patrick, Raymond, George, Billy … und die Liebhaber des vergangenen Jahres.« Wenn sie ins Ritz ging, fühlte sie sich »ausgebrannt und zutiefst erschüttert«, weil sie in der Hotelbar oder der Lobby niemanden kannte.[28]

Natürlich gab es auch Überlebende, und Nancy war inzwischen wieder kräftig genug, um ihre alten Stammlokale aufzusuchen, das Café Royal und das Tower; eine neue Runde von Partys begann, bei denen sie regelmäßig »blau« und »blind« wurde. Auch neue Liebhaber traten auf den Plan, darunter ein Amerikaner namens Jim McVickar, den Nancy sympathisch fand und mit dem sie kostbare Momente der »Enthemmung« erlebte.

Sie fand auch wieder Spaß an ihrer äußeren Erscheinung. Modische Kleidung war in die Geschäfte zurückgekehrt, und Nancy zählte zu den ersten Frauen in London, die sich die Haare kurz schneiden ließen und die neuen, kürzeren Röcke trugen. Sie wirkte elegant, aber auch ein wenig gefährlich, und schrieb in ihr Tagebuch, sie habe »eine sehr gute Figur« und werde »viel beachtet«.[29]

Doch Nancys neue Gemütslage war genauso prekär wie ihr seelisches Gleichgewicht. Im Tagebuch verstreut finden sich ängstliche Selbstermahnungen, sich auf bestimmte Weise zu kleiden, zu flirten oder zu lachen, damit sie weiterhin für Männer begehrenswert bleibe. Immer wieder brachen ihre Einsamkeit und ihr mangelndes Selbstvertrauen durch, die sie dann mit Alkohol zu betäuben suchte: »[Er] beschwichtigt die bittere Stille, tröstet die Nerven und vertreibt meine Schüchternheit.«[30] Sie sehnte sich nach einer Beschäftigung und liebäugelte kurzzeitig sogar mit der Idee, eine Art Avantgarde-Tänzerin zu werden: »maskiert, apart gekleidet und sehr originell«.[31]

Mehr noch wünschte sie sich einen Mann, mit dem ihr »Glück besiegelt und dauerhaft sein [könnte].«[32] Nancy hasste sich für die Hoffnungen, die sie in jeden neuen Liebhaber setzte, und für die Geschwindigkeit, mit der sie Fehler an ihm entdeckte: »Eigenartig, wie ich mir meine Bekannten aussuche und sie scheinbar gut kennenlerne … nur um dann jedes Mal zu erschrecken, wenn der Mechanismus anspringt und die Puppe spricht.«[33] Es schien ein festes Verhaltensmuster zu sein. »Ich finde das Leben ziemlich unmöglich, kann es nur genießen, wenn ich es ins Extrem treibe und an den Folgen schier draufgehe.«[34]

Fünf Monate lang balancierte sie auf dem Hochseil nervöser Anspannung mit »durchzechten« Nächten, gefolgt von Tagen des Zusammenbruchs. Dieses ständige »Quälen und Bohren, diese Übertreibung und Selbstzerfleischung« drohten sie in den Wahnsinn zu treiben. »Es scheint, als wollte ich zu viel, daher dieser riesige Berg an Unglück.«[35] In diesem Zustand nervöser Ich-Befangenheit sah sie sich außer Stande zu einer Auseinandersetzung mit Sydney, der darauf beharrte, die Bedingungen der Trennung mit ihr persönlich auszuhandeln, und sie mit – in ihren Augen – Tiraden unerträglichen Selbstmitleids strafte.

Maud konnte sie ebenso wenig ertragen. Jetzt, wo Nancy praktisch Single war, kehrte sie nicht nur ins Haus ihrer Mutter zurück, sondern auch in die finanzielle Abhängigkeit von ihr. Das war bitter. »Ihre Ladyship gab mir [nur das] freiwillig, was mir eigentlich an finanzieller Unterstützung zustand, und so konnte ich mich nie darauf verlassen … weil sie jederzeit damit aufhören konnte und würde, wenn ihr danach war.«[36] Als kurzes heiteres Zwischenspiel mietete Nancy ein Haus auf dem Land, wo sie sich ganz dem Schreiben widmete, doch das war nur vorübergehend. Kaum war sie zurück in London, holte »eine lange depressive Verstimmung« sie ein.[37]

Sie trat die Flucht nach vorn an und verbrachte drei hektische Wochen mit Einkaufen und Feiern in Paris, erlitt jedoch im Oktober einen schweren Zusammenbruch. Geist und Körper waren zerrüttet, und Nancy selbst sah ein, dass sie Hilfe brauchte. Sie fuhr in eine Klinik außerhalb Londons und unterzog sich einen Monat lang strenger Bettruhe und Enthaltsamkeit. Die Prozedur war schrecklich langweilig, gab ihr aber Zeit und Raum, um endlich einmal nüchtern über die Notwendigkeit einer Veränderung nachzudenken.

»Meine Fähigkeit zum Glücklichsein ist verkümmert«, schrieb sie und war entschlossen, sie wiederzubeleben.[38] Nach ihrer Rückkehr nach London konnte sie sich mit Maud endlich über die Finanzen und die Wohnsituation einigen und mietete ein kleines Zimmer über dem Eiffel Tower. Der komplizierte Reigen aus Liebhabern und Partys begann von Neuem. Der Dichter Robert Nichols setzte sich die Pistole an die Schläfe und drohte, sich das Hirn wegzupusten, wenn sie seine Liebe nicht erwidere. Doch Nancy berichtete triumphierend in ihrem Tagebuch, dass es ihr nach Jahren zum ersten Mal gelang, über dieses Erlebnis und andere Traumata hinwegzukommen – »OHNE EINEN TROPFEN ALKOHOL«.[39]

Ende 1919 schwor sie sich, das neue Jahrzehnt an einem neuen Ort in einem neuen Geist der Unabhängigkeit zu beginnen. Sie würde nach Paris ziehen, wo, wie Pound, Lewis und andere ihr versicherten, eine kulturelle Renaissance heraufzog. Sie würde ihre Zeit nicht in Geschäften und auf Partys vertrödeln, sondern den Mut finden, sich ganz dem Schreiben zu widmen. Später sollte Nancy diesen Schwur als den bedeutendsten Schritt ihres Lebens bezeichnen: »Ich war entschlossen, England zu verlassen, und tat es auch«, schrieb sie. »Am 7. Januar 1920 ging ich nach Frankreich, allein und für immer.«[40]

TAMARA DE LEMPICKA

KAPITEL 3

1920 forderte Paris seinen Vorkriegsstatus als Stadt des Lichts zurück: Mit den Rhythmen des Jazz, einem Feuerwerk neuer Ideen und den allgegenwärtigen geschäftigen Cafés und Bars erwachte es allmählich zu neuem Leben. Dennoch war es ein völlig anderes Paris als das, in dem zwei Jahre zuvor Tamara de Lempicka angekommen war. Im Sommer 1918 waren die Geschäfte und Cafés der Stadt zum Schutz vor deutschen Bomben noch vernagelt gewesen, Lebensmittel wurden rationiert, und ein Großteil der Bewohner war verängstigt und erschöpft.

Nur wenige fühlten sich in der Lage, der Viertelmillion polnischer und russischer Flüchtlinge zu helfen, die auf der Flucht vor Krieg und Revolution in die Stadt strömten, darunter auch Tamara. Es war ihr gelungen, ein paar kostbare Schmuckstücke aus Russland herauszuschmuggeln. Doch der Markt war bereits mit den Juwelen und Erbstücken anderer Exilanten überschwemmt, und der Erlös angesichts der horrenden Preise für Lebensmittel, Wohnraum und Benzin rasch verbraucht.

Noch achtzehn Monate zuvor hatte Tamara de Lempickas Leben scheinbar keine Grenzen gekannt. Sie hatte die Nächte durchgetanzt und Champagner wie Wasser getrunken. Jetzt war sie mit ihrem Mann Tadeusz und ihrer Tochter Kizette in ein winziges Hotelzimmer gepfercht, in dem es nur ein Bett für sie und ihren Mann, ein Kinderbett und eine Waschschüssel gab. Diese Schüssel wurde zum Albtraum für Tamara, in ihr wurde alles gewaschen: das Baby, das Essen, das Geschirr.[1] Sie war ein Symbol für das, was sie verloren hatte, ihre alte Wohnung in St. Petersburg und die vielen schönen Dinge darin: die Wandbehänge, das Silber, die Gemälde, die Orientteppiche.

Es deprimierte Tamara, sich die Wohnung in ihrem jetzigen Zustand vorzustellen: als Arbeiterunterkunft verstaatlicht, die Kostbarkeiten von Soldaten geplündert, ihre Eleganz durch harsche Stimmen und schmutzige Stiefel entweiht. Doch das dringendere Problem war ihr Ehemann; stets eine Wodkaflasche neben sich, brachte er kaum die Energie auf, das Hotelzimmer zu verlassen, und seine attraktiven Gesichtszüge waren vor Enttäuschung erschlafft.

Als sie ihn kennenlernte, war er ein sorgloser, selbstbewusster Lebemann gewesen. Jetzt war er schwach und unleidlich; Tamaras Bitten, sich doch Arbeit zu suchen, wehrte er ab und sagte, sie solle ihre Verwandtschaft um Geld bitten – den Onkel und die Tante oder ihre Mutter Malwina, die sich ebenfalls in Paris niedergelassen hatte.

Tadeusz war wie gelähmt vom eigenen Anspruchsdenken. Diesen Typus traf man in Paris jetzt häufiger an. Laut Coco Chanel waren diese ehemals privilegierten Exilanten »alle gleich, sie sahen großartig aus, aber es war nichts dahinter … sie tranken, um sich nicht fürchten zu müssen«.[2] Arbeiten wollten sie jedenfalls nicht. Tamaras Onkel Maurice Stifter, einst Direktor der russischen Zweigstelle des Crédit Lyonnais in St. Petersburg, hatte bereitwillig einen sehr viel bescheideneren Posten in den Pariser Büros der Bank angenommen und Tadeusz dort ebenfalls eine Stelle angeboten. Doch als Abkömmling des reichen Landadels konnte und wollte dieser sich nicht bereitfinden, Buchhalter zu werden.

Gegen Ende des Jahres 1919 war Tamaras Schmuck verkauft, und auch wenn ihre Verwandten sie und Kizette niemals hätten hungern lassen, so war das Leben doch unerträglich trist. Neidvoll sah sie anderen jungen Frauen hinterher, die Arm in Arm durch die Straßen schlenderten, rauchten und ihre Zukunft noch vor sich hatten. Ihre Tage hingegen waren von trostloser Vorhersagbarkeit: sich um Kizette kümmern, die Mahlzeiten für die Familie zubereiten und, abgesehen von gelegentlichen Partys bei Onkel und Tante, nichts, wofür man sich hübsch machen konnte. Und dann die ewigen Streitereien mit Tadeusz. Je mehr Vorwürfe sie ihrem Mann machte, desto hässlicher wurde sein Widerstand. Immer wieder schlug er sie, und wenn Tamara ihre Familie besuchen ging, musste sie oft blaue Flecken an Armen und Hals mit Puder, einer Halskette oder Jacke verbergen. Den erbärmlichen Zustand ihrer Ehe einzugestehen, wäre erniedrigend gewesen, doch eines Abends vergaß sie ihren Stolz und vertraute sich verzweifelt ihrer jüngeren Schwester Adrienne an.

»Wir haben kein Geld ... außerdem schlägt er mich«, schluchzte sie.[3] Doch das erwartete Mitleid blieb aus. Für Adrienne war die Flucht nach Paris eine Befreiung gewesen und hatte ihr eine Welt eröffnet, in der clevere, mutige Frauen eigenständig Karriere machen konnten. Gleich nach Kriegsende hatte sie sich einen Studienplatz an der École Spéciale d'Architecture gesichert. Als Tamara ihr nun die Litanei ihrer Missgeschicke aufzählte – der nutzlose Ehemann, der Verlust ihres wunderbaren früheren Lebens –, wies Adrienne sie brüsk darauf hin, dass auch sie Alternativen hatte. Mit beachtlichem künstlerischen Talent ausgestattet hatte Tamara schon als Mädchen sowohl in Russland wie im Ausland Malunterricht gehabt. Auch wenn Tadeusz als Brotverdiener nicht zu gebrauchen war, hinderte sie nichts daran, sich selbst zu helfen.

In den folgenden Jahrzehnten hat Tamara immer wieder betont, dass dieses Gespräch der Wendepunkt war, der sie zur professionellen Künstlerin machte. In Interviews und ihrer Tochter Kizette gegenüber erklärte sie, gleich nachdem sie Adrienne ihr Herz ausgeschüttet habe, sei sie das dicke weiße Papier und die Marderpinsel besorgen gegangen, mit denen sie an ihrem ersten Bild arbeitete. Da ihr nur ihr gottgegebenes Talent geblieben sei, habe sie sich damit aus ihrer Not gerettet.

Doch Tamara neigte zur Selbstinszenierung. Von Kindheit an verstand sie es, Ereignisse zu Krisen, Triumphen oder Offenbarungen hochzustilisieren, und die Situation in Paris dürfte ganz und gar nicht das Märchen gewesen sein, als das sie sie gern darstellte. Immer wieder geschah etwas, das sie von ihrer neuen Berufung ablenkte – so musste sie etwa ihrer Mutter beistehen, als der Tod ihres an der Ostfront verschollenen Bruders Stanzi bestätigt wurde. Wenngleich sie später leichthin behauptete, sie habe den Erfolg allein sich selbst zu verdanken, so waren es auch die Unterweisung durch ihre Lehrer und die finanzielle und häusliche Unterstützung durch die Familie, die ihr durch die frühen Jahre als Künstlerin halfen.

Eindrucksvoll waren ihre Fortschritte aber allemal. Nach nur fünf Jahren Ausbildung hatte sie sich in Paris einen Namen gemacht und konnte für ein Auftragsporträt, das sie normalerweise in drei Wochen fertigstellte, ohne Weiteres fünfzigtausend Franc verlangen. Das war eine stolze Summe – Josephine Baker bekam nur fünftausend Franc für ihren Starauftritt in *La Revue Nègre*, und der Dichter Langston Hughes aus Harlem, der in einem Nachtklub auf dem Montmartre als Türsteher arbeitete, verdiente gerade mal fünf Franc pro Abend, zuzüglich Essen und Trinkgelder. Auch gesellschaftlich befand sich Tamara de Lempicka im Aufwind; man schrieb in Klatschkolumnen über sie und fotografierte sie für Magazine. In ihrem bekanntesten Bild, *Auto-Porträt*, stilisierte sie sich zum Archetyp des Glamours der späten zwanziger Jahre – am Steuer eines knallgrünen Bugatti, die Lippen in metallischem Rot, die platinblonden Locken gerade noch sichtbar unter der ledernen Fliegerhaube. Sie präsentierte sich genauso hart, schnell und luxuriös wie der Wagen, den sie fuhr – eine Ikone der Dekade. Die Depression, die ihre ersten anderthalb Jahre in

Paris überschattet hatte, lag hinter ihr; Tamaras magischer, von Kindheit an genährter Glaube an sich selbst war wiederhergestellt.

Mädchen waren in ihrer Familie schon immer wertgeschätzt worden. Ihre Mutter Malwina Dekler, die verwöhnte, aufgeweckte Tochter eines reichen polnischen Bankiers, genoss zusammen mit ihren drei Schwestern alle Vorteile eines luxuriösen Zuhauses in Moskau, dazu Familienferien auf dem Landsitz in Polen, Mädchenpensionate in der Schweiz und Partys während der Wintersaison in St. Petersburg. Als Malwinas kurze Ehe mit dem russischen Kaufmann Boris Gorski mit einem Skandal endete – er war einfach verschwunden, hatte sich wahrscheinlich umgebracht –, überwand sie ihr Trauma und zog mit den drei kleinen Kindern Stańczyk, Tamara und Adrienne in die Geborgenheit der elterlichen Villa zurück.

Eine exakte Chronologie der Familiengeschichte lässt sich nur schwer erstellen, da Tamara gegenüber den Journalisten und Biografen, die zunehmend Interesse an ihrer Lebensgeschichte zeigten, wichtige Details immer wieder neu erfand oder nach Belieben aussparte. Sie genierte sich nicht, den Skandal um ihren abwesenden Vater publik zu machen, fand es aber schick, ihr Geburtsdatum zu verschleiern; die Angaben schwanken zwischen 1895, 1898 und (was unmöglich ist) 1902. Außerdem wollte sie nicht in zu enge Verbindung mit Russland gebracht werden, das sie nach der Revolution zu hassen gelernt hatte, weshalb sie behauptete, nicht in Moskau, sondern in Warschau auf die Welt gekommen zu sein.

Allen Geschichten, egal ob wahr oder erfunden, ist jedoch gemeinsam, dass sie eine idyllische Kindheit verlebte. Ihr Großvater Bernard Dekler war reich und ließ zu, dass seine Frau Klementyna und Tochter Malwina den ganzen Haushalt nach Strich und Faden verwöhnten. Es gab opulente Dinners und Partys, die neueste Mode aus Paris, die besten Hauslehrer.

Und obgleich alle drei Kinder gut gediehen, so war es Tamara – ein dominantes, fantasievolles, nerviges kleines Mädchen –, die sich am besten entwickelte.

Immer war sie die Anführerin, die die anderen zu Raubzügen in die Küche anstiftete, wo sie winzige, mit Marmelade gefüllte Törtchen aus dem Eiskasten stibitzten, die für eines von Malwinas vielen Festen vorbereitet worden waren. Immer stand sie im Mittelpunkt der Aufmerksamkeit. Mit acht Jahren fühlte sie sich von der scherzhaften Rüge einer Bediensteten derart verletzt, dass sie von zu Hause weglief; man fand sie auf der Straße, wo sie Papierblumen verkaufte, um ihr neues Leben als Waisenkind zu finanzieren.

Als Tamara älter wurde, wich die Vorstellung vom verwaisten Blumenmädchen dem Traum, ein Star zu werden. Ihre Großmutter war eine begabte Pianistin, die das Haus mit Chopin-Walzern und Mazurkas füllte. Von Klementynas Vorbild angestachelt, verbrachte Tamara Stunden am Klavier und sah sich, während sie Tonleitern übte, bereits als gefeierte Konzertpianistin, angetan mit schwarzem Samt und Perlen.

Die Überzeugung, ein musikalisches Genie zu sein, wurde mit der Zeit abgelöst von dem Wunsch, Malerin zu werden. Im Alter von zwölf überredete Tamara Klementyna, sie auf eine sechsmonatige Reise zu den Kunstschätzen Italiens mitzunehmen. Ursprünglich hatte sie eigentlich nur dem Schulunterricht entkommen wollen und einen Husten vorgetäuscht, der sich tiefsitzend genug anhörte, um die Familie zu beunruhigen. Man fürchtete, der bevorstehende Moskauer Winter könnte ihrer Gesundheit schaden. Doch einmal in Italien, war sie völlig hingerissen von dem, was Klementyna ihr zeigte.

Während sie Hand in Hand die Museen von Venedig, Florenz und Rom durchstreiften, färbte die Vorliebe ihrer Großmutter für die Maler der Renaissance und deren Handhabung von Licht und Schatten, Perspektive, Farbe und Linienführung unweigerlich auf Tamara ab. Sie war ebenso empfänglich für alles Schöne, genau wie sie hübsche Kleider und gutes Essen liebte, und als sie die letzte Station ihrer Reise, ein Dorf nahe Monte Carlo, erreicht hatten, stand für Tamara fest, dass sie Künstlerin werden wollte.

Ihre amüsierte Großmutter erbot sich, ihr schon während des kurzen Aufenthalts einen Mallehrer zu besorgen, teils wohl auch, um in den nahe gelegenen Casinos ungehindert ihrer moderaten Spielsucht frönen zu können. Besagter Lehrer war ein junger Maler namens Henri, und sein romantisches Äußeres dürfte dazu beigetragen haben, Tamara in ihrer neuen Berufung zu bestätigen. Die Nähe zu Henris Körper, die gelegentlichen Berührungen, wenn er ihr beim Zeichnen von Mimosenblüten oder Seeansichten half, waren für sie noch aufregender als die Ergebnisse ihrer zeichnerischen Bemühungen.

Tamara war nicht hübsch: Ihre tief liegenden blauen Augen, die breite Nase und die energischen Züge wirkten zu erwachsen für ein Kindergesicht. Doch sie selbst fand ihr Spiegelbild reizend, und in der Gewissheit, dass Henri ihre Bewunderung erwidern würde, schwor sie, sich als Malerin seiner würdig zu erweisen. Zurück in Moskau wurde sie um ihren dreizehnten Geburtstag herum von einem Gesellschaftsmaler porträtiert – mit Pastellkreiden und, wie damals bei jungen Mädchen üblich, im Stil sentimentaler Weichzeichnung. Tamara fand das Bild stümperhaft. »Die Konturen, sie sind nicht *fournies*, nicht sauber. Es sieht mir überhaupt nicht ähnlich.« Um zu beweisen, dass sie mit ihrer Kritik recht hatte, zwang sie kurzerhand Adrienne dazu, für sie zu sitzen. »Ich malte und malte und malte, bis ich fertig war«, erinnerte sie sich später. »Das Ergebnis war zwar nicht vollkommen, aber meiner Schwester ähnlicher als mein Porträt mir.«[4]

Diese Hartnäckigkeit sollte Tamara in den 1920ern in Paris zugutekommen. Doch als verwöhnte Jugendliche war sie noch weit davon entfernt, ihre Vision von künstlerischer Perfektion in harte Arbeit umzusetzen. Es gab so viele Ablenkungen in ihrem Leben, zumal sie inzwischen alt genug war, um ihre Mutter nach St. Petersburg zu begleiten, wo sie für die Wintersaison bei Tante und Onkel, den Stifters, wohnten.

Die russische Hauptstadt – ein Venedig des Nordens mit zugefrorenen Kanälen, goldverzierten Palästen in Pastelltönen und regem Troika- und Schlittenverkehr in den schneebedeckten Straßen – übte eine magische Anziehungskraft auf Tamara aus. St. Petersburg gewährte dem Mädchen auch einen ersten Blick auf den Zarenhof. Moskau war eine geschäftige Handelsmetropole, doch fehlte dort der imperiale Glanz. In St. Petersburg besuchte Tamara ihre ersten Erwachsenenpartys und Opern- und Ballettaufführungen im Mariinski-Theater. Sie fühlte sich in ihrem Element: In den Kristalllüstern, den Roben der schönen Frauen und den rot-goldenen Galauniformen der Männer nahmen ihre Kindheitsfantasien Form an.

Mittlerweile fünfzehn Jahre alt, sehnte sie sich auch nach erwachsener Liebe. Eines Abends war sie mit ihrer Tante zu einem Kostümball eingeladen und hatte geplant, dort als Gänseliesel in Begleitung zweier lebendiger Gänse Aufsehen zu erregen. Gesellschaftlich gesehen wurde daraus ein kränkender Misserfolg. Erschreckt von den vielen Leuten und den polierten Böden, schlugen die Vögel laut schnatternd mit den Flügeln, und einige Sekunden lang fand sich Tamara dem Gelächter des ganzen Saales preisgegeben.

Doch trotz ihrer Niederlage hatte sie die Geistesgegenwart, unter den Gästen einen außerordentlich gutaussehenden Mann zu erspähen. Er war groß, hatte schmale Hüften, und seine fein gemeißelten slawischen Züge wurden von dunklem, zurückgegeltem Haar auf geradezu anmaßende Weise hervorgehoben. Tamara registrierte auch die Traube von Frauen, die ihn umringten, und ihr Ehrgeiz gepaart mit frühreifer Sinnlichkeit brachten sie zu dem Schluss, dass sie ihn unbedingt haben musste: »Ich verliebte mich augenblicklich in ihn, weil er so gut aussah und weil er zehn Frauen um sich geschart hatte.«[5]

Die St. Petersburger Oberschicht war so überschaubar, dass sich die Identität ihres künftigen Ehemannes leicht ermitteln ließ. Es handelte sich um Tadeusz Julian Junosza Lempicki, zweiundzwanzig, Anwalt und Sohn einer wohlhabenden polnischen Familie. Er war als Frauenheld bekannt, und seine Weltläufigkeit und Schönheit hätte jede Fünfzehnjährige überwältigt. Tamara jedoch sah sich bereits mit ihm verlobt und war gerne bereit, zu warten.

Als sie das nächste Mal in St. Petersburg war, richtete sie es so ein, dass sie ihrem Traummann im Mariinski begegnete, und bat ihn zum Tee bei ihrer Tante Stefa – sie sei, so erinnerte sie ihn kühn, die Gänseliesel vom Kostümfest, »damals hatte ich meine zwei Gänse dabei«.[6] Doch das war nur Vorgeplänkel; im Jahr darauf, als Tante und Onkel sie einluden, dauerhaft bei ihnen zu wohnen, konnte sie Tadeusz endlich ernsthaft erobern.

Stefa, die selbst keine Töchter hatte, hatte einen Narren an Tamara gefressen. Es gefiel ihr, eine Siebzehnjährige im Haus zu haben, die sie ausstaffieren und verwöhnen konnte, und sie fuhr mit Tamara sogar nach Paris, um ihr die passende Garderobe für die bevorstehende Saison zu besorgen. Auf dieser Reise erwies sich Tante Stefa als ebenso tolerante wie großzügige Gefährtin, die Tamara die Stadt auch allein erkunden ließ. Sie durchstreifte Montmartre, wo eine Musik namens Ragtime auf die gepflasterten Straßen hinausdrang, und rauchte in den Cafés von St. Germain ungeschickt ihre ersten Zigaretten – endlich hatte sie das Gefühl, eine Frau zu sein.

Zurück in St. Petersburg war sie fortan dabei, wenn Stefa ihre Besuchsrunden drehte, die sich als gute Gelegenheiten entpuppten, das Aussehen und Verhalten anderer Frauen zu studieren. Besonders beeindruckt war sie von der Ballerina Mathilde Kschessinskaja, die in einem der schönsten Privathäuser der Stadt wohnte und eine prächtige Schmuckkollektion besaß. Laut Tante Stefa hatte sie die ihren vielen »Beschützern« zu verdanken, zu denen auch zwei Großfürsten und der junge Nikolaus Romanow zählten – Letzterer, bevor er heiratete und Zar wurde.

War Dianas Fantasie von den spektakulären Auftritten einer Luisa Casati beflügelt worden, so sah Tamara in der Kschessinskaja eine Art Blaupause für ihre halbgaren Vorstellungen vom eigenen Leben, die weit über eine konventionelle Heirat hinausreichten. Auch wenn sie noch nicht wusste, wie ein solches Leben zu erreichen sei, stand für sie fest, dass es großartig sein sollte und Tadeusz es mit ihr teilen würde.

Der Einstieg in die Welt ihres Geliebten war leichter als gedacht. Adlige Polen bildeten eine kleine, aber einflussreiche Gruppe in der St. Petersburger Gesellschaft, und Tadeusz' Kreise überschnitten sich mit denen der Stifters. Tamara richtete es so ein, dass sie mehrmals die Woche mit ihm und seinen Freunden in angesagten Cafés am Newski Prospekt zusammentraf oder im Stray Dog, wo Schriftsteller verkehrten und Tadeusz den Debatten aufrührerischer Ideologen über Sozialismus und Kunst lauschte. Abends besuchte man Konzerte, Partys und Bälle, und immer blieb Tamara ihrem Tadeusz so dicht wie möglich auf den Fersen und wartete darauf, von ihm zum Tanz aufgefordert zu werden.

Ihre Nachstellungen gerieten so obsessiv, dass sie die Nachricht vom Kriegsausbruch im Sommer 1914 kaum mitbekam. Während sich ihr Bruder Stanzi auf seinen Einsatz an der Front vorbereitete, wurde Tadeusz – der einzige Mann, der für Tamara zählte – wegen eines kleinen Problems am Fuß vom Kriegsdienst befreit (so behauptete er zumindest). Damit war ihr Geliebter nicht nur außer Gefahr, sondern begann nun endlich auch, ihr Aufmerksamkeit zu schenken; er besuchte sie zu Hause, kümmerte sich auf Partys um sie und ließ sogar durchblicken, dass er sie heiraten wolle. Seit Kurzem war

Tadeusz nämlich in finanzielle Schwierigkeiten geraten, weil sein bislang so nüchterner Vater das Kapital der Lempickis nun vertrank und mit Frauen durchbrachte. Da Tadeusz nicht vorhatte, einer ernsthaften Beschäftigung nachzugehen, sah er sich nach anderen Optionen um, und Tamara schien ihm eine der besten zu sein. Ihr Bankieronkel verfügte zweifellos über tiefe Taschen, und auch Tamara selbst versprach unbegrenztes Potenzial. Das reizende Schulmädchen, das er einst kennengelernt hatte, entwickelte sich gerade zu einer attraktiven, reifen Frau; sie war lebhaft und intelligent, gut angezogen, und ihr lebensfrohes Wesen ließ auf sinnliche Begabung schließen.

Während Tamara angesichts von Tadeusz' neuerlicher Aufmerksamkeit im siebten Himmel schwebte, sahen ihn Tante und Onkel in weniger günstigem Licht. Sie wussten um den Absturz seines Vaters in die Verschwendungssucht und fürchteten, das könne in der Familie liegen. Noch beunruhigender fanden sie Tadeusz' mangelnde Ernsthaftigkeit in beruflicher Hinsicht. Sein Interesse galt vor allem einem Kreis reicher junger Männer, die sich als Verteidiger des Zarentums sahen und sich gegen die wachsende Gefahr einer Revolution verschworen hatten.

Die korrupte und antiquierte Regentschaft der Romanows war schon seit Langem unbeliebt, und im zurückliegenden Jahrzehnt hatten sich die Spannungen und politischen Unruhen in St. Petersburg* verstärkt. Beim Petersburger Blutsonntag von 1905, als die Armee wahllos in die friedlich demonstrierende Menge feuerte, war es zu zahlreichen Todesopfern gekommen, und die Stadt wurde immer öfter Schauplatz militanter Auseinandersetzungen. Der Krieg hatte wenig zur Einigkeit unter den Menschen beigetragen: Russland hatte eine Reihe

* Inzwischen trug die Stadt den neuen und weniger deutsch klingenden Namen Petrograd.

schwerer Niederlagen einstecken müssen; vor allem der Verlust von Polen und die Abtretung von Teilen Litauens an die Deutschen hatten das Zarenreich geschwächt. 1915 war ein Jahr der Streiks und Proteste, und Tadeusz brüstete sich damit, von der zaristischen Geheimpolizei als konterrevolutionärer Spion angeheuert worden zu sein (was vermutlich nicht stimmte). Tamara war pflichtschuldig beeindruckt, doch in den Augen der Stifters ließ ihn das nur noch dubioser erscheinen. Vorsichtig legten sie ihrer Nichte nahe, sich seltener mit ihm zu treffen, während sie sich untereinander besprachen, ob Petrograd nicht langsam zu gefährlich werde und man die Stadt nicht besser verlassen sollte.

Doch Tamara blieb stur, und der Widerstand ihrer Verwandten bestärkte sie nur in ihrem Bestreben, endlich Nägel mit Köpfen zu machen, und da Tadeusz sich immer noch nicht zu einem Antrag durchgerungen hatte, beschloss sie, die Sache ein wenig zu forcieren. Wann genau sie und Tadeusz sich zum ersten Mal liebten, lässt sich nicht sagen, doch als Tamara im Frühjahr 1916 triumphierend zum Traualtar schritt, war sie bereits schwanger.

Es war eine Traumhochzeit. Tamara schwebte durch ein Kirchenschiff, in dem sich russischer Adel und ausländische Würdenträger drängten. Die Schleppe ihres Kleides, so behauptete sie, habe vom Altar bis zur Tür gereicht. Zunächst setzte sich das Märchen auch in ihr Eheleben hinein fort. Tadeusz fügte sich anstandslos seiner Neueroberung: Tamaras Mitgift erlaubte es ihnen, sich eine Wohnung an der Shukowski-Straße zu nehmen, eine der besten Adressen der Stadt, und selbst die Geburt von Marie Christine, genannt Kizette, im September 1916 störte ihr Eheglück nicht.

Sobald es praktikabel und vertretbar war, brachte Tamara das Kind nach Moskau und überließ dessen Erziehung der Großmutter, um sich ganz Tadeusz widmen zu können. Trotz des Krieges und der sich verschärfenden politischen Lage ließ es sich in Petrograd gut leben. Die Theater waren voll, der Champagner floss, und die Damen trugen zu ihren Diamanten Haute Couture aus Paris. Der angesagteste Treff für die junge Intelligenzija, zu der die Lempickis sich zählten, war die Comedians' Hall, ein riesiger Vergnügungspalast, dessen verschiedene Speisesäle wie ein Montmartre-Bistro oder wie ein venezianischer Palazzo gestaltet waren. Allabendlich war vor futuristischer Bühnenausstattung satirisches Kabarett zu sehen, und Bands spielten die neuesten amerikanischen Songs.

Solche Zerstreuungen waren für Tamara weitaus wichtiger als die schlechten Nachrichten von der Front oder der fallende Kurs des Rubels. Als das archaische Versorgungssystem schließlich zusammenbrach und in Russland Lebensmittel und Benzin knapp wurden, tangierte sie das kaum, und sie bemerkte auch nicht, dass nur einen Kilometer von ihrer Luxuswelt entfernt hungrige Kinder auf der Suche nach Essen den Abfall durchwühlten. Doch im Frühjahr 1917 konnte sie das alles nicht länger ignorieren. Nachdem es zu Streiks und Massendesertierungen gekommen war, hatte der Zar abdanken müssen, und es entwickelte sich eine instabile Machtverteilung zwischen der neuen, provisorischen Regierung und dem linksgerichteten Petrograder Sowjet. Unter Tamaras Freunden brach Panik aus; viele packten ihre Sachen, um das Land zu verlassen. Nicht nur ihre Stadt stand am Rande der Anarchie; alle befürchteten eine Machtübernahme durch die revolutionären Bolschewiken, und in den Kulissen der russischen Politik wartete bereits der exilierte Wladimir Iljitsch Lenin.

Inzwischen hatte Maurice Stifter so viel Geld wie möglich ins Ausland geschafft, und er und Stefa bereiteten ihre Abreise nach Dänemark vor, wo Malwina, Kizette und Adrienne bereits warteten. Sie drängten Tamara, sich ihnen anzuschließen, doch obgleich sie die Gefahr erkannte, zog sie es vor, den optimistischen Erklärungen ihres Mannes und seiner Freunde zu glauben, wonach die Konterrevolutionäre – die Weißen –

den Zar nach kurzem Kampf wieder zurück auf den Thron bringen würden. Tadeusz' Heldenpose versprach Tamara das Drama, das sie sich immer gewünscht hatte: In ihrer Vorstellung sah sie sich an seiner Seite, während er mutig für die Sache des Zaren kämpfte. Und als sie endlich begriff, wie ernst die Lage war, gab es in der Stadt niemanden mehr, der ihr hätte helfen können.

Im Verlauf des Sommers wurden die Machtverhältnisse immer instabiler, und im Oktober erlangten Lenin und seine Bolschewikenpartei die Kontrolle über die Stadt, indem sie die Opposition mithilfe der Außerordentlichen Allrussischen Kommission zur Bekämpfung von Konterrevolution, Spekulation und Sabotage zum Schweigen brachten. Die Tscheka, wie sie in der von Angst gebeutelten Stadt genannt wurde, verfolgte alle, die als konterrevolutionär galten, mit dem Zar sympathisierten oder sichtbar reich waren, und natürlich stand Tadeusz auf ihrer Liste. Als sie ihn holen kamen, scheint er dennoch unvorbereitet gewesen zu sein. Glaubt man Tamara, so schliefen sie gerade miteinander, als die Tür eingetreten wurde, und sie musste sich mit einem Leintuch bedecken, während Männer in schwarzen Ledermänteln ins Zimmer drängten.

Sofort begannen sie, die Wohnung nach belastendem Material zu durchsuchen, und obwohl sie nichts fanden, musste Tadeusz sich anziehen und wurde mit vorgehaltener Waffe in ein wartendes Auto gezwungen. Tamara rannte hinterher und bettelte um seine Freilassung, doch einer der Männer streckte sie brutal nieder, und sie sank halb ohnmächtig auf den gefrorenen Schnee. Als sie sich wieder aufrappelte, war der Wagen mit Tadeusz bereits weggefahren, und voll Panik und Abscheu bemerkte sie, dass sie beinahe in die Überreste eines verendeten Pferdes gefallen wäre. Tierkadaver waren keine Seltenheit in der Stadt: Hunde und Pferde, die von ihren verarmten Besitzern nicht länger gefüttert werden konnten, wurden in den

Straßen sich selbst überlassen, wo ihre abgemagerten Körper von hungrigen Passanten ausgeschlachtet wurden. Tamara hatte vor solchen Szenen immer den Blick abgewendet, doch nun sah sie die blutige Masse neben sich im Schnee als Symbol für ihre bemitleidenswerte Lage.

War Tamara zunächst naiv und blind gewesen, so bewies sie in den folgenden Tagen, dass sie tapfer sein konnte. Sie wusste, dass die Tscheka auch sie jederzeit abholen konnte – Frauen, die zu ihren konterrevolutionären Ehemännern standen, drohte ebenfalls die Inhaftierung. Und selbst wenn sie der Verhaftung entging, war sie allein in einer Stadt, in der die Lage täglich brenzliger wurde. Die Bediensteten waren ihr weggelaufen; sie wusste nicht, wie sie an Lebensmittel und Kohle kommen sollte, und musste fürchten, ihrer eigenen Wohnung verwiesen zu werden.

Ihr erster Impuls war vermutlich die Flucht zu den Verwandten nach Kopenhagen, doch vorher musste sie Hilfe für Tadeusz organisieren. In der Stadt hielten sich immer noch ausländische Gesandte auf; Tamara kannte einige von ihnen persönlich, und als sie die Botschaften in der Millionnaja-Straße abzuklappern begann, war sie anfangs noch zuversichtlich. Doch diese ehemals so galanten, beflissenen Männer hatten ihr nichts mehr zu bieten. Ihre eigene Situation war unsicher geworden, denn Lenin erkannte die diplomatischen Beziehungen des Russischen Reiches nicht an, und nur einer, der schwedische Konsul, schickte sie nicht gleich weg.

Er war im Jahr zuvor auf ihrer Hochzeit gewesen, und so hoffte Tamara, zumindest angehört zu werden. Doch der Konsul entpuppte sich als Sadist, dem es nur darum ging, sie zu erniedrigen. Er nahm gerade sein Abendessen ein, als sie vorsprach; ein üppiges Mahl, das erkennen ließ, dass nicht alle Menschen in der Stadt von der Lebensmittelknappheit betroffen waren. Ausgehungert, wie sie war, erregte schon der Bratenduft bei Tamara Übelkeit. Doch der Konsul ignorierte ihre

Zwangslage und forderte sie auf, mit ihm zu essen, damit sie ihm die Einzelheiten ihres Falls schildern könne. Genauso ungerührt machte er anschließend klar, dass er sexuelle Gefälligkeiten als Gegenleistung für seine Hilfe erwarte.

In Tamaras Version der Geschichte übergab sie sich, kaum dass sie die Botschaft verlassen hatte, heftig in den Rinnstein: eine Reaktion auf das üppige Essen und die übergriffige Art des Konsuls. Trotz allem schien dieser ihr helfen zu können und hatte sie überzeugt, dass Tadeusz aller Wahrscheinlichkeit nach noch am Leben sei. Notgedrungen ging sie also auf seinen Handel ein. Lenin hatte zunächst noch versucht, das Blutvergießen in Grenzen zu halten, und bislang war es nur zu wenigen Todesurteilen gekommen. Die Chancen, dass der Konsul Tadeusz' Freilassung erwirken konnte, standen gut, solange man ihm nachweisen konnte, dass er nur mit den falschen Leuten verkehrt hatte. Der Konsul machte Tamara auch klar, in welcher Gefahr sie selbst schwebte und wie wenig Tadeusz ihr Verbleib in der Stadt nützen würde. Er bot ihr einen falschen schwedischen Pass an, riet ihr, sie solle nur wenige kostbare Dinge einpacken, und versprach, sie im Bummelzug zur Grenze nach Finnland und in den Westen zu begleiten.

Einige Bilder von dieser Reise prägten sich Tamara tief ein: Hammer und Sichel, die die zaristischen Insignien als Emblem auf den Zügen abgelöst hatten; die schweren Schritte, mit denen die Soldaten der Roten Armee durch den Zug gingen und die Papiere der Reisenden kontrollierten; ihr eigenes zauderndes Stolpern, als sie über die schmale Fußgängerbrücke ging, die sie in die Sicherheit Finnlands führte; jene Nacht, die sie mit dem Konsul in dem Hotel an der Grenze verbrachte, als letzte Ratenzahlung für seine Hilfe.

Doch das alles lag irgendwann hinter ihr, und als sie mit dem Schiff in Kopenhagen bei ihrer Familie ankam, konnte sie schon wieder mit ihrem Mut und ihren Abenteuern prahlen. Dank der Umsicht ihres Onkels war die ganze Familie in einem komfortablen Hotel untergekommen, und Tamara fand allmählich zu ihrem gewohnten Optimismus zurück, während sie auf Nachrichten von Tadeusz und den politischen Entwicklungen in Russland wartete.

Die Stifters hielten wie die meisten anderen Flüchtlinge in Kopenhagen die Revolution immer noch für eine Übergangsphase. Als Reaktion auf Lenins taktischen Waffenstillstand mit dem Deutschen Reich hatten die alliierten Mächte begonnen, auf russisches Gebiet vorzudringen, wodurch sie eine Wiedereinsetzung des Zaren erreichen wollten. Doch in den Folgemonaten dehnte sich der Einfluss der Bolschewiken immer weiter über Russland aus, und Maurice Stifter musste seine Pläne wohl oder übel ändern. Warschau, der zweite Wohnsitz der Familie, kam nicht mehr in Frage, denn Polen musste gegen eine Vereinnahmung durch die Russen wie durch die Deutschen kämpfen. Obgleich die Familie sich kurzzeitig in Warschau aufhielt und dort auch Tadeusz wiedertraf, hielt Maurice es langfristig für das Beste, wenn sie nach Paris reisten. Im Frühjahr 1918 ließ er die Familie die mehr als tausend Kilometer lange Reise gruppenweise antreten, damit sie nicht so viel Aufmerksamkeit erregten (Polen mit russischem Wohnsitz standen sowohl wegen ihrer Nationalität als auch wegen ihrer potenziellen Sympathie mit den Kriegsparteien unter Verdacht). Im Frühsommer waren schließlich alle wohlbehalten angekommen, und bald darauf ließ die Nachricht von der Ermordung des Zaren das Exil zum Dauerzustand werden.

Beim Erzählen ihrer Kriegsabenteuer mag Tamara ihre Tapferkeit ein wenig übertrieben haben, dennoch entdeckte sie in sich eine neue Zähigkeit und Selbstständigkeit und verhielt sich ihrem Mann gegenüber nicht länger unterwürfig. Bereits in Kopenhagen, als sie noch um Tadeusz' Sicherheit bangte, war ihr das Warten zu lang geworden, und sie hatte sich mit einem anderen Mann getröstet: Durch einen seltsamen Zufall tauchte im Hotel der Stifters plötzlich der Konsul der siamesischen Botschaft in Petrograd auf. Auch er war zu Tamaras Hochzeit eingeladen gewesen, doch im Gegensatz zu dem seines schwedischen Kollegen war Tamara sein sexuelles Interesse durchaus willkommen – sie schätzte seine Eleganz und Weltläufigkeit und begleitete ihn sogar auf kurzen diplomatischen Missionen nach London und Paris.

Tamara hatte sehr klare Vorstellungen davon, was ihr zustand – dieses Anspruchsdenken war ihr von Kindheit an eingeimpft worden –, und angesichts ihres jüngsten Martyriums hatte sie den Trost dieses angenehmen Mannes doch wohl bitter nötig. Das schlechte Gewissen plagte sie nicht einmal, als Tadeusz schließlich in Warschau eintraf, abgemagert von den im Gefängnis verbrachten Wochen. Natürlich war sie erleichtert, dass er entkommen war, doch er war nicht mehr der Mann, den sie einst gekannt hatte. Die Haft hatte ihn gebrochen, er redete nur noch von seinen eigenen Demütigungen und Schmerzen und zeigte irritierend wenig Interesse an dem, was seine Frau durchgemacht hatte.

Tamara war es ein Rätsel, wie ihr selbstbewusster Playboy-Ehemann auf so unattraktive Weise in Depressionen versinken konnte. Sie vermisste den Mann, den sie geheiratet hatte, und weil sie so wenig empathiefähig war, empfand sie sein Selbstmitleid als unwürdig. Ein Hauch von Verachtung schlich sich in ihre Beziehung, und sogar in Paris, wo Tamara selbst zeitweilig mit Depressionen zu kämpfen hatte, konnte sie kein Mitgefühl für seine Leiden aufbringen. Das mag auch ein Grund gewesen sein, weshalb sie den Entschluss, ihr Leben grundlegend zu verändern, ganz allein traf und Tadeusz dabei keine Rolle spielte. Kaum hatte sie beschlossen, Künstlerin zu werden, verschrieb sie sich ganz und gar diesem Projekt; von nun an würden ihre eigenen Ambitionen Vorrang vor seinen Bedürfnissen haben.

Diese rücksichtslose Fokussierung erwies sich in den Folgejahren als sehr nützlich für Tamara, und sie verfolgte zielstrebig ihre neue Karriere. Paris war dafür der geeignete Ort: Die Kunstszene der Stadt zeigte sich vergleichsweise offen gegenüber ehrgeizigen Frauen wie ihr. Auch wenn viele Kunstakademien erst seit Kurzem Studentinnen aufnahmen und viele Malerinnen noch von der Unterstützung männlicher Mentoren abhängig waren,* hatte es doch eine beträchtliche Zahl von Frauen zu sichtbarem Erfolg gebracht. Unter ihnen waren Suzanne Valadon, die 1894 als erste Frau in die Société National des Beaux-Arts aufgenommen worden war, und die Fauvistin Émilie Charmy, von der es hieß, sie sehe aus wie eine Frau, male aber wie ein Mann.

Beide waren einflussreiche Vorbilder und lockten andere Frauen nach Paris. Nina Hamnett studierte dort 1914 und kehrte regelmäßig in die Stadt zurück, und Gwen John, die scheue, begabte Schwester von Augustus John (und Geliebte von Rodin), erfuhr in den Pariser Salons verspätete Anerkennung. Jean Rhys, die in den frühen zwanziger Jahren zum Schreiben in die Stadt gekommen war, berichtete, Paris sei »voll von Mädels«, die nur ein Thema kannten: Malerinnen zu werden. Für Tamara war die große Zahl ehrgeiziger Frauen Ansporn und Konkurrenz zugleich – und Konkurrenz hatte sie schon immer beflügelt.

Ende 1919 schrieb sie sich in der Académie Ranson ein, einer von der Witwe des Fauvisten Paul Ranson geführten Privatschule. Kizette wurde von der Großmutter betreut, die nicht weit entfernt in einer Pension wohnte, sodass Tamara sich ganz ihrer neuen Berufung widmen konnte. Nach Unterrichtsschluss ging sie in den Louvre und füllte die Seiten ihres Skizzenbuchs mit Notizen und Kopien. Zu Hause zeichnete

* In London stellten viele Mitglieder der Society of Woman Artists weiterhin unter männlichem Pseudonym aus.

sie dann trotz Rückenschmerzen und brennenden Augen weiter. Genauso obsessiv, wie sie mit dreizehn an Adriennes Porträt gearbeitet hatte, suchte sie jetzt, ihre zeichnerischen Fertigkeiten zu entwickeln. Dabei rauchte sie täglich drei Schachteln Zigaretten, um ihren Geist wachzuhalten, und beruhigte sich abends mit großen Mengen Baldrian.

Nach weniger als einem Jahr in der Académie erklärte Tamara das erste Stadium ihrer Ausbildung für beendet. Ihre Lehrer konnten ihr nichts Neues mehr beibringen, sie spürte den harten, selbstgewissen Puls ihres Ehrgeizes und war bereit, ihren eigenen Stil zu entwickeln. Die Avantgarde-Werke, die sie in den Galerien des Rive Gauche ausgestellt fand, sagten ihr nicht zu: schmutzige Erdfarben in der Nachfolge Cézannes, die abstrakten Introspektionen eines Kandinsky, der verrückte Nihilismus der Dadaisten – das alles fand sie gleichermaßen abstoßend. Später schrieb sie: »Ich war angewidert von der Banalität, in die die Kunst abgeglitten war.« Die meisten Künstler erschienen ihr stümperhaft, nicht einmal zeichnen konnten sie. Und sosehr sie wider Willen Picassos Erfolg bewunderte, fand sie doch, er rühre nur daher, dass seine Kunst »die neue Zerstörung« verkörpere. Ihre eigenen Vorbilder waren hingegen die Renaissancemeister, die sie als Teenager durch ihre Großmutter entdeckt hatte: »Ich wollte Technik, handwerkliches Können, Simplizität und guten Geschmack … [dazu] helle, kräftige Farben.«[7]

Trotz ihrer konservativen Kunstauffassung fühlte sich Tamara zu den kühnen, dynamischen Aspekten des Modernismus hingezogen. Sie entwickelte eine Farbpalette von fast unnatürlicher, lackglänzender Brillanz; die Figuren auf ihren Bildern besaßen eine Körperlichkeit, die an Fernand Léger erinnerte oder an Picassos monumentale Akte. Am meisten beeinflusst wurde ihr Frühwerk jedoch von der implosiven Energie und den fragmentierten Formen des Kubismus, einer Stilrichtung, die sie von André Lhote übernahm.

Bei diesem Maler nahm sie mehrere Monate lang Unterricht; ihr gefiel, wie er den Kubismus für dekorative und modische Sujets adaptierte. Lhote malte attraktive Menschen umrahmt von eleganten Bar- oder Nachtklubszenen und erotische Frauenakte.* Und obgleich seine Zeitgenossen sein Werk als »weichen Salonkubismus« schmähten, lieferte er Tamara ein Konzept, das sie sowohl kopieren als auch weiterführen konnte. Porträts sollten ihr wichtigstes Genre werden, und sie konzentrierte sich dabei auf die Schönen, Charismatischen und Arrivierten. Dank ihres Instinkts für das Modische und ihrer Beherrschung klassischer Maltechniken schuf sie einen Stil, der den kommerziellen Zeitgeschmack traf.

1922, nach nicht einmal zwei Jahren Ausbildung, wurden drei ihrer Werke für den Salon d'Automne angenommen, eine der meistbesuchten Ausstellungen für moderne Kunst in Paris. Das lag vor allem daran, dass Freunde von ihr in der Jury saßen: Maurice Denis, einer ihrer Lehrer an der Akademie, und ihre Schwester Adrienne, die sich auf beeindruckende Art und Weise einen Ruf als Architektin erworben hatte. Gleichwohl war Tamara überzeugt, die Aufnahme in den Salon allein ihrem Talent zu verdanken. Es war der erste Meilenstein auf ihrem Weg zu Geld und Ruhm. Von nun an belohnte sie sich nach jedem zweiten verkauften Bild mit einem neuen Diamantenarmband und schwor, das so lange zu machen, bis ihr die Diamanten und Juwelen bis zum Ellenbogen reichten.

Ihre neue Karriere hatte zunächst einen positiven Effekt auf Tadeusz, der 1920 eine Stelle als Anwalt bei der Banque de Commerce angenommen hatte. Das Gehalt war zwar nicht üppig, steigerte aber sein Selbstwertgefühl und reichte aus, um eine Betreuerin für Kizette zu engagieren und ein angemes-

* Albert Gleizes, ein kubistischer Porträtmaler, beeinflusste Tamara ebenfalls, und sie übernahm schamlos die von ihm entwickelte Skyline von Manhattan als Hintergrundelement für ihre eigenen Figuren.

sen großes Domizil zu mieten. Tamara hatte sich eine Wohnung ausgeguckt, die ein großes Wohnzimmer mit Nordfenster hatte, das gleichzeitig als Atelier dienen konnte. Die Tatsache, dass sie bereits vom Vater der Concierge bewohnt wurde, war für sie kein Hinderungsgrund: Die arme Frau gab Tamaras Schikanen und Schmeicheleien bald nach und erklärte Tadeusz unumwunden: »*Votre femme elle m'a eut jusqu'au trognon*« (Ihre Frau saugt mir das Mark aus den Knochen).[8] Der Vater musste umziehen.

Die Wohnung lag am Rive Droite, aber Tamara begab sich fast täglich ans andere Ufer der Seine, nach Montparnasse. Das Arbeiterviertel mit seiner traditionellen Mischung aus kleinen Läden und billigen Bars entwickelte sich rasch zum neuen Künstlerquartier von Paris. Und wenngleich Tamara sich selbst von den neuen Trends distanzierte, wollte sie doch nichts verpassen. Sie studierte die Werke, die in den neu eröffneten Galerien unweit der Seine und des Jardin du Luxembourg gezeigt wurden. Aber noch genauer studierte sie die Künstler, die sich in den Rive-Gauche-Cafés wie dem Dôme oder dem Rotonde und in den nahe gelegenen Buchhandlungen von Adrienne Monnier und deren Liebhaberin Sylvia Beach zusammenfanden. Bei Monniers La Maison des Amis des Livres und Beachs Shakespeare and Company kaufte man nicht nur die druckfrischen Kunst- und Lyrikbände, man erfuhr auch den neuesten Klatsch.

Tamara war klar, dass sie ihren Platz in dieser Rive-Gauche-Gemeinde finden musste. Das Leben in St. Petersburg hatte sie gelehrt, wie wichtig Beziehungen waren; außerdem galt es sich zu informieren, wie die Insider sich kleideten, wie sie redeten und sich verhielten. Sie hatte bereits begonnen, Adrienne und ihre Freunde regelmäßig im Les Deux Magots zu treffen, doch wenn sie ihre Runden in anderen Cafés machte, bevorzugte sie es, allein zu sitzen, zuzuhören und zu beobachten.

Was sie sah, war bisweilen verwirrend. Unter den Studenten und Künstlern befanden sich auch Sozialisten und Anarchisten, die Meinungen wiederkäuten, von denen Tamara glaubte, sie in Russland zurückgelassen zu haben. Auch ihre Kleidung war absurd: Die Männer trugen billige Anzüge oder Arbeits-Overalls, die Frauen Kittel aus grob gewebtem Stoff, dazu Kopftücher. Tamara verstand nicht, warum jemand vorgab, ein Bauer zu sein. Ihre kurze Begegnung mit dem bolschewistischen Terror hatte ihren Hass auf alles Linkslastige und Revolutionäre vertieft. Und wenn sie allein in einer Ecke saß und ihren Kaffee trank, empfand sie wenig Gemeinsamkeit mit diesen streitbaren jungen Leuten.

Und doch suchte sie ihre Nähe und sah sich selbst als betörende, distanzierte Beobachterin, elegant in Zigarettenrauch und die eigenen Gedanken gehüllt. Sie registrierte die Gesichter der Rädelsführer und hatte ihre Antennen gleichzeitig auf die anderen Besucher im Café gerichtet, modisch elegante Männer und Frauen, ganz offensichtlich Touristen, die vielleicht eines Tages ihre Kunden sein würden.

In den frühen zwanziger Jahren war Paris einmal mehr ein Marktplatz moderner Kultur. Die einstmalige Hauptstadt der Belle Époque, Heimat der Symbolisten, Décadents, Postimpressionisten, Kubisten und von Djagilews »Ballets Russes« war nun die Stadt des Schwarzen Jazz, des Dada und der aufkommenden Surrealisten, des Avantgarde-Balletts und der internationalen Lyrikzeitschriften. Während der amerikanische Aktienmarkt boomte und die europäischen Volkswirtschaften zum Vorkriegsniveau zurückfanden, wurde die Kunst zum erstrebenswerten Konsumartikel. Sie zu sammeln war schick, sie verlieh ihrem Besitzer Status und galt als sichere Geldanlage. Die Preise für bekannte Künstler wie Picasso stiegen – die kommerzielleren unter seinen Bildern gingen für bis zu 100 000 Franc weg –, und unter den ausländischen Käufern entstand ein regelrechter Wettstreit darum, wer das nächste Talent entdecken würde. War ein solcher Kandidat ausgemacht, so kaufte ein einzelner Sammler nicht selten dessen gesamte Kollektion. Dadurch entwickelte sich ein lebhafter Kunsttourismus; man zahlte für Führungen durch die Ateliers, aber auch durch die Cafés und Bars, in denen man angesagte Künstler in ›freier Wildbahn‹ beobachten konnte.

Die Vaudeville-Tänzerin und Sängerin Bricktop (d.i. Ada Smith) sah diese Symbiose aus Geld und Kultur, die Mitte der 1920er Jahre in Paris herrschte, als »etwas ganz Wunderbares«. In Paris wimmelte es nur so von verarmten Künstlern, »die schreiben, malen oder zur Bühne wollten«; zugleich war die Stadt voll von Leuten, »die genug Geld, aber zu wenig Talent hatten«, und diese »Reichen unterstützten ... die Genies«.[9] Für Tamara, die nichts Romantisches darin sah, arm und verkannt zu sein, boten sich höchst interessante geschäftliche Möglichkeiten. Der finanzielle Erfolg als Künstlerin konnte ihr gar nicht schnell genug kommen, und zu Beginn ihrer Karriere scheint sie es durch die Art ihrer Arbeiten bewusst darauf angelegt zu haben. Porträtmalerei war ein einträgliches Geschäft – viele von Tamaras Diamantarmbändern wurden mit lukrativen Aufträgen von Socialites finanziert –, aber vor allem jene Werke, die junge, modische und begehrenswerte Frauen zeigten, waren auf dem Kunstmarkt der 1920er gefragt.

Tamara vergötterte den Glamour. Sie hatte ihn selbst immer angestrebt und erspürte ihn nun bei ihren jungen Modellen, auf deren Erscheinungsbild sie so viel Wert legte wie auf ihr eigenes: Der Ton von Lippenstift und Lidschatten, das Styling der Frisur, der Schnitt der Kleidung – alles musste stimmen. Besonders gut gelang ihr die Haut. Tamara hatte eine besondere Technik mit winzigen, präzise ausgeführten Pinselstrichen entwickelt, die der Oberfläche einen besonderen Glanz verlieh; ihr klassisch leuchtendes Inkarnat wurde oft mit dem von Ingres verglichen.

Ganz gleich ob nackt oder bekleidet, ihre Sujets strahlten

sexuelle Selbstsicherheit aus: Sie wirkten wie Frauen, die in Cafés und Bars tranken und sich Liebhaber nahmen, aber ihre Unabhängigkeit wahrten. So wurde Tamara, durch Instinkt wie Entschluss gleichermaßen, zur Porträtistin eines neuen Frauentyps, der sich Flapper beziehungsweise *garçonne* nannte – eine, wie sich herausstellte, höchst marktgerechte Entscheidung.

Junge Frauen beherrschten zunehmend die Schlagzeilen. Victor Marguerittes kurz zuvor veröffentlichter Roman *La Garçonne* (dt. *La Garçonne. Die Aussteigerin*),* der von lesbischer Liebe, Drogen und einer alleinerziehenden Mutter handelte, erregte einen solchen Skandal, dass Margueritte aus der Ehrenlegion ausgeschlossen wurde. Der Erscheinungstermin des Romans war mindestens so provokant wie sein Inhalt: Er kam an dem Tag in die Buchhandlungen, an dem der französische Senat gegen das Frauenwahlrecht entschied.

Mitglieder der Union française pour le suffrage des femmes protestierten heftig, zusammen mit achtzig anderen feministischen Organisationen, die mittlerweile in Frankreich aktiv waren. Nachdem man ihnen die politische Mitsprache verweigert hatte, fanden die französischen Frauen, wie ihre Geschlechtsgenossinnen in England und Amerika, andere Mittel und Wege, um auf sich aufmerksam zu machen: durch die Berufe, die sie ausübten, und, was fast noch wirksamer war, durch die Kleider, die sie trugen.

Im 19. Jahrhundert war der Kampf um die Reform der weiblichen Garderobe** vor allem in Großbritannien und Amerika ausgetragen worden, doch es war in Paris, wo die Fusion von Emanzipation und Haute Couture gelang. Coco Chanel, die

* Kees van Dongens Illustrationen in der Ausgabe von 1926 zeigten die Hauptfigur Monique als schlanke, mandeläugige Schönheit, in manchen Abbildungen nackt, in anderen modisch gekleidet.

** Auch die Ateliers der Wiener Werkstätten spielten eine Vorreiterrolle bei der Einbettung der Mode in ein größeres Konzept progressiven Designs.

verwaiste Schneiderin mit dem Atelier in der Rue Cambon, ging weit über Poiret und die Couturiers seiner Generation hinaus. Sie entwarf geometrisch geschnittene, einfache Etuikleider, die beim Gehen bequem saßen. Sie ließ sich von den volkstümlichen Uniformen der Matrosen und Arbeiter inspirieren, von denen sie Schlaghose und Ringelpulli übernahm; sie ersetzte große, überladene Hüte durch Baskenmützen, Turbane und, seit Mitte der 1920er Jahre, auch durch eng anliegende Cloches, die die Kurzhaarfrisuren ihrer Trägerinnen besonders gut zur Geltung brachten. Chanels Rivale Jean Patou entwickelte seine Handschrift vor allem in der Sportmode – der Wimbledon-Star von 1921, Suzanne Lenglen, trug seine Kreationen auf dem Platz und darüber hinaus.

Es lag eine befreiende Männlichkeit in diesem neuen Stil – der Name *garçonne* traf durchaus zu –, und damit ging auch ein gewisser Grad an Demokratisierung einher. Kein Chanel-Modell war billig zu haben, doch einige Kreationen der Designerin ließen sich günstig und schnell in großer Zahl nachschneidern. Die preiswerten Stoffe, die sie einsetzte – Baumwolle und Trikotstoff, der bislang nur bei Herrenunterwäsche üblich war –, eigneten sich bestens für wohlfeile Massenware. Selbst den Schmuck demokratisierte Chanel, indem sie »Modeschmuck« aus Strass und vergoldetem Metall kreierte.

Tamara betrachtete Mode als ihr Element. 1922 ließ sie sich das Haar kurz schneiden, das sich nun glatt um ihren Kopf schmiegte und ihre breiten, slawischen Backenknochen und die strahlend blauen Augen betonte. Bei der Kleidung war es schon schwieriger: Sie war noch immer üppig gebaut und zu eitel, um sich in gerade geschnittene Etuikleider oder Hosen zu zwängen. Sie bevorzugte theatralischere Outfits wie drapierten weißen Satin und Federbordüren für die Abendgarderobe, und natürlich ihre Diamantarmbänder. Ihr Interesse an Mode übertrug sie eins zu eins auf die Leinwände. In dem Doppelporträt *Irene und ihre Schwester* (1925) kontrastieren die nahezu architektonischen Falten von Irenes silbergrauem Kleid mit der extravaganten goldenen Haarkaskade ihrer Schwester und deren grünem Mantel. Diese elegant gekleideten Frauen in zweideutiger Pose vor einem dunklen, waldartigen Hintergrund waren nicht nur die Schöpfung einer Malerin, sie hätten auch eine Illustration aus einem Modejournal sein können.

Tamara porträtierte Frauen, wie sie sich vorstellte, dass diese sich selbst gerne sehen würden, schick und sexuell begehrenswert. Noch bemerkenswerter war, dass ihre Modelle nicht nur auf Männer, sondern vor allem auch auf Frauen eine enorme Anziehungskraft ausübten. Etwa um 1920 machte sie die Bekanntschaft einer Nachbarin, von der sie später beiläufig als der »Freundin mit den englischen Eltern« sprach.[10] Sie hieß Ira Perrot und saß unter anderem für Tamaras erfolgreiches Frühwerk *Porträt einer jungen Frau in blauem Kleid* Modell. In diesem Bild von 1922 ist der üppige Körper unter der kobaltblauen Draperie des Kleides eindeutig nackt, und der Blick aus den schwarz umrandeten Augen wirkt zugleich vorwurfsvoll und komplizenhaft. Ein solch kühner Erotizismus findet sich sonst kaum in Tamaras Frühwerk, und die eindringliche Emotionalität des Bildes hatte ihren Grund: Ira war höchstwahrscheinlich die Frau, mit der Tamara ihre erste lesbische Beziehung hatte.

Tamara mochte Sex, und auch in Paris hatte sie schon Affären gehabt, wenn sich die Gelegenheit dazu bot. Tadeusz' zerrüttete Nerven und die anfängliche Beengtheit ihrer Wohnverhältnisse ließen sie sehnsüchtig an ihr ehebrecherisches Abenteuer mit dem Konsul von Siam zurückdenken. Bei Streifzügen durch die Cafés auf der Suche nach attraktiven Männern bedurfte es nur wenig, um Bereitschaft zu signalisieren. Ein leichtes, katzenhaftes Krümmen des Rückens, ein Seitenblick unter langen Wimpern, gefolgt von einem Drink und einigen höflichen Bemerkungen. Tamara ließ keinen Zweifel daran, dass sie gewillt war, ihre neue Eroberung auf dessen Hotelzimmer oder in seine Wohnung zu begleiten.

Erst als sie Ira Perrot kennenlernte, begann Tamara auch die Möglichkeiten zu erkunden, die die Beziehung zu einer Frau bot. Anfänglich waren sie und Ira vermutlich einfach Freundinnen,* doch 1921 machten sie gemeinsam Ferien in Italien – eine Reise, die für Tamara eine der leidenschaftlichsten Erfahrungen ihres Lebens bleiben sollte. Die Städte wiederzusehen, die sie mit ihrer Großmutter bereist hatte, und dabei in luxuriösen First-Class-Hotels abzusteigen (auf Iras Kosten), kam ihr vor wie eine Rückkehr in ihr altes, privilegiertes Leben. Und in den Armen ihrer Liebhaberin konnte sie das alles mit frischer Lust genießen.

Es scheint ihr nie in den Sinn gekommen zu sein, sich diesen neuen Gefühlen zu verschließen oder sie als zeitweilige Verirrung abzutun. Auch wenn die Faszination für Ira mit der Zeit nachließ, so blieb Tamaras Interesse an Frauen bestehen und hinterließ Spuren in ihrem Werk. Das Bild *Perspective* von 1923 (später unter dem Titel *Die beiden Freundinnen* bekannt) ist eines der technisch eindrucksvollsten Werke aus ihrer frühen Phase. Das Porträt zweier sich umarmender Frauen verbindet klassische Ausführung mit modernistischer Dynamik – die nackte Haut der Frauen strahlt golden vor einem türkisfarbenen Tuch, die Umrisse ihrer Körper sind bewusst deformiert, um üppige Fleischlichkeit zu suggerieren. Doch es ist die Intimität ihrer Umarmung, die das Bild beherrscht, wobei eine der Frauen mit entrückter Miene den inneren Oberschenkel der anderen streichelt, während sie beieinanderliegen, die Köpfe in ekstatischer Schläfrigkeit zurückgeworfen. Eine Szene voll eindeutiger postkoitaler Mattigkeit, die nahelegt, dass es Tamara selbst gewesen sein könnte, die mit dieser

* Fotos von den Ehepaaren Perrot und Lempicki werfen die interessante Frage auf, wie viel die beiden Männer von der Affäre wussten.

Frau geschlafen hatte, bevor sie sich hinter die Leinwand zurückzog, um das Paar zu malen. Zumindest wirkt es so, als hätte sie dabei auf persönliche Erfahrungen zurückgreifen können, und nachdem Kritiker sie als die Malerin dieser »Amazonen« (damals ein beliebter Begriff für Lesben)* identifiziert hatten, bestärkte Tamara die Öffentlichkeit in dieser Wahrnehmung, indem sie sich die Freundschaft und Unterstützung eines prominenten sapphischen Zirkels sicherte.

Frauen mit Geld und Einfluss spielten eine bedeutende Rolle im kulturellen Leben von Paris. Als Gastgeberinnen ihrer privaten Salons machten sie es sich zur Aufgabe, Karrieren zu fördern, indem sie Kontakte und Beziehungen herstellten. Die drei einflussreichsten waren Natalie Barney, Gertrude Stein und die Prinzessin Polignac (vor ihrer Heirat Winnaretta Singer, Tochter des Nähmaschinen-Magnaten). Alle drei stammten aus Amerika und waren lesbisch. Für Tamara erwies es sich als äußerst hilfreich, dass sie zumindest zu einem dieser Salons Zugang bekam.

Ihr erster Versuch war allerdings wenig ermutigend. Eine Freundin hatte Tamara zu Gertrude Stein mitgenommen, die immer samstags in ihrer Wohnung in der 27 Rue de Fleurus Hof hielt. Stein selbst war eine Enttäuschung – untersetzt und im schlichten braunen Kordsamtkittel, das Haar zu einem Dutt zusammengenommen –, und obwohl Tamara von der eindrucksvollen Kunstsammlung dieser seltsamen Amerikanerin wohl oder übel beeindruckt war (Stein hatte Picasso lange vor dem Gros der Käufer entdeckt), fand sie den Stil der Zusammenkünfte in der Rue de Fleurus unmöglich. Nicht genug, dass Stein die Unterhaltung dominierte, die – zumindest für Tamaras Ohren – prätentiös und langweilig war; sie fasste es geradezu als Beleidigung auf, dass ihr nur wenige Minuten

* Zu dieser Zeit signierte sie noch gelegentlich mit »T. de Lempitzky«, doch dieser Männername täuschte kaum jemanden.

mit Stein und ihren bevorzugten Gästen gewährt wurden, bevor man sie in eine Ecke schickte, wo sie zu Tee und Kuchen neben Alice B. Toklas (Steins Frau) sitzen sollte. Tamara lobte pflichtschuldig die Backkunst von Miss Toklas, aber wo, fragte sie sich, blieb der Champagner?

Stein hatte schonungslos klargemacht, dass sie weder Tamara noch ihre Bilder schätzte. Als Tamara später tiefer in die Rive-Gauche-Szene eindrang, merkte sie, dass die Autorin Stein insgesamt mehr Austausch mit Männern pflegte als mit Frauen. Ganz anders Natalie Barney, in deren Salon alle Frauen äußerst großzügig willkommen geheißen und unterstützt wurden, sei es im Privatleben oder in Bezug auf die Karriere.*

Barney akzeptierte ihre Homosexualität mit erstaunlichem Selbstbewusstsein. Die 1876 Geborene behauptete, schon mit zwölf gewusst zu haben, dass sie über »den gefährlichen Vorzug« verfügte, »anders zu sein als die anderen«.[11] Sobald sie, dank des vom Vater geerbten Geldes, finanziell unabhängig geworden war, hatte sie ihre Heimatstadt Washington verlassen und war nach Paris gegangen, wo sie sich ein sapphisches Paradies schuf.

Sie war keine Missionarin des Lesbianismus. Die von dem Sexualforscher Henry Havelock Ellis vorgebrachten Theorien von der veränderlichen Natur der Sexualität machten wenig Eindruck auf sie; sie brauchte weder Erlaubnis noch Rechtfertigung für ihr Verlangen – und während sie die sexuelle Befreiung der jüngeren Generation mit Interesse verfolgte, stellte sie die eigenen Neigungen nicht ostentativ zur Schau. »Ich bin lesbisch«, sagte sie, »das muss ich weder verstecken noch muss ich damit prahlen.«[12] Sie zeigte wenig Verständnis für Frauen,

* 1927 gründete Barney eine inoffizielle »Académie des Femmes« als Gegenentwurf zur Académie française, auf deren Liste der vierzig »Unsterblichen« weiterhin keine Frauen zugelassen waren.

die sich einen aggressiven Kurzhaarschnitt verpassen ließen und mit Monokel, Weste und in Hosen herumliefen.

Barney selbst trat betont feminin auf; sie kleidete sich im präraffaelitischen Stil, den auch die Duchess of Rutland schätzte, und verfasste stapelweise schwurbelig-verzückte Liebeslyrik.* Dennoch konnten es selbst die maskulinsten Lesben jener Zeit nur schwer mit ihrer sexuellen Angriffslust aufnehmen. Sie teilte ihre Beziehungen in drei Kategorien ein. Da waren zunächst die dauerhaften »Liaisons« mit wenigen ausgewählten Geliebten, zu denen vor allem die Malerin Romaine Brooks und die Schriftstellerin Élisabeth de Gramont zählten, die wegen ihrer radikal sozialistischen Ansichten auch als Rote Herzogin bekannt war. Dann kamen die »Demi Liaisons«, zu denen Barney ihre Affäre mit der Schriftstellerin Colette rechnete, und schließlich die »Abenteuer«, zahlreiche zwanglose Begegnungen mit Frauen, die sie, glaubt man Alice B. Toklas, bevorzugt in den Toiletten von Kaufhäusern aufgabelte.

Solche Treffen mussten möglichst diskret abgewickelt werden. Paris war bekannt für seine sexuelle Toleranz – Oscar Wilde hatte seinen Liebhaber Alfred Douglas angefleht, dorthin zu fliehen, nachdem ihre Affäre publik geworden war –; im Verborgenen war alles möglich, von Transvestitenbars bis zu homosexuellen Kabaretts. Doch in der Öffentlichkeit mussten zwei Frauen oder zwei Männer weiterhin mit Anfeindungen rechnen, wenn sie miteinander flirteten oder ungeniert als Paar auftraten. In den puritanischeren Kreisen der Pariser Oberschicht wurde man als Lesbe unter keinen Umständen akzeptiert, weshalb Natalie nicht umhinkam, sich in ihrem eleganten, zweistöckigen Gartenhaus am Rande des Quartier

* Wegen der schwülstigen sapphischen Bildsprache von Barneys Gedichten – »Brüste wie Lotosblüten«, »Herzen stöhnend wie die See« – musste ihr Werk größtenteils privat gedruckt und verteilt werden.

Latin im Montparnasse eine eigene bunte Welt zu erschaffen.

Die Adresse in der 20 Rue Jacob war dazu bestens geeignet und durch hohe Mauern und Tore von der Straße abgeschirmt. Hinter diesen diskreten Toren war Natalies Sexualität jedoch allgegenwärtig, von dem kleinen, von Säulen getragenen Pavillon (ihrem Liebestempel) bis zu vergoldetem Stuck, Tapisserien, Buntglas, Samt und Damast im Inneren des Hauses: »Eine Mischung aus Kapelle und Bordell«, beschrieb Truman Capote die Szene viele Jahre später.[13]

Ebenso feminin war auch der Stil ihrer freitäglichen Salons. Außergewöhnliche Frauen wie Isadora Duncan, Colette und Mercedes de Acosta wurden dort zum Tee mit vielfarbigen Petit Fours und exquisiten Gurkensandwiches bewirtet. Zu Natalies Stammgästen zählten auch Männer – Ezra Pound, André Gide, George Antheil, Jean Cocteau und Paul Poiret –, doch wie der junge amerikanische Dichter William Carlos Williams bemerkte, waren sie eher Nebensache. Irritiert beobachtete er, wie unter den Frauen schwüle Blicke und verbale Zärtlichkeiten ausgetauscht wurden, bevor jeweils zwei oder drei von ihnen zusammen verschwanden, was ihn ziemlich aus der Fassung brachte. »Ich ging nach draußen, um erst mal ordentlich zu pissen«, erinnerte er sich später. Das schien ihm die einzige Möglichkeit, sich seiner Männlichkeit zu versichern.[14]

Einige der Freundschaften, die Tamara in der Rue Jacob schloss, galten Männern, etwa dem vielseitig begabten Jean Cocteau, den sie wegen seines Snobismus und seiner Häme, aber auch wegen seines Humors schätzen lernte. Die wichtigsten Kontakte knüpfte sie jedoch mit Frauen, zum Beispiel mit der Marchesa Luisa Casati, die mittlerweile in Frankreich lebte und sich in der Villa Rosa in Versailles gerade ein neues Zuhause einrichtete. Allerdings ließ Casati sich nie von Tamara porträtieren. Vielleicht hatte sie das Gefühl, dass ihre von Belladonna vergrößerten Pupillen und ihr hexenhaftes, hennagefärbtes Haar sich eher dem surrealistischen Auge eines Man Ray oder dem nebulös-schmeichlerischen Pinsel eines Augustus John erschlossen als dem glasklaren Stil einer de Lempicka. Dennoch erwies sie sich als nützlicher Kontakt, denn sie stellte Tamara einige ihrer Freunde vor, darunter den einflussreichen Fotografen Baron de Meyer und den italienischen Dichter Gabriele D'Annunzio, der einst Liebhaber und Mentor der Marchesa gewesen und immer noch eng mit ihr befreundet war.

Andere Gäste von Natalie Barney ließen sich nicht nur von Tamara malen, sondern kauften auch ihre Arbeiten, etwa die Duchesse de la Salle (Name und Titel waren vermutlich frei erfunden), deren majestätische Schroffheit und manierierte Aufmachung Tamara zu einem der überzeugendsten Porträts ihrer Frühphase inspirierten. Selbst Tamara war beeindruckt, wie rasch Paris sich ihr öffnete. Zu ihren Freunden zählten inzwischen viele prominente Künstler – Jules Pascin und der Porträtist Kees van Dongen – sowie diverse Society-Größen; Misia Sert, die polnische Frau des Malers Josep Maria Sert und Freundin von Djagilew, gehörte ebenso dazu wie die großzügige, belesene Comtesse de Noailles.

Dank der Unterstützung solcher Leute konnte Tamara auf wachsenden Erfolg hoffen. Ihre drei 1922 beim Salon d'Automne ausgestellten Bilder hatten Aufsehen bei den Kritikern erregt, und *Le Figaro* bescheinigte ihrem Stil eine »verstörende Präsenz«.[15] Im Jahr darauf wurde Tamaras Teilnahme am Herbstsalon durch André Gide gefördert, weitere Gruppenausstellungen im Salon des Tuileries und im Salon des Femmes Peintres folgten. Tamara machte sich nicht nur in den Feuilletons einen Namen, auch die Klatschkolumnisten schrieben über sie. Was sie trug, wo sie hinging und wer zu den Partys und Abendessen eingeladen war, die sie seit Neuestem gab – das alles schien berichtenswert.

Während Tamara sich in ihrem Erfolg sonnte, fühlten sich Mann und Tochter zu kurz gekommen. Tadeusz war nicht glücklich in Paris. Er vermisste seine Familie, die inzwischen in Polen lebte, und obwohl er eine recht gute Stelle gefunden hatte, war er nicht mehr der Alte. Die meisten Abende verbrachte er mit einem Glas Wodka und einem seiner geliebten Kriminalromane im Sessel.

Seine Depression hatte die sexuelle Anziehung zwischen ihm und Tamara nicht ganz ausgelöscht, das war aber auch das Einzige, was die Ehe noch zusammenhielt. Tamaras Arbeitswut und die professionelle Kontaktpflege ließen kaum Zeit für ihren Mann, und ihre Karriere gefährdete die Beziehung. Nicht genug, dass sie mittlerweile mehr verdiente als er, sie verhielt sich auch zunehmend wie der Herr im Haus.

Dabei versuchte sie, ihren Pflichten als Ehefrau und Mutter weiterhin nachzukommen. Sie richtete es so ein, dass sie Kizette ins Bett bringen oder mit ihr frühstücken konnte. Manchmal stand sie stundenlang in der Küche, um ein aufwändiges polnisches Essen zuzubereiten, natürlich mit der für sie typischen Perfektion. Eine schlecht gekochte Mahlzeit oder ein von der ahnungslosen Haushälterin an den Tisch gebrachtes hässliches Geschirr konnten sie in maßlose Wut versetzen. Mehr als ein Weinglas oder eine Vase wurden zerschmettert, weil Tamara sie für vulgär oder bürgerlich hielt. Dieser zornerfüllte Perfektionismus dürfte zum Teil auf die wenigen Schreckensjahre zurückzuführen sein, in denen ihr Leben außer Kontrolle geraten war, doch er versetzte den gesamten Haushalt permanent in Unruhe. Kizette schwankte zwischen extravaganten Versuchen, es ihrer »Chérie«, wie Tamara genannt werden wollte, recht zu machen, und Unmut über deren ständige Szenen. Die kleine Nancy Cunard, die das Gesicht von Mauds Schokolade abwandte, hätte sicher mit Kizette sympathisiert, als jene sich eines Abends strikt weigerte, das rituelle »Gott segne Mama« in ihr Abendgebet aufzunehmen.[16]

Tadeusz dagegen waren Tamaras häusliche Kapriolen immer noch lieber als ihre zunehmende Abwesenheit. An den meisten Abenden verschwand sie sofort, nachdem sie Kizette ins Bett gebracht hatte. Ihre Entschuldigungen klangen stets unverfänglich – sie gehe mit Freunden in ein neues Kabarett, in die Oper oder in ein Restaurant –, aber oft kam sie erst im Morgengrauen zurück. Kein Wunder, erkundete sie doch das volle dekadente Potenzial des Pariser Nachtlebens. Wenn sie mit der Duchesse de la Salle ausging, besuchten sie gern auch den lesbischen Klub La Rose; war sie mit einem ihrer homosexuellen Freunde unterwegs, landete sie nicht selten in einer Schwulenbar in der Rue de Lappe, wo Männer Frauenkleider trugen und das Kabarett bemerkenswert obszön war.

In solchen Etablissements gab es nicht nur Alkohol und Jazz, sondern auch Drogen, die Tamara mindestens ebenso schätzte wie Sex. Dabei legte sie keinen Wert auf die betäubende Wirkung von Morphium, sondern bevorzugte Substanzen, nach deren Einnahme sie sich gefährlich und lebendig fühlte: Haschisch in kleinen Kügelchen, die man in einem Sloe Gin Fizz zu sich nahm, oder Kokain, das von einem winzigen Silberlöffel geschnupft wurde. Letzterem war Tamara besonders verfallen: Es war billig und leicht verfügbar, und sie schätzte den sexuellen Kick und die elektrisierende Klarheit, in die es ihre Sinne versetzte.

Tamara war immer auf körperliche Nähe aus. Selbst bei alltäglichen Begegnungen streichelte sie gern die Wange ihres Gegenübers oder umschloss das Gesicht mit den Händen. Aber auf dem Tanzparkett, wenn sie ihren Partner beim Foxtrott an sich zog oder ihn beim Charleston umkreiste, konnten Tamaras Liebkosungen schon mal aggressiv werden. Männer wie Frauen spürten dann ihre Lippen auf ihren, ihre Finger an der Brust oder im Schritt. Eines Nachts im La Rose begann Tamara die Frau, mit der sie gerade tanzte, auszuziehen und verkündete der amüsierten Menge, dass sie ihre Tanzpartnerin als potenzielles Modell ins Auge gefasst habe. Nachdem sie die Brüste der Frau prüfend in der Hand gewogen hatte, befand sie sie für »rund genug«, dann schob sie ihr die Finger zwischen die Beine und erklärte mit gespieltem Bedauern, es sei dort »zu feucht, um sich [auf die Arbeit] zu konzentrieren«.

Solche exhibitionistischen Darbietungen wurden zu Tamaras Partygag, waren oft aber auch das Vorspiel zu zügellosen sexuellen Eskapaden. Es war nicht nur das Kokain, das Tamaras Verlangen befeuerte, sondern auch die Lust am Abenteuer. An manchen Abenden verabschiedete sie sich von ihren Freunden und ging zu jenem Abschnitt des linken Seineufers, der für seine schäbigen Klubs und Bars bekannt war. Dieses aus Bruchbuden bestehende Vergnügungsviertel hatte während des Krieges floriert und kam nun den Bedürfnissen der 1920er Jahre entgegen – ein Umfeld, in dem Tamara sich wohlfühlte. Unter Matrosen, Studenten und anonymen Vergnügungssuchenden ließ sich das sexuelle Hochgefühl intensivieren und variieren: Wie aus ungenannter Quelle verlautete, war Sex zu dritt ihre Spezialität; dabei konnte sie gleichzeitig weiche weibliche Haut und männliche Muskelkraft genießen.

Tamaras Credo »Es ist die Pflicht des Künstlers, alles auszuprobieren« war eine beliebte Plattitüde der Rive-Gauche-Szene, die sie jedoch konsequent in die Praxis umsetzte. Je schmutziger und gefährlicher solche sexuellen Begegnungen waren, umso befreiender wirkten sie. Dabei fand Tamara die nötige Entspannung von ihrem rigiden Tagesprogramm und den ehrgeizigen Zielen, die sie sich gesteckt hatte. Doch selbst in diesen nächtlichen Rauschzuständen hatte ihr Malerblick nie Pause. Sie behielt starke visuelle Eindrücke von den Fremden zurück, mit denen sie Sex hatte: die glatte oder raue Struktur ihrer Haut, die Formen ihrer Körper. Alles taugte als Material, und wenn sie nach Hause zurückkehrte, blieb sie nicht selten auf und malte, bis das Adrenalin der Erregung aufgebraucht war, um ihre nächtlichen Erlebnisse in Pinselstriche und Farben zu übersetzen. Manchmal bekam sie nur wenige Stunden Schlaf, bevor sie Kizette zum gemeinsamen Frühstück weckte. Jahrzehnte später erinnerte sich Tamara, dass sie »mit nichts angefangen« habe und durch eiserne Entschlossenheit »das Beste von allem« erreichen wollte.[17] Und 1924 glaubte sie, diesem Ziel ganz nahe zu sein.

TALLULAH BANKHEAD

KAPITEL 4

Für John Hollis Bankhead stand schon früh außer Zweifel, dass seine Enkelin dem Namen der Familie einmal Ehre machen würde. Nicht ohne Stolz befand der Senator und Bürgerkriegsveteran aus dem amerikanischen Süden, dass »seit ihrer Kindheit eine unbändige Energie in Tallulah steckte, und es war klar, dass diese Energie irgendwohin musste«.[1] Die kampflustige, pummelige Kleine schien keine Angst zu kennen und stürzte sich einmal sogar wie eine Fallschirmspringerin mit vor Begeisterung »lodernden« Haaren vom Heuboden.[2] Ihre Wutanfälle waren so heftig, dass die Großmutter ihr zuweilen einen Eimer kaltes Wasser ins Gesicht schütten musste, und im Unterricht benahm sie sich derart daneben, dass kaum eine Schule sie länger behielt als ein Jahr.

Es war also nur eine Frage der Zeit, bis Tallulah ihrer konservativen Südstaatenfamilie den Rücken zukehrte, um in der Glamourwelt des Showbiz als Schauspielerin Fuß zu fassen. Da sie ohnehin dazu neigte, aus allem ein Drama zu machen, war sie auf der Bühne natürlich in ihrem Element. Doch hinter Tallulahs frühem Wunsch, um jeden Preis aufzufallen, steckte mehr als bloßer Exhibitionismus – es war in ihren Augen die einzige Strategie, um ihrem unberechenbaren Vater Aufmerksamkeit abzuringen und für den Tod ihrer Mutter Buße zu tun.

Keine drei Wochen nach Tallulahs Geburt am 31. Januar 1902 war Adelaide Bankhead an einer Bauchfellentzündung gestorben. In ihren Memoiren tat Tallulah die Tragödie lapidar damit ab, niemandem hinterhertrauern zu können, an den sie sich nicht erinnere.[3] Als Kind jedoch quälte sie in einem fort der Gedanke, ihre Geburt habe etwas mit Adas Tod zu tun gehabt – was nicht weiter verwunderlich war, hatte ihr Vater Will sie doch direkt neben dem Sarg ihrer Mutter taufen lassen. Danach gab er sich demonstrativ seiner Trauer hin, einem Zustand zwischen hektischer Hochstimmung und schnapsbeseelter Melancholie, der mit Unterbrechungen viele Jahre andauern sollte. Als eine ihrer frühesten Erinnerungen beschreibt Tallulah, wie ihr Vater todunglücklich durchs Haus torkelte, mit einer Pistole herumfuchtelte und drohte, seiner Frau ins Jenseits folgen zu wollen. Auch wenn die anderen Erwachsenen in ihrem Leben sich redlich bemühten, ihr solche Szenen zu ersparen, entnahm Tallulah den Gesprächen über ihren Vater doch, dass die Schuld an seinem Verhalten am Ende bei ihr zu suchen war.

Will hatte seine Frau angebetet. Ada war schön, verwöhnt und sehr romantisch gewesen: Wenn ihr danach war, trug sie beim Spaziergang über die ländliche Plantage ihres Großvaters die neueste Abendmode aus Paris. Und als ihr danach war, sich in den gutaussehenden, jungen Anwalt Will Bankhead zu verlieben, ließ sie kurzerhand den Mann, mit dem sie damals verlobt war, sitzen.

Zwei Jahre lang schien das Glück der beiden perfekt. Sie bezogen eine große Wohnung in Huntsville, Alabama, und kurz darauf wurde Will ins Parlament seines Heimatstaates gewählt. Damit war er auf dem besten Weg, Kongressabgeordneter zu werden. Ein Jahr später kam die erste Tochter, Eugenia, zur Welt, und wenn das Haushaltsgeld knapp wurde, sorgte Wills Vater stets dafür, dass es der Familie weder an Angestellten und Büchern noch an gutem Essen und Trinken fehlte.

Bis nach mörderisch kurzer Zeit das Schicksal erbarmungslos zuschlug. Für seine Familie lag auf der Hand, dass der trauernde Will nicht imstande war, sich vernünftig um seine

Töchter zu kümmern, weshalb Tallulahs Kindheit fortan nach folgendem Schema ablief: Einen Teil des Jahres verbrachten Eugenia und sie bei ihren Großeltern in Jasper, eine Tagesreise von Huntsville entfernt, und die restliche Zeit wohnten sie bei Wills Schwester Marie, die weiter weg in Montgomery lebte. Aus praktischer Sicht war das keine schlechte Lösung, doch wuchsen die beiden Mädchen so ohne echtes Zuhause auf. An jedem Ort galten andere Regeln. Ihr Vater in Huntsville ließ sie lange aufbleiben und erkaufte sich ihren Gehorsam mit Süßigkeiten; bei der Großmutter in Jasper hingegen mussten sie früh ins Bett, und auf jeden Regelbruch folgte eine Bestrafung durch den Großvater, oder es wurde zumindest damit gedroht.

Dabei waren die Bankheads im Grunde ein fröhlicher, liebevoller Clan. Doch ohne Mutter und eine richtige Familie hatte Tallulah als Kind ständig das Gefühl, sich jedes Fitzelchen Zuneigung hart erkämpfen zu müssen. Um die zarte Eugenia hingegen wurde von Anfang an viel Aufhebens gemacht. Sie erkrankte bereits als Kleinkind schwer an Masern und Keuchhusten, außerdem war sie sehr hübsch und hatte ein viel einnehmenderes Wesen als ihre aufbrausende jüngere Schwester. Tallulah kam es immer so vor, als würde ihr Vater Eugenia bevorzugen, und sie nahm es ihrer Schwester zeitlebens übel, dass Will sie einmal mit auf ein Picknick genommen hatte, während Tallulah zu Hause bleiben musste.

Eine Aufnahme der damals etwa sieben und acht Jahre alten Mädchen steht geradezu sinnbildlich für ihr Verhältnis zueinander: Die ordentliche, artige Eugenia hockt mit sittsam überkreuzten Armen und Beinen auf einem Stuhl, in den Haaren eine große weiße Schleife. Tallulah steht daneben, doppelt so breit wie ihre Schwester, die speckigen Arme und Hüften förmlich in das Sonntagskleid gezwängt und ein boshaftes Grinsen im Gesicht. Die Hand hinter Eugenias Rücken scheint gerade zum Knuffen oder Kneifen anzusetzen.

Tallulah litt unter ihrem Aussehen und auch darunter, ein Mädchen zu sein. Will hatte einst achtlos die Bemerkung fallen gelassen, dass er nach Eugenia gerne einen Sohn gehabt hätte, und so wuchs Tallulah – genau wie Nancy Cunard und eine ganze Generation von verwirrten Töchtern – in dem Glauben auf, als Junge hätte man sie vielleicht mehr geliebt. Sie versuchte, ihren Vater versöhnlich zu stimmen, indem sie den Bankhead-Wildfang spielte; während Eugenia durch Freundlichkeit und Gehorsam glänzte, tat Tallulah sich dadurch hervor, dass sie keine fünf Minuten still saß, vor keiner Schandtat zurückschreckte und dazu neigte, bei Auseinandersetzungen handgreiflich zu werden.

Von Kindheit an war sie der Familienclown. Als Fünfjährige nahm Will sie mit ins Varietétheater, um ihr einen Besuch beim Zahnarzt schmackhaft zu machen. Obwohl Tallulah dafür eigentlich noch viel zu klein war, zogen die Künstler sie in ihren Bann, besonders der Star des Abends, die »frivole Chanteuse«. Auf der Heimfahrt ahmte sie mit heiserem Stimmchen deren Auftritt nach, ohne zu begreifen, weshalb die zweideutigen Zeilen (»Dann nahm er seinen Hut und ich dachte: Wann kommt er wohl wieder?«) ihren Vater so zum Lachen brachten. Das Lied sollte Will und Tallulah für immer verbinden. Wenn er sich einsam fühlte, weckte er sie und hob sie auf den Tisch im Esszimmer, wo sie mit Hingabe ihre Show abzog. Eines Abends durfte sie sogar vor Bekannten auftreten, die er nach einem Barbesuch mit nach Hause gebracht hatte.

Dass Will seine kleine Tochter zu später Stunde vor einer Horde erwachsener Männer schlüpfrige Lieder singen ließ, zeugt natürlich von grobem Unverstand, doch Tallulah war von dem begeisterten Gejohle ihres Publikums hin und weg. »Der Applaus machte etwas mit meinem Rückgrat, mit meinem Kopf«, schrieb sie in ihren Memoiren.[4] »Ich spürte oft ein Kribbeln, wenn die Zuschauer klatschten, aber nie hat es so gekribbelt wie an diesem Abend.« Sie stellte fest, dass man sich bei den Leuten beliebt machen konnte, indem man für ihre Unterhaltung sorgte. Dabei fiel es ihr jedoch schwer, sich im Ton zu mäßigen. Tallulahs Geltungsdrang kannte keine Grenzen: Bei einer Schulaufführung ruinierte sie ihren Auftritt, weil sie aus dem Stegreif Text hinzudichtete und auf der Bühne Räder schlug. Wenn sie eine witzige Geschichte erzählte, machte sie oft die Pointe zunichte, weil sie sich vor Lachen kaum halten konnte. Sie war eine emotionale Windmühle, die stets unter vollen Segeln stand. Beim kleinsten Ärger flossen die Tränen, und wenn sie wütend war, wurde sie rabiat. Nach jedem Streit mit ihrer jüngeren Schwester sah Eugenia zu, so schnell wie möglich die Tür abzusperren, weil Tallulah sonst »ins Zimmer gestürmt kam und mir den Arm verdrehte«.[5]

Irgendwann sah der überforderte Will keinen anderen Ausweg mehr, als die mittlerweile zehnjährige Tallulah zusammen mit ihrer Schwester aufs Internat zu schicken. Da es sich als schier unmöglich erwies, im näheren Umkreis eine Schule zu finden, die gewillt war, beide Mädchen aufzunehmen, entschied er sich schließlich für den Convent of the Sacred Heart, eine Klosterschule über tausend Meilen entfernt in dem New Yorker Vorort Manhattanville. Wie zu erwarten, litten beide Kinder sehr unter der Trennung. Doch fügsam wie immer flüchtete sich Eugenia in die Schularbeit, während Tallulah jeden Tag Schwierigkeiten machte. Die Schauspielerin in ihr war fasziniert von den Ritualen des Konvents – so pflegte sie in einen schwarzen Schal gehüllt im Kerzenschein vor dem Spiegel die Nonnen zu imitieren –, doch das wilde, lebhafte Kind in ihr war am Boden zerstört. Sie war rastlos, krank vor Heimweh, außerstande, sich auf den Unterricht zu konzentrieren, und konnte sich partout nicht mit den strengen, neuen Regeln anfreunden, weshalb sie einen Rüffel nach dem anderen kassierte.

Außerdem war sie einsam. Ihre Klassenkameradinnen kamen mehrheitlich aus dem Norden und stempelten Tallulah wegen ihrer Herkunft schnell als Außenseiterin ab, ihr Name klang für die Mädchen erfunden* und ihr Hang zur Selbstdarstellung ging allen auf die Nerven. Zu Hause in Alabama galt sie zwar auch als Rabauke, doch trotz ihrer altmodischen Ansichten in Sachen Rasse und Religion waren die Bankheads letztlich eine sehr tolerante Familie mit einem Faible fürs Unkonventionelle – Tallulah bescheinigte ihnen liebevoll »Stil und Esprit«.[6] Laut dröhnte früher die Stimme ihres Großvaters durch das Haus in Jasper, in einer Mischung aus Shakespeare, Sprichwörtern und lokaler Mundart. Als seine Frau ihm vorhielt, zu viele Slang-Ausdrücke wie »ain't« zu benutzen, wollte er davon nichts wissen, denn seiner Meinung nach konnte er die Stimmen der bäuerlichen Wählerschaft vergessen, wenn er redete wie ein Yankee-Gentleman.

Selbst Will war die reinste Stimmungskanone, wenn er gut aufgelegt war. Dann rezitierte er Gedichte, riss pausenlos Witze, erfand schräg-ausgelassene Spiele und überraschte seine Töchter auch hin und wieder mit denkbar unpassenden Geschenken. Kaum vorstellbar, dass die anderen Klosterschülerinnen in den Genuss des Melodrams kamen, das Tallulah und Eugenia sich in den Ferien am Broadway ansehen durften: *The Whip* mit seiner zotenreichen Handlung rund um ein paar lasterhafte britische Aristokraten, die in der ohrenbetäubenden Inszenierung eines Zugunglücks sowie eines Autounfalls gipfelte, ließ die beiden Mädchen, deren jugendliche Fantasie natürlich auf Hochtouren lief, »mit roten Augen und zerrauften Haaren« zurück.[7]

Ihre Mitschülerinnen stammten offenbar aus eher konservativen Kreisen. Wenn Tallulah versuchte, sie zum Lachen zu bringen, indem sie Geschichten erzählte oder nackt durch

* Tallulah war nach ihrer Großmutter benannt, und diese wiederum nach dem beliebten Touristenort Tallulah Falls, den ihre Eltern zum Zeitpunkt ihrer Zeugung besucht hatten.

den Schlafsaal stolzierte, kräuselten sie nur verächtlich die Lippen, und wenn sie mitspielen wollte, stieß sie auf Ablehnung. Je ausgeschlossener Tallulah sich vorkam, desto mehr rebellierte sie. Beim Gottesdienst am Halbjahresende durften die Schülerinnen mit den besten Benimmnoten beim Einzug in die Kirche einen weißen Schleier tragen und eine Lilie halten; Tallulah hingegen bekam als Einzige einen schwarzen Schleier verpasst. Sie fühlte sich wie »eine Unberührbare« und brach in Tränen aus.[8]

Egal, welche Schulen Tallulah danach besuchte, sie blieb einfach ein Problemkind. Während sie gerne las und intelligent und wissbegierig war, fiel es ihr schwer, sich auf den Unterricht zu konzentrieren. Vielleicht hätte sie sich leichter getan, wenn die Schule ihr mehr Gelegenheit gegeben hätte, ihr Talent unter Beweis zu stellen. Denn obwohl sie gern auf der Bühne stand und sich selbst längere Gedichtpassagen und Dialoge auf Anhieb merken konnte, durfte sie im Schultheater selten mehr als eine Nebenrolle übernehmen. Sie war einfach zu unberechenbar und sah zu merkwürdig aus. Mit Einsetzen der Pubertät hatte Tallulah noch mal ordentlich an Gewicht zugelegt, ihre Haut war übersät von hartnäckigen Pickeln, und mit ihrem stumpfen, kindlichen Kurzhaarschnitt machte sie selbst im vorteilhaftesten Kostüm keine gute Figur – ganz im Gegensatz zu Eugenia, die gleich in mehreren Schulaufführungen besetzt wurde und Tallulahs schwelende Eifersucht damit noch weiter schürte.

Indes verbrachte die nunmehr Dreizehnjährige nahezu ihre gesamte Freizeit mit ihrer Sammlung von Theater- und Filmillustrierten und den Fotos ihrer Lieblingsstars: der unnahbaren Diva Alla Nazimova und dem entzückenden Lockenkopf Mary Pickford. Für Tallulah stand fest, dass auch sie das Zeug zur Schauspielerin hatte; nur hübscher müsste sie sein, wie Eugenia oder Zelda Sayre, ein Mädchen, das sie aus Montgomery kannte. Als Kinder hatten Zelda und Tallulah darum gewetteifert, wer von beiden die Wildere war, und sich gegenseitig im Brücke- und Radschlagen überboten. Doch jetzt, mit fünfzehn, war Zelda zu einer klassischen Südstaatenschönheit erblüht, bei der die jungen Männer geradezu Schlange standen, um mit ihr tanzen zu gehen und sie durch die Gegend zu kutschieren.

Als dann auch noch eine neue Rivalin um die Gunst ihres Vaters auftauchte, hatte Tallulah endgültig das Gefühl, dass sich alle gutaussehenden Frauen gegen sie verschworen hatten. Nachdem er seine Alkoholprobleme und Depressionen einigermaßen in den Griff bekommen hatte, machte Will einer jungen Sekretärin namens Florence McGuire den Hof, und als er verkündete, sie heiraten zu wollen, war Tallulah außer sich vor Wut. Sie setzte alles daran, Florence das Leben schwer zu machen, etwa indem sie sie nachäffte, wenn die junge Frau ihren starken Dialekt zu überspielen suchte. Doch mit der Zeit begann Tallulah ihre Einstellung zu überdenken und stellte fest, dass eine Stiefmutter zu haben durchaus Vorteile bot.

Florence hatte ungeahnten Einfluss auf ihren Vater. Zum Beispiel überredete sie Will, sich endlich ein Auto zu kaufen, einen chromglänzenden Hudson Roadster, durch den ein schnöder Sonntagsausflug plötzlich zum aufregenden Abenteuer wurde. Und sie wagte es als Erste, Tallulahs Aussehen zur Sprache zu bringen. Tallulah hatte ihre Akne und ihren Babyspeck stets als eine Ungunst des Schicksals angesehen und war gar nicht auf die Idee gekommen, dass sich dagegen etwas unternehmen ließ. Florence – bestens vertraut mit den Gesundheits- und Schönheitstipps in den Frauenzeitschriften – ermutigte Tallulah nicht nur dazu, sich das dunkelblonde, wellige Haar wachsen zu lassen, sondern riet ihr auch zu gesunder Ernährung und Sport.

Wenn Tallulah ein Ziel vor Augen hatte, konnte sie einen fast übermenschlichen Ehrgeiz entwickeln, und so gelang es ihr binnen weniger Monate, zwanzig Pfund loszuwerden, und wie durch ein Wunder verbesserte sich auch ihre Haut. Zum leisen Erstaunen ihrer Familie hatte sie es geschafft, sich in ein bildhübsches Mädchen zu verwandeln. Und wenn sie vor dem Spiegel saß, verzückt ihre rosigen Wangen betrachtete und dazu einen feurig-verschleierten Blick aufsetzte, wähnte sie sich insgeheim schon auf den Bühnen der Welt.

Im folgenden Jahr rückte ihr Traum ein großes Stück näher. Will zog nach einem erfolgreichen Wahlkampf ins US-Repräsentantenhaus ein, und die gesamte Familie musste mit nach Washington. Eugenia wohnte bei Will und Florence, und Tallulah bezog mit ihren Großeltern das Apartment direkt darüber. Während Mrs Bankhead alles daransetzte, die beiden Mädchen in die lokale Society einzuführen, war Tallulah einzig darauf fixiert, irgendwie nach New York mit seinen Theatern und Filmateliers zu kommen, das nur noch etwa zweihundert Meilen entfernt war.

In gewisser Weise lag dieser Traum in der Familie. Tallulahs Großeltern hatten in ihrer Jugend begeistert Laientheater gespielt und mit ihren Auftritten im Krieg Geld für die Konföderierten gesammelt. Und Will war als junger Mann so fasziniert vom Theater gewesen, dass er beinahe sein Jurastudium an den Nagel gehängt hätte, um bei einer kleinen Repertoirebühne in Boston anzuheuern. Sogar die verstorbene Ada hatte sich einst Hoffnungen auf eine Bühnenkarriere gemacht. Während sie in ihrem Kinderzimmer Gedichte aufsagte, hatte sie ihrer Freundin Margaret Du Bois Smith anvertraut, sie sei »im Herzen« bereits Schauspielerin, und bei jeder Schulaufführung malte sie sich aus, in die Fußstapfen von Sarah Bernhardt, Mrs Fiske und Eleonora Duse zu treten, die sie alle schon auf der Bühne gesehen hatte.

Als Tochter einer alten Plantagenbesitzerfamilie musste Ada ihre künstlerischen Ambitionen natürlich früh begraben. Die Schande wäre zu groß gewesen. Doch nur eine Generation später war alles ganz anders, und in Amerika träumten Tausende von Mädchen gemeinsam mit Tallulah davon, Schauspielerin zu werden.

Es war die reinste Manie, und verantwortlich für dieses landesweit grassierende Schauspielfieber war in erster Linie die Filmindustrie. Eine Theatermimin wie Sarah Bernhardt war zwar allseits bekannt und beliebt (hätte der Begriff »Star« damals noch nicht existiert, man hätte ihn eigens für Bernhardt erfinden müssen, so Henry James) und machte bereits auf ihrer ersten US-Tournee in rund fünfzig Städten Station, doch durch das Medium war ihr Publikum begrenzt, und bevor Bernhardt 1912 ihren ersten Film drehte, konnte die Mehrheit ihrer Fans nicht darauf hoffen, sie öfter als ein- oder zweimal im Leben spielen zu sehen.

Dank des Kinos traten die berühmtesten Schauspieler plötzlich in jeder Kleinstadt auf, und das gleich mehrmals die Woche. Im Jahr 1920 gab es in Amerika über zwanzigtausend Filmtheater, zusätzlich zu den alten, billigen Nickelodeons*, die die frühen Kinojahre dominierten, und junge Frauen, die sonst nie die Gelegenheit gehabt hätten, Bernhardt oder Fiske in Aktion zu erleben, stellten sich vor, wie es wäre, die nächste Mary Pickford oder Lillian Gish zu sein.

Die neuen Fanmagazine spielten dabei keine unwesentliche Rolle. Im Jahr 1917 waren rund fünfzig verschiedene Filmzeitschriften in Umlauf, und nicht nur die Titel – *Picture-Play, Picture Classic, Photoplay* – ähnelten sich, sondern auch die Inhalte folgten alle dem gleichen Schema: seitenweise perfekt ausgeleuchtete und inszenierte Porträtfotos der begehrtesten Filmstars, dazwischen Artikel über ihre Villen, Autos und Juwelen samt Einblicken in ihr Privatleben. Die meisten Geschichten waren glattweg erfunden und stammten aus der Fe-

* Diese meist in ehemaligen Ladenlokalen untergebrachten Vorführräume verlangten fünf Cent Eintritt (ein Nickel = fünf Cent). 1915 kostete der Einlass in einem größeren Lichtspielhaus zehn Cent.

der von PR-Agenten, die mit der Zeit immer geübter darin wurden, ein bestimmtes Image ihres Stars zu verkaufen. So drehte sich die atemlose Berichterstattung über Theda Bara vor allem um die arabische Herkunft des Leinwandvamps, der sich angeblich einen Privatzoo mit exotischen Tieren hielt und eine Affäre nach der anderen hatte. In Wahrheit war Theodosia Goodman die Tochter eines Schneiders aus Cincinnati und eine intelligente Frau, die, wenn sie gerade nicht vor der Kamera stand, ein zurückgezogenes Leben im Kreis ihrer Familie und Freunde führte.

Die Filmindustrie war auf Illusionen angewiesen, nicht nur, um ihre Stars zu vermarkten, sondern auch, um damit lukrative Werbekampagnen an Land zu ziehen. Auf dem neuen amerikanischen Massenmarkt ließ sich ein Produkt erheblich teurer an den Mann oder die Frau bringen, wenn ein Leinwandidol dafür warb. Zigarettenschachteln lagen Bildkärtchen berühmter Schauspieler bei, und auf den gigantischen Reklametafeln, die an den Häuserfronten und in den Schaufenstern des Landes um die Aufmerksamkeit der Passanten buhlten, hielten die überdimensionalen Gesichter von Filmstars ihre Fans mit leerem Grinsen dazu an, Hautcreme, Haarpomade oder Mundwasser zu kaufen.

Jenseits des großen Teichs erlebten Diana Manners und Nancy Cunard eine Jugend zwischen Bomben, Lebensmittelknappheit und stetig steigenden Todeszahlen, und obwohl Amerika im Frühjahr 1917 in den Krieg eingetreten war, bekamen Mädchen wie Tallulah davon wenig mit. Ihre Gedanken kreisten sehnsüchtig um junge Frauen wie Olive Thomas, die in ihren Augen das große Los gezogen hatte: Keine drei Jahre nachdem die Verkäuferin aus Pittsburgh an einer landesweiten Suche nach dem »schönsten Mädchen von New York« teilgenommen hatte, stand sie bei der International Film Company unter Vertrag und hatte Mary Pickfords Bruder Jack geheiratet, der ebenfalls Schauspieler war.

Olive und Jack galten als »wild vergnügter Broadway-Nachwuchs, der bei jedem Schritt Sternenstaub aufwirbelte«,[9] und im Juni weckte ein Beitrag in *Picture-Play* bei Tallulah die Hoffnung, ihrerseits bald wild vergnügt zu sein. Die Zeitschrift veranstaltete einen Schönheitswettbewerb, bei dem Leser Fotos einschicken konnten; der Gewinnerin winkte eine Rolle in einem Film des New Yorker Regisseurs und Produzenten Frank Powell.

Oftmals entpuppten sich solche Preisausschreiben als dreister Schwindel, und der vermeintliche Glückspilz wurde mit einer Statistenrolle in einer Massenszene abgespeist.* Aber bei Tallulah stießen derlei warnende Worte auf taube Ohren. Sie posierte mit einem geliehenen Hut und einer Fuchsstola für ihr Foto und vergaß vor lauter Aufregung, Namen und Adresse auf die Rückseite zu schreiben, bevor sie es abschickte. Drei Monate später saß sie mit Eugenia bei einer Cola im Drugstore um die Ecke und blätterte in der neuesten Ausgabe von *Picture-Play*, als sie plötzlich unter den zwölf Gewinnerbildern ihr eigenes Konterfei entdeckte, mit der dramatischen Schlagzeile »WER IST DAS?« und einem dringenden Aufruf an die »geheimnisvolle Schönheit«, sich »zu erkennen zu geben«.

Tallulah erinnerte sich, dass ihre Jubelschreie noch einen Straßenzug weiter zu hören waren. »Ich schoss aus dem Laden, die Zeitschrift in der Hand, und schrie: ›Ich habe gewonnen! Ich habe gewonnen! Bald stehe ich auf der Bühne!‹«[10] Daran, dass sie ohne Erlaubnis ihrer Familie den Gewinn gar nicht antreten durfte und dass jemand sie nach New York begleiten musste, dachte sie dabei natürlich nicht. Mit ihren fünfzehneinhalb Jahren war Tallulah viel zu jung, zu naiv und zu dickköpfig, um ohne Aufsichtsperson zu reisen.

* Clara Bow ergatterte über einen Wettbewerb in *Movie Motion* ihre erste Filmrolle, aber ihr kurzer Auftritt fiel der Schere zum Opfer.

Im Zuge der lautstarken Familiendiskussionen, die daraufhin folgten, kamen weitere Bedenken auf. Mrs Bankhead fürchtete, dass die Heiratschancen ihrer Enkelin – und damit ihre Zukunftsaussichten – unter dem Filmengagement leiden würden. Wills Einwände waren im Wesentlichen finanzieller Natur. Seitdem er nicht mehr hauptberuflich als Anwalt arbeitete, stand ihm weit weniger Geld zur Verfügung, und von seinen Bezügen als Kongressabgeordneter galt es nicht nur seine Frau zu finanzieren, sondern auch Mrs Bankheads Vorhaben, Eugenia (und vielleicht sogar Tallulah) in der Washingtoner Society unterzubringen. Mit Tallulahs angeblicher Wochengage von 25 Dollar für ihr Filmdebüt ließen sich die Lebenskosten von zwei Personen in New York nicht mal annähernd decken, zumal Tallulah angekündigt hatte, nach den Dreharbeiten in der Stadt bleiben zu wollen, um ihre Karriere voranzutreiben.

Tallulah konnte nicht fassen, auf wie viel Widerstand ihre großen Pläne stießen. Sie weinte, schmollte und drohte sogar mit einem Hungerstreik – hatte diese Strategie doch stets Wirkung gezeigt, wenn es darum ging, den ersehnten Schulverweis zu kassieren. Schließlich sprach ihr Großvater ein Machtwort. Tallulah sei eben »ein spezielles Kind … fast schon übertrieben selbstsicher, und immer denkt sie, dass sie alles besser weiß«.[11] Ihm war klar, dass seine ehrgeizige Enkelin keine Ruhe geben würde, bis sie ihren Willen bekam, und so erklärte er sich bereit, sie wenigstens fürs Erste finanziell zu unterstützen, und sorgte dafür, dass Tallulah von ihrer Tante Louise nach New York begleitet wurde.

Schwer zu sagen, was die Familie sich dabei dachte. Louise war das Gegenteil von energisch, und der typische Bankhead-Esprit ging ihr weitgehend ab, außerdem machte sie gerade eine schwere Zeit durch: Zwei Jahre zuvor war ihr jüngster Sohn William an Typhus gestorben, und zu allem Übel hatte sie auch das Ende ihrer zweiten Ehe zu beklagen. In diesem

Zustand wäre wohl niemand in der Lage gewesen, einen Wirbelsturm aus Energie, Ehrgeiz und Neugier wie Tallulah im Zaum zu halten, geschweige denn sie vor den Gefahren zu beschützen, die in New York an jeder Ecke lauerten.

Was das betraf, hielten die Bankheads sich für gut vorbereitet. Sie kannten die Schlagzeilen und rechneten mit einer urbanen Schlangengrube aus Politrevoluzzern, Verhütungsaktivistinnen, Verfechtern von Frauengewerkschaften und Drogenbaronen. Auch hatten sie Tallulah wiederholt eingeschärft, Alkohol und Männer zu meiden. Trotzdem hatten sie nicht die leiseste Ahnung, was man als Frau an einem Filmset über sich ergehen lassen musste.

Schikanen und Ausbeutung waren in der Filmbranche an der Tagesordnung. Nachwuchsschauspielerinnen wurden oft nur besetzt, wenn sie zu sexuellen Gegenleistungen bereit waren, oder sie mussten ihre Gagen dadurch aufbessern, dass sie in den pornografischen Randzonen des Filmbusiness tätig wurden. Sogar in großen Hollywoodproduktionen diente Sex als zentrales Verkaufsargument. Vorschriften, was die gezeigten Inhalte anging, wurden erst 1930 eingeführt, weshalb Theda Baras Cleopatra-Kostüm wesentlich gewagter ausfiel als das von Maud Allan als Salomé; ihr nahezu blanker Busen ruhte auf einem Büstenhalter aus kunstvoll gekrümmten drahtenen Schlangen, und unter ihrem durchsichtigen, sparsam bestickten Rock zeichnete sich aufreizend ihre Scham ab. Als Clara Bow zu Hause von ihren Schauspielambitionen erzählte, hieß es nur, dann könne sie auch gleich Nutte werden – eine Auffassung, die damals viele Amerikaner teilten. Allein die unbescholtenen Bankheads ahnten nicht, was ihre kleine Tallulah erwartete.

Ende des Sommers ging es also nach New York. »Brennend vor Aufregung und Ehrgeiz«[12] konnte Tallulah es kaum erwarten, sich endlich ins Abenteuer zu stürzen. Sie war schon ein paarmal in der Stadt gewesen, bei der ein oder anderen Aufführrung am Broadway mit ihrer Familie, aber gelebt hatte sie dort noch nie. Zu ihrer großen Freude hatte Louise ein Apartment an der West 45th Street aufgetan, im Herzen des Theater Districts. An sämtlichen Fassaden prangten dort in leuchtenden Lettern die Namen ihrer Lieblingsstars, und beim Gedanken, dass ihr jeden Moment ein berühmter Schauspieler über den Weg laufen könnte, ja dass sie eines Tages vielleicht sogar im selben Atelier oder Theater arbeiten würde wie eines ihrer Idole, geriet Tallulah schier aus dem Häuschen.

Doch bald schon drohte ihr Traum jäh zu platzen: Die Produktionsfirma, bei der sie unter Vertrag stand, war pleite, und die Dreharbeiten wurden abgesagt. Die Organisatoren des *Picture-Play*-Wettbewerbs versprachen zwar, ihr eine Ersatzrolle zu besorgen, wollten sich aber zeitlich nicht festlegen, und Tallulah verging bald vor Ungeduld, als ihr klar wurde, dass sie, anstatt in die magische Welt eines Filmstudios einzutauchen, bis auf Weiteres dazu verdammt war, sich von ihrer Tante durch die Stadt schleifen zu lassen.

Louise hatte sich nicht ohne Hintergedanken erboten, Tallulah nach New York zu begleiten. Dort wirkten ein paar der bekanntesten Spiritisten und Medien des Landes, und Louise war wild entschlossen, auf diesem Weg Verbindung zu ihrem verstorbenen Sohn aufzunehmen, weshalb sogar seine frühere Verlobte Ola mit nach New York gekommen war. Der Spiritismus hatte damals in Amerika Hochkonjunktur, vor allem unter Frauen.* Die über acht Millionen Anhänger der Bewegung reichten von Politikern, die sich durch die Kontakte ins Jenseits einen strategischen Vorteil versprachen, bis hin zu einer wachsenden Zahl von Kriegswitwen, die auf eine Bot-

* Basierend auf den Lehren von Emanuel Swedenborg und Franz Mesmer aus dem frühen 19. Jahrhundert verzeichnete der Spiritismus dank einer boomenden Industrie von Tranceheilern, Hypnotiseuren, Amateurmedien und Séance-Veranstaltern weltweit enormen Zulauf.

schaft ihrer gefallenen Männer hofften. Louise war es jedenfalls ein Leichtes, in New York diverse »Experten« zu finden, die ihr gegen Bezahlung eine Zusammenführung mit William versprachen. Tagein, tagaus zog Tallulah nun also mit ihrer Tante und Ola durch die Hinterzimmer der Stadt, wo bei spärlicher Beleuchtung unter beschwörendem Singsang und mit theatralischen Gesten die Karten befragt wurden.

Im Oktober nahte endlich die Erlösung aus dem tristen Reich der Toten: In einer neuen romantischen Komödie des Regisseurs Dell Henderson mit dem Titel *Who Loved Him Best?* hatte sich eine kleine Rolle für Tallulah gefunden. Der Film war eine Billigproduktion und Tallulah, die einen Freigeist namens Nell spielte, darin nur eine bessere Komparsin.* Gleichwohl nahmen Louise und sie nun jeden Tag die Straßenbahn über den Fluss zum Aufnahmeatelier in Brooklyn,** und während Tallulah sich zwischen Darstellern und Stab, Kabelsalat, Kulissen und gigantischen Scheinwerfern mit der Zeit immer besser zurechtfand, träumte sie einmal mehr von einer glanzvollen Zukunft als Schauspielerin.

Zu ihrem Glück war sie bei den Aufnahmen gut weggekommen. In mehreren wichtigen Szenen stand sie unweit der Hauptfiguren, und die Kamera war lange genug auf sie gerichtet, um die Besonderheiten ihres eigenwilligen Gesichts festzuhalten. Mit ihren knapp sechzehn Jahren changierte Tallulah auf faszinierende Weise zwischen Kind und Frau. Ihre jüngst erworbenen Wangenknochen verliehen dem herzförmigen Gesicht elegante Konturen, und durch die sorgsam gezupften Augenbrauen und die schweren Lider hatte sie trotz ihres zarten Alters etwas Verführerisches an sich. Ihre Haut war glatt und fein, was sich als entscheidender Vorteil entpuppte. Die harte,

* Nell gehörte zum Freundeskreis des Helden, einem Künstler namens George.

** Das Atelier befand sich auf dem Gelände der Mutual Film Corporation.

grelle Beleuchtung in den Ateliers des frühen 20. Jahrhunderts betonte so gnadenlos jede Falte, Sommersprosse und Pore, dass die meisten Starlets mit zweiundzwanzig schon als verbraucht galten. Jugend stand beim Film hoch im Kurs, und ihre Jugend war Tallulahs Stärke.

Als sie sich zum ersten Mal auf der Leinwand sah, machte sie Luftsprünge. Die Dreharbeiten hatten ihr solchen Spaß gemacht, dass sie es »geradezu furchtbar« fand, dafür bezahlt zu werden, und Will reagierte ungehalten, als er hörte, dass Tallulah im Überschwang der Gefühle ihren ersten 25-Dollar-Scheck zerrissen hatte. Doch sie hatte fest vor, weiterhin Geld zu verdienen, weshalb sie im Frühjahr 1918 monatelang die Fachpresse durchforstete und ihren Freunden vom Fach in einer Tour wegen einer neuen Rolle in den Ohren lag. Die Bankheads waren beeindruckt von so viel Zielstrebigkeit und mobilisierten ihre New Yorker Bekannten, darunter Wills Geschäftsfreund James Julian, der Kontakte zur Filmbranche pflegte. »Liebste Tallulah«, schrieb ihr der Vater mit unverhohlenem Stolz (und leisem Erstaunen), »du scheinst es ja wirklich ernst zu meinen mit der Schauspielerei. Ich bin mir jedenfalls sicher, du schaffst es, und stehe voll und ganz hinter dir.«[13]

Eine einsame, quälende Zeit brach an. Ohne den Rückhalt von *Picture-Play* musste Tallulah wie alle anderen Mädchen zum Vorsprechen, dort warten, bis sie an der Reihe war, und sich anstarren und begutachten lassen wie auf dem Pferdemarkt. Außerdem hatte sie Angst, dass ihre Familie ihr den Geldhahn zudrehen würde, wenn die nächste Rolle zu lange auf sich warten ließ; John Bankhead war zwar ihr größter Fan, aber seine Mittel waren begrenzt.

Erst nach drei langen, bangen Monaten ergatterte Tallulah wieder ein Engagement, eine winzige Nebenrolle in einem Lustspiel namens *The Squab Farm*. Frederic und Fanny Hattons Stück war eine Satire auf die neue Starlet-Kultur, und ausgerechnet bei diesem Stück erfuhr Tallulah zum ersten Mal am eigenen Leib, wie hart die Konkurrenz im Schauspielgeschäft sein konnte. Die anderen jungen Frauen im Ensemble hatten allesamt mehr Erfahrung als sie und dachten gar nicht daran, auf das vergnügte Gör aus gutem Hause Rücksicht zu nehmen. Bei den Proben sprachen sie nur das Nötigste mit ihr und boten ihr so wenig Hilfestellung an, dass Tallulah sich vorkam wie damals im Konvent – unbeliebt und abgelehnt. Als sie auch noch in der Garderobe vor sich hin pfiff und damit eine goldene Theaterregel brach, fielen die Mädchen derart hemmungslos über sie her, dass sie schluchzend nach Hause flüchtete.

Zu allem Übel erschien anlässlich der Premiere im März ein Foto von Tallulah im *Sunday Morning Telegraph*, begleitet von einem überschwänglichen Kommentar, in dem sie zum Star des Abends erklärt wurde. Die Bankheads hatten hinter den Kulissen ihre Beziehungen zur Presse spielen lassen, und obwohl sie vor ihren Kolleginnen beteuerte, dass das Ganze bloß »dummes Geschreibsel« sei, sprachen diese fortan kein Wort mehr mit ihr. Am Ende brachte es die Inszenierung gerade mal auf fünfundvierzig Vorstellungen und erwies sich als Reinfall auf ganzer Linie: Die Kritiken waren schlecht, die Moral war am Boden, und Tallulah fühlte sich »einsamer denn je«.[14]

Mit ihrer Karriere ging es jedoch langsam, aber stetig bergauf. Zwei kleinere Filmrollen führten zu ersten wertvollen Nennungen in der Presse. Ein Satz in der *Tribune*, der dem Nachwuchstalent eine seltene Intelligenz und Schönheit attestierte, sorgte bei Familie Bankhead für große Freude und wurde von Tallulah triumphierend zur Kenntnis genommen. Hinzu kam, dass sie im Kollegenkreis immer mehr Anschluss fand. Als Ola Anfang 1918 New York den Rücken kehrte, beschloss Louise, aus Kostengründen mit Tallulah in ein Hotel umzusiedeln. Sie hatte gehört, dass Commander Evangeline Booth,

Galionsfigur der Heilsarmee, in einem einfachen, anständigen Haus unweit der 45th Street abzusteigen pflegte, weshalb Louise ihre Nichte und sich dort gut aufgehoben wähnte.

Erst als sie in der gut besuchten Lobby des Algonquin Hotels standen, wo gerade ein paar gepuderte, geschminkte und allem Anschein nach »theaternahe« Damen aus dem Aufzug traten, kam ihr der Verdacht, dass sie einer Fehlinformation aufgesessen war. Und als beim ersten Abendessen gleich mehrere erschreckend bekannte Gesichter wie Ann Andrews und Douglas Fairbanks junior durch den Speisesaal schwebten, wurde ihr das ganze Ausmaß ihres Fehlgriffs bewusst: Nichts ahnend hatte Louise ein Hotel ausgesucht, das zu den Dreh- und Angelpunkten der New Yorker Künstlerszene gehörte. Broadway-Größen wie die Barrymore-Geschwister (John, Ethel und Lionel) hatten dort während der Spielzeit ihre Suiten, und nach der Vorstellung wurde im hauseigenen Restaurant zusammen diniert. Ab 1919 fand im Algonquin außerdem regelmäßig der Round Table statt, das berühmte Lunchtreffen der New Yorker Intelligenzija rund um Robert Benchley, Heywood Broun und Dorothy Parker.

Angespannt wartete Tallulah auf Louises Reaktion. Insgeheim fürchtete sie, dass ihre Tante darauf bestehen würde, unverzüglich die Bleibe zu wechseln, doch wie alle Bankheads hatte auch Louise eine heimliche Schwäche für die Glamourwelt des Theaters, und selbst wenn es fortan deutlich schwerer sein dürfte, ihrer Aufsichtspflicht nachzukommen, musste sie zugeben, dass das Algonquin für eine Jungschauspielerin wie Tallulah der ideale Ort war, um Kontakte in die Branche zu knüpfen. Tallulah selbst kam sich bei der Ankunft im Hotel vor, als wäre sie in einer Titelgeschichte von *Picture-Play* gelandet. Als sie zum ersten Mal mit Ethel Barrymore im Aufzug stand, musste sie sich prompt anlehnen, weil ihr in Gegenwart dieser Leinwandlegende die Knie weich wurden: »Ihre gebieterische Aura, der Hohn in ihrer Stimme, ihr verächtlicher

Blick und der Nimbus, der sie umgab, trafen mich mit voller Wucht.«[15]

Entschlossen, ihrerseits zur Legende zu werden, trieb Tallulah sich fortan in jeder freien Minute ungeniert in den Aufenthaltsräumen des Hotels herum und versuchte, künftige Kolleginnen und Kollegen in ein Gespräch zu verwickeln. Wenn im Restaurant nach einer Vorstellung gefeiert wurde oder ein Dinner stattfand, flirtete und flachste sie sich jedes Mal in den Mittelpunkt des Geschehens. »Ich wäre auch von einer Klippe gesprungen, wenn die illustre Gesellschaft auf diesen mitternächtlichen Partys mich dafür beklatscht hätte«, bekannte sie in ihren Memoiren.[16] Und häufig ging sie dabei zu weit. »Ich habe mich vollends zum Affen gemacht; alle dachten, ich will mich aufspielen, dabei war ich die ganze Zeit bloß entsetzlich nervös.«[17]

Die britische Schauspielerin Estelle Winwood wohnte damals im Algonquin und konnte Tallulah zunächst nicht ausstehen: »Sie kam immer angerauscht, als wäre sie sonst wer. Dabei hat sich kein Mensch für sie interessiert.«[18] Doch auf Dauer konnte ihr niemand widerstehen. Estelle gab zu, noch nie »ein so hübsches Mädchen gesehen« zu haben, und genau wie viele andere Stammgäste des Hotels erlag sie bald dem Charme des aparten, amüsanten Teenagers mit dem breiten Südstaatendialekt. Tallulah war eine exzellente Stimmenimitatorin und sicherte sich anfangs oft dadurch einen Platz im Restaurant, dass sie just die Prominenten nachahmte, deren Freundschaft sie suchte. Zu einer Party des New Yorker Verlegers Condé Nast wurde sie nur unter der Voraussetzung eingeladen, dass sie ihre Ethel-Barrymore-Nummer abzog.

Was diese harten, zynischen alten Hasen an Tallulah so entzückte, war ihr grenzenloser Enthusiasmus. So las sie sämtliche Branchenblätter, um auf den einschlägigen Partys mitreden zu können, und legte Wert darauf, sich jedes neue Stück und jeden neuen Film anzuschauen, oft sogar mehrfach. Estelle

Winwood war sprachlos, als Tallulah ihr eröffnete, sie achtzehnmal in *Why Marry Me?* am Broadway gesehen zu haben. Es dauerte nicht lange, da hatten die berühmten Gäste des Algonquin Tallulah zu ihrem Protegé erkoren. Die Schauspielerin Ann Andrews hatte noch nie jemanden mit so viel Elan kennengelernt: »Sie konnte kaum die Füße am Boden halten.«[19] Frank Crowninshield, Chefredakteur von *Vanity Fair*, fand Tallulahs »unbedingten Willen, etwas aus sich zu machen«,[20] so bemerkenswert wie bezaubernd.

Louise wuchs sie allerdings langsam über den Kopf. Je mehr Tallulah sich mit diesen feierfreudigen Erwachsenen abgab, desto mehr färbte deren lockerer Lebensstil auf sie ab: Sie fing an zu rauchen, bediente sich einer Sprache, bei der ihrer Großmutter die Haare zu Berge gestanden hätten, und wenn sie abends ausging, hinterließ sie ihrer Tante allenfalls eine telefonische Nachricht, aber auch nur, wenn sie daran dachte. Spätestens zu Beginn des Sommers kam Louise nicht mehr mit. Die endlosen Vorsprechen, Proben, Fotoaufnahmen und Vorstellungen, die Lunche, Dinner und wilden Partys forderten ihren Tribut. Sie hatte das Gefühl, als Aufpasserin versagt zu haben, und die Schmach war vollkommen, als herauskam, dass Tallulah, in der Hoffnung, sich etwas dazuzuverdienen, halb nackt für Fotos posiert hatte.

Nicht auszudenken, was das Kind sonst noch alles angestellt hatte! Kurzerhand warf die entnervte Louise das Handtuch und bestieg im Sommer 1918 ein Schiff nach Italien, um dort beim Roten Kreuz den Freiwilligendienst anzutreten. Ihre Abreise richtete ein organisatorisches Chaos an; dabei ließen sich ihre Tanten Marie und Florence zunächst überreden, abwechselnd bei Tallulah im Algonquin zu bleiben. Doch als sie sahen, wie ihre Nichte dort lebte, waren beide zutiefst erschüttert. »Es war die Hölle«, erklärte Florence, und weder sie noch Marie waren bereit, die Verantwortung für ihre vogelwilde Nichte zu übernehmen. Ein halbes Jahr später hatte die

Familie sich notgedrungen damit abgefunden, dass die siebzehnjährige Tallulah schon irgendwie alleine in New York zurechtkommen würde.

Trotzdem versuchten die Bankheads, auch aus der Ferne ihren Einfluss geltend zu machen.* So beschwor Will den Direktor des Algonquin, Frank Case, eine Art Sperrstunde ab Mitternacht einzurichten, was sich jedoch als sinnlos entpuppte, denn wenn es abends zu spät wurde, übernachtete Tallulah einfach bei einer Freundin. »Ich kann entweder ein Hotel führen oder Kindermädchen spielen«, gab Case zurück. »Beides geht nicht.«[21] James Julian wurde beauftragt, der Familie regelmäßig Meldung zu erstatten, und die gesamte Verwandtschaft bombardierte Tallulah am laufenden Band mit besorgten Briefen, um zu verhindern, dass sie auf die schiefe Bahn geriet. Will störte sich vor allem daran, dass seine Tochter zu viel Geld ausgab und neuerdings rauchte: »Ich hoffe, dein Zigarettenkonsum hält sich in Grenzen, denn Rauchen ist ganz schön ungesund, schlecht für die Nerven und schlecht für die Haut.«[22] Die Briefe ihrer Großmutter appellierten voller Zuversicht an Tallulahs Tugend: »Ich liebe dich sehr und habe großes Vertrauen in dich gesetzt. Du wirst mich bestimmt nicht enttäuschen.«[23]

Zwischen den Zeilen stand eine unausgesprochene, aber unmissverständliche Drohung: Wenn Tallulah der Familie Schande machte, musste sie wieder nach Hause. Doch zum Glück war sie in New York nicht auf sich allein gestellt. Estelle Winwood wusste längst, dass sich hinter Tallulahs Imponiergehabe ein verängstigtes, vernachlässigtes Kind verbarg, und auch Jobyna Howland, eine über ein Meter achtzig große Blondine, die für ihr loses Mundwerk bekannt war und keinen Hehl

* 1919 war nach ihrer Rückkehr aus Europa kurzzeitig wieder Louise für Tallulah zuständig. 1920 verbrachte sie außerdem ein paar Wochen in der Obhut ihres Onkels Henry auf der US-Militärbasis Governor's Island.

aus ihrer Bisexualität machte, blickte hinter ihre Fassade. Als Tallulah gerade mit dem Rauchen angefangen hatte, schreckte sie eines Nachmittags hoch, weil jemand sie quer durch die Lobby »anbellte: *Leg sofort die Kippe weg, du Kleinkind*«.[24] Es war Jobyna, und nach Louises Abreise schwangen Estelle und sie sich zu Tallulahs inoffiziellen Erziehungsberechtigten auf, die dafür sorgten, dass sie abends rechtzeitig im Bett lag und zumindest genug zu essen bekam.

Tallulah konnte nämlich nicht ansatzweise mit Geld umgehen. Die Hälfte ihres Wochenbudgets von 50 Dollar war für die Zimmermiete reserviert, doch der Rest ging oft für einen neuen Hut oder Theaterkarten drauf. Gegen Ende der Woche war zumeist nichts mehr übrig, weshalb Estelle und Jobyna sie auf Partys einschleusen mussten, wo es umsonst zu essen gab. Mit der Zeit machte Tallulah einen immer ungepflegteren Eindruck; ihr einziges richtiges Abendkleid hatte Flecken, ihre Absätze waren schief gelaufen, und beim Waschen ließ sie nicht immer die gebotene Sorgfalt walten.

Immerhin gab sie ihr Geld nicht für Cocktails oder Champagner aus – dafür hatte Wills Alkoholproblem einen zu langen Schatten auf ihre Kindheit geworfen –, und als im Jahr darauf der Verkauf von Alkohol unter Strafe gestellt wurde, gehörte Tallulah zu den wenigen Leuten im Showbusiness, denen die neuen Prohibitionsgesetze egal waren. Ihrer Familie zuliebe mied sie nicht nur den Alkohol, sondern war auch vorsichtig, was Männer anging. Schließlich war sie in vielerlei Hinsicht noch absolut unschuldig. Eines Nachts im Algonquin stand eine völlig aufgelöste Estelle Winwood vor ihrer Tür: Ein Mann, mit dem sie an der Hotelbar getrunken hatte, war hinterrücks zu ihr ins Bett gestiegen und hatte kein Kondom benutzt. Ob sie sich Tallulahs Scheidenspüler ausleihen könnte? Die verängstigte Tallulah machte große Augen. Sie wollte ihrer Freundin gern helfen, hatte aber keine Ahnung, wovon diese sprach. So etwas wie Aufklärung hatte bei den

Bankheads nie stattgefunden, und bislang konnte Tallulah auf dem Gebiet auch keinerlei praktische Erfahrung vorweisen.

Das Ausmaß ihrer Naivität hätte die Männer, die damals allmählich anfingen, sie zu umschwärmen, vermutlich erschüttert. Mit ihrem kurvigen Figürchen und dem sorgsam geschminkten Gesicht samt glänzendem Kussmund und Schlafzimmerblick machte Tallulah einen geradezu lächerlich frühreifen Eindruck – als wartete sie nur darauf, verdorben zu werden: »Ihr Gesicht mutet an wie eine giftige Blume«, so die Schauspielerin Jane Cowl. »Sie bebt vor innerer Spannung. Eine erbarmungslos schöne Frau.«[25]

Zumal Tallulah sich nicht gerade wie eine Jungfrau benahm. Dass sie es sich dank ihrer Schönheit – die immer noch ungewohnt für sie war – nun erlauben konnte, zu flirten, behagte ihr sehr. Außerdem interessierte sie sich aufrichtig für Sex. Noch vor Louises Abreise war sie ihrer Tante hin und wieder entwischt und mit einem Mann auf der Rückbank eines Taxis oder auf einer Party allein in einer dunklen Ecke gelandet. Solche Erlebnisse weckten eine gefährliche Neugier: »Nicht nur einmal war ich drauf und dran, nachzugeben.«[26]

Doch ihre Bedenken waren stärker als ihr Verlangen, weshalb Tallulah zumindest im Buchsinne noch drei Jahre keusch blieb. Sie fürchtete, dass ihrer Familie sonst böse Gerüchte zu Ohren kommen und man sie »aus dem Verkehr ziehen« würde,[27] außerdem hatte sie panische Angst davor, schwanger zu werden. Nach dem Vorfall mit der Scheidenspülung hatten Estelle und Jobyna bei Tallulah erst einmal ein paar Grundlagen in Sachen Fortpflanzung und Verhütung geschaffen und dabei nicht versäumt, sie vor den damit verbundenen Widrigkeiten und Gefahren zu warnen.

Mit Ankunft des Pessars brach für die Frauen Europas in puncto Familienplanung eine neue Ära an. In Amerika hingegen wehrte sich eine puritanische Mehrheit weiterhin erbittert gegen die freie Verkäuflichkeit von Verhütungsmitteln. Wer

1918 nicht vorhatte, schwanger zu werden, musste entweder auf essigsaure Vaginalduschen oder auf die dicken Kondome der Marke Trojan zurückgreifen, die der Mann beim Barbier um die Ecke erwerben konnte – die neuen Latexmodelle sollten erst ein Jahr später auf den Markt kommen.* Beide Methoden waren äußerst unzuverlässig, und da Tallulah zu Beginn ihrer Karriere auf Erfolg wesentlich versessener war als auf einen Mann, wollte sie das Risiko nicht eingehen.

Zum Glück gab es in New York Mittel und Wege, sich zu vergnügen, von denen die Bankheads nichts ahnten. Immerhin lautete einer von Tallulahs berühmtesten Sprüchen: »Mein Vater hat mich vor Männern und Schnaps gewarnt – von Frauen und Kokain war nie die Rede.« Hin- und hergerissen zwischen Neugier und Vorsicht probierte Tallulah bald beides.

Ihre ersten Erfahrungen mit Kokain machte sie auf einer Party, wo der Gastgeber sie zum Schnupfen auf die Toilette einlud. Zunächst hatte sie Panik: »Ich war in Schweiß gebadet und mir schlotterten dermaßen die Knie, dass ich dachte, gleich gehe ich durch die Decke wie eine Rakete.«[28] Doch die angenehm euphorisierende Wirkung ließ nicht lange auf sich warten, und genau wie Tamara in Paris griff Tallulah bald jedes Mal, wenn sie sich antriebslos oder unattraktiv fühlte, zu dem weißen Pulver. Ein Stoff, an den man so leicht herankam, konnte ja wohl kaum schädlich sein. In Medizinerkreisen galt Kokain als harmloses Aufputschmittel, und obwohl die Droge zunehmend mit Kriminalität in Verbindung gebracht wurde und ihr legaler Verkauf und Vertrieb nunmehr strengen Vorschriften unterlag, waren immer noch große Mengen davon im Umlauf. Tallulah jedenfalls wusste genau, bei welchem

* Die sogenannten Cornstock-Gesetze aus dem Jahr 1873 verboten die Verbreitung von Aufklärungsmaterial per Post, was reichte, um Aktivistinnen wie Margaret Sanger vor Gericht zu bringen. Ab 1918 kamen Kondome endlich in den freien Verkauf, auch wegen der hohen Syphilis- und Gonorrhö-Raten unter den Kriegsheimkehrern.

halbstarken Dealer in der West 40th Street man ein Tütchen mit »Schnee« für 50 Dollar bekam. Estelle wusch ihr deswegen mehrfach den Kopf – Tallulah könne sich dieses Laster nicht leisten und werde auf Drogen zudem »niederträchtig und frech«.[29] In regelmäßigen Abständen durchsuchte sie Tallulahs Kleider nach den kleinen Päckchen, die diese in Taschentücher zu knoten pflegte, und spülte sie missbilligend die Toilette hinunter. Doch Tallulah gelang es fast immer, auf Partys und bei Dinnereinladungen irgendeine Bezugsquelle aufzutun, und wenn es kein Kokain gab, zerdrückte sie kurzerhand ein Aspirin und tat so, als ob.

Ähnlich erfolglos verliefen Estelles Versuche, die Gerüchte um Tallulahs sexuelle Vorlieben zu entkräften, die inzwischen überall die Runde machten. Im Sommer 1919 war über Ethel Barrymore eine junge französische Schauspielerin namens Eva La Gallienne zum Algonquin-Zirkel gestoßen. Eva war zarte neunzehn, blass, grazil und geheimnisvoll. Gebannt lauschte Tallulah ihrer Lebensgeschichte. Als Tochter des Dichters Richard La Gallienne hatte Eva mit gerade mal vierzehn in Paris Sarah Bernhardt kennengelernt und war der Karriere wegen nach Kalifornien gezogen, wo sie prompt eine Affäre mit Alla Nazimova hatte, für die Tallulah seit ihrer Kindheit schwärmte.

Tallulah wusste nicht recht, ob sie nervös werden oder sich geschmeichelt fühlen sollte, als Eva anfing, offen Interesse an ihr zu bekunden, ihr Briefchen und Geschenke aufs Zimmer schickte und sie zum Essen einlud. Sie hatte nur eine sehr vage Vorstellung davon, was »lesbisch« bedeutete, weshalb sie einen ihrer Freunde aus dem Algonquin, einen jungen Mann, mit dem sie gerne unverbindlich flirtete, zu Rate zog: »Was genau macht man da eigentlich?« Als ihr Gegenüber zu einer Demonstration ansetzte, nahm sie Reißaus. Doch Eva hatte etwas an sich, das Tallulah gleichzeitig fremd und vertraut vorkam, und so fasste sie sich ein Herz und gab ihren Avancen nach.

Die Beziehung währte nur ein paar Monate. Tallulah fühlte sich von Evas permanentem Bedürfnis nach Nähe bald eingeengt und erschöpft, doch sie hatte es genossen, in Sachen Sex von ihr zu lernen, und war mit der Zeit auf den Geschmack gekommen. Ihre Affären waren damals allesamt älter als sie. Mercedes de Acosta, die zu jener Zeit in New York lebte, behauptete, ein Verhältnis mit Tallulah gehabt zu haben, und man weiß auch von einer namenlosen Dame der Gesellschaft, die Tallulah später als die einzige Frau bezeichnete, die sie je geliebt habe.[30] In gewisser Weise lassen sich diese Beziehungen als Fortsetzungen ihrer pubertären Schwärmereien deuten – für Schwester Ignatia mit dem netten Lächeln zum Beispiel, die sich zu deren Anfangszeiten im Klosterinternat so für Tallulah eingesetzt hatte.

Im Vergleich zu Männern fühlte sie sich bei diesen Frauen auf jeden Fall besser aufgehoben. Anfang 1920 hatte John Barrymore ihr eine Rolle in seinem neuen Film *Dr. Jekyll and Mr. Hyde* angeboten, unter der Bedingung, dass sie mit ihm ins Bett gehe, worauf Tallulah einen Rückzieher gemacht hatte. So verlockend der »Tauschhandel« sich auch ausnahm – immerhin war Barrymore eines ihrer größten Idole –, Tallulahs Bauchgefühl sagte ihr, dass er »ein Jäger« war und sie als Trophäe enden würde.*

Zumal sie inzwischen erkannt hatte, dass sie auch in beruflicher Hinsicht bei Frauen an der besseren Adresse war.** Es

* Später sollte sie oft über die verpasste Gelegenheit scherzen. Angesichts einer Nacktaufnahme von Barrymore, die seine Vorzüge deutlich zur Geltung brachte, ließ sie verlauten, dass sie ihn gerne in ihre nunmehr recht umfangreiche Sammlung von Liebhabern aufgenommen hätte.

** In der amerikanischen Theater- und Filmwelt gab es schon damals ein mächtiges, exklusives Netzwerk von Frauen, die einander gegenseitig unterstützten. In Hollywood regierte Alla Nazimova eine Art weiblichen Hofstaat, genau wie Natalie Barney, und in New York förderten Schauspielerinnen, Autorinnen und Produzentinnen großzügig die Karrieren ihrer Geschlechtsgenossinnen.

zog sie nämlich wieder auf die Bühne, dabei war ihr letzter Filmauftritt in *The Trap* recht erfolgreich gewesen und hatte ihr ein Angebot des berühmten Produzenten Sam Goldwyn eingebracht. Doch in Tallulahs Augen war »Kintopp« dem Theater künstlerisch unterlegen, da er den Darstellern nur alberne Grimassen und übertriebene Gesten abverlangte; sie hingegen wollte sich unbedingt als ernsthafte Schauspielerin beweisen.

In der Hoffnung, dort Bühnenerfahrung zu sammeln, heuerte Tallulah deshalb bei einem Repertoiretheater in West Somerville, Massachusetts, an. Das Engagement entpuppte sich als Knochenjob: Sie wurde in mehreren Stücken gleichzeitig besetzt, musste abwechselnd proben und auftreten, und war zu allem Überfluss in einem maroden Kämmerchen im dritten Stock untergebracht, ohne Aufzug, eigenes Bad und vernünftige Heizung. Dass sie es in West Somerville nur ein paar Wochen aushielt, lag allerdings nicht an der Arbeit, sondern daran, dass sie fürchtete, in der Provinz den Anschluss zu verpassen und womöglich eine neue Rolle oder gar ihren Durchbruch in New York aufs Spiel zu setzen.

Dieser Durchbruch gelang Tallulah im Sommer 1919, als Jobyna sie der renommierten New Yorker Dramatikerin und Regisseurin Rachel Crothers vorstellte. Wenngleich sie ihre Homosexualität nicht an die große Glocke hängte, legte Crothers viel Wert darauf, Frauen beruflich zu fördern, und sie zeigte von Anfang an reges Interesse an Tallulah – Ann Andrews sprach von »einer Art … Schwärmerei«.[31] So engagierte sie die Newcomerin nicht nur als Zweitbesetzung von Constance Binney, Hauptdarstellerin ihres jüngsten Stücks *39 East*, sondern riet ihr auch, sich einen Schauspiellehrer zu suchen. Tallulah habe »Ausstrahlung und Feingefühl«, aber es hapere noch an der Technik. Auf Crothers' Rat hin nahm sie nun Sprech- und Haltungsunterricht und sogar Ballettstunden.

Während Estelle und Jobyna im Hintergrund über ihre Tugend wachten, nahm Tallulah mit Crothers als ihrer Mentorin in diesem Sommer endlich Kurs auf ihr lang ersehntes Ziel. Selbstbewusst schrieb sie an ihren Großvater: »Jetzt werde ich es allen so richtig zeigen! Wart's nur ab. Dann kannst du stolz sein auf dein freches kleines Luder mit der frechen kleinen Klappe.«[32] Immer wenn Constance Binney am Wochenende Pause machte, stand Tallulah nun als Penelope Penn, Heldin von *39 East*, auf der Bühne. Es waren denkwürdige Auftritte, und obwohl ihr Engagement durch eine geradezu komische Häufung von unglücklichen Zufällen wie einem Schauspielerstreik und einer akuten Blinddarmentzündung ein jähes Ende fand, war der Startschuss für ihre Karriere gefallen. Als Nächstes übernahm sie in dem Stück *Footloose* den Part einer jungen Frau, die einem skrupellosen, älteren Mann zum Opfer fällt. Die *New York Times* lobte Tallulahs Darstellung für ihre »emotionale Wucht« und »Souveränität«,[33] und Anfang 1921 gab Rachel Crothers ihr die Hauptrolle in ihrem neuen Stück *Nice People*.

Tallulah spielte darin Hallie Livingstone, ein hübsches, unabhängiges, schlagfertiges junges Mädchen. Wenige Monate zuvor hatte *The Flapper* mit Olive Thomas an den amerikanischen Kinokassen sämtliche Rekorde gebrochen. Thomas (der Tallulah seit jeher nacheiferte) spielte darin einen ganz neuen, frech-intelligenten Frauentyp, der kurze Röcke trug und ungeniert Kette rauchte. Tallulahs Heldin war aus dem gleichen Holz geschnitzt. Crothers' launige Dialoge sprühten nur so vor Wortwitz; alles war »göttlich«, »dufte«, »eine Wucht« oder »erste Sahne«. Hallie ist entzückend intrigant und dermaßen aufgeklärt, dass sie gelangweilt zu ihrer Freundin Teddy sagt: »Ich liebe es, wenn ein Mann ganz verrückt nach mir ist und sich dabei vollendet fabulös im Griff hat.«[34]

Vor allem war Hallie natürlich eine Traumrolle für Tallulah. Der Anflug von Heiserkeit in ihrer tiefen Stimme, den sie nicht zuletzt der leidigen Raucherei zu verdanken hatte, erwies sich als perfekte Frequenz für die ironischen Pointen und sexuellen Anspielungen, die Rachel Crothers ihrem Schützling auf den Leib geschrieben hatte. In den knapp fünf Monaten, die *Nice People* durchgehend am Klaw Theatre lief, erarbeitete Tallulah sich nicht nur einen Ruf als begabte Komikerin, sie hatte in der forschen Hallie auch ein Vorbild für ihr Image jenseits der Bühne gefunden.*

Bei ihrer Ankunft im Algonquin war Tallulah sofort der scharfe, ruppige Ton aufgefallen, der in New York allerorts herrschte. Zu Hause war ihr stets eingebläut worden, unter keinen Umständen zu fluchen oder schmutzige Worte in den Mund zu nehmen, doch ihre glamourösen neuen Freundinnen schienen sich geradezu aus Prinzip in Kraftausdrücken und Straßenjargon zu üben, um ihren Witzen und Bemerkungen den nötigen Biss zu verleihen. Besonders die Journalistin Dorothy Parker tat sich in dieser Disziplin hervor. Ihre bissigen, provokant-zynischen Kommentare dienten als Verteidigungsstrategie in einer männerdominierten Branche und galten außerdem als ihr Markenzeichen. Was Parker beim Lunch am Round Table von sich gab, machte normalerweise noch am selben Abend auf den Partys der Stadt die Runde.

Tallulah war nicht annähernd so clever wie Parker, doch ihr entging nicht, wie viel Beachtung die schlagfertigen Antworten der Autorin fanden. Als geborene Selbstdarstellerin wusste sie instinktiv, wo sie ansetzen musste, und schuf sich mit Versatzstücken aus ihren Bühnenrollen nach und nach ein ganzes Repertoire an provokanten Scherzen und sonstigen Mätzchen. Beim spontanen Radschlagen auf dem Bürgersteig oder in einem Zimmer voller Leute etwa musste sie nur ihr seidenes

* Für Crothers hingegen entpuppte sich das Stück als Flop: Neben ihren anspruchsvollen, sozialkritischen Werken gilt *Nice People* als banales Zugeständnis an den Massengeschmack.

Spitzenunterhöschen oder gar ihren nackten Po aufblitzen lassen, und schon entstand ein willkommenes Durcheinander. Wild durch die Gegend zu wirbeln hatte etwas Rauschhaftes an sich – das prickelnde Gefühl, unter lauter Erwachsenen Kind zu sein –, und mit solchen Aktionen hinterließ sie natürlich einen bleibenden Eindruck. Es dauerte nicht lange, da war Tallulah auch für ihre flotten Sprüche bekannt. Ihre Beziehung zu Eva hatte bereits für ein paar pikante Kommentare in der Presse gesorgt, und nachdem die Zeitschrift *Broadway Brevities* immer wieder auf ihre »engen Freundschaften« mit diversen Frauen anspielte,* ging Tallulah kurzerhand zum Angriff über und stellte sich auf Partys fortan mit dem Satz vor: »Ich bin Lesbe. Und was machen Sie so?«[35]

Ein anderes medienwirksames Tallulah-Zitat war höchstwahrscheinlich einem Missverständnis geschuldet. Alexander Woollcott, Theaterkritiker der *Times*, fragte Tallulah nach einer Aufführung von Maeterlincks *Le Bourgmestre de Stilmonde* (dt. *Der Bürgermeister von Stilmonde*), wie ihr die Inszenierung gefallen habe. Aus Angst, das Stück nicht ganz verstanden zu haben, antwortete Tallulah: »Ich fand es äußerst vordergründig.« Gemeint hatte sie bestimmt »Ich fand es äußerst hintergründig«, aber Woollcott stürzte sich auf den Lapsus und zitierte ihn genüsslich in seiner Kolumne.[36]

Das führte dazu, dass Tallulah über Nacht als eine der schärfsten Zungen Manhattans gehandelt wurde, und natürlich setzte sie alles daran, dass das auch so blieb. Privat wurde die junge Frau immer noch von kindlichen Ängsten verfolgt und saß vor lauter Lampenfieber oft schluchzend in ihrer Garderobe, doch wenn sie voller Elan einen Raum betrat, ließ sie erst einmal gekonnt ein paar gallige Bonmots vom Stapel: »Ich

* Darunter eine junge Schauspielerin namens Blythe Daley, deren Name 1925 kurzzeitig durch die Gazetten geisterte, nachdem sie Charlie Chaplin in die Lippe gebissen hatte, als dieser sie verführen wollte.

bin so rein wie Schneematsch«, pflegte sie zu sagen, während sie sich mit einer anmutigen Geste das Haar aus der Stirn strich und betont langsam an einer Zigarette zog. »Ist mir scheißegal, was die Leute über mich reden, Hauptsache, sie reden.«[37]

Die Affinität zwischen Tallulahs Bild in der Öffentlichkeit und ihrer Rolle als Hallie zog bald auch die ersten Fans an. Unter den amerikanischen Theatergängern gab es eine Fraktion, die sogenannten Gallery Girls, die um ihre Lieblingsschauspielerinnen einen regelrechten Kult veranstalteten. Abend für Abend saßen sie im Publikum und quittierten jeden Auftritt ihres Lieblings mit stürmischem Applaus. Sie waren ein bunt zusammengewürfelter Haufen, vornehmlich Sekretärinnen oder Lehrerinnen, die in die Großstadt gezogen waren, um Arbeit zu finden. Das Theater war oft ihre einzige Zuflucht vor der Einsamkeit einer winzigen Einzimmerwohnung oder eines anonymen Wohnheims.

Viele dieser Frauen hatten Tallulah in *Nice People* entdeckt, und im Zuge ihrer nächsten – zumeist kurzlebigen – Engagements wuchs ihre Fangemeinde stetig an. Als sie 1922 in Martin Browns derber Komödie *The Exciters* auftrat, hatte sie längst eine große, fanatische Anhängerschaft um sich geschart. Tallulah spielte darin Rufus Rand, eine abenteuerlustige Societyprinzessin mit Pistole im Strumpfgürtel. Und obwohl Alan Dale ihr im *American* zu einer »grandiosen Leistung« gratulierte – »charmant … leichtfüßig im Duktus und mit großem komödiantischen Gespür« –, empörte er sich über die dreisten Gallery Girls, die mit ihrem lauten Gekreische und Beifallklatschen mitunter sogar das Geschehen auf der Bühne übertönten.[38]

Es war, so Dale, ein echter Fall von »Rette mich vor meinen Freunden«. Aber Tallulah wollte gar nicht gerettet werden. Ihre neuen Fans waren zum Großteil in ihrem Alter, und bald fing sie an, die Mädchen nach der Vorstellung in ihre Garderobe einzuladen, um mit ihnen über Gott und die Welt zu plaudern. Gerührt nahm sie Blumensträußchen und Pralinen entgegen, und als sie mitbekam, dass eine der jungen Frauen sich keinen warmen Wintermantel leisten konnte, schenkte sie ihr kurzerhand ihren eigenen.

In Gesellschaft ihrer Anhängerinnen konnte Tallulah kurzzeitig sie selbst sein. Inzwischen war sie in New York keine Unbekannte mehr, und obwohl der Kreis ihrer Bewunderer stetig wuchs, konnte sie ihre engen Freundschaften an einer Hand abzählen. Auch der Rückhalt ihrer Familie, auf den sie sich bisher stets hatte verlassen können, drohte allmählich zu schwinden. Im März 1920 war ihr geliebter Großvater an einer schweren Grippe gestorben, und der Verlust hatte Tallulah stark zugesetzt. John Hollis Bankhead hatte als Einziger immer an sie geglaubt und schon früh ihr Talent erkannt. Und während Louises Tod ein Jahr später ihr weit weniger zu schaffen machte, traf er Tallulahs Großmutter umso härter. Ihr Gesundheitszustand verschlechterte sich bald drastisch, bis sie im Mai 1922 starb.

Zwar war aus Will über die Jahre ein besorgter Vater geworden, der seiner Tochter regelmäßig schrieb und sie gelegentlich sogar besuchte, trotzdem hatte Tallulah zunehmend das Gefühl, dass er sich vor allem für ihren beruflichen Erfolg interessierte, weshalb sie den Kontakt zu ihm irgendwann abbrach. Im Juni 1920 schrieb er ihr vorwurfsvoll: »Du weißt, dass ich im Rahmen meiner Möglichkeiten jederzeit willens bin, dich zu unterstützen, aber mich ärgert, dass du mich nicht ins Vertrauen ziehst und mich behandelst wie einen Fremden.«[39]

Mittlerweile stand von allen Verwandten Eugenia Tallulah am nächsten. Wild entschlossen, das Image der braven älteren Schwester ein für alle Mal abzulegen, war diese 1921 mit ihrem Mann Morton Hoyt nach New York gezogen. Morton war ein alkoholabhängiger Versager, der seinem verstorbenen Vater, einst US-Generalstaatsanwalt, stets ein Dorn im Auge gewesen war und nichts von dem literarischen Talent seiner Schwester, der Lyrikerin Elinor Wylie, besaß. Als Eugenia und er im Jahr zuvor heimlich geheiratet hatten, war es den Bankheads zunächst gelungen, die Ehe annullieren zu lassen. Doch das Paar gab sich bei der nächsten Gelegenheit erneut das Jawort und nahm sich danach eine gemeinsame Wohnung am noblen Südende des Central Parks.

Die Ehe stand unter keinem guten Stern. Angesteckt von Mortons ausschweifendem Lebenswandel gab es auch bei Eugenia bald kein Halten mehr, und die zwei waren kurzzeitig sogar in eine wilde Dreiecksaffäre mit Zelda Sayre verstrickt, Tallulahs Freundin aus Montgomery, die inzwischen mit dem Schriftsteller F. Scott Fitzgerald verheiratet war. Sosehr sich Tallulah auch über Eugenias pikante Abenteuer amüsierte, als Vertraute oder Ratgeberin war ihre ältere Schwester denkbar ungeeignet, und auch die beschwichtigende Stimme ihrer strengen Großeltern konnte sie nicht ersetzen. Von ihrer Seite kam jedenfalls kein Wort der Warnung, als Tallulah sich zum ersten Mal ernsthaft verliebte, und das ausgerechnet in einen äußerst komplizierten und gefährlichen Mann.

Im Sommer 1921 war Tallulah gerade mit einer neuen Freundin, Beth Martin, in ein gemeinsames Apartment gezogen. Zu Martins stattlichem New Yorker Freundeskreis gehörten auch ein paar weltgewandte, kultivierte Engländer, die sie eines Abends spontan zu einer Party in ihre Wohnung einlud. Einer der jungen Männer, Napier George Henry Alington, kam im Schlafanzug, mit einem langen Mantel über den Schultern und einer Flasche schwarz gebranntem Gin in der Tasche.

Als Tallulah erfuhr, dass es sich bei »Naps« um einen echten Adeligen handelte – den 3. Baron Alington, dessen Familie halb England gehörte –, war sie beeindruckt. In Sachen Stil und Etikette konnte dem langen Lulatsch mit dem filigranen Aristo-Akzent und dem schläfrigen Charme keiner ihrer amerikanischen Bekannten das Wasser reichen. Und auch wenn er keine Schönheit war – seit einer Tuberkulose-Erkrankung litt er an Augenringen und war ungesund blass –, fühlte Tallulah sich von seiner elegant-exzentrischen Aura magisch angezogen.

Der ach so gebildete, geistreiche Herr Baron konnte allerdings auch fluchen wie ein Kesselflicker, und seine vollen, sinnlichen Lippen ließen erahnen, dass die Gerüchte um seine legendäre Libido nicht von ungefähr kamen. Naps unterschied dabei nicht zwischen den Geschlechtern und hatte sich, seit er nach New York gekommen war (angeblich, um das amerikanische Bankensystem zu studieren), binnen kürzester Zeit einen Ruf als unverbesserlicher Schwerenöter erarbeitet: So war er mit zwei betrunkenen Soldaten im Schlepptau in der Oper aufgekreuzt und hatte im Stadtpalast von Mrs Cornelius Vanderbilt, wo er vorübergehend residierte, einen Diener verführt. Bei ihrem ersten Aufeinandertreffen hatte Tallulah seinen amourösen Avancen noch tapfer widerstanden, doch zwischenzeitlich war sie nicht nur schwach geworden, sondern hatte sich auch erfolgreich eingeredet, dass Naps' leichthin gemachtes Angebot, sie eines Tages zu heiraten, tatsächlich Hand und Fuß hatte.

Es war ein arbeitsamer Herbst. Tallulah hatte die Hauptrolle in *Everyday* übernommen, einem weiteren Stück, das Rachel Crothers eigens für sie geschrieben hatte, und jede freie Minute war ihrem neuen Liebhaber gewidmet. Die beiden jagten von einem New Yorker Hotspot zum nächsten, tanzten in Reisenweber's Café und brunchten im Brevoort Hotel an der 5th Avenue. Tallulahs sexuelle Entwicklung machte durch den experimentierfreudigen Naps einen aufregenden Quantensprung. Später prahlte sie gerne damit, wie »gut bestückt« er gewesen sei, doch mit seinen Partnerinnen und Partnern ging Naps oft nicht zimperlich um. Im Gegensatz zur sanften Eva schreckte er im Bett vor Gewalt nicht zurück, im Gegenteil, blaue Flecken – bei sich und seinen Gespielinnen – hatten es ihm angetan.

Angesichts dieser unberechenbaren Mischung aus Brutalität und scheuer Zärtlichkeit war Tallulah hilflos. Da sie nie recht wusste, woran sie bei ihm war, blieb stets bis zum letzten Augenblick offen, auf welche Version von Naps sie sich gefasst machen durfte: auf den grausamen Kerl, der sämtliche ihrer Schwächen kannte und sie mitunter einen ganzen Abend lang schikanierte, oder auf den charmanten Galan, der ihr Geschenke überreichte und sie zum Tanzen ausführte. Oft wusste sie nicht einmal, ob sie Naps überhaupt zu Gesicht bekommen würde, denn er brachte es fertig, manchmal tagelang zu verschwinden, ohne ihr eine Nachricht zu hinterlassen.

Dieses Muster kannte Tallulah nur allzu gut: Wie oft hatte sie sich als Kind nach der Aufmerksamkeit ihres Vaters gesehnt, und wie oft war sie von ihm enttäuscht worden. Und so gab sie sich alle Mühe, Naps' Treulosigkeit mit Humor zu nehmen, stürzte sich in die Arbeit und versuchte, nicht an die Zukunft zu denken. Doch als Naps überraschend seine Rückkehr nach England ankündigte, ohne ein Wort darüber zu verlieren, wann und ob sie sich wiedersehen würden, brach für Tallulah eine Welt zusammen.

Auf einmal machte das Leben keinen Spaß mehr. *Everyday* liefen die Zuschauer davon,* kurz darauf wurde das Stück abgesetzt, und dann starb auch noch Tallulahs Großmutter. Einsam und deprimiert irrte sie durch New York, und als sich unerwartet eine neue berufliche Perspektive auftat, ergriff sie die Gelegenheit dankbar beim Schopf.

Kurz vor der Trennung von Naps hatte sie den britischen

* Tallulah spielte in dem Stück eine idealistische junge Frau, die zwischen einer Vernunftehe mit einem korrupten Geschäftsmann und ihrer Liebe zu einem verarmten Künstler gefangen ist. In *Variety* hieß es: »Miss Bankhead sieht absolut umwerfend aus, und allein das dramatische Zittern in ihrer Stimme wäre in einem vernünftigen Stück ein Vermögen wert.«

Theaterproduzenten und Künstleragenten Charles Cochran kennengelernt, der in New York nach neuen Talenten Ausschau hielt und überzeugt war, dass ein frecher, moderner Typ wie Tallulah gerade beim englischen Publikum hervorragend ankommen würde. Also machte er sich auf die Suche nach dem passenden Projekt, und noch im Dezember telegrafierte er Tallulah wegen eines Stücks, das Anfang des darauffolgenden Jahres in London Premiere feiern sollte. Geschrieben hatte es der Schauspieler Gerald du Maurier, zusammen mit Diana Manners' Freundin Viola Tree, und im Mittelpunkt der Handlung stand eine quirlige amerikanische Tänzerin – eine Rolle, für die Tallulah wie gemacht war, fand Cochran.

Obwohl ihr kein offizielles Angebot vorlag, wähnte Tallulah sich quasi schon in London. Du Maurier gehörte zu den großen Namen des britischen Theaters, und von ihm »berufen« zu werden, glich in ihren Augen einem »Hornsignal vom Olymp«.[40] Es folgte eine Flut von Telegrammen, in denen ein peinlich berührter Cochran Tallulah zu verstehen gab, dass die Rolle nicht mehr zu haben sei, und sie beschwor, fürs Erste in New York zu bleiben. Tallulah ignorierte die Nachrichten geflissentlich. Sie war kurz zuvor mit ein paar Freunden bei Evangeline Adams gewesen, einer äußerst gefragten Astrologin, der zufolge jenseits des großen Teichs Ruhm und Reichtum auf Tallulah warteten – derlei Prognosen gehörten zum Standardrepertoire einer Wahrsagerin, aber Tallulah sah darin eine Prophezeiung. Kein gut gemeinter Rat Cochrans konnte sie davon abhalten, ihr Glück in London zu suchen.

Bestärkt wurde sie darin von Estelle, die sich durch den Umzug nicht nur eine Pause von Tallulahs Chaos erhoffte, sondern ehrlich der Meinung war, ein Tapetenwechsel würde ihr guttun. Zwar hatte Tallulah sich in New York eine beachtliche Karriere aufgebaut, der endgültige Durchbruch war ihr aber noch nicht gelungen. In der Londoner Theaterszene würde sie fraglos für frischen Wind sorgen, und auch wenn du

Mauriers Stück nicht mehr zur Debatte stand, hatte Cochran sicher noch das ein oder andere Ass im Ärmel. Der einzige Nachteil des Plans war, dass er ins Geld ging. Tallulah besaß keine Ersparnisse, und von ihrem Vater war diesmal nichts zu erwarten, da Will für Eugenias kostspielige Scheidung von Morton Hoyt aufkommen musste.* In ihrem besten Kleid und unter Aufbietung all ihrer Überredungskünste verbrachte Tallulah daraufhin einen Abend mit einem alten Politfreund ihres Großvaters, einem General T. Coleman de Pont, dem sie doch glatt das Geld für die Überfahrt abschwatzte, als Tribut an John Bankheads Vertrauen in seine Enkelin.

Am Abend des 6. Januar 1923 ging Tallulah an Bord der *SS Majestic*. Schluchzend standen ihre Fans am Kai, angetan mit der neuesten Flappermode und im Vergleich zu Tallulahs Freunden deutlich in der Überzahl. Nur auf Estelle war wie immer Verlass, und als der fürsorglichen Engländerin auffiel, dass Tallulah für das kalte London keinen warmen Mantel dabeihatte, legte sie ihr als Abschiedsgeschenk verstohlen ihren eigenen Nerz um die Schultern. Tallulah war gerade mal zwanzig und zum ersten Mal auf dem Weg ins Ausland; tags darauf ließ der *New York Herald* vermelden, es sei »weiterhin unklar, was genau sie sich von ihrem Aufenthalt in London verspricht«, und Will schrieb schicksalsergeben an seine Schwester Marie: »Wenn aus ihren Plänen nichts wird, so hat sie England wenigstens mal *gesehen*.«[41] Tallulahs Tapferkeit war natürlich nur gespielt. »Ich kam mir vor wie auf einer Reise zum Mars«, gab sie später zu Protokoll. »Es war der reinste Albtraum.«[42]

* Abgesehen von der Aufhebung ihrer Ehe hatten die beiden sich davor schon einmal getrennt; allerdings waren sie ausdauernd genug, um es noch ein drittes Mal miteinander zu versuchen, wenn auch vergeblich.

ZELDA FITZGERALD

KAPITEL 5

1921, auf der Höhe ihres Erfolgs mit *Nice People*, bekam Tallulah Garderobenbesuch von ihrer Jugendfreundin Zelda Sayre aus Montgomery. Tallulah hatte Zelda als hübschestes Mädchen der Stadt in Erinnerung und war sich neben ihr immer wie ein hässliches Entlein vorgekommen, doch als die beiden sich jetzt mit einem Kuss begrüßten, bemerkte sie nicht ohne Genugtuung, wie schnell sich das Blatt gewendet hatte. Als Broadway-Star, dessen Name in Leuchtbuchstaben an einer Theaterfassade prangte, zog sie inzwischen ein viel größeres Publikum an als die umschwärmte Zelda ihrerzeit in Alabama.

Doch auch Zeldas Leben hatte sich seit ihrer Ankunft in New York von Grund auf verändert: Binnen eines Jahres war ihr Mann Scott zum prominentesten Literaten der Stadt aufgestiegen und sie dadurch zu einer viel diskutierten Frau. Es hieß, sie sei einmal voll bekleidet in den Brunnen am Union Square gesprungen und würde ihre Gäste am liebsten nackt in der Badewanne empfangen. Angeblich traf man sie stets auf den wildesten Partys, wo sie viel zu viel trank, hemmungslos flirtete und jedes Mal eine Riesenshow abzog. Und als wäre das nicht genug, sah sie dabei auch noch unverschämt gut aus. Auf den ersten Blick war sie einfach hübsch – honiggolden glänzender Bubikopf, Lippen wie eine Pralinenschachtel –, aber durch die hohen, breiten Wangenknochen und die unerwartete Finsternis in ihren graublauen Augen stach ihr Gesicht aus der Masse heraus.

Einer ihrer Bewunderer* bescheinigte Zelda die Aura einer »Barbarenprinzessin«,[1] und Scott, mit seiner Brooks-Brothers-Eleganz** und dem welligen blonden Haar, war ihr studentischer Prinz. Dorothy Parker schrieb, die beiden sähen aus, »als wären sie direkt der Sonne entstiegen«, und der Schriftsteller Edmund Wilson fand ihre Mischung aus »Spontaneität, Charme und Schönheit« schlichtweg »genial«.[2] Nach einem Abend in Gesellschaft der Fitzgeralds war oft schwer zu sagen, weshalb die Unterhaltungen so anregend, Zeldas Tanzeinlagen so mitreißend und Scotts betrunkene Faxen so amüsant gewesen waren, aber jeder hatte das Gefühl, einem Ereignis beigewohnt zu haben.

Ihren Kultstatus hatten die zwei Scotts erstem Buch *This Side of Paradise* (dt. *Diesseits vom Paradies*) zu verdanken, das im März 1920 erschienen war. Mit seinem »Roman über Flapper, geschrieben für Philosophen« wurde Scott über Nacht zur Stimme der amerikanischen Nachkriegsjugend. Das Buch verkaufte sich in nur drei Tagen dreitausendmal.*** Dass die beiden Hauptfiguren offensichtlich auf Scott und Zelda basierten, deren Biografien sich wie ein roter Faden durch die Geschichte ziehen, untermauerte den Status der beiden als Paar der Stunde. »Sie haben die Zwanziger nicht geprägt«, erinnerte sich die Schauspielerin Lillian Gish, »sie *waren* die Zwanziger.«[3]

Scotts Themen spiegelten den damaligen Zeitgeist. Sein Held Amory Blaine hatte in Princeton studiert und war beim Militär; ein Romantiker, dessen Abrechnung mit den falschen Idealen einer moralisch bankrotten Elterngeneration bei den zumeist jungen Lesern des Romans auf fruchtbaren Boden

* John Peale Bishop.
** Brooks Brothers ist ein traditionsreicher US-Herrenausstatter, der seit 1818 Mode und Accessoires im mittleren bis gehobenen Preissegment anbietet.
*** Bis Dezember 1921 ging es fast eine halbe Million Mal über die Ladentheke.

fiel. Obwohl sich die USA nur anderthalb Jahre am Krieg beteiligten, hatte ein Teil der Bevölkerung tiefe Narben davongetragen. Unzählige Amerikaner waren zu Tode gekommen, und die meisten hatten an der Front ebenso viel himmelschreiendes Unrecht und Elend erlebt wie ihre europäischen Altersgenossen.

Aufsehen erregte das Buch jedoch vor allem durch die lebendige Schilderung des Studentenalltags von Amory und seinen Freunden. *This Side of Paradise* gilt als einer der ersten »Universitätsromane« der amerikanischen Literaturgeschichte. Hier war zum ersten Mal im Detail nachzulesen, wie diese jungen Männer lebten, über welche Bücher sie diskutierten und vor allem wie ihr Liebesleben aussah. Zwar muten die geschilderten Küsse und intimen Gespräche auch für damalige Verhältnisse eher zahm an – kein Vergleich zu den dramatischen sexuellen Erweckungserlebnissen, mit denen D. H. Lawrence jenseits des Atlantiks für Furore sorgte –, doch die Genauigkeit, mit der Scott Kleinigkeiten wie die Strickpullunder, die bei Amory nur »Petting-Hemden« heißen, beschreibt, und der weltläufige Ton des Romans machen *This Side of Paradise* zum bestechenden Zeitmanifest. Amorys Feststellung, dass er »jedes umschwärmte Mädchen, das er vor acht Uhr abends kennenlernte, höchstwahrscheinlich noch vor zwölf geküsst haben würde«, las sich für Scotts jüngere Anhänger, von denen viele den Roman als eine Art Dating-Ratgeber begriffen, jedenfalls wie die reinste Offenbarung.[4]

Mit am meisten angetan hatten es ihnen die weiblichen Figuren, insbesondere Rosalind Connage, die Flapper-Debütantin, für die Zelda Pate gestanden hatte. Rosalind war hinreißend und gefährlich: Sie küsste viele Männer, benutzte Kajalstift und Rouge, lachte über die derbsten Scherze, rauchte und betrank sich gern. Doch im Gegensatz zu der kessen Heldin des Films *The Flapper* oder den kurzhaarigen, rotlippigen Mädchen, die seinerzeit die Reklametafeln und Magazinseiten bevölkerten, waren bei ihr Ansätze einer echten, unverwechselbaren Stimme auszumachen.

Scott hatte viel über Frauen gelernt, während er der jungen Zelda den Hof machte. Er wusste um die paradoxe Mischung aus Abhängigkeit und Verachtung, die sie ihrer eigenen Schönheit gegenüber empfand, um all die kleinen Tragödien und Triumphe ihres Teenagerlebens. Indem er diese Zwischentöne auf Rosalind übertrug, gelang es ihm als einem der ersten amerikanischen Schriftsteller der Nachkriegszeit, eine komplexe, moderne Heldin zu zeichnen. Praktisch über Nacht wurde er in den Expertenstand erhoben. Man lud ihn ein, Vorträge über das Flapper-Phänomen zu halten, und Berichten zufolge gerieten die jungen Damen im Publikum jedes Mal »in einen Taumel des Entzückens«, was vermutlich nicht nur an Scotts Worten, sondern auch an seinem blendenden Aussehen lag.[5] Ferner sollte er andauernd Interviews zu dem Thema geben; kein Wunder also, dass er sich hin und wieder fragte, »ob ich den Flappern meinen Erfolg verdanke oder umgekehrt«.[6]*

Zelda sonnte sich in ihrem Status als Scotts Frau und Muse, musste sich aber erst daran gewöhnen, dass sie an seinem Arm plötzlich von wildfremden Leuten angesprochen wurde und ohne Vorwarnung das grelle Magnesiumlicht der Kameras blitzte. So etwas hätte sie sich nie träumen lassen, als Scott ihr ein Leben mit dem »ganzen Schillern des Anbeginns der Welt«[7] versprach, daheim in Montgomery, wo »kein Windhauch die samtweiche Luft« zum Zittern brachte. Bevor Zelda nach New York kam, fiel es ihr schwer, sich von der Metropole am Hudson ein Bild zu machen, und in einem raren Moment der Verunsicherung gab sie zu: »Ich wollte, New York

* 1926 verortete die junge Autorin Katharine Brush ihren eigenen Erzählstil irgendwo zwischen »Jazz, kurzen Haaren, Petting und Knutschen, Blechkisten, *Flaming Youth* und Mr Scott Fitzgerald«.

wäre ein winziges Städtchen – dann könnte ich mir alles besser vorstellen.«[8]

In der Nacht vor ihrer zweitägigen Bahnreise nach New York war sie viel zu aufgeregt, um zu schlafen. Naiv hatte sie sich ausgemalt, wie sie die Stadt erobern würde – Treppengeländer hinunterrutschen und Räder auf dem Bürgersteig schlagen, bis alle starrten. Als der Zug endlich die Pennsylvania Station erreichte, war sie in heller Aufregung. Mit seinen Bogenfenstern und Marmorsäulen sah der Bahnhof aus wie eine Kathedrale, gleichzeitig hatte Zelda noch nirgends derart viel Lärm und Trubel erlebt. Auf der kurzen Taxifahrt ins Hotel taten sich die ungeheuren Dimensionen der Stadt vor ihr auf: breite Straßen, die nord- und südwärts ausgriffen, und hohe Gebäude aus Chrom und Glas, in denen sich bleich das Sonnenlicht spiegelte.

New York war dazu erbaut, Ehrfurcht zu gebieten. Als Louise Brooks' Zug 1922 bei ihrem ersten Besuch in der Stadt in die Central Station einfuhr, traute die junge Schauspielerin ihren Augen kaum, so groß war der Bahnhof und so klein dagegen sie: »Ich sah hinab auf den Marmorboden und hinauf zu der gewaltigen Kuppel, die sich himmelhoch über meinem Kopf wölbte, da fiel ein Sonnenstrahl durch eines der riesigen Kreuzbogenfenster und bohrte sich in mein Herz.«[9] Sich als Provinzler hier Chancen auszurechnen, zeugte gewiss von Mumm. Aber Zelda war nicht nur im heimischen Schwimmbad, ohne mit der Wimper zu zucken, vom obersten Sprungbrett gehüpft, sondern hatte auch als eines der ersten Mädchen in Montgomery Gin getrunken und kurze Haare getragen. Sie war mit dem nötigen Mumm groß geworden, dafür war sie berühmt.

Vom Moment ihrer Geburt am 24. Juli 1900 an stand fest, dass Zelda etwas Besonderes war. Mit neununddreißig und nach vier Kindern hatte ihre Mutter Minnie (Minerva) die Hoffnung auf ein fünftes eigentlich längst aufgegeben, weshalb sie in dem lebhaften Baby mit dem goldblonden Schopf ein Geschenk des Himmels sah. Minnie nannte die Kleine Zelda, nach der Heldin eines Liebesromans,* und bald war das niedliche Mädchen der Liebling der gesamten Nachbarschaft. *Schlau wie ein Fuchs, scharf wie ein Messer*, hieß es unter den Bewohnern des Viertels, wenn Zelda mit ihrem Hund und ihrer Schubkarre durch den Garten tollte, auf Rollschuhen die Straße entlangflitzte oder kopfüber von einem Ast des großen Magnolienbaums vor ihrem Elternhaus baumelte.

Nur ihr Vater konnte mit der drolligen Zelda nichts anfangen. Anthony Sayre, ein arbeitswütiger Jurist mit tadellosem Auftreten und Sinn fürs Pragmatische, genoss in Montgomery hohes Ansehen, spätestens seit seiner Berufung an den Alabama Supreme Court im Jahr 1909. Obwohl er seine Kinder aufrichtig liebte, war Anthony ein distanzierter, kritischer Vater – Zelda nannte ihn »eine lebende Festung«, die der Familie Schutz bot, aber wenig Wärme ausstrahlte.[10]

Richter Sayre ließ nicht nur als Vater zu wünschen übrig, sondern entpuppte sich auch nicht gerade als der romantische Liebhaber, von dem Minnie als junges Mädchen geträumt hatte. Vor ihrer Hochzeit im Jahr 1880 sehnte sich der hübsche Lockenkopf nach einem Leben weit weg von Eddyville, Kentucky, und machte sich wie Ada Bankhead Hoffnungen auf eine Bühnenkarriere, doch wie bei Ada schob ihr Plantagen besitzender Vater diesen Plänen einen Riegel vor. Mit den Jahren und zahlreichen Schwangerschaften hatte Minnie gelernt, sich stattdessen bei der Gartenarbeit und der Erziehung ihrer fünf Kinder zu verwirklichen.

In der erzkonservativen Oberschicht von Montgomery galt sie dennoch als ungewöhnliche Mutter – versponnen, nach-

* Der Name stammt wohl entweder aus Jane Howards *Zelda: A Tale of the Massachusetts Colony* oder aus *Zelda's Fortune* von Robert Edward Francillon.

sichtig und mit einem Hang zur Poesie. Im Sommer erlaubte sie ihren Töchtern, auf der Veranda ihres weitläufigen Hauses zu baden, da die dichten Weinreben ihrer Ansicht nach ausreichend Sichtschutz boten. Wenn die Nachbarn sich beschwerten, dass andauernd junge Männer vor dem Grundstück herumlungerten, in der Hoffnung, einen Blick auf die Badenixen zu erhaschen, wollte Minnie davon nichts hören. »Gott hat ihnen schöne Körper gegeben«, erwiderte die stolze Mutter mit verklärtem Blick.[11]

Als Jüngste profitierte vor allem Zelda davon, dass Minnie ihren Kindern jede Unart durchgehen ließ. Weil es der Kleinen in der Schule nicht gefiel, durfte sie mit sechs ein ganzes Jahr länger zu Hause bleiben. Und als sie bei einem ihrer ersten legendären Streiche wegen eines in Not geratenen Kindes die Feuerwehr anrief, nur um danach aufs Dach zu klettern und seelenruhig auf die Ankunft des Löschzuges zu warten, zollte Minnie ihrer unerschrockenen Jüngsten insgeheim Bewunderung.

Während die anderen Mädchen in Montgomery sich die Haare aufdrehten, artig mit ihren Müttern und älteren Schwestern plauderten und lernten, stets gerade zu sitzen, tobte Zelda lieber mit den Nachbarsjungen durch die Gegend. Beim Schwimmen und Klettern machte ihr keiner was vor, und auch im Ballettunterricht ging es der nunmehr Neunjährigen nicht um die hübschen rosa Schläppchen, sondern darum, wild durch die Gegend zu wirbeln, in dem aufregenden Gefühl, »heiter alle möglichen Höhen [zu] erklimmen«.[12] Mit Blick auf ihre idyllische Kindheit betonte Zelda später: »Unsicherheit oder Scheu waren mir fremd.«[13] Zu Hause, das waren Sonnenschein und der Duft von blühenden Birnbäumen. Montgomery kam ihr vor wie ein einziger großer Spielplatz, und erst mit fünfzehn verloren sie und diese Welt ihre Unschuld. Auf einmal benahmen sich Zeldas männliche Spielkameraden in ihrer Gegenwart anders, stellten Bedingungen und drucksten herum, und zu jener Zeit scheint sie auch unfreiwillig erste sexuelle Erfahrungen gemacht zu haben.

In ihrem Freundeskreis gab es damals zwei Wortführer, John Sellers und Peyton Matthis, unter deren Regie eine von Zeldas Mutproben eine unheilvolle Wendung nahm. In ihrem unveröffentlichten autobiografischen Roman *Caesar's Things* beschreibt sie, wie sie von den beiden Jungen eines Abends auf das verlassene Gelände der High School gelockt wird. Zwar bleibt es bei Andeutungen – ein »stockfinsterer Schulhof«, eine »morsche alte Schaukel«, Zelda, die »treuherzig genug« ist, sich »widerstrebend zu fügen«, als es heißt, dass ein Mädchen, das beliebt sein will, »gefälligst macht, was man ihm sagt«, und »froh sein kann, wenn es von einem Jungen beachtet wird«.[14] Was sich an diesem Abend auf dem Schulhof zutrug, erinnerte Scott beim Lesen aber so unverkennbar an eine Vergewaltigung, dass er schrieb, Zelda sei »verführt« worden, und Minnie vorwarf, »verdammt schlecht« auf ihre jüngste Tochter aufgepasst zu haben.[15] Schwer zu sagen, wie sehr dieses Erlebnis Zelda traumatisiert hat, doch markiert es zweifelsohne den Wandel vom burschikosen Teenager zum frühreifen Früchtchen, über das sich die ganze Stadt das Maul zerriss. John Sellers und Peyton Matthis hatten ihr auf krude Weise gezeigt, dass Sexualität auch etwas mit Macht zu tun hat, und als Reaktion darauf ließ Zelda fortan die jungen Männer Montgomerys nach ihrer Pfeife tanzen und lotete dabei ungeniert die Grenzen der damaligen Sexualmoral aus.

»Es gab zwei Arten von Mädchen«, erinnerte sich einer dieser Männer, »diejenigen, die sich abends im Auto spazieren fahren ließen, und diejenigen, die das nicht taten.« Zelda war es offenbar »schnuppe«, dass man sie zu ersteren zählte.[16] Sie ließ sich schon beim ersten Date küssen, und als sie etwas älter war, brachte sie sich das Rauchen bei und trank mit Vorliebe ein Gemisch aus Gin, Orange und Selters oder mit Cola verschnittenen Kornschnaps aus der örtlichen Brennerei. Auch ihr loses Mundwerk sorgte regelmäßig für erhitzte Gemüter. Als sie über einen gutaussehenden Jungen sagte, sie könne ihn sich gut »als Vater meines nächsten Kindes vorstellen«, hofften ihre schockierten Freundinnen inständig, dass ihre Eltern davon keinen Wind bekamen.[17]

Aber natürlich sprachen sich Zeldas Mätzchen über kurz oder lang herum. Auch ihr unmöglicher neuer Badeanzug schlug in Montgomery hohe Wellen – keine acht Jahre zuvor war die Profischwimmerin Annette Kellerman an einem Bostoner Strand für einen ähnlich eng anliegenden Einteiler noch verhaftet worden! Obendrein war Zeldas Anzug fleischfarben, weshalb es in bestimmten Lichtverhältnissen so aussah, als schwämme sie nackt. Nahezu alles, was sie tat, wirkte wie ein gezielter Affront gegen sämtliche guten Südstaatensitten. »Die Frauen in Alabama pflegten einen sehr femininen Stil«, erinnerte sich eine ihrer Freundinnen. »Alle trugen wir Stöckelschuhe und lange Haare, und Rauchen war verpönt. Wer sich trotzdem einen Bubikopf schneiden ließ, bekam Riesenärger mit seinen Eltern.«[18] Der Gang zum Friseur war ein Akt der Rebellion, mit dem Zelda sich noch ein paar Jahre Zeit ließ, aber ansonsten brachte sie ihren Vater in jeglicher Hinsicht zur Verzweiflung. Wenn er sie in ihrem Zimmer einsperrte, kletterte sie kurzerhand aus dem Fenster; wenn er sie als Flittchen beschimpfte, nachdem er sie beim Knutschen auf der Veranda erwischt hatte, lachte sie ihm frech ins Gesicht.

Zelda hatte den Typus des renitenten Teenagers nicht erfunden, eine neue Jugendkultur war auf dem Vormarsch. Während die Partnersuche bei Eltern und Großeltern stets nach dem gleichen Schema ablief – Anstandsdamen, Visitenkarten, Gemeindetees –, ging Zeldas Generation auf zwanglose »Dates«.*

* Der Ausdruck an sich existierte schon seit über zwanzig Jahren, doch um konservativere Zeitgenossen nicht unnötig zu überfordern, setzte man ihn vorsichtshalber in Anführungszeichen.

Die meisten jungen Leute in ihrem Alter pflegten ohnehin engen Kontakt zum anderen Geschlecht: Gemischte Schulen waren in der amerikanischen Mittel- und Oberschicht fast schon die Norm; Zelda etwa besuchte die örtliche Sidney Lanier High, wo Mädchen und Jungen gemeinsam unterrichtet wurden. Zudem profitierten diese Teenagerpaare von zahlreichen technischen Neuerungen, die sich ihre Eltern niemals hätten träumen lassen.

Viele Privathäuser verfügten damals über ein Telefon, und immer mehr Leute fuhren Auto. Das Modell T von Ford kostete nur 440 Dollar,* und etliche Teenager hatten Zugriff auf so einen »Flivver«. Dadurch ergaben sich ungeahnte Möglichkeiten für ein Date: Man konnte ins Eiscafé fahren, in den Vergnügungspark oder in ein Tanzlokal – oder man suchte sich auf einem Feldweg oder im Wald ein verschwiegenes Plätzchen. Der reiche Slang-Wortschatz, der sich rund um Begriffe wie »Petting« oder »Knutschen« entwickelt hatte, stand stellvertretend für die Freiheiten, von denen die moderne Datingkultur geprägt war. In Montgomery sprach man von »Boodling«, nach einem Feldweg namens Boodler's Bend, der bei Zelda und ihren Freunden besonders beliebt war.

Diese Freiheiten galten auch beim Ausgehen. Modetänze wie Turkey Trot, Shimmy und Toddle traten von New Orleans aus ihren Siegeszug durch die Tanzlokale Amerikas an, und als Teenager in Montgomery schwofte man ähnlich ausgelassen zum Ragtime wie in London Nancy Cunard und Diana Manners. Zwar unternahmen die Sittenwächter bei Musikabenden im Country Club oder dem alten Holzpavillon im Oak Park immer wieder Kontrollgänge, doch konnten sie auf den überfüllten Tanzflächen, wo die Paare Wange an Wange übers Parkett schoben oder zu heißen Rhythmen die Hüften schwangen, nur wenig ausrichten. Zelda, die solche Veranstal-

* Entspräche heute etwa 10000 Dollar.

tungen als ihre persönliche Bühne betrachtete, ließ sich dadurch jedenfalls nicht beeindrucken. Wenn sie abends im Country Club zu einer ihrer spontanen Soloeinlagen ansetzte, waren alle Augen auf sie gerichtet. Beim rituellen »Sturm« auf die Tanzfläche war kein Mädchen derart gefragt wie sie, und die Schlange von jungen Männern, die auf eine flotte Sohle mit ihr hofften, zog sich oft quer durch den Raum.

Manche Konkurrentin warf umgehend das Handtuch, sobald Zelda bei einem Tanz auftauchte, und die, die ausharrten, waren den Rest des Abends zum Zuschauen verdammt, während Zelda im Kreis ihrer Verehrer Hof hielt. Diese stammten nicht nur aus Montgomery, auch Collegestudenten kamen eigens wegen Zelda angereist, und an der Auburn University gab es sogar eine Art Fanklub, der sich nach ihren Initialen »Zeta Sigma« genannt hatte. Zelda war bildschön – darauf beruhte ihre Macht –, aber im Gegensatz zu anderen Mädchen hatte sie nicht ständig das nervöse Bedürfnis, sich mit den Fotomodellen aus den Hochglanzmagazinen zu vergleichen. Tagsüber schürzte sie burschikos ihre Röcke und knöpfte die Bluse nur nachlässig zu. Und obwohl sie sich zum Ausgehen sorgfältig schminkte und die verspielten Organdy-Kreationen ihrer Mutter trug, blieb sie ihrem eigenwilligen Stil stets treu. »Verträumt und verschmitzt«, so ihre Freunde von damals, ein Mädchen wie aus dem Bilderbuch: »Feuerrotes Kleid … goldglänzende Schuhe … und in der Hand ein riesiger Fächer aus Federn«.[19]

Scott war vom ersten Moment an von Zeldas selbstsicherer Art fasziniert. Sie machte, was sie wollte, als wäre das Leben eine »gut bestückte Ladentheke«, an der man sich ein Geschenk nach dem anderen aussuchen durfte. Was andere von ihr hielten, interessierte sie nicht, und man wusste nie recht, woran man bei ihr war: Gerade hatte sie einem jungen Mann unter ihrem dichten, schwarzen Wimpernvorhang noch aufreizende Blicke zugeworfen und dummes Zeug ins Ohr geflüstert, da verlor sie plötzlich das Interesse und wechselte das Thema. Manchmal kreuzte sie mit nackten Füßen und schmutzigem Saum zu einem Tanz auf, weil sie vorher noch eine Runde mit dem Ruderboot gedreht hatte. Und wer auf ein Feldweg-Rendezvous hoffte, musste damit rechnen, ohne Vorwarnung in ein zähes Gespräch über die Gespenster auf dem alten Konföderiertenfriedhof oder über die Bedeutung eines »bescheuerten« Traumes, den Zelda in der Nacht zuvor gehabt hatte, verwickelt zu werden.

Viele Männer kamen mit ihrem sprunghaften, impulsiven Wesen nicht zurecht. Doch erst Jahre später, als ihre Stimmungsschwankungen immer heftiger wurden und sie allmählich in die Depression abglitt, kam die Frage nach einer familiären Vorbelastung auf. Mit sechzehn war Zelda einfach ein temperamentvolles junges Mädchen, das sich schnell hinreißen ließ und seine geheimsten Gedanken hütete wie einen Schatz. »Es macht mir Spaß, unergründlich zu sein«, gestand sie Scott. »Manche Männer lieben mich, weil ich hübsch bin – aber sie fürchten sich vor meinen schlechten Charakterzügen –, und manche Männer lieben mich, weil ich intelligent bin, aber sie fürchten sich vor meinem hübschen Äußeren. Einer oder zwei haben mich allerdings geliebt, weil ich liebenswert bin, aber denen habe ich natürlich was vorgemacht.«[20]

Zelda war sogar ausgesprochen intelligent. In der Schule hatte sie vor allem in Kunst und Literatur gute Zensuren, und sie bewunderte ihre Freundin Sarah Haardt, die studieren und Schriftstellerin werden wollte. (Sarah ging als einzige von Zeldas Freundinnen auf eine Kundgebung der Suffragetten in Montgomery.) Doch Arbeit, Studium und das Frauenwahlrecht hatten in Zeldas Zukunftsentwurf keinen Platz. »Ich will nur jung sein und das Gefühl haben, dass mein Leben mir gehört«, schrieb sie an Scott, »leben und glücklich sein und sterben, wie es mir passt.«[21] Es war nur einer von vielen Sätzen, die er seinen Romanheldinnen in den Mund legen sollte.

Trotz ihres Erfolges bei Männern war Zeldas Welt ziemlich klein. Obwohl die Rebellin in ihr über »sich selbst bestimmen« wollte, konnte sie sich ein Leben jenseits von Montgomery im Grunde nicht vorstellen. Insgeheim war sie jemand, »der all die schönen Dinge von früher behalten möchte, der geliebt und beschützt werden will«.[22] Mit dem Kriegseintritt Amerikas im April 1917 wurde Zeldas beschauliche Heimatstadt mit einem Schlag aus ihrem Dornröschenschlaf gerissen. Unweit von Montgomery hatte die Army zwei Ausbildungslager aufgeschlagen, es folgten Geschäfte, Restaurants und sogar ein neues Hotel. Für Zelda ergaben sich durch den massenhaften Zulauf von jungen Soldaten ganz neue Möglichkeiten. Auf einmal wimmelte es im Country Club von Offizieren, die an Eliteuniversitäten studiert hatten, »nach Russisch Leder rochen« und viel kultivierter waren als die unreifen Knaben, mit denen sie sonst vorliebnehmen musste. Auch sie waren allesamt hinter Zelda her. Bald wurde die gesamte Nachbarschaft Zeuge ihrer Beliebtheit unter den Streitkräften – auf der Sayre'schen Veranda gaben sich die Offiziere die Klinke in die Hand, und Kampfpiloten vollführten Zelda zu Ehren waghalsige Flugmanöver über ihrem Elternhaus. (Erst ein schwerer Unfall machte dem Spektakel ein Ende.)

Genau wie in London zu Kriegsbeginn herrschte in Montgomery seinerzeit eine ungewohnte, nahezu fieberhafte Aufbruchsstimmung. »Auf einmal befiel uns ein seltsamer Lebenshunger«, erinnerte sich eine junge Frau, »und wir wollten keine Zeit verlieren, aus Angst, es könnte bald wieder vorbei sein. Also haben wir auf die Pauke gehauen, waren jeden Abend tanzen und sind im Mondlicht die Straßen rauf- und runtergebrettert. Ach, wir haben den größten Blödsinn veranstaltet, aber über allem hing eine gewisse Tragik.«[23] Und dieses aufgeheizte Klima trug nicht unerheblich dazu bei, dass Zelda sich damals Hals über Kopf verliebte. Kurz nach ihrem achtzehnten Geburtstag lernte sie bei einem Tanzabend im

Country Club Francis Scott Key Fitzgerald kennen, Leutnant im 67. Infanterieregiment. Scott war ein gutaussehender Mann mit klassischen Gesichtszügen, großen grünen Augen und einem akkuraten Mittelscheitel. Allein schon sein Aufzug verriet ungewohnte Eleganz: Die Uniformjacke war maßgeschneidert, und anstelle der üblichen Wickelgamaschen trug er schicke, gelbe Stiefel mit Sporen. Beinahe genauso entscheidend war für Zelda, dass er auf der Tanzfläche eine gute Figur abgab: »Irgendeine himmlische Kraft unter seinen Schulterblättern schien ihm Flügel zu verleihen.«[24]

Um ihr Herz zu erobern, reichte ein attraktives Äußeres aber nicht aus. Als Scott sich noch am selben Abend mit ihr verabreden wollte, erteilte sie ihm zunächst eine Abfuhr: »Schießen Sie immer so schnell?«[25] Doch kurz darauf lud sie ihn zum Eistee auf die Veranda ihrer Eltern ein, und bald unternahmen sie lange, wortreiche Spaziergänge durch die Felder vor der Stadt. Dass Scott ein guter Zuhörer war, gab letzten Endes den Ausschlag: Im Gegensatz zu anderen Männern ging er Zelda nicht mit Sportthemen oder Militärgeschichten auf die Nerven; stattdessen schien er sich brennend für jedes Detail ihres Mädchenlebens zu interessieren, von der Farbgebung ihres Zimmers bis hin zu ihren Zukunftsträumen. Zelda gab offen zu, dass diese Gespräche ihre narzisstische Ader bedienten: »Nun weißt Du alles von mir und über mehr denke ich eigentlich auch nicht nach. Es ist seltsam, aber am liebsten beschäftige ich mich mit mir selbst. Es macht so einen Spaß, sich aus der Entfernung zuzusehen.«[26]

Mit der Zeit wuchs jedoch auch ihr Interesse an Scott. Er hielt mit den Schattenseiten seines Lebens nicht hinterm Berg – dass sein Vater ständig in Geldschwierigkeiten steckte und seine Universitätskarriere in Princeton gescheitert war, nachdem gesundheitliche Probleme und ein schwaches Nervenkostüm ihn den Abschluss gekostet hatten – und sprach mit faszinierender Eloquenz davon, wie er diese Hindernisse zu überwinden gedachte. Gerade saß er an seinem ersten Roman, und wenn erst einmal der Krieg vorbei und sein Buch erschienen war, hatte er vor, tüchtig von sich reden zu machen. Er wollte nur noch im Hier und Jetzt leben, und sich mit »romantischer Wut« auf jede neue Erfahrung einlassen. Zelda war, als könnte Scott ihre geheimsten Gedanken lesen. Am meisten graute ihr davor, sich zu langweilen, und er verstand ihren Hang zur Extravaganz nicht nur, sondern hatte ihn auch zu einer Art Losung erhoben.

Die Seelenverwandtschaft mit Scott faszinierte Zelda: In ihrem autobiografischen Roman *Save Me The Waltz* (dt. *Ein Walzer für mich*) fühlt die Hauptfigur sich ihrem Geliebten so nahe, »als presste sie die Nase an einen Spiegel und blickte in ihre eigenen Augen«.[27] Dennoch sah sie keinen Grund, sich die Chance auf ein Abenteuer entgehen zu lassen. Gerade erst war ein neuer Schwung Offiziere in Montgomery eingetroffen, und Zelda nahm amüsiert zur Kenntnis, dass Scott eifersüchtig reagierte, wenn sie mit einem anderen Mann tanzte oder einen seiner Konkurrenten zum Abschied küsste. Je rarer sie sich machte, desto mehr war er hinter ihr her, und sie registrierte mit Genugtuung, welche Macht sie inzwischen über ihn hatte.

Der Literat in Scott war durchaus imstande, seine Eifersucht einzuordnen. »Es erregte ihn … dass [sie] schon viele Männer geliebt hatten – in seinen Augen steigerte das ihren Wert«, heißt es in *The Great Gatsby.*[28] Außerdem war er selbstkritisch genug, um zu wissen, dass er sich im Grunde nur für Frauen interessierte, von denen er Gefahr lief, enttäuscht zu werden. Vor seiner Versetzung nach Montgomery war er in eine hübsche, reiche Erbin namens Ginevra King verliebt gewesen, die ihre Verehrer schamlos gegeneinander ausspielte. Sie war »egoistisch, eingebildet und unbeherrscht«,[29] schrieb er später, aber offenbar war sie auch zu einer Hingabe fähig, die ihre Schwächen vergessen machte. Scott sah in Zelda ganz klar eine zweite Ginevra, doch was Kreativität, Intelligenz und Feingefühl anging, war sie ihrer Vorgängerin haushoch überlegen. In seiner blinden Leidenschaft für Zelda nahm sich Scott nicht nur aus wie ein frisch Verliebter, sondern auch wie ein Künstler, der seine nächste Muse entdeckt hat.

Den ganzen Sommer über hatte er an seinem Roman gearbeitet, in der Hoffnung, ihn fertig zu bekommen, bevor er nach Europa an die Front musste. Beim Schreiben hatte seine Heldin, zu der ihn eigentlich Ginevra King inspiriert hatte, immer mehr Zeldas Gesichts- und Wesenszüge angenommen. Als er ihr einen Durchschlag des Kapitels schickte, in dem sie eine wichtige Rolle spielte, reagierte Zelda wie zu erwarten gerührt und geschmeichelt, und nachdem seine Abreise immer näher rückte, gab sie schließlich zu, dass ihre Gefühle für Scott sich längst über den vertrauten Reiz eines Sommerflirts hinaus entwickelt hatten. Sie wollte ihm keine Versprechungen machen, aber an diesen letzten gemeinsamen Tagen im Herbst wohnte jedem Gespräch und jedem Kuss eine elementare romantische Kraft inne. Bei ihrem Abschied am 26. Oktober lauteten Scotts letzte Worte zu Zelda: »Hier hast du mein Herz.«

Ein Satz aus einer ungewissen, aber poetischen Zukunft: Scott, der nach Europa entschwand, von der Front die zärtlichsten Briefe schrieb und am Ende womöglich den Heldentod starb. Doch er war noch nicht an Bord seines Truppentransporters gegangen, da änderte sich plötzlich alles. Der Waffenstillstand wurde erklärt, und anstatt auf einen Gefechtsbefehl zu warten, blickte Scott nun im Ausbildungslager in Montgomery seiner Entlassung aus der Armee entgegen. Natürlich war er heilfroh, dem Tod von der Schippe gesprungen zu sein, aber gleichzeitig überkam ihn auch eine tiefe Scham, wie sie Duff Cooper wohl gut hätte nachfühlen können. Jetzt konnte er den Orden aus Schweiß und Schlamm endgültig vergessen, der andere Männer zu Helden gemacht hatte.

Außerdem hatte er panische Angst vor der Zukunft. Nun

drehte sich alles um die Frage, womit er nach dem Militärdienst seinen Lebensunterhalt verdienen sollte, und auch wie es mit Zelda weitergehen sollte, stand in den Sternen. Bei näherem Nachdenken war es vielleicht doch keine gute Idee, sich als angehender Schriftsteller an ein so unberechenbares, verwöhntes Mädchen zu binden.

Zelda plagten damals ebenfalls Zweifel an ihren Gefühlen; je länger sie von ihm getrennt war, desto weniger Gedanken verschwendete sie an Scott, und als er nach Montgomery zurückkehrte, um auf seine Entlassungspapiere zu warten, empfand sie seine Gegenwart beinahe als störend. Bald hatten sie sich jedoch wieder zusammengerauft, und an Weihnachten herrschte zwischen ihnen die alte, aufregende Harmonie. Zelda war sich ihrer Sache so sicher, dass sie Scott sogar erlaubte, zum ersten Mal mit ihr zu schlafen, was ein großer Schritt für sie war, obwohl sie als leicht zu haben galt. Danach fand sie sich ohne Weiteres damit ab, in Montgomery auf ihn zu warten, während er allein nach New York zog, um es dort als Schriftsteller zu Ruhm und Ehre zu bringen, damit sie endlich heiraten konnten.

»Ich bin im Land der Ambitionen und des Erfolgs, und ich hoffe und vertraue darauf, dass mein geliebtes Herz bald bei mir sein wird.«[30] Der liebevolle, optimistische Ton von Scotts erstem Telegramm an Zelda nach seiner Ankunft in New York im Februar 1919 sollte fortan ihren Briefverkehr prägen. In den folgenden Monaten schrieben sie einander fast täglich. Zelda betonte ein ums andere Mal, wie sehr sie sich danach sehne, endlich von Scott aus ihrem »schäbigen, farblosen Leben« in Montgomery erlöst zu werden.[31] Und sie gelobte, nie wieder einen anderen Mann zu lieben: »Wir werden zusammen sterben – das weiß ich.«[32] Scott war hingerissen und stellte sich Zelda als Prinzessin vor, die in einem Turm eingesperrt nur auf ihn wartete.

Die Wahrheit hinter den Zeilen sah jedoch anders aus. Scott hatte eine Stelle als Werbetexter angenommen, bei der er schnöde 90 Dollar die Woche verdiente. An den Wänden seiner winzigen Mietwohnung hingen Dutzende Absageschreiben, zum Beweis seiner vergeblichen Versuche, als Schriftsteller Fuß zu fassen. Zu allem Übel hatte Zelda es langsam satt, Scott zuliebe enthaltsam zu bleiben. Bereits im Mai war die sommerliche Partysaison wieder in vollem Gange, ständig lockten Spritztouren, Verabredungen und Tanzveranstaltungen, und nachdem sie sich den ganzen Winter über mühsam beherrscht hatte, ergriff Zelda die Gelegenheit, erneut in Verruf zu geraten, nun dankbar beim Schopf. Minnie wusste bald nicht mehr ein noch aus. Als Zelda eines Abends mal wieder viel zu spät nach Hause kam, sternhagelvoll und am Arm eines Mannes, den sie noch nie zuvor gesehen hatte, schrieb Minnie ihrer Tochter einen enttäuschten kleinen Brief, in dem sie ihr vorwarf, »sich wie eine Prostituierte zu benehmen«.[33]

In Zelda steckte etwas, das ihrer Romanze mit Scott immer wieder Steine in den Weg legte. Der Ton ihrer Briefe verschärfte sich, und schließlich schrieb sie kaltschnäuzig: »Ich werde mein Glück mal woanders probieren.«[34] Solche Ansagen trafen Scott natürlich hart, dessen ohnehin »zu krankhafter Übertreibung neigende« Fantasie schnell Ängste zwischen »Erfahrungsdrang und Nervenkitzel« heraufbeschwor, wenn Zelda ihm genüsslich von ihren neuesten Eroberungen berichtete.[35] Gut möglich, dass sie einen verdächtig sentimentalen Brief an einen ihrer saisonalen Verehrer versehentlich an Scott geschickt hatte, trotzdem stieg dieser daraufhin panisch in den nächsten Zug nach Montgomery, wo er von Zelda verlangte, allen anderen Männern abzuschwören und ihn auf der Stelle zu heiraten.

Doch er hatte zu hoch gepokert. In seiner Verzweiflung gab Scott ein erbärmliches Bild ab: Er redete ungewohnt wirres

Zeug, und seine drängenden Küsse drohten Zelda gleichsam zu ersticken. Angewidert gab sie ihm den Ring zurück, den er ihr als heimliches Zeichen für ihre Verlobung geschickt hatte, und befahl ihm, zu gehen. Als er gehorchte, atmete sie auf. Ein paar Tage später stand sie im örtlichen Schwimmbad auf dem obersten Sprungbrett. Jede Faser ihres sehnigen Körpers war gespannt, nur die Träger ihres Badeanzugs bohrten sich störend in ihr Fleisch, und so zog sie ihn kurzerhand aus und schnellte unter dem fassungslosen Gelächter der anderen Badegäste splitterfasernackt in die Luft, bevor sie kopfüber in die kühlen Fluten tauchte.

Endlich fühlte sie sich wieder so unverwundbar wie früher. Ausgelassen feierte sie ihre neu gewonnene Freiheit, doch als der Sommer allmählich zur Neige ging, wurden auch Zeldas selbstgenügsame Momente immer seltener. Sie hatte fest damit gerechnet, dass Scott sich melden und um Gnade betteln würde, doch als er nichts von sich hören ließ, begann sie, ihn zu vermissen. Die Offiziere hatten Montgomery längst verlassen, die Studenten waren wieder an ihren Colleges, und Zeldas Abenteuerlust hatte sich gelegt. Als im Oktober endlich ein Brief von Scott kam, in dem stand, dass sein Roman einen Verlag gefunden hatte, schrieb Zelda umgehend zurück und lud ihn nach Montgomery ein. Inzwischen sei sie sich ihrer Gefühle sicher, erklärte sie und bekannte: »Mir ist gar nicht mehr so halbherzig und ›hü-hott‹ zumute wie früher vor Deinen Besuchen – ich will Dich einfach unbedingt sehen.«[36]

Scott ließ sich allerdings Zeit. Mit ihrer Abfuhr hatte Zelda nicht nur seine Gefühle, sondern auch seinen Stolz verletzt, und er war entschlossen, ihr beim nächsten Mal als gemachter Mann gegenüberzutreten. Er wollte in seiner Tasche »die Groschen tanzen hören«, und erst, als auch seine Kurzgeschichten erste Abnehmer fanden – die Zeitschrift *The Smart Set* kaufte »The Debutante« und die *Saturday Morning Post* »Head and

Shoulders« –, folgte er Zeldas Einladung und fuhr Ende November nach Montgomery.

Ihr Wiedersehen fiel liebevoll, aber leicht gedämpft aus, als hätte das Scheitern der kühnen, strahlenden Vision, die die beiden von ihrer Beziehung gehabt hatten, sie entmutigt. Zelda meinte es jedoch ernst, als sie Scott versicherte, nicht mehr an ihm und der »unsagbar glorreichen« Zukunft, die er ihr versprochen hatte, zu zweifeln.[37] Die Partys, die Männer und das Geschwätz der Leute, all das war in den Hintergrund gerückt: »Ohne Dich bin ich ein völliges Nichts«, beteuerte sie, »nur das Püppchen, das ich ursprünglich werden sollte.«[38]

Danach überschlugen sich die Ereignisse. Scotts Geschichten über freche Flapper-Girls und clevere College-Boys verkauften sich blendend, und anstelle von Absagen kassierte er jetzt einen Scheck nach dem anderen. Mitte Januar hatte er mit seinen Texten 1700 Dollar verdient, und ein Studio hatte Interesse an den Filmrechten an »Head and Shoulders« bekundet.* Da die Zeitschriften und Zeitungen, in denen seine Geschichten erschienen, oft mehrere Millionen Leser hatten, war Scotts Name bald landesweit in aller Munde, und Zelda und er gaben endlich ihre Verlobung bekannt. Die Reaktionen waren eher zurückhaltend. Zeldas Familie zeigte sich nach wie vor skeptisch, was Scotts finanzielle Situation anging, und Scotts Freunde fürchteten, dass Zelda zu ungebildet und launenhaft für ihn war, aber Scott konnte sich sein Leben und sein Schreiben nicht mehr ohne sie vorstellen. Bevor Zelda jemand anderen heiratete, wäre ihm lieber, sie wäre tot, gestand er einem Freund, und einem anderen Freund gegenüber erklärte er mit deutlichen Worten und viel Pathos, weshalb gerade diese Frau so viel Macht über ihn hatte: »Mit einer so starken Persönlichkeit macht man sich natürlich unbeliebt. … Mir war immer klar, dass eine Frau, die sich in aller Öffentlichkeit voll-

* Scott sollte dafür rund 2500 Dollar bekommen.

laufen lässt, mit Vorliebe dreckige Witze erzählt, Kette raucht und behauptet, sie habe ›tausende Männer geküsst und fest vor, mindestens noch mal so viele zu küssen‹, nicht über Kritik erhaben ist. … Ich habe mich in ihren Mut, ihre Ehrlichkeit und in ihre flammende Selbstachtung verliebt. … Ich liebe sie, und das ist der Anfang und das Ende von allem. Du bist noch immer katholisch, aber für mich ist Zelda jetzt der einzige Gott.«[39]

Am 3. April 1920 gaben Zelda und Scott sich in der Sakristei der St. Patrick's Cathedral in New York das Jawort. Die Zeremonie war denkbar bescheiden: Zelda trug ein mitternachtsblaues Kostüm mit passendem Hut, und ihr Brautstrauß bestand aus winzigen weißen Blümchen. Insgesamt waren nur sechs Gäste zugegen, denn im Gegensatz zu Zeldas drei Schwestern hatten ihre Eltern, Minnie und Richter Sayre, die Hochzeitseinladung ausgeschlagen – mit der Begründung, es sei zu teuer und zu beschwerlich, nach New York zu reisen. Und während Zeldas Schwestern sich an der schlichten Feier störten und Scott im Stillen Achtlosigkeit und mangelndes Interesse vorwarfen, hatte Zelda den Blick längst auf das Abenteuer gerichtet, das vor ihr lag.

In ihrer Flitterwochensuite im Biltmore Hotel warteten nicht nur knallende Champagnerkorken und Zimmerservice auf Scott und Zelda, sondern auch die Aussicht auf Sex ohne Hemmnisse und Heimlichkeiten. Und doch war es ein banales Detail, das Zelda bewusst machte, welche ungeahnten Freiheiten sie durch ihre Hochzeit mit Scott genoss: Als sie an diesem Abend zu Bett ging, wurde ihr klar, dass ab sofort weder ihre Mutter noch ihr Vater an ihre Zimmertür klopfen würden, um sie daran zu erinnern, das Licht auszuknipsen. Sie war jetzt erwachsen, und wie sie später schrieb, ging ihr in diesem Moment auf, dass »keine Macht der Welt […] sie noch zu irgendetwas zwingen [konnte], es sei denn sie selbst«.[40]

Diese neue Erkenntnis sorgte bei Zelda kurzzeitig für Verunsicherung: Die Regeln, gegen die sie immer so vehement aufbegehrt hatte, dienten natürlich auch der Orientierung, weshalb sie sich in New York zunächst heillos überfordert fühlte. Sie wollte auf keinen Fall als Bauerntrampel abgestempelt werden – als Scott sie seinen studierten Freunden aus Princeton vorstellte, wurde ihr plötzlich bewusst, wie unfein ihr Kaugummikauen wirkte, dass ihr Dialekt nach Provinz klang und wie hoffnungslos altbacken ihre Garderobe war. Was den letzten Punkt betraf, musste Scott ihr wohl oder übel zustimmen. Mode war ihm extrem wichtig; er hatte nicht nur ein feines Gespür für ihre Symbolkraft, sondern auch für Farben und Schnitte, zudem spielte Kleidung in seinen Geschichten eine große Rolle. Als er eine Freundin bat, seine Frau zum Shoppen zu begleiten, war Zelda außer sich vor Wut. In dem Jean-Patou-Kostüm, das Marie Hersey für sie aussuchte, verkörperte sie perfekt die elegante Nordostküstenästhetik Manhattans, trotzdem trug sie es nur unter Protest.

Lieber wollte sie in Ruhe ihren eigenen New Yorker Stil finden, doch im Zuge der zweiten Auflage von Scotts Roman wurden Zelda und er ins Scheinwerferlicht der hiesigen Partyszene katapultiert, wo sie plötzlich mit prominenten Zeitgenossen zu tun hatten, darunter Kay Laurell und Lilyan Tashman, Stars der berühmten Broadway-Revue *Ziegfeld Follies*, und der einflussreiche Theaterkritiker George Jean Nathan. Bald waren sie regelmäßig im Nachtleben unterwegs, denn es gab jeden Abend irgendetwas zu feiern; man traf sich mit Freunden in Hotellobbys, hing stundenlang am Telefon und pendelte grüppchenweise zwischen Theatern, Nachtklubs, Cocktails in sogenannten »Flüsterkneipen« oder Privatapartments hin und her. Und obwohl Zelda insgeheim das Gefühl hatte, für diese Stadt nicht elegant oder intelligent genug zu sein, konnte sie sich ihrem Zauber irgendwann nicht mehr entziehen. Ihre liebste Tageszeit war die Dämmerung, wenn ganz Manhattan dem bevorstehenden Abend entgegenfieberte: »Wundervolle Stunden. Sie hingen über der Stadt wie eine indigoblaue Schicht. ... Junge Frauen mit langen Mänteln aus Satin, farbigen Schuhen und Hüten ... steppten einen Wolkenbruch auf die Tanzfläche des Lorraine oder St. Regis. ... Der Glanz blonder Bubiköpfe [löste sich] in schwarzer Spitze und Ansteckblüten auf. ... Alle waren jung.«[41]

Alle waren jung, und alle hatten Geld. Zu Hause in Alabama litt die Bevölkerung immer noch unter den wirtschaftlichen Folgen des Bürgerkriegs. Im Vergleich dazu war man in New York gut bei Kasse, was nicht nur an dem Aufschwung am Aktienmarkt und dem Immobilienboom lag, sondern auch am Erfolg der Film- und Verlagsindustrie und den zahlreichen Alkoholschmugglern, die von den neuen Prohibitionsgesetzen profitierten. Finanziell gehörte die Stadt zu den Nutznießern des jüngsten Krieges, nachdem die entkräfteten Wirtschaftsmächte Europas auf dem Weltmarkt Platz gemacht hatten für ein Amerika, das nun Gelegenheit hatte, seine Version eines modernisierten Radikalkapitalismus voranzutreiben. Angewidert von dem grassierenden Materialismus in ihrer Heimat, flüchteten einige Amerikaner vor dem Kulturverfall nach Paris oder Italien. Scott sah die frühen 1920er Jahre hingegen als goldene Ära: »Eine Epoche der Kunst, eine Epoche im Übermaß, eine Epoche von Format«, schrieb er später. Die Zwanziger waren »eine Zeit der Wunder«, und er und seine Generation »die wahren Gläubigen«.[42]

Berauscht von dem unverhofften Reichtum und ihrer plötzlichen Popularität erlebten Zelda und Scott ihrerseits ein Wunder nach dem anderen – im Blitzlichtgewitter und auf überfüllten Tanzflächen, beim Jazz, im Theater und bei interessanten Gesprächen zu später Stunde, und vor allem beim heimlichen Schlürfen von Champagner, einem Bronx-Cocktail oder einem Gin Fizz. Eigentlich waren die Prohibitionsgesetze 1919 als Maßnahme gegen Armut und den sozialen Abstieg, der vielen

Alkoholikern drohte, in Kraft getreten, aber in New Yorker Partykreisen hatte der sogenannte »Volstead Act« stattdessen eine aufregende neue Trinkkultur ins Leben gerufen. Junge Frauen trugen den Flachmann am Strumpfband, und als guter Freund galt, wer einem die neuesten Schwarzhändler oder Flüsterkneipen (illegale Bars, die sich hinter verriegelten Türen oder unauffälligen Ladenfronten verbargen) empfahl. Um den scharfen metallischen Beigeschmack der schwarz gebrannten Spirituosen zu übertünchen, wurden beinahe täglich neue Cocktails erfunden. Zeldas Getränk der Wahl nannte sich Orange Blossom: eine starke Mischung aus Gin und Orangensaft, deren chemische, zuckrige Süße für sie den Geschmack von New York ausmachte. Wenn sie zu Hause in Montgomery Schnaps getrunken hatte, dann eher als Akt der Rebellion, hier in der Großstadt war sie aus reiner Gewohnheit jeden Tag »sternhagelvoll«, »hackenstramm« oder einfach nur »sturzbesoffen«.

Außerdem galt es, sich Mut anzutrinken. Mit ihrer Kleinstadt-Koketterie konnte Zelda bei Scotts weltläufigen Freunden auf Dauer nicht punkten, dafür stießen ihre poetischen Gedankenspiele bei seinen studierten Kollegen, für die ihre unverstellten, leicht versponnenen Ansichten über das Leben und die Liebe etwas ganz Neues waren, durchaus auf Interesse. Speziell Edmund Wilson war angetan von Zeldas »herrlich erfrischendem Geschnatter«, das vor »Esprit und Witz« nur so sprühe, und Lawton Campbell kommentierte, dass sie oft »nur so von einem Thema zum nächsten sprang, ohne dass sich jemand daran störte. Niemand kam auf die Idee, sie zu unterbrechen und zu fragen, was genau gemeint war.«[43]

Wie die meisten Männer waren auch Scotts Freunde für weibliche Reize überaus empfänglich, womit Zelda, die sich als verheiratete Frau in Sicherheit wähnte, zu spielen wusste. So ließ sie sich von einem der Princeton-Junggesellen den Rücken waschen und tat so, als wollte sie mit einem anderen das

Bett teilen, wenn auch nur »zum Einschlafen«. Bei den spontanen Partys in ihrer Hotelsuite war sie oft die einzige Frau, und sie genoss es, vom Sofa, vom Bett oder sogar von der Badewanne aus Hof zu halten, einen Orange Blossom in der einen und eine Zigarette in der anderen Hand. Scott genoss solche Szenen weniger. Obwohl er gerne mit seiner Frau angab, neigte er zur Eifersucht – vor allem, wenn er getrunken hatte. Mitunter wurde er schon nach zwei Gin ausfallend und paranoid. Und auch wenn er sich manchmal an Zelda rächte, indem er bei anderen Frauen seinen Charme spielen ließ (just zu jener Zeit versuchte er es bei Eugenia Bankhead), kam es weitaus häufiger vor, dass die beiden erbittert stritten.

Mit der Zeit setzte ihnen das schnelle Leben in New York spürbar zu. Scott und Zelda waren in ihrem Image gefangen – und versuchten gleichzeitig, ihm auf immer spektakulärere Weise gerecht zu werden: Bei der Revue *George White's Scandals* riss Scott sich die Klamotten vom Leib und provozierte das Publikum, indem er seine Zigaretten mit einem Fünf-Dollar-Schein anzündete. Zeldas Witze wurden immer anzüglicher und ihre Flirtmanöver immer gewagter. Dorothy Parker stellte eines Tages beim Lunch fest, dass ihre junge Freundin neuerdings einen verkniffenen Zug um den Mund hatte und geradezu krampfhaft versuchte, anzuecken. Sie hasste das selbstdarstellerische Gehabe der Fitzgeralds und ärgerte sich, dass sie damit überall so gut ankamen. Nicht umsonst heißt es in ihrem satirischen Gedicht »The Flapper«: »Wild sind die Gerüchte, die sich um sie ranken. / An ihre Ausdauer, so heißt es, kommt keiner ran. / Das hat sie zum einen wohl Gott zu verdanken / und zum anderen ihrem erfolgreichen Mann.«

Scott schrieb später, dass Zelda und er sich zu Beginn ihrer gemeinsamen Zeit in New York gefühlt hätten wie zwei »Kinder in einer großen, hellen, unerforschten Scheune«, doch nach nur vier Wochen »wussten wir kaum mehr, wo wir waren, und hatten keine Ahnung, was wir waren«.[44] Damit nicht genug, kam Scott in New York einfach nicht zum Schreiben – irgendein Lunch, eine Verabredung zum Theater oder ein fürchterlicher Kater hielten ihn stets von der Arbeit ab. Und wenn er sich zwischenzeitlich doch für ein paar Stunden an den Schreibtisch verzog, fing Zelda schnell an, sich zu langweilen, und lag ihm so lange in den Ohren, bis er auf die nächste Party mitkam. In der Hoffnung, dadurch das Ruder herumzureißen, schlug er deshalb vor, der Stadt eine Zeit lang den Rücken zu kehren und einen beschaulichen Sommer irgendwo am Meer zu verbringen. Dort hätte er ausreichend Zeit, sich seinem neuen Roman zu widmen, und auch Zelda würde endlich zur Ruhe kommen.

Die war von der Idee begeistert. Obwohl sie im New Yorker Trubel aufging, konnte sie sich nicht mit dem Chaos, in dem Scott und sie lebten, anfreunden – »der beißende Gestank von Gin, der über allem [in ihrer Hotelsuite] schwebte, die Zigaretten, die im Spülbecken vor sich hin gammelten«.[45] Sie vermisste den weiten Himmel und die kühlen Seen Montgomerys, die Bewegung an der frischen Luft und das erhebende Gefühl, dabei »sauber wie die Brise« zu werden.* Nach ein paar hektischen Wochen in den schmalen, staubigen Straßen von Manhattan war die Aussicht auf eine unberührte Küstenlandschaft und das Schwimmen im rauen Atlantik umso verlockender.

Im Mai kauften sich die Fitzgeralds einen Gebrauchtwagen, ein launenhaftes Marmon-Sportcoupé, das sie den »fahrenden Schrotthaufen« tauften, und zogen nach Westport, Connecticut. Ein Landhaus mit grauem Schindeldach sollte ihr kleines Refugium werden, wo Scott regelmäßig zum Schreiben kam und beide weniger trinken und streiten würden. Sie hatten fest vor, sich wieder ganz einem Leben von Belang und Bedeutung zu verschreiben. Doch dieser erste Umzug als Ehepaar setzte

* Scott gefiel dieser Ausdruck so gut, dass er ihn Gloria Gilbert, der Heldin seines zweiten Romans, *The Beautiful and the Damned*, in den Mund legte.

eine ungute Dynamik zwischen Scott und Zelda in Gang: Immer wieder jagten sie einem vermeintlichen Neuanfang hinterher, nur um am Ende jedes Mal bitter enttäuscht zu werden.

Diesmal waren sie einfach nicht weit genug vor ihren Problemen davongerannt. In nur fünfzig Meilen war man von Westport mit dem Zug oder dem Auto in New York, und genauso schnell war die Stadt bei ihnen. Am Freitagabend standen fast immer Freunde mit Gin im Gepäck vor der Tür, und es wurde bis Montag durchgefeiert. Wenn Scott und Zelda morgens aufwachten, lagen um sie herum überall schlafende Gestalten, und selbst im Garten türmten sich leere Flaschen und überquellende Aschenbecher. Anstatt seinen Alkoholkonsum zu reduzieren, brachte Scott es fertig, an einem Abend ganze 43 Dollar in Schnaps zu investieren, was heute etwa 500 Dollar entspräche.

Und auch Zelda kam nicht zur Ruhe. Die Fitzgeralds hatten eine japanische Haushaltshilfe namens Tana eingestellt, und so hatte Zelda keine Beschäftigung, als das Schwimmen und die Meeresluft nach einiger Zeit ihren Reiz verloren hatten. Zum Glück war sofort George Jean Nathan zur Stelle, und obwohl es Zelda in erster Linie darum ging, Nathans »andere Blondinen« auszustechen (er hatte Affären mit Anita Loos und der Schauspielerin Ruth Findlay), nahm Scott ihr diesen Flirt übel. Wenn Zelda Nathan auf einer Party umgarnte oder in New York allein mit ihm essen ging, witterte Scott sofort Verrat, und anstatt gemeinsam in Westport ihren Frieden zu finden, arteten ihre Streitereien immer mehr aus, was nicht nur am Alkohol lag, sondern auch daran, dass sich keiner von beiden seinen Ängsten und Ressentiments stellen wollte.

Eines Abends zankten sie sich derart heftig, dass Zelda schwor, es keine Minute mehr mit Scott auszuhalten, und den Hügel hinab zu den Bahngleisen stolperte, die nach New York führten. In ihrem benommenen Zustand hoffte sie insgeheim, dass aus der Finsternis gleich ein Zug angebraust kommen würde, aber sie wusste natürlich, dass Scott ihr gefolgt war. Inzwischen waren die beiden geradezu süchtig nach solchen dramatischen Auseinandersetzungen, und noch viel mehr nach dramatischen Versöhnungen. Nach dem Zwischenfall an den Gleisen schrieb eine verliebte Zelda im Überschwang der Gefühle an Scott: »Niemand außer uns hat ein Recht zu leben ... Ich könnte nicht leben ohne Dich, auch wenn Du mich hassen würdest oder mit Schwären bedeckt wärst wie ein Aussätziger – wenn Du mir mit einer anderen davonlaufen oder mich verhungern lassen oder mich schlagen würdest – auch dann, das *weiß* ich, würde ich Dich haben wollen.«[46]

Das turbulente Hin und Her fand auch Eingang in Scotts Romane. Sein neuestes Werk, *The Beautiful and Damned* (dt. *Die Schönen und Verdammten*), handelte von der zum Scheitern verurteilten Ehe zwischen Gloria Gilbert und Anthony Patch, Figuren, in denen unschwer Zelda und Scott zu erkennen waren: zwei junge Leute, wild entschlossen, sich ihr flüchtiges Glück nicht nehmen zu lassen, aber hoffnungslos unfähig, zwischen Extravaganz und Verschwendung, zwischen romantischen Gesten und Narzissmus zu unterscheiden. Diese beiden moralischen Versager kamen in ihrem Geltungsbedürfnis viel egoistischer und unsympathischer daher als Zelda und er, dennoch spiegelte die Geschichte unverkennbar Scotts eigene Erfahrungen wider. Er übernahm nicht nur Zitate aus den Wortgefechten mit seiner Frau, sondern auch ganze Abschnitte aus Zeldas Briefen und Tagebüchern. Die Fitzgeralds waren noch nicht zu Gloria und Anthony mutiert, doch das fiktive Paar diente ihnen als warnendes Beispiel.

Mit Herbstbeginn waren sie zurück in Manhattan, wo Scott ein kleines Apartment in der West 59th Street gemietet hatte. Hier sollte Zelda zum ersten Mal in ihrem Leben selbstständig einen Haushalt führen, doch sie erkannte bald, dass sie weder Eignung noch Lust dazu hatte. Kein Wunder also, dass es in der Wohnung bald aussah wie auf einem Schlachtfeld – überall dreckige Klamotten, leere Flaschen, stapelweise Zeitungen und Bücher, benutztes Geschirr von dem Essen, das sie im Feinkostgeschäft um die Ecke zu ordern pflegten.

Zelda spielte schon seit geraumer Zeit mit dem Gedanken, sich künstlerisch zu betätigen; immerhin hatte sie in der Schule durchaus Talent zum Malen und Schreiben bewiesen. Vielleicht sollte sie es ihrer Schwester Rosalind gleichtun, die im *Montgomery Journal* eine Gesellschaftskolumne hatte, oder sich doch lieber die Dichterin Edna St. Vincent Millay zum Vorbild nehmen, in die Edmund Wilson und John Peale Bishop neuerdings ganz vernarrt waren.* Die bildhübsche, intelligente Millay machte Zelda in vielerlei Hinsicht Konkurrenz, aber selbst die Aussicht auf eine talentierte Rivalin reichte nicht aus, um Zeldas Ehrgeiz zu wecken. In der unaufgeräumten Wohnung konnte man sich nicht in Ruhe hinsetzen, um zu arbeiten, und bei der knackigen Kälte unternahm sie lieber ausgedehnte Spaziergänge durch Manhattan, ging auf der noblen 5th Avenue zum Friseur und durchstöberte die umliegenden Boutiquen. Inzwischen wusste die Neu-New-Yorkerin ganz genau, was ihr stand, und hielt auf den Straßen und in den Schaufenstern stets Ausschau nach dem perfekten Outfit. Der Pelzmantel, in den sie sich in diesem Herbst verliebt hatte, kostete sage und schreibe 750 Dollar, doch sie gab keine Ruhe, bis Scott kapitulierte und sein Scheckheft zückte.

In einer Stadt wie New York war man im Grunde dazu gezwungen, permanent über seine Verhältnisse zu leben. Auf Theaterbesuche folgten lange Abende im Jungle Club, einer eleganten »Saftbar« aus Vor-Prohibitionszeiten, die mit einer Tanzfläche und einem Oberkellner im Frack aufwarten konn-

* Millays Gedicht »A Few Figs From Thistles« (dt. »Ein paar Feigen von Disteln«) wurde 1920 als Hymne auf die Lebenslust der Flapper gefeiert: »Meine Kerze brennt an beiden Enden / Sie dauert nicht die Nacht / Aber ah, meine Feinde, und oh, meine Freunde / Ein schönes Licht sie macht.«

te, und eine ausschweifende Party jagte die nächste. Hinzu kam, dass gerade Scotts erste Kurzgeschichtensammlung *Flappers and Philosophers* (dt. *Junge Wilde und Philosophen*) erschienen war, was erneut für Medienrummel um die Fitzgeralds sorgte. Ihrem Umfeld kam es so vor, als wären sie immer und überall auf der Jagd nach Schlagzeilen, Zelda mit ihrer sexy Tanzerei und Scott mit seinen Faxen, von ihrem schamlosen Geknutsche und den Streitereien in aller Öffentlichkeit ganz zu schweigen. Alec McKaig, ein befreundeter Autor, fand, dass viele Aktionen des Paares, die ein halbes Jahr zuvor spontan gewirkt hatten, inzwischen reichlich abgeschmackt daherkamen und offenbar nur dazu dienten, »die Fitzgerald-Legende am Leben zu erhalten«.[47]

In einem Interview für das Magazin *Shadowland* hatte Scott erst im Januar 1921 Zeldas enormen Einfluss auf seine Romanheldinnen betont. »Die junge Frau von 1920 flirtet, küsst. [...] flucht, ohne zu erröten, spielt, auf ihre unreife Art, mit der Gefahr«[48] – und war damit der Prototyp des von ihm viel beschworenen »geistigen Babyvamps«. Nur einen Monat später musste Zelda jedoch unerwartet eine ganz neue und viel erwachsenere Rolle erfüllen.

Scott und sie waren sich immer einig gewesen, dass sie eines Tages Kinder wollten, und da er katholisch erzogen war und sie über den weiblichen Zyklus nur das Nötigste wusste,* ist anzunehmen, dass sich ihre Verhütungsmaßnahmen in Grenzen hielten. Als Zelda im Februar 1921 feststellte, dass sie schwanger war, traf sie das dennoch unvorbereitet. Zum einen hatte sie kaum enge Freundinnen, mit denen sie sich über Babys und Mutterschaft austauschen konnte, zum anderen war ihr von Anfang an klar, dass sie auf gar keinen Fall so enden wollte wie die »kleinen Hausfrauen«, die sie aus Montgomery

* Zum Thema Eisprung gab es von Seiten der Wissenschaft erst seit Kurzem verlässliche Informationen.

kannte. Sie würde ihre Freiheit nicht kampflos aufgeben und nach ihren eigenen Vorstellungen schwanger sein.

Kampflustig fuhr sie für ein paar Tage nach Hause, um ihrer Familie die freudige Nachricht zu überbringen, ließ es sich aber nicht nehmen, beim traditionellen Maskenball der Stadt mal wieder alles in Grund und Boden zu tanzen. Während sie zur Musik der Band die Hüften schwang, hob sie aufreizend ihr hawaiianisches Baströckchen an, unter dem nackte Beine und ein seidenes Höschen aufblitzten. Obwohl sie eine Maske trug, war den brüskierten Zuschauern klar, dass sie es nach wie vor mit der wilden Zelda von früher zu tun hatten.

Und das galt auch noch im Spätsommer, als sie – nunmehr sichtlich in anderen Umständen – nach Montgomery zurückkehrte. Damals wurde von Schwangeren erwartet, dass sie der Öffentlichkeit den Anblick ihrer unverhüllten Körper ersparten, aber es war furchtbar heiß, und Zelda wollte sich im örtlichen Schwimmbad abkühlen. Obwohl sich im Badeanzug unübersehbar ihr dicker Bauch abzeichnete, stapfte sie erhobenen Hauptes ins Wasser – und als der Bademeister sie anhielt, sofort aus dem Becken zu steigen und sich etwas überzuziehen, konnte sie bei allem Ärger ihre Genugtuung kaum verbergen.

Zelda legte nicht nur Wert darauf, in Eigenregie schwanger zu sein, Scott und sie hatten auch beschlossen, dass ihr Kind an einem besonders schönen Ort zur Welt kommen sollte. New York schien den werdenden Eltern zu abgebrüht, weshalb sie im Mai nach Europa gereist waren, um dort ein »romantisches Fleckchen mit Geschichte« aufzutun.[49] Es war ihre erste Auslandsreise, und sie gönnten sich eine Kabine erster Klasse auf dem Cunard-Dampfer *Aquitaine*. Aber erneut konnte die Realität der Urlaubsfantasie nicht standhalten. Erste Station auf der Reise war London, wo Zelda sich einen aufregenden Abend lang in Männerhosen und Tweedkappe an den Docks im East End unters einfache Volk mischte, in der Hoffnung, dort ein paar schwere Jungs zu Gesicht zu bekommen. Aber sie hatte mit Schwangerschaftsübelkeit zu kämpfen, die ihren Appetit auf Sightseeing dämpfte, und Scott entpuppte sich als Reisemuffel.

Es fiel ihm ohnehin schwer, sich für London zu erwärmen, vermutlich, weil die hiesige Kritik sein Romandebüt eher zurückhaltend aufgenommen hatte. Auch Städte wie Paris, Venedig und Rom fand er »höchstens historisch interessant«, insgesamt aber »langweilig und enttäuschend ... wir kennen hier niemanden«.[50] Obwohl er wenige Jahre später die Nase darüber rümpfte, dass scharenweise »stillose, ignorante« amerikanische Touristen in Europa einfielen, plagte ihn in diesem Urlaub entsetzliches Heimweh. Zurück in Amerika sprach er sich deshalb dafür aus, »auf Nummer sicher zu gehen« und das Baby in St. Paul zu bekommen, seiner Heimatstadt.*

Bei ihrem Besuch in St. Paul im September traf Zelda zum ersten Mal Scotts Eltern. Aus Angst, von ihnen abgelehnt zu werden, hatte sie sich lange vor dem Kennenlernen gedrückt, und Scott hatte die Angelegenheit nie forciert. Er schämte sich ein bisschen für seine Familie: Edward Fitzgerald war ein Gentleman alter Schule, der durch diverse Fehlinvestitionen sein Vermögen weitgehend durchgebracht hatte, und seine Frau Mollie fiel nicht nur durch ihre extravagante Garderobe, sondern auch durch ihr loses Mundwerk auf. Scott fürchtete, dass Zelda mit seinen Eltern nicht warm werden würde, und er behielt recht. Obwohl Edward und Mollie sie herzlich willkommen hießen, konnte Zelda mit den beiden kauzigen Versagern nichts anfangen. Zudem fühlte sie sich von Anfang an unwohl in ihrem Haus. Den regionaltypischen Baustil empfand sie als

* Scotts Vorurteile gegen Ausländer hatten ihren Ursprung unter anderem darin, dass er seine rassistisch geprägte Kindheit nie aufgearbeitet hatte. Europa sei völlig verkommen, beklagte er in einem Brief nach Hause: Ein »negrider Geist« habe sich »der nordischen Volksseele bemächtigt«, und die Italiener seien »im Herzen ein Volk von Mohren«.

klotzig und hässlich, und in St. Paul herrschte immer noch eine borniert-provinzielle Atmosphäre – wenn man auf der Straße rauchte, wurde sofort gegafft und gepöbelt.

Zelda vermisste nicht nur die Freiheiten von New York, auch ihre Schwangerschaft empfand sie als Belastung. Jahrelang hatte sie ihren schlanken, belastbaren Körper, in dem sich alles »so präzise ineinanderfügte wie die Kerne eines Granatapfels«, als gegeben hingenommen.[51] Jetzt war ihr ständig heiß, sie fühlte sich aufgebläht, und ihre Hormone spielten verrückt. Wenn Scott und sie ausgingen, etwa in den Jachtklub vor den Toren von St. Paul, machte niemand besondere Anstalten, mit ihr zu flirten oder zu tanzen – sie kam sich vor wie »der Nobody aus Alabama«. Als Scott auch noch anfing, Witze über ihre Figur zu reißen, und stundenlang über der Endfassung seines Romans brütete, machte sie sich endgültig Sorgen, dass er sie nicht mehr attraktiv fand.[52]

Sie hätte sich sehr verloren gefühlt, wäre da nicht Xandra Kalman gewesen. »Sandy« war unkompliziert und sportlich, hatte wie Zelda ein Faible für Golf und ließ sich zu deren Beruhigung von ihren Mutterpflichten offenbar nicht den Spaß verderben.* Ihre neue Freundin verriet der hochschwangeren Zelda alles, was es über Babyausstattung, Entbindungsstationen und Stillen zu wissen gab, und tat so, als wäre Kinderkriegen der reinste Spaziergang.

Doch als bei Zelda am 26. Oktober die Wehen einsetzten, folgten lange, schwere Stunden, und in seiner Verzweiflung schwor Scott, sich umzubringen, sollte seine Frau die Geburt nicht überleben. Am Ende brachte Zelda eine Tochter zur Welt, und bei aller Erschöpfung und Empörung über den Anschlag auf ihren Körper ließ sie es sich nicht nehmen, im Kreißsaal eine kleine Show abzuziehen. Unter heftigem Schluckauf –

* Die Figur der Profigolferin Jordan Baker in *The Great Gatsby* beruht vermutlich auf ihr.

von der Narkose – hauchte sie benommen: »Ich hoffe, sie wird hübsch und dumm, ein hübsches, dummes kleines Ding.«[53] So einen druckreifen Spruch behielt Scott natürlich im Hinterkopf, und Jahre später sollte er ihn Daisy Buchanan in *The Great Gatsby* in den Mund legen. Die blutende, benebelte Zelda brachte nach der langen, komplizierten Entbindung damit aber vielleicht auch nur ihre Enttäuschung zum Ausdruck. Scott und sie hatten sich sehnlichst einen Sohn gewünscht, weshalb sie ihrer Tochter nach viel Hin und Her sogar einen Jungennamen gaben: Frances Scott Fitzgerald, genannt Scottie.*

Trotz der Enttäuschung über das Geschlecht ihres Babys liebte Zelda die Kleine heiß und innig, und wieder daheim, ging sie zunächst ganz darin auf, sie zu stillen und mit ihr zu kuscheln, und verbrachte Stunden damit, Mutter-Kind-Fotos in ein Album zu kleben. Trotzdem verfiel sie mit der Zeit in Depressionen. Durch Scottie und den tristen Winter in St. Paul kam sie sich langsam vor wie im Gefängnis, und auch als für die ihr inzwischen lästige Kinderbetreuung eine Nanny eingestellt wurde, besserte sich Zeldas Stimmung nicht. Unter der Fuchtel der gestrengen Miss Shirley machte Muttersein überhaupt keinen Spaß mehr. Fortan galt im Kinderzimmer: »Die Nanny hat immer Recht«, und sobald Zelda im Umgang mit Scottie zauderte oder kein sonderliches Geschick bewies, wurde missbilligend mit der Zunge geschnalzt.

Der letzte Rest von Zeldas mütterlichem Selbstvertrauen schmolz dahin. Auch dass ihr Körper nicht mehr zu seiner früheren, schlank-sehnigen Form zurückfinden wollte, verunsicherte sie. Müdigkeit und das unwirtliche Wetter erschwerten die Bewegung an der frischen Luft, und irritiert musste Zelda feststellen, dass selbst eine Diät gegen ihre Schwangerschafts-

* Eine Zeit lang hieß die Kleine Pat (kurz für Patricia), dann kurzzeitig Scotty, aber mit y.

pfunde nichts ausrichten konnte. Als sie mitbekam, wie ein Gast auf einer Party sie als »Xandras fette Freundin« bezeichnete, wäre sie am liebsten im Erdboden versunken. Es dauerte noch ein paar Wochen, bevor ihr klar wurde, dass sie erneut schwanger war.

Zelda konnte sich nicht vorstellen, so bald schon wieder ein Kind zu bekommen. Sie sträubte sich nicht nur gegen die feindliche Übernahme ihres Körpers, sondern auch gegen die Verlängerung ihrer Gefangenschaft in St. Paul, weshalb sie beschloss, diese ungewollte Schwangerschaft zu beenden. Die Entscheidung wurde ihr jedoch nicht leicht gemacht: Abtreibung war in Amerika gesetzlich verboten, weshalb Frauen auf brutale, gefährliche Methoden zurückgreifen mussten. Von den schätzungsweise hundert- bis hundertfünfzigtausend Schwangerschaftsabbrüchen, die in Amerika jedes Jahr stattfanden, endete jeder sechste tödlich, und viele Frauen trugen schlimme Folgeschäden davon oder waren nach dem Eingriff unfruchtbar.*

Zu den vermeintlich harmloseren Alternativen zählten »Abtreibungspillen«, die man sich entweder mit der Post schicken ließ oder beim Barbier beziehungsweise im Drugstore unterm Ladentisch bekam. Sie dienten offiziell der Linderung von Menstruationsbeschwerden und trugen unverfänglich-verhüllende Namen wie »Hardy's Woman's Friend« oder »Madame Drunette's Lunar Pills«. Im Vergleich zu brutalen Verfahren wie Seifenwasserinjektionen oder Metallhaken, die in den Uterus eingeführt wurden, schienen Tabletten einfach und sicher, allerdings bestanden sie aus Kräutern mit abtreibender Wirkung – Gänsefingerkraut, Frauenminze und Mägdebaum –,

* In Großbritannien und Frankreich war die Gesetzeslage ähnlich streng, wobei Frankreich einen pragmatischeren Umgang mit dem Thema pflegte und einen gewissen Anteil von Abbrüchen als notwendige »Familienplanung« duldete.

die in der falschen Kombination oder Dosis hochgiftig waren.

Unter den Frauen der ärmeren Bevölkerung war die Sterberate natürlich noch höher. Josephine Bakers Schwester starb 1927 an einer missglückten Abtreibung, bei der sie über einer dampfenden Wanne mit Karbolsäure saß. Aber statistisch gesehen sah es für niemanden gut aus. Iris Tree etwa hatte mit Mitte zwanzig schon sechs Abtreibungen hinter sich und die letzte nur knapp überlebt. Auch Zelda fürchtete vor ihrer Hochzeit schon einmal, schwanger zu sein, worauf Scott, besorgt um Zeldas und seinen guten Ruf, ihr aus New York eilends eine Schachtel Tabletten schickte. Damals weigerte Zelda sich allerdings, sie zu nehmen. Sie wollte sich nicht »wie eine Hure vorkommen« und beharrte naiv darauf, dass »Gott oder so immer alles wieder in Ordnung gebracht hat, und diese Geschichte bestimmt auch«.[54]

Diesmal verließ sie sich weder auf Gott noch auf sonst irgendwen. Scott und sie besorgten sich die nötigen Medikamente und mieteten sich anonym in einem Hotel ein, bis der blutige Spuk vorbei war. Danach war das Ganze zwischen ihnen kein Thema mehr, obwohl Zeldas Ärzte später vermuteten, dass die Scham und der Verlust auf ihrer Seele tiefe Spuren hinterlassen hatten. Scott spielte in seinen Notizen nur einmal recht kryptisch auf die Episode an, und das auch nur in der dritten Person – vielleicht, weil sein Schmerz zu groß war, um sich ihm direkt zu stellen: »Sein Sohn wurde im Hotel XXXX nach den Pillen von Dr. X im Klo runtergespült.«[55]

Als Anfang März 1922 *The Beautiful and Damned* herauskam, reisten Zelda und Scott nach New York. Sie wohnten im Plaza, und ungeachtet der inneren Kämpfe, die Zelda damals ausfocht, stand sie an der schillernden Oberfläche ihres Lebens wieder einmal im Rampenlicht. Den Buchumschlag zierte eine Zeichnung von Gloria, die Zelda nachempfunden war, und so strahlte einem aus jeder Ladenauslage ihr Konterfei entgegen. Schon gab es Pläne, den Stoff zu verfilmen, mit Scott und ihr in den Hauptrollen, und im Auftrag der *New York Tribune* sollte Zelda sogar eine Rezension schreiben.

Wie immer genoss sie den Rummel um ihre Person, gleichzeitig stieß es ihr zunehmend sauer auf, dass die Presse sich nur für sie interessierte, weil sie Scotts Ehefrau und Muse war. Zudem fühlte sie sich durch seinen jüngsten Roman ausgebeutet. Sie hasste die Figur Gloria, und es behagte ihr nicht, nun ständig mit deren Durchtriebenheit in Verbindung gebracht zu werden. Umso größer war ihre Schadenfreude, als John Peale Bishop im *New York Herald* Gloria zu einer von Scotts enttäuschendsten literarischen Schöpfungen erklärte, der leider »die unerbittliche Intelligenz und die komplizierte emotionale Infrastruktur, die den Reiz des Flappers ausmachen«, abgehe.[56]

Auch dass Scott sich für seine Geschichten so ungeniert an ihren Briefen und Tagebüchern bediente, begann sie allmählich zu stören. Dabei hatte sie ihn anfangs noch dazu ermuntert. Ihre Liebesbriefe aus Montgomery strotzten nur so vor detailgetreuen, bildreichen Formulierungen, von denen sie hoffte, dass Scott sie verwenden würde. (Was er auch tat: Zeldas Beschreibung der »wässrigblauen Blumen […], die toten Augen entsprossen sein könnten« auf einem Friedhof, fand umgehend Eingang in *This Side of Paradise*.)[57]

Was sie einst mit Stolz erfüllt hatte, war nunmehr zum Streitpunkt verkommen. Vor einiger Zeit hatte Scott Zeldas Tagebuch George Nathan gezeigt, der darin ein hochinteressantes Zeitdokument sah, das seiner Meinung nach veröffentlicht gehörte. Doch Scott winkte ab, ohne mit Zelda Rücksprache zu halten: Das Letzte, was er wollte, war, dass das kostbare Innenleben seiner Frau, von dem er schon so lange zehrte, mal eben an ein undankbares Publikum verschwendet wurde. Diese einsame Entscheidung traf Zelda hart, und als von der *Tribune* die

Einladung kam, *The Beautiful and Damned* zu rezensieren, nutzte sie die Gelegenheit, sich zu rächen. So ließ sie bei aller Ironie unmissverständlich durchblicken, dass Scott dazu neigte, sich mit fremden Federn zu schmücken: »Mr Fitzgerald … hat offenbar kein Problem damit, vor der eigenen Tür zu plagiieren.«[58]

Die flott geschriebene, ausgesprochen witzige Kritik – Edmund Wilson fand sie »äußerst gelungen« – erwies sich als kleiner Meilenstein in Zeldas Karriere als Autorin, auf den weitere Aufträge folgten, sowohl für Kurzgeschichten als auch für Zeitungsartikel. Damit begannen für Zelda nicht nur wertvolle Lehrjahre, diese Texte standen auch für ihre ersten Versuche, eine Stimme zu finden, die sich von der ihres Mannes abhob.

Ihre erste Veröffentlichung trug den zugegeben etwas vorhersehbaren Titel »Eulogy of the Flapper« und war ein Abgesang auf den Typus, den Zelda selbst mit erfunden hatte. Darin zollte sie all jenen Frauen Tribut, die auf die Warnungen, dass Mädchen, die sich küssen lassen, keinen Mann abbekommen, nichts gegeben hatten und stattdessen gewappnet »mit den schönsten Ohrringen, einer gehörigen Portion Unverfrorenheit und viel Rouge in den Kampf« gezogen waren. Trotzdem gelte es unbedingt zwischen der echten Flapper-Rebellin und ihrer billigen Kopie zu unterscheiden. Überall in Amerika malten Verkäuferinnen und Kleinstadtschönheiten sich die Lippen an, kürzten ihre Röcke und machten nach Kräften einen auf Flapper, aber nur wenige verkörperten Zelda zufolge dabei den sorglosen, unerschrockenen Geist dieser Vorreiterinnengeneration.[59]

In ihrem zweiten Artikel, »What Became of the Flappers?« [Was ist aus den Flappern geworden?], vertrat sie die These, dass dieser Geist sich nicht so leicht dechiffrieren lasse, wie Schriftsteller und Werbeagenturen glaubten: »Das beste Flapper-Girl ist emotional zugeknöpft und moralisch unverzagt.

Man weiß stets, was sie denkt, aber ihr Fühlen erledigt sie allein.«[60] Dieser Kommentar sprach Bände. Damals in Montgomery konnte Zelda ohne Weiteres an Scott schreiben: »Du bist der einzige Mensch, Liebster, der mich jemals wirklich gekannt und alles an mir geliebt hat.«[61] Doch durch die Streitereien und Missverständnisse der vergangenen anderthalb Jahre hatte sich die Kluft zwischen ihnen verbreitert. Es gab durchaus Zeiten, da gelang es Zelda, die alte Verbundenheit wieder abzurufen, mit stundenlangen Gesprächen bis tief in die Nacht, bei denen beide den wilden, wirren Gedankengängen des anderen nachspürten wie früher. Aber sie verheimlichte Scott inzwischen auch viel – ihre Selbstzweifel als Mutter zum Beispiel und ihre Angst, niemals mehr zu sein als seine Ehefrau und Muse. Zudem drohten die alten Konflikte wieder aufzubrechen: sein Alkoholismus, ihre notorische Flirterei und Scotts ewige Geldsorgen, die dank der hoffnungslos überzogenen Ansprüche beider Partner immer größer wurden.

Widerwillig hatte Zelda sich überreden lassen, den Sommer in St. Paul zu verbringen, weil Scott darauf beharrte, dass dort alles günstiger sei. Sie war irritiert und enttäuscht, dass das Thema Haushalten in ihrem Alltag nach wie vor so viel Raum einnahm. Trotz der hohen Summen, die durch seine Bücher, Essays und den Verkauf diverser Filmrechte hereinkamen, musste Scott sich ständig Geld von seinem Agenten Harold Ober leihen und stand beim Verlag Scribner permanent mit mehreren tausend Dollar in der Kreide. Auf Zeldas gut gemeinten Ratschlag, sich in Zukunft lieber auf die cleveren, heiteren Geschichten zu konzentrieren, mit denen ordentlich Geld zu verdienen war, anstatt wieder bis zur Erschöpfung an einem neuen Roman zu laborieren, reagierte Scott, als hätte sie ihn verraten.

Manch andere Ehefrau hätte sich fortan zurückgenommen und angefangen, sparsamer zu wirtschaften. Aber Zelda fand, dass so eine Frau nicht zu Scott passte, im Gegenteil: Sie war überzeugt, dass er ihrem kapriziösen Wesen und ihrer Fähigkeit, »ein extravagantes Leben« zu führen, von jeher seine Inspiration verdankte.[62] In diese Zelda hatte er sich verliebt, und darauf gründete sich sein Erfolg als Schriftsteller. Das gab Scott auch offen zu, als er Edmund Wilson gegenüber erklärte, einer der wichtigsten Einflüsse auf sein Werk sei schon immer »Zeldas seelenruhiger, absolut kaltschnäuziger Egoismus«[63] gewesen.

Als Nächstes zogen die beiden nach Long Island. Ihr neuer Wohnsitz war ein aussichtsreicher Kompromiss: verhältnismäßig abgeschieden, damit Scott sich ganz auf Roman Nummer drei konzentrieren konnte, und dabei nahe genug an Manhattan, um Zelda für den öden Sommer in St. Paul zu entschädigen. Sie hatten ein kleines, stuckverziertes, weißes Haus gemietet, zurückgesetzt von einer baumreichen Straße und unweit des Meeres. Doch Great Neck, wo sich ihr neues Domizil befand, entpuppte sich als alles andere als bescheiden: Wegen seiner hohen Dichte an reichen, berühmten Einwohnern trug der Ort den Spitznamen »Gold Coast«. Neben Scott und Zelda wohnte Max Gerlach, der angeblich im großen Stil mit schwarz gebranntem Alkohol handelte und wie ein Millionär lebte. Zu ihren Nachbarn zählten außerdem der Schauspieler Basil Rathbone und der erfolgreiche Sportreporter und Kolumnist Ring Lardner.

Nahezu jeden Abend stieg irgendwo eine Party – Lichterketten im Garten, Cocktails am Pool, Livemusik und Varieté, oder wahlweise Drinks, Dinner und Theaterbesuche im keine zwanzig Meilen entfernten New York. Zu bestimmten Tages- und Nachtzeiten herrschte auf der Landstraße zwischen Great Neck und Manhattan dichter Verkehr – eine Art Rushhour der Vergnügungspendler. Über genau dieses Lebensgefühl sollte Scott in *The Great Gatsby* schreiben, und obwohl er sich fest vorgenommen hatte, auf Long Island genügsam und produktiv zu sein, erlagen Zelda und er bald seiner Faszination.

Journalisten gehörten in Great Neck zum Stadtbild, und es dauerte nicht lange, da tauchten die Neuankömmlinge in den lokalen Klatschspalten auf. So erfuhr man nicht nur, welche Partys die Fitzgeralds besuchten, sondern auch, dass Scott eine Vorliebe für »pikante Horsd'œuvres« hatte, und dass die beiden gerne Saufgelage veranstalteten und mit Vorliebe vor aller Augen herumknutschten. Ein ganzseitiges Foto des Paars erschien damals zunächst in *Hearst's International* und danach landesweit in mehreren Magazinen: Scott, der hinter Zelda sitzt und zärtlich ihre Hand hält, Zelda mit langer Perlenkette, die Haare mondän in Wellen gelegt. Sie galten als *die* Gesichter des Jazz-Age – ein Begriff, den Scott im Jahr zuvor selbst geprägt hatte, durch den Titel seines zweiten Kurzgeschichtenbands. Und während Zelda das Foto und ihr »Elizabeth-Arden-Gesicht« im ersten Moment als lächerlich abtat, war sie insgeheim durchaus angetan, wieder im Rampenlicht der Öffentlichkeit zu stehen.

Weggefährten zufolge wirkten die Fitzgeralds damals immer noch wie das perfekte Paar. Gilbert Seldes, Herausgeber von *The Dial*, erinnerte sich, dass er bei einer Party betrunken auf einem Bett lag, als plötzlich wie eine »Doppelerscheinung« Zelda und Scott vor ihm auftauchten: »Die beiden schönsten Menschen, die ich je gesehen hatte, schwebten lächelnd auf mich zu.«[64] Andere gaben zu Protokoll, dass es oft so aussah, als wären die zwei in ihrer eigenen Welt gefangen, wo geplaudert, getrunken und geküsst wurde und sie manchmal sogar eng umschlungen mitten im Getümmel einschliefen.

Der Literat John Dos Passos war hingerissen: Im nüchternen Zustand sprach Scott oft mit zukunftsweisender Klarheit über Amerika und die amerikanische Kultur, und Zelda war einfach Zelda. Als die Freunde eines Abends bei einer Spritztour auf einen halb verlassenen Vergnügungspark stießen, wollte Zelda mit dem scheuen, stotternden Dos Passos unbedingt eine Runde auf dem Riesenrad drehen. Während sie zwischen grellen Lampen und Finsternis kreisten, wusste Dos Passos nicht recht, ob er bezaubert oder beunruhigt sein sollte, so einen »wunderlichen Zug« hatte Zeldas Geplauder, so kühn waren ihre Gedankensprünge, so harsch der satirische Einschlag in ihrem Humor.[65]

Der Autor Carl Van Vechten zeigte sich ähnlich beeindruckt. Zelda »war ein Original ... bei ihren amüsanten Spitzen raste alles vor Begeisterung«.[66] Möglich, dass ihre Ehe mit Scott in Schwierigkeiten steckte, aber für Van Vechten machte das die Faszination mit aus. Die beiden »quälten einander, weil ihre Liebe so grenzenlos war«[67] – genau wie das Paar in seinem Roman *Parties*, für das Zelda und Scott 1930 Pate stehen sollten.

Dem komplexen Gefüge aus Quälerei und Liebe kam jedoch langsam die Romantik abhanden. Scott trank schon wieder zu viel, nicht nur, weil sie ständig eingeladen waren, sondern auch, weil es mit seinem Buch nur schleppend voranging. Mit jedem neuen Roman schien ihm das Schreiben schwerer zu fallen, und manchmal wachte er nachts schweißgebadet auf, panisch, dass ihm allmählich sein Talent abhandenkam und er am Ende mit leeren Händen dastehen würde, von einem Haufen Schulden mal abgesehen.

Auch Zelda befürchtete, kostbare Zeit zu verlieren. Eigentlich war sie mit nach Great Neck gezogen, um an ihren Zeitungsartikeln zu arbeiten. Als ein Reporter der *Baltimore Sun* sie 1923 fragte, welchen Beruf sie ergreifen würde, wäre sie jemals gezwungen, Geld zu verdienen, lautete ihre aufrichtigste Antwort (nach »*Follies*-Tänzerin« und »Filmstar«): »Schriftstellerin.« Aber sie hatte nie gelernt, sich am Riemen zu reißen, und im Gegensatz zu ihrer alten Freundin Sarah Haardt war sie auch nicht sonderlich selbstständig. Sarah wollte auf keinen Fall heiraten, denn »im Leben, als Frau gibt es so viel zu sehen und zu tun«,[68] und seit ihrem Uniabschluss hatte sie bereits einige Texte bei Zeitungen untergebracht. Im scharfen Kontrast dazu wurde Zeldas Kurzgeschichte »Our Own Movie Queen« 1925 von der *Chicago Tribune* zwar veröffentlicht, aber nicht unter ihrem Namen, sondern unter dem ihres Mannes, weil dieser natürlich ungleich mehr Zugkraft hatte.

Auch wenn Zelda in manchen Momenten liebend gern etwas von Sarahs Ehrgeiz gehabt hätte, war sie doch unfähig, von der Person Abstand zu nehmen, die Montgomery und Scott aus ihr gemacht hatten: hübsch, verwöhnt, stinkfaul. Da war es leichter, zu verkünden, man sei »nur für Albernheiten zu gebrauchen«,[69] und aus einer Laune heraus teure Meeresfrüchte und Jahrgangschampagner zu bestellen, um Nathan und den Rest der Manhattan-Gang nach Great Neck zum Essen einzuladen. Und obwohl Scott und sie sich längst in eine Kategorie verirrt hatten, die John Dos Passos abfällig als »Sonntagsbeilagen-Prominenz« bezeichnete, wusste Zelda einfach nicht, wie sie sich daraus befreien sollten.

Scott führte ein privates »Kontenblatt«, in dem er jedes Jahr in ein paar Sätzen zusammenfasste, und die vergangenen achtzehn Monate zeugten von einem erschreckenden Abwärtstrend. War 1922 noch »ein annehmbares, aber gefährliches und zunehmend schwieriges Jahr, kein Boden unter den Füßen« gewesen, erklärte er 1923 zum »schlimmsten Jahr seit meiner Teenagerzeit, nichts als bittere Pleiten und schwere Krisen«.[70] Er hatte Angst, nicht nur sein Talent, sondern auch sehr viel Geld zu verschwenden. Sein neuer Roman entglitt ihm wieder und wieder, er bekam ihn einfach nicht zu fassen, und die hässliche Vorhersehbarkeit seiner Streitereien mit Zelda drohte ihn zu zermürben. Es war ihm peinlich, wie viel Zeit er auf belanglosen Partys verbrachte, und am meisten Angst machte ihm, dass er seine Finanzen einfach nicht in den Griff bekam. In den vergangenen zwölf Monaten hatten Zelda und er zusammen etwa 36000 (nach heutigem Stand etwa 480000)

Dollar verdient, wobei sie nur einen winzigen Anteil beisteuerte, doch gingen davon jeden Monat über 600 Dollar allein für Essen, Strom und Miete drauf, und mindestens ebenso viel wurde im gleichen Zeitraum für Hotels, Theaterkarten, Klamotten, Cocktails und einen gebrauchten Rolls-Royce verbraten.

Scott war der Meinung, dass sie einer drastischen Luftveränderung bedurften. Aber diesmal sollte es nicht nur in eine andere Stadt gehen, sondern gleich nach Frankreich, wo das Leben dank des günstigen Wechselkurses wesentlich billiger sei. Zeldas Nervenkostüm war inzwischen derart zerrüttet, dass sie ohne zu zögern einwilligte. Wenn Scott seine Geldsorgen los war, würde er vielleicht endlich aufhören, so viel zu trinken, und sich wieder mehr Zeit für Scottie und sie nehmen, anstatt immerfort am Schreibtisch zu sitzen. Und wenn es stimmte, dass man in Frankreich zu zweit von fünf Dollar am Tag leben konnte, dann ließ sich dort womöglich auch eine Ehe retten.

JOSEPHINE BAKER

KAPITEL 6

Freda Josephine McDonald machte sich keine großen Gedanken, als sie im Alter von fünfzehn Jahren Billy Bakers Heiratsantrag annahm. Der gutaussehende, lebenslustige junge Mann aus Philadelphia hatte Josephine eines Abends im legendären Standard Theatre tanzen sehen und sich auf der Stelle in sie verliebt: Heiße Jazzrhythmen umspielten ihren drahtigen Körper, ihre langen Beine waren so biegsam wie Radiergummis, und bei ihren komödiantischen Einlagen flippte das Publikum jedes Mal aus. Sobald Josephine ihr breites, schelmisches Grinsen aufsetzte, fingen ihre großen Kulleraugen an zu funkeln. Sie stolzierte auf und ab wie ein aufgescheuchtes Huhn, und wenn sie im Hohlkreuz und mit schwanzfederngleich herausgestrecktem Hintern von der Bühne ging, sah sie so süß, sexy und schräg aus, dass bald ganz Philadelphia ihr zu Füßen lag.

Für Josephine war Billy zunächst nur ein zärtliches Paar Arme gewesen, in das man sich abends nach der Vorstellung kuscheln konnte; zu Beginn ihrer Liaison war Heiraten kein Thema. Doch Billys Vater, der Restaurantbesitzer Warren Baker, hatte Josephine ins Herz geschlossen und ertrug den Gedanken nicht, dass sein Sohn die junge Frau ausnutzte. Also riet er ihm, die Beziehung endlich offiziell zu machen; so kam es, dass die beiden am 17. September 1921 vor Reverend Orlando S. Watte traten und feierlich erklärten, ihnen sei kein rechtmäßiges Hindernis bekannt, weshalb sie nicht den Bund der Ehe eingehen sollten.

Im Zuge der kurzen Zeremonie hatte Josephine weder daran gedacht, Reverend Watte über ihr genaues Alter in Kenntnis zu setzen, noch hielt sie es für erwähnenswert, dass sie in einer anderen Stadt bereits einen Ehemann hatte. Mit gerade mal dreizehn hatte sie daheim in St. Louis Willie Wells geheiratet, doch das Ganze war keine zwei Monate gut gegangen. Bei ihrer letzten Begegnung war Willie blutend von dannen gestolpert, nachdem sie ihm eine Bierflasche über den Kopf gezogen hatte. Er gehörte zu einem früheren Leben, und Josephine hatte sich redlich bemüht, ihn zu vergessen.

In Philadelphia, bei Billy und seiner Familie, gab es keinen Streit. Mutter Baker hielt nichts vom Chorus Girl Josephine, weil ihre Haut dunkler war als Billys und sie aus dubiosen Verhältnissen stammte, aber Pa Baker begegnete ihr mit Zuneigung und Respekt. Während Josephine von den meisten Leuten immer noch »Tumpy« gerufen wurde (ihr Spitzname aus Kindertagen), nannte Warren sie »Tochter« und platzte jedes Mal beinahe vor Stolz, wenn er sie in seinem Restaurant galant zu ihrem Tisch geleitete. Er kaufte ihr neue Sachen, einen Seidenturban und einen Robbenfellmantel, und an Josephines freiem Sonntag fuhr er manchmal achtzig Meilen per Zug mit ihr nach Harlem, wo sie bei Dabney's in der 132nd Street lunchten, gefolgt von einer Matineevorstellung.

Wenige Wochen nach der Hochzeit ergatterte Warren Baker Karten für den jüngsten New Yorker Publikumsrenner. *Shuffle Along* war das erste »all-black musical« seit über zehn Jahren, das am Broadway Erfolge feiern konnte und dank schmissiger, eingängiger Songs wie »Bandana Days« sowie der virtuos perlenden Koloraturen seiner gewinnend-grazilen Hauptdarstellerin Florence Mills bald auch zum Liebling der Kritiker avancierte.

Selbst für die Chorus Line fiel im *New York American* geradezu hymnisches Lob ab, weil im Vergleich zu den steifen, seelenlosen Nummern am weißen Broadway bei diesen Mädchen »jede Sehne ihrer Körper tanzte«.[1] Nach solch einer Rolle sehnte sich Josephine, weshalb sie, als ein paar Monate zuvor die Broadway-Besetzung von *Shuffle Along* zusammengestellt worden war, auch vorgetanzt hatte. Doch während die meisten amerikanischen Städte beim Alter von Chorus Girls ein Auge zudrückten, wurde in New York streng darauf geachtet, dass diese mindestens sechzehn Jahre alt waren.

Jetzt, da sie neben Pa Baker im Publikum saß und die Show verfolgte, sehnte sich Josephine verzweifelt danach, dort oben neben ihrem Idol Florence Mills auf der Bühne zu stehen. Und als sie diesmal nach Hause zurückkehrte, zu Billy und ihrer kleinen Provinzshow im Standard, wusste sie plötzlich nicht mehr, warum sie sich überhaupt mit ihrem Leben bei den Bakers begnügt hatte. Ein paar Wochen später fand ein Vortanzen für die Tournee-Zweitbesetzung von *Shuffle Along* statt, und Josephine kam gar nicht auf die Idee, Billy oder seine Familie zu Rate zu ziehen, bevor sie sich nach New York aufmachte.

Sie war gut darin, sich auf die Zukunft zu konzentrieren. Das Vortanzen lief erfolgreich (niemand fragte nach ihrem Alter), und ab Februar gehörte sie offiziell zu den »Happy Honeysuckle Girls« und sollte 30 Dollar die Woche verdienen; für Josephines Begriffe ein Spitzengehalt. Dass ihre fünf Monate alte Ehe unter dem aushäusigen Engagement leiden könnte, daran dachte sie in ihrer Euphorie nicht – aus ihrer Sicht hatte sie einfach den nächsten notwendigen Schritt auf dem Weg zum Erfolg unternommen.

Bei ihrer Ankunft in New Haven zum Start der Tournee traf sie prompt auf Maude Russell, die als Sängerin und Tänzerin mit ihr im Standard gearbeitet hatte. Josephine war froh, ein bekanntes Gesicht zu sehen, aber als Maude »Tumpy!« rief und in freudiger Erwartung die Arme ausbreitete, hob sie abwehrend die Hand. »Ich heiße nicht mehr Tumpy«, erklärte sie mit Bestimmtheit. »Ich heiße Josephine Baker.«[2]

Namen spielten für Josephine eine wichtige Rolle. In den Akten des Female Hospital in St. Louis, wo sie am 3. Juni 1906 zur Welt kam, war zum Zeichen ihrer ungeklärten Herkunft unter »Vater« nur die Abkürzung *Edw.* vermerkt worden, und ihre Mutter Carrie konnte sich nie dazu durchringen, besagten *Edw.* ein für alle Mal zu benennen. Hin und wieder ließ sie durchblicken, dass es sich um Eddie Carson handelte, einen Schlagzeuger aus der Kneipenszene von St. Louis.* Aber Carrie kannte viele Männer, und obwohl Carson es kaum erwarten konnte, seine Vaterschaft anzuerkennen, als Josephine erst einmal berühmt war, zweifelten viele daran, dass er irgendetwas mit ihrer Zeugung zu tun hatte. Seine Haut war sehr dunkel, Carries Haut war fast schwarz, und so wurde gemunkelt, dass Josephines vergleichsweise heller Teint höchstwahrscheinlich woanders herkam.

Als Kind schämte Josephine sich für ihre unbekannte Abstammung und glaubte, dass ihrer »Geburt etwas Schmachvolles und Ehrloses« anhaftete.[3] Doch später verstand sie es, Vorteile daraus zu ziehen, und erfand die unterschiedlichsten Väter – einen Anwalt aus Washington, einen spanischen Tänzer, einen jüdischen Schneider –, je nachdem, vor welchem Publikum sie auftrat. Außerdem wechselte sie immer wieder den Nachnamen, um ihren zusehends chaotischen Familienstand zu verschleiern: Wenn es galt, irgendein Formular auszufüllen, gebrauchte sie mal Carries Mädchennamen McDonald, mal den Nachnamen ihres Stiefvaters Arthur Martin, und manchmal sogar den Namen ihres ersten Mannes Willie Wells. Erst bei Baker hatte sie das Gefühl, dass dieser Name wirklich zu ihr gehörte.

Sich immer wieder neu zu erfinden, half Josephine zudem darüber hinweg, dass sie sich seit jeher nicht nur unbeachtet,

* Irgendwann war Carrie die Diskussionen über Josephines potenziellen Vater endgültig leid. Die Frage nach Eddie Carson blieb unbeantwortet.

sondern auch unerwünscht fühlte – besonders von ihrer Mutter. Carrie war schon als Kind eine auffallende Erscheinung gewesen, anmutig und groß gewachsen, mit hohen, aristokratischen Wangenknochen. Intelligent war sie obendrein, und die Erste in ihrer Familie, die lesen und schreiben konnte, weshalb ihre Adoptiveltern stets damit gerechnet hatten, dass ihr die Flucht aus dem Getto in ein besseres Leben gelingen und sie einmal in einem Kaufhaus in der Stadt oder sogar als Lehrerin arbeiten würde. Aber Carrie hatte schon als Teenager eine rebellische Ader. Bald fing sie an, tanzen zu gehen und sich mit Männern herumzutreiben, und als sie mit einundzwanzig schwanger wurde, reagierten die McDonalds entsetzt. Obwohl Großmutter und Großtante sich um die kleine Josephine kümmerten, war sie von Anfang an ein ungewolltes Kind, ein Sonderling, eine Belastung für Carrie und ein Symbol für die enttäuschten Hoffnungen ihrer Familie.

Dass ihre Mutter knapp anderthalb Jahre später erneut schwanger wurde, machte Josephines Situation nicht einfacher. Dieses zweite Kind war zwar auch unehelich, aber immerhin wusste man, wer sein Vater war (Alexander Perkins), und nicht zuletzt hatte der Kleine die gleiche Hautfarbe wie Carrie. Josephine wurde früh bewusst, dass die Familie ihren Bruder Richard eindeutig bevorzugte: »Seine Haut war schwarz … Er war willkommen, ich nicht.«[4]

Und so sollte es bleiben. Als Josephine vier Jahre alt war, entschloss Carrie sich endlich, zu heiraten. Arthur Martin war ein großer, behäbiger, einfacher Mann, aber er war durch und durch anständig und übernahm gern die Vaterrolle für Carries außerehelichen Nachwuchs. Ansonsten hatte er jedoch wenig zu melden und musste hilflos dabei zusehen, wie zunehmend rücksichtslos seine Frau mit ihren Kindern umsprang. An guten Tagen war Carrie liebevoll und lebhaft, und es kam wieder das fröhliche junge Mädchen zum Vorschein, das seinerzeit lachend St. Louis unsicher gemacht hatte. Dann war sie sogar nett zu Josephine. Doch der harte Alltag im Getto sorgte dafür, dass solche Momente immer seltener wurden. Die stete Anwesenheit ihres täppischen Mannes und der Radau ihrer vier Kinder (zwei weitere waren in rascher Folge dazugekommen: Margaret im Dezember 1908 und Willy Mae im Juli 1910) trieben Carrie oftmals zur Weißglut. Sie suchte Zuflucht im Alkohol und verschwand manchmal für mehrere Tage am Arm eines anderen Mannes, aber meistens ließ sie ihren Ärger an den Kindern aus, in Form von spontanen Wutausbrüchen, bei denen sie nicht nur laut, sondern auch erschreckend handgreiflich wurde.

Verantwortlich für ihren Frust machte Carrie dabei vor allem Josephine – das Kind, das ihr einst den Weg in die Freiheit verbaut hatte. Wenn es jemanden gab, der die Schuldzuweisungen und die Schläge verdient hatte, dann ihre älteste Tochter, und wenn im Haushalt etwas zu erledigen war, musste Josephine immer als Erste anpacken. Von klein auf wurde von ihr erwartet, dass sie das Geschirr spülte und sich um ihre jüngeren Geschwister kümmerte, und frühmorgens zog sie mit Arthur los, um auf dem Großmarkt vom Laster gefallenes Obst und Gemüse zu sammeln. Der traurige Höhepunkt ihrer Drangsal war erreicht, als Carrie sich eines Weihnachtens heillos betrank und Josephine die wohl schlimmste Tracht Prügel ihrer Kindheit verabreichte. Die Schläge hinterließen Striemen und Blutergüsse, doch viel schwerer wogen die Worte, die Carrie ihrer Tochter entgegenschleuderte – dass sie sie hasste und wünschte, sie sei tot. Da war Josephine neun.

Später verstand sie, wie eingeengt sich ihre Mutter gefühlt haben musste. Carrie arbeitete oft bis zur Erschöpfung in einer Wäscherei, aber die Löhne waren niedrig, und obwohl Arthur sich redlich bemühte, mit seinem Pferdefuhrwerk als Kiesfahrer Geld zu verdienen, mangelte es ihm einfach an Aufträgen. Mehr als eine Dreizimmerwohnung in einer Mietskaserne in der Gratiot Street, parallel zu den zwei Dutzend Schienen, die zum nahe gelegenen Bahnhof Union Station führten, konnte sich die Familie nicht leisten.

Diese ehemals ansehnlichen Wohnblocks waren inzwischen zu baufälligen Baracken verkommen – eiskalt im Winter, feucht und übel riechend im Sommer. Tag und Nacht herrschte dort ein unerträglicher Lärm: brüllende Babys, streitende Nachbarn, vorbeiratternde Züge. Ruß und Rauch von den Gleisen taten das Ihre zu dem giftigen Pesthauch, der über der Straße hing und sich wie ein stinkender Schmutzschleier auf die Wäsche legte, die in den Hinterhöfen flatterte. Von Komfort konnte keine Rede sein: Die Martins teilten sich eine Außentoilette mit den anderen Hausbewohnern, holten ihr Wasser an einem Gemeinschaftshahn, und alle vier Kinder schliefen zusammen auf einer dünnen Matratze und wachten nachts andauernd auf, weil ihre Bettwanzenstiche juckten und in den Wänden die Ratten rumorten.

Trotzdem waren die Martins eine Familie, und Josephine wollte unbedingt dazugehören, weshalb sie alles tat, um es ihrer Mutter recht zu machen, und hingebungsvoll die große Schwester spielte. Samstagabends unternahm sie mit Richard und seinen Freunden oft lange Spaziergänge durchs Viertel, wo sogar auf den Bürgersteigen gefeiert wurde und aus dem Rosebud Café oder dem Four Deuces Salon in einem fort Musik auf die Straße drang – Banjo, Mundharmonika und Klavier. St. Louis sah sich seit jeher als Geburtsstadt des Ragtime. Hier hatten Tom Turpin und Scott Joplin ihre schmissigen Songparodien improvisiert, bei denen der klassische Zweivierteltakt mit einem »zerrissenen« synkopierten Rhythmus konkurrierte, und damit einen Stil geschaffen, auf den sich die lokale Musikszene mit Begeisterung stürzte.

Bisweilen organisierte Josephine auch »Raubzüge« über das Bahnhofsgelände, wo die Kohlelaster geparkt waren. Sie zeigte den Kleinsten, wie sie an die Kohleklumpen herankamen, die auf der Erde lagen, während sie auf die Ladeflächen kletterte und größere Brocken hinunterwarf. An den Weihnachtsfeiertagen durchsuchte sie in den wohlhabenden weißen Wohngebieten die Mülltonnen nach entsorgten Plüschtieren, und ab einem gewissen Alter traute sie sich sogar, an Türen zu klopfen und ihre Unterstützung beim Einkaufen, Laubfegen oder Kinderhüten anzubieten. Das Geld, das dadurch zusammenkam, gab sie nahezu komplett für ihre Familie aus – laut Richard war sie »immer eine gute Schwester … sie verdiente nicht viel, höchstens 50 Cent die Woche, und davon kaufte sie uns dann Geschenke«.[5] Doch sosehr Josephine sich auch ins Zeug legte – mit gerade mal sieben musste sie von zu Hause fort, um als Küchenmädchen bei fremden Leuten ihren Lebensunterhalt zu verdienen.

Was Carrie betraf, so bedeutete Josephines Auszug vor allem, dass künftig ein hungriges Maul weniger zu stopfen war. Vielleicht nahm sie auch ehrlich an, dass Mrs Kaiser, die neue Vorgesetzte ihrer Tochter, so einem kleinen Mädchen nur leichte Aufgaben zumuten würde, zumal sie von Rechts wegen dafür zu sorgen hatte, dass Josephine regelmäßig zur Schule ging. Doch Carrie hatte Josephine einer Sadistin ausgeliefert, die sie zum Schlafen in den Kohlekeller schickte, wo nur ein lahmer alter Hund ihr Gesellschaft leistete. Solange sie nicht in der Schule war, musste sie arbeiten – Feuer machen, Nachttöpfe ausleeren, Geschirr und Kleider waschen. Wenn sie die Konzentration verlor oder zu schwach war, um ihre Arbeit zu verrichten, schlug Mrs Kaiser zu. »Ich wäre so gerne davongelaufen«, schrieb Josephine später, »aber ich war zu klein.«[6]

So ging zumindest die Erzählung. Teile davon stimmten vermutlich – so setzte Josephine zeit ihres Lebens alles daran, nicht alleine schlafen zu müssen –, doch genau wie Tamara strickte auch sie gerne an ihrem Mythos und übertrieb manchmal gehörig, um ihrer Lebensgeschichte im Nachhinein eine Spur mehr Dramatik zu verpassen. Ihrer Version der Ereignisse zufolge wurde sie jedenfalls erst von ihren Qualen erlöst, als Mrs Kaisers Grausamkeit dafür sorgte, dass Josephine im Krankenhaus landete: Nachdem die Kleine aus Versehen einen Topf mit Wasser auf dem Herd hatte überkochen lassen, musste sie zur Strafe die Hände ins siedende Wasser halten. Ihre Verletzungen waren scheinbar derart gravierend – »meine Haut und meine Fingernägel … verbrüht, kurz vorm Abfallen« –, dass gar nicht daran zu denken war, sie wieder in Mrs Kaisers Obhut zu geben.[7]

Allerdings konnte sich in ihrer Familie niemand daran erinnern, dass Josephine jemals Verbrennungen erlitten hätte, und auch in den unzähligen Zeitungsartikeln über »La Baker« werden Narben an den Händen mit keinem Wort erwähnt. Doch Josephine fand sich in dieser Aschenputtelgeschichte emotional wieder. Ihre Vorstellungswelt war geprägt durch die wenigen Märchen, die man ihr als Kind erzählt hatte, und in ihrem Kopf tat sich eine Welt voller geretteter Prinzessinnen und rauschender Königshochzeiten auf, in die sie abtauchte, wenn sie die harte Wirklichkeit nicht mehr ertrug.

Auch nach der Rückkehr zu ihrer Familie blieb sie auf diese Traumwelt angewiesen, denn die Martins drohten allmählich ins Elend abzurutschen. Arthur fand kaum Arbeit, und 1915 konnten sie sich nicht einmal mehr die Wohnung in der Gratiot Street leisten und zogen fortan von einem winzigen, schmuddeligen Apartment zum nächsten. Zeitweise hatte Josephine nur ein einziges Kleid, das an allen Ecken und Enden geflickt und gestopft war, und sie musste entweder barfuß laufen oder in einem ausrangierten Paar Damenschuhe, deren hohe Absätze Arthur stümperhaft abgefeilt hatte, durch die Straßen von St. Louis stöckeln.

Dazu kam, dass sie im Gegensatz zu ihrer intelligenten kleinen Schwester Willy Mae in der Schule weder Zuflucht suchte noch fand. Sie tat sich schwer mit dem Lernen und war im Unterricht vor allem damit beschäftigt, die anderen Kinder mit

Grimassen und Faxen zum Lachen zu bringen. Was in der Welt vor sich ging, interessierte sie nicht. Zeitungen oder Magazine dienten bei den Martins allenfalls dazu, die Wände gegen Kälte und Nässe zu isolieren. Von Amerikas Kriegseintritt 1917 bekam Josephine praktisch nichts mit. Doch als St. Louis im Juli desselben Jahres immer wieder von schweren Rassenunruhen erschüttert wurde, beschlich die Elfjährige zum ersten Mal der Verdacht, dass jenseits des Gettos eine Welt existierte, die größer und noch viel gefährlicher war.

Historisch gesehen galt die Stadt als vergleichsweise tolerant. Zu Beginn des Jahrhunderts flohen tausende Schwarze vor den unhaltbaren Zuständen im nach wie vor unverhohlen rassistischen ländlichen Süden der USA nach St. Louis,* wo es ausreichend Arbeitsplätze und Bildungsmöglichkeiten gab, um dort eine kleine, aber einflussreiche Schwarze Mittelschicht entstehen zu lassen. Natürlich existierte auch in St. Louis Rassentrennung, auf öffentlichen Plätzen etwa. In Carries Wäscherei hingen große Schilder, die ihren Kunden versicherten: »Wir waschen nur für Weiße«, und auf dem Schulweg musste sich Josephine jeden Tag von den weißen Kindern aus der nahe gelegenen Klosterschule Pöbeleien à la »Hey, blue gums« und »Where you goin', shine?«** gefallen lassen.

Für sie und alle anderen Kinder aus dem Getto gehörte das zum Alltag. Als Schwarzer rangierte man in der gesellschaftlichen Hackordnung ganz unten, knapp unter den sogenannten »Quadroons« und »Octoroons«, die lediglich zu einem

* Die ersten französischen Siedler hatten einen relativ aufgeklärten Pragmatismus im Gepäck, ließen ihre Sklaven zur Schule gehen und erlaubten ihnen sogar, sich ihre Freiheit zurückzukaufen. Auch Josephines Großeltern und ihre Großtante waren unter diesen ehemaligen Sklaven, die in St. Louis eine neue Heimat fanden.

** In Anspielung auf den bei Schwarzafrikanern bläulich gefärbten Zahnfleischrand bzw. den damals traditionell von Schwarzen ausgeübten Beruf des Schuhputzers.

Viertel beziehungsweise Achtel afrikanischer Abstammung waren und deshalb je nach Hautton auch unter »High Yellows« liefen. Danach kamen die weißen europäischen Einwanderer, und ganz oben standen die »reinen«, also in Amerika geborenen Weißen. Während Josephines Familie sich für den unerklärlich hellen Teint ihrer ältesten Tochter schämte, gaben unzählige Schwarze Frauen viel Geld aus, um »weißer« auszusehen. Die Drugstore-Regale waren voll von Hautbleichprodukten und *»Mary's Congolene«* oder »conk«, einer giftigen Tinktur zur Glättung von krausem Haar, von der sich die Anwenderinnen einen minimalen Aufstieg in der Rassenhierarchie der Stadt versprachen.

In guten Zeiten wurde diese Hierarchie in St. Louis mehrheitlich als gegeben hingenommen. Ende 1916 kam es durch eine landesweite Rezession allerdings zu einem massiven Anstieg der Arbeitslosigkeit. Weiße Arbeiter, die mehr verdienten als Schwarze, wurden zuerst entlassen, und ihrer Verbitterung und ihren Existenzsorgen war es mit geschuldet, dass Terrororganisationen wie der Ku-Klux-Klan damals eine Renaissance erlebten. Mit einem Mal fand der rassistische Geheimbund, dessen Führer medienwirksam Ängste vor einem Triumph der »schwarzen Bestie« schürten, in ganz Amerika neuen Zulauf, und spätestens im Juli waren die Spannungen in St. Louis so unerträglich geworden, dass ein einziger Zwischenfall, bei dem ein weißer Mob einige Schwarze angriff, eine Welle von Randale und Lynchjustiz auslöste. Im vor allem von Schwarzen bewohnten Osten der Stadt, den nur der Fluss von Josephines Wohnviertel trennte, wurden ganze Straßenzüge in Brand gesetzt. Dutzende starben, Tausende waren obdachlos, und Josephine und ihre Familie schauten fassungslos zu, wie am anderen Ufer des Mississippi alles in Rauch und Flammen aufging.

In den darauffolgenden Monaten achteten selbst Carrie und Arthur verstärkt darauf, dass die Kinder sich nicht zu weit von zu Hause entfernten. 1918 drohte dann schon die nächste Katastrophe: In St. Louis brach die Spanische Grippe aus. Schulen und Theater wurden geschlossen, die Behörden verhängten eine Ausgangssperre, und wieder versuchte Carrie mit allen Mitteln zu verhindern, dass ihre Kinder ohne triftigen Grund die Wohnung verließen. Inzwischen war Josephine jedoch fast dreizehn und dachte gar nicht daran, sich ihrer aufbrausenden Mutter zu fügen.

In gewisser Hinsicht benahm sie sich schon lange erschreckend erwachsen für ihr Alter – stöberte in Mülltonnen nach Essen, stibitzte Geld und schwänzte die Schule, um sich nebenbei etwas dazuzuverdienen –, aber mit der Pubertät fing Josephine an, zu rebellieren. Sie blieb abends lange fort, wollte partout nicht verraten, wo sie gewesen war. Seit sie in der Busen- und Pogegend mit weiblichen Rundungen aufwarten konnte und sich süße kleine Schmachtlocken in die Stirn kämmte, waren die Männer auf sie aufmerksam geworden. Josephine genoss die begehrlichen Blicke, und Carrie, die sich an ihre eigene Vergangenheit erinnert fühlte, geriet in Panik.

Ihre größte Sorge war, dass ihre Tochter schwanger werden und dem ohnehin chaotischen Haushalt neuen Ärger und Aufwand bescheren könnte. Deshalb versuchte sie es mit einem strengeren Ausgehverbot und der Androhung noch härterer Strafen, doch es war nur eine Frage der Zeit, bis die Situation eskalierte. Eines Abends kam Josephine derart spät und mit einem so unerträglich verschwörerischen Grinsen im Gesicht nach Hause, dass Carrie besonders brutal zuschlug. Wimmernd und fluchend rannte Josephine davon, und tags darauf wusste das gesamte Viertel, dass sie von zu Hause abgehauen war und jetzt bei einem Mann wohnte.

Später sollte Josephine behaupten, Opfer eines skrupellosen Kinderschänders geworden zu sein, der sie gewaltsam festgehalten habe; ihr Bruder Richard hingegen erinnerte sich nur, dass man sie förmlich nach Hause zurückschleifen musste und sie stinksauer auf ihre Eltern war, weil die ihren Gönner vergrault hatten. Richard zufolge führte sie sich fortan auf »wie ein wildes Tier« und war so schwer zu bändigen, dass Carrie ernsthaft erwog, sie auf die Reformschule zu schicken, wo es im Grunde zuging wie im Gefängnis und Josephine mit Sicherheit anhaltende seelische Schäden davongetragen hätte. Zum Glück schaltete sich damals Jo Cooper ein. Carries Freundin und Vorgesetzte hatte immer schon großes Verständnis für Josephine gezeigt, die in ihr eine Art Patentante sah, und machte einen Vorschlag zur Güte: Wenn Josephine sich partout nicht mehr behandeln ließ wie ein Kind, musste man mit ihr eben umgehen wie mit einer Frau.

Und so heiratete Josephine mit dreizehneinhalb Jahren Willie Wells, einen doppelt so alten Stahlarbeiter. Wie es dazu kam, ist nicht abschließend geklärt – in manchen Quellen steht, Jo Cooper habe von einem anständigen, heiratswilligen Mann mit fester Arbeit gehört und Willie daraufhin der Familie vorgestellt, woanders heißt es, Josephine habe ihn beim Tanzen kennengelernt. Nach einer denkbar kurzen Verlobungszeit traten die beiden jedenfalls Ende 1919 bei Jo Cooper zu Hause vor einen Pfarrer, und anschließend wurde bei Kotelett und Makkaroni gefeiert.

An Josephines extremer Jugend störte sich niemand. Offiziell durften minderjährige Mädchen in Missouri nur »aus gutem Grund und unter besonderen Umständen« heiraten, im Schwarzen Getto galt guter Wille auf beiden Seiten jedoch als ausreichende Begründung, und in bürokratischer Hinsicht gab es ohnehin selten Probleme.*[8] In den ersten Wochen ließ sich die Ehe durchaus hoffnungsvoll an. Willie Wells wohnte in einem großen möblierten Zimmer, was Josephine im Vergleich zu ihrer alten Wohnung als enormen Aufstieg verbuchte. Und

* 1908 hatte Arthur Josephine und Richard »adoptiert«, indem er eine formlose Erklärung unterschrieben hatte.

abgesehen von ein bisschen Haushaltsführung hatte man als Willies Frau offenbar wenig mehr zu tun, als sich zu amüsieren und sein Geld auszugeben.

Als Willie herausfand, dass Josephine nicht nur ihr gesamtes Haushaltsgeld in Süßigkeiten und neue Klamotten gesteckt, sondern darüber hinaus Schulden gemacht hatte, wurde sie unsanft auf den Boden der Tatsachen zurückgeholt. Da Willie sich die Miete für das Zimmer nun nicht mehr leisten konnte, war das frisch vermählte Paar gezwungen, zu Carrie und Arthur zu ziehen, wo sie neben den anderen Kindern schlafen mussten. Willie schäumte vor Wut, und wohl um bei ihm gut Wetter zu machen – oder vielleicht auch, um einer Abreibung zu entgehen –, packte Josephine sittsam die Stricknadeln aus und erklärte sich für schwanger.

Vielleicht entsprach das der Wahrheit, vielleicht erlitt sie zwischenzeitlich eine Fehlgeburt – kurz nachdem Josephine das Handarbeiten für sich entdeckt hatte, war jedenfalls von dem Baby plötzlich keine Rede mehr. Das scheint auch der Auslöser für ihren letzten großen Streit mit Willie gewesen zu sein, der vermutlich dachte, sie habe das Kind abtreiben lassen. Nach eigener Aussage hatte Josephine jedenfalls Todesangst, als ihr Ehemann wutentbrannt die Treppe heraufstürmte und drohte, ihr das Genick zu brechen. Aus reiner Notwehr, so beteuerte sie, habe sie ihm daraufhin eine Bierflasche übergezogen und ihn mit einer blutenden Kopfwunde davongejagt.

Damit war alles aus zwischen den beiden. Dennoch hatte die kurze Ehe für Josephine einen entscheidenden Vorteil: Sie galt nun offiziell als Frau, musste sich von Carrie nichts mehr sagen lassen und heuerte kurzerhand im Old Chauffeurs' Club als Kellnerin an, in Vollzeit und ohne ihre Familie um Erlaubnis zu bitten. Böse Zungen behaupteten, sie bessere ihren Wochenlohn von drei Dollar dadurch auf, dass sie für Geld mit Männern ging, aber Josephine war das Gerede der Leute egal. Sie wollte raus aus St. Louis, und endlich durchstarten.

Ungefähr drei Jahre vor ihrem unüberlegten Eheexperiment hatte Josephine bereits ihre Faszination für die Bühne entdeckt. Damals fing sie an, unweit der Wohnung ihrer Eltern heimlich ins Booker T. Washington Theatre zu gehen. Das Booker war bekannt als wichtigstes Theater für die Schwarze Bevölkerung der Stadt, und dank ihrer diversen Nebenjobs konnte Josephine jede Woche zehn Cent zurücklegen, um sich sonntags ein Matineeticket für das neueste Musical oder Varietéprogramm zu kaufen. Schon in der Gratiot Street hatte sie für ihre auf Pappkartons sitzenden jüngeren Geschwister im Keller eigene kleine Shows auf die Beine gestellt. Jetzt, im *Booker*, saß sie hingerissen im Publikum, während Profis aus allen Bereichen auf der Bühne ihr Können unter Beweis stellten – Tänzerinnen mit endlos langen Beinen, Sänger, Akrobaten, kostümierte Hunde und schrille Travestiekünstler, die theatralisch mit ihren Federboas auf und ab stolzierten.

Erstere hatten es Josephine besonders angetan, weshalb sie die Tanznummern mit einer Aufmerksamkeit verfolgte, die ihre Lehrer in Erstaunen versetzt hätte. Zu Hause ahmte sie die Bewegungen nach, die sie auf der Bühne beobachtet hatte, wackelte wie ein Chorus Girl mit ihren knochigen Kinderschultern und versuchte sich sogar im Steppen. Nach ein paar Wochen hatte sie ein kleines Programm einstudiert und sich einen Platz auf dem Bürgersteig vor dem Booker Theatre gesichert, um den Passanten dort mit strahlendem Lächeln unbeholfen ein paar Cent aus der Tasche zu tanzen.

Natürlich bot die süße Kleine einen drolligen Anblick und bekam hin und wieder sogar einen Nickel zugeworfen, aber die Konkurrenz war hart. In St. Louis wimmelte es nur so von Straßenmusikanten, Tänzerinnen, Musikern und Komödianten, die sich durch ihr Talent einen Ausweg aus dem Getto erhofften. Die meisten kamen nicht weiter als bis zur nächsten Bar oder traten ausschließlich vor Touristen auf, die 35 Cent für eine abendliche Flusskreuzfahrt mit »Musik und Cocktails im Mondschein« auf einem Mississippi-Dampfer berappt hatten. Josephine wusste jedoch schon als Kind genau, was sie wollte. Gegenüber von den Martins wohnten damals ein Mr Jones, seine Lebensgefährtin Dyer und ihre Kinder, die musizierend durch die Lande zogen und sich mit Auftritten in Bars, Billardsalons oder auf Jahrmärkten außerhalb der Stadt über Wasser hielten. Im Winter 1916/17 suchte und fand Josephine Anschluss bei Familie Jones und bekam Nachhilfe im Singen und Musizieren, als Gegenleistung dafür, dass sie beim Schleppen der Instrumente half. Dyer Jones war eine Ausnahmekünstlerin und brachte Josephine nicht nur die Grundlagen des Trompeten-, Banjo- und Fiedelspiels bei, hin und wieder durfte sie auch mit der Band zusammen auftreten.* Beim Versuch, sich mit ihrem dünnen Stimmchen in einer lauten Bar Gehör zu verschaffen oder als Tänzerin auf einem behelfsmäßigen Holzpodest mitten im Nirgendwo Aufmerksamkeit zu erregen, schnupperte Josephine zum ersten Mal so etwas wie Bühnenluft.

Durch die Unruhen von 1917 und den anschließenden Stillstand des öffentlichen Lebens fand Josephines Ausflug in die Welt des Showbiz zwar ein jähes Ende, aber ihren Träumen tat das keinen Abbruch. Im Booker kannte sie inzwischen die besten Gaststars mit Namen – Bessie Smith zum Beispiel, bei deren Bluesstimme es einem das Herz zerriss, oder die Tänzerin Mama Dinks, mit ihrem krummbeinigen Gang und dem treudoofen Grinsen ein echter Publikumsliebling.

Im Winter 1919 schwärmte Josephine besonders für eine Sängerin namens Clara Smith, die mit heiserer Stimme und knallroter Perücke an der Seite von Bob Russells Tanztruppe,

* Nach ihrer Trennung von der Familienband machte Dyer sich als Trompeterin in der Varietészene einen Namen. Josephine sollte sie 1921 in Philadelphia wiedertreffen.

den »Dixie Steppers«, auftrat. Ihr Markenzeichen waren schmalzige Liebeslieder, mit denen sie am liebsten den hässlichsten Mann im Publikum beglückte. Abseits der Bühne bevorzugte Clara jedoch junge Frauen. Im Chauffeurs' Club, wo sie damals gerne essen ging oder ein Glas Whisky trank, fiel ihr Josephine ins Auge, deren Mischung aus Gettohärte und verträumtem Ehrgeiz sie rührte. Für Josephine war Clara ein unfassbar glamouröses Geschöpf, auch ohne Bühnen-Make-up und blaue Federboa, und selbst dass sie ständig an einer stinkenden Maiskolbenpfeife zog, störte die verzückte Josephine nicht. Als Clara ihr Gesangsstunden anbot, wähnte sie sich im siebten Himmel, obwohl schnell klar wurde, dass dafür eine ganz bestimmte Gegenleistung anfiel. Aber Sex war nun mal der Preis, den man für manche Dinge zu zahlen hatte, und lieber ging sie mit Clara ins Bett als mit einem Versager wie Willie.

Josephine wuchs Clara bald so sehr ans Herz, dass sie Bob Russell überredete, die Kleine probeweise mit auftreten zu lassen, was dem ohnehin abgespannten Verhältnis zwischen Josephine und ihrer Mutter endgültig den Rest gab. Vielleicht ahnte Carrie, dass Clara keinen rein kollegialen Umgang mit ihrer Tochter pflegte, vielleicht hielt sie – wie viele Amerikaner – das Showgeschäft auch für ein Sündenbabel. Doch als sie Josephine in ihrem Zorn als Hure beschimpfte, zuckte diese nur mit den Schultern. Clara auf ihrer Seite zu wissen, war alles, was damals für Josephine zählte, zumal sie kurz vor ihrem ersten großen Auftritt im Booker stand: In einem rosa Hängerchen sollte sie bei einer romantischen Liebesszene als Amor mit dem Pfeil über die Bühne fliegen.

Ihr Debüt endete beinahe in einer Katastrophe: Als die angegurtete Josephine am Seil nach oben befördert wurde, blieb sie mit den Flügeln im Vorhang hängen und baumelte erst einmal hilflos vom Bühnenboden. Doch anstatt sich von dem Gejohle aus dem Zuschauerraum einschüchtern zu lassen, setzte sie instinktiv ihr breitestes Grinsen auf und verwandelte durch diese charmante Reaktion die drohende Schmach in einen Triumph. Bob Russell erkannte auf den ersten Blick, dass er eine geborene Komikerin vor sich hatte, und als die »Dixie Steppers« St. Louis ein paar Wochen später wieder verließen, gehörte Josephine fest zum Ensemble.

Es dauerte nur ein paar Wochen, und sie war von der Komparsin beziehungsweise dem Mädchen für alles zu einem Platz in der Chorus Line aufgestiegen. Eine der Tänzerinnen hatte sich verletzt, und als Josephine Russell ihr Grundrepertoire an Schritten vorführte – Itch, Tack Annie und Mess Around –, war er beeindruckt von ihrem Talent. Zudem hatte sie einen hübschen, knackigen Körper und ein strahlendes Lächeln zu bieten, aus denen sich hervorragend Kapital schlagen ließ. Ein paar von Josephines Kolleginnen gingen bereits auf die vierzig zu, und der harte Alltag auf den Provinzbühnen hatte an ihrem Bewegungsapparat Spuren hinterlassen. Um den putzigen Charme seiner jugendlichen Neuentdeckung zu unterstreichen, ließ Russell Josephine unter ihrem alten Spitznamen Tumpy auftreten. Für sein Stammpublikum hieß das: Frischfleisch.

Obwohl Josephine noch vor ihrem vierzehnten Geburtstag der Berufseinstieg geglückt war, hatte das Tourneeleben wenig mit ihren Träumen von einst gemeinsam. Es sei nicht leicht gewesen, schrieb sie später, so früh schon seiner Illusionen beraubt zu werden und einsehen zu müssen, dass die meisten ihrer Mitstreiterinnen und Mitstreiter nur auf der Bühne standen, weil sie nicht verhungern wollten. Bekannte Varietétheater wie etwa das Keith waren weißen Künstlern vorbehalten, weshalb sich die Auftrittsmöglichkeiten Schwarzer Kompanien wie der »Dixie Steppers« ohnehin in Grenzen hielten, und dann wurden sie von der Theater Owners Booking Association in der Regel auch noch dermaßen schamlos ausgebeutet, dass der Verband der Theaterbesitzer in der Szene nur unter »Tough on Black Asses«* lief. Die Gagen waren ein Witz – selbst bei vier Vorstellungen am Tag verdiente Josephine nur zehn Dollar die Woche, dabei musste sie selbst für Kost und Logis aufkommen. Der Verband tat auch nichts gegen die unzumutbaren Wohn- und Arbeitsbedingungen der Tourneekünstler. In vielen Städten und kleineren Orten fand man als Schwarzer gar keine Unterkunft, und die wenigen Quartiere, die in Frage kamen, waren oft derart verwahrlost, dass Josephine und ihre Kollegen sich lieber im Wartesaal des nächsten Bahnhofs aufs Ohr legten. Früher oder später wurden alle krank – die Sanitäranlagen in den Theatern ließen zu wünschen übrig, es gab oft weder Toiletten noch fließendes Wasser, und viele Gebäude waren völlig marode. Noch Jahre später erinnerte Josephine sich an die »verpestete Luft«, weil die Zuschauer bei den Shows ihr mitgebrachtes Essen verzehrten – »Koteletts vom Vortag, Obst, Maisfladen und Erdnüsse, deren Schalen auf die Bühne gepfeffert wurden«.[9]

Aber auch wenn das Tourneeleben kein Zuckerschlecken war, hatte sie schon weit Schlimmeres erlebt, und immerhin kam sie allabendlich in den Genuss von Claras besonderer Fürsorge und dadurch zumeist an einen Platz zum Schlafen. Clara erteilte ihr weiter Gesangsunterricht und erreichte durch gutes Zureden sogar, dass sie hin und wieder lesen und schreiben übte. Egal, wie erledigt sie abends manchmal unter ein zerschlissenes Laken kroch, egal, wie sehr sie ihre Geschwister vermisste – dass sie St. Louis den Rücken gekehrt hatte, bereute Josephine zu keiner Sekunde. Und wenn sie hungrig oder erschöpft war, verpasste der Auftritt am nächsten Tag ihr jedes Mal wieder einen neuen Adrenalinschub, und sie freute sich schon auf die nächste Stadt.

Das Reisen übte auf Josephine immer noch eine ungebrochene Faszination aus. Zu Hause, unweit der Union Station,

* Sinngemäß etwa »Rücksichtslos gegenüber Schwarzen Künstlern«.

hatten die Dampfloks jede Nacht ihre Träume untermalt, wie ein ratternder Sirenengesang von fernen Orten und besseren Zeiten. Jetzt, da sie selbst in diesen Zügen saß, konnte sie sich in den Dramen der anderen Passagiere verlieren – den Farmersleuten mit ihren Hühnern und ihrem Gemüse und Obst für den Markt, den Städtern mit ihren aufgebügelten Anzügen und Lederkoffern. Einige Orte, an denen sie Halt machten, hatten geradezu etwas Magisches an sich: New Orleans, geschwängert von den Düften der Cajun-Küche und den Klängen der Calypsos; Chicago, die Stadt der Wolkenkratzer, Flüsterkneipen und Dancehalls.

Als die Tournee im Standard Theatre in Philadelphia Station machte, war es April 1921 und Josephine schon über ein Jahr bei den »Steppers«. Clara hatte das Ensemble kurz zuvor verlassen, weil sich ihr Südstaatenblut mit dem Yankee-Norden angeblich nicht vertrug, aber Josephine brauchte sie nicht mehr. Inzwischen hatte sie sich an das Leben auf Tour gewöhnt, und, was noch viel wichtiger war: Sie hatte es an die begehrte Position am äußeren Ende der Chorus Line geschafft. Die Tänzerin am Rand genoss eine Sonderstellung und durfte eigene kleine Soloeinlagen zum Besten geben. Maude Russell, die sie damals im Standard erlebte, erkannte schnell, dass Josephine das Zeug zum Star hatte: »Sie sah aus wie eine Vogelscheuche, aber ihr Charisma reichte bis unters Dach.«[10] Einem anderen Anhänger zufolge strahlte sie eine natürliche Fröhlichkeit aus und übertraf in Sachen Komik sogar Mama Dinks: »Da wurde wild mit der Hüfte gekreist, über die eigenen Füße gestolpert, aus dem Rhythmus gekommen und wieder aufgeholt, und dabei in einem fort mit den Augen Murmeln gespielt.«[11]

Josephine hatte bei den »Steppers« so große Fortschritte gemacht, dass sie im Vorfeld einer Neuauflage von *Shuffle Along* am Broadway der festen Überzeugung war, für das Musical engagiert zu werden. Zumal sie sich nicht vorstellen konnte, dass ihr bis dato größter Wunsch nicht in Erfüllung gehen sollte. Verglichen mit den drittklassigen Revuen, in denen sie bislang getanzt hatte, galt *Shuffle Along* als Musikkomödie mit Anspruch, die zudem aus der Feder von vier absoluten Größen des Black Entertainment stammte: den Komikern Flournoy Miller und Aubrey Lyles sowie dem Komponisten- und Texterduo Eubie Blake und Noble Sissle. Als Sissle persönlich Josephine beim Vortanzen erklärte, dass sie für ein Engagement leider noch zu jung sei, war sie untröstlich. Dem Komponisten, der schon vielen Nachwuchstänzerinnen die Flügel gestutzt hatte, ging Josephines maßlose Enttäuschung ungewohnt nahe: »Ihre Augen füllten sich mit Tränen ... und mit gesenktem Kopf ... drehte sie sich langsam um und wankte die Treppe zum Bühneneingang hinunter ... ohne sich auch nur einmal umzublicken, verschwand sie im Regen.«[12]

Aber Josephine hatte den Rückschlag bald verkraftet. Nach der Hochzeit mit Billy zogen die beiden zu seiner Familie, in ein hübsches Zimmer in der kleinen Wohnung über dem Restaurant der Bakers. Und als die »Dixie Steppers« weiterzogen, blieb Josephine im Ensemble des Standard Theatre, wo sie weiterhin auf der Prestigeposition am Ende der Chorus Line tanzte. Sie freundete sich mit zwei Kolleginnen an, Maude Russell und Mildred Martien, die sich rührend um Josephine kümmerten, sie mit Klamotten versorgten und ihr jeden Abend dabei halfen, sich den »conk« aus den Haaren zu waschen, bevor er ihr die Kopfhaut verätzte.

Dennoch fiel Maude bald auf, dass die junge Frau stets ein wenig abwesend wirkte und »in ihrem Kopf und in ihrer Fantasiewelt lebte«. Auch wenn sie munter mit den neuen Freundinnen schwatzte und lachte, war das Standard für Josephine von Anfang an nur eine Zwischenstation. Letztlich träumte sie davon, eines Tages ihren Namen in leuchtenden Lettern zu lesen, und als das Angebot kam, mit *Shuffle Along* auf Tournee zu gehen, ließ sie anstandslos alles stehen und liegen.* Sogar Billy: »Mit ihrem Mann war sie doch keine paar Wochen zusammen«, ätzte Maude.[13]

Bei der Premiere in New Haven wurde Josephine ihr Ehrgeiz allerdings beinahe zum Verhängnis. Es galt, neben den anderen elf »Honeysuckle Honeys« haargenau der Choreografie zu folgen; komödiantische Alleingänge waren bei dieser Show nicht erwünscht. Doch als Josephine abends auf der Bühne stand und alle Blicke auf sie gerichtet waren, konnte sie einfach nicht widerstehen und gab gegen Ende der ersten Nummer eine spontane Kostprobe ihrer Kunst, verdrehte die Augen, warf die Beine in die Luft und ließ ihr berühmtes schelmisches Grinsen aufblitzen. Es war ein glorreicher Moment, alles lachte und applaudierte, doch hinter der Bühne lief Josephine einem erbosten Inspizienten in die Arme, der ihr in eisigem Ton befahl, auf der Stelle ihre Sachen zu packen und zu verschwinden.

Zum Glück war sie noch nicht abgereist, als am nächsten Morgen die ersten Kritiken eintrudelten. In allen wurde Josephines Soloeinlage ausdrücklich erwähnt, ein Rezensent sah in ihr gar eine »geborene Komikerin [mit] einem einzigartigen Rhythmusgefühl«, und Eubie Blake, der erkannte, was für einen Gewinn die quirlige Kleine für sein Ensemble darstellte, beschloss, die Weisung seines Inspizienten zu ignorieren. Josephine durfte nicht nur bei der Truppe bleiben, sondern sollte ruhig weiterhin aus der Reihe tanzen und sich dabei so richtig ins Zeug legen.

Somit hatte sie sich endgültig ein Plätzchen im Rampenlicht erobert, doch genau wie Tallulah bei ihrem Debüt in *The Squab Farm* musste Josephine einsehen, dass Aufmerksamkeit ihren Preis hatte. Die anderen Tänzerinnen nahmen ihr die Be-

* Zwar sollte auch Maude Hals über Kopf ihren Mann verlassen, um mit *Shuffle Along* auf Tour zu gehen. Aber ihre Ehe war schon lange nicht mehr glücklich, und Sam Russell wurde häufig handgreiflich.

förderung übel und nutzten jede Gelegenheit, sie dafür zu bestrafen. So schloss man sie demonstrativ vom Garderobenklatsch aus, und bei Masken- und Kostümwechseln war sie fortan auf sich allein gestellt. Nach der Vorstellung gingen die Kollegen stets ohne sie essen, und bald wurde Josephine auch noch ihre Hautfarbe zum Verhängnis.

Shuffle Along galt zwar als wegweisende Produktion für Schwarze Künstler, war vor rassistischen Klischees jedoch nicht gefeit. Einerseits erwarteten die weißen Zuschauer das übliche komische Bühnenpersonal eines »all-black musicals«, faule, ungebildete Männer und patente »Mamas«, aber gleichzeitig hatten die Chorus Girls und Sängerinnen gefälligst so hell zu sein wie möglich. Bei Shows für ein weißes Publikum trat ein inoffizielles Auswahlprinzip in Kraft, das landläufig nur »Papiertütentest« genannt wurde und absolut unerbittlich und menschenverachtend war. Eine der Rollen in *Shuffle Along* wurde von Katherine Yarborough verkörpert, einer ganz ausgezeichneten Sopranistin, die später sogar ins Opernfach wechselte,* doch weil sie sehr dunkle Haut hatte, musste die junge Frau sich bei ihren Gesangsnummern in der Kulisse verstecken. Unter den »Honeysuckle Honeys« befanden sich fast nur »High Yallow«, die mit ein wenig Puder und Schminke als »weiß« durchgingen. Josephine mit ihrem unübersehbar bräunlichen Teint konnte da nur schwer mithalten – eine Schwäche, die die anderen schamlos ausnutzten. »Gott hasst die Hässlichen«, zischten sie, wenn sie ihr in der Garderobe den Rücken zukehrten,[14] und wenn es darum ging, einen Produzenten, einen Geldgeber oder einen reichen Stammgast zu unterhalten, musste immer die kleine »Darky« Josephine herhalten.

In vielerlei Hinsicht hatten es die Darsteller von *Shuffle*

* Unter ihrem späteren Bühnennamen Caterina Jarboro sollte sie die erste Schwarze Sängerin in einer weißen Operninszenierung werden.

Along ausgesprochen gut; bei Reisen mit dem Nachtzug wurden im Normalfall Schlafwagen gebucht, und das Ensemble stieg nur in anständigen Unterkünften ab. Trotzdem gab es beim Theater immer noch eine klare Hierarchie, wonach Chorus Girls ganz selbstverständlich sexuelle Dienstleistungen erbringen mussten. Das gehörte im Showbusiness einfach dazu, und zwar ungeachtet der Hautfarbe. Auch Louise Brooks hatte bei den *Follies* zu einer Gruppe von »handverlesenen Mädchen« gehört, die regelmäßig »auf Partys zu Ehren von irgendwelchen Finanz- und Regierungsgrößen eingeladen wurden«. Diese Frauen fühlten sich »billigen Nutten« naturgemäß überlegen, hatten aber auch das Glück, gut behandelt zu werden. »Die Ausbeute war enorm«, erinnerte sich Brooks. »Geld, teurer Schmuck, Nerzmäntel, Filmrollen – alles war drin«, solange man hübsch und fügsam genug war.[15]

Josephine wollte einfach nur ihren Job behalten, und während sie auf der *Shuffle Along*-Tournee von einem Mann zum nächsten gereicht wurde, drohten sich zeitweise Carries schlimmste Befürchtungen zu erfüllen. Allerdings hatte Josephine schon früh gelernt, Schmerz oder Scham aus dem Weg zu gehen, indem sie den Rückzug in ihre Gedankenwelt antrat, und ihre Freude war groß, als Eubie Blake sie zu seiner jüngsten »Favoritin« erkor und ihr nicht nur Blumen und Pralinen, sondern auch echte Zuneigung schenkte.

Viel entscheidender für Josephine war jedoch, dass Blake und Sissle ihr Extraunterricht gaben. Dass sie Talent hatte, stand außer Frage, und bei den Kritikern kam sie weiterhin bestens an, doch während sie an manchen Abenden geradezu brillierte, fehlte es ihr am nötigen Handwerkszeug, um ihr enormes komödiantisches Potenzial bei jeder Vorstellung abrufen zu können. Josephine »hatte ihre Emotionen nicht ausreichend im Griff«, erinnerte sich Sissle, weshalb Blake und er ihr immer wieder einbläuten, dass es bei aller Bühnenmagie auch einer gewissen Technik bedurfte, um voranzukommen.

Seit Josephine unter dem persönlichen Schutz von Blake und Sissle stand, hatte endlich die Kollegenschikane ein Ende, und als die fünfzehnjährige Evelyn Sheppard zu den »Honeysuckle Honeys« stieß, fand Josephine unter den Chorus Girls sogar eine Freundin. »Little Shep« mit dem niedlichen, spitzen Katzengesicht war im ganzen Ensemble äußerst beliebt, aber Josephine und sie kamen sich auch körperlich nahe. Wenngleich die zwei sich nicht als Lesben begriffen – das hätte in ihrer Welt nämlich »pervers« bedeutet –, stellte die quasisexuelle Nähe zwischen den beiden im Showgeschäft keine Seltenheit dar: Aus Kostengründen teilten sich Tänzerinnen auf Tourneen zumeist ein Bett, wobei es häufig zu intimen Begegnungen kam. Kein Wunder, war bei Männern am Theater in Sachen Erotik doch wenig zu holen: »Den meisten kam es nicht darauf an, ob das Mädchen was davon hatte«, klagte Maude Russell.[16]

Zudem war es natürlich sicherer, mit Frauen zu schlafen. Maude etwa hatte bereits als Teenager zum ersten Mal abtreiben müssen und es sich seither zur Aufgabe gemacht, andere über die grausame Realität eines solchen Eingriffs aufzuklären. Entweder man ging »zu irgendeinem Kurpfuscher, in der Hoffnung, dass der einen nicht hopsgehen lässt, und zahlt dafür zehn oder fünfzehn Dollar«, oder man schüttete »Karbolsäure in einen Eimer mit heißem Wasser und setzte sich drauf«, damit das Baby sich von selber »auflöste«.[17] Gut möglich, dass Josephine damals ebenfalls ungewollt schwanger war, denn als *Shuffle Along* für ein paar Wochen in Chicago lief, sah Billy sich die Show an – und stattete bei der Gelegenheit seiner Frau einen Besuch ab. Falls er hoffte, dadurch die Ehe zu retten, ging der Schuss gewaltig nach hinten los, denn in Chicago sahen Josephine und er einander zum letzten Mal.* Nach Ende

* Obwohl sie Billy von Zeit zu Zeit Geld schickte, reichte Josephine 1925 die Scheidung ein. Drei Jahre später wurde der Fall zu den Akten gelegt.

der Mini-Spielzeit ließ die sonst so arbeitswütige Josephine sich überraschend mehrere Wochen beurlauben; ein Grund könnte in der kurzzeitigen Versöhnung mit ihrem Mann zu suchen sein.

Dieses plötzliche Verschwinden war eine von mehreren rätselhaften Lücken in Josephines frühem Lebenslauf, doch wenn eine Abtreibung dafür verantwortlich war, erholte sie sich davon erstaunlich schnell. Nach ihrer Rückkehr ins Ensemble wurde sie auf ihr eigenes Drängen hin endlich im Programmheft gelistet, als »That Comedy Chorus Girl«, und bei einem Abstecher nach Kanada ertanzte sie sich auch dort Lobeshymnen in der Presse. Ein Rezensent in Toronto schrieb, sie habe »den Jazz karikiert, bis das Publikum beinahe aus den Sitzen kippte«.[18] Als *Shuffle Along* schließlich in St. Louis Station machte, konnte Josephine es kaum erwarten, ihre siegreiche Heimkehr genüsslich auszuschlachten.

Die Vorstellung fand nicht im alten Booker T. Washington statt, sondern in einem der größten gemischten Theater der Stadt, dem American. Richard und Willy Mae wurden Zeugen von Josephines Triumph, wenn auch auf den billigen Plätzen unterm Dach, die für das Schwarze Publikum vorgesehen waren. Und da Carrie sich geweigert hatte, der Einladung ihrer Tochter ins Theater zu folgen – Neid, Scham und Wut nagten noch immer an ihr –, besuchte diese Arthur und ihre Mutter nach der Vorstellung zu Hause, todschick in einem farbenfrohen Taftkleid mit Fransenstola. Doch die größte Genugtuung empfand Josephine, als sie den Martins beim Abschied 75 Dollar überreichen konnte – die volle Jahresmiete für deren schäbiges kleines Apartment.

Im Herbst 1923 ging die *Shuffle Along*-Tournee zu Ende, und Josephine musste sich fürs Erste ein neues Engagement suchen. Sie landete als Tänzerin beim Musik- und Comedyduo »Buck and Bubbles«, wobei sie mit Buck auch das Bett teilte.

Doch keine drei Monate später kehrte sie zu Sissle und Blake zurück, die sich in ihrem neuem Programm *In Banville* eine spektakuläre Soloeinlage für Josephine überlegt hatten, bei der sie die ganze Bandbreite ihres kreativ-komischen Talents ausspielen konnte: Als Karikatur eines Schwarzen Mädchens in kariertem, kurzem Kleid und clownesken Schuhen, mit weiß angemalten Lippen und kohlegeschwärzter Haut sollte sie auf der Bühne ein tänzerisches Feuerwerk abbrennen.

Alle, die dieses Solo sahen, erlebten Josephine als proteische Naturgewalt. Zeitweise schien eine ganze Menagerie von Tieren von ihrem Körper Besitz zu ergreifen – dann watschelte sie wie eine Ente, stapfte wie ein Hund auf vier Beinen über die Bühne, krümmte sich wie eine Schlange und ging wie ein Känguru in die Boxerstellung. Einerseits war ihr Auftritt Comedy in Reinform, Augenrollen, aufgeblasene Wangen und eine Saxofonimitation inklusive, andererseits inszenierte sie sich als vollendetes »Jazz Babe«, das nicht nur Charleston und Onestepp beherrschte, sondern wenn nötig auch in den Spagat sprang.

Im Grunde hatte sie aus dem Stegreif ihre eigene, revolutionäre Version der Minstrel-Show geschaffen, die den Dichter E.E. Cummings sowohl in Erstaunen als auch in Schrecken versetzte: »Ein großer, kraftvoller, ungemein geschmeidiger Albtraum, der auf geradezu überirdische Art und Weise die Augen verdrehte und die Glieder verrenkte.« Die *New York Times* bezeichnete Josephine als »Paradiesvogel der Tanzkunst«, und auch der *Chicago Herald and Examiner* sparte nicht mit überschwänglichem Lob für das »ulkige kleine Chorus Girl, bei dem der Blick allein eine Synkope war und das geringste Zucken ein Blues«.[19] Das Publikum lag ihr ebenfalls im Nu zu Füßen, und durch ihre plötzliche Popularität stieg sie nicht nur im Ansehen von Blake und Sissle – ihr Name stand im Programmheft jetzt an fünfter Stelle –, sondern konnte sich auch über eine Gehaltserhöhung freuen. Inzwischen verdiente Josephine 125 Dollar die Woche, mehr als zehnmal so viel wie vier Jahre zuvor bei den »Dixie Steppers«.

Doch das reichte ihr nicht. Es versprach eine lange Tournee zu werden, mit Stationen in Philadelphia (wo sie an Thanksgiving mit Pa Baker dinierte) und Kanada. Josephine nutzte die Zeit, um an ihrer Körperbeherrschung zu arbeiten. Auf Anregung einer Freundin, die ausgebildete Balletttänzerin war, brachte sie sich die Grundlagen des Spitzentanzes bei und begann, täglich auf eigene Faust zu trainieren, machte Lockerungsgymnastik, Dehnübungen und feilte an ihrer Technik. Wenn ihre Zeit es zuließ, sah sie den anderen Tänzerinnen bei der Arbeit zu, in der Hoffnung, sich dabei einen Bewegungsrhythmus, eine Schrittfolge oder sonst irgendeinen Trick abzuschauen. Sie machte regelmäßig Gesangsübungen und überredete Sissle und Blake, ihr einen Song zu schreiben, bei dem sie den Plantagenkittel gegen ein glamouröses Abendkleid aus Goldlamé tauschen durfte.

Doch während Josephine allmählich zu einer echten Künstlerin heranreifte, warf man *In Banville* paradoxerweise vor, zu hoch hinauszuwollen. Die Revue wurde von der Presse verrissen, weil sie angeblich »zu viel Kunst und nicht genug Afrika« zeigte,[20] und Blake und Sissle gerieten unter Beschuss, weil auf der Bühne ein Symphonieorchester spielte und ihre Chorus Line angeblich die akkurate »Kick-and-Tap«-Beinarbeit der englischen Tiller Girls imitierte. Die Kritiker fühlten sich zu sehr an »weiße« Tanztraditionen erinnert, und die Zuschauer sahen das offenbar ähnlich. Der Kartenverkauf ging stetig zurück, und obwohl die Produktion kurzfristig in *Chocolate Dandies* umbenannt wurde, um ihr angeschlagenes Image als »black musical« zu retten, strichen die Verantwortlichen im Frühjahr 1925 die Segel.*

* Unter dem Titel *Chocolate Kiddies* schickte man die Show anschließend auf Tournee durch Europa, wo sie durchaus ihr Publikum fand. Dieser Erfolg war

Schwierige Zeiten also für die Schwarze Kunst- und Musikszene, die nach wie vor an den Maßstäben und Erwartungen des amerikanischen Establishments gemessen wurde.** Zwar waren Jazzmusik und Jazztanz unter weißen Kritikern und Fans der letzte Schrei, aber wenn Katherine Yarborough europäische Opern singen und Sissle und Blake Broadway-Musicals schreiben wollten, wenn der Violinist Will Marion Cook (ein talentierter Absolvent sowohl der Berliner Hochschule für Musik als auch des National Conservatory in New York) mehr sein wollte als ein »fiedelnder Neger« – wie er abfällig bezeichnet wurde –, hörte der Spaß auf. Josephine traf das Ende der *Chocolate Dandies* besonders hart. Die Produktion schuldete ihr noch 1235 Dollar Gage, und zum ersten Mal, seit sie von zu Hause fort war, hatte sie kein neues Engagement in Aussicht. Ein paar Kollegen machten sich auf nach Harlem, und da sie nichts Besseres zu tun hatte, folgte sie ihnen dorthin, ihr gesamtes Erspartes in einem kleinen Beutel, den sie an einem Gürtel um die Taille trug.

In vielerlei Hinsicht erwies sich dieser Umzug als Segen. Josephine nahm sich ein Zimmer in einem Wohnheim an der Ecke 7th Avenue und 133rd Street, das ihrem früheren Idol Mama Dinks gehörte. Ganz in der Nähe servierte Tillie's Chicken Shack die angeblich besten Chicken Wings im ganzen Staat New York, und dazwischen tobte das pralle Leben. Harlem genoss eine Sonderstellung in Amerika, denn obwohl der Stadtteil mit Gewalt und chronischer Arbeitslosigkeit zu kämpfen hatte, wehrte man sich mit Händen und Füßen gegen

letztlich der Wegbereiter für die *Revue Nègre*, mit der Josephine zum Star werden sollte.

** Außerdem galt es, mit Amerikas höchst sonderbaren Vorstellungen von »Schwarz« umzugehen. Am Varieté war es immer noch üblich, dass weiße Sänger und Komiker sich bei Minstrel-Nummern das Gesicht schwarz anmalten, was dazu führte, dass einige Schwarze Künstler sich die Wangen noch dunkler färbten, um als Weiße in »black face« durchzugehen.

die Stigmatisierung als »Getto«. Ursprünglich waren die breiten Straßen mit ihren eleganten Stadthäusern für weiße Familien angelegt worden, doch ein Konjunkturabschwung hatte dafür gesorgt, dass ein Großteil der Gegend von Schwarzen Immobilienspekulanten aufgekauft wurde. Inzwischen suchten sogar Schwarze aus der fernen Karibik ihr Glück in Harlem, und dank dieser eklektischen Mischung schossen dort in den zwanziger Jahren die Theater, Restaurants, Kirchen, Bars und Schönheitssalons nur so aus dem Boden. Auch auf die Musikszene hatte das bunte Viertel maßgeblichen Einfluss. Mehrere bedeutende Musiker lebten und arbeiteten damals in Harlem, darunter Sidney Bechet, Scott Joplin und James P. Johnson, und an jeder Ecke gab es Klubs und Bars, in denen Blues, Spiritual, Ragtime und Jazz gespielt wurden.

»Es war das fröhlichste Fleckchen Amerikas«, erklärte die Schriftstellerin Anita Loos. Kein Wunder also, dass die weiße Jugend des Landes in den 1920er Jahren nach Harlem strömte, um die legendäre Energie und Exotik am eigenen Leib zu erfahren. Manche waren echte Musikliebhaber und sahen im Jazz den Sound eines neuen Amerikas: Autoren wie J. A. Rogers, der das rastlose Tempo und die schrägen Harmonien mit den Klängen eines »von Menschenhand geschaffenen modernen Dschungels«[21] verglich, und Gilbert Seldes, der behauptete, Jazz berge »im Grunde die ganze Heiterkeit, Lebendigkeit und rhythmische Kraft unseres Lebens«.

Anderen weißen Touristen ging es eher um Vergnügungen der illegalen Art, in plüschigen Striplokalen, wo »braune Beautys« und »heiße Schokolade« auf dem Programm standen, oder Bordellen, die »neugierigen Nordlichtern« Animierdamen »aus dem Volk« versprachen. Dazu kamen die Partygänger aus dem Manhattan von Zelda und Scott, die abends in Scharen nach Harlem pilgerten, um dort zwischen »echten« Schwarzen im Savoy und im Cotton Club Charleston und Black Bottom zu tanzen. Pikanterweise mussten die Tanzprofis, die für die Revueeinlagen zuständig waren, sogar in diesen Klubs den »Papiertütentest« über sich ergehen lassen – sie sollten dunkel genug sein, um authentisch zu wirken, aber bitte schön nicht so schwarz, dass die Gäste Angst vor ihnen bekamen.

Der Test kam selbstverständlich auch in den Bars und Klubs von Central Manhattan zum Einsatz, die ihrerseits versuchten, aus dem neuen Trend Kapital zu schlagen. Ein typisches Beispiel war der Plantation Club direkt über dem Winter Garden Theater: Aufwendig im Pseudo-Südstaatenstil renoviert, konnte das Nachtlokal mit stilisierten Baumwollpflanzen und Wassermelonen an den Wänden, einem weißen Lattenzaun rings um die Tanzfläche und einer Schwarzen »Mama« aufwarten, die in einer Blockhütte Waffeln backte. Ein wechselndes Aufgebot von Schwarzen Künstlern stand dort auf der Bühne, darunter Stars wie Florence Mills und Ethel Waters. Das Publikum war natürlich weiß.

Als Josephine nach Harlem kam, lief im Plantation gerade *Tan Town Topics*, und es gelang ihr nicht nur, bei der Revue als Tänzerin anzuheuern, als »bestbezahltes Chorus Girl des Vaudeville« wurde sie auch separat im Programm aufgeführt, so bekannt war sie mittlerweile. Das neue Engagement ließ sich verheißungsvoll an, und das Gleiche galt für Josephines Beziehung mit dem jungen Schauspieler Ralph Cooper, ihrem New Yorker Liebhaber. Ralph war gutaussehend und charmant, und weil er aushilfsweise als Chauffeur arbeitete, hatte er häufig ein Auto zur Verfügung, mit dem er Josephine nach der Vorstellung abholte und durch Manhattan kutschierte. Wenn sie mit Ralph durch die heiße, staubige Nacht brauste, falsche Perlen um den Hals und große Hüte auf dem Kopf, fühlte sie sich in ihren Taftrüschenkleidchen wie eine Königin.

Jenseits der Kühlerhaube sah die Welt jedoch ganz anders aus. Central Manhattan war nach wie vor geradezu unerträglich weiß. Josephine durfte weder in der 5th Avenue einen

Hut anprobieren noch sich im Theater einen Sitzplatz aussuchen. Selbst im Plantation Club fühlte sie sich nur auf der Bühne sicher. Weiße Männer, mitunter auch weiße Frauen, besuchten den Klub, um sich eine Schwarze Tänzerin mit nach Hause zu nehmen, und auch ihr neuer Arbeitgeber erwartete von Josephine, dass sie solcherlei Wünschen nachkam. Wieder einmal wurde ihr schmerzlich bewusst, an welche Grenzen man in dieser Welt als Schwarzes Chorus Girl stieß. Egal, wie ehrgeizig sie an ihrer Technik feilte und wie gründlich sie ihre Haut mit Zitronensaft bleichte, am Ende fiel sie doch unter dieselbe Rubrik wie die »heiße Schokolade« und die »braunen Beautys«.

Dabei sehnte sie sich verzweifelt nach echter Anerkennung. So viele Vertreter von Amerikas »Flaming Youth« waren in den vergangenen Jahren über Nacht zu Ruhm gekommen: Scott und Zelda Fitzgerald, Tallulah Bankhead, Clara Bow und eine ganze Reihe von anderen Flapper-Schauspielerinnen. Schwarze Musiker wie Louis Armstrong und Duke Ellington galten praktisch als Gottheiten. Doch wenn Josephine überlegte, welche Schwarzen Frauen es auf der Bühne zu etwas gebracht hatten, fielen ihr nur Sängerinnen wie Florence Mills, Ethel Waters und Bessie Smith ein. Diese drei waren die Hauptattraktion jeder Revue und jeder Varietéshow, in der sie auftraten, und in ganz Amerika bekannt; ihre Stimmen schallten in einem fort aus den Grammofonen und Radios, die mittlerweile in fast jedem Wohnzimmer standen, aber als Tänzerin waren die Möglichkeiten, sich einen Namen zu machen, nun mal ungleich begrenzter. Angesichts des rassistischen Schablonendenkens im amerikanischen Showgeschäft konnte Josephine froh sein, wenn ab und an mal ein Solo oder die Prestigeposition am Rande der Chorus Line für sie abfielen.

Im Sommer 1925 bot sich ihr jedoch unerwartet eine ganz neue Bühne – in Paris. Um Amerikas Kriegseintritt zu registrieren, war Josephine 1917 noch zu jung gewesen, doch er sollte ihr Leben nachhaltig prägen, denn die US-Truppen hatten das Jazz- und Ragtime-Fieber im Gepäck, und viele Schwarze Musiker, die in Frankreich gekämpft hatten, blieben nach dem Krieg kurzerhand dort, weil sie sich im liberalen Europa zu Recht wohler fühlten als zu Hause.* Ein paar Jahre später hatte ihre Musik nicht nur den Weg in die Klubs des Montmartre gefunden, sondern ertönte auch in den Bars und Hotels der gehobenen weißen Wohnviertel. 1920 hieß es in dem Song »Jazz Partout«: »There are jazz bands by day, by night / There are jazz bands everywhere [Jazzbands spielen Tag und Nacht / Jazzbands spielen überall].«[22] Selbst klassische Komponisten wie Strawinsky und Auric waren fasziniert von der Schwarzen Musik, und wie sehr diese Paris im Griff hatte, wurde spätestens klar, als der Prinz von Wales nach einer Besichtigungstour durch Montmartre gleich mehrere Jazzplatten als Souvenir mit nach England nahm.

Die Begeisterung ging so weit, dass sich weiße französische Musiker 1925 öffentlich über eine »schwarze Bedrohung« beschwerten. Einem Zeitungsbericht zufolge konnten sie es kaum erwarten, »selber drauf los zu jazzen«, bekamen aber regelmäßig von den Managern der Tanzlokale zu hören, dafür müssten sie »erst mal die Hautfarbe wechseln«.[23] In manchen Kreisen war man der Ansicht, nur Schwarze Musiker seien imstande, die Seele des Jazz zu begreifen, seine kompromisslose Modernität und sein rauschhaftes Temperament. Und dieser »Schwarzenbonus« beschränkte sich nicht auf den Jazz. Seitdem immer mehr afrikanische Elemente Eingang in Pablo

* Rund 200 000 Schwarze Soldaten leisteten von 1914 bis 1918 Dienst an der Front, darunter das fast ausschließlich aus Schwarzen bestehende 369. Infanterieregiment, die sogenannten »Harlem Hellfighters«.

Picassos Werk fanden, entdeckte bald die gesamte französische Kunstwelt diese neue Schwarze Ästhetik für sich. In der spektakulären »Exposition internationale des arts décoratifs et industriels modernes«, die im Frühjahr 1925 ihre Pforten öffnete, war ein ganzer Ausstellungsbereich afrikanischer Bildhauerei gewidmet, deren lebendige Linien und ausdrucksstarke formale Schlichtheit von der Kritik gefeiert wurden. In Textilien, in der Keramik, beim Schmuck, überall tauchten jetzt afrikanische Motive auf, und sogar Schwarzen Boxern unterstellte man eine Art edle Einfalt. Jean Cocteau, der ultimative Ästhet, schrieb das Libretto zu einem Ballett namens *Le Bœuf sur le Toit*; es spielte in einer Flüsterkneipe, und die Hauptfigur war ein Boxer. Außerdem eröffnete er unter demselben Namen und Motto einen Nachtklub.

Auch das modernistische Théâtre des Champs-Elysées, an dem Nijinskys Inszenierung von *Le Sacre du Printemps* (dt. *Das Frühlingsopfer*) bei der Uraufführung 1913 für einen handfesten Skandal gesorgt hatte und in dem die Avantgardekompanie »Les Ballets Suédois« zu Hause war, hatte »black culture« im Visier. 1925 kam Rolf de Maré, der Impresario des Hauses, auf die Idee, sich Varietékünstler auf die Bühne zu holen und damit nicht nur Kunstkenner, sondern auch den Massengeschmack zu bedienen, eine Mischung, die in Paris gerade sehr angesagt war. Während de Maré sich auf die Suche nach geeigneten Darstellern machte, soll der Maler Fernand Léger zu ihm gesagt haben: »Nimm Neger. Die sind der Knaller.«[24]

Léger stellte auch den Kontakt zwischen de Maré und einer in Paris lebenden Amerikanerin her, die als absolute Expertin in diesem Bereich galt. Caroline Dudley war in Chicago mit französischer Literatur, impressionistischer Kunst und einer für die Zeit ungewöhnlich liberalen Weltanschauung aufgewachsen. Damals hatte ihr Vater regelmäßig Schwarze Freunde nach Hause eingeladen und mit seinen Töchtern Schwarze

Varietéshows besucht. Inzwischen lebte sie als Diplomatengattin in Paris und spielte schon länger mit dem Gedanken, eine Truppe von Tänzern und Musikern aus Harlem anzuheuern, die das hiesige Pariser Publikum »überraschen, verblüffen und sprachlos machen« würden.[25]

Dank der finanziellen Ressourcen von de Maré und seinem Produzenten André Daven ließ sich dieses Vorhaben nun in die Tat umsetzen, und so fuhr Caroline Dudley im Juli mit dem Schiff nach New York, um sich dort nach Tänzern für *La Revue Nègre* (der Titel stand bereits fest) umzusehen. Ihre Ambitionen waren groß: Als Zugpferd galt es, eine namhafte Sängerin wie Florence Mills oder Ethel Waters zu gewinnen, doch als diese Gagen verlangten, die ihr Budget zu sprengen drohten, musste Dudley umdisponieren. Prompt entdeckte sie bei einem Besuch des Plantation Clubs eine Tänzerin, die »herausstach wie ein Ausrufezeichen«, und war überzeugt, ihren Star gefunden zu haben.

Andere teilten diese Auffassung nicht. Louis Douglas, der als Choreograf und Tänzer für die Revue engagiert worden war, bezweifelte stark, dass Josephine das Zeug dazu hatte, die Pariser zu beeindrucken. Ihr Tanzstil sei zu exzentrisch, und ihre Stimme nicht gut genug für die Gesangsnummern. Noch skeptischer war nur Josephine selbst. Als Dudley eines Abends unangekündigt in ihrer Garderobe auftauchte, wusste sie nicht, was davon zu halten war. Die zierliche Frau hatte etwas von einem winzigen Vogel, doch ihre seltsame Art jagte Josephine Angst ein. Mit bebender Stimme und durchdringendem Blick wiederholte die Besucherin mehrfach, wie wichtig es sei, Schwarze Kunst nach Europa bringen. Josephine, die es weder gewohnt war, über Kunst zu diskutieren, noch dass Produzenten – die Leute mit Geld und Macht also – weiblich waren, fragte sich insgeheim, ob Caroline Dudley vorhatte, in einem unbeobachteten Moment über sie herzufallen.

Zu ihren Bedenken kam die Angst vor dem Ungewissen.

Bei allem Ehrgeiz war Josephine im Grunde ihres Herzens immer noch das kleine Mädchen aus dem Getto. Es fiel ihr schwer, plötzlich sämtliche Hoffnungen in eine fremde Stadt jenseits des Atlantiks zu setzen, deren Sprache sie nicht beherrschte und über deren Bewohner sie nichts wusste. Mit ungewohnter – und reichlich verlogener – Rührseligkeit machte sie Dudley klar, dass Paris für sie nicht in Frage komme, weil sie sich auf keinen Fall von ihrem Freund trennen wolle.

Caroline Dudley indes kreuzte unbeirrt weiter jeden Abend im Plantation Club auf. In leuchtenden Farben malte sie Josephine aus, was für Erfolge sie in Paris feiern würde, und versprach ihr eine Wochengage von 250 Dollar, doppelt so viel wie sie derzeit verdiente. Sie deutete sogar an, dass in der Revue ein, zwei Gesangsnummern für Josephine drin sein könnten. Als Zünglein an der Waage entpuppte sich letzten Endes jedoch Josephines ausgeprägter Hang zum Luxus. Eines Abends trug Dudley einen Mantel im chinesischen Stil, der über und über mit einem goldenen Muster bestickt war. Josephine fand ihn wunderschön, und als sie Dudley bat, ihn ihr zu schenken, witterte die ältere Frau ihre Chance. Sie zog sofort den Mantel aus, und am 15. September ging Josephine an Bord der *SS Berengaria* nach Frankreich.

Tallulah hatte sich bei ihrer Atlantiküberquerung zwei Jahre zuvor gefühlt wie auf einer Reise zum Mars, und Josephine war vor der Abfahrt nicht minder elend zumute. Noch nie hatte sie eine so haltlose Panik verspürt, die »meinem Hirn, meinem Herz, meinen Eingeweiden derart zusetzte, dass ich fast die Besinnung verlor«.[26] Aber sie wusste auch, dass sich Neuanfänge lohnten. Während sie ihre Sachen packte, fielen ihr alte Briefe und Karten in die Hände, Fotos, kleine Geschenke von Fans – lauter Andenken an ihr Leben in Amerika. Sie landeten allesamt im Papierkorb. Als Josephine in Frankreich ankam, war sie entschlossen, die Vergangenheit hinter sich zu lassen und nur die Zukunft mitzunehmen.

DIANA COOPER

KAPITEL 7

Josephines Reise nach Europa war der große Befreiungsschlag für ihre Karriere, doch als Lady Diana Cooper zwei Jahre zuvor den Atlantik in der Gegenrichtung überquerte, galt Amerika als das Land der unbegrenzten Möglichkeiten. In New York, wo sie in Max Reinhardts *Das Mirakel* spielen sollte, war der Himmel nicht verschattet von Familienangelegenheiten und Pflichten. Ihr Name und ihr Titel spülten Geld in die Kassen der Reinhardt'schen Produktion, aber die Feinheiten des britischen Klassensystems waren hier bedeutungslos. Dass Lady Diana Cooper den unkonventionellen Beschluss fasste, ihren Mann finanziell zu unterstützen, indem sie eine Bühnenkarriere startete, fand man in den Staaten keineswegs anstößig. Und wenn sie sich beim Essen einschränkte und von Corned Beef aus der Cafeteria lebte, konnte sie das tun, ohne damit Getuschel oder Gerüchte zu provozieren.

Als Diana sich bei Kriegsende ihre Unabhängigkeit erkämpft und Duff geheiratet hatte, waren solche Freiheiten noch unvorstellbar gewesen. Am Abend des Waffenstillstands hatten sie und Duff beieinandergesessen und hatten ihre Freunde betrauert, die so sinnlos ihr Leben gelassen hatten. Damals war sie mit dem Entschluss nach Hause gegangen, ihren Eltern nun endlich von der Verlobung mit Duff zu erzählen. Doch das war leichter gesagt als getan. Sie wusste, dass die Herzogin immer noch auf eine vorteilhaftere Heirat hoffte – das Bild von Diana in angeregtem Gespräch mit dem

Prince of Wales erfüllte Violets Herz weiterhin mit schmerzlicher Erwartung. Weil sie ihre Mutter liebte und die Heftigkeit ihrer Enttäuschung fürchtete, schreckte Diana wie ein Kind vor der Konfrontation zurück.

Tagelang zauderte sie, bis ihre Freundin Viola Tree – mittlerweile mit Alan Parsons verheiratet – sich ihrer erbarmte und anbot, es der Herzogin schonend beizubringen. Diana verachtete sich dafür, dass sie sich währenddessen feige in ihrem Zimmer verkroch, aber die Szene, die nach Violas Geständnis losbrach, war genauso schlimm, wie sie befürchtet hatte. Man konnte im ganzen Haus hören, wie ihre Mutter gegen diesen »schrecklichen Duff« wütete und erklärte, sie würde ihre jüngste Tochter lieber an Krebs sterben sehen, als dass sie ihr Leben an einen so mittelmäßigen Charakter und an so erbärmliche Aussichten verschwendete.[1]

Teil des Problems waren Violets Zweifel, ob Diana Duff wirklich liebte. Aus einer natürlichen Verschwiegenheit heraus hatte Diana nie über ihre Gefühle gesprochen, und als ihre Mutter sie aufforderte, sich zu erklären, war sie zu wütend und beschämt, um Klartext zu reden. Von den eigenen Empfindungen erstickt und von den Forderungen der Mutter in die Enge getrieben, fühlte Diana sich der Familie entfremdet und suchte ihre Zuflucht wieder einmal im Morphium.

Sie konnte allerdings genauso stur sein wie ihre Mutter und hielt ihren Widerstand wochenlang durch – wenn sie Duff nicht haben konnte, würde sie eben überhaupt nicht heiraten. Das war ihre Trumpfkarte, und sie setzte sie gezielt ein. Die Vorstellung, Diana könnte zur alten Jungfer werden, war für die Herzogin noch schlimmer, als sie an der Seite von Duff zu sehen, und nach einem quälenden Weihnachtsfest in Belvoir entschied sich der Zermürbungskrieg allmählich zu Dianas Gunsten. Im April hatte sie den erschöpften Eltern endlich die Zusage abgerungen, Duff im Juni heiraten zu dürfen.

Die beiden stimmten nur höchst widerwillig zu. Diana

schritt zwar nicht unter »einem herzoglichen Fluch« zum Altar, wie das *Cassel's Saturday Journal* prophezeit hatte,[2] doch die 300 Pfund,* die ihr Vater ihr jährlich bewilligte, waren bei Weitem nicht die großzügige Zuwendung, die Duff sich erhofft hatte.

Die Hochzeitsvorbereitungen standen unter keinem guten Stern, wie Diana später offen bekannte: »Meine fünfwöchige Verlobungszeit war eher traurig. Mein Vater setzte die Heirat auf den 2. Juni fest, weil er zu Pfingsten verreisen wollte und die Züge später angeblich zu voll waren.«[3]

Doch die mangelnde Begeisterung seitens ihrer Familie wurde von der britischen Presse mehr als wettgemacht. In jenem Nachkriegsfrühling waren erfreuliche Nachrichten Mangelware; die Rezession und die Spanische Grippe belasteten die ohnehin schon gebeutelte Nation zusätzlich. Als Anfang Mai die Verlobung des Paars angekündigt wurde, nahmen Fotos der beiden die gesamte Titelseite des *Daily Sketch* ein. Und am eigentlichen Hochzeitstag gebärdete sich das Publikum, als handelte es sich tatsächlich um einen Staatsakt.

Schon früh am Morgen begannen sich Grüppchen von Schaulustigen in der Arlington Street einzufinden, und als Diana und ihr Vater die kurze Strecke zur St Margaret's Church in Westminster mit dem Wagen fahren wollten, mussten berittene Polizisten ihnen den Weg durch die Massen bahnen. Der Herzog war ganz und gar nicht in Feierlaune, »er war gereizt und blass um die Nase, und auch sein Zylinder vermittelte nicht die gewohnte Heiterkeit«.[4] Die Menge machte ihn nur noch ärgerlicher: »Was um Himmels willen soll denn das?«, schimpfte er, während er den Wagen durch die

* Nachkriegsinflation, die Erhöhung von Löhnen und Steuern und der Wertverfall von Agrarland trafen die Oberschicht hart. Landsitze wurden geteilt, Stadthäuser verkauft und abgerissen, und Familien wie die Rutlands hatten mit den wirtschaftlichen Auswirkungen des Krieges schwer zu kämpfen.

Menge manövrierte, offensichtlich erstaunt über die Popularität seiner Tochter.[5]

Vor der Kirche wurden sie von mehreren tausend Menschen erwartet, viele von ihnen Journalisten und Fotografen, aber auch Frauen, die Dianas Treiben in den Klatschspalten verfolgten und ihre Hochzeit nicht verpassen wollten. Gespannt verfolgten sie den Hergang in allen Einzelheiten: das Kleid der Braut (ein Traum aus Goldlamé und Blütenspitze), der Blumenschmuck (Rosenstöcke und Orchideen, die aus den Gärten von Blenheim Palace stammten) und natürlich die Prominenz unter den eintreffenden Gästen. Von besonderem Interesse waren die sagenhaften Geschenke, die Diana und Duff der Presse zufolge erhalten hatten: Schecks vom Aga Khan und von George Moore,* Diamantschmuck von der königlichen Familie, Ballen feinsten Leinens, antikes Besteck, kostbare Bücher und Gemälde sowie ein fabrikneues Automobil vom Zeitungsmagnaten Max Beaverbrook.

Die Öffentlichkeit hielt das Ganze für ein famoses Spektakel. Doch für Diana blieb der Tag »überschattet«, und auf manchen ihrer Hochzeitsbilder ist in ihrem Gesicht mehr Spannung als Freude zu erkennen.[6] Das vergangene halbe Jahr war schwierig für sie gewesen, zudem gab es einen beunruhigenden Zwischenfall vor der Kirche, als ein Mann sie scheinbar angreifen wollte, ihr aber, wie sich später herausstellte, nur einen Brief zu überreichen versuchte. Genau wie Zelda freute sie sich über die neue Freiheit und das Wissen, »nie wieder lügen zu müssen«,[7] zugleich fürchtete sie sich aber vor dem unbekannten Eheleben.

Mit ihren sechsundzwanzig Jahren verstand Diana eigentlich selbst nicht so recht, warum sie noch Jungfrau war. Der sexuelle Entzug hatte Duff streitlustig gemacht, und sie gab

* Moore hatte Diana zunächst eine jährliche Zuwendung von 6000 Pfund ausgesetzt, doch sie entschloss sich widerstrebend, das als ungehörig abzulehnen.

zu, dass ihr Widerstand ihm gegenüber angstbesetzt, ja geradezu abartig war. Ihre Mutter hatte ihr eingeschärft, dass Jungfräulichkeit ein Unterpfand war, das man nur gegen einen Ehering tauschte, doch tiefer noch als dieser Glaube saß ihre Angst vor dem eigenen sexuellen Ungenügen. Dianas Vermutung, körperlich weniger erregbar zu sein als andere Frauen, ließ sie fürchten, dass sie Duff womöglich enttäuschen würde.

Ein Jahrzehnt später erinnerte sie sich an ihre Hochzeitsnacht als an einen gewaltigen emotionalen Umbruch. Im Bett mit Duff wurde sie von einer Welle widerstreitender Gefühle erfasst: »Nervös, unglücklich und euphorisch war ich zugleich voller Verlangen und mir meiner Sexualität sehr bewusst.«[8] Sie fühlte sich nun endlich als Frau, und in diesem Bewusstsein konnte sie die vierwöchige Hochzeitsreise als Idylle genießen. Duff war offenbar ebenso glücklich. Wenn er seine Frischangetraute im Mondschein nackt durch den Park ihrer italienischen Villa wandeln sah, erfüllte ihn das mit geradezu poetischer Ehrfurcht, und er hielt ihren Anblick für das »schönste Bild in ganz Europa«. Seine sexuelle Verzückung blieb jedoch verhalten. In seinem Tagebuch vermerkte er, dass die Hochzeitsnacht »ziemlich altmodisch und konventionell« verlaufen sei,[9] und schon wenige Tage darauf ertappte er sich dabei, wie er eine andere Frau begehrte – ein Muster, das sich durch die gesamte Ehe ziehen sollte.

Nach ihrer Rückkehr galt es zunächst ein Haus zu finden, das beiden gefiel und das sie sich leisten konnten.* Verzögert wurde die Sache dadurch, dass Diana sich ein Bein brach und in der Arlington Street das Bett hüten musste. Im März 1920 fanden sie dann endlich das Richtige, ein Haus zur Miete

* 1922 verdiente Duff 450 Pfund pro Jahr; er war zum Sekretär von Unterstaatssekretär Ronald McNeill aufgestiegen. Zusammen mit den 600 Pfund, die er von seiner Mutter erhielt, und der Zuwendung von Dianas Eltern verfügten sie gemeinsam über ein jährliches Einkommen von etwa 1400 Pfund.

in Bloomsbury. Auch wenn ihre reichen Freunde meinten, 90 Gower Street sei von charmanter »Winzigkeit« und exzentrisch weit weg von den angesagten Adressen, blieb das Haus doch für die nächsten zwanzig Jahre das Heim der Coopers. Zur Hausgemeinschaft zählte noch eine »Kernmannschaft« von fünf Bediensteten (Dianas Dienstmädchen Katie Wade und Duffs Diener Holbrook, dazu ein Koch, ein Hausmädchen und eine Küchenhilfe).

Diana gefiel diese Balance zwischen Belgravia und Bohème. Sie begann, in der Gower Street in immer neuen Zusammenstellungen Gäste zu bewirten – Schriftsteller, Maler, Musiker und junge Politiker, fast eine Neuauflage der Coterie. Eigenwillige Gäste einzuladen, etwa den Transvestiten Fürst Jusupow (auch ein Freund von Tamara) und Curtis Moffat (Iris Trees amerikanischen Ehemann), rief bei Diana einen angenehmen Kitzel hervor, auch wenn Duff mit deren Gesellschaft nicht immer einverstanden war. Als Moffat 1919 einmal mit ihnen in der Arlington Street zu Abend gegessen hatte, ärgerte sich Duff, weil der Künstler nicht nur »vergessen« hatte, sich angemessen zu kleiden, sondern auch eine »wundervolle neue Droge« (vermutlich Kokain) mitbrachte, die angeblich »tausend sonderbare Wirkungen« hatte.[10]

Zum entgegengesetzten Lager zählten die reichen Freunde der Coopers, die das Paar erstaunlich großzügig unterstützten. Sie wurden mit Dinners, Theater- und Opernkarten und Ferien im Ausland verwöhnt, und als Diana 1923 ein Sommerfest gab, spendierten Max Beaverbrook und einige andere das Essen und die Getränke, während der Pianist Arthur Rubinstein und der Sänger Fjodor Schaljapin ohne Honorar die Gäste unterhielten. Für all jene, die auf eine Einladung hofften, war Gower Street Welten entfernt von der vorstädtischen Tristesse, die Dianas Mutter ihrer Tochter boshaft prophezeit hatte.

Der eigene Wagen, Max Beaverbrooks großzügiges Hochzeitsgeschenk, erlaubte Diana zudem den gefährlichen Luxus des Fahrens. Automobile waren damals in Großbritannien noch nicht sehr weit verbreitet – 1919 waren nur 250000 auf den Straßen unterwegs –, und vielen Autobesitzern mangelte es am nötigen Können und an Fahrpraxis.* Diana war hinter dem Steuer genauso hoffnungslos wie Mrs Stitch aus Evelyn Waughs 1938 erschienenem Roman *Scoop. A Novel About Journalism* (dt. *Die große Meldung*). Als sie einmal einen Milchwagen rammte, amüsierte sie sich königlich darüber, dass der Besitzer der Tierhandlung gegenüber seine Hunde herausließ, damit sie die verschüttete Milch aufleckten.

Für Diana war das alles ein großer Spaß – sie war jung, verheiratet und frei in London. Doch die Stadt fand nicht so schnell zur Leichtlebigkeit der Vorkriegszeit zurück wie Paris. Erst langsam öffneten hier wieder die Nachtklubs, füllten die Geschäfte sich mit Waren, und Diana landete einmal mehr in den Klatschspalten. In seinem 1922 erschienenen Roman *Aaron's Rod* (dt. *Aarons Stab*) porträtiert D.H. Lawrence sie als die faszinierende Lady Artemis, die in einem Raum voll bewundernder Männer Hof hält: »Sie rauchte ihre Zigaretten … machte mit leicht krächzender Stimme ihre geistreichen Kommentare … ganz die Frau der Stunde. Seltsam, wie heiser ihre Stimme hinter dem Zigarettenrauch hervorklang. Und doch mochte ich sie – diese draufgängerische Note der modernen Freibeuterin.«[11]

Oberflächlich gesehen hatte Diana der Herzogin das Leben abgetrotzt, das sie sich immer gewünscht hatte, doch nun wollte sie auch arbeiten. Während des Krieges hatte sie gelernt, sich als aktive und zielstrebige Erwachsene zu sehen, außerdem musste sie Geld verdienen, damit Duff langfristig seinen Posten im Außenministerium aufgeben und selbst in die Politik ge-

* In Amerika waren es 1920 bereits 7,4 Millionen Autos und zu Ende der Dekade 27 Millionen, was bedeutete, dass einer von fünf Amerikanern einen eigenen Wagen besaß.

hen konnte. Die bescheidene Vergütung, die britische Abgeordnete erhielten, konnte weder die Kosten für den Wahlkampf decken noch die Wechselfälle einer Parlamentskarriere abpuffern.* Dianas »Plan«, wie sie es nannte, bestand darin, sich eine gut bezahlte Beschäftigung zu suchen, um damit die Zukunft ihres Mannes zu finanzieren.

Doch diese Zuversicht erwies sich aus mehrerlei Gründen als unrealistisch. Während der Erholungsphase der britischen Wirtschaft blieb die Arbeitslosigkeit unvermindert hoch, besonders unter den Frauen. Entgegen den Prinzipien, die im »Sex Discrimination (Removal) Act« von 1919 festgeschrieben worden waren und Frauen Betätigungsfelder wie Buchhaltung und Recht eröffneten – Chancen, die die jüngeren unter ihnen zahlreich ergriffen –, wurden sie im Grunde weiterhin dazu gedrängt, zu Hause zu bleiben. Hinzu kam, dass der »Pre-War Practices Act« desselben Jahres den Kriegsheimkehrern zusicherte, dass sie ihre Jobs, vor allem in der verarbeitenden Industrie, zurückbekämen. Auch in anderen Berufen waren Arbeitsplätze für Frauen Mangelware, und im Mai 1919 stellten sie drei Viertel der Arbeitslosen.

Natürlich unterschied sich Diana in mehreren Dingen von den anderen Frauen, aber in mancherlei Hinsicht war sie schwerer vermittelbar als viele ihrer Geschlechtsgenossinnen. Abgesehen von ihrer Zeit als Hilfsschwester verfügte sie über keinerlei Ausbildung oder Berufserfahrung, und auch ihre Klassenzugehörigkeit erwies sich als Handicap. Inzwischen hatte sich das Verhältnis zu ihrer Mutter zwar gebessert – Violet besuchte sie jetzt öfter in der Gower Street, brachte Leckereien mit oder gab Tipps für die Inneneinrichtung –, aber für

* Duffs romantische, altmodische Vorstellung von einem Tory-Abgeordneten war bei den sich gerade modernisierenden Konservativen nicht gefragt; außerdem hatte er kaum einflussreiche Unterstützer in der Partei und konnte keine finanziellen oder beruflichen Garantien vorweisen.

Diana kam kaum ein Job in Frage, der nicht ihre Familie und vermutlich auch ihre Kolleginnen verärgert hätte.

Andererseits verfügte sie über gute Kontakte, und es war Max Beaverbrook, der ihr schließlich eine Karriere als Zeitungskolumnistin eröffnete. Auch in Großbritannien hatten die Medien in der Nachkriegszeit Frauen als neue Zielgruppe entdeckt, und die Redaktionen entwickelten neue Formate, die sich auf Schönheitspflege, Mode und Haushaltstipps konzentrierten. Beaverbrook wollte mit Diana seine Auflagenzahlen steigern und bot ihr die regelmäßige Mitarbeit beim *Sunday Express* an, für den sie über Themen schreiben sollte, die von Promihochzeiten bis zur aktuellen Rocklänge reichten. Angesichts ihres ehrgeizigen Plans war das Honorar von 50 Pfund pro Artikel natürlich nur ein Taschengeld, aber es war ein vielversprechender Anfang. Es meldeten sich nicht nur weitere Zeitungen bei ihr (unter anderen Beaverbrooks größter Rivale, die *Daily Mail*), im Mai 1921 kam auch das Angebot für eine Dauerstellung.

Das französische Frauenmagazin *Femina* wollte eine englische Ausgabe auf den Markt bringen, und Diana sollte sie herausgeben. Für ein Honorar von jährlich 750 Pfund – das war anderthalbmal so viel, wie Duff im Außenministerium verdiente – hatte sie nicht viel mehr zu tun, als jeden Monat ein Editorial zu schreiben, das die Berichterstattung des Magazins über Mode, Kunst und aktuelle Nachrichten kommentierte und mit einem prominent platzierten Foto von ihr geschmückt war. Endlich schien ihr Plan aufzugehen. Das einzige Problem war, dass Diana ihre Qualifikationen als Journalistin durchweg vortäuschen musste. Sie interessierte sich nicht wirklich für die neuen Modetrends, konnte Picasso nichts abgewinnen, und obgleich sie einen lebendigen, eigenwilligen Schreibstil hatte, verstand sie kaum etwas von Grammatik und Rechtschreibung, geschweige denn vom Aufbau eines Artikels. Bei Deadlines geriet sie regelmäßig in Panik und überredete Duff, das meiste für sie zu schreiben – kurioserweise auch ihre »weibliche« Replik auf den frauenfeindlichen Roman *Our Woman* (1920) von Arnold Bennett. Es war sicher nicht ihre Schuld, dass die britische *Femina* nach nur sechs Monaten eingestellt wurde,* aber es bestätigte sie in dem Gefühl, der Journalismus werde niemals ihr Metier sein.

Unterdessen erkundete Diana andere Karrierechancen. Nach ihrem kurzen Auftritt in dem Propagandafilm *Hearts of the World* im Jahr 1918 war der Regisseur D.W. Griffith überzeugt gewesen, ein Talent entdeckt zu haben. Ihre großen, hellen Augen und die blasse Haut kamen auf der Leinwand besonders gut zur Geltung, und als Griffith im Mai 1919 für eine neue Hollywood-Produktion castete, wollte er sie unbedingt wieder dabeihaben. Die Gage, die er ihr anbot, war enorm – 75 000 Dollar oder 21 000 Pfund, eine Summe, die Diana zwar gern gehabt hätte, aber der Zeitpunkt war denkbar ungünstig. Sie wohnte damals zu Hause und war noch nicht mit Duff verheiratet. Als sie die Sache ihren Eltern gegenüber vorsichtig erwähnte, gab es das erwartete Theater.

In Großbritannien haftete dem Beruf der Schauspielerin immer noch ein gewisser Hautgout an. Es galt weiterhin die Ansicht, die ein Kritiker Ende des 19. Jahrhunderts so formuliert hatte: Es sei schlichtweg unmöglich, »dass eine Frau, die von Beruf Schauspielerin ist, unbefleckt bleibt«.[12] Und wenn schon eine Theaterkarriere anrüchig war, wie sah es dann erst beim Film aus? Dianas patriotischer Kurzauftritt für Griffith war akzeptabel gewesen (selbst Premierminister Lloyd George war in der Dokumentation zu bewundern), doch ein kommerzieller Film war eine völlig andere Sache.

* Die Herausgeber hatten fälschlicherweise angenommen, sie bräuchten die Originalartikel nur übersetzen zu lassen und könnten sie unverändert in die englische Ausgabe übernehmen.

Das Filmgeschäft war noch immer ziemlich gemischt. Manche Studios verdienten gut mit Pornografie, und selbst den Kinos haftete ein fragwürdiger Ruf an. Das Spektrum reichte von großen, gut ausgestatteten Lichtspieltheatern bis zu schmuddeligen, rauchgeschwängerten Etablissements, berüchtigt für die Szenen, die sich dort im Schutz der Dunkelheit abspielten. Die Vorstellung, dass eine Aristokratin sich freiwillig in ein solches Umfeld begab, verletzte nicht nur das Ehrgefühl von Dianas Familie, sondern auch das der gesamten britischen Nation. Als sie Jahre später ihren ersten Film drehte, bekam sie Hassschreiben von angewiderten, enttäuschten Vertretern der Öffentlichkeit. »Sie PERSON«, schrieb ein empörter Bürger, »wie können Sie, die Sie in eine hohe gesellschaftliche Position hineingeboren wurden, sich aus schäbigen finanziellen Erwägungen so prostituieren?«[13]

1919 war der Widerstand gegen ihre Filmpläne allerdings bei Weitem nicht so heftig gewesen, wie es das Magazin *Vanity* darstellte. Dort hieß es, ihr sei von ihrer Familie mit Exil gedroht worden, sollte sie Griffith' Angebot annehmen, außerdem habe ihr die Queen den Zugang zum Hofe verweigert. Der Duke und die Duchess of Rutland waren natürlich dagegen gewesen; wie der Rest der Familie hatten sie ihre kollektive Ehre bedroht gesehen. Der Hauptgrund, warum Diana sich nicht durchgesetzt hatte, war jedoch die Tatsache, dass sie einen Monat später heiraten sollte, und das hatte schon genug Kämpfe gekostet.

Sechzehn Monate später war die Situation eine völlig andere, und als ein neues Angebot kam – diesmal von dem britischen Produzenten und Regisseur J. Stuart Blackton –, war Diana entschlossen, es anzunehmen. Blackton hatte bis vor Kurzem in New York gearbeitet und als Pionier der Animationstechnik beruflichen und finanziellen Erfolg gehabt. Doch die Konkurrenz durch neue, teure Produktionen aus Hollywood zwang ihn zum Rückzug nach England. Nun hoffte er, seine Karriere durch die Produktion von Genrefilmen auf neue Füße zu stellen – britische Historienschinken besetzt mit britischen Stars.

Dafür war Diana erste Wahl. Sie mochte zwar keine Profischauspielerin sein, aber es gab, wie Duff fast ein bisschen eifersüchtig in sein Tagebuch notierte, außer Kitchener niemanden, »der es mit ihrer Popularität ›beim Pöbel‹ aufnehmen konnte«.[14] Auf der Straße wurde sie regelmäßig von jungen Frauen angesprochen und um ein Autogramm gebeten, und wenn sie ein Theater betrat, wurde sie nicht selten mit spontanem Applaus begrüßt. Blackton war bereit, für diese Beliebtheit einen hohen Preis zu zahlen. Sein Angebot von 12 000 Pfund für zwei Filme konnte zwar nicht mit dem von Griffith mithalten, doch der überglücklichen Diana schien es dennoch »aberwitzig hoch«.

Ihrer Familie überbrachte sie die Nachricht mit ängstlichem Trotz. Doch obwohl man zunächst mit reflexhaftem Protest reagierte, fiel der Widerstand diesmal schwächer aus als erwartet. Hilfreich war sicherlich, dass die beiden Rollen, die Blackton ihr anbot, alles andere als aufreizend waren: Im ersten Film sollte sie eine Aristokratin aus dem 17. Jahrhundert spielen, im zweiten Elisabeth I. Auch die Gage war nicht zu verachten. Kaum hatte Dianas Mutter gehört, um welche Summen es ging, wurde sie plötzlich zur Unterstützerin. Beunruhigender war da schon der Protest der Actors' Association, die bei Blackton eine formelle Klage einreichte, dass »gewisse adlige Leutchen« denjenigen die Arbeit wegnähmen, »die von der Schauspielerei leben müssen«.[15]

Diana war entschlossen, ihre Fähigkeiten unter Beweis zu stellen. Der Stummfilm war das ideale Medium für ihr Debüt als Schauspielerin: Sie musste keinen Text lernen, und es würde nicht auffallen, dass ihr jegliche Stimmbildung fehlte. Sie nahm an, ihre zahlreichen Auftritte bei Kostümbällen und in *tableaux vivants* hätten sie ausreichend auf ihre historischen

Rollen vorbereitet. Doch als sie dann als Lady Beatrice, die bezaubernde, etwas dümmliche Heldin von *The Glorious Adventure,* mit den Dreharbeiten begann, stellte sie fest, dass die Arbeit schwieriger war als erwartet. Die Hitze der Scheinwerfer, das Gewicht der Kostüme – auf solche körperlichen Anstrengungen war sie nicht vorbereitet gewesen. Auch an den aufreibenden Rhythmus am Set aus langen Wartezeiten, unterbrochen durch Wirbel von konzentrierter Aktivität, musste sie sich erst gewöhnen. Und die Illusion, die sie hinsichtlich der künstlerischen Qualität des Projekts gehegt hatte, wurde bald zerstört. In *The Glorious Adventure* wimmelte es nur so von historischen Ungenauigkeiten (besonders irritierend fand Diana die Darstellung von Samuel Pepys als Zuhälter), und Blackton schien es mehr um die Erfüllung seines Zeitplans zu gehen als darum, seinen Schauspielern Qualität abzuringen. Am meisten ärgerte Diana sich über das Alter von Gerald Lawrence, ihrem Filmpartner, den sie bereits als Fünfjährige in romantischen Hauptrollen auf der Bühne von Her Majesty's Theatre gesehen hatte.

Doch sie hatte während der Zeit im Guy's schon Schlimmeres durchgestanden, und Blacktons Assistent Felix Orman gab an, sie habe sich »sehr demokratisch verhalten und ihre Arbeit ernst genommen ... [und sei] das am wenigsten nervige Mitglied der Crew«.[16] Der Film lief mit größtmöglicher Publicity an: Das Kaufhaus Selfridges gestaltete dazu ein großes Schaufenster, und die Massen drängten sich, um die Stars am Premierenabend des 16. Januar 1922 in Covent Garden ankommen zu sehen.* Die Presse – insbesondere der *Express* von Max Beaverbrook und Viscount Rothermeres *Daily Mail* – sparte

* Das Opernhaus war zeitweise an den amerikanischen Filmproduzenten Walter Wanger vermietet – eine der Strategien gegen den Bankrott. Wanger wollte das kulturelle Image der Filmindustrie in Großbritannien verbessern, indem er dort handverlesene Filme mit Niveau zeigte und diese mit Livemusik und Ballettaufführungen kombinierte.

nicht mit Lob. Diana wurde bejubelt, und selbst ihre Mutter und Duff schwärmten von ihrer Schönheit auf der Leinwand: »Ihre Gesten ... so voller Würde und natürlicher Eleganz, wie man es nie zuvor bei einer Filmschauspielerin gesehen hat.«[17]

Neun Monate später, als die Dreharbeiten zu *The Virgin Queen* begannen, war Diana entschlossen, ein noch besseres Ergebnis abzuliefern, obwohl sie der Arbeit am Set mittlerweile kritisch gegenüberstand. Die Kostüme dieser Produktion waren höchst beschwerlich (Reifröcke, Halskrausen und »Kragen so groß wie Tennisschläger«), und um der historischen Genauigkeit willen musste sie sich sogar die Augenbrauen rasieren (eine Tatsache, die in der *Daily Mail* salbungsvoll als »großartiges Opfer, aus Pflichtbewusstsein und im Dienste der Kunst« bezeichnet wurde).[18] Besonders verärgert war Diana, als sie in einem Interview mit einem amerikanischen Journalisten Begeisterung für den Film heucheln musste. »Mein Gott«, beklagte sie sich frustriert und verächtlich bei Duff, »es ist doch wegen des Geldes und man dachte, es würde vielleicht Spaß machen.«[19] Sie brauchten das Geld. Gerade war wieder die Miete für Gower Street fällig, und Diana war keineswegs so desillusioniert, dass sie Blacktons Angebot für ein drittes Projekt ausgeschlagen hätte – diesmal die Verfilmung des historischen Romans *Dorothy Vernon of Haddon Hall*.* Sie hatte einen besonderen Bezug zu dem Stoff, denn das reale Haddon Hall war Teil der Rutland-Besitzungen und einer ihrer Vorfahren der Held des Romans. Vielleicht konnte sie ja sogar zur historischen Korrektheit des Films beitragen. Doch noch bevor die Dreharbeiten im Sommer 1923 begannen, kam ein sehr viel reizvolleres Angebot, das es Diana ermöglichte, von der kompromittierenden Welt des Kinos auf die Theaterbühne zu wechseln.

* Er wurde 1924 noch einmal verfilmt, mit Marshall Neilan als Regisseur und Mary Pickford in der Hauptrolle.

Max Reinhardt galt weithin als Theatergenie, seine Produktionen waren eine spektakuläre Mischung aus Klang- und Lichteffekten, Drama und großem Gepränge, und vor dem Krieg hatte das Pantomimenstück *Das Mirakel* in ganz Europa Furore gemacht. 1911 war Diana unter den hunderttausend Zuschauern gewesen, die sich von der Londoner Aufführung hatten begeistern lassen. Zweitausend Tänzer, Schauspieler und Musiker erzählten die emotional aufgeladene Geschichte einer jungen Nonne, die vom religiösen Weg abkommt und durch das wunderbare Eingreifen der Jungfrau Maria gerettet wird.

Diese Art von ritualistischer, choreografierter Darbietung war bislang auf keiner westlichen Bühne zu sehen gewesen und errang bald Kultstatus, ähnlich wie Djagilews fantastische »Ballets Russes«. Der Krieg hatte eine Amerikatournee verhindert, aber 1923 finanzierte der Bankier und Mäzen Otto Kahn eine Wiederaufnahme des Stücks im New Yorker Century Theatre. Er investierte 600000 Dollar in die Produktion, und vermutlich auf sein Anraten hin sah Reinhardt sich nach einer Schauspielerin um, die sich die Rolle der Madonna mit der bisherigen Hauptdarstellerin Maria Carmi teilen sollte.

Carmi war in Reinhardts eigener Theaterakademie ausgebildet worden und hatte eine große Anhängerschaft in Europa. Doch um in Amerika ein Kassenschlager zu werden, brauchte die Produktion einen Star mit Widersprüchen und einer gut vermarktbaren Story, und Reinhardts Produzent Morris Gest schlug daraufhin Diana vor. Sie besitze, so erklärte er Reinhardt, eine angeborene Finesse, auf die das amerikanische Publikum garantiert anspringen würde: »Sie scheint nicht den Boden zu berühren, auf dem sie geht«, meinte er. »Eine aristokratischere, sympathischere und schönere Frau ist für diese Rolle einfach nicht zu finden.«[20]

Gest war so begeistert von der Idee, dass er Diana zu einem Treffen im Savoy überredete und enttäuscht war, als sie ganz allein erschien, ohne eine Entourage. Es überraschte ihn auch, wie leicht sie einzuschüchtern war. Die Einladung, mit Reinhardt arbeiten zu dürfen, hatte Diana tief beeindruckt, doch Gest mit seiner saloppen amerikanischen Art, den langen Haaren und schrillen Klamotten, war ganz und gar nicht das, was sie sich vorgestellt hatte. Sie war zu überrumpelt, um zu protestieren, als er sie bat, ihren Rock doch ein wenig zu heben, damit er sich von der Wohlgeformtheit ihrer Waden überzeugen könne, und sie verpasste den Zeitpunkt, ihre Wunschgage von 2000 Pfund pro Woche einzufordern, und so blieb es bei den angebotenen 1500 Pfund, was auch nicht schlecht war.

Auch Reinhardts Aufforderung, persönlich zum Vorspiel auf sein Schloss bei Salzburg zu kommen, akzeptierte sie. Es sollte die einschüchterndste Erfahrung ihres Lebens werden: Mehr als eine Stunde war sie mit dem Maestro allein und musste die Szene mimen, in der die Marienstatue langsam und eindrucksvoll zum Leben erwacht. Sie hatte keine Ahnung, wie sie sich vorbereiten sollte, außer, dass sie sich einen Rock suchte, der als Schleier taugte und in religiöser Anmutung ihren Kopf bedeckte. Sie konnte nur hoffen, dass ihre einjährige Tanzausbildung ihr dabei helfen würde, fromme Verzückung zu verkörpern. Offensichtlich gelang es ihr, wenngleich Reinhardt später verlauten ließ, am meisten habe ihn beeindruckt, dass sie in Tränen ausgebrochen sei, als er ihr seine Vorstellungen erläuterte.

Sie hatte ein gutes Gefühl, doch während ihres Aufenthalts in Salzburg bekam sie auch einen ersten Eindruck davon, wie mörderisch es im Schauspielgeschäft zuging. Maria Carmi sah sie als Bedrohung und versuchte, Dianas Glaubwürdigkeit bei Reinhardt zu untergraben, indem sie Gerüchte über Drogen- und Alkoholexzesse verbreitete, ja sogar telegrafierte, man solle ihr Hotelzimmer nach leeren Ginflaschen und Spritzen durchsuchen lassen. Obwohl Carmi drohte, die Produktion auf 20000 Pfund zu verklagen, falls sie ihre Rolle teilen müsse, kam es schließlich zum Vertragsabschluss. Am 26. Oktober ließ Diana sich als Vorbereitung auf ihre Eroberung New Yorks einen Pagenkopf schneiden und forderte den gar nicht begeisterten Duff auf, »ihr gefälligst eine Frau zu nennen, die [er] bewunderte und die das Haar noch lang trug«.[21] Einen Monat später ging sie an Bord der *SS Aquitania*, um den Atlantik zu überqueren.

Normalerweise genoss Diana das Abenteuer des Reisens, doch diesmal hatte sie Vorbehalte. Eine Atlantiküberquerung bedeutete für sie eine Reise ins Ungewisse. Während der ersten zwei Tage beruhigten sie das gute Wetter und die Anwesenheit Duffs, der vom Außenministerium beurlaubt worden war, um sie zu begleiten. Verglichen mit ihren bisherigen Reiseerfahrungen – die Familienferien auf dem Kontinent, für die die Herzogin immer Proviant und Kleidung für ein ganzes Jahr eingepackt hatte – war diese sechstägige Passage ein Ausbund an Luxus und Effizienz. Sie und Duff freuten sich wie die Kinder über die Größe ihrer First-Class-Kabine, die Louis-Quatorze-Opulenz des Speisesaals und die unglaubliche Modernität der Ausstattung, darunter ein Wellnessbereich, ein Fitnessraum, mehrere Tanzorchester und eine scheinbar unerschöpfliche Fülle an Cocktails und Blumenschmuck.

Doch dies alles wurde bedeutungslos, als Sturm aufkam. Diana, zu Pessimismus neigend und von den Bildern der *Titanic*-Katastrophe verfolgt, ängstigte sich vor den stahlgrauen Wellen, die sich am Horizont aufbäumten. Sie bat den Schiffsarzt um ein Beruhigungsmittel und erkundigte sich kläglich: »Es gibt doch wohl viele unter den Mitreisenden, die ebenso beunruhigt sind wie ich?« Der Arzt, zu beschäftigt, um sich mit den schwachen Nerven seiner reichen Klientel abzugeben, erwiderte brüsk: »Vielleicht ein paar Emigranten unten im Frachtraum.«[22] Doch Dianas Angst rührte nicht nur vom Wetter her. Je mehr sie sich New York näherten, desto ängstlicher wurde sie bei der Vorstellung, fast sechs Monate lang dort allein in dem fremden Land verbringen zu müssen, ohne Duff. Immer wieder wurde sie von Unsicherheit geplagt; sie fürchtete, ihrer Persönlichkeit mangele es an einem festen Kern, und alles, was sie vorweisen könne, sei eine »Aura«, eine gesellschaftliche Fassade. Im Laufe ihrer dreieinhalbjährigen Ehe hatte Diana allerdings gelernt, sich an Duffs Solidität und Weltläufigkeit anzulehnen. Sie behauptete, sie sei »dafür geboren, in Duffs Armen geborgen zu sein«,[23] und wollte nur zu gern glauben, dass dieser sich auch auf sie stützte, auf ihre Leichtigkeit im gesellschaftlichen Umgang, auf ihre Fähigkeit, ihn zum Lachen zu bringen.

Inzwischen waren die beiden so eng miteinander verbunden, dass Diana meinte, die Trennung nicht überstehen zu können. Noch mehr jedoch fürchtete sie, dass Duff sie völlig problemlos überstehen würde. Erst sehr viel später sollte sie kundtun, die Promiskuität ihres Mannes habe sie nie wirklich gestört. Sie erklärte sich Duffs unstillbare Lust am Sex und ihr mangelndes Interesse daran durch eine Art universales Gesetz: »Wie so viele Männer, konnte Duff nicht genug davon kriegen … und wie so viele wohlerzogene Mädchen meiner Generation hatte ich kein großes Verlangen danach …«[24]

Sie redete sich ein, seine Affären seien bloß vorübergehende Zerstreuungen.* Seine Geliebten mochten »die Blüten« sein, sie aber war »der Baum«.

Dieses Bild wurde immer mehr zu einer treffenden Beschreibung für ihr gemeinsames Leben, doch während ihrer frühen Ehejahre hatte Diana vielfach Anlass, wegen Duffs Untreue zu jammern und zu toben. Er versuchte, seine Affären geheim zu halten, und belog sie und auch sich selbst, was deren Häufigkeit und Vielfalt betraf. Doch die Eifersucht

* Auch Duff behauptete immer wieder, er habe sich nur »der Unzucht, und nicht der Untreue« schuldig gemacht.

hatte Dianas Instinkte geschärft. Als er sich 1920 mit Diana Capel zusammentat (Witwe von Boy Capel, Coco Chanels früherem Liebhaber), kam ihm Diana sofort auf die Schliche. Dass es sich um eine ihrer Freundinnen handelte, verletzte sie umso mehr, und sie machte Duff eine Szene, die sich zum größten Streit ihrer Ehe auswuchs: Sie hasste ihn für die Schmach, die er ihr angetan hatte, und mehr noch dafür, dass er ihr gemeinsames Glück dadurch in Zweifel zog.

Konnte Diana die Wahl seiner Geliebten einigermaßen nachvollziehen, so übte sie sich in wohlwollender Gleichgültigkeit, doch manche Frauen empfand sie einfach nur als Zumutung. Daisy Fellowes zum Beispiel, die verwöhnte, ehrgeizige Salonlöwin, mit der Duff über die Jahre immer wieder tändelte, fand sie besonders abstoßend und nannte sie »ein törichtes, kicherndes, einfältiges, geiles Stück Unrat«.[25] Erstaunlicherweise war Duff fast genauso unglücklich über die Anziehungskraft, die sie auf ihn ausübte. Trotzdem war er fasziniert von Daisys demonstrativ zur Schau gestellter Verdorbenheit. Die Nichte von Winnaretta Singer (später auch als Prinzessin Polignac bekannt und Erbin des Singer-Vermögens) war wegen ihrer sexuellen und gesellschaftlichen Exzesse in ganz Europa einschlägig bekannt.* Eines Abends, als sie mit Duff allein war und gerade ein Opiumpfeifchen geraucht hatte, erbot sie sich, Duff »jeden Wunsch zu erfüllen«. Doch die darauffolgenden Exzesse erfüllten ihn vor allem mit Selbsthass.[26] Duff war in vielerlei Hinsicht ziemlich altmodisch, vor allem, was die Doppelmoral in seiner Ehe betraf. Wenn Diana sein Engel war, dann war Daisy seine Hure.

Am meisten jedoch litt Diana unter ihrer eigenen Eifersucht. Sie sah darin ein hassenswertes Gefühl, nicht würdig

* Einige Jahre später zahlte sie Josephine Baker eine enorme Gage, damit sie bei einer ihrer Partys auftrat, allerdings unter der Auflage, dass sie nackt und nur mit Goldbronze bemalt tanzte.

der modernen und mustergültigen Ehe, die zu führen sie anstrebte. Doch der Sex blieb ihr wunder Punkt. So überwältigend ihre Hochzeitsnacht auch gewesen sein mochte, die erhoffte sexuelle Befreiung hatte sie nicht gebracht. Diana zog weiterhin den schicklichen Flirt den Realitäten im Bett vor. Hier fühlte sie sich auf sicherem Terrain, nicht nur mit Duff, sondern auch mit Dutzenden anderer Männer, die sie umschwärmten. St John Hutchinson und Alan Parsons – »die Jungs« aus der Vorkriegsclique – blieben ihr ergeben, ebenso zahlreiche frühere Verehrer, darunter der Sänger Fjodor Schaljapin und Max Beaverbrook, den Diana ziemlich unwiderstehlich fand: »Ein seltsam attraktiver Gnom mit einem Hauch von Genie. Er hinterließ einen starken Eindruck und große Erregung.«[27]

Die körperliche Anziehung durch diese Männer blieb jedoch minimal, und in ihren verletzlichsten Momenten fragte sich Diana, ob sie vielleicht ohne die natürlichen Instinkte und Bedürfnisse geboren worden war, über die andere Frauen verfügten. Wenngleich Diana sich nie für die Werke von Sigmund Freud, Marie Stopes oder Henry Havelock Ellis interessierte, muss sie deren Vokabular zwangsläufig auf Partys aufgeschnappt haben. Man redete allenthalben davon, dass Orgasmus und gesunde Libido die Voraussetzung für Glück und Erkenntnis seien, Frigidität dagegen implizierte ein Versagen, das Diana sich ungern eingestehen wollte.

Jedes Mal, wenn Duff zu einer anderen Frau ging, lebten ihre Selbstzweifel wieder auf, und ihre sexuelle Unsicherheit nahm schließlich die Form körperlicher Beschwerden an. Im Sommer 1920 bildete sie sich plötzlich ein, dass in ihrer Brust ein Tumor wuchs. Die rätselhafte Krankheit, die sie als Kind über Monate ans Bett gefesselt hatte, hinterließ eine lebenslange Hypochondrie. Die Zweifel an ihrer Fruchtbarkeit waren da schon begründeter. Zunächst hatten weder Diana noch Duff vor, ihr umtriebiges Leben mit Babys zu belasten, doch die Monate vergingen, und Diana wurde nicht schwanger. Schließlich diagnostizierte man eine Verwachsung in der Gebärmutter, die eine Empfängnis verhindert haben mochte. Da sie sich vor einer Operation zu sehr fürchtete, überredete sie Duff, sie zu einer kräftigenden Kur in die französischen Pyrenäen zu begleiten, verbunden mit einem Ausflug nach Lourdes.

Zu dieser Zeit suchte sie Trost weniger bei Duff, sondern eher in Alkohol und Morphium. Seit sie sich im Sommer 1919 das Bein gebrochen hatte – sie war durch ein Oberlicht gefallen, als sie ein Feuerwerk anschauen wollte –, griff sie wieder regelmäßig zu dieser Droge, und als keine medizinische Notwendigkeit mehr dafür bestand, war sie bereits davon abhängig. Duff hasste es, wenn sie in die unnatürliche, gläserne Ruhe ihrer narkotischen Trance abtauchte, doch für Diana war es eine kostbare Welt, fern aller Verunsicherungen, die ihre Gefühle für Duff bargen. Sie wünschte sich eine gesunde, liebevolle Ehe, und seine Affären zu tolerieren, schien die zeitgemäße Reaktion zu sein, auch wenn sie Dianas romantischen Überzeugungen widersprach. Sie wollte die Ehe als etwas Kostbareres sehen, nicht als die pragmatische, leidenschaftslose Verbindung, die ihre Mutter eingegangen war. Wie Zelda und viele junge Frauen ihrer Generation hatte sich Diana auf ein emotionales Experimentierfeld begeben und fühlte sich dort bisweilen ziemlich einsam.

Als Duff und sie Anfang Dezember schließlich in New York anlegten, waren ihre Ängste angesichts der turbulenten, lauten Fremdheit der Stadt wie weggewischt. Am Kai erwartete sie eine Journalistenmeute mit einem Blitzlichtgewitter und einem Bombardement von Fragen: »Stimmt es, dass Diana einige Wochen in einem Kloster verbracht hat, um sich auf die Rolle der Jungfrau Maria vorzubereiten?« – »Was halten Sie von der Carmi?« – »Werden Sie oder Ihre Rivalin am Premierenabend spielen?« Die meisten dieser Fragen waren von

Gest inszeniert, und er hatte Diana bereits während der Reise telegrafiert, wie sie antworten solle, einschließlich der wahnwitzigen Behauptung, Gott habe ihr im Traum gesagt, *sie* müsse die Premiere spielen, nicht Carmi.

Diana hatte nicht vor, auf dergleichen Unsinn einzugehen, doch sie unterschätzte die Hartnäckigkeit, mit der Gest seine Werbekampagne durchzog. Er hatte die Presse mit fantastischen Geschichten über sie und Maria Carmi angefixt; Diana wurde als die Erbin eines Zehn-Millionen-Dollar-Vermögens dargestellt, die über siebzig Bedienstete verfügte, und die Carmi als grandiose Gattin eines exilierten georgischen Prinzen (ihr Ehemann Georges Matchabelli war tatsächlich von königlicher Abkunft, Bekanntheit erlangte er aber allenfalls durch eine Parfümserie, die er 1924 herausbrachte). Und bis zum Ende der New Yorker Spielzeit würde Diana noch mehrfach Opfer von Gests Tricksereien werden.

Fürs Erste aber waren die Journalisten zufriedengestellt und ließen Duff und sie zu ihrem Hotel fahren, dem Ambassador an der Park Avenue. Nichts, was Diana gelesen oder auf Fotos gesehen hatte, bereitete sie auf die majestätische Größe der Wolkenkratzer vor, auf die Hektik in den Straßenschluchten, die Menschenmassen, die Abgase der Automobile, den Lärm und das vielfältige Angebot der Essens- und Getränkeverkäufer. Duff, der nur eine Woche blieb, mochte New York nicht. »Falls es Schönheit besitzt, so springt diese einem nicht ins Auge«, schrieb er.[28] Er konnte sich nicht auf die Dynamik der Stadt einlassen und fand sie hektisch und unzivilisiert, besonders die Prohibitionsgesetze registrierte er mit Verachtung. Er fand es ungeheuerlich, dass er an einem zivilisierten Ort daran gehindert wurde, zu seinem Abendessen etwas Stärkeres als Kaffee zu trinken. Seine Empörung wurde auch nicht durch den freundlichen Empfang gemildert, den Cole Porter, ein alter Bekannter aus Venedig, ihm und Diana bereitete. Er hatte eigens eine Kiste Bourbon und den Schlüssel zu seinem persönlichen »liquor locker« im Knickerbocker Club in ihre Suite schicken lassen.

Diana war da schon aufgeschlossener. Von der Penthouse-Suite im Ambassador war sie sehr beeindruckt – »der kristallene New Yorker Himmel als Hintergrund für unseren Luxus in schwindelnder Höhe«[29] –, und sie konnte sich nicht genug an den modernen amerikanischen Annehmlichkeiten freuen: Telefone mit Direktwahl, die kein Fräulein vom Amt mehr benötigten, ein Radio mit Einschaltknopf und unterschiedlichen Sendern von Buffalo bis Chicago, eine »Frigid Air«-Maschine, die elektrisch Eiswürfel herstellte, Cafés, »wo man sah, was man aß, bevor man es aß«, und ein alkoholfreier »Highball« aus dem nahe gelegenen Drugstore, der es trotzdem schaffte, sie wunderbar beschwipst zu machen, »eine Wirkung, die stärker und angenehmer war als alles, was ich jemals gekostet habe«.[30]

Im Gegensatz zu London war New York auf geradezu anmaßende Weise vom eigenen Erfolg überzeugt. In seinen *Tales of the Jazz Age* (dt. *Philosophie des Jazz Age*) beschrieb F. Scott Fitzgerald das Nachkriegsamerika als eine Nation voller »große[r] Geldtankstellen«, und Diana hielt New York für eine Stadt, die »mit Gold gepflastert war«, und ihre Bewohner schienen stets auf der unbekümmerten Jagd nach »einem neuen Pelzmantel oder einem besseren Auto«.[31] Der hemmungslose Materialismus dieser Kultur faszinierte sie: Nach einem Leben, das minutiös an den Vorgaben der Klassengesellschaft ausgerichtet war, erlebte sie nun die wunderbare Offenheit eines Systems, in dem nur Geld und Leistung zählten. Dass die Leute, denen sie begegnete, sich mehr für den kommerziellen Wert ihres Titels interessierten als für dessen Würde und Geltung, fand sie befreiend.

Doch als Duff am 7. Dezember abreiste, musste sie sich beherrschen, um ihm nicht mit dem nächsten Schiff hinterherzufahren. »Mein Herz zerreißt den Körper vor lauter Trennungsschmerz«, schrieb sie am Tag danach.[32]

Sie bezweifelte, jemals Freunde zu finden unter der großen Zahl an Schauspielern und Crew, die sie bei der ersten Probe traf; alle waren mit sich beschäftigt, während sie um den Holzofen saßen, die einzige Wärmequelle in der riesigen Halle. Doch schon nach wenigen Tagen wunderte Diana sich selbst, wie rasch sie sich in die neue Welt »aus Proben und Bühnenjargon und dem pochenden Puls des ›Ladens‹« einfügte.[33]

Dass die Produktion von *Das Mirakel* unter der Regie eines Künstlers stand, war für Diana der entscheidende Unterschied zu Blacktons Filmset. »Ich lernte vom Meister aller Meister und verliebte mich in ihn«, schrieb sie und wollte sich seiner würdig erweisen.[34] Dazu musste sie sich abgewöhnen, was sie vor der Kamera gelernt hatte, und sich ganz auf die Gegebenheiten der Bühne einstellen. Das Schwierigste war, genug Energie für die 45-minütige Szene aufzubringen, in der sie die bewegungslose Marienstatue verkörperte, bevor diese zum Leben erwachte. Obwohl Diana durch einen Gipsguss gestützt wurde, der den versteinerten Faltenwurf des Madonnengewands darstellte, verkrampften sich ihre Muskeln in dem Bemühen, ganz und gar bewegungslos zu verharren, und ihr Gesicht war in einem jenseitigen Ausdruck erstarrt.

Diana arbeitete hart daran, Reinhardts Regieanweisungen umzusetzen. Er lobte nur selten, und umso mehr freute es sie, als der Regieassistent ihr sagte, wie erstaunt und beeindruckt der Maestro von ihren raschen Fortschritten sei. Das Kompliment wurde bestätigt, als Reinhardt sie bat, auch den Text der Nonne zu lernen, damit sie für die Erstbesetzung Rosamond Pinchot einspringen konnte. Diana befürchtete, nicht genug Kraft für beides zu haben – die Reise der Nonne in die Welt der irdischen Versuchungen führte sie in eine rasche Abfolge von Tavernen- und Straßenszenen –, aber ihr hartnäckiger Stolz auf die eigene Professionalität verbot es ihr, sich zu beschweren, wenn die Proben gelegentlich bis vier Uhr früh dauerten. Auch den zunehmend lächerlichen Publicityzirkus, den Gest inszenierte, lernte sie hinzunehmen.

Die Premiere von *Das Mirakel* verzögerte sich aus technischen Gründen, und Gest überlegte, wie er das Interesse der Öffentlichkeit weiter befeuern könnte. Als Teil der Pressekampagne war eine »öffentliche Wahl« vorgesehen, bei der über die endgültige Besetzung der Madonna bei der Premiere entschieden werden sollte. Für ihn und Reinhardt stand längst fest, dass Diana spielen würde, trotzdem hielt man an dieser demütigenden Farce fest. Maria Carmi erschien absichtlich spät und »furchtbar protzig, ganz in Schwarz und Juwelen«, und vor zwei Dutzend Journalisten und Fotografen versuchte sie, Diana mit ihren Diva-Allüren auszustechen.[35] Ihr Auftritt erschütterte Dianas Selbstvertrauen, das durch Schübe von Lampenfieber ohnehin angegriffen war, und als die Inszenierung am 15. Januar endlich starten konnte, war sie nur noch ein »Nervenbündel«.[36]

Doch Gest wusste, was er tat. Die Premiere bekam die volle New Yorker Ovation: Blumen überschwemmten die Bühne, und das Publikum spendete eine Viertelstunde lang stehend Beifall. Dreißig der Buketts waren an Diana persönlich adressiert. Doch während die ersten Kritiken sich vornehmlich mit technischen Details aufhielten – zum Beispiel, wie viele Meter Kabel man verlegt hatte –, kam die eigentliche Anerkennung von anderer Seite. Der Impresario Charles Cochran, der *Das Mirakel* nach London vermittelt hatte, telegrafierte an Duff: »Auftritt der Gattin höchst gelungen STOPP fraglos Werk einer einfühlsamen Künstlerin«.[37] Valentine Castlerosse, später erfolgreicher Kolumnist des *Sunday Express*, schrieb: »Es ist unmöglich, die Wirkung zu beschreiben, die Diana auf die Massen hat. Sie fesselt sie, quält sie, ängstigt sie … und überhöht das Ganze ins Sublime.«[38]

Die Neuigkeit von ihrem Erfolg verbreitete sich rasch. Als Diana an einem Wohltätigkeitsball in Manhattan teilnahm, erhob sich der ganze Saal geschlossen, um ihr zuzujubeln. Journalisten kamen in ihre Garderobe und befragten sie zu ihrem Geschmack in Sachen Mode und Männer und darüber, wie es ihr in den Vereinigten Staaten gefiel. Artikel, die sie (und Duff) in London geschrieben hatten, wurden in amerikanischen Zeitungen erneut abgedruckt. Auch im Herbst 1924, als *Das Mirakel* zu einer landesweiten Tournee aufbrach, wurde sie überall mit ähnlicher Bewunderung empfangen. Sie war als Ehrengast zu Galas und den Mittagessen von Frauenverbänden eingeladen; Damen der Gesellschaft standen Schlange, um ihr die Hand zu schütteln, und in den Reden verglich man sie allenthalben mit Sarah Bernhardt und Eleonora Duse. In Cincinnati sprach sie im Radio und wurde von über 20 Millionen Menschen gehört.

Diana war ein echtes Novum. Mit ihren schicken Klamotten, den kurzen Haaren und dem scharlachroten Mund sah sie aus wie eines dieser neumodischen Flapper-Girls, und auch ihr Verhalten passte zu diesem Image, hieß es doch, sie trinke, rauche und feiere die Nächte durch. Andererseits besaß sie weder den kalkulierten Sexappeal einer Louise Brooks noch die proletarische Streitlust einer Clara Bow oder den lässigen Südstaatencharme einer Tallulah Bankhead. Sie war eine moderne junge Frau mit geschliffenem Akzent und der geheimnisvollen Aura der alten Welt – ganz Amerika wollte einen Blick auf sie erhaschen.

Doch es war nicht nur ihr besonderes Image, das Diana zur Berühmtheit machte, auch die Reichweite der amerikanischen Massenmedien und die modernen Reisemöglichkeiten trugen ihren Teil dazu bei. In den folgenden dreieinhalb Jahren wurden ihr die Atlantiküberquerungen zur Selbstverständlichkeit, und sie unternahm weitere Tourneen, denn ihre wachsende Beliebtheit beim amerikanischen Publikum brachte immer neue interessante Angebote. Ihre Erfolgskurve war so steil, dass sie sich leicht von Duff hätte lossagen können. Sein beruflicher

Aufstieg vollzog sich wesentlich langsamer; er war weiterhin finanziell von seiner Frau abhängig, und seine politische Karriere steckte noch in den Anfängen. Doch während dieser Zeit befürchtete Diana nicht, ihn zu überflügeln, im Gegenteil, nie verließ sie die Angst, ihn zu verlieren.

Nachdem er in New York Abschied von ihr genommen hatte, schickte Duff Briefe und Gedichte, die wörtlich und im übertragenen Sinn von Tränen benetzt waren. Er ließ Diana fast ebenso ungern zurück, wie sie ihn ziehen ließ. Doch wie sie es vorhergesehen hatte, tröstete er sich, kaum zurück in London, mit anderen Frauen. Die Details konnte Diana sich ausmalen. Und nachdem sie von ihrer Freundin Olga Lynn, die in jenem Winter nach New York gekommen war, genug verletzenden Klatsch gehört hatte, begann sie Duff brieflich zu löchern. Anfang 1924 stellte sie ihn wegen seiner neuen Flamme, Poppy Baring, zur Rede. Sie unterstellte ihm, er sei »in sie verliebt, oder etwas in dieser Größenordnung«.[39] Und als Duff ihren Verdacht zu zerstreuen suchte, steigerte sie sich in die Vorstellung hinein, dass er sie nicht mehr liebe, und drohte damit, ihr Engagement hinzuschmeißen und nach London zurückzukehren.

Duff bluffte und konnte sie zum Bleiben überreden, doch schon wenige Wochen später taucht der Name Dollie Warrender in den Briefen auf. Als Duff um mehr Haushaltsgeld bat, schickte Diana einen Scheck über 200 Pfund und fügte säuerlich hinzu: »Hoffentlich reicht das, obgleich ich fürchte, Du wirst es für Wachteleier und Lady Warrender verschwenden.« Duff wand sich unter ihren Vorwürfen und vermerkte in seinem Tagebuch: »Jetzt fängt sie wieder damit an, ganz wie ich es vorausgesehen habe.«[40] Nur sehr selten spielte Diana ihre finanzielle Überlegenheit ihm gegenüber aus, aber in Momenten wie diesen konnte sie es sich nicht verkneifen. Auf lange Sicht wird es wohl geholfen haben, ihre Ehe im Gleichgewicht zu halten. Ihre materielle Unabhängigkeit bewahrte Diana davor, in Selbstmitleid, Scham und das Gefühl von Nutzlosigkeit zu verfallen wie andere betrogene Frauen. Auch wenn es ihr nicht leichtfiel, fasste sie schließlich doch Vertrauen zu sich selbst, zu Duff und ihrer besonderen Art, sich zu lieben. Mit der Zeit lernte sie, seine anderen Frauen in eine kleine, fast schmerzfreie Schublade ihrer Beziehung zu packen.

Das selbstverdiente Geld gab Diana Macht und eröffnete ihr ein faszinierendes neues Spielfeld. Überrascht stellte sie fest, dass sie 1000 Dollar verdienen konnte, indem sie eine Empfehlung für Pond's Cold Cream abgab. Sofort gierte sie nach mehr: Sie überredete Kahn, für sie Geld in ein Wohnungsbauprojekt zu investieren, unterzeichnete weitere Werbeverträge und schrieb Zeitungsartikel.* Gleichzeitig zog sie stolze, ja fast perverse Genugtuung aus absurden Sparmaßnahmen – sie aß eine Zehn-Cent-Portion Makkaroni mit Käse zum Mittagessen und nutzte alle Vergünstigungen, die ihre Arbeit mit sich brachte, zum Beispiel freie Hotelübernachtungen oder die Nutzung eines Wagens.

Duff war in der Überzeugung erzogen worden, es sei schlechter Stil, am Luxus zu knausern, doch Diana kam aus einer Schicht, in der man Unbequemlichkeit mit Charakterstärke gleichsetzte. Als Violet – inzwischen voller Interesse und Enthusiasmus für die Karriere ihrer Tochter – angereist kam, übertrafen sich die beiden geradezu in ihrer Sparsamkeit. Violet nächtigte im Gästebett von Dianas Suite, um kein Geld für ein eigenes Zimmer ausgeben zu müssen, und wenn es keine Abendeinladung gab, wärmte sie sich Reste von Reispudding auf. Sie beschwerte sich nicht einmal, als man ihr eine Kabine Dritter Klasse für die Heimreise buchte, obwohl Diana sich in einer Mischung aus Faszination und Schuldgefühl

* Doch auch für sie gab es Grenzen. Im August 1924 machte der Prince of Wales einen Staatsbesuch in New York, und man bot Diana Tausende von Dollar für eine Insiderstory. Bedauernd sagte sie ab, denn das gehörte sich nicht.

fragte, wie es ihrer Mutter wohl ergehen würde »in dem elenden Loch zwischen all den Proleten«.[41] Die Herzogin war so stolz auf ihre Fähigkeit, »Armut und Sparsamkeit« zu erdulden, dass sie bei einem späteren Besuch einem Journalisten gegenüber damit prahlte, und Diana musste ihr erklären, dass das amerikanische Publikum so etwas nicht hören wollte. Man bekam hier nicht »aus Mitleid« freie Hotelübernachtungen und Limousinen mit Chauffeur, sondern weil sie einem dem Rang nach zustanden.*

Dank Dianas Sparsamkeit legten sie so viel Geld beiseite, dass Duff im Juli 1924 seinen Posten im Außenministerium kündigen konnte. Er wurde als konservativer Kandidat im Wahlkreis Oldham aufgestellt,** einer kleinen Industriestadt in Lancashire, und während der Wahl im August nahm Diana Urlaub vom *Mirakel*, um ihn zu unterstützen. Seit die Frauen das Wahlrecht erkämpft hatten, kam auch den Politikerfrauen mehr Bedeutung zu. Sie verliehen dem Image ihrer Männer einen warmen Touch, der besonders die Wählerinnen ansprechen sollte. Weibliche Abgeordnete blieben hingegen die Ausnahme – bei der Wahl 1924 schafften es nur vier ins Parlament. Trotz der Aufmerksamkeit, die Dianas Ankunft in Oldham hervorrief (Duff entdeckte »eine brillante Notiz an prominenter Stelle der *Daily Mail*«), fürchtete sie, zu vornehm und zu ignorant zu sein, um ihm zu nützen. Als sie mit Duff in den Wahlkampf zog, war sie innerlich darauf vorbereitet, dass das Wahlvolk »ihnen die Türen vor den törichten, gefallsüchtig grinsenden Gesichtern zuschlagen würde«.[42]

* Duff war da schon weniger duldsam. Als Diana ihm anlässlich eines Besuchs in New York eine relativ günstige Überfahrt buchen wollte, nannte er sie ein »gemeines, kaltherziges Mädchen« und bestand auf einer Außenkabine auf der *Berengaria*.

** Die Partei brachte auch einen Großteil des Geldes für seinen Wahlkampf auf, wodurch Diana finanziell entlastet wurde.

Doch es kam anders: Für die Bewohner von Oldham hatte Diana hohen Unterhaltungswert. Als sie einer Gruppe von Mühlenarbeitern versprach, einen Holzschuhtanz vorzuführen, wenn sie Duff wählten, »umringten und herzten sie mich und fanden mich urkomisch«. Und als sie den älteren Damen der Stadt erzählte, was für ein wunderbarer Ehemann Duff sei und dass er daher auch ein idealer Abgeordneter sein würde, flogen ihr die Herzen zu. »Sie wirkt überhaupt nicht hochnäsig, und herrje, wie hübsch sie ist«,[43] vertraute eine von ihnen einem Reporter der *Daily Mail* an, der sich an Dianas Fersen geheftet hatte. Ihre Leutseligkeit und Duffs Wahlkampfreden eroberten gemeinsam eine kleine, aber entscheidende Mehrheit. Auf dem Rückweg nach London machten sie in Belvoir Halt, und dort wurde Diana ihr eigentlicher Triumph zuteil: Ihr Vater stand auf der Schwelle und beglückwünschte Duff, und anschließend wurden sie im King's Room untergebracht, der Ehrengästen vorbehalten war. »Es war ein stolzer Tag für mich«,[44] schrieb sie, und als sie nach Amerika zurückmusste, bedauerte sie vor allem, Duffs Antrittsrede im House of Commons nicht hören zu können.

Trotz ihrer Loyalität zu Duff verfiel Diana immer mehr ihrer Arbeit. Später würde sie eingestehen: »Am glücklichsten war ich immer unter Theaterleuten.«[45] Sie mochte ihre Rituale, das Drama und den Klatsch und teilte mit ihnen die alltäglichen Komödien des Theaterlebens; etwa die Geschichte von der Frau in Cleveland, die nach zu vielen Highballs Diana auf dem Rücksitz eines Chrysler B befummelt hatte. Oder die von dem mürrischen Bühnenarbeiter, der Anstoß nahm an dem rein weiblichen *Ballett der Nymphen*, das Michel Fokine für *Das Mirakel* choreografiert hatte. »Der Fokine kann [einfach] nicht von den Lesben lassen«, soll er finster gemurmelt haben, »aber die gehören hier nicht rein.«[46]

Außerdem liebte Diana ihre Arbeit, weil sie glaubte, gut darin zu sein. In New York hatte ihr der russische Regisseur und Theaterreformer Konstantin Stanislawski versichert, sie sei eine »große Künstlerin«,[47] und als immer mehr Angebote eintrudelten, darunter ein Film in Deutschland, wagte sie zu hoffen, dass *Das Mirakel* mehr war als nur ein Einzelerfolg. »Ich glaube, ich muss in England auf die richtige Bühne«, schrieb sie an Duff. »Und ich denke, dass ich gut wäre, schon allein, weil ich mich so leicht und freudig darauf konzentrieren kann und mühelos lerne.«[48] Um ihren Mangel an Ausbildung wettzumachen, arbeitete sie mit einer Stimmbildnerin, einer ehemaligen Schülerin Stanislawskis, die John Barrymore ihr empfohlen hatte.

Doch diese Dame ging ein wenig zu weit. Ganz im Trend der Zeit wollte Mrs Carrington mit den Freud'schen Theorien die Stimmen ihrer Schülerinnen befreien, und Diana floh aus dem Unterricht, als sie aufgefordert wurde, ihre Träume und unbewussten Begierden preiszugeben. Gleichwohl häuften sich die Angebote. 1925 wurde sie für ihren Auftritt von Gladys Cooper gelobt, die hoffte, *Das Mirakel* für eine Spielzeit nach London holen zu können, wo sie sich dann mit Diana in der Hauptrolle abwechseln wollte. Etwa um dieselbe Zeit fragte John Barrymore bei ihr an, ob sie die Queen Ann in seiner Produktion von *Richard III.* spielen wolle, und Reinhardt und Kahn zogen sie wegen eines Londoner Theaters zu Rate und boten ihr die Doppelfunktion als Darstellerin und Regieassistentin an (Reinhardt schätzte Dianas Theaterinstinkt und folgte während der *Mirakel*-Tour gern ihren Vorschlägen zu Kostümen und Inszenierung).

Im März 1927, als sie gerade in Hollywood spielten, bot man ihr die Hauptrolle in einer Verfilmung von *Anna Karenina* an.* Ursprünglich hätte Greta Garbo die Titelrolle übernehmen sollen, sie erhob aber Einwände gegen den Vertrag,

* Dieser Film hieß *Love*; die spätere, wesentlich berühmtere Verfilmung entstand 1935.

und obwohl sie später dann doch spielte, war es für Diana wichtig, gefragt worden zu sein. Aus dieser Rolle hätten sich sicher viele weitere Engagements ergeben, aber Diana reagierte erstaunlich ungerührt. Hollywood erinnerte sie an alles, was sie beim Film immer gehasst hatte – »das deprimierende, scheußliche Licht im Studio«, »das Schneckentempo, das mich an den Rand der Geduld bringt« –, und selbst als die Rolle der Anna Karenina für sie noch in Reichweite war, sagte sie Duff, sie würde sie nur für eine unverschämt hohe Gage annehmen.[49]

Den meisten ihrer Kolleginnen wäre Dianas Zögern wie blanker Irrsinn erschienen, doch trotz ihres Ehrgeizes fiel Diana die Ausübung des Schauspielberufs aus zweierlei Gründen nach wie vor schwer. Der eine war Duff, für dessen Erfolg und Zufriedenheit sie selbst immer wieder zurücksteckte, das andere waren ihre nagenden Selbstzweifel, die sie nie ganz überwinden konnte. Selbst nach dem glänzenden Erfolg mit dem *Mirakel* konnte sie sich nicht dazu durchringen, ihre selbst gesteckten Grenzen zu überschreiten. Sie beschränkte sich lieber auf das, worin sie gut war, als mit Unbekanntem ein Risiko einzugehen.

Diana hatte Reinhardt durch ihre »verhaltene Begeisterung« für sein Theaterprojekt in London gekränkt, und 1928 reagierte sie ähnlich, als Djagilew ihr eine stumme Rolle in seiner jüngsten Produktion *Ode* anbot. Sie hatte seine russische Balletttruppe 1911 zum ersten Mal gesehen und war begeistert gewesen, gleichwohl schreckte sie vor der Herausforderung zurück, mit ihr aufzutreten. Sie schrieb an Djagilew: »Alle meine Berater sagen, mein erster Auftritt in London sollte dem *Mirakel* vorbehalten sein … denn, wie sie mir erklären, könnte ich in der *Ode* womöglich nicht gut genug sein – soll man sein Entrée nicht lieber mit einer Rolle haben, die man beherrscht, als mit etwas Experimentellem?«[50]

Diana hatte sich im *Mirakel* eingerichtet, und im Lauf der

Jahre wurde es immer schwieriger für sie, sich in anderen Rollen zu erproben. Das änderte sich, als sie ihre Freundin Iris Tree überredete, sich der Truppe anzuschließen und für Rosamond Pinchot in der Rolle der Nonne einzuspringen. Iris hatte Diana im Sommer 1925 in Salzburg besucht, als *Das Mirakel* im Rahmen der Festspiele aufgeführt wurde. Mit einer gemeinsamen Freundin, Ethel Russell, teilten sie sich ein großes Zimmer auf dem Reinhardt'schen Schloss, für Diana eine der wenigen herrlich kindischen Auszeiten ihres Lebens. Einmal mehr merkte sie, was sie in der Abgeschiedenheit ihrer privilegierten Jugend verpasst hatte. Jede Nacht machten Ethel und Iris »einen Aufstand«, sie »kicherten, plauderten und balgten sich«, berichtete sie Duff, und heckten immer neue Scherze, Geheimnisse und Streiche aus.[51]

In Iris' Gesellschaft vermisste sie Duff auch viel weniger. Iris »baut mich immer wieder auf«, war eine »allerliebste Romantikerin im Clownsgewand«,[52] und als sie nach Amerika zurückkehrten, um weiter mit dem *Mirakel* zu touren, wurden die beiden Frauen unzertrennlich. Sie schwatzten während der Proben und redeten bis spät in die Nacht in einem ihrer Zimmer, und Diana überlegte, wie wunderbar es für sie und Iris gewesen wäre, wenn sie sich schon als Teenager gekannt hätten: »Was hätten wir gegeben für eine solch ungestörte Nähe, nicht gepiesackt von Müttern und Mädchenehre.«[53]

Diana blieb die Vorsichtigere von den beiden; sie schalt Iris für ihre Extravaganz und ihren Alkoholkonsum und missbilligte ihre unprofessionelle Angewohnheit, zu spät zu den Proben zu erscheinen, gestärkt mit einem bewährten Katerfrühstück aus »Bücklingen, Heringen und Stierhoden«.[54] Dann wieder gestand sie Duff fröhlich: »Iris stiftet mich zu allem möglichen Unsinn an.«[55] Die Partys wurden wilder (Diana kam bisweilen »völlig fertig« um vier Uhr morgens nach Hause), und sie gab mehr von ihrem sauer verdienten Geld für sich aus – ein Sommerhermelin für 600 Dollar und ein Frigid Air für die Gower Street, Kostenpunkt 100 Pfund, wurden angeschafft, damit sie »gut gekühlte Drinks« und »Eis auf Abruf« hatte, wenn sie sich in London aufhielt.[56]

An Weihnachten lud sie die gesamte Besetzung samt Bühnenarbeitern zu einem Festmahl mit Tiefkühltruthahn, Glitzerkerzen und Hotdogs ein. Bei ihrem ersten Aufenthalt in New York hatte Diana sich noch abgestoßen gefühlt vom schrillen amerikanischen Weihnachten: »Elektrisch [beleuchtete] Bäume ... obszöne Nikoläuse und ohrenbetäubendes Weihnachtsgedudel in sämtlichen Geschäften.«[57] Zwei Jahre später, während Duff das Fest auf einer steifen Landhausparty feierte und langweilige Scharaden spielte, amüsierte sich Diana bei einer »Backstage-Sause« mit Whisky, Tanz, Banjomusik, Singen und »jeder Menge Parodien abwesender Kollegen«.

Unter Iris' Einfluss dachte Diana auch immer öfter über sexuelle Treue nach. Ihre Freundin war zwar noch mit Curtis verheiratet, sah sich aber bereits anderweitig um. Das hätte schlimm ausgehen können, denn ihr erster amerikanischer Liebhaber hatte sich geweigert, ein Kondom zu benutzen, und Diana befürchtete, dass Iris ein weiteres »Uneheliches« bekäme. Sie hatte schon mehrere, und Diana schrieb verzweifelt an Duff: »Nächsten Monat wird [die Sache] sie womöglich ihr Leben kosten, und mich 500 Pfund an Arztrechnungen.«[58]

Iris' Leidenschaften konnten zwar gefährlich werden, aber sie zeugten auch, fand Diana, von bewundernswertem Elan, und allmählich kamen ihr Zweifel an der eigenen Passivität. In Amerika scharte sie die übliche Entourage an männlichen Bewunderern um sich, darunter Reinhardts Assistent Rudolph Kommer und Bertram Cruger, der nicht-so-reiche Spross einer alten New Yorker Familie. Der Sänger Schaljapin kam eines Tages in Dianas Garderobe gestürzt – »rot im Gesicht« und »zum Äußersten bereit« – und erschreckte sie damit, dass er ihre Hand packte und sie in seinen Schritt presste. Solche

Männer trugen zu Dianas schlechtem Ruf bei, doch wie sie Duff anvertraute, war sie zwar »nimmersatt beim Petting«,[59] hatte aber kaum je das Bedürfnis, weiterzugehen.

Doch im Herbst 1926 traf sie auf den neunzehnjährigen Raimund von Hofmannsthal, der als zeitweiliges Mitglied der Truppe engagiert worden war.* Der junge Mann war schlank, liebenswürdig, poetisch, und als er sich hoffnungslos in Diana verliebte, erregte sie das auf eine mütterliche und unerwartet erotische Weise. Raimunds Liebeswerben war lächerlich galant: Er schwor ihr, niemals eine andere Frau zu lieben, und stand eine ganze Nacht lang unter Dianas Schlafzimmerfenster, während sie schlief. Die Tatsache, dass sein Vater – Hugo von Hofmannsthal – das Libretto der Strauss-Oper *Der Rosenkavalier* geschrieben hatte, verlieh seiner Werbung zusätzliche Romantik. Auch wenn die Affäre platonisch blieb, gewährte Diana ihrem »Octavian« besondere Freiheiten; so durfte er zum Beispiel auf ihrer Bettkante sitzen und ihr die Haare kämmen. Duff bekam mehr als genug davon mit, um eifersüchtig zu werden: »Ich kann, was ich über diesen Mr Hofmannsthal höre, gar nicht komisch finden«, schrieb er ihr im Dezember 1926.[60] Es folgte ein unzusammenhängender, wütender Brief, in dem Duff seine Haltung zu Dianas Bewunderern analysierte. »Ich frage mich, wie viel es mir ausmachen würde, wenn Du einen von ihnen tatsächlich liebtest. Ich frage mich, ob Du das tust. Und wenn ja, dann sag es mir besser nicht. Ich halte es mit Othello, ›Troßbub und alles‹.« Er selbst, so versicherte er Diana in selbstgerechter Tugendhaftigkeit, habe keine vergleichbaren Eroberungsgeschichten vorzuweisen.[61]

Auch wenn Duff keinen ernstlichen Anlass zu sexueller Eifersucht hatte, kamen sie dennoch an einen Wendepunkt in

* Die Tourneebesetzung bestand aus 500 Darstellern und Bühnenarbeitern, und in jeder Stadt wurden zusätzliche Kräfte engagiert.

ihrer Beziehung. Nun war er es, der sich über die langen Trennungen beklagte: »Hat das denn niemals ein Ende?«, murrte er im Februar 1926. Unterdessen brummten Dianas Briefe vor Geschäftigkeit. Im vorigen Herbst hatte sie einen »Dinnerdance« besucht, den Condé Nast ihr zu Ehren gab; sie war in der Premiere von Noël Cowards neuestem Stück gewesen und hatte die Broadway-Adaptation von Michael Arlens Roman *The Green Hat* (dt. *Der grüne Hut. Ein Roman für wenige*) gesehen (in deren Londoner Inszenierung Tallulah Bankhead gerade ihr Debüt gab). Einen Monat später mogelte sie sich in Cincinnati durch eine Live-Kochshow; in Boston ging sie zur Performance eines deutschen Avantgarde-Tänzers, der in einem »von Picasso entworfenen Kostüm [auftrat], die sichtbaren Geschlechtsteile nur mit Blut bedeckt«.[62] In Chicago gab es ein Abendessen mit Noël Coward und den Besuch bei einem absurd reichen Architekten, in dessen im Memphis-Stil gehaltenen Esszimmer ein Tisch »beladen mit Kaviar durch den Boden auftauchte«; ein anderes Zimmer war voller mit schwarzem Satin bezogener Betten, und Coward und Diana fragten sich, wen von ihnen der Gastgeber dort wohl zu verführen hoffte. Beide gleichzeitig, vermuteten sie.

In San Francisco kaufte sie Geschenke ein und in Chinatown aß sie mit Stäbchen. Dort traf sie auch ihren alten Verehrer George Gordon Moore. Er war noch immer eindrucksvoll reich und gut vernetzt, und in seiner Begleitung besuchte Diana ein Haus, das an ein persisches Märchen erinnerte: ein weißer Pfau, weiße Porzellanelefanten und silberne Spalierbäumchen, die goldene Äpfel trugen. Sie und Iris ritten zu Moores Ranch hinaus, wo bis drei Uhr morgens Champagner und Bourbon flossen und der »schwarze Hausboy höchst melodisch sang«.[63] Hollywood erwies sich vierzehn Tage später als weniger einladend. Mary Pickford und Douglas Fairbanks waren unter den lokalen Berühmtheiten, die die Premiere von *Das Mirakel* besuchten, doch keiner von beiden hielt es für nötig, der Willkommensparty für die Gastspieltruppe beizuwohnen. Diana ärgerte sich über diesen Mangel an Kollegialität: »Ich glaube, sie verachten uns, weil wir von der richtigen Bühne kommen«,[64] was sie in ihrer Verachtung für die Prahlerei und Überheblichkeit der Hollywood-Szene nur bestärkte. Sie fühlte sich abgestoßen vom Kunstrasen und von den Pools, von den Geldsäcken und Wasserstoffblondinen. Am schlimmsten jedoch fand sie Elinor Glyn, die Verfasserin populärer Romane, die mit Mitte fünfzig zur Hollywood-Drehbuchautorin avanciert war. Sie arbeitete gerade an einem Film über die Flapper, *It* (dt. *Das gewisse Etwas*), der Clara Bow zur Kultfigur machen sollte (und den Begriff »It-Girl« prägte). Nach einem Essen mit Clara berichtete Diana Duff entsetzt über das übertrieben geschminkte Gesicht und ihre Entourage an Gigolos. Voller Schadenfreude beobachtete sie, wie Iris Glyn einen ihrer »schönen jungen Männer« ausspannte, einen eins achtzig großen Österreicher, den sie später heiraten sollte.

Diana speiste auch mit Zelda und F. Scott Fitzgerald (Letzterer versuchte gerade ein Drehbuch für Hollywood zu schreiben). Die drei hatten sich bereits in London getroffen, bekannt gemacht durch Tallulah Bankhead und Olga Lynn, und die Fitzgeralds scherzten, dass sie eine englische Nanny für Scottie engagiert hätten, weil sie einen Akzent wie den von Diana bekommen sollte. Diana fand in Zelda eine Verbündete, denn die hasste Hollywood fast ebenso wie sie selbst.

Doch selbst die *Mirakel*-Tournee konnte bisweilen ermüdend werden. Diana war mittlerweile süchtig nach einem Leben in Bewegung und stetem Wandel. Als sich 1925 unerwartet eine Lücke in ihrem Zeitplan ergab, kehrte sie nicht etwa gleich zu Duff zurück, sondern reiste allein herum. Alan Parsons und Viola Tree überwinterten in diesem Jahr auf den Bahamas, und Diana kam die beiden von New York aus besuchen. Die Karibik war für sie eine Offenbarung aus Farbenpracht und Schönheit, Eindrücke, die sie ein Leben lang begleiten sollten: »Schwärme von Kolibris« und »pfauenfarbiges Meer«, »Regenbogenfische, durch den Glasboden eines Bootes beobachtet«, und Frauen, die zum Markt gingen, trugen »weiße Stiefel und Organza ... dazu gepunktete Kopftücher mit kessen Hütchen obendrauf«.[65]

Diana gefiel dieser Abstecher so sehr, dass sie im Dezember 1926, als sich die nächste Lücke im Tourneeplan auftat, Iris vorschlug, gemeinsam die Wüste im Südwesten der USA zu erkunden. Nach einer Shoppingorgie, bei der sie sich mit »Männerklamotten« eindeckten – karierte Arbeitshemden und »schwarze Cowboystiefel aus Känguruleder« –, fuhren sie nach Taos, über Bergpässe so steil und vereist, dass sie immer wieder aussteigen und zu Fuß weitergehen mussten, dabei wärmten sie sich mit »weißen Blitzen« aus einem Flachmann mit einheimischem Getreideschnaps.[66] Puebla, das Indianerdorf unweit von Taos, begeisterte Diana als ein unverdorbenes amerikanisches »Bethlehem«. Sie war erstaunt, dort die Malerin Dorothy Brett anzutreffen, die sie und Iris schon aus Vorkriegszeiten kannten. Brett war D.H. Lawrence nach Taos gefolgt. Sie hatte gehofft, dort Teil einer utopischen Gemeinschaft zu werden, und war nie mehr nach Hause zurückgekehrt. Sie lebe wie eine Einsiedlerin, schrieb Diana an Duff: »Sie geht nur einmal die Woche nach Taos Lebensmittel kaufen ... für sie ist das wie London oder Paris oder New York. Sie fiel aus allen Wolken, als sie hörte, dass Iris & ich beim Theater sind.«[67]

Von Taos fuhren sie weiter über den Grand Canyon und unternahmen einen Ritt durch die Wüste, geführt von einem »Cowboy-Philosophen ... mit einer unwiderstehlich poetischen Südstaatenstimme, einem zerklüfteten, melancholischen Gesicht und einem wunderbaren Lachen«. Sie und Iris aßen über Holzfeuer gebratene Steaks, und bestaunten nicht nur Adler, riesige rote Blumen und wundersame Kakteen, sondern auch Inseln von überraschend modernem Luxus: »Golfplätze und im Umfeld des Hotels Geschäfte, wie man sie in Cannes erwarten würde«.[68] Diana fand das alles wunderbar und erwog in ihrem Brief an Duff sogar die Möglichkeit, gemeinsam dort zu leben.

»Wir würden hier glücklich sein«, schrieb sie und vergaß dabei, wie sehr Duff es hasste, wenn ihm seine gewohnten Annehmlichkeiten, das Wohnzimmer und der Klub, abhandenkamen. Es kam nun immer öfter vor, dass Diana vergaß, wie es zu Hause war. Bei ihren kurzen Aufenthalten freute sie sich, wieder in den Armen ihres Mannes und zurück in der Gower Street zu sein, doch abgesehen von Duff und ihrem Heim hatte sich in ihrem alten Leben vieles verändert. Nach dem Tod ihres Vaters 1925 – eher Anlass für Betrübnis als für echte Trauer – war das Haus in der Arlington Street verkauft worden, und Belvoir fiel an ihren Bruder John. Diana war zwar mit ihren ehemaligen Freunden in Kontakt geblieben, aber in London hatte jetzt eine neue Generation von »Bright Young Things« das Sagen. Sie hatten ihre eigenen Kostümbälle und Schnitzeljagden, ihre eigenen Drogen- und Alkoholexzesse. Diana fand sie zwar unterhaltsam und schloss sich ihnen gelegentlich an, aber solchen Mätzchen war sie längst entwachsen.

Ihr Leben drehte sich vor allem um *Das Mirakel*, und als nach einer kurzen Europatournee die letzte Vorstellung über die Bühne ging, empfand sie einen großen Verlust. Sie hatte auf eine Spielzeit in England gehofft, aber die sollte sich erst 1932 ergeben, und so stand sie zum ersten Mal in sechs Jahren ohne Engagement oder eine andere Beschäftigung da. Duff hingegen war ziemlich eingespannt – seine Karriere hatte endlich Fahrt aufgenommen, und 1928 erhielt er seinen ersten Kabinettsposten als Finanzsekretär im Kriegsministerium. Doch trotz ihres Geschicks beim Organisieren von gesellschaftlichen Anlässen wollte Diana nicht bloß Politikergattin sein.

Sie richtete zwar pflichtschuldig einige Abendeinladungen für Duffs Kollegen aus, umgab sich aber, wie ihre Mutter, lieber mit den eigenen Freunden.

Und an amüsanten Ablenkungen mangelte es nicht: Partys, auf denen Olga Lynn sang, Duff Shakespeare rezitierte und Maurice Baring Stegreifgedichte vortrug, sowie Ferien im Ausland – einmal reisten sie sogar nach Nordafrika, wo Diana mit Duff in die Wüste fuhr und Wasserpfeife rauchte. Aber Diana musste sich eingestehen, dass ihr die jährlichen Atlantiküberquerungen zur Gewohnheit geworden waren und sie sich in ihrer so plötzlich geschrumpften Welt sehr eingeschränkt fühlte. Und als Sidney Herbert, ein Freund der Coopers, sie im Dezember 1928 einlud, mit auf die Bahamas zu kommen, ergriff sie die Gelegenheit sofort, auch wenn das bedeutete, dass sie zum ersten Mal seit fünf Jahren nicht mit Duff Weihnachten feiern würde.

Diana behauptete, sie tue es Sidney zuliebe – er war krank und brauchte eine Begleiterin für seine Überwinterung in Nassau –, und es war wohl ihr Schuldgefühl, das sie in den Briefen nach Hause vor allem über die unangenehmen Seiten der Reise berichten ließ: die Zahnschmerzen, die sie plagten, die Hässlichkeit der neuen Wohnkomplexe in Nassau. Ihre Begeisterung für den alten Karibikzauber konnte sie allerdings nicht ganz unterdrücken, während sie nackt in einem Korallenriff badete, Wolken aus Schmetterlingen beobachtete, frisch gefangene Schildkröte aß und unter dem Vollmond tanzte.

Doch gegen Ende ihres Aufenthalts schlich sich ein neues Thema in ihre Briefe. Als ihre Menstruation ausblieb und sie sich schwindelig fühlte, zog sie daraus zunächst den für sie typischen Schluss, dass ein schrecklicher Tumor in ihr wachse, konnte allerdings auch nicht ausschließen, dass sie schwanger war. Das Ganze war höchst beunruhigend. Nach nahezu einem Jahrzehnt Ehe hatte sie sich mit ihrer »Unfruchtbarkeit«, wie sie es nannte, abgefunden. Abgesehen von Gedankenspielen, dass sie eines von Iris' »überzähligen« Babys adoptieren könnte, hatte Diana sich und Duff davon überzeugt, dass sie ohne die Sorge für ein Kind besser dran seien: »Mädchen würden wahrscheinlich unansehnlich und ehrlos geraten, und aus den Jungs würden Betrüger werden, vielleicht sogar Schwule, aber mit Sicherheit spielsüchtige Trunkenbolde.«[69] Außerdem ersparte ihr das die Beschwerlichkeit einer Schwangerschaft und die Schmerzen und Gefahren einer Geburt.

Jetzt in Nassau wurde sie von Panik und Unentschlossenheit geplagt. Sie fragte sich, ob sie sich so weit mit der Kinderlosigkeit abgefunden hatte, dass sie eine Abtreibung in Erwägung ziehen sollte, und nahm eine fast gefährliche Dosis Chinin, um zu testen, ob sie den Mut dazu aufbrächte. Dann wieder überlegte sie, wie enttäuscht Duff sein würde, wenn sie ihm erzählte, dass sie schwanger war, und dann doch nicht. Als sie sich schließlich dazu durchrang, ihm zu schreiben, verpackte sie die Neuigkeit in vorsorgliche Scherze. Sie schrieb, das Baby werde Anlass zu heftigem Klatsch geben: »Jeder« würde Sidney für den Vater halten. Es bestehe allerdings auch die Möglichkeit, dass es dunklere Haut habe, wie die Nachfahren so vieler, »die eine Reise in die Karibik unternommen haben … es muss wohl am Klima und an der Luft liegen«.[70]

Diana hatte durchaus Recht mit ihrer Befürchtung: Man zerriss sich das Maul. Wegen der langen Zeit, die sie gebraucht hatte, um von Duff schwanger zu werden, und wegen der schieren Menge ihrer Verehrer waren für den Kindsvater natürlich auch alternative Namen in Umlauf, darunter ihr treuer Bewunderer St John Hutchinson. Doch sobald Diana sich ihrer Schwangerschaft sicher war, wurde ihre Panik von Begeisterung und Ehrfurcht abgelöst. Sie gestand Duff, dergleichen nicht mehr empfunden zu haben, »seit ich in Deinen Armen meine Unschuld verlor«.[71] Von der Intensität ihrer Gefühle überwältigt, konnte sie es kaum erwarten, nach Hause zu kommen und die Schwangerschaft mit ihm zu teilen.

Zurück in London schlug ihr Gefühlspendel in die andere Richtung aus. Die Schwangerschaft war genauso lästig, wie sie immer befürchtet hatte, und wie Zelda empfand sie ihren anschwellenden Körper als zunehmend »grotesk«. (Der Wunsch, schlank zu bleiben, hatte damals einen ebenso signifikanten Einfluss auf die sinkende Zahl der Schwangerschaften wie die leichtere Verfügbarkeit von Verhütungsmitteln.) Außerdem hatte Diana Angst: Im Kindbett zu sterben war vor der Einführung von Antibiotika nichts Ungewöhnliches. Zudem war sie fast siebenunddreißig, und die Verwachsungen in ihrer Gebärmutter stellten ein zusätzliches Risiko dar. In den letzten Tagen ihrer Schwangerschaft saß sie am Telefon und schickte Telegramme an alle ihre Freunde mit der Bitte, doch für sie zu beten, denn sie war überzeugt, das Entbindungsheim nicht lebend zu verlassen.

Am 15. September 1929 brachte sie einen gesunden Jungen namens John Julius zur Welt – der Mittelname war eine fantasievolle Anspielung auf den Kaiserschnitt (*Caesarean section*), der ihn wohlbehalten ins Leben befördert hatte. Diana war schwach und zittrig, aber alles andere als tot, und als sie einige Wochen später die Klinik am Portland Place verließ, wurde sie von Hunderten Gratulanten bejubelt.

Dieser Menschenauflauf war der Beweis, dass man Diana trotz der in Amerika verbrachten Jahre in England nicht vergessen hatte. Bei einer zwei Jahre zuvor durchgeführten Umfrage der Zeitschrift *Sphere* war sie zusammen mit Queen Mary und der inzwischen berühmten Tallulah Bankhead unter die zehn bemerkenswertesten Frauen der Nation gewählt worden. Auch nach der Geburt von John Julius ließ sie die Verbindung zu ihrem Publikum nicht abreißen. Als sich die Truppe 1932 für eine britische Wiederaufnahme von *Das Mirakel* zusammenfand, ergriff Diana nicht nur die Gelegenheit, drei Monate in London zu spielen, sondern machte auch eine sechsmonatige Ochsentour durch die Provinztheater mit, was die snobistischeren unter ihren Freunden mit einer Mischung aus Amüsement und Besorgnis aufnahmen.

Außerhalb des Theaters wurde sie ebenfalls viel beachtet und bewundert. Sie war bekannt für ihre schicken kleinen Dinnerpartys und dafür, ein unterhaltsamer Gast zu sein. Als Cecil Beaton sie 1932 in Venedig traf, mit St John Hutchinson und Maurice Baring im Schlepptau, war sie für ihn selbst mit vierzig immer noch »die schönste lebende Engländerin. Ihre Lippen japanischrot, ihr Haar flachsblond, und ihre Augen vergissmeinnichtblau«.[72]

Dennoch begann für Diana ein neues Kapitel ihres Lebens. Man traf sie zwar selten im Kinderzimmer – die tägliche Pflege ihres Sohnes übernahm ein Stab an Nannys und Kinderschwestern –, aber die Ankunft von John Julius hatte sie zweifellos verändert. Neben ihrer gewohnten Rastlosigkeit spürte sie jetzt den Sog des Familienlebens, und von nun an rangierte Duffs Karriere als Schriftsteller, Politiker und Diplomat definitiv vor ihrer eigenen. Im Lauf der Jahre dünnte die Menge an Verehrern, die ihr so treu gefolgt waren, langsam aus. Insgeheim mag sie das manchmal bedauert haben, doch im Gegensatz zum Ehrgeiz und zur Getriebenheit einer Tallulah Bankhead oder Josephine Baker war ihr Hang zur Bühne immer durch die Ehe mit Duff motiviert gewesen. Und Duff würde auch weiterhin der Grundpfeiler ihrer Existenz bleiben.

TALLULAH BANKHEAD

KAPITEL 8

Immer wenn Diana mit dem *Mirakel* auf Tour war, wurde sie von Duff regelmäßig mit den neuesten Klatschgeschichten aus der Heimat versorgt. Seine Hauptquelle war Olga Lynn, die ihm im Dezember 1924 von einer jungen Amerikanerin erzählte, die überraschend heftig auf Gerüchte um ihre lesbischen Umtriebe reagiert habe. So wusste Duff seiner Frau folgende Anekdote zu berichten: »Gerald du Maurier fragte [Raymond], ob Tallulah Sapphistin sei, was dieser … bejahte – worauf Tallulah sich vor ihm aufbaute und drohte, ihm eine runterzuhauen.«[1]

Nach ihrem Siegeszug durch New York machte Tallulah Bankhead nun auch in London von sich reden. Dabei wusste sie, als sie knapp zwei Jahre zuvor ihre Reise nach England antrat, weder, ob sie dort Arbeit finden würde, noch, ob sie in Europa überhaupt willkommen war. Für das Stück, auf das sie sich Hoffnungen gemacht hatte, Gerald du Mauriers *The Dancers*, hatten längst die Proben begonnen, und zwar mit einer anderen Schauspielerin in der Hauptrolle, und die zwei Männer, die Tallulah in London unbedingt sehen wollte, ahnten nicht einmal, dass sie dorthin unterwegs war. Charles Cochran, Tallulahs einziger Kontakt zum großen Gerald du Maurier, hatte ihr dringend geraten, in New York zu bleiben, und Naps Alington, ihr flatterhafter Geliebter, hatte seit der bitteren Trennung im Jahr zuvor nichts mehr von sich hören lassen.

Doch Tallulah hatte ein Ziel vor Augen und war eine Meisterin im Verdrängen. Auf der Überfahrt hatte sie einen gutaussehenden Studenten aufgegabelt, mit dem sich die Angst vor dem Ozean wegflirten ließ, und nebenbei Cochran telegrafiert, dass sie auf dem Weg nach London sei. Wenn sie erst einmal vor Ort war, würde der Produzent es gewiss nicht wagen, sie fallen zu lassen! Und siehe da, Tallulah sollte Recht behalten: Cochran holte sie nicht nur persönlich vom Zug ab und brachte sie auf ihr Zimmer im *Ritz* (ein übertriebener Luxus, von dem sie sich nicht nur moralischen Auftrieb, sondern auch einen Imagegewinn versprach), er ließ sich sogar dazu überreden, tags darauf mit ihr ins Wyndham's Theatre zu fahren, um sie du Maurier vorzustellen.

Tallulah hatte vor, bei dem Treffen einfach so zu tun, als hätte sie Cochrans Präventivtelegramm, in dem stand, dass es in du Mauriers Stück keine Rolle mehr für sie gab, nie erhalten. Mit funkelnden Augen und strahlendem Lächeln platzte sie sprühend vor Elan in die Garderobe des Schauspielers und verkündete weithin hörbar: »Nun, hier bin ich!«[2] Dem großen, blassen Engländer, der sich daraufhin erhob, um sie zu begrüßen, konnte man jedoch nichts vormachen. Sir Geralds Umgangsformen waren viel zu vollendet, um Tallulah ihre infame Lüge unter die Nase zu reiben, doch seine Stimme nahm einen unerbittlichen Ton an, als er kurz angebunden erklärte, an der Besetzung sei nichts mehr zu ändern.

Da Tallulah auf die Schnelle keine Ausweichstrategie einfiel, floh sie unter Tränen aus der Garderobe. Cochran indes hatte Verständnis für sie, außerdem spielte er gerne auf Risiko, und die kleine Amerikanerin erwies sich als interessante Wildcard. Er bot an, ein zweites Treffen zu arrangieren, und ließ durchblicken, dass Sir Gerald eine Schwäche für glamouröse Frauen habe, weshalb Tallulahs Chancen in einem anderen Outfit und ohne Hut weitaus besser stünden: »Es ist wichtig, dass deine Haare zu sehen sind!«[3] Am darauffolgenden Abend unternahm Tallulah also erneut einen Vorstoß bei du Maurier, in ihrem einzigen guten Abendkleid und mit offenem Haar, das ihr kaum gebändigt den Rücken hinunterfiel. Sie sah adrett, dynamisch und hoffnungsfroh aus und damit zufällig genau wie die Heldin, die dem Schauspieler von Anfang an für sein Stück vorgeschwebt war. Auch seine Tochter Daphne, die in diesem Moment zur Tür hereinkam, zeigte sich beeindruckt: »Papa«, entfuhr es dem Teenager nach dem Treffen, »das war das schönste Mädchen, das ich je gesehen habe.«[4]

Sir Gerald ließ sich jedoch nicht in die Karten schauen, und als Tallulah am nächsten Morgen einsam in ihrem unerschwinglichen Hotelzimmer aufwachte, war die Ernüchterung groß. In einem Brief an ihre Freundin Estelle beklagte sie ihre »törichte Aktion« und ihren »kindischen Starrsinn«: »Ich habe nur noch 60 Dollar. Vielleicht sollte ich mich einfach umbringen.«[5] Doch du Maurier hatte über Nacht ein paar Szenarien durchgespielt. Schon seit geraumer Zeit plagten ihn Zweifel an der Besetzung seiner Hauptrolle Maxine Hoff. Maxine war als feurige Revuetänzerin mit Herz angelegt, und Dorothy Dix, die unlängst Mutter geworden war, mangelte es in Sir Geralds Augen an dem nötigen Esprit. Zwar dürfte es ihn teuer zu stehen kommen, Dix zu ersetzen*, dafür hatte Tallulah das Zeug dazu, aus seinem Stück womöglich einen Kassenschlager zu machen.

Tallulah hatte ihren Brief an Estelle kaum zu Ende geschrieben, da kam ein Anruf von Viola Tree, du Mauriers Co-Autorin. Sir Gerald und sie hätten die Angelegenheit besprochen und sich darauf geeinigt, Tallulah zu engagieren. Die freute sich natürlich diebisch und konnte es kaum erwarten, mit ihrem tolldreisten Coup überall anzugeben, doch *The Dancers* sollte keine vier Wochen später Premiere feiern, und mit einem Mal stand Tallulah enorm unter Druck. Nicht nur, dass sie umgehend ihr Hotelzimmer räumen und sich eine Wohnung

* Ihr Vertrag sah vor, dass Dix, solange das Stück lief, die volle Gage bekam.

suchen musste, sie hatte auch einen Haufen Text zu lernen und bei einer Gruppe von wildfremden englischen Schauspielern gut Wetter zu machen, die mit Dix' Rauswurf nicht einverstanden waren und ihrem Ersatz aus Amerika äußerst skeptisch gegenüberstanden.

Leider legte Tallulah bei ihren Kollegen einen denkbar schlechten Start hin. Am Broadway und im Algonquin hatte durchweg ein lockerer Umgangston geherrscht, und dass unter englischen Schauspielern ein vergleichsweise altmodischer Verhaltenskodex galt, war ihr neu. Als sie bei der ersten gemeinsamen Probe beiläufig fragte, wo denn die Toiletten seien, schlug ihr eisiges Schweigen entgegen, nur unterbrochen von ein paar nervösen Lachern. »Das ganze Ensemble war geschockt«, erinnerte sich die Schauspielerin Una Venning. »So etwas sagte man in Anwesenheit von Männern einfach nicht.«[6]

Es dauerte etwas, bis Tallulah sich von diesem groben Fauxpas erholt hatte, und wie immer suchte sie bis dahin Zuflucht in Clownereien und Radau. Ihre irritierten, kritischen Kollegen hofften, dass du Maurier, der bei der Inszenierung nicht nur Regie führte, sondern auch Maxines Liebhaber Tony spielte, ein Machtwort sprechen würde, aber Sir Gerald war durchaus angetan von seinem neuen Protegé. Ihm gefiel, mit welchem Feuereifer sich die junge Frau in die Probenarbeit stürzte, und noch mehr gefiel ihm, wie bedingungslos sie ihn anhimmelte. Tallulah sah in du Maurier das Paradebeispiel eines Theaterstars alter Schule, und sie wollte so viel wie möglich von ihm als Regisseur und Szenenpartner lernen. Auf seine Anregung hin gab sie sogar das Rauchen auf, damit ihr in den Tanzszenen nicht die Puste ausging.*

Es Sir Gerald recht zu machen, war Tallulah so wichtig, dass sie, als die Inszenierung am 15. Februar endlich Premiere

* Außerdem nahm sie Ballettunterricht beim Djagilew-Tänzer und -Choreografen Léonide Massine.

feierte, mit ihrer Kraft und ihren Nerven völlig am Ende war. Bereits in der ersten Pause brach sie in Tränen aus, überzeugt, auf ganzer Linie versagt zu haben, und reagierte maßlos erstaunt, als sie von der Kritik nahezu einhellig für ihre »authentische und sensible Darstellung« gelobt wurde.[7] Dabei hätte Tallulah sich gar kein besseres Stück für ihr Londoner Debüt aussuchen können. Ihre Rolle – eine kleine kanadische Tänzerin, der es allein kraft ihrer schillernden Persönlichkeit gelingt, sich einen Mann zu angeln – passte perfekt zu ihr, und mit seiner Handlung und seinen Themen traf *The Dancers* genau den Nerv der damaligen Zeit.

Die andere »Tänzerin« im Stück ist Una, eine junge Dame aus der Gesellschaft, mit der Tony seit mehreren Jahren offiziell verlobt ist. Die »neurotische, impulsive Nachtschwärmerin« lässt sich von ihrer Jazzleidenschaft in eine gefährliche Welt aus zwielichtigen Nachtklubs und verhängnisvollen Affären entführen, und als sie von einem ihrer Tanzpartner schwanger wird, begeht sie aus Scham Selbstmord. 1923 fürchteten immer mehr Eltern, ihren Töchtern könne ein ähnliches Schicksal blühen. Mittlerweile hatte die Jazzkultur England genauso fest im Griff wie Amerika und Frankreich und stieß bei vielen der älteren Generation auf Unverständnis und Ablehnung. In ihren Augen bedrohte Jazz die moralische Identität der Nation; seine vertrackten Rhythmen und schrägen Melodien klangen für sie wie die Musik eines Drogensüchtigen, und die aufreizend eckigen Bewegungen, mit denen hektisch dazu getanzt wurde, wirkten auf sie nicht minder verstörend.

The Breakdown, ein Gemälde von John Bulloch Souter, bannt diese unversöhnliche Stimmung in das Porträt eines Schwarzen Musikers, der rittlings auf einer umgekippten Minerva-Statue sitzt, während eine nackte weiße Frau neben ihm Charleston tanzt. Ein paar besonders harsche Kritiker warfen der neuen Musikrichtung vor, eine ganze Generation zur Rebellion gegen Gott, das Empire und die Gesellschaft anzustiften. In jedem Fall galt der Jazz als Speerspitze einer neuen, amerikanisch geprägten Kultur, die mit ihrem schnellen Geld und laxen Wertesystem England allmählich überrollte. Er schien ein neues Zeitalter einzuläuten, in dem Begriffe wie »himmlisch«, »wunderbar« und »göttlich« plötzlich zur Beschreibung »einer neuen Lippenstiftfarbe oder eines besonders weichen Seidenstrumpfs« herangezogen wurden und »das Leben im Grunde sinnlos war, wenn man keine Affäre hatte«.[8]

Dass offenbar gerade junge Frauen auf die Jazzkultur ansprangen, verlieh *The Dancers* einen modernen, zeitkritischen Touch. Maxine Hoff verkörperte dabei die klassischen Flapper-Tugenden – das unabhängige, charmante und couragierte Mädchen hatte es fraglos verdient, am Ende von einem reichen Aristokraten wie Tony geehelicht zu werden –, während Una für die Schattenseiten dieses Daseins stand und jungen Damen mit Hang zu Cocktails und Männern als abschreckendes Beispiel diente.

Die Inszenierung lief sensationelle dreiundvierzig Wochen lang, in denen du Maurier sich beinahe täglich dafür auf die Schulter klopfte, Tallulah engagiert zu haben. In einem Land voller Marjories, Nancys und Veras verhieß ihr Name allein bereits eine gewisse Exotik, und ihr Südstaatenakzent und ihre unbändige Energie kamen beim britischen Publikum glänzend an. Für die jungen Frauen, die in Scharen die billigen Plätze unter dem Theaterdach stürmten, um sie auf der Bühne zu sehen, wurde Tallulah gar zur persönlichen Heldin. Genau wie in New York waren diese enthusiastischen Fans aus der hiesigen Theaterlandschaft nicht wegzudenken. Intendanten buhlten regelrecht um diese spezielle Klientel, die einen beträchtlichen Teil ihres Einkommens dafür ausgab, ihren Lieblingsstars auf Schritt und Tritt zu folgen. Doch die jungen Frauen waren auch gefürchtet: Wenn sie etwas gegen einen Schauspieler oder eine Inszenierung hatten, hielten sie damit nicht hinterm Berg;

OBEN / 1 Diana ca. 1915: »geschminkt, gepudert und (wie ich hoffte) todschick zurechtgemacht«. UNTEN / 2 Diana kostümiert für das musikalische Tableau *La Damoiselle Elue* im Juni 1914 in der französischen Botschaft. Von links nach rechts: Felicity Tree, Nancy Cunard, Violet Charteris (Dianas Schwester Letty) und Diana.

OBEN / 3 Diana im Oktober 1916 in der Uniform des VAD, wie sie für Kriegsopfer sammelt. UNTEN / 4 Diana und Duff im Italienurlaub im August 1923.

OBEN / 5 Diana in der Londoner Inszenierung von *Das Mirakel.*
UNTEN / 6 Diana posiert für Iris Trees Ehemann Curtis Moffat, 1925.

THE AUTHOR OF "OUTLAWS": MRS. SYDNEY FAIRBAIRN, FORMERLY MISS NANCY CUNARD.

Mrs. Sydney Fairbairn, the daughter of Sir Bache and Lady Cunard, is well known as a poet, and used to contribute to "Wheels," the yearly production of the smart intellectual set, which contains the work of such authors as the Sitwells, Aldous Huxley, etc. She has recently published a new book of poems entitled "Outlaws."—[*Portrait-Study by Bertram Park.*]

OBEN LINKS / 7 Cover der Kriegsausgabe von *Blast*, Juli 1917. OBEN RECHTS / 8 Nancy 1921 nach der Veröffentlichung ihres ersten Gedichtbandes; sie lebt allein, benutzt aber weiterhin den Namen ihres Mannes. UNTEN / 9 »Miss Nancy Cunard, stets exzentrisch in Kleidung und Verhalten, setzt ihre Ideen erfolgreich um.«

OBEN / 10 Nancy Ende der zwanziger Jahre bei der Arbeit in der Hours Press. UNTEN / 11 Nancy und ihre afrikanischen Armreifen, Fotoserie von Cecil Beaton 1929.

OBEN / 12 Tamara – eine lebende Modepuppe, Outfit von Marcel Rochas, Paris ca. 1931. **UNTEN / 13** Und als Kunstwerk, *Auto-Porträt (Tamara im grünen Bugatti)*, 1929.

OBEN / 14 Tamara in einem ihrer vielen Designerhüte, hier von Rose Descat, Paris, 1932. UNTEN / 15 Natalie Barney in den frühen Jahren ihres sapphischen Idylls inmitten von Nymphen im Stil Isadora Duncans.

LINKS / 16 Tamara de Lempicka, *Gruppe der vier Nackten*, 1926. OBEN / 17 Gertrude Stein und Alice B. Toklas, ca. 1925. UNTEN / 18 Tallulah in *The Dancers*, 1923.

OBEN / 19 Tallulah 1928, Porträtfoto von Paul Tanqueray.
UNTEN / 20 Tallulah moderiert eine Wohltätigkeits-Schatzsuche im Park des Royal Chelsea Hospital, Juni 1930.

OBEN / 21 Tallulah 1928, spärlich bekleidet, in *Her Cardboard Lover.* UNTEN / 22 Tallulah (links) 1927 in *The Garden of Eden.*

OBEN LINKS / 23 Zelda Sayre, die Südstaatenschönheit aus Montgomery, im Tanzkostüm im Garten ihrer Mutter, ca. 1918. OBEN RECHTS / 24 Zelda und Scott auf der Flucht vor der New Yorker Promiszene in Westport, Sommer 1920. UNTEN / 25 Zelda mit der kleinen Scottie, Frühjahr 1922.

OBEN / 26 Zelda, Scott und Scottie feiern Weihnachten in Paris, Dezember 1927. UNTEN / 27 Zelda 1928 in Tutu und Spitzenschuhen.

OBEN / 28 Josephine (Mitte) und Chorus Line auf einem Werbeflyer für *Chocolate Dandies*, 1924. UNTEN / 29 Josephine in Latzhosen im Folies Bergère, 1926.

OBEN / 30 Plakat für *La Revue Nègre*, entworfen von Paul Colin. UNTEN LINKS / 31 Josephine in der Strassversion ihres berühmten Bananenröckchens. UNTEN RECHTS / 32 *The Ebony Venus*, eine Serie von Nacktaufnahmen von Boris Lipnitzki, ca. 1926. NÄCHSTE SEITE / 33 Josephine mit einem afrikanischen Elefanten aus Holz, 1928.

dann wurde gnadenlos gebuht, gelacht und betont langsam und sarkastisch geklatscht. Ihr Zuspruch fiel nicht minder lebhaft aus, und seitdem sie Tallulah zu ihrem neuen Idol erkoren hatten, strömten diese Fans nun mehrmals die Woche ins Wyndham's, wo sie mit beinahe erotischer Ehrfurcht an ihren Lippen hingen. Unschuldige Zeilen aus ihrem Text wurden in einen privaten Code umgedeutet, der regelmäßig für Gekicher und Gekreische sorgte.

Ein paar Wochen nach der Premiere beschloss Tallulah Bankhead, sich einen angesagten Kurzhaarschnitt zuzulegen. Alle ihre Freundinnen aus der Schauspielszene hatten ihr dazu geraten, und Gladys Cooper machte sie mit dem Pariser Starfriseur M La Barbe bekannt, der auch in London Kunden empfing. Du Maurier schäumte vor Wut, als er das Ergebnis sah: Als Höhepunkt einer besonders bewegenden Szene in *The Dancers* sollte Maxine langsam vor Tony ihr Haar lösen – jetzt musste alles umgeschrieben werden. Tallulahs Fans in den oberen Rängen verstanden die neue Frisur jedoch als Aufruf zum Flapper-Aufstand und zückten teilweise sogar während der Vorstellung die Schere, um Haarbüschel auf die Bühne regnen zu lassen, als Tallulah zum Schlussapplaus vor den Vorhang trat.

Mit einem Tempo, das sogar ihre eigenen »kindischen« Erwartungen übertraf, wurde Tallulah berühmt. Aber sie war nicht nur nach London gekommen, um in der Theaterwelt Fuß zu fassen – sie wollte auch ihren geliebten Naps ausfindig machen. Auf der Überfahrt nach Europa hatte Tallulah sich bis ins kleinste Detail ausgemalt, wie ihr Wiedersehen ablaufen würde: Ohne Vorwarnung würde Naps vor ihrer Tür stehen, sichtlich zerknirscht, weil er sie in New York so sang- und klanglos abserviert hatte, und sie würde sich kühl, souverän und unnahbar geben. Doch kaum hatte sie ihn am Telefon, wurde sie von ihren Gefühlen überwältigt. Sie wohnte sogar noch im Ritz, als Naps eines Tages in der Lobby auftauchte, einen Pekinesen unter dem Arm (sein Friedensangebot). Tallulahs »Daaarling!« war im gesamten Hotel zu vernehmen, als sie die Treppe hinunter und Naps in die Arme stürzte.

Es war, als wären sie nie getrennt gewesen. Naps' filigrane, verlebte Züge übten eine ungebrochene Faszination auf Tallulah aus, ganz zu schweigen von seiner notorischen Unverbindlichkeit. Zwar machte er viel Aufhebens um sie und hatte tausend Pläne, was er ihr in London alles zeigen wollte, eine Entschuldigung kam ihm allerdings nie über die Lippen, weder dafür, dass er sie ein Jahr zuvor einfach sitzen gelassen hatte, noch dafür, dass sie ihn fortan mit Edward Lathan teilen musste, seinem neuen Freund. Fürs Erste war Tallulah aber viel zu glücklich, um sich daran zu stören, und wenn sie abends essen ging, ins Ivy oder ins Eiffel Tower, und die zunehmend extravaganten Kostümbälle besuchte, die bei der jungen High Society der Stadt gerade so en vogue waren, dann oft in Begleitung beider Männer.

Tallulah fand diesen Verkleidungswahn absolut faszinierend: »Beim kleinsten Anlass schmiss sich die gesamte Londoner Jeunesse dorée in Maske und Kostüm.«[9] Manchmal wurde sogar ein Motto ausgegeben (bei einem legendären Fest waren die Gäste angehalten, in Babysachen aufzulaufen und ihren Champagner aus Milchfläschchen zu trinken). Auch Promintenimitationen waren beliebt: 1926 wimmelte es in London von Josephine-Baker-Doppelgängerinnen, und ein Jahr später machte der berühmte Bühnenbildner Oliver Messel als Tallulah Furore. Bei ihrem ersten Kostümball 1923 übte sich Tallulah vermeintlich noch in Zurückhaltung: Sie war als Versailles-Höfling verkleidet, und Naps ging als ihr eineiiger Zwilling. Doch wie immer verstand sie es, trotzdem aufzufallen. Als die beiden in ihren glänzenden blauen Kniebundhosen den Saal betraten, sagte sie weithin hörbar zu Naps: »Für dich mögen die Dinger ja angehen. Aber was, wenn ich mal aufs Klo muss?«[10]

Doch auch der Wirbel um Naps und ihr Erfolg mit dem neuen Stück konnten nicht verhindern, dass Tallulah irgendwann Zweifel an ihrer wiederbelebten Beziehung kamen: »Er war ein unlösbares Rätsel, was ihn umso attraktiver, umso unwiderstehlicher für mich machte ... dass er die Bedürfnisse anderer so konsequent missachtete, hat mich sowohl gereizt als auch abgestoßen. Ich bin jedes Mal fuchsteufelswild geworden, nur um dann wieder vor ihm auf die Knie zu sinken.«[11] In London wurde ihr der Kontrast zwischen Naps' Hingabe und seiner Treulosigkeit erst richtig bewusst. Oft war er tagelang spurlos verschwunden, und erst im Nachhinein stellte sich heraus, dass er seine Familie auf dem Land besucht oder irgendwo im Ausland dem Glücksspiel gefrönt hatte. Tallulah hatte nicht die geringste Ahnung, mit wie vielen Frauen und Männern er das Bett teilte. Naps zu lieben war »ein Teil Ekstase, ein Teil Folter«,[12] und nach dieser Mischung war Tallulah geradezu süchtig.

Immerhin war sie erst einundzwanzig, und ohne ihre Kollegen – von denen sie inzwischen akzeptiert und liebevoll »Tallu« genannt wurde – hätte der sensiblen jungen Frau die Einsamkeit in London wohl weitaus stärker zugesetzt. Außerdem hatte sie mit der Zeit Freundinnen gefunden. Eine davon war Viola Tree. Obwohl sie mit ihren ausgefallenen Klamotten und ihren obskuren literarischen Anspielungen auf Tallulah reichlich verschroben wirkte, kümmerte die acht Jahre Ältere sich rührend um sie und stellte ihr alle möglichen wichtigen Leute vor. Auch mit Audrey Carten, die Una spielte, hatte Tallulah sich angefreundet. Audrey war genauso überdreht wie ihre Rolle, aber sie war witzig und selbstbewusst, und Tallulah und sie hatten einander zu Seelenverwandten erkoren, die bei den Proben herumflachsten, ohne Einladung auf Partys gingen und oft lange, innige Gespräche bei einer Flasche Wein führten. Beim ersten Treffen mit Audreys elfjährigem Bruder Kenneth gab Tallulah dem schüchternen Buben einen schmatzenden Kuss und ernannte sich zu seiner »großen Schwester ehrenhalber«.

Allein aus pragmatischer Sicht war Olga Lynn ihre wichtigste neue Bekannte: »Die reinste Göttin«, schwärmte Tallulah in einem Brief an Will, »und ... eine wahre Freundin.«[13] Olga, unter ihrem Puder und Rouge scheinbar alterslos und bei allem gesellschaftlichen Ehrgeiz ein durchaus wohlmeinender Mensch, sah in Tallulah eine Art Ziehtochter, deren Wohlergehen ihr am Herzen lag, weshalb sie ihr anbot, aus ihrer engen, möblierten Wohnung in das große Haus zu ziehen, das sie eigens für die Saison in London gemietet hatte. Diese Einladung kam Tallulah äußerst gelegen. Die Gagen an englischen Bühnen waren nicht gerade üppig: Tallulah etwa verdiente in der Woche nur 30 Pfund, und sie steckte bereits bis über beide Ohren in Schulden, weil sie neben ihrem Hang zum Geldausgeben auch noch Probleme hatte, den Wechselkurs zu durchschauen. Erst Jahre später begriff sie, dass man für eine fünf Pfund teure Bluse zu Hause in Amerika 25 bis 30 Dollar berappen musste. Mietfrei bei Olga zu wohnen, Angestellte, warme Mahlzeiten und heißes Wasser inklusive, klang deshalb nach einer blendenden Idee; dazu kam die Aussicht auf interessante Mitbewohnerinnen wie Gladys Cooper und Lady Idina Sackville, über deren jüngste Scheidung die ganze Stadt tratschte.*

Mit mütterlichem Eifer nahmen Olga und ihre Freundinnen sich der neuen Aufgabe an. Denn so unterhaltsam Tallulahs Kapriolen auch waren (ihre ersten Londoner Räder schlug sie auf einer von »Oggies« Dinnerpartys) – der jungen Dame fehlte es eindeutig an dem nötigen Schliff. Neuerdings trug man halblange Röcke, aber die angesagten Schnitte taten Tallulahs

* Olga mietete sich jedes Jahr zur Saison ein Haus in London, hatte sie doch nicht nur als Sängerin ihren Lebensunterhalt zu verdienen, sondern auch ihren Ruf als unverzichtbarer Gast auf jeder exklusiven Party zu verteidigen. Zur Unterhaltung lud sie sich Hausgäste ein, wie Idina Sackville, die kürzlich nach Kenia ausgewandert und nun in London zu Besuch war.

aufmüpfigen Kurven keinen Gefallen. Also wurde sie auf Diät gesetzt, und Olga ging mit ihr zu Molyneux, in dessen Atelier sie sich ein paar neue Sachen aussuchen durfte. An und für sich besaß Tallulah nämlich wenig Stilempfinden, und ihre bunt zusammengewürfelte Garderobe zeugte davon, wie vielen prominenten Frauen von Mary Pickford bis Ethel Barrymore sie in Sachen Mode schon nachgeeifert hatte.

Olga verschaffte Tallulah auch Zugang zu ihrem umfangreichen sozialen Netzwerk. »Die Freundschaft mit Oggie ist ein Schnellkurs in *Who's Who* und *What's What*«, erklärte der Autor und Musikkritiker Percy Colson.[14] Bei einem Urlaub im Spätsommer wurde Tallulah nicht nur den Cole Porters und Maud Cunard vorgestellt, sondern auch der legendären amerikanischen Society-Gastgeberin Elsa Maxwell. In London durfte sie die Sängerin Dawn Farrer, Duff und Diana Cooper sowie Ivor Churchill kennenlernen. Darauf, dass sie mit Ivor, dem zweiten Sohn des Duke of Marlborough, und seiner Mutter, der New Yorker Millionenerbin Consuelo Vanderbilt, per Du war, bildete Tallulah sich ziemlich viel ein; in einem Brief an Will triumphierte sie keck: »Nicht schlecht für ein kleines Fräulein aus Jasper, Alabama.«

Besonders ans Herz gewachsen war ihr Sir Guy Laking, von allen nur Francis genannt, ein rundlicher, überspanntamüsanter junger Mann, »Geschlecht unklar«, der Tallulah rein platonisch, aber dafür umso glühender verehrte, am Telefon mit ihr scherzte und ihr andauernd Blumen schickte. Und dann gab es da noch Max Beaverbrook. Dem Zeitungsmagnaten war nicht entgangen, dass Tallulahs Ausstrahlung London in gleißendes Licht tauchte, und nachdem sein Schlagzeilengarant Diana sich nach New York verabschiedet hatte, witterte er in der kessen Amerikanerin einen probaten Ersatz. Kurz entschlossen setzte er seine Klatschreporter auf sie an, und wenngleich Tallulah Beaverbrooks Angebot, auch seine Theaterkritiker in ihrem Sinne zu instruieren, dankend ablehnte, sorgte allein die Frequenz, mit der ihr Name und ihr Gesicht fortan im *Daily* und *Sunday Express* auftauchten, dafür, dass ihre Karriere ordentlich an Fahrt aufnahm.

Die Freundschaft der beiden war jedoch mehr als ein Zweckbündnis. Genau wie Diana imponierte Tallulah, was für ein Original Beaverbrook war: »Ein brillanter Gesprächspartner [mit einem] bemerkenswerten Gedächtnis.«[15] Zudem erwies er sich als großer Gönner, der sie zu Partys und Landpartien einlud und allen vorstellte, die Rang und Namen hatten, vom Playboy Aga Khan bis hin zu Politikern wie Lord Balfour und David Lloyd George. Selten war Tallulah so stolz gewesen wie in den Momenten, als sie ihren Vater bei dessen erster Stippvisite in London mit so vielen bedeutenden Persönlichkeiten bekannt machen konnte.

Wegen ihres enormen Unterhaltungswerts war Tallulah Bankhead, die Schauspielerin der Stunde, in besseren Kreisen als Gast heiß begehrt. Doch als *The Dancers* abgespielt war, hatte sie Probleme, ein neues Engagement zu finden. In London waren gute neue Stücke genauso Mangelware wie in New York, und in den darauffolgenden anderthalb Jahren war Tallulah gezwungen, sich für ein paar beängstigend durchwachsene Stoffe herzugeben. Im März 1924 stand sie in *Conchita* als feurige spanische Tänzerin neben einem lebendigen Äffchen auf der Bühne, das so ungezogen war, dass sie Witze improvisieren und Räder schlagen musste, um die Zuschauer von den Kapriolen des Tieres abzulenken. In *This Marriage* spielte sie im Mai desselben Jahres ein lustiges, forsches Flapper-Girl, das sich in einen verheirateten Mann verliebt. Ihre Kritiken waren gut – nur wenige Schauspielerinnen in London konnten so nonchalant wie Tallulah flache Gags à la »Ein Gewissen ist nicht wie eine Leber, man kommt auch ganz gut ohne zurecht«[16] zum Besten geben –, aber die Inszenierung fiel beim Publikum durch und wurde nach drei Wochen abgesetzt.

An den Kassen weitaus erfolgreicher war das Kriminalstück *The Creaking Chair* im Juli. Doch an den Erfolg von *The Dancers* konnte keines von Tallulahs Folgeprojekten anknüpfen, weshalb ihre wichtigsten Auftritte seinerzeit eher hinter den Kulissen stattfanden. Auch in London feilte sie weiter akribisch an ihrem Image und achtete darauf, nicht zu verschwenderisch mit ihrem Arsenal an brisanten Sprüchen umzugehen. »Darling, die Party der Marchioness dieses Wochenende werde ich mir schenken; ich habe die ständigen Dreier einfach satt« gehörte zu ihren neuesten Spitzen – eine Anspielung auf die sexuellen Vorlieben der Marchioness of Milford Haven. »Was denn, erkennen Sie mich angezogen etwa nicht wieder?« – diesen Konter hatte sie sich ursprünglich für einen womöglich uneinsichtigen Earl zurechtgelegt, der sie bei einem Dinner im Savoy zu lange angestarrt hatte.[17]

Auch ihr Faxenrepertoire hatte Tallulah erweitert. Nachdem sie bei Olga ausgezogen war, empfing sie Gäste in ihrer neuen Wohnung in der Curzon Street stets betont leicht bekleidet, und bei Zelda hatte sie sich den Trick abgeschaut, Cocktailpartys in der Badewanne zu feiern. Dass sie nicht vernünftig Auto fahren konnte, passte da nur ins Bild. In ihrem ersten Sommer in London gönnte sich Tallulah für 200 Pfund einen kleinen grünen Talbot, doch auch nach unzähligen Fahrstunden blieb sie am Steuer ein hoffnungsloser Fall. Vor allem das Londoner Straßengewirr machte ihr zu schaffen, und in ihrer Verzweiflung begann sie, Taxifahrer anzuheuern, die sie vom Beifahrersitz aus an ihr Ziel dirigierten. Als die Presse davon Wind bekam, wusste Tallulah aus ihrer Schwäche Kapital zu schlagen: Dass sie eine entzückend unfähige Autofahrerin war, machte ihr schrilles Image perfekt.

Erst Jahre später sollte sie in Memoiren und Interviews zugeben, welche Sorgen und Nöte sich damals hinter ihrem Harnisch aus provokantem Blödsinn verbargen. »Ich war nicht so unbefangen, wie es auf den ersten Blick aussah. Nach außen hin das Selbstvertrauen in Person, große Klappe, breite Brust, rumorte es in mir ständig vor Angst, dass die Uhr gleich zwölf schlagen und ich in meinem Kämmerlein im Algonquin oder, schlimmer noch, in Großvaters Garten in Jasper aufwachen könnte.«[18] Schon damals erkannten einige Zeitgenossen, wie viel Arbeit hinter Tallulahs scheinbar so spontaner Art steckte. Cecil Beaton verfolgte eines Abends mit scharfem Blick ihre Ankunft im Eiffel Tower und war beeindruckt, wie zügig sie sich ihren Weg durch das Restaurant bahnte, wobei sie der Reihe nach kurz an jedem Tisch Halt machte, um mit ihrem »trockenen Humor« zu brillieren. »Sie hat so verbissen an sich gearbeitet, dass es immer ganz natürlich wirkt. Dabei spielt sie einem nur was vor.«[19]

Der Rest der Londoner Gesellschaft gab sich allerdings mit Tallulahs schlagfertiger Fassade zufrieden. Zwischen all den geschliffenen Akzenten und Umgangsformen sorgte ihre amerikanische Großmäuligkeit für willkommene Abwechslung, und selbst die abgebrühtesten Zyniker waren sprachlos, wenn sie Sprüche vom Stapel ließ wie: »Was Sex angeht, so habe ich schon alles ausprobiert. Bei der klassischen Stellung kriege ich Platzangst, und bei den anderen habe ich danach einen steifen Nacken oder eine Kiefersperre!«[20] De facto war es mit Tallulahs sexueller Erfahrung nicht sonderlich weit her, doch in London sollte sich die Lücke zwischen Image und Realität im Eiltempo schließen. Jetzt, da sie ihre Familie in sicherer Entfernung wusste, konnte sie sich ungestört auf die vielen Männer einlassen, die unbedingt mit ihr ausgehen wollten. Darunter waren nicht nur Schauspieler, sondern auch ein paar Vertreter des europäischen Hochadels, wie sie stolz berichtete: »In London bin ich eingeschlagen wie eine Bombe … das hat mich beflügelt, es war wie ein Rausch! Damals konnte ich mich vor Verehrern kaum retten … Ich habe diesen Ansturm in vollen Zügen genossen – vielleicht ein bisschen mehr, als mir guttat.«[21] Tallulahs gesteigerter Alkoholkonsum und ihre

Affinität zu diversen Modedrogen waren an ihrer »Abenteuerlust«, wie sie es nannte, sicher nicht ganz unbeteiligt. Außerdem verschaffte sie sich dadurch Ablenkung von dem strapaziösen Hin und Her mit ihrem geliebten Naps. Obwohl Tallulah ihr Singledasein genoss und nicht vorhatte, sich in absehbarer Zeit zu binden, hoffte sie insgeheim weiter darauf, dass er eines Tages zu seinem Wort stehen und sie heiraten würde. Dass er zwei Jahre nach ihrer Ankunft in London immer noch keine Anstalten machte, sie seiner Familie vorzustellen, und stets auswich, wenn sie auf die Zukunft zu sprechen kam, nagte gewaltig an ihr.

Was sie dabei außer Acht ließ: Eine Ehe mit Tallulah stand für Naps gar nicht zur Debatte. Nach dem Tod seines Vaters im Jahr 1919 hatte er dessen Erbe angetreten und nahm seine Pflichten als Stammhalter ernst. Wenn er irgendwann doch einmal heiraten sollte, dann eine Frau mit standesgemäßem Auftreten, deren Herkunft das Ansehen der Familie Alington zu mehren versprach. Eine amerikanische Schauspielerin mit Hang zu derben Flüchen und knapper Bekleidung kam dafür unter keinen Umständen in Frage. Tallulah leuchtete diese unverrückbare Logik nicht ein. Durch Olgas behutsamen Einfluss war bei ihr der irrige Eindruck entstanden, dass einem als Star sogar im stocksteifen England alle Türen offenstanden. »Darling, ich kann ruhig Scheiße sagen«, pflegte sie zu scherzen, »[schließlich] bin ich eine Lady.«[22] Nachdem Societygrößen wie Edwina und Louis Mountbatten ihre Bekanntschaft machen wollten und der dritte Sohn des Königs, Prinz George, regelmäßig ihre Vorstellungen besuchte, bildete sie sich ein, nicht nur alle geografischen Hürden, sondern auch sämtliche Klassengräben überwunden zu haben.

Im Nachkriegsengland verkehrte die adelige Oberschicht zwar anstandslos mit Schauspielern, Tennisspielern und Journalisten, aber niemand hätte es gewagt, an den jahrhundertealten Regeln zu rütteln. Auf die Frage, ob Tallulah je mit Naps verlobt gewesen sei, fand Dianas Mutter, die Duchess of Rutland, deutliche Worte: »Das hätte sie wohl gerne gehabt. Napier war sich seiner Verantwortung dem Empire gegenüber viel zu bewusst, um so etwas überhaupt in Erwägung zu ziehen.«[23]

Und so schluckte Tallulah ihre Ungewissheit hinunter und lenkte sich mit anderen Männern ab. Darunter waren durchaus ein paar aussichtsreiche Kandidaten, der gutaussehende Zeitungsverleger Michael Wardell zum Beispiel, den sie über Max Beaverbrook kennengelernt hatte (er trug eine Augenklappe, mit der er an einen Piraten erinnerte). Die meisten dienten Tallulah jedoch nur zum Zeitvertreib, und ihre »seligen Techtelmechtel« hielten selten länger als ein paar Abende. Ein paar davon hatte sie interessanterweise mit Frauen. Die Schriftstellerin Radclyffe Hall und deren Lebensgefährtin, die Bildhauerin Una Troubridge, zählten zu ihren Freundinnen, ebenso die lesbische Salonlöwin Barbara Bach. Gerüchten zufolge hatte sie mit der amerikanischen Sängerin Florence Mills geschlafen und lebte eine Zeit lang mit ihrer Zweitbesetzung zusammen, einer quirligen, burschikosen jungen Frau namens Monica Morrice, die »flach war wie ein Brett, ständig nackt durch die Garderobe lief … und sich für nichts genierte«.[24]

Dennoch stand Tallulah nicht so offen zu ihren Neigungen wie in New York, und mit Londons politisch aktiven Sapphistinnen – eine Clique, die Cecil Beaton wegen ihrer humorlosen Ansichten und unweiblichen Hosenanzüge abfällig als »Bauchrednerpuppen« bezeichnete – hatte sie erst recht nichts am Hut. Als sie drohte, Raymond de Trafford für seine Unterstellung, sie sei Sapphistin, eine runterzuhauen, war das keine Koketterie; Tallulah fühlte sich ernsthaft beleidigt. Alles in allem scheint sie männliche Bettgesellschaft damals einfach spannender und abwechslungsreicher gefunden zu haben – auf jeden Fall war sie ihr einige Risiken wert.

Zum ersten Mal schwanger wurde sie irgendwann Mitte der zwanziger Jahre. Panisch wandte sie sich an Olga Lynn, die genau wusste, was zu tun war und vor allem von wem. Sie schickte Tallulah zu einer Krankenschwester, die ihr Salzlösung spritzte, und fuhr sie dann in die Wohnung einer diskreten Freundin. Besser hätte man eine Abtreibung nicht organisieren können, doch der Eingriff selbst war schmerzhaft und gefährlich, und Tallulah verlor so viel Blut, dass sie zwei Wochen lang das Bett hüten musste. Gleichwohl ließ sie die Prozedur bis zu ihrem dreißigsten Lebensjahr noch dreimal über sich ergehen und kommentierte das Ganze mit trotzigem Galgenhumor, ganz so, als gebührte ihr dafür ein Orden. »Da gehe ich nie wieder hin«, erklärte sie nach einer der Operationen. »Die haben mich mit rostigen Nägeln und gebrauchten Rasierklingen bearbeitet.«[25] Die blutigen Laken, den stechenden Schmerz, die Scham und die Heimlichtuerei erwähnte sie nie. Ihre Freundin und Kollegin Gladys Henson sagte dazu nur: »Sie hat immer einen auf abgebrüht gemacht, aber das war alles bloß Schau.«[26]

Von den zwei Wochen im Bett abgesehen, stand Tallulah in ihrer Londoner Zeit praktisch ununterbrochen auf der Bühne. Was Rollen anging, war sie nicht wählerisch. Keine Arbeit zu haben und beim Publikum womöglich in Vergessenheit zu geraten, wog weitaus schwerer für sie, als in einer schwachen Inszenierung aufzutreten. Irgendwann wurde jedoch selbst ihr klar, dass sie damit ihre Karriere aufs Spiel setzte. Was Tallulah brauchte, war eine Rolle mit »Pep und Mumm und Wucht«, und um sich diese zu sichern, galt es zur Not eben eine Bühnenpause einzulegen.[27] Ihre Hoffnungen ruhten vor allem auf »Rain« (dt. »Regen«), einer Kurzgeschichte von W. Somerset Maugham, die unter demselben Namen erfolgreich für den Broadway bearbeitet worden war. Deren Hauptfigur Sadie Thompson, eine junge Prostituierte, die von einem religiösen Eiferer auf den Pfad der Tugend zurückgeführt werden soll, hatte genau den »Pep«, nach dem Tallulah sich sehnte. Sobald feststand, dass *Rain* auch in London aufgeführt werden sollte, war sie beinahe zu allem bereit, um an die Rolle zu kommen. Anstatt sich mit weiteren Angeboten herumzuschlagen, fuhr sie kurzerhand nach Amerika, um Maugham zu treffen und sich ein zweites Mal das Stück anzusehen. Dabei studierte sie eingehend die Darstellung von Jeanne Eagels, die in der Broadway-Inszenierung die Sadie spielte.

Im Grunde sah alles recht vielversprechend aus. Man hatte Tallulah versichert, dass die Rolle ihr gehöre, und zurück in London nahm sie sogar an den Vorproben teil. Doch in Maughams Augen fehlte es ihr auf der Bühne an Charisma; er hatte den Eindruck, dass sie, statt sich selbst in die Figur einzufühlen, nur Eagels kopierte, und verlangte eine Neubesetzung. So eine harsche Abfuhr hatte Tallulah in beruflicher Hinsicht noch nie kassiert, und die öffentliche Schmach war ein herber Schlag für ihr Selbstbewusstsein und ihre Träume. Die Aussicht, damit zum Stadtgespräch zu werden, machte ihr schwer zu schaffen, und um dem Getuschel der Leute vorzugreifen, floh sie nach Hause, würgte zwanzig Aspirin hinunter und schrieb noch schnell einen Abschiedsbrief: »Es hat sich ausgeregnet.«[28]

Zwanzig Tabletten waren natürlich keine annähernd tödliche Dosis und sorgten lediglich dafür, dass Tallulah auf der Stelle einschlief und am nächsten Morgen mit rasenden Kopfschmerzen aufwachte, und obwohl sie an ihrer Schlappe noch monatelang zu knabbern hatte, wurde sie von einem Last-Minute-Angebot für Noël Cowards neueste Komödie *Fallen Angels* (dt. *Gefallene Engel*) vor einem gröberen Gesichtsverlust gerettet. Keine sieben Tage vor der Premiere hatte eine der weiblichen Hauptrollen einen Nervenzusammenbruch erlitten und musste dringend ersetzt werden. So eine Politik des kalkulierten Risikos war genau nach Tallulahs Geschmack.

Nachdem sie eine stolze Wochengage von 100 Pfund ausgehandelt hatte, stürzte sie sich mit einer Spielfreude in die Probenarbeit, die Coward »geradezu fantastisch« fand, und dank ihres fotografischen Gedächtnisses legte sie bei der Premiere einen absolut textsicheren Auftritt hin.[29]

Die Rolle war ihr wie auf den Leib geschneidert. Sie spielte Julia Sterroll, eine junge Ehefrau, die alles mit ihrer besten Freundin teilt: Klamotten, Cocktails, sogar die Liebhaber. Und obwohl der Text ihr technisch einiges abverlangte – Cowards flotte, nuancierte Dialoge setzten eine überdeutliche Aussprache voraus, vor der ihr Südstaatendialekt gelegentlich kapitulierte –, gab es nur wenige Schauspielerinnen, bei denen ein an sich harmloser Satz so lasziv klang wie bei Tallulah. An einer Stelle im Stück wird Julia vorgeworfen, der Alkohol mache sie unberechenbar. Tallulah unterlegte ihre Replik – »Ich bin vollkommen berechenbar« – nicht nur mit einer vielsagenden Kopfbewegung und einem neckischen Hüftschwung, sondern auch mit einem so anzüglichen Unterton in der Stimme, dass die schmutzigen Gedanken beim Publikum vorprogrammiert waren.

Am Premierenabend übertrieb sie es beinahe mit der Situationskomik. Zu dem Zeitpunkt hatte sie Maughams Absage noch nicht ansatzweise verwunden, und das Publikum raste vor Begeisterung, als sie aus der unverfänglichen Zeile »O lieber Regen« aus dem Stegreif ein vielsagendes »Mein Gott, REGEN« machte.[30] Und wie immer, wenn ein Stück länger lief als ein paar Wochen, wurde ihr irgendwann langweilig, und sie ließ sich zu allem möglichen Unfug hinreißen. Bei einer Aufführung von *Fallen Angels* ersetzte sie die Ingwerlimonade in den Gläsern der anderen Schauspieler durch echten Champagner und sorgte damit auf der Bühne für ausgelassene Stimmung, die gleichwohl jeden Augenblick zu kippen drohte.

Coward, der überzeugt war, dass sie auf diese Weise früher oder später die Inszenierung ruinieren würde, verlor allmählich die Geduld mit Tallulah, aber für ihre Fangemeinde auf den billigen Plätzen war sie über alles erhaben. Laut *Theatre World* »erfreute sich keine andere Schauspielerin einer derart breiten Anhängerschaft«.[31] Die meisten Fans waren Büroangestellte, Verkäuferinnen, Näherinnen oder Fabrikarbeiterinnen, für die Tallulah und ihre Figuren eine Traumwelt repräsentierten. »Da unten auf der Bühne trägt sie Kostüme, die ein ganzes Jahresgehalt kosten«, schrieb Hubert Griffiths im *Evening Standard.* »Sie wohnt in teuren Appartements in Paris, Deauville und Saint-Jean-de-Luz; junge Männer in eleganter Abendgarderobe wetteifern um ihre Gunst. Miss Tallulah Bankhead verkörpert alles, was diese Frauen auf den oberen Rängen im Grunde gerne wären, sie ist der Inbegriff eines in Erfüllung gegangenen Traums.«[32]

Obwohl Griffiths Tallulahs vollen Namen nannte, hätten seine Leser auch nur anhand ihres Vornamens gewusst, wer gemeint war. Bei ihren Fans lief sie schon lange unter Tallulah; wenn sie die Bühne betrat, schallten »Halleluja Tallulah, unsere wunderschöne Tallulah«-Sprechchöre von den oberen Rängen, und inzwischen war es bei immer mehr Kritikern und Kommentatoren ebenfalls Usus, sie beim Vornamen zu nennen. Arnold Bennett sollte dem Tallulah-Kult Anfang 1930 im *Evening Standard* sogar eine ganze Kolumne widmen. Er fand das Phänomen faszinierend. »Warum heißt Miss Bankhead überall nur Tallulah? Niemand außer dem ehrenwerten Hannen Swiffer [Kritiker des *Express*] spricht von Marie [Tempest], Gladys [Cooper], Sybil [Thorndike] oder Evelyn [Laye].«[33]

Damit nicht genug, wurde ihr Name sogar in den Verbstand erhoben: »To do a Tallulah« oder einfach nur »to Tallulah« galt weithin als gängige Abkürzung für den ganz speziellen sinnlichen Überschwang, für den sie stand. Wie sie beiläufig einem New Yorker Reporter erklärte, der für die heimische Leserschaft ihren Erfolg in Übersee dokumentieren sollte:

»Die Engländer wollen, dass ich ihnen die Tallulah mache, also tanze und singe, mit meinen Haaren spiele und mich auf der Bühne was traue.«[34]

Nicht alle teilten diese Faszination. Bennett etwa zeigte sich verblüfft über das Engagement ihrer Fans, die offenbar »zur Angestelltenschicht gehörten«, aber auf wundersame Weise Zeit fanden, sich die halbe Woche lang für Theaterkarten anzustellen und nach der Aufführung vor dem Bühneneingang auszuharren, nur um dabei zu sein, wenn Tallulah zu ihrem Wagen ging. Was genau diese »cleveren, munteren, kritischen … Mädchen« sich von ihrer bedingungslosen Hingabe versprachen, blieb ihm erklärtermaßen ein Rätsel. Vielleicht gehe es darum, »vor seinen Freundinnen damit angeben zu können, wie aufregend es war, stundenlang auf sein Idol zu warten«.[35]

Was Bennett dabei außer Acht ließ, war die Mühe, die Tallulah sich ihrerseits mit ihren Anhängerinnen gab. Sie wusste es zu schätzen, dass die jungen Frauen ihr sauer verdientes Geld für sie ausgaben und beträchtliche Unannehmlichkeiten in Kauf nahmen, um sie zu sehen. Die billigen Plätze unterm Dach waren nicht reserviert, weshalb sich manche Fans schon achtundvierzig Stunden vor einer Premiere in die Schlange stellten. Anstatt ihren Platz aufzugeben, wenn sie zwischendurch zur Arbeit mussten, pflegten sie kleine Schemel mit Namensschild an das Geländer vor dem Theater zu ketten – so viel zu Bennetts Frage. Den Wartenden in der Schlange wurde von der Theaterleitung Tee ausgeschenkt, und Straßenhändler verkauften Sandwiches und Kuchen.

Zum Dank für ihre Treue bedachte Tallulah ihre Fans mit besonderen Aufmerksamkeiten. Bei jedem Vorhang gingen ihr erstes Lächeln und ihre erste Verbeugung in Richtung oberster Rang, und ihre zwanzig ergebensten Anhängerinnen durften sogar zu ihr in die Garderobe. Bald kannte Tallulah nicht nur ihre Namen, sondern auch die Geschichten dahinter, und in einem der Mädchen, Edie Smith, fand sie sowohl die perfekte Privatsekretärin als auch eine Freundin fürs Leben. Edie war eine Frohnatur, die sich von Tallulahs Launen nicht aus der Ruhe bringen ließ. Keine Aufgabe war unter ihrer Würde – wenn Tallulah eine brandneue Dose ihrer geliebten Gold-Flake-Zigaretten nicht aufbekam, war Edie zur Stelle –, aber sie ließ sich nicht herumkommandieren. Als Tallulah eines Abends in einer Bar einen gutaussehenden Mann erspähte und Edie befahl, ihn ihr »zu besorgen«, sagte Edie, die mit Männern nichts anfangen konnte, ungerührt: »Ich bin doch nicht deine Kupplerin. Hol ihn dir gefälligst selbst!«[36]

Im September 1925 erreichte die Fantasiewelt, in der Tallulah auf dem Theater lebte, ihren vorläufigen Höhepunkt: Sie übernahm die Hauptrolle in *The Green Hat*, einer Bühnenadaption des gleichnamigen Bestsellerromans von Michael Arlen. Arlen war damals so etwas wie der F. Scott Fitzgerald Englands; seine Geschichten um Playboys und feine Damen samt ausführlichen Beschreibungen von Kleidern, Autos und verhängnisvollen Affären fanden reißenden Absatz. Und wenngleich sich sein Stil heute liest wie eine verschwitzte Aneinanderreihung von blumigen Metaphern und angestrengten Schlüpfrigkeiten, kamen bei ihm durchaus auch brisante Themen wie Abtreibung, Geschlechtskrankheiten und kleine Alltagsperversionen zur Sprache – Arlens Werk lebte quasi vom Tabubruch.

The Green Hat war sein erfolgreichster und skandalträchtigster Roman. Arlens Heldin Iris Storm (auch bei ihrem Mädchennamen Iris March genannt) ist eine junge Frau von eher drittklassiger Herkunft, deren Verlobung mit dem Adelsspross Napier Harpenden von dessen Familie gelöst wird. Iris folgt ihrem gebrochenen Herzen geradewegs ins wilde Londoner Nachtleben, um sich letzten Endes mit dem Sporthelden Boy Fenwick zu verloben. Aber Boy begeht in der Hochzeitsnacht Selbstmord, weil er sich eine Geschlechtskrankheit eingefangen hat. Um seinen Ruf zu wahren und auf Kosten ihres eigenen Leumunds lässt Iris jedoch alle Welt in dem Glauben, er habe sich aus Verzweiflung darüber, dass sie keine Jungfrau mehr sei, umgebracht.

Napier hat derweil immer noch Gefühle für Iris, doch als er sie erneut bittet, seine Frau zu werden, lehnt sie mit der Begründung ab, dass seine Familie und Freunde in ihr stets nur das »billige Flittchen« sehen würden. Die Geschichte endet damit, dass Iris den »Heuchlern mit den Gutsherrengesichtern und den Krämergemütern« zum Abschied einen heroischen Schlag versetzt: Sie rast auf dem Anwesen der Harpendens mit ihrem gelben Hispano-Suiza gegen einen Baum und stirbt.[37]

Iris entpuppte sich in vielerlei Hinsicht als lohnende Rolle für Tallulah. Sie stand in einer langen Tradition von tragischen Heldinnen, die bis zu Dumas' Marguerite – einer gefallenen Frau mit echtem Kämpferherz – zurückreichte, und zwang Tallulah, in ihrem Spiel emotional neue Grenzen auszuloten. Noch mehr profitierte sie allerdings von der medialen Aufmerksamkeit, die dem Stück von Beginn an zuteilwurde. Auf der Bühne kamen Arlens Figuren noch viel amoralischer rüber als im Roman, und als Rufe nach einer Absetzung der Inszenierung laut wurden, rückte Tallulah in den Mittelpunkt des Skandals. Viele Zuschauer glaubten in Iris' Schicksal Spuren ihrer Biografie auszumachen und nahmen die Behauptung eines Kritikers, dass »Tallulah Iris March nicht spielt, sondern Iris March ist«, für bare Münze.

Dass Arlen und seine Hauptdarstellerin sich kannten, steht außer Frage, schließlich gehörte sie zum »pseudoexlusiven Freundeskreis« des Schriftstellers, wie Hubert Swaffen es ausdrückte,[38] und diese Verbindung heizte die Spekulationen um Tallulahs Rolle bei der Entstehung der Figur natürlich weiter an. Die Parallelen zwischen ihrem Freund Naps und Iris' Freund Napier waren den Kommentatoren nicht entgangen, und Tallulah selbst gab zu, dass sich mindestens eine Szene –

die mit dem Bad in der Themse – eins zu eins so abgespielt hatte.*

Doch obwohl Tallulah den Rummel um *The Green Hat* genoss, machte ihr die Arbeit an sich überhaupt keinen Spaß. Sie fand Arlens Dialoge unsagbar aufgeblasen, und in ihren Augen war Iris eine humorlose Schlaftablette. Zelda und Scott, die eigens wegen der Inszenierung aus Paris angereist waren, teilten ihre Kritik, sowohl an dem Stück als auch an der schamlosen Eigenwerbung seines Autors (ausgerechnet!). So schrieb Zelda an eine Freundin: »Waren kürzlich in England, wo gerade die Michael Arlens blühen – robuste Einjahrespflanzen, heißt es im Samenkatalog.«[39]

Allen Unkenrufen zum Trotz war das Stück natürlich ein Riesenhit. Zu der illustren Gästeschar am Premierenabend im Adelphi Theatre zählten der Prince of Wales, Gladys Cooper, die Marchioness of Milford Haven (mit russischem Kopfputz) sowie Lady Curzon, und als Max Beaverbrook Tallulah eine Woche später zum Lunch bei David Lloyd George einlud, sah sie, dass der Wohnzimmerboden des prominenten Politikers mit Zeitungen übersät war, die allesamt auf den Seiten mit der Premierenkritik aufgeschlagen waren.

Nach diesem großen Erfolg stellte sich für Tallulah die Frage, wie es mit ihrer Karriere weitergehen sollte. Sie nahm den Schauspielberuf nach wie vor äußerst ernst und wollte ihr Flapper-Repertoire unbedingt erweitern, kam jedoch selten dazu, die Bandbreite ihres Könnens unter Beweis zu stellen. Regisseure wussten ihre besonderen Talente zu schätzen: wie dynamisch sie auf die anderen Schauspieler reagierte, ihre ein-

* Tallulah stand wohl auch Pate für die amerikanische Schauspielerin Ysabel in Arlens Roman *Young Men in Love* (1924), die als Protegé einer älteren Frau, die wiederum an Olga Lynn erinnert, in der Londoner Gesellschaft für Gesprächsstoff sorgt.

zigartige Ausstrahlung, ihre seltene Begabung, das Publikum vom ersten Moment an um den Finger zu wickeln. Arnold Bennett schrieb: »Ich habe erlebt, wie allein durch Tallulahs überwältigende Bühnenpräsenz selbst der albernsten Klamotte eine gewisse innere Logik zuteilwurde.«[40]

Dennoch waren sich fast alle einig, dass Tallulah in Sachen Technik dringenden Nachholbedarf hatte. Besonders ihr Dialekt wurde ihr immer wieder zum Verhängnis. Nach nunmehr fünf Jahren in London war er zwar nicht mehr allzu ausgeprägt, doch ihre Südstaatenkindheit hatte Spuren hinterlassen, und dass sie sich wie so viele junge Leute damals einen »modern drawl«, wie *The Stage* es nannte, zugelegt hatte, machte die Sache nicht einfacher.[41] In Mode gekommen war dieser nasale Tonfall durch die Londoner Societyclique, der Beaverbrooks *Express* 1924 den Spitznamen »Bright Young Things« verpasst hatte. Hauptmerkmale waren übertrieben lang gezogene Vokale und verschluckte Konsonanten; *daarling, sweeetie, looooveley* muteten an wie selige Seufzer oder sanftes Gekreische. Doch was auf Partys in Soho zum guten Ton gehörte, wurde auf der Bühne zum Problem,* denn ihrem Publikum fiel es zusehends schwerer, Tallulah zu folgen.

Aber nicht nur ihre Sprechweise, auch dass sie bestimmte Gesten überstrapazierte, brachte ihr immer öfter Kritik ein. In dramatischen Szenen neigte sie dazu, hollywoodreif ihr Haar zurückzuwerfen, und egal, welche Figur sie gerade verkörperte, stets nahm ihr Körper die typische Flapper-Pose ein – Katzenbuckel, mit träge nach vorn geschobenen Schultern. Tallulahs Fans liebten sie für ihre Manierismen, doch nicht wenige Kommentatoren sahen in ihrer immer gleichen

* Diesen Vorwurf mussten sich viele Schauspielerinnen und Schauspieler gefallen lassen, als gegen Ende der zwanziger Jahre ein moderner Naturalismus auf den Bühnen Einzug hielt und den klassischen englischen Stil verdrängte.

Körpersprache den Beweis dafür, dass sie ihre Rollen nicht überzeugend ausfüllen konnte.

Sogar ihre größten Stärken, ihre Fähigkeit etwa, das Parkett im Alleingang zum Kochen zu bringen, wurden bisweilen kontrovers diskutiert. Der Theaterkritiker der Zeitschrift *Eve* hielt Tallulah zugute, dass sie »in einer einzigen undisziplinierten Minute mehr Emotionen freisetzt und mehr von sich preisgibt als eine englische Schauspielerin in drei dezent bestürzten Akten«.[42] Andere taten diese besondere Gabe als bloßen Exhibitionismus ab, als billigen Manipulationsversuch, der Tallulah nicht einmal bei jeder Vorstellung glückte. Noël Cowards ehemaliger Lebensgefährte Jeffrey Amherst, der sie in *Fallen Angels* genau beobachtet hatte, formulierte es so: »Am Dienstag hat sie alle vom Hocker gehauen, aber jetzt ist Mittwoch, und wer weiß, was heute Abend passiert.«[43]

In vielerlei Hinsicht war Tallulah Perfektionistin – sie achtete zum Beispiel penibel auf Kostüme und Beleuchtung –, doch gleichzeitig neigte sie auf der Bühne zum Schludern. Vor Wortwitz nur so sprühende Dialoge liefen bei ihr oft ins Leere; mit Technik hatte ihr Spiel nichts zu tun, was sie ablieferte, war ein Stimmungsbild. Josephine Baker, der man zu Beginn ihrer Karriere das Gleiche vorwarf, arbeitete deshalb hartnäckig an sich, aber Tallulah traute kaum jemand so viel Eigeninitiative zu. Basil Dean, der viele Inszenierungen mit ihr produziert hatte, kam zu dem Schluss, dass es ihr »schlichtweg an Ehrgeiz mangelte, durch den sie ihre fehlende Ausbildung durchaus hätte wettmachen können ... aber Tallulah sah im Theater, ja in ihrem ganzen Leben, eine Art Experiment, das beim ersten Fehlversuch abgebrochen wurde«.[44]

Als Schauspielerin zu reifen hätte auch bedeutet, insgesamt wählerischer zu werden und sich auf Rollen zu konzentrieren, an denen sie wachsen oder in denen sie eine andere Seite von sich zeigen konnte. Doch nicht mit Tallulah. Immer wieder kehrte sie zu ihren Standardrollen zurück, der glamourösen, gefallenen Frau oder dem kecken »working girl«. Zugegeben fehlte es an Alternativen, aber durch ihren Hang zum Luxus war Tallulah eben auf ein regelmäßiges, möglichst hohes Einkommen angewiesen. Obwohl sie Mitte der zwanziger Jahre bereits 250 Pfund die Woche verdiente und sich ihre Gagen bis 1930 sogar noch verdoppeln sollten, gab sie das Geld mit vollen Händen aus.

Auch von Seiten ihrer Fans geriet sie allmählich unter Druck. Die jungen Frauen hatten ganz genaue Vorstellungen davon, in welchen Rollen sie ihr Idol sehen wollten, und sie zu enttäuschen, erwies sich als zunehmend problematisch. Tallulahs nächstes Stück, ein routiniertes, frivoles Melodram über eine moderne Ehe mit dem Titel *Scotch Mist*, kam beim Publikum gut an, doch mit dem Folgeprojekt sorgte sie im Mai 1926 unter ihren Anhängerinnen für einen Eklat. *They Knew What They Wanted* bot Tallulah endlich die Gelegenheit, sich schauspielerisch zu beweisen. Sie spielte Amy, eine junge Frau aus der kalifornischen Arbeiterschicht, die einem sechzigjährigen Weinbauern namens Tony versprochen ist. Amy hat fest vor, ihm eine gute Ehefrau zu sein, doch als Tony nach einem Unfall vorübergehend zum Pflegefall wird, lässt sie sich von seinem kernigen Vorarbeiter Joe verführen. Die Affäre führt zu einer Schwangerschaft, doch im Gegensatz zu gängigen Theaternormen wird Amy ausnahmsweise nicht mit Tod und Schande bestraft. Stattdessen erlaubt das Stück Tony, Amys Baby an Kindes statt anzunehmen, und Amy, in ihre Ehe zurückzukehren.

Die Geschichte war für die damalige Zeit ungewohnt nuanciert, und Sidney Howards fesselnde, ergreifende Dialoge setzten sich wohltuend von der Masse ab. Tallulah erkannte sofort, um was für ein Ausnahmestück es sich handelte, und wollte dem Stoff unbedingt gerecht werden. Sie besorgte sich ihre Kostüme selbst, lauter schlichte Kleider, die insgesamt nicht mehr als sechs Pfund kosteten – kein Vergleich zu ihrer Chanel-Garderobe in *The Green Hat* –, und führte mit Glenn Anders, dem breitschultrigen, gutaussehenden Amerikaner, der Joe spielte, stundenlange Gespräche über ihre Figur und deren Motivation.

Anders war beeindruckt von ihrer Gründlichkeit: »Tallulah hat sich echt reingekniet. Sie war zu allem bereit.«[45] Der Aufwand lohnte sich: Für viele war *They Knew What They Wanted* das Highlight von Tallulahs noch junger Karriere. In der Szene, als Amy mit ihren verbotenen Gefühlen für Joe kämpft, strahlte sie ein geradezu verzweifeltes Verlangen nach körperlicher Nähe aus, das, laut ihrer Kollegin Cathleen Nesbitt, in Sachen Verletzlichkeit und Authentizität meilenweit von Tallulahs gewohnter Effekthascherei entfernt war. In der Szene, in der Amy und Joe sich endlich berühren, überlief sie auf der Bühne ein sanfter Schauer, der sich auf das gesamte Publikum übertrug. »Niemand konnte ganz ohne Worte so viel erotische Spannung erzeugen wie sie«, erinnerte sich Nesbitt.[46]

Nahezu alle Kritiker waren sich einig, dass Tallulah mit dieser Rolle ihr altes »Schund«-Image endgültig hinter sich gelassen hatte. James Agate rühmte sie für »eine zutiefst emotionale Darstellung, die von Herzen kommt und vom Kopf gesteuert wird«, und St. John Irvine bescheinigte ihr im *Observer* eine »ungeahnt fiebrige Intensität«.[47] Nach der Premiere ging Tallulah mit Anders im Embassy Club tanzen. Er trug Frack, sie ein bodenlanges, grünes Abendkleid, und als sie durch den verspiegelten Ballsaal wirbelten, flüsterte Anders ihr ins Ohr: »Mein Gott, wir sehen toll aus zusammen.« Sogar der Prince of Wales sah ihnen vom Rand der Tanzfläche aus zu, und eine größere Bestätigung hätte Tallulah sich kaum wünschen können.[48]

Zwar erfuhr sie von Kritikerseite endlich den ersehnten Zuspruch, doch ihre Fankurve war von *They Knew What They Wanted* bitter enttäuscht. Amys billige Klamotten und dröges Eheleben interessierten die jungen Frauen nicht, Howards gänzlich unanstößige Dialoge boten keine Gelegenheit zum Kreischen, und die Schauspieler traten nicht wie sonst nach jedem Akt vor den Vorhang, weshalb die obligatorischen Liebesbekundungen wegfallen mussten. Nach ein paar Vorstellungen blieben die oberen Ränge leer.

Auf die Bühne zu gehen, ohne ihre Anhängerinnen hinter sich zu wissen, war eine Herausforderung für Tallulah, die seit ihrer Kindheit an Verlustängsten litt. Deshalb wagte sie es nur noch ein einziges Mal, die Geduld ihrer Fans auf die Probe zu stellen: 1930 spielte sie in einer Neuaufführung von Dumas' *La Dame aux Camélias* (dt. *Die Kameliendame*) die Marguerite. Die Rolle reizte sie vornehmlich, weil Sarah Bernhardt sie geprägt hatte, die für Tallulah und ihre Generation schauspielerisch immer noch das Maß aller Dinge war. Aber sie hatte auch vor, mit diesem historischen Drama jene Rezensenten mundtot zu machen, die sich neuerdings darüber mokierten, wie oft ihre Figuren im Spitzenhöschen auftraten: »Diesmal kann keiner sagen, dass ich mich immer nur ausziehe!«,[49] gab sie hoffnungsvoll zurück.

Doch als Marguerite konnte Tallulah weder ihre Kritiker noch ihre Fans überzeugen. Die langen, geschraubten Monologe, die engen Krinolinen und Ringellöckchen, das fromme, aufopferungsvolle Gebaren – als tragische Kurtisane war sie einfach fehlbesetzt. Tallulah räumte selbst ein, dass ihr das Ganze »verlogen« vorkam, und ihrer Kollegin Joan Matheson zufolge hatte es mitunter den Anschein, als wäre »ein unwiderstehliches Feuer« in ihr »erloschen«.[50] Normalerweise schlug in Tallulahs Garderobe das Herz jeder neuen Produktion, dort wurde getrunken, gelacht und spontan gefeiert, doch für ihre *Dame aux Camélias* hagelte es derart schlechte Kritiken, dass der Rest des Ensembles auf Abstand ging.

Kein Wunder also, dass Tallulah nach diesem Ausflug ins ernste Fach wieder auf ihr bewährtes Erfolgsrezept setzte. Auch wenn vorhersehbare Geschichten um Sex und Cocktails von der Kritik ausnahmslos verrissen wurden, war der Applaus auf den obersten Rängen nie lauter als bei der Premiere von *The Gold Diggers* im Dezember 1926, einer Komödie, in der sie ein resolutes, Räder schlagendes Chorus Girl spielte, bei dessen Charleston selbst Adele Astaire mit den Ohren schlackerte. Und im Mai 1927 stand sie in der stürmischen Schlussszene von *The Garden of Eden* erneut in Unterwäsche auf der Bühne, allabendlich begleitet vom wilden Gekreische ihrer Fans.

Glenn Anders, mit dem sie seit *They Knew What They Wanted* eng befreundet war, gehörte zu den wenigen Menschen, denen gegenüber sie zu ihrem Dilemma stand: Süchtig nach Ruhm, fühlte sie sich ihm gleichzeitig ausgeliefert. Einerseits fürchtete sie, dass die meisten Leute nur ihre Nähe suchten, weil sie berühmt war, andererseits ließ sie keine Gelegenheit aus, sich interessant zu machen. Ende 1927 kaufte sie ein dreistöckiges Reihenhaus in Mayfair, das sie äußerst geschmackvoll im Art-déco-Stil einrichten ließ, mit silbern gestrichenen Wänden, die zu den goldfarbenen Teppichen, rosa Polstermöbeln und der dunklen Holzverkleidung einen reizvollen Kontrast bildeten. Dort spielte sie fortan Gastgeberin und gab rauschende Feste mit unzähligen Gästen, bei denen nur Kaviar und Champagnercocktails gereicht wurden. Der junge Schauspieler Charles Bennett machte große Augen, als sich bei einer dieser Einladungen zwischen Tallulahs winzigem Salon, der Küche und dem Treppenabsatz »lauter Riesenstars, die bekanntesten Leute von ganz England« tummelten.[51] Eine Party zu Ehren von Ethel Barrymore dauerte geschlagene drei Tage, weil sie nahtlos in eine andere Party überging, die Tallulah für eine weitere prominente Freundin organisiert hatte.

Tallulah hatte einen gesellschaftlichen Zyklon entfacht, und obwohl sie ahnte, dass alles nur Theater und Opportunismus war, wusste sie nicht, wie sie ihm Einhalt gebieten sollte. Sie war genauso gefangen in der Glamour-Maschinerie wie Zelda und Scott seinerzeit in New York. Wie durchschlagend ihr Erfolg als Person des öffentlichen Lebens war, ließ sich unter anderem daran festmachen, dass die »Bright Young Things« sich bald förmlich um sie rissen. Um möglichst oft in der Presse aufzutauchen, pflegten diese Feingeister und noblen Rebellen der Klatschjournaille (oft Freunde von ihnen) vorab mitzuteilen, wo ihr nächster großer Auftritt stattfinden würde. Schließlich galt es bei jedem Kostümball in Sachen Extravaganz und Theatralik noch einen draufzusetzen, und mit jemandem wie Tallulah auf der Gästeliste war einem das mediale Interesse garantiert.

Inzwischen war sie so bekannt, dass sie nicht mehr privat ins Theater gehen konnte, ohne dass der halbe Zuschauerraum sich den Hals nach ihr verrenkte. Ihrem Ego schmeichelte dergleichen natürlich, aber selbst Tallulah sah ein, dass es unfair war, den Schauspielern auf der Bühne die Show zu stehlen. 1927 war sie auf dem Gipfel ihres Ruhms angelangt: Sie wurde unter die zehn einflussreichsten Frauen Englands gewählt;* Oliver Messel ging als ihre Figur aus *The Garden of Eden* verkleidet auf einen Kostümball; und ihre angebliche Verlobung mit Prinz Nicholas von Rumänien sorgte auf beiden Seiten des Atlantiks wochenlang für Schlagzeilen.

Gleichzeitig drohte Tallulah allmählich zu einer Parodie ihrer selbst zu verkommen. Cecil Beaton fand, dass der frische Schimmer ihrer Schönheit sich zu einem künstlichen Schillern verhärtet hatte: »Ihre Wangen sehen aus wie riesige grellpinke Pfingstrosen. Ihre Wimpern bestückt sie mit heißer, flüssiger Farbe, bis sie aussehen wie verkohlte Streichhölzer, und ihr mürrischer, missvergnügter Mädchenmund ist scharlachrot bemalt und glänzt wie Tiptree-Erdbeermarmelade.«[52] Auch ihre sexuelle Abenteuerlust nahm inzwischen beinahe bedrohliche

* Neben Lady Astor, Diana Cooper, Olga Lynn, Edith Sitwell und – natürlich – der Queen.

Züge an. In Theaterkreisen galt es als offenes Geheimnis, dass jeder gutaussehende Schauspieler im Ensemble sich früher oder später auf Tallulahs Avancen gefasst machen musste. Ein junger Mann, den sie zum Tee eingeladen hatte, saß ihr direkt gegenüber, als sie plötzlich die Beine breit machte und ihm freie Sicht auf ihr Höschen gewährte. Godfrey Tearle musste bei den Proben zu *Scotch Mist* eine derart schonungslos realistische Liebesszene mit Tallulah über sich ergehen lassen, dass seine Frau beim Zusehen in Tränen ausbrach. Basil Dean schrieb später: »Es war, als würde ihr Godfrey vor ihren Augen vergewaltigt.« Als Mrs Tearle hinter den Kulissen verschwand, grinste Tallulah nur hämisch: »Gut, dass ich untenrum was anhatte!«[53]

Bei diesem Tonfall hätte Eugenia Bankhead sofort aufgehorcht. Sie kannte ihn noch gut aus ihrer Kindheit, als eine unsichere Tallulah ihre vermeintlich favorisierte ältere Schwester erbarmungslos aufzog und schikanierte. Selbst jetzt, mit Ende zwanzig, brachen die alten Rivalitäten immer mal wieder auf – erst recht, als Eugenia Anfang 1928 in London aufkreuzte, in der Hoffnung, demnächst neben Tallulah auf der Bühne zu stehen.

Die vorangegangenen Jahre hatten Eugenia und ihr Mann Morton ein Nomadendasein zwischen New York und Europa geführt. Ähnlich wie die Fitzgeralds versuchten sie, ihren Problemen davonzureisen. Nun war die Ehe endgültig am Ende, und Eugenia hatte Morton verlassen, um sich in London eine neue Existenz aufzubauen. Dass sie ausgerechnet Schauspielerin werden wollte, beunruhigte Tallulah zunächst nicht weiter. Im Rekordtempo hatte Eugenia ein Engagement ergattert – als Tänzerin in Kenyon Nicholsons neuem Stück *The Barker* –, doch es war nur eine sehr kleine Rolle. Tallulah wusste, dass ihre Schwester diese Chance vor allem dem Namen Bankhead verdankte, und den hatte sie ganz allein berühmt gemacht.

Vielleicht war Eugenia sich dessen durchaus bewusst, was zumindest erklären würde, weshalb sie es so penetrant darauf anlegte, Tallulahs aktuellen Freund zu verführen. Tony Wilson war groß, blond und mit seinen neunzehn Jahren nicht nur extrem geschmeichelt, als Eugenia ihm schöne Augen machte, sondern sich auch gänzlich im Unklaren darüber, dass er eine mittlere Katastrophe auslöste, indem er darauf einging. Schließlich konnte er nicht wissen, dass durch Eugenias Intrige bei Tallulah schmerzhafte Erinnerungen an ihre Kindheit wach wurden, in der sie sich jahrelang zugunsten der älteren Schwester von ihrem Vater vernachlässigt gefühlt hatte. War Tallulah als Kind schon boshaft und gehässig gewesen, so kannte ihre Wut als Erwachsene nun schier keine Grenzen. Eugenia floh schleunigst nach Paris (direkt in Mortons Arme), und es kam zu einem Bruch zwischen den Schwestern, der mehrere Jahre andauern sollte.

Eugenias Verrat bildete jedoch nur den Auftakt zu einer viel größeren privaten Enttäuschung. Zwar sahen Tallulah und Naps sich einstweilen nur sporadisch, im Grunde träumte sie aber immer noch von einer gemeinsamen Zukunft. Im Jahr zuvor hatten sie sich in Paris getroffen, als Tallulah wegen ihrer Kostüme für *The Gold Diggers* zu Molyneux ins Atelier musste, und in Bars, Klubs, im Bett und bei langen Gesprächen ein paar glorreiche Tage miteinander verbracht. Und als Naps sich verabschiedete – er reiste weiter an den Genfer See, zur Behandlung seiner chronischen Tuberkulose – und Tallulah vorschlug, nachzukommen, konnte sie ihr Glück kaum fassen. Wie immer war auf Naps' Ansagen wenig Verlass – er unternahm zwischendurch noch einen Abstecher nach Venedig ins Casino, weshalb Tallulah zwei Tage allein am Genfer See zubrachte, ohne zu wissen, wo ihr Liebster steckte. Doch als er endlich eintraf, folgten »zwei magische Wochen«.

Das Hin und Her mit Naps erwies sich für Tallulah als

grausames Dilemma. Immer wenn sie gerade unzufrieden war und sich »vom Ehrgeiz verfolgt« fühlte, regte sich in ihr der Wunsch nach Ehe und Familie. Die Kinderfrage stellte sie sich in letzter Zeit öfter, und Frauen mit Babys waren oft überrascht, wie viel zärtliche Aufmerksamkeit Tallulah den Kleinen schenkte. Sie dachte sogar darüber nach, der Bühne endgültig den Rücken zu kehren. Nach fast zehn Jahren ununterbrochenen Arbeitens war sie erschöpft, und wie sie fast schon wehmütig in ihrer Kolumne für den *Sunday Express* bekannte, sehnte sie sich nach einer Auszeit von den »aufregenden, unmenschlichen« Strapazen ihres Berufs.[54]

Am liebsten hätte sie diese Pause zusammen mit Naps eingelegt, der sie nach wie vor erregte, amüsierte und interessierte wie kein Zweiter. Für Tallulah war es die ganz große Liebe, obwohl Naps seit jeher ebenso achtlos mit ihren Gefühlen umging wie mit seinem Geld am Roulettetisch. Auf der Heimreise nach London weinte sie bittere Tränen, weil es ihr weder gelang, ihn an sich zu binden, noch sich von ihm zu lösen, auch wenn sie ahnte, dass das im Grunde aufs Gleiche hinauslief. Tallulah war überzeugt, dass entweder Naps' Krankheit oder sein perverser Hang zur Selbstzerstörung ihn über kurz oder lang das Leben kosten würde: »Ich wusste, dass er dem Untergang geweiht war. Und ich hatte das Gefühl, dass er diesen Untergang irgendwie herbeisehnte.«[55]

Womit Tallulah nicht gerechnet hatte, war, dass sie ihn an eine andere Frau verlieren würde. Doch im September 1928 hieß es plötzlich offiziell, Naps habe sich mit Lady Mary Sibell Ashley-Cooper verlobt – älteste Tochter des Earl of Shaftesbury und genau die Art von blaublütiger Braut, die den Erwartungen seiner Familie gerecht wurde. Kein Wunder, dass Tallulah von diesem letzten, absoluten Treuebruch vor den Kopf gestoßen war. Ebenso wenig überraschte es, dass sie kurz danach auf einen Mann hereinfiel, der auf den ersten Blick wie das genaue Gegenteil von Naps wirkte: »Ein raubeiniger Romeo«, der einen raffinierten Schlachtplan ausgeheckt hatte, um ihr Herz – und ihre Hand – im Sturm zu erobern.[56]

Ein paar Wochen nachdem die Nachricht von Naps' Verlobung die Runde gemacht hatte, fuhr Tallulah übers Wochenende nach Brighton und lernte dort Graf Anthony de Bosdari kennen. Der gutaussehende und offenbar vermögende Italiener schien sich so rettungslos in sie verliebt zu haben, dass bei ihrer Rückkehr zu Hause in London schon ein Brief auf Tallulah wartete, in dem der Graf verkündete, sie heiraten zu wollen. Drei Tage später stand er vor ihrer Tür und erklärte, er werde erst wieder gehen, wenn sie Ja gesagt habe.

Tallulah war überzogenes Balzgehabe von Seiten ihrer Verehrer durchaus gewohnt, aber Tony konnte keiner das Wasser reichen. Mit seinem brillantineglänzenden, welligen Haar, seinen geschliffenen Umgangsformen und seiner auffallend selbstbewussten, maskulinen Ausstrahlung entsprach er voll und ganz ihrem romantischen Idealbild des typischen Europäers. Er gab vor, ein Vetter des italienischen Königs zu sein und am Winchester College und in Oxford studiert zu haben, doch von aristokratischem Dünkel war nichts zu spüren, als er mit herrischen Schritten ihr Haus betrat, den Butler anwies, sich freizunehmen, und Tallulah bat, die Augen zu schließen, während er ihr ein Diamantcollier um den Hals legte.

In Tonys Gegenwart fühlte Tallulah sich beschützt, und sein drängendes Werben interpretierte sie als glühende Leidenschaft. Wenn er von ihrer gemeinsamen Zukunft sprach, von den Kindern, die er mit ihr haben wollte, und der politischen Laufbahn, die er einzuschlagen gedachte, verlor sie sich in Tagträumen von einem beschaulichen Leben mit dem Grafen als Familienoberhaupt. Im Überschwang der Gefühle ließ Tallulah sich zu einer baldigen Hochzeit überreden, und der Brief an Will, in dem sie ihm mitteilte, dass sie vermutlich noch vor Weihnachten heiraten werde, strotzte geradezu vor Lebensfreude und Optimismus. Sie versprach ihrem Vater »in absehbarer Zeit vielleicht einen Enkel« und ließ sogar durchblicken, dass sie vorhatte, demnächst nach Hause zurückzukehren.[57]

Aber noch war das alles Zukunftsmusik, denn Tallulah wusste im Grunde weder, wer ihr Verlobter war, noch, was sie selbst eigentlich wollte. Sara Mayfield, eine alte Freundin aus Montgomery, die gerade in London zu Besuch war, fiel auf, dass Tallulah in ihrer Begeisterung für Tony erheblich schwankte. Mal war sie Feuer und Flamme für ihn, ein andermal witzelte sie, noch weitaus »dickere heiratswillige Fische« an der Angel zu haben.[58] Immerhin plagten sie scheinbar ausreichend Zweifel an der Verlobung, um Tony um ein paar Monate Aufschub zu bitten, und diese Zweifel wurden noch lauter, als sie ihn Anfang des neuen Jahres auf eine Geschäftsreise nach Berlin begleitete. Bei näherem Hinsehen war ihr Tonys Charme auf einmal suspekt: Er »übertrieb es allmählich mit den romantischen Gesten«,[59] und bald stellte sich heraus, dass ihr gewiefter Verlobter sie nicht ohne Hintergedanken nach Deutschland eingeladen hatte: Wie Tallulah feststellen musste, hatte er der Filmfirma, mit der er in Verhandlungen stand, ohne sie zu fragen ihre Dienste als Schauspielerin angeboten. Mit der Wahrheit nahm Tony es ohnehin nicht besonders genau: Ungefähr zur selben Zeit fand Tallulah nicht nur heraus, dass er schon einmal verheiratet gewesen war, sondern auch, dass die Scheidung von seiner ersten Frau nach britischem Gesetz auf wackligen Beinen stand. Zurück in London, konnte ihr Freund Francis Laking mit weiteren Hiobsbotschaften aufwarten. Er hatte Erkundigungen über Tonys Vergangenheit eingeholt und dabei unter anderem aufgedeckt, dass dieser nicht annähernd so reich war, wie er tat, und dass der Diamantschmuck, den er Tallulah so feierlich überreicht hatte, noch nicht bezahlt war. Anstatt sich einen reichen, adeligen Geschäftsmann geangelt zu haben, war Tallulah einem gerissenen Gauner auf den Leim gegangen.

Sie rief sofort in Berlin an und erklärte, Tony nie wiedersehen zu wollen. Doch obwohl sie von allen Seiten dazu beglückwünscht wurde, diesem Schuft rechtzeitig entkommen zu sein, litt sie maßlos unter der Demütigung. Wieder einmal war sie enttäuscht worden, und da ihr die Trennung von Naps immer noch zu schaffen machte, fiel es ihr schwer, wie sonst nach privaten Rückschlägen mit provokanten Sprüchen und Trotzreaktionen dagegenzuhalten. Sobald sich eine größere Lücke in ihrem Terminplan auftat, floh sie stattdessen nach Südfrankreich, um dort endlich ausgiebig Urlaub zu machen.

Dabei erging sie sich vornehmlich in tröstender Nabelschau. Wenn sie ihr Liebesleben schon nicht in den Griff bekam, wollte sie zumindest selbst über ihr Aussehen entscheiden. Also legte sie sich einen aparten Bronzeteint zu und stellte so lange das Essen ein, bis ihre Hüftknochen hervortraten und ihre Beine schlank und sehnig aussahen. Weil sie das Gefühl hatte, dass die kurzen Flapper-Frisuren langsam aus der Mode kamen, ließ sie sich die Haare kinnlang »à la Greta Garbo« frisieren und von einem Chirurgen gleich noch das Nasenbein verschmälern (es war bereits ihre zweite Schönheits-OP).

Der Stachel der Enttäuschung saß jedoch immer noch tief, was man sogar auf Augustus Johns Porträt von ihr sah, für das sie im Herbst 1930 Modell saß. John verlieh Tallulah etwas beinahe Märtyrerinnenhaftes, mit zerschundenen Wangenknochen und gequältem Blick unter schweren Lidern. Als das Gemälde in der Royal Academy ausgestellt wurde, stieß es bei vielen Besuchern auf Unverständnis, doch Tallulah erklärte im *Sunday Express*, John habe ihr »wahres Ich« auf die Leinwand gebannt.[60] Dass sie dieses melancholische Image so anstandslos bediente, hatte vermutlich auch damit zu tun, dass unlängst das Finanzamt auf sie aufmerksam geworden war. Tallulah hatte in sieben Jahren in London noch keinen Cent Steuern gezahlt, weshalb ihr Forderungen von mehreren tausend Pfund ins Haus standen – Geld, das sie natürlich nicht hatte. Zu allem Übel musste sie damals auch noch eine infame Hetzkampagne der englischen Boulevardpresse über sich ergehen lassen.

Ende der 1920er Jahre hatte die Sensationsgier der Leser fast schon groteske Züge angenommen. Journalisten waren angehalten, über die Sex- und Finanzskandale der hiesigen Prominenz mit einer Ausführlichkeit zu berichten, die früher undenkbar gewesen wäre; und wenn es nichts Aufregendes zu vermelden gab, wurde – ganz nach amerikanischem Vorbild – kurzerhand etwas erfunden. Tallulah war der Regenbogenpresse zum ersten Mal 1927 zum Opfer gefallen, als sie noch mit Tony Wilson befreundet war. Die beiden waren nach Eton gefahren, um Tonys jüngeren Bruder im Internat zu besuchen, und hatten den Jungen und ein paar seiner Freunde in einem nahe gelegenen Hotel zum Lunch eingeladen. Als die Reporter von diesem unmaßgeblichen Verstoß gegen die Schulregeln Wind bekamen, machten die einschlägigen Blätter prompt eine reißerische Story daraus. In einem Artikel stand, Tallulah und Tony hätten ein Flugzeug gemietet, um die Schüler aus dem Internat zu schmuggeln; ein anderer Reporter ging so weit zu behaupten, Tallulah habe in besagtem Hotel mit fünf minderjährigen Knaben eine Orgie gefeiert.

Ihr Ruf hatte in den vergangenen Jahren derart gelitten, dass die Öffentlichkeit ihr scheinbar alles zutraute, denn binnen kürzester Zeit zog die Geschichte so weite Kreise, dass sich sogar die Polizei einschaltete. Die Ermittlungen verliefen im Sand, trotzdem wurde von Scotland Yard ein Untersuchungsbericht veröffentlicht, in dem zu lesen war, dass Tallulah Bankhead nicht nur in einem »Sexstück« mitgespielt hatte, sondern auch als »sexuell pervertiert« galt – was sich vermutlich auf ihre Liebesaffären mit Frauen bezog.[61] Letzten Endes attestierte man ihr genug moralische Verworfenheit, um sie zeitweise unter Beobachtung zu stellen, Abschiebung nicht ausgeschlossen.

Der Inhalt dieses Berichts erwies sich als Gift für Tallulahs Karriere. Sechs Jahre später, als sie schon längst wieder in Amerika lebte und arbeitete, wollte sie eine fünfwöchige Tour durch die Varietétheater Englands anmelden. Die Antwort des zuständigen Beamten ließ keinen Zweifel daran, dass sich ihr Besuch ausnahmslos auf diese fünf Wochen zu beschränken hatte: »Nach allem, was uns über diese Frau bekannt ist, scheint es mir nicht wünschenswert, sie längere Zeit im Land zu wissen.«[62]

Tallulah, die keine Ahnung hatte, dass sie zwischenzeitlich aktenkundig geworden war, spürte dennoch, dass sich etwas verändert hatte. Sogar auf der Bühne kam sie sich inzwischen verfolgt vor, und ihre Fans wurden immer rabiater: Bei der Premiere von *Her Cardboard Lover* im August 1928 spielten sich vor dem Theater tumultartige Szenen ab, und die Polizei musste einschreiten. Als Tallulahs Wagen am Bühneneingang vorfuhr, kippte ihn die tobende Meute fast auf die Seite. Sogar im Zuschauerraum gaben ihre hysterischen Anhängerinnen keine Ruhe, und es wurde mitten in der Aufführung so laut gekreischt und skandiert, dass die Dialoge kaum mehr zu verstehen waren. Langsam wurde Tallulahs weibliche Fangemeinde zum Risikofaktor, und immer mehr Schauspieler und Regisseure weigerten sich, mit ihr zu arbeiten. Man warf ihr vor, ihre Fans aufzuwiegeln, und die Klatschpresse spekulierte genüsslich über ihr Verhältnis zu den jungen Frauen. Als Tallulah in *He's Mine* (1929) »schon wieder« in Unterwäsche auf der Bühne stand, feixte ein Journalist: »Was man so hört, soll mit diesen reichlich zahnlosen Angriffen auf Sitte und Anstand der weibliche Teil des Publikums bei Laune gehalten werden. Nun ja, girls will be boys!«[*63]

In Sachen Moral war England damals tief gespalten. Während die Schlagzeilen des Boulevards zusehends reißerischer

* Sinngemäß etwa: »Mädchen sind eben auch nur Jungs!«

ausfielen, machten reaktionär-prüde Regierungskräfte zeitgleich immer mehr Boden gut. 1928, ein Jahr bevor sich die Presse über die sapphischen Neigungen von Tallulahs Fans mokierte, verhinderte der Innenminister das Erscheinen von Radclyffe Halls lesbischem Bildungsroman *The Well of Loneliness* (dt. *Quell der Einsamkeit*). Neben zweideutigen Werbeanzeigen mit rauchenden Flapper-Girls in kurzen Röcken fanden sich nun regelmäßig Artikel, deren Verfasser sich zutiefst besorgt über den zunehmenden Sittenverfall unter Englands jungen Frauen zeigten. Als im selben Jahr das allgemeine Stimmrecht beschlossen wurde, reagierte ein Großteil des männlichen Establishments mit einer Mischung aus Furcht und Hohn auf die Aussicht, dass nun auch Flapper-Girls wählen durften.

Der Generalstreik von 1926, bei dem britische Arbeiter aus Solidarität mit den Bergleuten des Landes in den Ausstand traten, um gemeinsam für bessere Löhne und Arbeitsbedingungen zu kämpfen, hatte bereits gezeigt, dass längst nicht das gesamte Land in Feierlaune war. Jazz, Cocktails, schnelles Geld, lockere Moralvorstellungen und experimentelle Kunst spielten angesichts dieser offenen Kriegserklärung an den Klassenfeind plötzlich keine Rolle mehr. Und als Tallulahs Londoner Freunde ein Jahr später einen »Bettler«-Kostümball veranstalteten, hagelte es beim Anblick dieser reichen jungen Leute, die in kunstvoll zerschlissenen Kleidern fröhlich Champagner tranken, in der ehemals nachsichtigen Presse harsche Kritik.

Tallulah hatte der Streik erwartungsgemäß nicht weiter tangiert. Allenfalls bekam man kein Taxi, aber wenn sie irgendwo hinmusste, hielt sie einfach einen Wagen an und verkündete zuckersüß: »Ich bin Tallulah, könnten Sie mich wohl zur Probe fahren?« Doch gegen Ende des Jahrzehnts musste selbst sie einsehen, dass ein gewaltiger Umbruch bevorstand. Der große Börsenkrach von 1929 läutete weltweit das Ende einer

Ära der schnellen Kredite und hemmungslosen Exzesse ein; Evelyn Waughs *Vile Bodies* (dt. *Lust und Laster*) schilderte bereits 1930 das letzte flüchtige Aufbäumen der Londoner Spaßgesellschaft. Im selben Jahr starb Tallulahs unverbesserlicher, unersetzlicher Quälgeist Francis Laking – sie behauptete, er habe »zu viel gelben Chartreuse gesoffen«, aber wahrscheinlich hatte er einfach Diabetes. Laut Testament hinterließ er »meiner Freundin Tallulah Bankhead alle meine Autos«,[64] dabei besaß er überhaupt keine, und dieses Echo von Verlust und Ernüchterung hallte auch durch das Stück, mit dem Tallulah im Sommer Premiere feierte. Es stammte aus der Feder ihrer New Yorker Mentorin Rachel Crothers, und wenngleich der Titel, *Let Us Be Gay*, klang wie ein Hohelied auf eine wild vergnügte Epoche, war die Botschaft von Crothers' Tragikomödie elegisch.

Tallulah spielte Kitty Brown, eine hochmoderne, frisch geschiedene junge Frau. Um einen Schlussstrich unter ihre gescheiterte Ehe zu ziehen, verwandelt sie sich in ein Flapper-Girl, hat zahllose Affären und macht Karriere als Modedesignerin. Ungeniert genießt sie ihre neue Freiheit: »Wenn man für sich selbst sorgen kann, sind Männer nur noch ein Zeitvertreib.« Und als ihr Ex versucht, sie zurückzugewinnen, gibt sie sich so taff wie ein Mann, der »ohne Hemmungen alles mitnimmt, was ihm so über den Weg läuft«.[65] Bis eine ältere Freundin von Kitty den Verdacht äußert, dass dieser unstete Lebenswandel vielleicht doch nicht der Weisheit letzter Schluss ist: »Frauen können heute alles haben, was sie wollen, aber sind sie auch glücklicher als früher? Da waren sie zwar nur zu Hause, aber glaubten immerhin noch an die große Liebe.« Die Antwort liefert die Schlussszene des Stücks: Kitty versöhnt sich mit ihrem Mann und gibt zu, dass ihr die Unabhängigkeit im Grunde gar nicht so viel Spaß gemacht hat: »Ich war andauernd so gut gelaunt«, bekennt sie, »so … so voller … so leer.«[66]

Dieses ergreifende Geständnis sprach Tallulah aus der Seele. Auch sie war angesichts von drückenden Schulden, ungewissen Berufsaussichten und einem festgefahrenen Liebesleben vollkommen überfordert und allmählich am Ende ihrer Kräfte. Im Gegensatz zu Kitty konnte sie nicht darauf bauen, von einem treusorgenden Gatten gerettet zu werden, weshalb sie, als ein einflussreicher Mann in ihr Leben trat und ihr einen Neubeginn in Aussicht stellte, sich nur zu gerne auf das Angebot einließ. Walter Wanger war selbständiger Produzent bei Paramount Pictures in Hollywood. Sein Gespür für zugkräftige Stoffe war legendär – zu seinen Erfolgen gehörte zum Beispiel *The Sheikh* (dt. *Der Scheich*) mit Rudolph Valentino –, und er war auch auf die Idee gekommen, Covent Garden Anfang der Zwanziger vorübergehend in ein Kino umzufunktionieren, wo unter anderem die Premiere von Diana Coopers Filmdebüt stattfand. Dieser Mann machte einer frustrierten Tallulah nun Hoffnung auf eine zweite Filmkarriere. Hollywood, erklärte er, sei auf der Jagd nach frischem Blut, nach Schauspielern, die den Anforderungen der »Talkies«, der neuen Tonfilme, stimmlich gewachsen waren. Mit ihrer Bühnenerfahrung und ihrem Glamourfaktor sei Tallulah dafür die ideale Kandidatin, und er versprach, dass Paramounts Werbeabteilung aus ihr die nächste Marlene Dietrich machen werde. Dazu bot er ihr einen Anfangsvertrag über fünf Filme mit einer Wochengage von 5000 Dollar an, die auf 8000 Dollar steigen sollte, falls der Vertrag verlängert wurde. (Selbst im Krisenjahr 1930 ließ sich die Filmindustrie, was ihre Stars anging, nicht lumpen.)

Es war, als wedelte ein Zauberkünstler mit seinem Stab vor Tallulahs Nase herum. Nicht nur, dass ihr damit auf einen Streich sämtliche Gläubiger vom Hals geschafft wären, plötzlich tat sich auch ein Ausweg aus ihrer beruflichen Sackgasse auf. Ein paar Tage Bedenkzeit bat sie sich dennoch aus. Schließlich war sie damals in New York zuletzt nur noch widerstrebend vor die Kamera getreten, und ihr einziger Ausflug an ein britisches Filmset endete 1928 in einem Desaster – *His House in Order* wurde von *Film Weekly* als »humoristische Bankrotterklärung« bezeichnet.[67] Aber sie wusste auch, dass es an Irrsinn grenzte, Wangers Angebot abzulehnen. Ende des Jahres stand ihr Reihenhaus in Mayfair zum Verkauf, und bald war nicht nur die letzte Party gefeiert, sondern auch Tallulahs letzter Auftritt über die Bühne gegangen (in einer Sketchrevue, die zwei Wochen lang im London Palladium lief).

Natürlich galt es, sich bei der Rückkehr nach Amerika als gefeierter Star zu inszenieren, weshalb sie ihren Pfunden mit dubiosen Abführmitteln zu Leibe rückte und sich Anekdoten aus ihrem glanzvollen Theateralltag zurechtlegte, mit denen sie vorhatte, sowohl ihre Familie als auch die Presse zu beeindrucken. Trotzdem fiel Tallulah der Abschied von England schwer. Immerhin war sie dort erst so richtig erwachsen geworden, und nicht umsonst sollte sie ihre Jahre in London immer als »die glücklichsten, aufregendsten meines Lebens« beschreiben. Egal, welche Kränkungen und Rückschläge sie dort erlitten hatte, egal, wie oft sie sich in einem schwachen Moment nach Amerika zurückgesehnt hatte – die Stadt war ihr Zuhause gewesen, und als sie am 1. Januar 1931 an Bord der *SS Aquitania* ging, heulte sie wie ein Schlosshund. Ihre Freundin Audrey hatte sie zum Hafen begleitet, und beim Abschied flehte Tallulah sie unter Tränen an, an Bord zu bleiben und mit nach Amerika zu kommen. Denn wer wartete dort schon auf sie? Mit Ausnahme von Will waren ihre Verwandten entweder gestorben oder sonst wo auf der Welt zerstreut, und auch ihre Theaterfreunde lebten inzwischen ihr eigenes Leben. Dazu kam, dass dieses neue Amerika sich erheblich von dem Land unterschied, dem sie fast ein Jahrzehnt zuvor den Rücken gekehrt hatte. Als sie dabei war, sich als aufstrebendes Talent in ihren ersten Flapper-Rollen einen Namen zu machen, standen die Vereinigten Staaten gerade an der Schwelle zum Jazz-Age.

Jetzt, mit fast dreißig, schlug Tallulah in ihrer alten Heimat ein viel raueres Klima entgegen, denn der Jazz war dort längst der Great Depression gewichen.

NANCY CUNARD

KAPITEL 9

Als Tallulah in *The Green Hat* ihr Debüt gab, war sie nicht die einzige Frau in London, von der es hieß, sie habe als Inspiration für die reizende, auf Abwege geratene Heldin Iris gedient. Auch Idina Sackville, mit der Tallulah bei Olga Lynn logiert hatte, war im Gespräch; als wahrscheinlichste Kandidatin galt jedoch Nancy Cunard. Schon die äußere Ähnlichkeit war verblüffend – Nancy war groß und blond wie Iris –, und beide Frauen betrachteten sich als Gesellschaftsflüchtlinge.* Doch der überzeugendste Grund war wohl, dass Nancy mit dem Schöpfer von Iris, dem Autor Michael Arlen, ein Verhältnis gehabt hatte.

Während des Krieges hatte sie Arlen nur flüchtig gekannt, sich dann aber Anfang der zwanziger Jahre in ihn verliebt. Er hatte armenische Wurzeln und war ein kleiner, agiler Mann mit dunklen, schimmernden Augen und einer extravaganten, unenglischen Art, sich zu kleiden. Ihre männlichen Freunde fanden ihn schrill und nuttenhaft. »Ich weiß nicht, was Du an diesem abstoßenden orientalischen Teppichhändler findest«, motzte St John Hutchinson. Solche Verachtung machte seine Fremdheit jedoch nur attraktiver für Nancy.[1]

Sie fühlte sich vor allem von seinem künstlerischen Schaf-

* Arlen schreibt, Iris habe »sich selbst zur Außenseiterin gemacht … sie passte in keine der scheußlichen Schubladen wie ›Stadt‹ oder ›Land‹, Ober-, Mittel- oder Unterschicht. Sie war, nun ja … ganz und gar eine Erfindung ihrer selbst.«

fen angezogen. Immer schon hatte sie von einem Leben voller gemeinsamer literarischer Ideale geträumt, und der Baron, wie sie ihn damals nannte,* hatte bereits mehrere Essays, Kurzgeschichten und ein Stück veröffentlicht. Damals arbeitete er gerade an seinem ersten Roman. Beeindruckt von seiner Produktivität hoffte sie, diese würde auf ihre eigenen Gedichte abfärben; und nach ihrem Entschluss, in Paris ein neues Leben zu beginnen, war es vor allem Arlen, mit dem sie auf langen Spaziergängen die Stadt erkundete.

Er war der ideale Begleiter für solche Unternehmungen, denn er teilte Nancys Neugierde und Begeisterungsfähigkeit: »Es war jedes Mal [wie] Champagner«, erinnerte sie sich, »und wir fühlten uns oft ganz berauscht.«[2] Sie gingen auf den Kieswegen im Jardin du Luxembourg spazieren oder beobachteten den regen Schiffsverkehr auf der Seine. Sie aßen in ihrem Lieblingsrestaurant La Perle zwischen den Huren vom Place Pigalle, und nachdem sie in den Klubs auf dem Montmartre abgejazzt hatten, wanderten sie im nebligen Pariser Morgengrauen zurück in ihr Hotelzimmer. Doch Nancys Romanze mit der Stadt dämpfte nicht die Ernüchterung, die sich wie zu erwarten bei jedem Mann einstellte, der nicht Peter war. Schon im Herbst ließ sie kein gutes Haar mehr an Arlen. Er erwies sich als irritierend besitzergreifender Liebhaber und schmollte »wie ferner Donner … grollend und dräuend«, sobald ein anderer Mann Interesse an ihr zeigte.[3] Er sprach von Heirat und erregte damit Nancys Zorn, weil er ihr Einverständnis voraussetzte und damit ihren Schwur ignorierte, nach der Ehe mit Sidney nie wieder jemandes Frau zu werden.

Selbst sein Außenseitertum irritierte sie mit der Zeit. Zu-

* Zu dieser Zeit hatte er seinen Geburtsnamen Dikran Kouyoumdjian noch nicht zugunsten des englischen Pseudonyms aufgegeben. Nancy erzählte er, sein Spitzname, der Baron, leite sich tatsächlich von einem Adelstitel her, in Wirklichkeit war es aber nur eine Anglifizierung von Baaron, was im Armenischen »Herr« bedeutet.

nächst hatte Nancy mit Empörung und Mitgefühl auf das Leid seiner Familie reagiert, die 1901 von den Türken vertrieben worden war, aber sie konnte nicht verstehen, warum Arlen auch weiterhin einen solchen Groll gegen die Welt hegte. Als er eines langen Winterabends einmal wieder die lange Litanei seiner Demütigungen aufzählte, nervte sie sein Gejammer dermaßen, dass sie die Buchseiten, die sie eigentlich hatte aufschneiden wollen, in kleine Schnitzel riss.

Vor allem aber konnte sie nicht über Arlens literarische Schwächen hinwegsehen. Als er ihr das Manuskript seines neuen Romans *Piracy* zu lesen gab, war sie beeindruckt von seiner »hervorragenden Beobachtungsgabe«[4] und seinem Mut, die sexuellen und gesellschaftlichen Probleme ihrer Generation anzusprechen. Doch Arlen verschwendete sein Talent an die Schilderung eines Londoner Lebens, dessen Banalität und Snobismus sie abstießen. »Du schreibst seitenweise über Cocktails mit großem C«, schimpfte sie, »und über Ladys und Gentlemen aus Mayfair, wie sie nur in deinen Hirngespinsten existieren.«[5] Noch irritierender fand sie, dass sie auf nahezu jeder Seite einer übertriebenen, aber unverkennbaren Version ihrer selbst begegnete. Virginia Tracy, die Heldin des Romans, war ihr blonder, aristokratischer und rebellischer Zwilling. Während des Krieges flüchtet sie vor ihrer gesellschaftlich hochstehenden Mutter in ein Restaurant, das deutlich an das Eiffel Tower erinnert, wo »flachsblonde Frauen von geradezu barbarisch hellem Teint mit ihrem Essen und ihren Dichtern [spielten]«. Dort erwirbt sie sich einen Ruf von »glamouröser Verderbtheit«, der sogar »anständige Männer dazu brachte, sich Freiheiten mit ihr zu erlauben«.[6]

Natürlich war Nancy klar, dass Arlen seinen Lebensunterhalt verdienen musste, weshalb sie seine literarischen Übergriffe anfangs noch tolerierte, doch diese hielten auch nach der Veröffentlichung von *Piracy*, ja selbst nach dem Ende ihrer Beziehung an. Als *The Green Hat* 1924 in die Buchhandlungen kam, stellte sie wütend fest, dass er sich ein weiteres Mal an ihrem Privatleben bedient hatte. Bei ihrer Freundin Janet Flanner beklagte sie sich, dass alle darüber tratschten; ein völlig Fremder, ein »absolutes Schwein«, habe sich auf einer Party bei ihr erkundigt, »ob ich nun der Grüne Hut sei oder nicht«.[7]

Genau genommen war sie es natürlich nicht: Obgleich beide für ihre sexuellen und gesellschaftlichen Normverstöße bekannt waren, fehlten Iris Nancys scharfer Witz und Verstand. Und auch wenn Nancy diesen Zusammenhang am liebsten abtat, so blieben Arlens Anleihen dennoch eine Verletzung ihrer Privatsphäre. Manchmal übte er nur Verrat an kleinen Intimitäten, wie in der Szene, als Iris, allein mit ihrem Liebhaber, verträumt ihren Namen in den Kerzenrauch schreibt, genau wie Nancy es einst getan hatte. Doch vor allem eine Szene stellte eine brutale Verletzung ihrer Intimsphäre dar.

Als Nancys Affäre mit Arlen im Dezember 1920 zu Ende ging, musste sie in einer Pariser Privatklinik eine Ausschabung vornehmen lassen. Der Eingriff mag eine Abtreibung gewesen sein – die hohen Arztkosten sprechen dafür, dass auch für Diskretion bezahlt wurde –, kann aber genauso gut mit einem gynäkologischen Leiden zu tun gehabt haben: Nancy hatte immer schon über besonders starke Menstruationsschmerzen geklagt. Entweder ging der Eingriff schief oder es lag ein ernsthafterer Befund vor, jedenfalls wurde im Januar eine größere Operation nötig, bei der man ihr die Gebärmutter entfernte.

1920 war eine Totaloperation noch ein schwerwiegender chirurgischer Eingriff, und Nancy bekam anschließend gleich mehrere lebensbedrohliche Infektionen. Sie spielte die Sache herunter und erwähnte sie auf denkbar lakonische Weise in ihrem Tagebuch:

Dez., Jan., Feb., im Krankenhaus in Paris

1. *Op.* Kürettage
2. *Op.* Hysterektomie
3. *Op.* Blinddarmentzündung, Bauchfellentzündung, Wundbrand mit »zwei Prozent Überlebenschance«.[8]

Arlen jedoch bediente sich schamlos an den Details ihres Leidens, zunächst in *Piracy* und dann erneut in *The Green Hat*. Es muss schlimm für Nancy gewesen sein, durch seine melodramatischen Ausschmückungen daran erinnert zu werden:

> *»Es tut weh«, flüsterte sie … »Schrecklich … Da ist was in mir drin«, stammelte sie schluchzend. »Sachen aus Stahl. Sie haben sie drin gelassen … um das Ganze zusammenzuhalten … Sieh nur«, jammerte sie. Sie hob die Hände unter der Decke, und er sah, dass sie mit einem Taschentuch zusammengebunden waren. »Das soll mich daran hindern, diese Dinger herauszureißen und mich umzubringen.«*[9]

Ein Jahrzehnt später ließ Nancy durchblicken, dass sie die Entfernung ihrer Gebärmutter begrüßt habe, mache dies doch die lästige Verhütung und die Gefahr einer Abtreibung überflüssig. In Wirklichkeit aber war es ein schwerer Schlag für ihre Gesundheit, von dem sie sich nie wieder ganz erholte; es blieben Narben zurück, und ihre Hormone spielten verrückt. 1951 hat sie ihrer Freundin Solita Solano anvertraut, dass sie glaube, ihre lebenslang »schlechten Nerven« seien auf »diese Operationen [zurückzuführen] – irgendeine Drüsengeschichte«.[10] Obgleich Nancy kaum Interesse an der Mutterschaft bekundete – außer wenn sie sich ein Leben mit Peter ausmalte –, war fünfundzwanzig schon ein sehr frühes Alter, um seiner Fortpflanzungsmöglichkeiten beraubt zu werden – eine weitere Tür zu einem gewöhnlichen, glücklichen Leben, die ihr vor der Nase zugeknallt wurde.

Nachdem Nancy sich erholt hatte, nahm sie ihr rastloses Leben wieder auf. In Paris zog sie von einem Hotel ins nächste, immer auf der Suche nach einem Ort, an dem sie sich niederlassen konnte. Sie tanzte im Plantation Club und im Le Grand Duc, wo Bricktop sang und der Harlem-Poet Langston Hughes als Kellner arbeitete; sie trank im Dingo und im Jockey. Sie lernte das Rive-Gauche-Völkchen kennen, das zwischen den Buchhandlungen von Sylvia Beach und Adrienne Monnier pendelte, und die kleinen Galerien, Bars und Cafés von Montparnasse. Vielleicht ist ihr dabei Tamara de Lempicka aufgefallen, die wachsam rauchend an einem einzelnen Tisch saß, ihre Centimes zusammenhielt und ihre Karriere plante. Doch Nancy war meist viel zu sehr in die Kaffeehauskonversation verstrickt; dabei ging es um Freud und Djagilew oder um Jazz, und ihr Verstand und ihre Neugier waren aufs Höchste gespannt.

Zu Hause in England berichtete die *Daily Mail* lustvoll über ihren neuen Lebenswandel. »Nancy behauptet, sie mag uns nicht mehr leiden. Wann immer sie kann, verlässt sie uns in Richtung Paris ... Während Nancy die Gesellschaft von Futuristen, Künstlern und Intellektuellen sucht, umgibt sich Lady Cunard mit Staatsmännern, Gesellschaftslöwinnen oder Operndiven, die sich ihre hübschen Köpfe nicht über Bücher und dergleichen zerbrechen.«[11] Andere Blätter verfolgten gewissenhaft ihre Reiseroute durch Europa an die angesagten Orte des Sommertourismus.

Das Bild, das sie nach außen vermittelte, war das einer reichen, selbstbewussten Frau, einer der klügsten und gestyltesten Vertreterinnen des neuen Flapper-Jahrzehnts. Im März 1922 meldete der *Daily Express* Nancys Ankunft in Monte Carlo und versprach den Leserinnen, sie habe viele interessante Outfits im Gepäck: »Miss Nancy Cunard ... die in Kleidung und Auftreten einen exzentrischen Stil pflegt ... setzt ihre Ideen mit Mut und Erfolg um. Sie war eine der Ersten, die sich einen Bubikopf schneiden ließen.« Der *Sketch* wartete mit weiteren Details auf: »… ein mauvefarbener Tüllschal mit flatternden Enden über den Augenbrauen, darüber ein grauer Filzhut, der ach so spanisch anmutete.«[12] Doch so selbstsicher sie auch auftrat, dem aufmerksamen Beobachter verrieten Nancys gesellschaftliche Kapriolen eine gewisse Getriebenheit. Leonard Woolf erkannte die Verletzlichkeit hinter der Fassade aus klugen Ansichten und cleveren Klamotten, und auch Mary Hutchinson, die Frau von St John, bemerkte die dunklen Schatten hinter dem schillernden Glamour. Allen fiel auf, wie dünn sie geworden war.

Nancy wirkte »ausgebrannt«, so brachte es William Carlos Williams auf den Punkt, und er registrierte auch, dass sie an manchen Tagen kaum mehr zu sich nahm als Champagner und billigen Wein.[13] Sie war vielleicht nicht im klinischen Sinn magersüchtig, aber zeitweilig wohl knapp davor. Für den Dichter Brian Howard hatte es »mit der Magerkeit bei ihr eine besondere Bewandtnis«, denn sie ging weit über modisches Schlanksein hinaus. Es schien, als wollte sie sich so leicht und stählern wie möglich machen, eine scharfe Klinge von einer Frau, die ihre Vergangenheit abschnitt, um sich dadurch einen Weg in die Zukunft zu bahnen.

Jedenfalls versuchte sie, so viel Abstand wie möglich zwischen sich und Maud zu bringen. Mit jedem Jahr wurde sie ihrer Mutter gegenüber kritischer: Sie hasste die Art, wie Maud Kunst und Ideen zu banalen Tischgesprächen herabwürdigte, und verachtete ihre modischen Capricen. Als Maud 1926 auf Anraten eines Numerologen ihren Vornamen zu Emerald änderte, weigerte sich Nancy, sie so anzusprechen. Sie ertrug die Vorstellung nicht, dass sie neben anderen Charakterzügen womöglich auch die Flatterhaftigkeit ihrer Mutter geerbt hatte. Beim Ausfüllen eines literarischen Fragebogens* gab sie

* Zusammengestellt und abgedruckt in *Little Review* 1929.

drei Jahre später auf die Frage nach ihren schätzenswertesten Eigenschaften an, sie sei »standhaft, konzentriert, verschwiegen und unanfechtbar«.[14]

Finanziell unabhängig, verblüffend gebildet und furchtlos modisch vermittelte Nancy durchaus den Eindruck, gänzlich unbeteiligt durch die beginnenden zwanziger Jahre zu tingeln. Sie nahm sich zahlreiche Liebhaber, manche nur zum Zeitvertreib, andere, wie Wyndham Lewis, weil sie ihr wirklich etwas bedeuteten. »Lieber, lieber Lewis«, schrieb sie ihm 1923, »mir wird ganz warm, wenn ich bei Dir bin – Du bist eine schwarze Sonne, eine dunkle Erde, reich an neuen Dingen und reichen Ernten, immer dunkel, *plein de sève* [voller Saft], Öl, Blut, Brot und Trost ... Ich kann dafür kein anderes Wort finden als ÜPPIG.«[15] Ganz gleich, wie ernsthaft solche Affären waren, Nancy absolvierte sie ohne viel Aufhebens oder Schuldgefühle. Sie prahlte nicht damit wie Tallulah Bankhead und hängte ihnen auch keinen feministischen Mantel um. Dabei war es ihr erklärtermaßen gleichgültig, wie andere über sie urteilten oder ihr Handeln deuteten.

Aber die anderen urteilten natürlich trotzdem über sie. Während es einem Mann wie Duff als Männlichkeit ausgelegt wurde, wenn er Dutzende von Geliebten hatte, musste eine Frau mit so vielen Liebhabern wie Nancy entweder eine abgebrühte Nymphomanin oder ernstlich gefährdet sein. William Carlos Williams tendierte zu letzterer Sicht: Er erkannte die Getriebenheit in Nancys Promiskuität, so, als wollte sie sich durch den körperlichen Exzess zu spiritueller Reinheit läutern. Fraglos verbarg sich hinter der geschäftsmäßigen Abwicklung ihrer Liebesaffären ein kompliziertes Verhältnis zum Sex. Von jeder neuen Beziehung erhoffte sich Nancy ein Gefühl, das so groß und rein war wie ihre Liebe für Peter, doch zugleich schreckte sie vor dem Eingesperrtsein zurück, das sie mit Sidney erlebt hatte. Hoffnung und Furcht machten sie gleichermaßen rastlos, kritisch und befangen, und die Sache wurde nicht einfacher durch die Schwierigkeit, einen Partner zu finden, der sie im Bett befriedigen konnte.

Nancy kam nicht so leicht zum Orgasmus; um überhaupt sexuell erregt zu werden, musste sie ein gewisses Maß an Schmerz empfinden, und manche Männer schreckten vor ihren Forderungen zurück. Wyndham Lewis zum Beispiel gestand einem Freund, dass er mit Nancy Schluss gemacht habe, weil er ihre Vorliebe für anale Penetration pervers fand. Verständnisvoller war da schon Raymond Michelet, der junge surrealistische Schriftsteller, mit dem Nancy 1931 eine Affäre hatte. Er erkannte, dass die Narben der gynäkologischen Eingriffe ihre Empfindungsfähigkeit beeinträchtigt hatten und Schmerz zu einem entscheidenden Stimulus für ihre Lust geworden war. Zwischen Lewis und Michelet gab es noch viele andere Männer, denen Nancys Sexualität Rätsel aufgab und die gleichzeitig davon fasziniert waren. Sie verliebten sich, weil sie sie verstehen wollten.

Einer von ihnen war Aldous Huxley; er hatte im Frühling 1922 eine kurze Liaison mit Nancy. In ihrem Bestreben, Dichterin zu sein, war sie von rührender Ernsthaftigkeit, ihrer Schönheit und ihres Reichtums nur allzu bewusst und irritierend in ihrer modischen Manieriertheit; kurzum, sie erschien ihm als provozierendes Rätsel, das er unbedingt lösen wollte. Zunächst ging sie auf sein Interesse ein. Sie war ihm schon während des Krieges kurz begegnet, als Texte von ihnen in derselben Anthologie publiziert wurden. Damals war er noch ein schlecht bezahlter Lehrer, der sich kaum seine »kurzen Fluchten« nach London leisten konnte, doch nach Erscheinen seines Debütromans *Crome Yellow* (dt. *Eine Gesellschaft auf dem Lande*) galt Huxley als die neue parodistisch-philosophische Stimme der englischen Literatur. Es war mehr sein Schreiben als seine körperliche Ausstrahlung, die Nancy fesselte. Der blasse, schlaksige Huxley war eigentlich nicht ihr Typ – auch wenn die Schriftstellerin Anita Loos ihn gutaussehend fand: »Ein Riese mit … einem guten Kopf, dem Kopf eines Engels, gemalt von William Blake.«[16]

Doch ebenso unvermittelt wie Nancy ihn zu sich ins Bett holte, warf sie ihn auch wieder hinaus. Gesellschaftlich brachte er sie nicht weiter: Er verachtete die philosophischen Gemeinplätze, die die Literaten vom Rive Gauche absonderten; die rauchgeschwängerte Atmosphäre der Bars und Klubs war seinen schwachen Lungen abträglich; und er ging gern früh zu Bett. Und dort hatte Nancy erst recht keine Verwendung für ihn. Er bewunderte ihren Körper, und ihre kantige Zerbrechlichkeit rief zärtliche Verehrung in ihm hervor, sie hingegen fand seinen feinfühligen Sex geradezu abstoßend. Später urteilte sie einem Freund gegenüber gnadenlos, es sei gewesen, »als ob Schnecken über einen hinwegkröchen«.[17]

Aus Prinzip heuchelte Nancy niemals Verlangen oder Gefühle, die sie nicht wirklich empfand, und sie versuchte Huxley klarzumachen, dass ihre Beziehung zu Ende sei. Er wollte das aber nicht akzeptieren, schrieb ihr weiterhin Briefe und bedrängte sie mit Besuchen. In einer besonders verzweiflungsvollen Nacht ging er unter ihrem Fenster auf und ab »wie ein düsteres, spukendes Gespenst«.[18] Selbst als seine Frau Maria ihn schließlich mit nach Italien nahm, konnte er Nancy nicht vergessen. Sie wurde zur fixen Idee, zu einer tief verwurzelten Obsession, und er musste immer wieder über sie schreiben und sich fiktional mit ihr auseinandersetzen.*

Sein erstes literarisches Porträt von Nancy fand sich in *Antic Hay* (dt. *Narrenreigen*), einer Satire auf das London der Nachkriegszeit, die die intellektuelle Hohlheit und die künstlerischen Ambitionen der Zeit aufs Korn nahm. Myra Viveash ist eine spröde Gesellschaftsschönheit, und ihr verfeinerter In-

* Einzelheiten über ihre Beziehung sind weder in der verbliebenen Korrespondenz von Nancy noch in der von Huxley enthalten, wurden aber von Freunden wie der Schriftstellerin Sybille Bedford kolportiert.

tellekt und das verkümmerte Herz sollten die Welt charakterisieren, in der sie sich bewegte. Sah man sie jedoch als Nancys Abbild, kam das einer grausamen Verspottung gleich. Trotz der satirischen Absicht war die Figur aufgeladen mit Huxleys anfänglicher Bewunderung für Nancy. Er beschrieb Myra mit dem detailversessenen Auge eines Liebhabers – ihre »blässlich hellen, ausdruckslosen Augen«, die gespenstische Grazie ihres Ballerinengangs: »Mit akribischer Sorgfalt setzte sie einen Fuß vor den anderen in gerader Linie … Sie schien zu schweben, mit einem leichten Federn in jedem Schritt.«[19]

Dabei war er sich durchaus bewusst, dass Nancys Gefühlskälte von früheren Traumata herrührte – Myra hatte, wie Nancy, ihre erste große Liebe verloren. Doch je mehr Abstand Huxley zu ihr gewann, umso weniger ausgleichende Qualitäten gestand er ihren fiktionalen Reinkarnationen zu. Barbara in *Those Barren Leaves* (1925; dt. *Parallelen der Liebe*) zeichnete er als gnadenlose künstlerische Snobistin; Lucy Tantamount in *Point Counter Point* (1928; dt. *Kontrapunkt des Lebens*) ist das sexuell verdorbene, denkfaule Produkt von »zu viel Geld und Freizeit«. Wenn Lucy sich an die Vergewaltigung durch einen nahezu Fremden erinnert, tut sie dies mit unverhohlener Erregung: »Er kam zu mir, als wollte er mich töten. Es wird einem Schmerz zugefügt, man wird gedemütigt, wie ein Fußabstreifer behandelt – abartig. Und doch mag ich es. Auch der Fußabstreifer benutzt seinen Benutzer. Es ist kompliziert.«[20]

Die Romane von Arlen und Huxley setzten eine literarische Mystifizierung Nancys in Gang, die sich weiter fortsetzte. Der Schriftsteller Harold Acton kommentierte später, Nancy habe »fast alle Dichter und Romanciers der zwanziger Jahre inspiriert«.[21] Einige waren ihre Liebhaber, andere nur flüchtige Bekannte, darunter Evelyn Waugh, der gleich mehrere seiner Figuren mit einem universalen Nancy-Glamour ausstattete.

In *Unconditional Surrender* (1961; dt. *Ohne Furcht und Tadel*) inspirierte sie die Figur der Virginia Troy, die im Roman als Vertreterin einer faszinierenden Generation auftritt, das Trugbild einer Romanze, »erlesen ... verdammt und ... verdammend ... wir werden wohl nie wieder jemandem wie ihr begegnen, weder in der Literatur noch im Leben«.[22]

Mit der Zeit verlor Nancy das Interesse an ihrer künstlerischen Berühmtheit, doch in jungen Jahren empfand sie es als schmeichelhaft und irritierend zugleich, dass sie von so vielen zur Muse auserkoren wurde – von Malern und Fotografen ebenso wie von Schriftstellern. In den frühen zwanziger Jahren fühlte sie sich dafür noch zu unfertig und unsicher: Wenn man noch nach einer poetischen Stimme und einem glaubwürdigen Leben sucht, ist es nicht hilfreich, sich im Zerrspiegel der Fantasie anderer zu sehen.

Es war nicht nur Nancys rätselhaftes Verhalten, das so viele dazu veranlasste, über sie zu schreiben. Raymond Mortimer, damals ein aufstrebender Romancier, blieb angesichts ihrer Schönheit schier das Herz stehen, als er sie 1921 auf einer Kanalfähre zum ersten Mal sah: »Jeder alte Mensch sollte auf eine Person zurückblicken können, die ihn auf unvergleichliche Weise bezaubert hat: In meinem Fall war es Nancy Cunard.«[23] Schriftsteller wetteiferten um Adjektive, mit denen sich ihre kompromisslose Schönheit beschreiben ließ. Für David Garnett war es die leuchtende Blässe ihrer Haut, »so weiß wie gebleichte Mandeln«;[24] Harold Acton faszinierten ihr wohlgeformter, kleiner Kopf, »wie aus Kristall geschnitten«, und das arktische Strahlen ihres unbeirrten blauäugigen Blicks. Für William Carlos Williams waren es die sich verjüngenden, langen Beine und grazilen Fesseln, »ein großer blonder Stachel von einer Frau«;[25] George Moore beeindruckte ihr wundervoller Rücken, »lang wie der eines Wiesels« (mit dem er Brigit versah, eine Figur aus seinem 1926 erschienenen Roman *Ulick and Soracha*).

Eine ähnliche Anziehungskraft übte Nancys markante Erscheinung auf Journalisten und Fotografen aus. Nach dem Krieg wurde Mode zur Massenware, und je weiter sie sich verbreitete, desto höher war der Preis für einen wirklich individuellen Stil. Man wollte in den neuesten Trends gesehen werden, zugleich aber sollte Kleidung Ausdruck der Persönlichkeit sein. Eine junge Frau, die ihren Lohn für ein Cape mit auffälligem Chevron-Muster oder eine Art-déco-Puderdose ausgab, meinte damit eine nicht minder kreative Entscheidung getroffen zu haben als aufgeweckte junge Ästheten, die originelle Outfits für einen Kostümball kreierten, Kunststudentinnen, die bunte Folkloreröcke und Kopftücher für sich entdeckten, oder Lesben in Maßanzügen mit grünen Nelken im Knopfloch.

Doch nur wenige kleideten sich so originell wie Nancy. Die Turbane und Schals, die sie in den frühen zwanziger Jahren trug, die geometrischen Stoffmuster, die sie bei der Malerin Sonia Delaunay in Auftrag gab, oder die riesigen afrikanischen Ohrringe und Elfenbeinarmreifen – das alles sah großartig aus an ihr und wurde von Journalisten als Auftakt zu einem neuen Trend gefeiert. Selbst ihr Make-up war anders: die Augen mit dramatischen Lidstrichen verlängert, die Lippen ein scharlachroter Strich, der ihrem Mund eine entschlossene, ja wilde Spannung verlieh. Jedes Magazin, das Nancys Gesicht abbildete, verlieh sich dadurch den Anstrich von Modernität.

Es gab kaum ein Foto von ihr, auf dem sie ihr Image nicht völlig unter Kontrolle gehabt hätte, ganz gleich, ob es sich um Schnappschüsse oder die inszenierten Porträts eines Cecil Beaton handelte. In der berühmten Serie, die er 1929 von ihr machte, hatten Nancys Posen die Anmutung von abstrakter Kunst – das scharf geschnittene Kinn in die Handfläche gestützt, die dünnen Arme mit Elfenbein- und Ebenholzreifen beladen. Und obwohl sie viel Zeit und Leidenschaft auf ihr Äußeres verwandte – viele sagten, sie habe eine besondere Gabe dafür –, wollte Nancy nicht daran gemessen werden. Sie wollte nicht für ihre Kleidung berühmt sein, sondern für ihr literarisches Schaffen.

In der ersten Hälfte der Dekade arbeitete Nancy hart an ihren Gedichten. Während sie von Hotel zu Hotel zog, hatte sie stets ein Heft und einen Stift zur Hand; selbst bei ihren Reisen durch Europa achtete sie auf schriftstellerische Disziplin und schärfte Blick und Stil durch Tagebucheinträge und Briefe. Im April 1921 brachte sie ihren ersten Lyrikband heraus und erntete dafür ermutigende Aufmerksamkeit. Der Ton von *Outlaws* mochte Spuren von pubertären Attitüden enthalten, Zeilen, in denen Nancy sich zur »perfekten Fremden/Outcast« stilisierte, »zu einer von den Regeln des Lebens Ausgeschlossenen«, gleichwohl wurden die Gedichte von der Zeitschrift *Nation* gelobt als »gänzlich echt und befremdlich originell, wenn auch nicht immer perfekt«.

George Moore schrieb im *Observer*, Nancy lasse Anzeichen von »Genialität« erkennen, »eine ganz eigene Art des Fühlens und Sehens«, obwohl auch er einen gewissen Mangel an »handwerklicher Fertigkeit, Taktgefühl [und] Urteilsvermögen« beklagte.[26] Aber Moore war natürlich parteiisch. Von Ezra Pound bekam Nancy ein sehr viel schonungsloseres und objektiveres Urteil; sie hatte ihm eines ihrer Gedichte geschickt, weil sie sich von ihm Unterstützung bei der Suche nach einem Verlag versprach. Pounds Erwiderung war auf der persönlichen Ebene zwar verbindlich, machte aber unmissverständlich klar, dass Nancy Anfängerin sei und noch viel lernen müsse, und dass ihre eigene Stimme, sofern sie überhaupt eine habe, unter dem Einfluss ihrer dichterischen Kindheitslieblinge kaum erkennbar sei.

Reizende Nancy,
ich werde das Gedicht heute Abend mit [zur Redaktionssitzung] des Dial *nehmen. Aber warum, meine Liebe, warum zum Teufel schreiben Sie in diesem obsoleten Duktus mit Kadenzen wie vom verblichenen Alfred Tennyson …*
Jambische Pentameter sind eine Falle, denn sie geben ständig Anlass zu toten Phrasen … und Reime taugen nichts, es sei denn, man benutzt sie, ohne dabei der Wortfolge Gewalt anzutun …
Mitternacht ist Mitternacht, verdammt noch mal, und nicht »diese mitternächtliche Stunde«.[27]

Es war gewiss nicht einfach, eine solche Liste eigener Unzulänglichkeiten zu lesen, doch Nancy steckte den Brief in ihr Gedichtheft und behielt ihn. Pounds editorische Schärfe hatte unter den von ihr geschätzten Schriftstellern den Status eines ehernen Gesetzes,* selbst in den Augen von T.S. Eliot, mit dem Nancy, wie einer ihrer Biografen schreibt, im Jahr zuvor eine kurze sexuelle Beziehung hatte. Doch es gab noch einen anderen Grund, diesen Brief in Ehren zu halten – der freundliche Ton ließ etwas anderes, Intimeres durchklingen. Pound lebte mittlerweile in Paris (Nancy hatte ihm aus London geschrieben), und der Schlusssatz enthielt so etwas wie eine Einladung: »Ich wünschte, sie würden zurückkommen und mich aus den Klauen durchreisender amerikanischer Weiblichkeit befreien.«

Nancy war ein bisschen in Pound verliebt, seit er 1915 bei Maud zum Tee erschienen war – die Extravaganz seines goldenen Ohrrings in Kombination mit den Hosen aus grünem Billardflaus hatte sie damals mindestens ebenso beeindruckt wie sein Intellekt. Und es spricht einiges dafür, dass sie nach ihrer Rückkehr nach Paris ein, wenn auch kurzes, Verhältnis

* Hilda Doolittle, die eine Zeit lang Pounds Geliebte war, hatte das Gefühl, ihre eigene Stimme werde von seinem Einfluss überwältigt.

mit dem Dichter einging. Pound blieb auf seine Weise seiner Frau, der englischen Malerin Dorothy Shakespear, verbunden, und die längste Zeit, die Nancy ihn ganz für sich hatte, waren gemeinsame Wanderferien in Südfrankreich, während Dorothy verreist war. Für Nancy scheint es eine wunderbare Erfahrung gewesen zu sein. Weite Landschaft hatte schon immer befreiend auf sie gewirkt, und Pound mit seinen dezidierten Meinungen und seiner grenzenlosen Neugier war das menschliche Äquivalent dazu. Die Tatsache, dass sie ihn nicht für immer haben konnte, machte ihn umso begehrenswerter.

Nancy versuchte, weitere Treffen zu organisieren. Im Herbst 1922 mietete sie eine Wohnung in Venedig, damit sie zusammen Gedichte schreiben konnten. »Bitte komm. Ich stelle mir vor, wie wir uns eine Feige zum Frühstück teilen, über den schlechten Tee meckern … um dann wieder stundenlang nur der jeweiligen Schreibmaschine zu gehören.« Sie glaubte, eine bessere Dichterin, ja ein besserer Mensch zu sein, wenn sie nur öfter mit ihm zusammen wäre: »Ohne dich bin ich fad … nutzlos. Ich werde so betrunken, wenn ich mit diesem weißen Wermut allein bleibe, umgeben von lauter Paris-Sehnsucht.«[28]

Doch Pound kam nie. Er mochte Nancy, bevorzugte aber Geliebte, die weniger kompliziert waren, weniger intensiv, und so verlief sich die Affäre zu einem Briefwechsel und gelegentlichen Begegnungen. In Nancys zweitem Gedichtband, *Sublunary*, war Pound jedoch allgegenwärtig.* Erinnerungen an die gemeinsame Zeit in Frankreich sind in »Pays Hanté« eingeflossen, in »You Have Lit the Only Candle« spielt sie auf den läuternden Effekt an, den Pound auf ihr Sexualleben hatte, seine »aufrechte Flamme« des Verlangens »erlöste« sie aus ihren Verstrickungen und von ihrer »Scham«.

* Dieser Abschnitt folgt den Forschungen von James J. Wilhelm zu Pounds Pariser Jahren.

Die 1923 erschienene Sammlung trägt auch Pounds kritischem Einfluss Rechnung; Nancy hatte sich bemüht, ihren Stil zu straffen. Doch erst in ihrem dritten und bedeutendsten Band *Parallax* (1925) gelang es ihr, zu einer eigenen modernen Poetik zu finden. Dieses umfangreiche Werk, geschrieben in vielfältigen Stimmen und Registern, ist eindeutig beeinflusst von T.S. Eliots *The Waste Land* (dt. *Das wüste Land*), das drei Jahre zuvor erschienen und von Pound gründlich lektoriert worden war.* Dennoch waren die Landschaften und die Themen, die Nancy anklingen ließ, sehr persönlich. Teile von *Parallax* lesen sich wie Tagebucheinträge, lebendige Reisebeschreibungen vermischt mit bekenntnishaftem Selbstzweifel und ernstem intellektuellem Diskurs.

Es waren ihre experimentellsten und bildstärksten lyrischen Texte. Raymond Mortimer fand darin eine »desolate Art von Schönheit ... ganz besonders anrührend für Menschen meiner Generation«, und das *Times Literary Supplement* bewunderte sie als »Schöpfung eines widerständigen Geistes«.[29] Andere hingegen sahen nur Nancys Anleihen bei Eliot und sprachen ihr einen eigenständigen Stil ab. Derartige Zweifel setzten sich leider mit der Zeit auch in ihr fest. Sie konnte zwar brillante, originelle Effekte mit Make-up und Kleidung erzielen, doch mit Sprache und Form gelang ihr das nicht.

Eliot selbst hatte längst sein Urteil über Nancys Gedichte gefällt. In einem frühen Entwurf zu *The Waste Land* kommt die reiche Socialite Fresca vor, deren literarische Ambitionen weitaus größer sind als der »Mischmasch« ihrer Talente. Mit hoher Wahrscheinlichkeit hatte er Nancy im Auge, als er schrieb: »Wenn ruhelose Nächte ihr den Schlaf vertreiben / kann sie statt Schafe zählen auch Gedichte schreiben«. Pound

* Es erschien im selben Verlag wie *The Waste Land*, der Hogarth Press von Leonard und Virginia Woolf.

war offenbar ähnlicher Ansicht, denn als er 1921 das Manuskript las, strich er die beiden Zeilen und riet Eliot, die ganze Fresca-Episode wegzulassen.

Nancy wäre sicher tief gekränkt gewesen, hätte sie diese Zeilen gelesen, doch in einem selbstkritischen Moment wären sie ihr vielleicht als wahr erschienen. Sie verkehrte jetzt viel mit professionellen Schriftstellern und wusste selbst, dass sie im Vergleich zu Fitzgerald, Hemingway oder Pound eine privilegierte Dilettantin war, jemand, der sich viel zu leicht durch einen neuen Geliebten, eine neue Stadt oder Landschaft vom Schreibtisch weglocken ließ. Es war ein Leben auf der Durchreise. In London besuchte sie Maud, an die sie durch Gewohnheit und Notwendigkeit gefesselt war, und traf dann auch ihre alten Freunde Iris Tree, Diana und Duff Cooper, Tommy Earp, St John Hutchinson und die Sitwells.

Nancy liebte England, fühlte sich aber zunehmend mit dem europäischen Festland verbunden. Sie hatte Mauds Leidenschaft für die Saison in Venedig geerbt und mietete sich jeden Sommer für mehrere Wochen in einem Palazzo ein. Wie die Marchesa Casati wurde sie, wenn auch in bescheidenerem Ausmaß, zur lokalen Attraktion. In ihren bemerkenswerten Outfits, umgeben von ihren meist nicht minder bemerkenswerten Freunden, provozierte sie nicht selten kleine Menschenaufläufe, wenn sie auf dem Markusplatz Tauben fütterte oder auf dem Rialto-Markt einkaufte. Barbesitzer buhlten um ihre Aufmerksamkeit, Maler rissen sich darum, sie zu porträtieren.

Daneben gab es Reisen nach Monte Carlo, Rom und Florenz; auch dort traf sie meist alte Bekannte, zum Beispiel den Schriftsteller Norman Douglas, mit dem sie eine enge Freundschaft verband. Die zwanziger Jahre waren eine Zeit ständiger Bewegung: London, Paris und Berlin waren durch Passagierflüge verbunden, der »Train Bleu« brachte trendbewusste Sommerfrischler an die französische Riviera, schnelle Luxusliner überquerten den Atlantik in immer kürzerer Zeit. Obwohl der Besitz eines Reisepasses, eingeführt während des Krieges, auch weiterhin verpflichtend war, betrachteten sich Nancy und ihr Kreis als freie Bürger einer neuen, zugänglichen Welt.

Nancy schätzte es, auf ihren Reisen kleine Entdeckungen zu machen – der Fischerort Sanary-sur-Mer an der Mittelmeerküste oder die entlegeneren Dörfer der Normandie. Sie sehnte sich nach Abgeschiedenheit und der Heiterkeit weiter Landschaften. In ihrem frühen Gedicht »Voyages North« gibt es Zeilen, die eine andere Nancy zeigen als die gequälten Heldinnen der Romane von Huxley oder Arlen – eine robuste, unabhängige Frau, die allein »auf einem nördlichen Hügel steht / und die Sonne anschreit«.

Für Nancy waren solche Momente die dringend nötige Auszeit vom Großstadtleben, auch wenn Paris, ihre Lieblingsstadt, für den Großteil der zwanziger Jahre ihr Stützpunkt blieb. Im Frühjahr 1924 hatte sie endlich die perfekte Bleibe gefunden, eine Parterrewohnung auf der Île Saint-Louis. Nancy fand dieses elegante Stückchen Paris mit seinen schmalen, von großen Bäumen beschatteten Häusern höchst romantisch. Die Fenster gingen auf den Fluss und auf Notre-Dame hinaus, und die Wohnung war zwar klein, aber schön geschnitten.

Die Rue le Regrattier war das erste wirkliche Zuhause ihres Erwachsenenlebens, hier konnte sie ihre kostbaren Besitztümer um sich versammeln – ihre Bücher, die afrikanischen Skulpturen und die wachsende Kunstsammlung, darunter Werke von de Chirico, Tanguy und Picabia. Endlich konnte sie auch Gäste empfangen, mit Unterstützung ihrer neuen Haushaltshilfe Anna gab sie nun regelmäßig Abendeinladungen. Nancys Gästeliste spiegelte die miteinander verflochtenen Zirkel, in denen sie verkehrte. Da waren die Partyszene um Jean Cocteau, die Avantgardekünstler um Brancusi, Marcel Duchamp, Man Ray und seine grünäugige Geliebte Kiki de Montparnasse, dazu eine wachsende Zahl literarischer Freunde –

Ezra Pound, William Carlos Williams, Kay Boyle und Ernest Hemingway.

In »The Grattery« blühte Nancy auf: Schlank und temperamentvoll agierte sie vor dem Hintergrund ihrer Bücherregale und Gemälde, die Armreifen klappernd beim Gestikulieren mit der Zigarette und beim Tanz zu Jazz vom Grammofon. Und sie redete, redete unaufhörlich. Brian Howard schrieb: »Sie ist die einzige mir bekannte Frau, die sich immer von Neuem von Ideen begeistern lässt«;[30] und William Carlos Williams bewunderte ihren »zuvorkommenden, kultivierten und furchtlosen Geist«.[31]

Zu Nancys regelmäßigen Gästen gehörte auch ein amerikanisches Paar, die Schriftstellerinnen Janet Flanner und Solita Solano. Die beiden wurden ihre ersten engen Freundinnen seit Iris und Sybil. Mit ihnen konnte sie sich ernsthaft über Bücher und Gedichte austauschen, aber ebenso vergnüglich und intim über Sex, Essen und Klamotten plaudern. Maud kaufte weiterhin erlesene Haute Couture für Nancy – wenn die Tochter schon ein Lotterleben führte, sollte sie wenigstens gut angezogen sein. Holten Janet und Solita sie in ihrer Wohnung zu abendlichen Unternehmungen ab, breitete Nancy ihre neuesten Errungenschaften von Poiret oder Vionnet vor ihnen aus, und die drei wählten ihre Abendgarderobe, die Janet manchmal durch den alten Zylinder von Sir Bache ergänzte. Sie bildeten ein spektakuläres Trio: Solita klein und kompakt, mit klarem, forschendem Blick und einer dunklen Haarglocke; Nancy, kantig und blond; Janet von herausfordernder Schönheit. Solita erinnerte sich, dass die Maler sie stets »anflehten«, für sie zu sitzen.

1925 bekam Janet die Stelle als Frankreich-Korrespondentin beim *New Yorker*, und Nancy und Solita begleiteten sie auf ihren Recherchen durch die Klubs, Partys und Vernissagen. Mitte der zwanziger Jahre wollte jeder mit der Zeit gehende Amerikaner darüber informiert sein, was in Paris los war, und Janets vierzehntägige Kolumne, unter dem Künstlernamen Genet* verfasst, galt als Pflichtlektüre. Durch Janet wurde Nancy auch mit Leuten wie Isadora Duncan bekannt, die trotz ihres larmoyanten Alkoholismus immer noch eine Legende war, oder Mercedes de Acosta, Grande Dame der Lesben.

Janet hatte in New York selbst eine kurze Affäre mit de Acosta gehabt, und als sie sich 1926 in Paris wiedertrafen, war Mercedes gerade mit Tallulah Bankheads erster Liebe, Eva Le Gallienne, liiert, zeitgleich aber auch mit Alla Nazimova, Galliennes vormaliger Geliebten und Tallulahs frühem Bühnenidol. Diese internationale Lesbenclique mit Stützpunkt in der Pariser Rue Jacob faszinierte Nancy, sie hatte jedoch nicht das Bedürfnis, sich ihr anzuschließen.** Sie hatte wenig Interesse an Sex mit Frauen und wollte ihre Freundschaft zu Janet und Solita nicht dadurch komplizieren. Sie war noch nie gut darin gewesen, Sex und Freundschaft unter einen Hut zu bringen, und niemand konnte ihr eine ähnlich unkomplizierte Geborgenheit vermitteln wie diese beiden. Für Solita waren die drei ein Beispiel für »moderne Treue unter Frauen«; sie nannten sich gern 1, 2 und 3 und unterschrieben Briefe mit dem Symbol eines dreibeinigen Schemels.[32] Obgleich Nancy diese Treue gelegentlich arg strapazierte – zum Beispiel schwor sie, dass sie Janet und Solita niemals vergeben würde, sollten sie sich von Maud vereinnahmen lassen –, waren die beiden Frauen doch so etwas wie Familie für sie.

Die Rue le Regrattier war ihr Ruhepunkt, doch rundherum brummte die Stadt mit einem, wie Nancy es ausdrückte, »erstaunlichen, dauerhaften Avantgardismus«.[33] Aus ganz Euro-

* Ein Wortspiel mit der französischen Aussprache ihres Vornamens.

** In Djuna Barnes' kaum verhülltem Porträt des Salons in *Ladies Almanack* erscheinen Janet und Solita als das bewundernswerte Paar Nip und Tuck.

pa, Amerika und England zog es Schriftsteller und Künstler nach Paris, und in den Cafés und Bars konkurrierten die Slangs von Freudianern, Dadaisten und Surrealisten lautstark miteinander. London konnte da nicht mithalten. Auch wenn sich Mitte der zwanziger Jahre die englische Nachkriegstristesse etwas aufgehellt hatte, fand Nancy dort längst nicht die Vielfalt und Experimentierfreude, die sie in Paris umgab. Die kreischenden Baby-Flapper und die affigen Jungs, die inzwischen Großbritanniens junge Elite ausmachten, kamen ihr wie gelangweilte Kinder vor, die sich mit Lausbubenstreichen und Schnitzeljagden, Kostümpartys und Autorennen die Zeit vertrieben.

Das alles hatte Nancy hinter sich gelassen. Ihr Interesse galt jetzt der intellektuellen und politischen Revolte, und 1924 fand sie beides vereint in ihrem neuen Liebhaber, dem Dadaisten Tristan Tzara. Schlank und dandyhaft – Tzara trug stets Monokel –, war er der Lebenslustigste unter den Kulturterroristen. Einerseits vertrat er leidenschaftlich das dadaistische Dogma, wonach Wahrheit und Kultur im Argen lagen, andererseits schwelgte er in einer für Nancy unwiderstehlichen eklektischen Lebensfreude.

Mit ihm zusammen ging sie in die winzigen surrealistischen Galerien, die unweit des Jardin du Luxembourg entstanden, sie jazzten ab in Cocteaus Stammlokal *Le Bœuf sur le Toit* oder besuchten einen von Comte Étienne de Beaumonts Kostümbällen – alljährliches Bacchanal für die Reichen, Blaublütigen und Queeren. Sie ließ sich von Man Ray in einem silbernen Hosenanzug mit Maske und dem Zylinder ihres Vaters fotografieren, der vor ihr kniende Tzara will ihr gerade die Hand küssen, und sie strahlt beschwingte Vorfreude aus. Nancy übernahm auch eine Tanzrolle in einem seiner dadaistischen Stücke, *LECMOM 3rd Diens*, und inspirierte eine weitere (Tzara behauptete nämlich, er habe *Mouchoir de nuages* aus einem Niesanfall heraus geschrieben – er hatte Nancy beeindrucken wollen, indem er ein ganzes Glas Senf auf einmal aß).

»Mein Gott, was haben wir gelacht«, schrieb sie. Die Affäre mit Tzara war einer ihrer unbeschwertesten Lebensabschnitte.[34] Doch sosehr sie seine liebenswerte Anarchie auch schätzte, die alte Ruhelosigkeit nagte bald wieder an ihr, und schon im Frühjahr 1926 zog Nancy weiter – und fand sich in einer Affäre mit Louis Aragon wieder. Aragon war groß, dunkel und schlank, hatte eindringliche blaue Augen und ein fein ziseliertes Gesicht, und Nancy hielt ihn für einen der inspirierendsten Männer, die sie je getroffen hatte. Die surrealistische Bewegung, die er zwei Jahre zuvor zusammen mit André Breton ins Leben gerufen hatte, vereinte experimentelle Kunst, revolutionäre Politik und freudianische Theorie in einer Weise, die sie emotional und intellektuell unmittelbar ansprach.

Freuds Theorien des Unbewussten waren damals in aller Munde; sie mussten als Erklärung für die Destruktivität herhalten, die der Krieg entfesselt hatte, und ebenso für die hedonistische, alle Tabus brechende Kultur, die sich in der Folge entwickelte. Nancy hatte bereits 1919 Freud gelesen und bei ihm nach Erklärungen für ihren eigenen labilen Zustand und den ungelösten Konflikt mit der Mutter gesucht. Ihr neuer Liebhaber eröffnete ihr einen tieferen Einblick in die Psychoanalyse und erklärte ihr, wie sie durch die Technik der Traumdeutung und des automatischen Schreibens Zugang zum kollektiven Unbewussten gewinnen und einen Weg zur politischen Transformation der menschlichen Natur finden konnte.

Viele Monate lang schien Aragon der Mann zu sein, der Nancys Ideal am nächsten kam. Sie war tief beeindruckt von der literarischen Leichtigkeit, mit der er Lyrik, journalistische Artikel und theoretische Essays produzierte. »Er ist einfach köstlich«, vertraute sie Janet und Solita an, »jederzeit und an jedem Ort in der Lage, über alles und jedes zu schreiben.«[35] Sie teilten auch andere Interessen wie Wandern, Reisen, Jazz und afrikanische Kultur. Am glücklichsten waren die beiden, wenn sie auf der Suche nach dem besten Pianisten die Klubs auf dem Montmartre durchstreiften oder in afrikanischen Hafenstädten Masken und Schnitzereien kauften, die Matrosen von den Westindischen Inseln mitgebracht hatten. Als guter Surrealist klärte Aragon Nancy darüber auf, dass die afrikanische Kultur die authentischere sei und Europa dekadent, aber er akzeptierte auch ihren frivoleren Zugang, ihre Freude an afrikanischem Schmuck oder den Charleston-Unterricht, den sie bei der Nachtklubsängerin Bricktop nahm.*

Einige von Aragons Mitstreitern in der surrealistischen Bewegung hießen Nancys schillernde Präsenz allerdings nicht gut. Sie mochte zwar gegen ihre Klasse aufbegehren, aber dass sie vom Geld ihrer Mutter lebte und einen Teil davon auf banale Vergnügungen verschwendete, brachte die Kompromissloseren unter ihnen gegen sie auf. Auch ihre emotionale Unabhängigkeit missbilligten sie. Theoretisch trat der Surrealismus für die Gleichberechtigung der Frauen ein, aber in der Praxis erwartete man eben doch, dass sie sich als loyale Gefährtinnen in den Dienst der Sache stellten. Nach Nancys eigenem Empfinden verhielt sie sich durchaus loyal gegenüber Aragon – die Affäre mit ihm war die längste und intimste ihres Lebens –, doch 1927 setzte die gewohnte sexuelle und emotionale Unruhe wieder ein, und sie hatte mehrere Beziehungen parallel.

Ihr war bewusst, dass sie einem alten, zerstörerischen Muster nachgab: »Er ist ein ganz wunderbarer Mensch«, schrieb sie an Janet. »Wäre ich nicht so unverbesserlich ich selbst, könnte ich glücklich sein. Und bin es auch, soweit das möglich ist.«[36] Der stets nachsichtige Raymond Michelet fand, Nancy

* Aragon hatte auch nichts gegen Nancys Faible für Mode, reagierte jedoch verärgert, sobald man in Paris begann, die surrealistische Kunst als neuen Trend zu vereinnahmen. Als 1926 Max Ernst und Joan Miró Bühnenbilder für Djagilews »Ballets Russes« entwarfen, war er es, der eine Gruppe von Gleichgesinnten schickte, um die erste Vorstellung zu stören.

sei einmal mehr auf der Flucht vor den eigenen Dämonen: Sie »preschte los, rannte vor etwas davon, ohne zu überlegen oder zurückzuschauen, und ließ alles hinter sich, auch Dinge, die sie liebte, und Menschen, die sie hätte lieben können«.[37]

Für Aragon war ihre Untreue schwer zu verstehen und zu tolerieren, und die Beziehung wäre wohl schon im Sommer zu Ende gegangen, hätte Nancy nicht ein neues Projekt gefunden, das ihre Energie in Anspruch nahm und beiden einen Aufschub gewährte. Schon länger hatte sie mit dem Gedanken gespielt, ein Haus auf dem Land zu kaufen, einen Rückzugsort von der nervösen Intensität von Paris. 1927 fand sie ihn in Form eines alten Gehöfts knapp hundert Kilometer nordwestlich der Stadt. Le Puits Carré, benannt nach der gefassten Quelle im Hof, lag am Rand des Dorfes Chapelle-Réanville, umgeben von Feldern und Obstwiesen und überwuchert von Wildblumen. An dem bescheidenen Haus im ländlichen Stil nahm Nancy kaum Veränderungen vor, außer dass sie die verputzte Wand ihres Schlafzimmers in den gemauerten Urzustand zurückversetzte, das Esszimmer grün strich und einige Lieblingsmöbel aus Nevill Holt sowie ihre Bücher, Bilder und die inzwischen enorme Sammlung an Elfenbeinarmreifen aus Paris bringen ließ.

Es gab genügend Platz, sodass auch Aragon und ihre Freunde übernachten konnten, und an lauen Abenden stellte sie fürs Abendessen Tische und Bänke in den Hof und hängte Lampions in die alten Linden. Weniger romantisch waren die eiskalten Winternächte, wenn die qualmenden Kaminfeuer zu wenig Wärme abgaben und Aragons übellaunige Freunde ihr den ganzen Wein wegtranken. Aber Nancy hatte mehr im Sinn als nur den Rückzug aufs Land. Nachdem sie auf *Parallax* ein sehr gemischtes Echo bekommen hatte, machte sie sich Gedanken über einen anderen Zugang zur Poesie, und es entstand der Plan, einen unabhängigen Kleinverlag zu gründen. Die zwanziger und frühen dreißiger Jahre waren ideal für ein solches Unternehmen. Der Wildwuchs an Literaturzeitschriften, politischen Manifesten und experimentellen Schreibversuchen hatte einen Bedarf an nichtkommerziellen Verlagen geschaffen, und für Nancy schien dies der beste Weg, in unmittelbarem Kontakt mit der geschätzten Literaturszene zu bleiben.

Andere Frauen hatten sich auf diesem Gebiet bereits hervorgetan: Sylvia Beach erweiterte ihren Buchladen zu einer Verlagsbuchhandlung und brachte 1922 die erste englische Ausgabe des *Ulysses* von James Joyce heraus. Als 1928 dann die in Paris ansässige Three Mountains Press zum Verkauf stand, sah Nancy ihre Chance gekommen. Sie konnte außerdem eine hervorragende Handpresse aus dem 19. Jahrhundert erwerben, dazu einen Vorrat an Rives-Vergé-Papieren und die Schriftfamilie Caslon Old Face. William Bird, der Gründer und Vorbesitzer, vermittelte ihr auch gleich einen französischen Drucker namens Levy, der sie in ihrem neuen Handwerk unterwies.

Voller Enthusiasmus und von Aragon unterstützt traf Nancy in Le Puits Carré die notwendigen Vorkehrungen und konnte im Sommer mit ihrer Lehrzeit beginnen. Levy, ein politisch Radikaler und stolzer Handwerksmeister, der seine Pariser Schülerin gern bevormundete, erklärte ihr, dass sie sieben Lehrjahre durchlaufen müsse, bevor sie selbstständig arbeiten könne. Doch Nancy legte einen entschlossenen Lerneifer an den Tag und erklärte sich und The Hours Press bereits nach wenigen Wochen für startbereit.

Das Geld für das Verlagsprojekt und vielleicht auch ein wenig von der Inspiration dazu stammte von ihrem Vater. Mitte der zwanziger Jahre traf sie Sir Bache nur noch selten: Nach der Scheidung von Maud hatte er sich gezwungen gesehen, Nevill Holt zu verkaufen, und die seltenen Besuche bei ihm waren eine Qual für beide. Die Welt, die sie während ihrer Kindheit geteilt hatten, war zu einer fernen Erinnerung geschrumpft: »Im Rückblick schien der Luxus unseres damaligen Lebens unglaublich, mit all den Hausangestellten, Gärtnern, Pferden und Automobilen«, und sie konnte ihm nicht ansatzweise erklären, wie ihr jetziges Leben in Paris aussah.[38] Aber Nancy liebte ihren Vater, und als im Herbst 1925 seine Gesundheit immer mehr nachließ, kümmerte sie sich um ihn. »Es war ziemlich schrecklich«, schrieb sie an Sybil Hart-Davis, doch an seinem Sterbebett zu sitzen, band die beiden enger aneinander, als sie es zu Lebzeiten je gewesen waren. Gerührt nahm sie seine Anweisungen für eine denkbar schlichte Beerdigung zur Kenntnis – »Ich möchte lieber auf einem Bauernwagen zu meiner letzten Ruhestätte gefahren werden als in einem Leichenwagen« – und die Tatsache, dass er ihr sein gesamtes verbliebenes Vermögen vermachte: 14500 Pfund.[39]

In mancherlei Hinsicht waren The Hours Nancys Tribut an den Vater. Das neue Projekt in der ländlichen Normandie war viel mehr im Sinne ihres Vaters als im Sinne Mauds, die das Landleben und die körperliche Arbeit immer gehasst hatte. Genau wie Sir Bache, der die glücklichsten Stunden in seiner Metallwerkstatt verbracht hatte, entdeckte Nancy eine neue Zufriedenheit, wenn sie lange Tage an der Seite von Aragon oder Levy arbeitete. Ein Foto zeigt sie höchst professionell am Handgriff der riesigen alten Druckpresse, wobei sie allerdings nicht auf eine elegante, hochgeschlossene Bluse und hochhackige Schuhe verzichtete. Von Anfang an fühlte Nancy sich zu diesem Handwerk hingezogen. Das langsame Zusammensetzen eines Gedichts aus beweglichen Lettern war fast wie ein Geburtsvorgang: »Buchstabe für Buchstabe, Zeile für Zeile, entsteht es unter deinen Fingern.«[40] Es fiel ihr leicht, die besondere visuelle Alchemie zwischen Schrifttype, Papier und Coverdesign herzustellen, und die Veröffentlichungen von The Hours hatten durchweg ein hohes ästhetisches Niveau: Die Cover waren in Scharlachrot, Gelb oder Entenei-Blau gehalten und mit Illustrationen von Man Ray oder Ives Tanguy versehen. Selbst auf die »graue Verfärbung«, die das Drucken an ihren Fingerkuppen hinterließ, war Nancy stolz: »Ich liebte den Geruch [der Druckfarbe] und die wunderbare Frische der nass glitzernden Pigmente. Es gibt kein schöneres Schwarz oder Rot.«[41]

Nancy hatte gehofft, ihren Verlag zu einem Organ für neues und experimentelles Schreiben zu machen, doch anfangs musste sie die Aufträge nehmen, wie sie kamen. Ihre ersten Veröffentlichungen waren ein Pamphlet ihres Freundes Norman Douglas, eine Kurzgeschichte von George Moore und Aragons Übersetzung von Lewis Carrolls *The Hunting of the Snark*. Während der drei Jahre, in denen The Hours existierte, wuchs die Liste eindrucksvoll an. Nancy publizierte Erstausgaben von Robert Graves, Henry Havelock Ellis und Arthur Symons, sowie 1930 eine einbändige Ausgabe der *Cantos* von Ezra Pound. Aber auch jungen Schriftstellern bot sie eine Plattform, und ihr größter Erfolg war eines der ersten Werke von Samuel Beckett, das sie auf eigene Kosten verlegte – erst nach einer Weile sollte sich herausstellen, welchen Coup sie da gelandet hatte.

Nancy konnte zwar nicht für sich in Anspruch nehmen, Beckett entdeckt zu haben – er hatte in Paris als Assistent von James Joyce gearbeitet und bereits einiges in Übersetzung veröffentlicht –, aber ihre Auflage von hundert Exemplaren von *Whoroscope* (dem Gedicht, das er für einen von ihr ausgeschriebenen Lyrikwettbewerb verfasst hatte) schärfte sein Profil. Das tat auch die Verbindung zu Nancy. Trotz unterschiedlicher Lebensentwürfe und Ambitionen wurden sie Freunde. Zwischen ihnen bestand eine bemerkenswerte körperliche Ähnlichkeit: Beide waren sehr groß, blass und dünn, und Nancy fand sein Gesicht außergewöhnlich, für sie hatte es »die entschlossene Strenge eines mexikanischen Adlers«.[42]

Vielleicht schliefen sie auch das eine oder andere Mal miteinander, obwohl Beckett wenig Interesse gehabt haben dürfte, sich auf Nancys sexuellen und gesellschaftlichen Tatendrang einzulassen. Als er sich eines Nachts mit ihr in einem der Klubs auf dem Montmartre wiederfand, schalt er sich: »Was um Himmels willen habe ich hier zu suchen?«[43] Sie schrieben sich noch jahrelang und sprachen mit Sympathie und Zugewandtheit voneinander, dennoch drifteten ihre Welten unaufhaltsam auseinander.

Die Monate, in denen Nancy The Hours aufbaute, gehörten zu den befriedigendsten ihres Lebens. Die verfärbten Finger und schmerzenden Muskeln waren ein handfester Beweis für die neue Struktur, die sie ihrem Leben gegeben hatte. Doch selbst diese stabile Phase der Produktivität war, wie stets bei ihr, bedroht von der wütenden Frustration, in die sie immer wieder verfiel. Tagelang trieb sie sich allein in Paris herum, als bräuchte sie eine Auszeit von Aragon. In solchen Phasen waren ihre Launen unberechenbar. Glaubt man Michelet, konnte sie sich dann in kürzester Zeit von der »harten, unabhängigen Frau, die mit den Männern spielt«, in eine »zartbesaitete Romantikerin« verwandeln, die »vor lauter Rührung weint ... wie ein junges Mädchen, das von einer unerwartet aufkeimenden Liebe überrascht wird«.[44]

Irgendwann hielt Aragon es nicht mehr aus. Im Sommer hatte sich die Beziehung wieder verschlechtert: Beide tranken zu viel und waren wütend aufeinander. Wenn sich die Lage zuspitzte, wurde Nancy von einer ungeahnten Aggression gepackt, dann verzerrte sich ihr kleines, weißes Gesicht und sie schlug wild mit den Fäusten um sich. Aber trotz solch unwürdiger Szenen waren die beiden noch nicht fertig miteinander, und Nancy bestand darauf, dass Aragon sie zu ihrem Sommeraufenthalt nach Venedig begleitete.

Das war eine weitere Bestrafung für ihn, denn er hatte eigentlich kein Geld für Ferien. Zu Beginn ihrer Affäre war es kein Problem gewesen, dass Nancy fast immer für Essen, Trinken und Reisen aufgekommen war oder Aragons Arbeit finanziell unterstützte. Nun jedoch belastete ihn das Ausmaß seiner finanziellen Abhängigkeit, und er wollte Nancy nur unter der

Bedingung nach Venedig begleiten, dass er durch den Verkauf eines Bildes etwas zur Reisekasse beisteuern konnte. Vielleicht hatte er gehofft, der Tapetenwechsel könnte Nancys frühere Verbindlichkeit und Großzügigkeit wieder hervorlocken, doch während sie »eine großartige Zeit [hatte], lustig und verrückt, fantastisch und verhängnisvoll«, waren diese Wochen für ihn die Hölle.[45]

Er hatte geglaubt, der Erlös aus dem Bildverkauf garantiere ihm ein Minimum an finanzieller Würde, doch Nancys kostspielige Restaurantbesuche, Drinks und Sonnenaufgangspartys am Lido ließen ihm nur die Wahl, sie entweder um Geld zu bitten oder allein im Palazzo zu bleiben. Er fühlte sich »auf unerträgliche Weise am falschen Ort«, und Solita, ebenfalls unter Nancys Gästen, wurde Zeugin von schrecklichen Streitereien zwischen beiden; sie hörte, wie Aragon mit Selbstmord drohte und Nancy ihn verhöhnte, indem sie ihm den Mut dazu absprach.[46]

Sie irrte sich. Eines Nachts, als sie wieder einmal stritten, stürmte Aragon davon und kam nicht zurück. Das entsprach nicht dem üblichen Muster, und nach ein paar Stunden war selbst Nancy beunruhigt. Bei einer Suche in den umliegenden Hotels fand man ihn schließlich bewusstlos – offenbar hatte er eine Überdosis Schlaftabletten geschluckt. Er wurde gerettet und behielt keine bleibenden Schäden zurück, schwor aber, es wieder zu versuchen, sollte er in Nancys Nähe bleiben. Sobald er sich einigermaßen erholt hatte, reiste er nach Paris ab und formulierte in seinem Gedicht »Poème à crier dans les ruines« eine herzzerreißende Anklage.

Seine Verzweiflung ließ ihn gehässig werden: »Lass uns das bespucken / was wir einst gemeinsam liebten.« Nancy in Venedig nahm die Sache ziemlich gelassen. Erst vor Kurzem hatte sie einem Freund in emotionalen Nöten, dem Schriftsteller Richard Aldington, geraten: »Keine Sorge, mein Lieber, du wirst diese Verstrickungen lösen, indem du dich in neue begiebst.«[47]

So hatte sie es selbst immer gehalten, und so tat sie es auch diesmal. Während Aragon in Paris trauerte, war sie schon unterwegs zu den nächsten Verstrickungen, zum nächsten Liebhaber, zum nächsten Projekt.

Der September kam, Venedig leerte sich, und Nancy gewöhnte sich an, abends mit ihrem Cousin Edward Cunard am Markusplatz etwas trinken zu gehen. Besonderen Gefallen fand sie an dem Schwarzen Jazzquartett, das im Hotel Luna aufspielte, und eines Nachts, als die Musiker zusammenpackten, lud sie sie auf einen Drink an ihren Tisch ein. Sie interessierte sich vor allem für den Pianisten, Ende dreißig, groß, breitschultrig und elegant gekleidet. Sein rundes Gesicht strahlte Güte aus, aber es lag auch eine markante Autorität in seinen breiten Wangenknochen. Er hieß Henry Crowder, und in den kommenden Wochen sollte Nancy sich in ihn verlieben – angezogen von den Problemen, die er im Leben schon gemeistert hatte, aber auch von seinem Aussehen, seiner Persönlichkeit und seinem Talent.

Henry war in einer armen, gläubigen Familie in Georgia aufgewachsen, im Kirchenchor hatte er die Musik lieben gelernt und im YMCA Klavier gespielt. Wie Josephine Baker träumte auch er von einer Welt, in der er nicht nach seiner Hautfarbe beurteilt wurde. Er verließ sein Elternhaus und arbeitete sich in den liberaleren Städten des Nordens langsam nach oben als Tellerwäscher, Handlanger und schließlich als Pianist in einem Bordell. Als Amerika in den Krieg eintrat, hatte er sich bereits ein neues Leben aufgebaut, war verheiratet, Vater und ein angesagter Name in der Jazzszene von Washington.

Doch mit dem Krieg setzte die Pechsträhne ein. Weil so viele amerikanische Musiker eingezogen und nach Europa geschickt worden waren, lag die Jazzszene darnieder, und 1918 war Henry arbeitslos und seine Ehe zerrüttet. Er pendelte für

Gigs zwischen Chicago und New York, bis das Blatt sich endlich wendete und seine neue Band, Eddy South and His Alabamians, die Gelegenheit bekam, in Europa aufzutreten.

Für Henry war Venedigs abblätternde, morbide Grandezza eine ebensolche Offenbarung wie die Leute, denen er dort begegnete. Vor allem eine Frau, die regelmäßig im Luna trank, fand er höchst »seltsam [und] eindrucksvoll«. Normalerweise distanzierte er sich von den anzüglichen Kommentaren, mit denen seine Bandkollegen ihre Zuhörerinnen bedachten. Doch als sie an Nancys Tisch eingeladen wurden, war er fasziniert von deren Erscheinung, »so dünn, so weiß, so zerbrechlich«, und von der beredten Leidenschaft, mit der sie sich über seine Musik äußerte.[48] Als sie ihn dann zum Essen einlud und ihm verliebte Briefe schrieb, konnte er nicht widerstehen. Er war, wie er später bekannte, »verknallt bis über beide Ohren«.[49]

Dennoch war es für Henry ein schwieriger Schritt, Nancys Liebhaber zu werden. Zu Hause in Georgia konnte ein Schwarzer dafür gelyncht werden, dass er mit einer Weißen schlief. Selbst in toleranteren Städten wie Chicago oder Washington, wo er eine Reihe solcher Affären gehabt hatte, war er das Gefühl nicht losgeworden, »einen Pakt mit dem Teufel zu schließen«. Die Tabus der Rassentrennung waren tief verwurzelt, und in einem frühen Brief an Nancy hat er versucht, die Mischung aus Panik und Euphorie zu beschreiben, in die ihre Beziehung ihn stürzte: »Dir zu schreiben kommt mir vor, als würde ich Jahrhunderte überbrücken.«[50]

Auch in Europa war man nicht frei von solchen Tabus. Nancy blieb über das Ende der Saison hinaus in Venedig, und nachdem die Massen abgereist waren, fielen die beiden umso mehr auf, wenn sie in der Stadt unterwegs waren. Kinder hänselten Henry auf der Straße wegen seiner dunklen Haut, und Horden faschistischer Schwarzhemden hatten ein scharfes Auge auf die beiden. Selbst der Besitzer des Hotels, in dem Henry untergebracht war, zeigte sich immer feindseliger und wollte ihn loswerden. Diese Art von Engstirnigkeit war Henry nur allzu vertraut; er hatte gelernt, das Gejohle und die Blicke auszublenden und sich möglichst unauffällig zu verhalten. Wesentlich schwieriger war es für ihn, Nancys Reaktion einzuschätzen. Seiner Erfahrung nach endete eine gemischte Beziehung notgedrungen damit, dass sich der Schwarze Mann der weißen Frau unterwarf; die Partner konnten einfach nicht gleichberechtigt sein. Und er war kaum zwei Wochen ihr Liebhaber, als sich herausstellte, dass es mit ihr nicht anders sein würde.

Nancy war vernarrt in Henry – so viel stand fest für ihre Freunde, als die beiden im Oktober nach Paris zurückkehrten. Er war anders als alle, die sie kannte, seine Geschichten und Ansichten fand sie so spannend, dass sie behauptete, er sei der einzige Mann, der sie niemals langweile. Henry besaß eine anrührende, natürliche Würde und war stark genug, Nancys Gefühlsstürmen standzuhalten. Als Janet Flanner ihn eines Tages mit blauen Flecken im Gesicht antraf, die Nancy ihm mit der Faust und ihren Armreifen zugefügt hatte, tat er ihre Besorgnis leichthin ab: »Bloß ein bisschen Reifensport, Miss Janet.«[51] Nancy liebte ihn auch deshalb, weil er Schwarz und Musiker war. Sie empfand es als Privileg, allein bei ihm sitzen zu dürfen, wenn er am Klavier improvisierte und nur für sie den Jazz aus den Tasten zauberte.* Sie betrachtete es als besondere Auszeichnung, dass er sie den Kollegen vorstellte, mit denen er nun im Plantation Club oder im Le Bœuf sur le Toit spielte.

Wie sehr Nancy auch von Henry und seiner Welt fasziniert

* Allerdings scheint Nancy Henrys Talent überschätzt zu haben. 1930 überredete sie ihn, eine Reihe von Gedichten von sich und anderen zu vertonen, die sie publiziert hatte. Henry dagegen hatte nie mehr gewollt, als in Klubs zu improvisieren, und nachdem er Nancy verlassen hatte und nach Amerika zurückgekehrt war, gab er das Klavierspiel ganz auf.

war, sie hatte keineswegs im Sinn, deshalb ihr Verhalten zu ändern, und kaum zurück in Paris, traf sie sich wieder mit Aragon. Es kränkte sie, dass er mittlerweile eine andere Geliebte hatte – die zierliche, rothaarige Russin Elsa Triolet, die er später heiraten sollte –, und plötzlich wallten die Gefühle für ihn wieder auf. Triolet war bestürzt, mit welcher Leichtigkeit Nancy Aragon zu sich zurückholte – »eine Mischung aus Zärtlichkeit und schlangengleicher Macht«, der er nicht widerstehen konnte. Nach jedem Rendezvous war er »völlig fertig«, ging aber immer wieder zu ihr.[52]

Henry, der sich in diesem Spiel erst recht nicht auskannte, war ebenso bestürzt. Was ihn jedoch noch mehr verletzte, war Nancys neue Affäre mit seinem Freund Mike, dem großspurigen, gutaussehenden Banjospieler der Band. Die beiden wurden zum Stadtgespräch. Richard Aldington stichelte, dass »schwarze Musiker nun Nancys verschärfte Sexdroge« seien, sie habe sich ganz dem »*culte des nègres*« ergeben und »kein Interesse mehr an *poor white trash*«.[53]

Für Henry war diese öffentlich zur Schau gestellte Untreue das Ende seiner bedingungslosen Hingabe an Nancy. Dennoch liebte er sie und war pragmatisch genug, sich mit der Situation zu arrangieren. Er sah ein, dass Nancy immer die Mächtigere sein würde, während er nur »eine Figur auf dem Schachbrett ihres Lebens«[54] war, aber er konnte das Spiel auch nach seinen Regeln spielen. Er war nach Europa gekommen, um finanziell und kulturell zu profitieren, und dazu gab es keine bessere Erziehung als Nancys reichen Erfahrungsschatz und ihre »geistige Unabhängigkeit«. Daher akzeptierte er, dass es ein Privileg war, Teil ihres Lebens zu sein; es gab so »unendlich viel Neues«, das sie ihm zeigen konnte.[55]

Aber nicht alles, was er sah, gefiel ihm. Oliver Messel, der auf einer Party mit silbern getuschten Wimpern erschien, fand er abstoßend; und zunächst irritierte ihn auch Janets und Solitas lesbische Beziehung, die gegen die Prinzipien seiner baptistischen Erziehung verstieß. Doch Henrys Neugier und Intelligenz waren stärker als seine Vorurteile; er freundete sich mit Janet und Solita an und lernte, aus sicherer Distanz mit Schwulen zu flirten. Und wenn er mit Nancy durch Paris zog, bemerkte er immer häufiger, dass auch er Objekt des Interesses, ja sogar eine Berühmtheit war.

Auf diese Weise hielt sich die Beziehung ein paar Monate lang im Gleichgewicht. Doch kurz vor Weihnachten brach Mike, der Banjospieler, einen Streit mit einem anderen Musiker vom Zaun, der in eine Schießerei ausartete und ihn ins Gefängnis brachte. Dadurch wurden Henry und die anderen Bandmitglieder arbeitslos. In der Wintersaison war es schwierig, neue Gigs an Land zu ziehen, und Nancy schlug vor, er solle mit nach Réanville kommen, wo sie weiterhin die halbe Woche für The Hours arbeitete. Zunächst ließ sich die Zweisamkeit geradezu idyllisch an: Abends spielte Henry Klavier, während Nancy las oder ihre Buchhaltung machte, tagsüber half er ihr an der Druckerpresse und nahm kleine Reparaturen am Haus vor. Doch immer nach ihrer Pfeife zu tanzen und finanziell abhängig zu sein, machte die Situation auf Dauer unerträglich für ihn.

Nancy konnte, was Geld betraf, taktlos, ja grausam sein. Sie war in einer Welt aufgewachsen, in der Geld gleichbedeutend war mit Status, und trotz der egalitären Theorien, denen sie anhing, konnte sie den völlig mittellosen Henry nicht wirklich schätzen. Sie mochte sich zwar schämen, vom Kapital ihrer Familie zu leben, hatte aber zugleich Mauds Neigung übernommen, Geld als Waffe und Kontrollmechanismus einzusetzen. Wenn Henry in Réanville bei der Arbeit an der Presse einen Fehler machte oder sie allein durch seine stoische Geduld in Rage brachte, beschuldigte sie ihn mit atemberaubender Ungerechtigkeit, zu faul zu sein, um seinen Lebensunterhalt zu verdienen.

Das war eine der wenigen Beleidigungen, die Henry trafen;

die Anschuldigung, sich von ihr aushalten zu lassen, verletzte ihn. Mit der Zeit wurde die Lage für ihn in mehrfacher Hinsicht unerträglich, nicht nur finanziell, sondern auch sexuell – so ließ etwa der vielsagende Blick von Nancys Fahrer keinen Zweifel daran, dass die beiden etwas miteinander gehabt hatten. Als der Frühling kam, hatte er endgültig genug und zog zurück in die Stadt, wo er einen Job als Barpianist im Bateau Ivre annahm.

Auch Nancy wollte weg aus Réanville. Das ständige Pendeln ermüdete sie, und sie versprach sich mehr Aufträge, wenn sie Druckerei und Verlag nach Paris verlegte. In der 15 Rue Guénégaud hatte sie bereits einen passenden Laden mit Werkstatt gefunden und bis zum Frühsommer siedelte sie den Verlag um. Geschäftlich gesehen war das ein kluger Schachzug: Als Blickfang für Schaufenster und Laden dienten Miró-Bilder, brasilianischer Kopfschmuck und ausgewählte afrikanische Kunst, und Nancys Verkaufszahlen stiegen beträchtlich. Doch ohne die Phasen relativer Ruhe in Réanville setzte das Stadtleben ihrer Gesundheit merklich zu.

Harold Acton beschrieb eine Frau, die wie eine Besessene arbeitete und sich vergnügte: »Die Uhr existierte nicht für sie; in der Stadt hüpfte sie von einem Taxi ins nächste, eine Mappe voller Briefe, Manifeste, Kostenvoranschläge, Rundschreiben unter den Arm mit den neuesten Reifen geklemmt … hie und da ein kleiner Imbiss, das war alles, was sie zu sich nahm, kaum je eine richtige Mahlzeit; sie war ganz ausgemergelt und unterdrückte ihren Hunger mit derbem Weißwein und flotten Sprüchen.«[56] Dazu kamen wechselnde Affären; ihre letzte Eroberung war ein weiterer Schwarzer Pianist namens Dan. Richard Aldington fand ihr Verhalten schändlich, selbst für ihre Standards: »Es mangelt ihr nicht nur an gesundem Menschenverstand, sondern auch an der Fähigkeit, absichtsvoll, dauerhaft und zärtlich zu lieben.« Nun waren auch bei Henry die Grenzen seiner Geduld erreicht; gedemütigt von dem Gefühl, »verlacht und für dumm verkauft« zu werden, drohte er, nach Amerika zurückzukehren.[57]

Aber sosehr Nancy ihn vor den Kopf stieß, gehen lassen wollte sie ihn nicht. Später behauptete sie, er sei der Mann gewesen, den sie am meisten geliebt habe; seine Liebenswürdigkeit und sein Humor, seine Musik und die körperliche Anziehungskraft behielten ihre Macht über sie, ganz gleich wie sehr sie ihn demütigte. Sie sah ihn als Künstler und als »edlen Wilden«. Und seit Ende 1929 verkörperte er noch etwas anderes, Dringlicheres für sie: ein ideologisches Programm und eine politische Verpflichtung. Zunächst hatte Nancys Faszination für Henrys Hautfarbe vor allem mit ihrer Begeisterung für Jazz und afrikanische Kunst zu tun. Ständig bearbeitete sie ihn, doch mit ihr nach Afrika zu fahren und seine kulturellen Wurzeln zu erkunden, und war enttäuscht über sein mangelndes Interesse. Vermutlich hat er die Probleme vorausgesehen, mit denen ein Schwarzer konfrontiert war, der mit einer weißen Frau durch Afrika reiste. Aber er wies Nancy auch darauf hin, dass dieser Teil seines Erbes ihm wenig bedeutete: »Ich bin kein Afrikaner, ich bin *Amerikaner.*«[58]

Erst mit der Zeit begriff Nancy, was es bedeutete, ein »Schwarzer Amerikaner« zu sein. In dem Winter, den sie mit Henry in Réanville verbrachte, fragte sie ihn über seine Vergangenheit aus, und während er ihr von einem Leben mit Rassentrennung, Unruhen und dem wiedererstarkenden Ku-Klux-Klan erzählte, empfand sie eine gewaltige, berauschende Wut. Von da an konzentrierten sich all ihre vagen politischen Sympathien auf Henry und die Ungerechtigkeiten, die seinesgleichen zuteilgeworden waren.

Fortan registrierte sie jeden scheelen Blick von amerikanischen Redneck-Touristen, die gegen Ende der zwanziger Jahre zahlreich durch die Straßen von Paris strömten. Sie fühlte sich persönlich gekränkt von der Ignoranz gegenüber der Situation von Schwarzen, die sie selbst bei engen Freunden beobachten konnte. Und im Sommer 1930 entwickelte sie eine Idee für ihre eigene Form der Wiedergutmachung. Sie plante eine Anthologie zu Schwarzer Kunst und Geschichte, die nicht nur der Welt die Augen für den Reichtum dieser Kultur öffnen sollte, sondern auch über die schrecklichen Jahrhunderte der Verfolgung informieren würde, die die Schwarzen erdulden mussten.

Negro wurde zur heroischen Obsession, ein Höhepunkt für ihren Verlag, den sie 1931 aufgeben sollte. Es beanspruchte viel Geld und Energie, die ganzen Beiträge, Erzählungen, Gedichte, Songs und Fotos in Auftrag zu geben und zusammenzustellen, die am Ende achthundertfünfzig Seiten füllten. Das Projekt führte sie auch nach New York, wo die Presse sie als »verkommene Lady mit einem Appetit für schwarzes Fleisch« porträtierte; sie erhielt Hassbriefe, in denen man sie übelst als »Hure« und »Niggerflittchen« beschimpfte. Ein Drohbrief kam von einem der rassistischen Klans: »Ich hoffe, dass die Weißen in Alabama Dich lynchen werden, wenn Du versuchen solltest, die lausigen Scheißnigger dort zu befreien.«[59]

Negro entfremdete Nancy auch von vielen ihrer Freunde und versetzte der Beziehung zu Maud den Todesstoß. Eine Zeit lang hatte Nancy versucht, Henry vor ihrer Mutter geheim zu halten, denn sie konnte sich denken, was für ein unwürdiges, enervierendes Theater das geben würde. Doch Maud musste sich dem Klatsch über ihre Tochter spätestens dann stellen, als ihre alte Freundin und Rivalin Margot Asquith sich bei einer Essenseinladung lauthals nach Nancy erkundigte: »Und, was ist es diesmal? – Alkohol, Drogen oder Nigger?«[60]

Margots Bemerkung war kränkend, und auch der Zeitpunkt war schlecht: Nancy plante gerade, mit Henry nach London zu kommen, wo sie eine Privatvorstellung des surrealistischen Films *L'Age d'Or* organisieren wollte, der in Paris wegen des Vorwurfs der Blasphemie und Obszönität verboten worden war. Für Maud war die Vorstellung, dass ihre

Tochter mit einem Schwarzen durch London spazierte, zutiefst beschämend, und sie beauftragte einen Privatdetektiv, das Paar zu observieren. Er sollte Beweise beibringen, auf Grund derer man Henry verhaften und ausweisen konnte. Außerdem setzte sie eine Mobbingkampagne in Gang, die auch vor Drohanrufen bei Rudolph Stulik nicht haltmachte, der das Paar im Tower beherbergte.

Nancy fand das Verhalten ihrer Mutter abstoßend, und obwohl Henry die Lage zu befrieden suchte, indem er Nancy bat, sich nicht seinetwegen mit Maud zu streiten, sah sie sich bereits jenseits aller Verständigungsmöglichkeiten. Die fieberhafte Energie, mit der sie in Paris gearbeitet und gefeiert hatte, floss nun ganz in ihre Mission, und sie begann, die Welt kompromisslos danach einzuteilen, ob jemand auf ihrer Seite stand oder nicht.

Ihre Freunde sahen sich gezwungen, Stellung zu beziehen. Nach der Rückkehr nach Paris 1931 schrieb Nancy einen emotionalen Brief an George Moore, bat ihn um Unterstützung und wollte wissen, »wie DU das alles siehst«. Moore, ein Mann von mittlerweile neunundsiebzig Jahren, konnte sich nicht entscheiden zwischen den beiden Frauen, die er schon so lange liebte, und drückte sich vor einer Antwort. Nancys Aufruhr steigerte sich noch, als sie hörte, dass Maud sie enterben wolle. Das wäre eine Katastrophe: Es würde nicht nur ihren Lebensstil einschränken, sondern auch das Aus für das *Negro*-Projekt bedeuten. Eigentlich hatte Maud nur vorgehabt, wegen des Einbruchs auf dem amerikanischen Aktienmarkt ihrer Tochter die Zuwendung zu kürzen, doch da tobte Nancy bereits in selbstgerechtem Zorn. Und um Maud zu bestrafen, schrieb sie zwei bitterböse Essays, die sich direkt gegen ihre Mutter richteten.

Der erste war eine kurze Satire auf die unerschütterliche Borniertheit der britischen Oberschicht, und sein Gift konzentrierte sich bereits in der Überschrift: »Kennt hier jemand einen Neger?« – ein direkt von Maud übernommenes Zitat.* Der zweite jedoch, »Schwarzer Mann und weiße Ladyship«, war eine verheerende persönliche Abrechnung. Vordergründig schilderte die elfseitige Streitschrift die Geschichte des institutionalisierten Rassismus, doch Nancy widmete fast ein Drittel einer Auflistung der mütterlichen Sünden: ihr Snobismus, ihre Verschwendungssucht, ihre intellektuelle Feigheit und ihre Vorurteile.

Der Text war durchtränkt von Nancys Hass, und mit beißendem Hohn geißelte sie »her Ladyship's Snobismus« – »Wenn *man* etwas tut, dann tut sie es, von vernachlässigbaren Ausnahmen abgesehen, garantiert auch« –, ihre Verschwendungssucht – »Ich habe keinen blassen Schimmer, wie viel ich jährlich für Kleidung ausgebe. Ein paar tausend können es leicht sein«[61] – und die Hohlheit ihres gesellschaftlichen Lebens: »Sie ist ja so allein – zwischen kleinen Mittagessen für sechzehn Personen, ein paar Gästen zum Tee und zwei bis drei Abendeinladungen«.[62] Die Kampfschrift wurde nicht nur an Nancys Freunde verschickt, sondern auch an die ihrer Mutter, angeblich bekam sogar der Prince of Wales ein Exemplar, und wer sie las, war entsetzt. Janet und Solita wanden sich vor Peinlichkeit, Henry fand die ganze Sache »abscheulich«, und die einhellige Meinung war, man könne die Schrift nur mit Nancys angeschlagener Gesundheit entschuldigen. Brian Howard, der mit Henry und ihr im Februar Ferien gemacht hatte, meinte, sie sei kurz davor, überzuschnappen: »Sie redete ununterbrochen, konnte nicht aufhören. Die wispernde, fahrige Stimme fand kein Ende. Eine Art nüchterner Trunkenheit. Und wenn sie dann wirklich trinkt, wird es noch viel schlimmer.« Howard fiel auch auf, dass sie ständig auf dem »unendlich geduldigen, dummen Henry herumhackte«, dessen Pas-

* Der Ausspruch war wörtlich 1931 in der Septemberausgabe des Magazins *Crisis* veröffentlicht worden.

sivität fast genauso schwer zu ertragen sei wie Nancys Erregung.[63]

In Wirklichkeit aber war Henry eher abgestumpft als geduldig: »Meine Reaktion ist ... mich völlig auszuklinken«,[64] schrieb er. Er wusste, dass Nancy krank war und kurz vor einem Nervenzusammenbruch stand, und auch wenn er sich erst 1935 ganz von ihr löste, hatte er bereits die Hoffnung aufgegeben, ihr helfen zu können. Selbst Maud sah ein, dass man Nancy kaum für ihr Handeln verantwortlich machen konnte. Sie wahrte vorsichtige Zurückhaltung und kommentierte die öffentlichen Beleidigungen ihrer Tochter allenfalls mit dem Satz »Jemandem, der krank ist, muss man vergeben«.[65]

Doch Nancy wollte keine Vergebung. Die Veröffentlichung von »Schwarzer Mann und weiße Ladyship« war ein gezielter Muttermord, Nancy wollte die Beziehung zu Maud ein für alle Mal beenden. Sie hat ihre Mutter nie wiedergesehen und weigerte sich sogar, ihr zu schreiben. Sie legte sie mit dem Rest ihrer Vergangenheit zu den Akten: das privilegierte Gefängnis ihrer Kindheit, die zehrenden Exzesse der Kriegszeit, die Flapper-Frivolität des Charleston-Unterrichts und das Pariser Kaffeehausgeplänkel. Dünnhäutig und wütend, wie sie war, hielt Nancy die Zeit der Spielereien für beendet. Andere mochten in ihr die eleganteste Muse der zwanziger Jahre sehen, sie aber wandte sich lieber einer neuen Dekade zu – und einem neuen Leben als politische Aktivistin.

ZELDA FITZGERALD

KAPITEL 10

Als Zelda und Scott Fitzgerald im Mai 1924 in Paris eintrafen, war ihre Hoffnung auf einen Neubeginn ebenso groß wie vier Jahre zuvor die von Nancy Cunard. Sonnenstrahlen sickerten durch spät blühende Kastanien, und verliebte Pärchen tranken in Straßencafés Wein, ohne einen Gedanken an die Prohibition zu verschwenden. Durch den – weiter steigenden – Wechselkurs von 19 Franc zu einem Dollar kamen sich die Fitzgeralds ungeahnt reich und frei vor. Wenn sie Arm in Arm über die Champs-Élysées schlenderten, schwenkte Scott übermütig einen silberbeknauften Stock, und Zelda trug ein schlichtes blaues Kleid, das sie selbst entworfen hatte (sie nannte es ihr »Jeanne-d'Arc-Outfit«).

Die beiden hatten sich vor ihrer Ankunft bei einem amerikanischen Ehepaar empfehlen lassen, das angeblich mit ganz Paris bekannt war. Sara und Gerald Murphy gehörten zu jener ersten Welle von Künstlern und Intellektuellen, die vor dem aggressiven Nachkriegsmaterialismus in ihrer Heimat mit seinen »grellen Reklametafeln« und den »Autos, die wie Ungeziefer die Straßen befielen«, die Flucht nach Europa ergriffen hatten.[1] In nur drei Jahren war es ihnen gelungen, sich in Frankreich ein Netzwerk aufzubauen, das von kulturellen Granden wie Picasso und Strawinsky bis hin zu jungen Expats wie Ernest Hemingway reichte. Schon bei ihrem ersten Treffen musste Zelda zugeben, dass die Murphys Scott und ihr in Sachen Glamour absolut ebenbürtig waren. Saras blasse Niedlichkeit stand in reizvollem Kontrast zu ihrer extravaganten, smarten Garderobe, außerdem schien sie ihr Leben beneidenswert gut im Griff zu haben. Gerald und sie waren nach Paris gekommen, um zu malen, weshalb sie Unterricht bei der russischen Futuristin Natalija Gontscharowa nahmen, und trotzdem fand Sara nebenher spielend Zeit, ihren drei Kindern eine liebevolle Mutter zu sein und eine allem Anschein nach äußerst harmonische Ehe zu führen.

Durch Sara, und Saras Paris, taten sich vor der ewig von Zweifeln geplagten Zelda ganz neue Perspektiven auf. Aber in der Stadt wollten die Fitzgeralds vorerst nicht bleiben. Scott musste seinen Roman zu Ende schreiben, und um Kraft zu schöpfen, hatten Zelda und er sich auf eine Auszeit geeinigt, in irgendeinem günstigen Fleckchen am Meer. Die Murphys legten ihnen die Mittelmeerküste ans Herz, wo sie selbst vorhatten, Urlaub zu machen. Beflügelt von der Aussicht auf eine unberührte Provence-Landschaft und ein warmes, türkisfarbenes Meer, traten Scott und Zelda die lange Zugreise gen Süden an, mit Scottie, ihrer neuen englischen Nanny Lillian Maddock und siebzehn Koffern, in die sie ihr altes amerikanisches Leben gezwängt hatten.*

In Saint-Raphaël, einem Hafenstädtchen mit weiß getünchten Mauern und roten Ziegeldächern, wurde die Familie schließlich fündig. Für 79 Dollar im Monat mieteten Zelda und Scott ein großzügiges Haus namens Villa Marie – für amerikanische Verhältnisse das reinste Schnäppchen** – und wähnten sich

* Die französische Riviera war damals noch nicht zur sommerlichen Luxusenklave verkommen. Die Hauptsaison ging traditionell vom späten Winter bis in den Frühling, und die Gäste kamen vor allem der frischen Meeresluft wegen, oder um ins Casino zu gehen, wie Tamara de Lempickas Großmutter. Die Murphys hatten den Tipp mit Südfrankreich ihrerseits von Cole Porter, mit dem Gerald in Yale studiert hatte und der für sein Talent bekannt war, »immer wieder faszinierende neue Orte aufzutun«.

** In *The Great Gatsby* zahlt der Erzähler Nick Carraway monatlich 80 Dollar für das »einfache Cottage« im Schatten von Gatsbys riesigem Landsitz, den dieser für 15 000 Dollar im Monat gemietet hat.

gleichsam im Paradies. Ihr neues Domizil lag hoch oben in einem terrassierten Olivenhain, überall duftete es nach Zitronen und Jasmin, dunkle Pinien spendeten ausreichend Schatten, und von den weiß gefliesten Balkonen schweifte der Blick weit übers Meer. Gleich nach ihrer Ankunft ging Zelda Sonnenschirme, Espadrilles und Badeanzüge kaufen. Sie gab sich einer Art Trance aus Genießen, Schwimmen und Bräunen hin und hatte, wie sie später schrieb, das Gefühl, Scott und sie seien gerade noch einmal davongekommen: »Wir werden glücklich sein, und weit weg von allem, was uns um ein Haar verschlungen hätte!«[2]

Scott sah in diesem Sommer auf jeden Fall seine allerletzte Chance. Er wollte unbedingt den großen Roman vollenden, der seit Jahren schon in ihm schlummerte: »In kreativer Hinsicht etwas vollkommen Neues«, versprach er seinem Lektor Max Perkins, »keine billigen Fantasien wie in meinen Geschichten, sondern das eindrückliche Porträt einer wahrhaftigen, strahlenden Welt«.[3] Ein Stück weit mutet auch *The Great Gatsby* einmal mehr wie eine fiktionale Aufarbeitung seiner eigenen Vergangenheit an, in der Daisy Buchanan eine reichere, einfältigere, aber dennoch »aufregende« Version von Zelda darstellt, und Jay Gatsby, der Millionär aus einfachen Verhältnissen, genau wie Scott unbeirrt auf die Zauberkraft der Illusionen pocht – »Illusionen, die die Welt in derart leuchtende Farben tauchen, dass es einem egal ist, ob etwas der Wahrheit entspricht«.[4] Doch auch wenn Scott in *The Great Gatsby* Anleihen bei sich selbst machte, erweiterte und verschob sich dabei spürbar sein Schwerpunkt hin zum Abgesang auf eine größere, kollektive Illusion: den amerikanischen Traum.

Gatsby huldigt dem Jazz-Age ausgiebiger als alle anderen Fitzgerald-Helden. Sein Reichtum ergeht sich in einer Art-déco-Fantasie aus rauschenden Partys, »gelbe[r] Cocktailmusik«, teuren Klamotten und Autos.[5] Die chromblinkende Opulenz seines cremegelben Rolls-Royce, dessen »labyrinthisch übereinandergetürmte Windschutzscheiben ein Dutzend Sonnen [spiegeln]«, steht für die schillernde Absurdität seines Lebens.[6] Doch anstatt diese Traumwelt bloß zu verklären, stilisierte Scott sie zur erlesenen Blase, die über dem Dreck und der Korruption des modernen amerikanischen Kapitalismus dahinschwebt. Sein schriftstellerischer Blick auf die Welt begann sich zu schärfen, und so identifizierte er Gatsbys verzweifelten Versuch, Daisy und ihre vermeintlich perfekte Liebe zurückzugewinnen, völlig korrekt als Ausdruck des romantischen, riskanten Traums seiner Generation, die den Besitz schöner Dinge mit Glück und Freiheit verwechselte.*

Scott wusste nur zu genau, welchen Schaden diese Verwechslung bei ihm und Zelda angerichtet hatte. Deshalb bemühte er sich in der Villa Marie um einen schnörkellosen, nüchternen und produktiven Tagesablauf; in einem Brief an Max Perkins bekräftigte er, sich die Reinheit seines künstlerischen Gewissens zurückerobern zu wollen. Er spürte, dass seine Arbeit an *The Great Gatsby* von der Askese profitierte: Symbolik und Beschreibungen, Romantik und Ironie griffen elegant ineinander. Doch Zelda konnte mit Scotts künstlerischem Gewissen nicht allzu viel anfangen. »Was soll ich bloß machen?«, seufzte sie, während ein flirrend heißer Tag dem nächsten folgte.[7] Angestellte kümmerten sich um das Haus, Nanny Maddock kümmerte sich um Scottie, und obwohl Zelda versuchte, bei der Lektüre eines Raymond-Radiguet-Romans ihr Französisch aufzubessern, war ihr insgeheim sterbenslangweilig.

Außerdem fehlte ihr ein Publikum – als sie an Edmund Wilson schrieb, dass »alles vollkommen [wäre], wenn jemand hier

* Seine Ideen stammten unter anderem aus Oswald Spenglers *Der Untergang des Abendlandes*, in dem der deutsche Philosoph die These von einer modernen faustischen Kultur vertritt, die auf der einen Seite von Gier und auf der anderen von einem unverhohlenen Anspruchsdenken befeuert wird.

wäre, der ganz New York von unserem idyllischen Leben erzählen würde«, war das nicht unbedingt ironisch gemeint.[8] Zwar waren inzwischen auch die Murphys in Südfrankreich eingetroffen, sie hatten sich jedoch weiter die Küste hinauf in Antibes einquartiert. Kurzerhand schloss Zelda mit ein paar französischen Fliegern Freundschaft, die im nahe gelegenen Fréjus stationiert waren – nicht nur, weil sie sich nach Gesellschaft sehnte, sondern auch, weil sie die bewundernden Blicke der Männer vermisste.

Fortan verbrachte sie beinahe jeden Tag mit den Offizieren, und bald machten Scott und sie es sich zur Gewohnheit, ihre neuen Bekannten abends in der Stadt zum Essen einzuladen und danach in die Bars und Casinos an der Strandpromenade zu gehen. Scott genoss die Gespräche, und Zelda fühlte sich an ihre sorglose Jugend in Montgomery erinnert, wo sie quasi ununterbrochen von schneidigen jungen Männern in Uniform belagert worden war, die um ihre Aufmerksamkeit buhlten.

Ihr Liebling war Edouard Jozan. Wenn Scott schon lange nicht mehr tanzte, wirbelte der charmante Franzose sie mit athletischer Anmut übers Parkett; tagsüber unternahmen sie Spazierfahrten auf den kurvenreichen Bergstraßen oder faulenzten zusammen am Strand, wo er sie in seinem unwiderstehlich schiefen Englisch mit dem neuesten Dorfklatsch versorgte. Während Scott sie mit seinen Abgabeterminen und Geldschereien auf Trab hielt, kam Zelda in Edouards amüsanter Gesellschaft zur Ruhe. Und in der Hitze und Vertrautheit der langen Nachmittage, die sie miteinander verbrachten, begann sie, ihn ungemein attraktiv zu finden.

Jahre später, als die Erinnerungen an Edouard Eingang in ihr Werk fanden, beschrieb sie ihn mit der erotischen Andacht einer Verliebten: Seine gebräunte Haut »roch nach Sand und Sonne … seine Knochen bohrten sich in die ihren«.[9] Es ist anzunehmen, dass auch im wahren Leben aus der Freundschaft eine Affäre entstand, und spätestens als Edouard Zelda zu Ehren hoch über der Villa Marie in seinem Flugzeug waghalsige Kunststücke vollführte, regte sich Scotts Misstrauen. Edouard konnte natürlich nicht ahnen, was für schmerzhafte Erinnerungen an dessen frühere Rivalen er durch sein Manöver in Scott geweckt hatte. Auf jeden Fall entbrannte zwischen den Fitzgeralds daraufhin der bislang heftigste Streit ihrer noch jungen Ehe. Am 16. Juli hielt Scott finster in seinem Notizbuch fest: »Große Krise«, und von diesem Zeitpunkt an trafen sich Zelda und Edouard nie wieder.

Zwar betonte Edouard stets, die Beziehung zu Zelda sei rein freundschaftlich gewesen, aber wahrscheinlich wollte er damit nur wahlweise ihren oder seinen eigenen Ruf retten. Zelda nämlich bezeichnete ihr Verhältnis ausdrücklich als »Liebesaffäre«[10] und verbuchte diese unter den prägendsten Gefühlsereignissen ihres Lebens. Scott zufolge wollte sie sich sogar scheiden lassen, worauf er sie in blinder Rage in ihrem Zimmer einsperrte, wo sie gefälligst warten sollte, bis Edouard kam und um sie kämpfte wie ein Mann.

Wie auch immer Zeldas Beziehung mit dem jungen Franzosen geartet war, fest steht, dass solche Streitigkeiten bei den Fitzgeralds stets auch eine kathartische Funktion hatten. So konnte Scott bereits im August in seinem Kontenblatt vermerken: »Zelda und ich wieder zusammen.« Doch im Vergleich zu ihren früheren Querelen ließ sich diese Krise nicht so einfach ad acta legen. In Scotts Augen hatte Zelda diesmal einen größeren Verrat an ihrer Ehe begangen als bei jedem Flirt zuvor, während Scott im Eifer des Gefechts Dinge gesagt hatte, die schwerer wogen als alles, was er Zelda je an den Kopf geworfen hatte. Im Nachhinein gab er zu, wohl etwas voreilig gewesen zu sein: »Ich wusste, dass […] etwas geschehen war, das sich nicht mehr reparieren ließ.«[11]

Obwohl Zelda den Rest des Sommers nach außen hin einen gut gelaunten Eindruck machte, legte sie immer öfter verstörende Ticks an den Tag. Als Gilbert und Amanda Seldes für ein paar Tage Urlaub in der Villa Marie machten, fiel ihnen auf, dass Zelda bei der Fahrt zum Strand ausgerechnet in einer besonders scharfen Kurve um eine Zigarette bat, als wollte sie Scott an dieser gefährlichen Stelle mutwillig ablenken.

Auch Sara und Gerald Murphy nahmen bei ihren Treffen mit den Fitzgeralds eine »unheimliche« Gefühlskälte in Zeldas Augen wahr. Oder glaubten es zumindest, nachdem Anfang September eines Nachts plötzlich ein aufgelöster Scott vor ihnen stand. »Er war ganz grün im Gesicht, hielt eine Kerze in der Hand und zitterte« vor Angst, Zelda könnte eine Überdosis Schlaftabletten genommen haben. Als sie in der Villa ankamen, war Zelda zwar noch nicht bewusstlos, stand aber vollkommen neben sich. Während eine geschockte Sara ihr schluckweise Olivenöl einflößte, damit die Pillen wieder hochkamen, murmelte Zelda zusammenhanglose Proteste: »Bitte nicht, Sara. Wenn man zu viel Olivenöl trinkt, wird man zum Juden.«[12]

Gut möglich, dass die Murphys sich bei den Zeitangaben vertan hatten, denn einiges deutet darauf hin, dass sich der Vorfall erst ein Jahr später ereignete.* Es ist zudem wohl auszuschließen, dass Zelda eine tödliche Dosis geschluckt hatte, immerhin verlegte sie sich gern auf melodramatische Gesten, um Scott – und sich selbst – einen Schreck einzujagen. Dennoch fand die Aufbruchsstimmung, mit der Zelda und Scott sich auf den Weg nach Europa gemacht hatten, in diesem Sommer ein jähes, trauriges Ende.

Als im Oktober die Kraft der Sonne allmählich nachließ, beschlossen die Fitzgeralds, Ende des Monats gen Rom zu rei-

* Zeldas Biografin Sally Cline weist darauf hin, dass das Hotel der Murphys fünfzig Kilometer von der Villa Marie entfernt lag, was Zweifel am Ablauf der Nacht aufwirft, es sei denn, alle vier hätten zufällig im selben Haus übernachtet. 1925 waren die beiden Paare nicht nur geografisch näher zusammengerückt, im August desselben Jahres notierte Scott in seinem Notizbuch auch: »Zelda unter Drogen.«

sen, wo die Lira noch günstiger stand als der Franc. All ihren Sparvorsätzen zum Trotz war es ein erstaunlich teurer Sommer geworden: Das Personal hatte sich allzu großzügig an den Konten bedient (bei Scotts und Zeldas schlechten Französischkenntnissen kein Wunder), und durch die günstigen Schnapspreise in den Bars an der Uferpromenade hatte Scott sich dort regelmäßig zu übertriebener Großzügigkeit hinreißen lassen; wenn ihm danach war, schmiss er eine Lokalrunde nach der anderen. Dass er immer noch nicht gelernt hatte, mit Geld umzugehen, machte ihn fassungslos, und ein paar Monate später gestand er Max Perkins in haltloser Panik: »Ich kann unsere Ausgaben nicht reduzieren und ich halte diese finanzielle Unsicherheit nicht mehr aus.«[13] Sollte der *Gatsby* wider Erwarten floppen, würde er, so schwor er, der hohen Literatur ein für alle Mal den Rücken kehren und als Drehbuchautor in Hollywood anheuern.

Rom versprach natürlich nicht nur einen Tapetenwechsel, sondern auch mal wieder einen Neuanfang. Doch obwohl eine vergnügte Zelda die ersten Tage mit Sightseeing verbrachte, allein durch die Stadt spazierte und sich ganz romantisch »im römischen Staub zwischen den Jahrhunderten verlor«, stand ihr ein selten schwieriger Winter bevor.[14] Sie litt schon seit geraumer Zeit immer wieder unter Beckenentzündungen und war überzeugt, nur krank geworden zu sein, weil sie »versucht hatte, noch mehr Kinder zu kriegen«. Womöglich hatte sie zwischenzeitlich eine Fehlgeburt erlitten und Angst, vielleicht gar keine Schwangerschaft mehr austragen zu können. Noch vor ihrem Umzug nach Europa hatten Scott und sie bereits laut über ein Geschwisterchen für Scottie nachgedacht. Obwohl Zelda die ersten Jahre als Mutter alles andere als genossen hatte, war Scottie zu einem liebenswerten Mädchen herangewachsen. Die zwei, drei fröhlichen Stunden, die Zelda jetzt täglich mit ihrer Tochter verbrachte, in ihrer eigenen kleinen Welt, wo nichts als Geschichten erzählt, Bilder gemalt und immer neue Spiele erfunden wurden, wollte sie inzwischen für nichts in der Welt mehr missen.

Sie war bereit für ein zweites Kind, doch die Befunde eines Untersuchungseingriffs im Krankenhaus boten wenig Anlass zur Hoffnung: Die Entzündungen hatten einen ihrer Eierstöcke beschädigt, wodurch sich ihre Chancen auf eine erneute Schwangerschaft deutlich reduzierten. Da Zeldas Gesundheit sie bis dahin nur selten im Stich gelassen hatte, machte ihr dieser Befund nicht nur ganz allgemein zu schaffen, sondern sorgte auch dafür, dass sie ihrem Körper fortan misstraute. Scott war zudem nicht gerade in Trösterlaune: Ihr Hotelzimmer in Rom war feucht, er wurde von einem hartnäckigen Husten geplagt, und die Korrekturfahnen seines Romans bereiteten ihm schlaflose Nächte. Also suchte Zelda Ablenkung bei einem amerikanischen Journalisten, der eine Filmcrew begleitete, die in Rom Szenen für Fred Niblos *Ben-Hur* drehte, aber das war nur ein Flirt. Als Scott sich mit der Schauspielerin Carmel Myers revanchierte, kam es zu lustlosen, ermüdenden Querelen, die das ohnehin gespannte Verhältnis zwischen den Eheleuten nur weiter unnötig strapazierten.

Zelda und Scott waren immer noch angeschlagen und gereizt, als sie im Februar des folgenden Jahres ihre Sachen packten und nach Capri weiterzogen. Doch die atemberaubende, felsige Landschaft der Insel mit ihrer üppigen subtropischen Vegetation wirkte wie ein belebendes Elixier auf Zelda, und sie spürte, wie sich das feuchtkalte, klaustrophobische Dunkel des römischen Winters lichtete. Außerdem lernte sie dort Romaine Brooks kennen, Vertraute und Ex-Geliebte von Natalie Barney, die zusammen mit ein paar anderen Künstlerinnen auf Capri überwinterte. Zelda war fasziniert von dieser Gruppe kreativer Frauen, die ganz in einem Leben ohne Männer aufgingen, und verbrachte immer mehr Zeit mit ihren neuen Freundinnen, die sie alsbald ermunterten, selbst zum Pinsel zu greifen. Sich stundenlang im Studium des Lichtspiels und der Wellen, der Felsformationen und Blumen zu verlieren, war eine völlig neue Erfahrung für Zelda und half ihr dabei, Abstand zu Scott und ihren Eheproblemen zu gewinnen.

Scott hingegen hasste Capri. Da Zelda sich inzwischen ganz ihrem neuen Hobby und ihrem neuen Freundeskreis widmete, fühlte er sich vernachlässigt; verbittert giftete er in einem Brief an Max Perkins, die Insel, seit Urzeiten ein Zufluchtsort für männliche und weibliche Homosexuelle, sei »voll mit Schwuchteln«.[15]* Doch Scotts üble Laune war in erster Linie seinen blank liegenden Nerven geschuldet. Er wusste genau, dass der *Great Gatsby* sein bislang bester Roman war: »Meinem Buch haftet etwas Außergewöhnliches an«, schrieb er an John Peale Bishop. »Ich möchte, dass man mich wieder maßlos bewundert.«[16] Doch bis es endlich erschien und die ersten Rezensionen eintrudelten, schwirrte ihm vor lauter Sorgen und Selbstzweifeln der Kopf.

Später sollte er sich an die zwei Monate auf Capri als eine Zeit erinnern, in der »nichts [...] vom Glück übriggeblieben zu sein« schien. Kurz bevor Zelda und er sich im April wieder auf den Weg nach Frankreich machten, versicherte er Bishop allerdings, dass sie »noch immer maßlos ineinander verliebt« seien.[17] Es gab zwischendurch Tage – manchmal sogar Wochen –, an denen die beiden plötzlich wieder vollstes Vertrauen in ihre einmalige Verbindung hatten, an denen Scott der Einzige war, der Zeldas tiefsten Gefühlen Ausdruck verleihen konnte, und nicht nur Scotts ganzes Leben um Zelda kreiste, sondern auch sein Arbeiten.

Selbst Max Perkins, sein treuer, duldsamer Lektor, verstand Scotts schriftstellerisches Temperament nicht so gut wie Zelda.

* Der Schriftsteller Norman Douglas, ein Freund von Nancy, verbrachte ebenfalls den Winter auf Capri. Seit seiner Flucht aus England, wo ein Haftbefehl wegen Vergewaltigung eines Knaben gegen ihn vorlag, lebte er vorwiegend in Italien. Auch Douglas umgab sich mit einer Entourage von Freunden und Bewunderern, von denen viele homosexuell waren.

Als Scott in Rom an den letzten Änderungen von *The Great Gatsby* saß, dienten ihm ihre Erinnerungen als Grundlage für die sensible Beschreibung der Landschaften und Bewohner von Great Neck; und als es darum ging, den Dialogen emotionale Wahrhaftigkeit abzugewinnen, zehrte er von ihren Eindrücken. Auf Max Perkins' Kommentar, er könne die Titelfigur noch nicht ganz »erkennen«, half Zelda Scotts Fantasie auf die Sprünge, indem sie eine Skizze nach der anderen anfertigte, bis sie Gatsbys Gesichtsausdruck und sein Mienenspiel genau getroffen hatte. Auch bei der Vermarktung erbat sie sich ein Mitspracherecht, weshalb dem Buch ein langatmiger und unbeholfener Titel wie *The High-Bouncing Lover* erspart blieb. Scotts Widmung – »Noch einmal für Zelda« war mehr als ein sentimentaler Tribut.

Die ersten Reaktionen auf den *Gatsby* fielen verhalten aus, und die Verkaufszahlen blieben hinter den Erwartungen zurück, was Perkins auf den geringen Umfang des Buches schob. Doch dann wendete sich das Blatt. T. S. Eliot bejubelte den Roman als »ersten Schritt, den die amerikanische Literatur seit Henry James gemacht hat«, und Gilbert Seldes schrieb in *The Dial*, dass Scotts Talent »zu einem atemberaubenden Höhenflug angesetzt« und »alles, was an seinem Frühwerk bedenklich und problematisch war, hinter sich gelassen« habe.[18] Im Juni wurden die Bühnenrechte verkauft, und obwohl Scott sich nach außen hin bescheiden gab, ließ er sich hinter den Kulissen ordentlich feiern und wähnte sich insgeheim schon als »[Größten] innerhalb meiner Zunft«.[19]

Diesen Scott – optimistisch, lebensfroh und erfolgreich – liebte Zelda am meisten. Seine Siegesstimmung sorgte auch dafür, dass die gut geölte Image-Maschine der Fitzgeralds umgehend wieder auf Hochtouren lief. In Sara und Gerald Murphys Augen machten die beiden bei ihrer Rückkehr nach Paris einen »ausgezeichneten« Eindruck. Zelda, die durch ihre Krankheit abgenommen hatte, standen die duftigen Kleider

der neuen Saison ausgesprochen gut. Sie hatte »ihren eigenen Stil«, erinnerte sich Sara, und trug am liebsten Farben wie Rot und Pink, die ihr dunkelblondes Haar zum Leuchten brachten. Aber im Grunde, fand Gerald, lag Zeldas Schönheit »in ihren Augen«. »Sie hatte einen markanten Blick, wie man ihn bei Frauen nicht allzu oft findet, ganz gerade und direkt. Eigentlich hatte sie etwas Indianisches an sich.«[20]

Scott zog Gerald beinahe genauso in seinen Bann. Sein »Kopf war so edel geformt, er sah wirklich unglaublich gut aus«.[21] Aber die Fitzgeralds wollten in Paris nicht nur mit ihrer makellosen Schönheit, sondern auch mit ihrer mustergültigen Ehe auftrumpfen, weshalb sie beschlossen, ihre unrühmliche jüngste Vergangenheit kurzerhand umzudichten. Edouard übernahm in der neuen Fassung den Part eines tragischen Selbstmörders, dessen Liebe zu Zelda so groß und so unerwidert gewesen war, dass er sich umgebracht hatte. Hatte er natürlich nicht. Aber wer der Geschichte der Fitzgeralds lauschte, dem fiel allenfalls negativ auf, wie dringend die beiden offenbar das Bedürfnis hatten, sie ein ums andere Mal zu erzählen.

Ein Paar, das gleich mehrfach in den Genuss kam, waren Ernest und Hadley Hemingway. Bei ihrer ersten Begegnung mit Scott und Zelda hatten die Hemingways keinen Grund gesehen, an der Oberfläche zu kratzen – Scott war der erfolgreiche Schriftsteller und Zelda die strahlende Schönheit. Zwar gab Ernest zu, dass Zeldas »goldenes Haar … ihr Falkenblick … so klar und ruhig … und die hellen … langen ›Negerbeine‹« ihn zu einem erotischen Traum animiert hatten.[22] Doch die Art, wie die Fitzgeralds wieder und wieder auf die Edouard-Geschichte zu sprechen kamen – Zeldas »schönes Gesicht […] sehr, sehr ernst«, Scott »bleich und bekümmert« –, erschien Hadley und ihm schon nach kurzer Zeit seltsam forciert. »Sie zogen […] eine Nummer ab«, erinnerte sich Hadley. »Mir kam plötzlich der Gedanke, dass [Zelda] damit Prestige verliehen werden sollte.«[23]

In den Augen der meisten anderen Pariser feierten die Fitzgeralds jedoch bloß im großen, unbeschwerten Stil ihre Ankunft in der Stadt und Scotts Erfolg mit dem *Gatsby*. Ganze Nächte durch jazzten sie auf dem Montmartre, wo sie Charleston-Stunden bei Bricktop nahmen, und tranken im Dingo, der American Bar in der Rue Delambre, deren Barkeeper Jimmy Charter einem mit butterweichem Lächeln auf dem breiten Boxergesicht jeden erdenklichen Cocktail mixte. Angeblich traf man im Dingo immer irgendeinen Bekannten, der entweder auf dem Weg zu einer Party war oder gerade von einer Party kam. Laut Sara Murphy glich Paris damals »einem großen Jahrmarkt ... man liebte seine Freunde und wollte sie jeden Tag sehen«,[24] und so erging es auch den Fitzgeralds – wie Scott in seinem Notizbuch vermerkte, war 1924 der »Sommer der 1000 Partys«.

Ernest Hemingway verschaffte ihnen sogar Zugang zu einer echten Rive-Gauche-Institution, Gertrude Steins Salon in der Rue de Fleurus. Scott genoss den Abend in vollen Zügen: Stein schwärmte von seinem Roman und zeigte fast schon aufreizend reges Interesse an seiner Person. Zelda hingegen fühlte sich von Anfang an fehl am Platz. Genau wie Tamara de Lempicka wurde sie schnurstracks in die Frauenecke abkommandiert, wo sie mit Alice B. Toklas Tee trinken sollte, während Stein mit den Männern über Kunst diskutierte. Zelda, die diese Art von sexueller Apartheid nicht kannte (außer, sie hatte selbst dafür gesorgt), war entrüstet. Ohne den Tee eines Blickes zu würdigen, stapfte sie davon, um sich die Gemälde anzusehen, die in der Wohnung an den Wänden hingen, und ätzte später vor Scott, dass das, was sie von Steins berühmter Gesprächskultur mitbekommen habe, nur »geschwollenes Geschwafel« gewesen sei.*[25]

* Als Scott bei Edith Wharton eingeladen war, die zwanzig Kilometer außerhalb von Paris lebte, kam Zelda gar nicht erst mit, weil sie »keine Lust hat-

Lieber machte sie alternative Kulturerfahrungen mit Sara – die zwei gingen shoppen, stöberten durch das Gewirr von kleinen Kunstgalerien am Rive Gauche und besuchten Aufführungen von Djagilews »Ballets Russes«. Sara nahm sie auch mit in Natalie Barneys Salon, wo, wie Zelda erfreut feststellte, Frauen viel höher im Kurs standen als Männer. In ihrer Jugend in Montgomery hatten Frauen höchstens zu Hause oder auf der Tanzfläche etwas zu sagen gehabt. In der Rue Jacob hingegen schienen sämtliche Schriftstellerinnen, Malerinnen und Schauspielerinnen nicht nur äußerst erfolgreich zu sein, sondern einander auch rückhaltlos zu unterstützen. Ihr Beispiel trug dazu bei, dass Zelda sich erneut für einen Zeichenkurs anmeldete. Da im übermöblierten Apartment der Fitzgeralds kein Platz für eine Staffelei, geschweige denn für großflächige Ölkleckereien war, kaufte sie Gouache und Wasserfarben und beschlagnahmte kurz entschlossen den Küchentisch, wo sie mit einer Reihe von Studien für ihr Selbstporträt begann.

Zelda lag viel daran, einen eigenen Wirkungsbereich für sich abzustecken, jenseits ihrer Ehe und unabhängig von Scotts Arbeit als Schriftsteller. Doch ihre innige Verbindung zu Sara und den anderen Malerinnen und die Begeisterung, mit der sie sich in ihr Kunststudium stürzte, hatte sicherlich auch damit zu tun, dass sie Scott seine enge Freundschaft mit Hemingway übelnahm. Ernest machte seinen Spitznamen – Hem, Hemmy, der Champ – alle Ehre. Er war sportlich gebaut, breites Kinn, breite Schultern, mit gut durchbluteten Wangen und jungenhaft schiefem Lächeln. Er boxte, er jagte, und sein leicht hinkender Gang zeugte von den zahlreichen Granatsplitterwunden, die er sich an der Front in Italien zugezogen hatte. Auch beim Schreiben gerierte er sich als echter Kerl – seine Erzählungen über Reisen und Stierkämpfe entstanden an weinflecki-

te, sich von der nächsten Grande Dame wie ein Kleinkind behandeln zu lassen«.

gen Tresen (im Gegensatz zu Scott, der seinen eigenen Schreibtisch bevorzugte), und in Sachen Dialoge und Plot war seine Prosa auf das Wesentliche reduziert.

Scott, der sich schon immer nach einer richtigen Männerfreundschaft gesehnt hatte, lauschte Hemingways Geschichten von Frauen und vom Krieg mit geradezu andächtiger Faszination. Obwohl es ihn eigentlich eher in Cocktailbars zog, begleitete er seinen neuen Freund anstandslos auf dessen Streifzügen durch das »echte« Paris mit seinen Arbeiterkneipen und spontanen *Bal-musette*-Sessions, wo aus den Fenstern Musik aus kaputten Akkordeons drang und die Luft nach saurem Wein roch. Alles, was Scott an Hemingway so bewunderte, ging Zelda jedoch gegen den Strich. Seine physische Präsenz war ihr nicht geheuer, seinen aufgesetzten Hang zur Arbeiterklasse fand sie lächerlich, was sie aber vor allem störte, war, wie respektlos er sich über Frauen ausließ.

»Ständig geht es nur um Sex«, beschwerte sie sich bei Sara, »Sex in allen Farben und Formen.«[26] Während immer mehr Kritiker in Hemingway eine schnörkellose, authentische neue Stimme im Literaturbetrieb ausmachten, hielt Zelda ihn für einen Blender. »Niemand ist so männlich, wie du dich gibst«, stichelte sie, um anschließend die Handlung seines Debütromans *The Sun Also Rises* (dt. *Fiesta*) lapidar mit »bull fighting bull slinging and bullsh[it]« abzutun.[27] Es frustrierte sie, dass Scott weder Hemingways Machogehabe durchschaute noch erkannte, welchen schlechten Einfluss diese neue Freundschaft auf ihn und ihre Ehe hatte.* Ernests Trinkfestigkeit war legendär, aber wenn Scott nach ihren langen gemeinsamen Abenden im *Dingo* – an denen die Zeche fast immer auf ihn

* Auch Picasso war überzeugt, dass Hemingways Ruf als linksradikaler Stierkampfexperte mit der Realität wenig zu tun hatte. 1959 bekam er mit, wie Hemingway bei der *Marseillaise* salutierte, die Hand aber schleunigst wieder in der Tasche verschwinden ließ, als sich ihm niemand anschloss. »*Quel con* [Was für ein Trottel]«, lautete Picassos Urteil.

ging – aufwachte, war er den Rest des Tages unleidlich und angriffslustig. Nach ein paar Wochen in Paris sah man ihm außerdem an, dass er es mit dem Alkohol regelmäßig übertrieb, denn sein aufgeschwemmtes Gesicht zierte ein verräterischer Grünstich. Und zu allem Übel fing er auch noch an, Ernests Ansichten zum Thema Frauen und Ehe nachzuplappern.

Mit diesen hielt Hemingway erwartungsgemäß nicht hinterm Berg. Wie Aragons Surrealistenfreunde, denen seine Beziehung zu Nancy nicht passte, war er der Überzeugung, dass die wichtigste Aufgabe einer Frau darin bestand, ihrem Mann in Krisenzeiten den Rücken freizuhalten. Seine eigene Frau war in der Hinsicht ein Musterbeispiel: Die intelligente, musikalisch begabte Hadley störte es nicht, sich voll und ganz Ernest und dem gemeinsamen Baby zu widmen, sowie der gewissenhaften Verwaltung ihrer schmalen Haushaltskasse. Verglichen mit Hadley, die ihrem Mann so gut wie nie Vorhaltungen machte, wenn sie mal wieder kein heißes Wasser oder keinen Strom hatten, und keinen Wert auf modische Kleidung legte, wirkte Zelda natürlich verwöhnt und kapriziös. Hemingway machte ihre Verschwendungssucht für Scotts Geldsorgen verantwortlich und ihre Launen für seine Konzentrationsschwäche. Und während er seine erhebliche Mitschuld an Scotts nahezu allmorgendlicher Katerstimmung geflissentlich ignorierte, bezichtigte er Zelda, aus Eifersucht auf das schriftstellerische Talent ihres Mannes dessen Alkoholexzesse absichtlich zu provozieren, um ihn von der Arbeit abzuhalten. Jahre später sollte ein unversöhnlicher Hemingway in seinen Erinnerungen *A Moveable Feast* (dt. *Paris, ein Fest fürs Leben*) Zelda als eines der »schrecklichen Handicaps« bezeichnen, gegen die Scott gezwungen war, anzuschreiben.[28]

Bis er zu diesem Urteil gelangte, dauerte es zwar ein wenig, aber seine Abneigung wurde spätestens deutlich, als er anfing, Zelda immer wieder zu kritisieren, vor allem für ihren vermeintlich schlechten Umgang. Hemingway hasste Natalie Barney, zum einen, weil sie reich war, und zum anderen, weil sie Frauen liebte. Er hegte tief sitzende Vorurteile gegenüber Homosexuellen, und abgesehen von Gertrude Stein, die er bewunderte, verfolgte er den wachsenden kulturellen Einfluss der amerikanischen Sapphistinnen mit großer Sorge. Und so begann er Scott einzureden, dass es gefährlich sei, wenn Zelda zu viel Zeit in der Rue Jacob verbrachte. Nicht, dass die Leute am Ende noch glaubten, sie sei lesbisch; schlimmstenfalls würden dadurch sogar unbewusste Neigungen in ihr geweckt. Beides, so Hemingway, könnte Scotts Ruf nachhaltig schaden.

Schwer zu sagen, inwieweit Hemingway selbst an den Blödsinn glaubte, den er da von sich gab, aber Sex war schon seit geraumer Zeit ein wunder Punkt zwischen den Fitzgeralds, weshalb Scott stets aufhorchte, sobald jemand Zweifel an seiner Beziehung zu Zelda äußerte. Alkohol und Krankheiten hatten im vergangenen Jahr dazu geführt, dass sie seltener miteinander schliefen, und neben den Unterstellungen seines Freundes, was Zeldas vermeintliche Vorlieben betraf, musste Scott sich auch noch mit den infamen Behauptungen herumschlagen, die seit Kurzem über sein Verhältnis zu Hemingway im Umlauf waren. Der Dichter Robert McAlmon (ein Freund von Nancy Cunard) hatte nämlich – vermutlich aus purer Bosheit – das Gerücht gestreut, die beiden Männer seien schwul, und aus irgendeinem Grund hielt es sich hartnäckig. Tamara de Lempicka etwa glaubte die Geschichte sofort; für ihren Geschmack hatte Hemingway seine Männlichkeit immer viel zu aggressiv herausgekehrt und waren Gertrude Stein und er bloß zwei »Langweiler, die etwas sein wollten, was sie nun einmal nicht waren – er eine Frau und sie ein Mann«.[29] Als Zelda Scott damit aufzog – »Ernest ist eine Tunte mit Haaren auf der Brust«[30] –, wurde er fuchsteufelswild und verbot ihr, in Zukunft solche »Verleumdungen« in den Mund zu nehmen.

Unter der Oberfläche hatte es angefangen zu gären, und wie Zelda später zugab, war Paris »der perfekte Nährboden für die bitteren Keime«, die zwischen Scott und ihr längst gesät waren.[31] Die Fitzgeralds führten ein unnatürliches Leben, waren weder in der eleganten, rätselhaften Welt der »echten« Pariser zu Hause noch in der redseligen Expat-Gemeinde mit ihren ewigen Konkurrenzkämpfen. In *Save Me The Waltz* heißt es, die beiden hätten »keinen fremden Pulsschlag je auch nur annähernd so intensiv empfinden«[32] können wie den der Welt, die hinter ihnen lag. Scott wurde mit Paris jedenfalls nicht richtig warm. Da sein Französisch bestenfalls ausbaufähig war und es ihm schwerfiel, einer Stadt Poesie abzuringen, die derart mit maroden Rohrleitungen und eigenwilligen Küchentraditionen geschlagen war, ließ ihn sein Heimweh nach New York nie ganz los. Auch Zelda wähnte sich hin und wieder im Nachteil. Ihr Französisch war zwar besser als Scotts, aber noch lange nicht fließend, und so stieß sie mitunter an ihre Grenzen, wenn es in einer Bar oder auf einer Party mal wieder um Kunst, Bücher oder Philosophie ging. Sara zufolge besaß Zelda eine ausgesprochen feine Beobachtungsgabe, konnte aber »bei anspruchsvollen Themen oft nicht mithalten« und plauderte stattdessen über »das, was ihr gerade so einfiel«.[33]

Zelda, deren Selbstbewusstsein angesichts ihrer »Erfolglosigkeit« ohnehin angeschlagen war, musste einen weiteren Rückschlag verkraften, als ihre alte Beckenentzündung wieder aufflammte.[34] Während ganz Paris unter der drückenden Sommerhitze stöhnte, konnte sie es kaum erwarten, der Stadt endlich den Rücken zu kehren, um Sara und Gerald in Antibes zu besuchen, die dort die umfangreichen Renovierungsarbeiten an ihrer neuen Ferienvilla überwachten. Das Meer entfaltete prompt seine heilende Wirkung, und Zelda verbrachte glückliche Tage beim Sonnenbaden mit den Murphys – Gerald wie immer schlank und charmant mit seinem eleganten wollenen Sonnenhut, und Sara ein Ausbund an Stil und Humor selbst im Badeanzug, zu dem sie eine Perlenkette so kunstvoll drapiert hatte wie dereinst die Duchess of Rutland bei einem Englandbesuch der Murphys vor dem Krieg. Scott, der seit Kurzem an einem neuen Roman über das Expat-Leben an der Riviera saß, kam erstaunlich zügig voran, und Zelda vertrieb sich die Zeit damit, sich für Scottie und die drei Kinder der Murphys immer neue Spiele auszudenken.

Die Abende hatten jedoch ihre Tücken. An der Riviera war in diesem Sommer viel los, da immer mehr schicke Pariser mit dem neuen Luxusexpress »Le Train Bleu« auf direktem Weg an die Mittelmeerküste reisten.* Unweit der Murphys hatten sich Etienne de Beaumont, die Chansonsängerin Mistinguett, Jean Cocteau, Marie Laurencin und die Picassos einquartiert (die Fitzgeralds und die Picassos liefen sich mehrmals über den Weg, aber es wurde nie eine Freundschaft daraus – Picasso fand Zelda zu merkwürdig). Auch ein paar amerikanische Freunde der Murphys wie Archie MacLeish und seine Frau waren vor Ort. So kam es, dass jeden Abend irgendwo eine Party stattfand. Halb im Scherz schrieb Zelda damals an eine Freundin: »Eigentlich wollten wir nach Antibes, um dort wieder zu Kräften zu kommen. Stattdessen haben wir bloß nach Kräften gesoffen, und jetzt macht der Pfad der Tugend wieder einen Knick nach dem anderen.«[35]

Geknickt war nach wie vor auch Zeldas Selbstbewusstsein. Eines Abends aßen Scott und sie mit den Murphys in einem Restaurant in den Bergen. Am Nachbartisch saß Isadora Duncan mit ein paar Freunden. In Zeldas Augen sah die berühmte Tänzerin verlebt und vom Alter gezeichnet aus, an der Taille hatte sie angesetzt, und ihr Haar war schlecht gefärbt. Scott hingegen geriet schier aus dem Häuschen und ließ sich ver-

* Der »Train Bleu« war bald eine so feste Größe des französischen Alltags, dass die »Ballets Russes« 1924 ein Stück rund um den Kultzug aufführten, mit Kostümen von Coco Chanel.

zückt zu Duncans Füßen nieder, die ihrem Bewunderer nicht nur neckisch durchs Haar fuhr, sondern auch lautstark verkündete, in welchem Hotel sie logierte. Was für den Rest der Anwesenden wie ein harmloses Stück Theater anmutete, war für Zelda, die sich verleugnet und abgeschoben fühlte, kaum zu ertragen.

Der entscheidende Grund, aus dem Zelda trotz allem immer noch an ihrer Ehe festhielt, war, dass allein Scott und sie Zugang zur Gemütslage des jeweils anderen hatten. Gerald wartete oft nur darauf, dass die beiden mal wieder von einem Moment auf den anderen »unzertrennlich« waren und einem »fantastischen« Gefühl nachspürten, das nur ihnen gehörte. Dass Scott sie in der Öffentlichkeit derart brüskierte, konnte Zelda nicht auf sich sitzen lassen. Direkt neben der Restaurantterrasse führte eine Treppe steil den kahlen Abhang hinunter; wortlos kletterte Zelda auf ihren Stuhl und stürzte sich die Stufen hinab in den Abgrund. Im Restaurant herrschte beklommenes Schweigen. Nach ihrer Rückkehr an den Tisch, mit Rissen im Kleid und blutendem Schienbein, verlor Zelda jedoch kein Wort über das Geschehene, und als Sara versuchte, den Arm um sie zu legen, schüttelte sie ihre Freundin ab. Im Nachhinein musste der Vorfall oft als Beweis für Zeldas zunehmend verwirrten Geisteszustand herhalten, aber an jenem Abend waren sich alle einig, dass sie nur mal wieder eine, wenn auch höchst seltsame Show abgezogen hatte.

In den folgenden Monaten ging wenig voran. Zelda versuchte weiterhin verzweifelt, ihre chronische Beckenentzündung in den Griff zu bekommen, und hatte die Hoffnung auf ein zweites Kind noch nicht aufgegeben. Vermutlich auf Empfehlung von Diana Cooper fuhr sie Anfang 1926 zur Kur in ein Heilbad in den Pyrenäen, und im Juni ließ sie sich den Blinddarm entfernen. Als die Fitzgeralds im Sommer an die Riviera zurückkehrten, war Zelda körperlich zwar in viel besserer Verfassung, aber Ruhe wollte trotzdem nicht einkehren. Scott hatte das vergangene Jahr in erster Linie damit verbracht, sich wegen seines neuen Romans verrückt zu machen und mit Hemingway durch die Kneipen zu ziehen. Derweil hatte Zelda seit ihrer Ankunft in Frankreich nichts Eigenes mehr zu Papier gebracht und auch ihr Kunststudium schleifen lassen.

Die Murphys hingegen konnten einen Erfolg nach dem anderen verbuchen. Ihre Villa America war endlich fertig, und ganz Paris kam, um sie zu bewundern. Die Einrichtung im Art-déco-Stil war ganz in Schwarz und Silber gehalten, für ein paar leuchtende Farbkleckse sorgten frisch gepflückte Rosen, Kamelien und Oleanderzweige aus dem weitläufigen Garten. Sogar der Strand unweit der Villa war makellos: Da der Sand täglich von Algen gereinigt wurde, bot sich den Murphys und ihren Freunden ein ungetrübter Ausblick aufs Meer, wenn sie nach dem Frühstück an ihren Kristallgläsern mit Sherry nippten, während die Kinder in den türkisblauen Wellen tobten.

Gerald hatte sich mit der Zeit zu einem ernst zu nehmenden Künstler entwickelt* und seine ganze kreative Energie in die Verwirklichung dieses Riviera-Traums gesteckt. John Dos Passos wähnte sich von der Schönheit der Villa jedoch förmlich erschlagen: »Ich habe es nur vier Tage dort ausgehalten. Es war, als versuchte man, im Himmel zu leben. Ich musste dringend wieder zurück auf die Erde.«[36] Und Scott und Zelda fühlten sich in der perfekten Welt der Murphys ständig daran erinnert, wie chaotisch ihr eigenes Familienleben im Vergleich dazu aussah.

* Geralds Œuvre war schmal, wurde jedoch von der Kritik einhellig gefeiert; sein kühl-nüchternes Stillleben *Razor*, das aus einem Rasierapparat, einem Füllfederhalter und einer Streichholzschachtel bestand, fand großen Anklang etwa bei Léger, für den Gerald der einzige amerikanische Expat-Maler war, der es mit der Pariser Avantgarde aufnehmen konnte.

Scott haderte ohnehin mit sich. In dem Versuch, mit seinem aktuellen Roman Neuland zu erschließen, hatte er ausgehend von zwei Mordfällen, über die kurz zuvor in der Presse berichtet worden war, eine spektakuläre Kriminalstory um einen jungen Filmschaffenden entwickelt, der seine Mutter ermordet. Doch nachdem er dessen Stimme nicht zu fassen bekam, erklärte er sich angesichts der Aussicht auf einen weiteren Sommer mit leeren Seiten und vergeudeten Stunden frustriert für »überflüssig, peinlich und zu nichts zu gebrauchen«.[37] In solchen Momenten strahlte die marmorne Schönheit der Villa America eine unerträgliche Arroganz aus. Eines Abends fing Scott nach ein paar Gin zu viel mit einem feisten Grinsen im Gesicht übermütig an, Geralds kostbare venezianische Gläser über die Terrassenbrüstung zu feuern – eine Unmutsbekundung, die selbst den toleranten Murphys zu weit ging, weshalb sie ihm erst einmal Hausverbot erteilten.

Auch Zeldas Nerven lagen blank. Während sie im Grunde nur darauf wartete, dass irgendetwas geschah oder es etwas zu tun gab, kam diese Rastlosigkeit ihr manchmal vor wie eine Krankheit. In einem Brief an Scott erinnerte Sara sich an die unverhohlene Grausamkeit in ihren Augen – »schwarz & unergründlich – aber immer voller Ungeduld – irgendetwas nagte an ihr – die Welt, glaube ich – sie gehörte sowieso nicht hierher – auf diese Welt … Sie hatte ein Innenleben & Gefühle, an die nie jemand gerührt hat – nicht einmal Du. Wahrscheinlich dachte sie insgeheim ganz schreckliche, gefährliche Gedanken & eine unbändige Wut hatte sich in ihr aufgestaut. Manchmal hat sie ihr Blick verraten – doch dazu musste man sie schon gut kennen und vor allem sehr lieben«.[38] Zelda feierte ausgelassen wie immer, aber in diesem Sommer bekam ihre fröhliche Fassade erstmals Risse. Auf einer Party zog sie beim Tanzen die Unterhose aus und warf sie dem Theaterkritiker Alexander Woollcott zu, der gerade aus New York zu Besuch war. Das Gelächter der Umstehenden fiel zur Abwechslung weniger beifällig denn nervös aus, schließlich konnte man nie wissen, was Zelda als Nächstes vorhatte.

Ihre früheren Vertraulichkeiten mit Scott erschöpften sich nun zusehends in erbitterten Machtkämpfen. Unten am Strand ragte ein Felsvorsprung ins Meer, von dem aus man ins Wasser springen konnte, und eines Tages forderte Zelda ihren Mann zu einer Mutprobe heraus, bei der es galt, nach jedem Sprung noch ein Stück höher zu klettern, bis man ganz oben auf dem Felsen angekommen war, etwa dreißig Fuß über dem Meer. Zelda zögerte vor ihrer letzten Prüfung keine Sekunde und tauchte mit einem sauberen Kopfsprung in die Fluten. Scott jedoch fing an zu zittern und sah aus, als wäre ihm schlecht, und auch unter den Zuschauern regte sich Widerstand gegen Zeldas Kamikazeaktion. Als Sara ihr im Nachhinein deswegen Vorwürfe machte, zuckte Zelda nur ungerührt mit den Schultern. »Aber Sayra [sic] – du weißt doch, wir halten nichts davon, unsere Gesundheit zu schonen«, säuselte sie, als wäre ihr Tod eine reine Materialfrage und hätte keinerlei emotionale Konsequenzen.[39]

Auch hinter den Kulissen ging das Kräftemessen weiter. Zelda drohte wiederholt, Scott zu verlassen, musste ihren Koffer aber jedes Mal wieder auspacken lassen. Sie brachte es nicht übers Herz, zu gehen, außerdem hätte sie ohnehin nicht gewusst, wohin, und was sie dort anfangen sollte. Als ein amerikanischer Reporter sie Ende des Jahres nach ihren Ansichten zum Thema Emanzipation fragte, verfiel sie beinahe automatisch auf ihre alten Flapper-Parolen: »Ich liebe die Jazz-Generation und hoffe, dass die Generation meiner Tochter noch toller wird. Ich glaube, dass eine Frau mehr Glück findet, wenn sie fröhlich … ist, als wenn sie sich für eine berufliche Karriere voller harter Arbeit, intellektueller Zweifel und Einsamkeit entscheidet. [Scottie] soll kein Genie werden. Ich möchte, dass sie ein Flapper wird, weil Flapper mutig und fröhlich und schön sind.«[40]

Inzwischen war Zelda allerdings schon sechsundzwanzig und fühlte sich bei Weitem nicht mehr so mutig, fröhlich und schön wie vor sechs Jahren, als sie gemeinsam mit Scott Manhattan erobert hatte. Ende 1926, als die beiden nach Amerika zurückkehrten, traf sie auf eine neue Generation von Frauen, deren kollektive Unabhängigkeit ihr zum ersten Mal erschreckend deutlich ihre eigene Irrelevanz vor Augen führte. Scott sollte das Drehbuch für eine Komödie mit der Schauspielerin Constance Talmadge schreiben, und trotz seiner lebhaften Abneigung gegen Hollywood nahm er den Auftrag nur zu gern an. Er konnte nicht nur das Geld gut gebrauchen, sondern auch Ablenkung von den Strapazen mit seinem Roman.* Und obwohl Zelda Bedenken hatte, ihre Tochter bei Scotts Eltern zu lassen, wollte sie unbedingt mit eigenen Augen sehen, was es mit dem viel beschworenen Glanz und Glamour der Filmwelt auf sich hatte.

Sie waren in einer luxuriösen Wohnanlage mit Villen, Swimmingpools und gepflegten Gärten untergebracht. Zunächst war Zelda hellauf begeistert von der Leichtigkeit Hollywoods, diesem Leben zwischen Sonne und Stuck, ohne stinkende Abflüsse und fremdsprachiges Geschnatter in den Ohren. Sie schrieb lange Briefe an Scottie, in denen sie von den Prominenten erzählte, die sie schon kennengelernt hatte, darunter Diana Cooper, eine gute Bekannte von Sara, die in Los Angeles gerade in *Das Mirakel* auf der Bühne stand. Aber sobald Scott mit der Arbeit an seinem Drehbuch begann, war Zelda wieder auf sich allein gestellt und musste sich unweigerlich eingestehen, dass es in Hollywood von talentierten, ehrgeizigen jungen Frau-

* Dank drei Romanen, einem Theaterstück, 41 Kurzgeschichten und 27 Zeitungsartikeln waren Scotts erste sechs Jahre als Vollzeitautor durchaus profitabel gewesen, doch für dieses eine Buch winkte ihm ein Honorar von 3500 Dollar – 12 000, falls es verfilmt wurde.

en nur so wimmelte, neben denen sie als gelangweilte Hausfrau ganz schön alt aussah.

Diese neue Generation von Flapper-Girls nahm sich Schauspielerinnen wie Louise Brooks und Clara Bow zum Vorbild, und auch wenn Zelda versuchte, ihre dunkelroten Lippen und schimmernden Dekolletés, ihre einstudierten Pointen und cleveren Ansichten zu ignorieren, so konnte sie doch nicht übersehen, dass nahezu jede dieser strebsamen jungen Frauen Herrin ihres eigenen Schicksals war. »Alle [...] hier sind sehr begabt«, schrieb sie bedrückt an Scottie, »fast jeder kann tanzen und singen und schauspielern, und ich komme mir sehr dumm vor.«[41]

Eine, die unter den ganzen Filmsternchen besonders herausstach, war die siebzehnjährige Unschuld Lois Moran, und als klar wurde, dass Scott einen Narren an ihr gefressen hatte, schrillten bei Zelda sämtliche Alarmglocken.* Scott hatte immer mit anderen Frauen geflirtet; sogar in Sara war er ein bisschen verliebt. Aber Lois war noch so jung, und das Leuchten in Scotts Augen, wenn er mit ihr über Literatur und das Leben parlierte, machte Zelda Angst – genau so hatte er früher nämlich mit ihr geredet. Obwohl Lois von ihrer überbesorgten Mutter auf Schritt und Tritt bewacht wurde, trat Zelda vorsichtshalber die Flucht nach vorn an. Indem sie Lois wiederholt als fade Provinzschönheit abtat, hoffte sie, dem offenbar bis über beide Ohren verschossenen Scott seine Flausen auszutreiben. Dieser reagierte auf ihren Sabotageversuch allerdings mit ungeahnter Häme: Lois sei vielleicht jung, aber allein durch Talent und Fleiß schon sehr weit gekommen. Zelda hingegen habe es in ihrem Leben zu rein gar nichts gebracht.

Damit rührte Scott natürlich an eine alte Wunde; seine unverhohlene Verachtung traf Zelda dennoch wie ein Schlag ins

* Lois stand Patin für Rosemary Hoyt, die blutjunge Schauspielerin in *Tender is the Night* (dt. *Zärtlich ist die Nacht*).

Gesicht. Sie hatte unlängst wieder angefangen, Kleider für sich zu entwerfen, und in ihrem Selbsthass und verletzten Stolz stopfte sie alle ihre Kreationen in die Badewanne und setzte sie in Brand. Die Episode hätte durchaus eine neue Ehekrise auslösen können, aber obwohl Scott Zelda wutentbrannt vorwarf, sie benehme sich wie ein Kind, fühlte sie sich danach unerwartet gestärkt und geläutert. Bald darauf kehrten die Fitzgeralds Hollywood ohnehin den Rücken. Scott hatte die an einen Drehbuchautor gestellten Anforderungen unterschätzt, und was er letztendlich ablieferte, erwies sich als unverfilmbar. Anstatt nach Frankreich zurückzukehren, beschlossen Zelda und er jedoch, mal wieder einen Neuanfang zu wagen, zur Abwechslung in der amerikanischen Vorstadt.

Ihr neues Zuhause lag in Wilmington, Delaware. Ellerslie House war eine herrschaftliche alte Villa im Kolonialstil, mit hohen Decken und einer weitläufigen Gartenanlage, die sich bis zum Flussufer erstreckte. Durch die Ruhe und den vielen Platz wurden Zeldas kreative Lebensgeister geweckt, und sie machte sich mit Feuereifer daran, das Haus umzugestalten, ließ von den Schreinern vor Ort neue Möbel nach ihren eigenen Entwürfen bauen, bemalte Wand- und Lampenschirme mit Szenen von Orten, an denen die Familie gelebt hatte, und bastelte Scottie ein Puppenhaus samt einem imposanten Aufgebot von Papierfiguren, die berühmte Persönlichkeiten und Märchengestalten darstellten. Diese Puppen waren ihr ganz persönliches Kunsthandwerk, wunderschön und originell, und beim Ausschneiden und Pinseln nahm Zelda sich fest vor, auch ihre »erwachsenen« Kunststudien wieder aufzunehmen. Nachdem sie sich im nahe gelegenen Philadelphia zu einem Malkurs angemeldet hatte, funktionierte sie kurzerhand eines von Ellerslies vielen leeren Zimmern in ein Atelier um und nahm ihr erstes Ölgemälde in Angriff.

Für Scott verkam das große, leere, stille Haus hingegen immer mehr zu einer Echokammer seiner Neurosen; er rauchte fast ununterbrochen, und es fiel ihm schwer, sich auf die Arbeit zu konzentrieren. Zelda spornten die Schwierigkeiten ihres Mannes aber nur noch mehr an, weshalb sie sich neben dem Malen auch wieder ernsthaft dem Schreiben widmete. In den folgenden Monaten verfasste sie insgesamt vier Artikel, von denen immerhin drei von Magazinen gekauft wurden. Ihr Prosastil war über die Jahre merklich gereift, und »The Changing Beauty of Park Avenue«, erschienen im Januar 1928 in *Harper's Bazaar*, beschreibt anhand von Sinneseindrücken bildgewaltig und detailreich den Alltag in den Straßen Manhattans: »Gläserne Geschäfte, die sich flach an Fassaden schmiegen ... züchtige, kühle Gerüche ... von heißen Motoren und stiebendem Staub – von Veilchen und Messingknöpfen.«[42]

Auch ihre Ansichten hatten sich grundlegend gewandelt. In den anderen drei Artikeln, »Looking Back Eight Years«, »Who Can Fall In Love After Thirty?« und »Paint and Powder«, befasste Zelda sich zwar mit ihren Lieblingsthemen – den Flappern und dem Jazz-Age –, bewies dabei aber mehr analytische Schärfe als früher. Ihr zufolge drohte der Dauerfrohsinn ihrer Generation allmählich seinen Glanz einzubüßen und hatten Kompaktpuder und Onduliereisen sich für die Frauenwelt am Ende doch nicht als segensreiche Erfindungen entpuppt – Stunden vor dem Spiegel verbringen zu müssen, habe mit Befreiung wenig zu tun, sondern sei zumeist auch bloß eine Form von Unterdrückung.

Zeldas Sinneswandel zeugte nicht nur von mehr Weitsicht, sondern auch von einer ganz neuen beruflichen Disziplin. Sie fühlte sich berufener denn je, eine künstlerische Laufbahn einzuschlagen, doch so gern sie auch schrieb und malte – irgendwann musste sie sich eingestehen, dass das einfach nicht reichte, um in diesen Metiers Karriere zu machen. Neben ihren Artikeln stand immer noch Scotts Name, und sie wusste, dass sie ihm schriftstellerisch nicht das Wasser reichen konnte, genau wie sie in Sachen Maltalent nicht gegen Genies wie Picasso, Gontscharowa, Léger und all die anderen Künstler ankam, die sie aus Paris kannte. Was Zelda brauchte, war etwas Eigenes, weshalb sie in diesem Sommer anfing, über eine Ballettausbildung nachzudenken.

In Philadelphia, also nur eine kurze Zugfahrt entfernt, hatte eine junge Tänzerin und Tanzlehrerin namens Catherine Littlefield mit gerade mal einundzwanzig Jahren die Leitung des Ballettkorps der städtischen Oper übernommen und war dabei, aus den Tänzern ein klassisches Ensemble zu formen.* Obwohl die fast siebenundzwanzigjährige Zelda seit ihrer Teenagerzeit keinen Ballettunterricht mehr genommen hatte, bildete sie sich ein, unter jemandem wie Littlefield, die binnen kürzester Zeit so viel erreicht hatte, zügig Fortschritte machen zu können. Immerhin hatte sie stets als Naturtalent gegolten, und mit der entsprechenden Disziplin würde aus ihr noch »eine zweite Pawlowa« werden.[43] Vielleicht kam dann auch wieder das Mädchen zum Vorschein, in das sich Scott einst beim Tanzen im Montgomery Country Club verliebt hatte.

Also stürzte Zelda sich wie eine Besessene ins Training. Neben ihren Ballettstunden bei Littlefield dreimal die Woche übte sie täglich vier Stunden in Ellerslies großem Wohnzimmer, das sie mit einer eigens angebrachten Ballettstange und einem goldverzierten Ganzkörperspiegel in ein Tanzstudio verwandelt hatte. Während sie tagein, tagaus beim Posieren und Springen ins Schwitzen geriet, frohlockte sie über jedes kostbare bisschen Fortschritt, über die erstaunliche Biegsamkeit ihres

* Philadelphia gehörte zu einer Handvoll von Städten in Amerika, die auf eine lange Balletttradition zurückblicken konnten, mit mehreren Schulen und einem engagierten Publikum. Littlefield übernahm an der Oper nicht nur die Choreografien, sondern stand auch selbst mit dem Korps auf der Bühne, das 1934 unter ihrer Leitung zu einem der ersten unabhängigen Ballettensembles des Landes aufstieg.

Rückens und die Gelenkigkeit ihrer Beine, denen sie immer höhere *battements*, *développés* und *attitudes* abrang. Selbst wenn Besuch kam, ließ sie sich häufig nicht beim Trainieren stören, dehnte und streckte sich seelenruhig weiter, während sie mit den Gästen plauderte.

Mitunter hatte sie den Eindruck, es sei ihr noch nie so gut gegangen. Das Tanzen verlangte nach einem sauberen, aufgeräumten Platz in ihrem Leben und zwang sie, sich ganz auf sich zu konzentrieren. Zelda, die nie lange ohne die bewundernden Blicke eines Publikums ausgekommen war, interessierte sich plötzlich nur noch für das Urteil ihres Spiegels und orientierte sich dabei allein an den Maßstäben ihrer neuen Kunstform.

Sie fühlte sich wie befreit, aber Scott war das neue Hobby seiner Frau zunehmend ein Dorn im Auge. Ihre Trainingsmusik, die selbstgerecht in sein Arbeitszimmer drang, ging ihm auf die Nerven. Es trieb ihn zur Weißglut, wenn sie sich gebannt in ihrem »Bordellspiegel« anstarrte, als hätte sie vergessen, dass Scottie und er existierten;[44] außerdem drohte ihr über kurz oder lang eine bittere Enttäuschung, da war er sich sicher. Ihre Erwartungen kamen ihm viel zu hoch gegriffen vor, und obwohl er von Ballett keine Ahnung hatte, wusste er, dass sie für die große Karriere, die sie sich erhoffte, zu spät angefangen hatte.

Im Herbst kam für ein paar Tage Cecilia, die Tochter einer von Scotts Cousinen, zu Besuch, und auf der Rückfahrt von einem Ausflug nach New York machten Scott, Zelda und Cecilia in Philadelphia Halt, damit Zelda dort ihre Ballettstunde besuchen konnte. Cecilia, die ihrerseits ein wenig Tanzerfahrung hatte, wollte unbedingt zusehen, und Scott, der neugierig war, wie sich seine Frau im Vergleich zu den anderen Schülerinnen so machte, erbot sich, sie zu begleiten.

Es war viel, viel schlimmer als gedacht. Neben den ganzen jungen Tänzerinnen, von denen einige auch noch weiter waren als sie, hatte Zelda sichtbar zu kämpfen. Seit Scott seine Frau kannte, war sie durch ihre Eleganz überall aufgefallen – in Littlefields Studio wirkte sie erschreckend unbeholfen und ausgeliefert.

Als er merkte, dass auch Cecilia peinlich berührt war, wurde es ihm zu viel. Er machte sich auf die Suche nach einer Bar, und als sich später alle wieder am Bahnhof trafen, schwankte und torkelte er und bekam keinen geraden Satz mehr heraus. Zu Cecilias Überraschung nahm Zelda jedoch kaum Notiz von ihrem sturzbetrunkenen Mann; sie war mit den Gedanken noch ganz bei ihrer Ballettstunde. Es schien, als könnte ihre Ehe nur dadurch überleben, dass sie ausreichend Abstand zueinander hielten und für Arbeit, Ausgehen, Elternsein und ihre jeweiligen Träume separate Bereiche angelegt hatten.

Zelda gab sich große Mühe, in ihrem Tanzbereich zu leben, aber die alten Ressentiments holten sie unweigerlich ein. Seinen Flirt mit Lois nahm sie Scott immer noch übel. Dieser war, so gab Scott später zu, eine Retourkutsche für Zeldas Affäre mit Edouard gewesen, und im Mai lud er Lois sogar über das Wochenende nach Ellerslie House ein, wo mal wieder eine Party stattfand. Zelda gelang es zwar, die Contenance zu wahren, aber nur, weil sie so viel trank wie alle anderen (also Unmengen). Als die Nachricht von Charles Lindberghs erfolgreichem Soloflug über den Atlantik eintraf, versammelte sich die Partygesellschaft ums Radio. Der Flug galt als historisches Ereignis und gehörte nach Zeldas Empfinden in eine Sphäre, die denkbar weit entfernt war von dem schmachvollen Sumpf, in dem ihre »grässlich betrunken[en]« Gäste und sie an diesem Wochenende stecken geblieben waren.[45]

Sie versuchte nicht nur, ihre Ehe zusammenzuhalten und Scottie eine gute Mutter zu sein, auch beruflich wollte sie endlich etwas erreichen, und unter diesem Drahtseilakt litt natürlich ihre Gesundheit. An ihrem Hals und in ihren Armbeugen hatte sich ein juckender, nässender Ausschlag gebildet, ein hässlicher Vorgeschmack auf das Ekzem, das sie später immer wieder plagen sollte. Eines Nachts steigerte sie sich derart in ihre Panik hinein, dass der Notarzt ihr eine Dosis Morphium verpassen musste. Trotzdem wollte sie nach außen hin unbedingt den Schein wahren.

Im Februar des folgenden Jahres eskalierte ein Streit zwischen den Eheleuten unversehens. Scott war besoffen, unglücklich und entsprechend leicht reizbar, und während Zelda und er sich ausgesuchte Gemeinheiten an den Kopf warfen, schlug er plötzlich zu. Zeldas Schwester Rosalind war gerade zu Besuch, und beim Anblick ihrer blutenden Nase und ihres blau unterlaufenen Auges bekniete sie Zelda, Scott endlich zu verlassen. Die wollte davon jedoch nichts wissen. Scott und sie liebten einander; sie lebten so, wie es ihnen passte. Und als sie ein paar Wochen später nach Paris zurückkehrten, klammerte sie sich einmal mehr an die Hoffnung, dass die Stadt schon irgendein Wunder vollbringen würde.

Nicht nur, was ihre Ehe anging, hatte Zelda auf Paris große Hoffnungen gesetzt. Sie war überzeugt, inzwischen ausreichend Fortschritte an der Stange gemacht zu haben, um an der Ballettschule von Ljubow Jegorowa aufgenommen zu werden, einer ehemaligen russischen Ballerina, die auch Catherine Littlefield ausgebildet hatte. Sobald Scott und sie sich in ihrer neuen Wohnung unweit des Jardin du Luxembourg eingerichtet hatten, zog Zelda los, um bei Jegorowa um Aufnahme in einen ihrer Kurse zu betteln. Jegorowa war zierlich und makellos, mit großen, ernsten Augen und feingliedrigen Händen; sie hatte sowohl in St. Petersburg für das Zarenballett als auch für Djagilews »Ballets Russes« getanzt und lebte seit ihrem Abschied von der Bühne mit ihrem Mann, dem Fürsten Trubezkoi, in Paris. Schweigend hörte sie sich an, was Zelda zu sagen hatte, und weil ihr die Entschlossenheit dieser reifen Bewerberin – und ihr Angebot, monatlich 300 Dollar Schulgeld zu zahlen – imponierte, erklärte sie sich schließlich bereit, sie zu unterrichten.

Von diesem Moment an war Jegorowas kahles, unbeheiztes Studio über der Olympia Music Hall in der Rue Caumartin der heilige Mittelpunkt von Zeldas Welt. Sie glaubte, in Jegorowas Unterrichtsstunden eine spirituelle Verwandlung durchzumachen, dank der sich endlich »die Dämonen vertreiben« ließen, die sie in der Vergangenheit auf Schritt und Tritt verfolgt hatten.[46] Bald würde in ihrem durchtrainierten Körper die Kunst unverfälscht zum Ausdruck kommen. »Ich wollte gut tanzen«, resümierte sie später vor Scott, »damit [die Jegorowa] stolz auf mich war und in mir die ästhetischen Ideale verwirklicht sah, die ihr vorschwebten.«[47]

Doch je höher Zelda hinauswollte, desto häufiger stieß sie frustriert an ihre Grenzen. Sie hasste ihren Körper für seine schiere Masse, seine Trägheit, sein Alter: Ihre Beine fühlten sich an »wie baumelnde Schinken«, ihre Brüste hingen »wie leere Euter«.[48] Ihr Ekel spornte sie zu neuen Höchstleistungen an; dabei verlor sie nicht nur Gewicht, es häuften sich auch kleine Verletzungen, und bald war ihr Körper von Kopf bis Fuß geschunden und zerschrammt. Sogar des Nachts lag sie noch mit ihm im Clinch, schob die Füße durch die Stangen des Bettgestells und schlief mit »nach außen geklebten« Zehen, um ihre Haltung zu verbessern.

Ihre Freunde nahmen Zeldas überzogene Erwartungen mit Sorge zur Kenntnis. Als Gerald und Sara sie diesen Sommer im Unterricht besuchten, waren sie ebenso entsetzt über ihre schlechten Leistungen wie Scott in Philadelphia. Die Murphys verstanden etwas von Ballett – immerhin hatten sie früher viel mit Djagilews Tänzern zu tun gehabt – und erkannten schnell, dass Zeldas Ehrgeiz in keinem Verhältnis zu ihrem Talent stand. »Ihre Angestrengtheit hatte etwas Groteskes«, erinnerte sich Gerald. »Man sah, wie sich jeder einzelne Muskel bewegte … Es war wirklich furchtbar. Man hielt den Atem an, bis es vorüber war.«[49] Aber Zelda ließ nicht mit sich reden. Gut gemeinte Ratschläge konterte sie mit dem Argument, ohne ihre »Arbeit« nicht mehr leben zu können. Wie ein Phantom geisterte sie durch die Wohnung und nahm irgendwann nicht einmal mehr ihre Familie wahr, weil ihre Gedanken nur noch ums Tanzen kreisten. Dabei war ihr vollkommen klar, dass sie mittlerweile in ihrer eigenen »stillen, gespenstischen, überempfindlichen Welt« lebte.[50]

Selbst wüste Streitereien – sofern die beiden sich dazu aufraffen konnten – vermochten an der festgefahrenen Situation zwischen Zelda und Scott scheinbar nichts mehr zu ändern. Sara Mayfield, Zeldas und Tallulahs Freundin aus Montgomery, studierte damals an der Sorbonne und gehörte zu den wenigen Menschen, denen Zelda beichtete, wie es wirklich um ihre Ehe stand. Nach einer heftigen Auseinandersetzung hatten Scott und sie tagelang kein Wort miteinander gewechselt: »Wenn wir uns im Flur begegnen, umkreisen wir einander wie zwei steifbeinige Terrier, die es kaum erwarten können, sich auf den anderen zu stürzen.«[51] Beide kamen sich verraten vor: Zelda war beleidigt, weil Scott ihre Tanzerei nicht ernst nahm, und Scott fühlte sich im Stich gelassen. Unlängst hatte sich ihm die einmalige Gelegenheit geboten, sein literarisches Idol James Joyce kennenzulernen, doch obwohl Zelda ihn folgsam zu dem Dinner begleitete, wirkte sie die ganze Zeit über abwesend und beteiligte sich kaum an den Tischgesprächen. Scott erkannte seine Frau bald nicht wieder: »Weder las sie, noch dachte sie, noch hatte sie irgendetwas zu sagen; stattdessen war sie nur noch für Tänzer und deren billige Anhängsel zu begeistern. Die Leute zollten ihr nach wie vor Respekt … weil sie so unverfroren und ehrlich war wie eh und je, aber allmählich lief sie Gefahr, zu einer drögen Egomanin zu werden.«[52]

Im Herbst kehrten die Fitzgeralds nach Ellerslie House zurück, weil ihr Mietvertrag noch sechs Monate lief. Insgeheim hatte Scott gehofft, dass der Abschied von Jegorowa Zeldas Tanzbegeisterung dämpfen würde, aber Zelda dachte gar nicht daran, ihre Ausbildung abzubrechen. Sie wechselte einfach an die Ballettschule von Alexander Gawrilow, einem anderen ehemaligen Djagilew-Star, der inzwischen in Philadelphia unterrichtete. Außerdem fing sie wieder an zu malen, experimentelle Ölgemälde, in denen sie mit dicken, energischen Pinselstrichen die Ekstase und Erschöpfung einzufangen suchte, die sie beim Tanztraining empfand.

Im stillen Haus am Fluss kam sie auch endlich wieder zum Schreiben. Die Zeitschrift *College Humor*, die schon zwei Artikel von ihr veröffentlicht hatte, gab ein halbes Dutzend Kurzgeschichten bei Zelda in Auftrag, über die modernen »Mädchen« von heute. Auf gewisse Weise variierte sie in diesen Erzählungen ihre eigene Geschichte: Jedes Mal ging es um eine andere Frau, deren Selbstverwirklichungsversuch scheiterte, wahlweise an einem schwachen Nervenkostüm oder an einem dominanten Ehemann. Was ihren Figuren und Dialogen an Feinschliff fehlte, machte sie mit ihren Beschreibungen von Schauplätzen und Stimmungen wieder wett, die in rauschenden, sinnlichen Wortströmen samtige Nächte und Mädchen in Organdyroben (in »Southern Girl«) sowie ein quirliges New York (in »A Millionaire's Girl«) heraufbeschworen.

Scott zollte ihr gebührenden Beifall. Eines musste man ihm lassen – dass er an seiner eigenen Berufung oft schier verzweifelte, hinderte ihn nicht daran, Talent in anderen zu erkennen und zu fördern. Im darauffolgenden Jahr schwärmte er Max Perkins von Zeldas »seltsam eindringlichem, bildgewaltigem« Stil vor, der in der Literatur »etwas vollkommen Neues« sei. Später ließ er sich sogar zu der Aussage hinreißen, sie sei »ein Genie, dessen Flamme in Hochphasen heller lodert als meine«.[53] Aber zwei Autoren unter einem Dach? Das erwies sich mit der Zeit als Problem. Einesteils wusste Scott durchaus zu schätzen, dass ihre Ehe sich endlich wieder wie ein Gemeinschaftsprojekt anfühlte. Er kümmerte sich persönlich um die praktischen Belange des *College-Humor*-Auftrags, ließ seinen Agenten Harold Ober Zeldas Vertrag ausarbeiten und stand ihr in Stilfragen mit Rat und Tat zur Seite. Doch zu sehen, wie leicht Zelda das Schreiben fiel, versetzte ihm jedes Mal einen Stich, denn während sie mühelos eine profitable Kurzgeschichte nach der anderen produzierte, glitt ihm sein neuer Roman durch die Finger »wie ein Traum«.[54]

Bei aller Eifersucht auf seine Frau empfand diese ihn gleichermaßen als Konkurrenz. Ihr Redakteur H. N. Swanson bestand darauf, Scott bei ihren Geschichten namentlich als Mitautor zu führen. Die monetäre Logik hinter dieser Strategie leuchtete Zelda auf Anhieb ein, immerhin verdoppelte oder verdreifachte sich dadurch ihr Honorar, und ihr Ballettunterricht kostete schließlich Geld. (Zwar hielt Scott sie alles andere als kurz, aber ihre Tanzkarriere wollte sie sich nicht von ihm finanzieren lassen.) Andererseits sah sie beim besten Willen nicht ein, weshalb sie schon wieder die Lorbeeren mit ihm teilen sollte. So strich sie auf den Originalmanuskripten Scotts Namen durch und schrieb wütend in Schwarz darunter: »Nein! Ich.« Als ihre letzte Geschichte verkauft war und im März 1930 in der *Saturday Post* unter Scotts Namen erschien, traf Zelda beinahe der Schlag. Scotts Agent versuchte ihr klarzumachen, dass die *Post* sich damit nur von den Geschichten im *College Humor* abgrenzen wollte und sich dieses Sonderrecht durchaus auch etwas hatte kosten lassen, aber Zelda fühlte sich trotzdem verraten.

Vertrauen und Kommunikation glichen in dieser Ehe längst hauchdünnen, zerbrechlichen Drähten. Im Herbst 1928 kam ausgerechnet Hemingway samt Familie in Wilmington zu Besuch, und es dauerte nicht lange, da hatte er en passant eine mittlere Katastrophe ausgelöst. Ernest war nicht mehr mit Hadley verheiratet, denn in einem groben Verstoß gegen seine eigenen Prinzipien hatte er sich in Pauline Pfeiffer, eine flotte amerikanische Journalistin, verliebt und mittlerweile ein Kind mit ihr bekommen. Der Ärger war vorprogrammiert, als Ernest und Scott sich Abend für Abend volllaufen ließen und Scott Ernest Geld lieh, auf das sie eigentlich nicht verzichten konnten. Das Einzige, was Zelda noch mehr störte als Hemingway, war Patrick, sein munterer, kerniger kleiner Sohn.

Beim Anblick dieses Kindes, an dem Pauline so viel mütterliche Freude hatte, fühlte Zelda sich täglich daran erinnert, dass es ihr bislang nicht gelungen war, noch einmal schwanger zu werden. Scott und sie hatten seit Monaten nicht mehr miteinander geschlafen, und meistens waren sie einfach zu müde und zu zerstreut, um sich etwas dabei zu denken. Doch als Ernest mit Patricks sonnigem Gemüt angab und witzelte, er sei stets in der Lage, noch so einen Wonneproppen zu zeugen, nahm das Verhängnis seinen Lauf. Zwischen den Fitzgeralds entbrannte ein erbitterter Streit über das leidige Thema Sex: Zelda warf Scott Einfallslosigkeit im Bett vor, außerdem sei sein Pimmel zu klein,* worauf er zurückschoss, ein Mann könne Zelda ohnehin nicht befriedigen, da sie eigentlich in die Jegorowa verliebt sei, von den Weibern in der Rue Jacob mal ganz abgesehen.

Damit betraten die beiden heikles Terrain, und als sie im März 1929 nach Europa zurückkehrten, hatten sie sämtliche Grenzen überschritten – nicht nur die der Scham, sondern auch die der sexuellen Gewalt. Bei einem Streit mit Zelda an Bord des Schiffs fragte Scott eine völlig fremde Passagierin, ob Frauen an Männern »große oder kleine« Penisse bevorzugten. Als Zelda ihn daraufhin wütend anfuhr und ihn einen

* In *A Moveable Feast* behauptet Hemingway, Scott habe sich Sorgen darüber gemacht, »nicht gut genug bestückt zu sein«. Daraufhin gingen die beiden Männer aufs Pissoir, wo Hemingway Scott nach einem Blick auf dessen Ausstattung versichern konnte, dass damit »alles in Ordnung« sei.

peinlichen Versager nannte, zwang er sie zur Strafe zum Analverkehr – der schreckliche Tiefpunkt ihrer Ehe und, wie sie später bekannte, »das Erniedrigendste, Bestialischste, was mir je passiert ist«.[55] Und da Zelda nach diesem Erlebnis angewidert vor Scott zurückwich, bewahrheiteten sich seine Befürchtungen.

In Paris angekommen, suchte sie Zuneigung und Verständnis statt bei ihrem Mann fortan eher bei anderen Frauen, weil sie spürte, dass »deren Augen so sanft strahlten, weil sie sich an Dingen erfreuten, die ich verstand«.[56] Beim Ballettunterricht schloss sie in diesem Frühjahr ein paar sehr enge Freundschaften mit Frauen, und in der Rue Jacob interpretierten einige Damen Zeldas neue Empfänglichkeit für alles Weibliche sogar als Bereitschaft, sich auf eine Affäre einzulassen. Nancy Hoyt – Schwester der Dichterin Elinor Wylie und von Eugenia Bankheads Ehemann Morton – begann, sich demonstrativ um sie zu bemühen, und dasselbe galt für Dolly Wilde. Dass ausgerechnet Dolly ihr schöne Augen machte, deren extravagante, goldschimmernde Schals und bissige Pointen keinen Zweifel daran ließen, dass sie Oscar Wildes Nichte war, und die mit ihrer originellen Art sogar Scott von sich überzeugt hatte, schmeichelte Zelda besonders. Doch obwohl sie an den mehr oder weniger subtilen Avancen ihrer Geschlechtsgenossinnen durchaus Gefallen fand, plagten sie Skrupel. In ihrer Jugend in Alabama hatte sich Sexualität ausschließlich zwischen den scharf umrissenen Kategorien von »Southern beaux« und »Southern belles« abgespielt. Der Gedanke, dass sie womöglich lesbisch sein könnte, machte ihr insgeheim Angst.

Trotz der neuen theoretischen Offenheit, die damals in Bezug auf sexuelle Identität herrschte, waren nur wenige Frauen so direkt wie Tamara oder so ehrlich wie Natalie Barney, wenn es darum ging, sich zu ihren Bedürfnissen zu bekennen. Laut einer Umfrage unter 2200 amerikanischen Frauen Ende der 1920er Jahre berichtete ein hoher Prozentsatz von lesbischen

Neigungen: Fast die Hälfte der Befragten gab an, schon einmal eine enge emotionale Beziehung zu einer anderen Frau gehabt zu haben, während ein Viertel davon zugab, dass besagte Beziehung mit Sex verbunden war. Nach dem Verlust von Millionen von jungen Männern im Ersten Weltkrieg gingen viele Frauen dieser Generation nun auf Tuchfühlung mit dem eigenen Geschlecht, wobei diese Kontakte nach wie vor kaum in der Öffentlichkeit stattfanden. In den meisten Kreisen war Homosexualität immer noch ein Tabu, an dem es nicht zu rütteln galt, und selbst Tallulah, die mit ihren lesbischen Affären früher nie hinterm Berg gehalten hatte, hielt es in manchen Situationen inzwischen für ratsam, sich lieber als heterosexuell auszugeben.

Zeldas Identitätskrise erreichte ihren Höhepunkt, als Scott in Barneys Salon Zeuge wurde, wie Dolly seiner Frau ein eindeutiges Angebot machte. Wahrscheinlich wollte sie sich nur einen Spaß machen, aber Scott wähnte prompt seine Ehe in Gefahr und fühlte sich in seiner männlichen Ehre gekränkt. Was folgte, war eine neue Runde von sexuellen Provokationen und gegenseitigen Schuldzuweisungen: Scott unterstellte Zelda, auf eine »hysterische Scheißlesbe« zu stehen, sie warf ihm vor, er sei eine »Schwuchtel«. Dabei hoffte Zelda verzweifelt auf Scotts Hilfe, weil sie ohne ihn in einem Gefühlschaos zu versinken drohte. Sie fühlte sich von Dolly unter Druck gesetzt, die ihr einen Schritt abverlangte, für den sie »nicht nur moralisch, sondern auch praktisch ungeeignet« war,[57] doch als sie Scott anflehte, vernünftig mit ihr zu reden, war er zu verstört und erbost, um angemessen zu reagieren. Zelda hatte bei seinen Sachen eine Packung Kondome gefunden, und als sie ihn der Untreue bezichtigte, gab er nur zurück, er habe mit einer Pariser Prostituierten schlafen wollen, um Zelda zu beweisen, dass er ein richtiger Mann war.

Bis zu ihrer alljährlichen Sommerfrische machten die beiden einander das Leben so schwer, dass sie völlig erschöpft und zerknirscht in Südfrankreich ankamen; Scott schwor Hemingway, vor Tränen und Gin gleichsam »überzulaufen«.[58] Die Murphys machten sich Sorgen: Allein Scotts Gesichtsfarbe bot Anlass zur Beunruhigung, und Zelda war nur noch Haut und Knochen, mit blasser, papierener Haut und einem nervösen Zucken um die Mundwinkel. Gerald hörte aus ihrem Lachen einen neuen Unterton heraus, eine Art »irre Euphorie«, in der wenig Humor steckte. Gleichzeitig zog Zelda sich immer mehr in ihr Schneckenhaus zurück, und ausgerechnet in diesem angeschlagenen Zustand bot sich ihr eine Gelegenheit, die versprach, ihrem Leben eine neue Richtung zu geben.

Die Fitzgeralds residierten in Cannes, und Zelda nahm Unterricht bei einem Ballettmeister der Nizzaer Oper. Über ihn kam sie in diesem Sommer an ein paar kleine Rollen im hiesigen Ballettkorps, und wenngleich die Anforderungen denkbar gering waren, hatte Zelda damit doch die erste Sprosse auf der Karriereleiter erklommen. Immerhin verdankte sie diesen Auftritten vermutlich die Einladung von Julia Sedowa, einer ehemaligen Ballerina des St. Petersburger Balletts, die inzwischen dem Ballettensemble der San-Carlo-Oper in Neapel vorstand. Sedowa schrieb Zelda Ende September, dass ihr für die Herbstproduktion von *Aida* noch eine Tänzerin fehle. Ob sie wohl Interesse habe?

Auch dieses Engagement würde ihr keine Höchstleistungen abverlangen. Balletteinlagen in Operninszenierungen dienten damals bloß zur Zerstreuung, waren kurz und folgten choreografisch zumeist einem festen Schema, aber Sedowas Einladung war dennoch bedeutsam. Nicht nur, dass sie Zelda eine Solorolle in *Aida* antrug, sie schlug ihr auch vor, für den Rest der Spielzeit nach Neapel zu ziehen, um dort noch ein paar kleinere Rollen zu übernehmen und wertvolle Bühnenerfahrung zu sammeln. Nach nur zwei Jahren Ausbildung bot sich Zelda die Chance, ihren großen Traum endlich berufliche

Wirklichkeit werden zu lassen, doch sie wusste nicht, was sie auf Sedowas Brief antworten sollte.

Beim Training mit Jegorowa hatte sie sich immer nur auf ihre täglichen Übungen konzentriert und keinen Gedanken daran verschwenden müssen, dass ihr Talent für die große Bühne womöglich nicht ausreichte. Sie hatte sich ungestört an ihren Traum von einer Ballettkarriere klammern können und fest damit gerechnet, über kurz oder lang in eine Kompanie wie Djagilews »Ballets Russes« aufgenommen zu werden. So weit ging ihre Selbstüberschätzung, dass sie einen Mann, der ein paar Monate zuvor in Jegorowas Studio aufgetaucht war, um Zelda tanzen zu sehen, für einen von Djagilews Talentspähern hielt. Ihre Enttäuschung war riesengroß, als sie erfuhr, dass der Mann vom Folies Bergère geschickt worden war, um Scott Fitzgeralds Frau auf ihre Revuegirl-Qualitäten abzuklopfen.* Wenn sie sich jetzt darauf einließ, mit einem schnöden Opernkorps aufzutreten, konnte sie sich ihren Traum von der Laufbahn als Primaballerina im Grunde gleich abschminken: Dieses Engagement käme einem Eingeständnis gleich, dass sie einer Jegorowa, einer Pawlowa oder sonst irgendeinem ihrer Idole ohnehin nicht das Wasser reichen konnte.

Und selbst wenn Zelda Sedowas Angebot annahm – wie sollte sie allein in Neapel zurechtkommen? Sara Mayfield hatte sie wehmütig anvertraut, ein neues Leben anfangen und all die vergeudete Zeit wieder wettmachen zu wollen. Mit ihren neunundzwanzig Jahren konnte sie keinerlei praktische Lebenserfahrung aufweisen – um Geld, Reisen und Wohnen hatte sich immer Scott gekümmert. Wenn er mitgekommen wäre,

* Auf diesen Dämpfer folgte nahezu unmittelbar die Nachricht von Djagilews plötzlichem Tod im August 1929, der die Auflösung seiner Truppe nach sich zog. Zelda war damals tagelang nicht in der Lage, die Ballettschuhe anzuziehen, und murmelte in dumpfer Verzweiflung vor sich hin, jetzt habe das Ganze sowieso keinen Sinn mehr.

hätte sie sich den Umzug nach Neapel vielleicht zugetraut, doch im Lauf der Zeit hatte sich in Scott ein solcher Groll gegen Zeldas Tanzerei aufgestaut, dass er dieses Opfer nicht über sich brachte. Er hielt außerdem nichts davon, seine Frau zu ermuntern. Als Zelda bereits erkrankt war, beschwatzte sie ihn, Jegorowa um eine ehrliche Einschätzung ihres Talents zu bitten, und er weigerte sich, ihr den Brief zu zeigen. Wie erwartet, räumte die große Meisterin darin ein, dass Zelda zwar durchaus begabt sei, für eine echte Ballettkarriere aber viel zu spät angefangen habe. Sie könne sie sich bestenfalls in einem Broadway-Ensemble vorstellen, wie dem von Léonide Massine im Roxy Theatre in New York.

Im Nachhinein sollte Zelda sich die Neapel-Episode ausgiebig schönreden: Sedowas Einladung sei »die große Chance« ihres Lebens gewesen, sie hätte »Solotänzerin bei einer wichtigen Kompanie« werden können, aber Scott habe sie daran gehindert, das Angebot anzunehmen. Insgeheim scheint sie jedoch gewusst zu haben, dass sie ihm damit unrecht tat, denn in ihrer im Anschluss entstandenen Kurzgeschichte »The Girl Who Had Some Talent« bekommt Zeldas Heldin, eine Tänzerin aus New York, wie sie die Gelegenheit, ihr Leben von Grund auf zu ändern, drückt sich aber im letzten Moment vor der Entscheidung und geht stattdessen mit ihrem Liebsten nach China.

Die Sommersaison neigte sich dem Ende zu, und es wurde Zeit, nach Paris zurückzukehren, doch im Gegensatz zum Vorjahr verspürte Zelda keinerlei Vorfreude auf Jegorowa und das Ballettstudio. Sedowas Brief trieb sie immer noch um. Auf der Heimfahrt griff sie Scott auf einer steilen Bergstraße plötzlich ins Lenkrad, worauf das Auto ins Schlingern geriet und beinahe eine Klippe hinunterstürzte. Obgleich sie den Vorfall mit einem Achselzucken abtat – der Wagen sei einfach »durchgedreht« –, war Scott überzeugt, haarscharf einem Selbstmordattentat entkommen zu sein. Zurück in Paris war Zeldas Nervenkostüm immer noch angegriffen. Trotzdem ging sie nicht nur regelmäßig in den Ballettunterricht, sondern auch wieder vermehrt unter Leute; eine Einladung – zum Lunch, Dinner oder auf eine Party im Maxim's – jagte die nächste. »Niemand wusste, wessen Party es war«, heißt es in *Save Me The Waltz*. »Sie war schon seit Wochen in Gang. Wenn man fürchtete, die nächste Nacht nicht zu überleben, ging man nach Hause und schlief, und wenn man zurückkam, hatte eine neue Gruppe die Aufgabe übernommen, die Party in Schwung zu halten.«[59]

Mitunter überkam Zelda inmitten des Trubels ein so schwereloses, von allem losgelöstes Gefühl, dass sie sich an der Tischkante festhalten musste, um nicht abzuheben. Die Stadt war ihr plötzlich fremd. Seit dem Sommer wimmelte es überall von Amerikanern, Touristen, die mit ihrem starken Dollar und ihrem Marktkapital aggressiv die Preise in die Höhe trieben, und als es im Oktober an der US-Börse bergab ging, machte sich auch in Paris Panik breit. Scott, der sich brennend für Geld und Geldsysteme interessierte, hatte an den spirituellen und finanziellen Folgen des ständigen Auf und Ab am Währungsmarkt tüchtig zu knabbern und war fest davon überzeugt, dass nicht nur das Ende des amerikanischen Traums bevorstand, sondern auch das Ende seines Traums vom gemeinsamen Leben mit Zelda.

Der Eintrag in sein Notizbuch zum Jahresende sprach Bände: »Absturz. Wall Street. Zelda.« Deren Geisteszustand hatte sich binnen kürzester Zeit dramatisch verschlechtert; ihr Verhalten wurde immer unberechenbarer, und es fiel ihr offenbar zunehmend schwer, sich auf die Welt um sich herum einzulassen. Anfang 1930 reiste Scott mit seiner Frau nach Nordafrika, in der Hoffnung, dass die ungewohnte Umgebung ihre frühere Neugier wieder zum Leben erwecken würde. Doch fielen die beängstigenden Phasen, in denen Zelda teilnahmslos vor sich hin starrte, seit diesem Urlaub nur noch länger und intensiver aus. In Algier wähnte sie sich zumeist wie »auf der anderen Seite eines dünnen schwarzen Vorhangs«.[60]

Manchmal empfand sie ihre Apathie nicht als Bürde, sondern als Geschenk: »Farben waren grenzenlos, Teil der Luft [und] nicht auf bestimmte Konturen beschränkt.« Zelda spürte, wie Musik in ihr aufbrandete, hinter ihrer Stirn pochte und durch ihren Bauch waberte. Aber bisweilen hatte sie auch das Gefühl, in einem Albtraum gefangen zu sein. Sie hörte Stimmen, Blumen sprachen mit ihr, Leute auf der Straße quollen auf und schrumpften und verbargen ihre Gesichter hinter Masken. Nachdem die Fitzgeralds nach Paris zurückgekehrt waren, stattete Michael Arlen ihnen einen Besuch ab, und als Zelda mitbekam, dass Scott und sein Gast sich angeregt unterhielten, geriet sie außer sich vor Wut. Obwohl die Männer lächelten und Arlen sie herzlich begrüßte, war sie nicht davon abzubringen, dass die beiden sie hassten und nur darauf sannen, sie loszuwerden.

Sicher fühlte sie sich nur noch in Jegorowas Studio, weshalb es sie immer öfter dort hinzog. Einmal musste Jegorowa Zelda regelrecht zum Aufstehen zwingen, nachdem sie theatralisch vor ihrer Lehrerin auf die Knie gesunken war, als wollte sie sich nie wieder von der Stelle rühren. Scott bekam es mit der Angst zu tun. Entweder brabbelte Zelda unverständlich vor sich hin oder sie schwieg ihn demonstrativ an. Er wusste, dass es schlecht um sie stand, doch zwischenzeitlich fragte er sich, ob sie vielleicht geisteskrank war. Arlen, der Zeldas besorgniserregenden Zustand hautnah miterlebt hatte, riet zu einer Erholungskur in einem Sanatorium außerhalb von Paris. Am 23. April ließ Zelda sich einweisen, verließ die Klinik aber nach zehn Tagen wieder, weil sie unbedingt zu ihrer geliebten Jegorowa wollte, deren Wirkung sie mit »Sonnenstrahlen auf Kristall« verglich.[61]

Inzwischen konnte jedoch nicht einmal mehr ihre Lehrerin Licht in Zeldas Seelendunkel bringen. Sie stand dermaßen neben sich, dass sie den halben Tag halluzinierte und jede Nacht von Albträumen geplagt wurde, aus denen sie zitternd und schluchzend erwachte. Allein Morphium vermochte etwas zu helfen, wenngleich weder Zelda noch die Ärzte ahnten, dass diese Spritzen letztlich mehr Schaden anrichteten als nützten, da Zeldas Ängste dadurch derart verstärkt wurden, dass sie irgendwann sogar Selbstmordgedanken hegte und eine ernste Gefahr für sich selbst darstellte. Scott sah sich zu einem drastischen Schritt gezwungen. Am 22. Mai ließ er Zelda in ein Schweizer Sanatorium einweisen, von dem aus sie in eine Nervenheilanstalt am Genfer See verlegt wurde.

Es war noch kein Jahr her, dass *College Humor* mit viel Tamtam das Erscheinen einer Reihe von Kurzgeschichten der faszinierenden Zelda Fitzgerald angekündigt hatte. Dabei bemühte der Herausgeber der Zeitschrift ausdrücklich die Legende vom hinreißend kapriziösen Flapper-Girl, an der Scott, die Medien und Zelda selbst so emsig gestrickt hatten: »Ich kenne keine junge Frau mit vielfältigeren Erfahrungen, keine, deren Leben so reich ist an interessanten Menschen und Erlebnissen. Sie ist ein Star [aus eigenem Recht].«[62]

Obwohl Zelda sich mühsam ins Leben zurückkämpfen sollte und schließlich sogar die Kraft aufbrachte, zwei Romane zu schreiben und wieder zu malen, gehörte diese hektische, aufregende Zeit nicht mehr zu ihr. Fortan galt sie nie wieder als beneidenswert, als Muse oder gar als Vorbild. Den Großteil der achtzehn Jahre, die ihr noch blieben, scheute sie das Licht der Öffentlichkeit. Stattdessen schlug sie sich mit diversen Fehldiagnosen und -therapien herum, weil ihre Krankheit die Ärzteschaft vor ein Rätsel stellte.* Ihr Körper war geschwächt von

* Damals gingen die meisten Mediziner davon aus, dass sie an Schizophrenie litt, heute würde man bei Zelda vermutlich eine bipolare Störung diagnostizieren.

den Medikamenten, ihre Schönheit erloschen, und ihre Welt reichte bis zu den Klinikmauern.

»Ich dachte, ich sei ein Salamander«, schrieb sie, »dabei bin ich bloß ein Klotz am Bein.«[63]

TAMARA DE LEMPICKA

KAPITEL 11

Während der ersten beiden Jahre ihrer Krankheit schrieb Zelda Fitzgerald ausführliche therapeutische Berichte über ihr Leben und versuchte zu verstehen, was mit ihr geschah. In manchen Versionen gab sie Scott die Schuld für ihren Zusammenbruch, seinem Alkoholkonsum, seiner Selbstsucht, vor allem aber nahm sie ihm übel, dass er ihre kreative Seite nicht genug unterstützt hatte. »Weil ich unfähig bin, mich auszudrücken, ist mir Entsetzliches zugestoßen«, schrieb sie.[1]

Auch Tamara de Lempicka hatte ihrem Mann immer wieder vorgeworfen, er sei dauerbetrunken und unsensibel, doch in ihrem künstlerischen Schaffen ließ sie sich dadurch nicht beirren. Mitte der zwanziger Jahre waren die Streitereien zwischen ihr und Tadeusz zu geradezu operettenhafter Dramatik eskaliert; er warf ihr Egoismus und Habgier vor, sie nannte ihn einen verbitterten Versager. Als sie eines Nachts nach Hause kam, hatte er sich so sehr in seine trunkene Selbstgerechtigkeit hineingesteigert, dass er sie als Hure, Rabenmutter und miserable Ehefrau beschimpfte. Noch vor einigen Jahren hätte er dazu auch die Fäuste eingesetzt, doch Tamara hatte bei solchen Auseinandersetzungen längst die Oberhand. Kizette, von dem Geschrei aufgewacht, sah ihre Mutter mit einem Messer in der Hand aus der Küche kommen. Tamara jagte Tadeusz durch die Wohnung, und Kizette war überzeugt, er sei ernsthaften Verletzungen nur dadurch entkommen, dass er sich nach draußen in den Aufzug retten konnte.

Was Tamara besonders aufbrachte, war der Vorwurf des Egoismus. Endlich bekam sie wichtige Aufträge, und ihre Bilder verkauften sich. War sie denn nicht die Retterin, die die Familie aus der demütigenden Abhängigkeit von der Verwandtschaft befreit hatte? Und abgesehen von allem, was sie für Mann und Tochter tat, hielt sie sich für eine bedeutende Malerin – und als solche über jeden Vorwurf erhaben.

Kizette hatte Tamaras Mantra längst verinnerlicht: Ihre Mutter, ihre Chérie, »war zuerst und vor allem Künstlerin«. Sie hatte akzeptiert, dass sie die meiste Zeit von ihrer Großmutter Malwina versorgt wurde, während Tamara sich mit eiserner Konzentration hinter der Staffelei verschanzte. Und sie hatte gelernt, die seltenen Tage zu schätzen, an denen Chérie die Staffelei verließ und mit ihr durch den Bois de Bologne spazierte, zur Freilufteisbahn am Palais de Glace ging oder sogar in Ferien fuhr. Doch selbst dann musste Kizette hinnehmen, dass Tamara in Gedanken ständig bei ihren Bildern war.

Auf einer Italienreise aßen Tamara, Kizette und Malwina gerade in einem Restaurant in Rom zu Mittag, als Tamara plötzlich mitten im Gespräch innehielt. Sie war fasziniert von der Art und Weise, wie das Sonnenlicht durchs Fenster schien und auf die rot-weiße Tischdecke fiel. Um den Effekt genauer studieren zu können, fegte sie die Antipasti vom Tisch und herrschte die erschrockenen Gäste direkt gegenüber an, ihr gefälligst die Sicht freizugeben: »Durch das Fenster da drüben fällt ein unvergleichliches Licht. Bitte setzen Sie sich an einen anderen Tisch, Monsieur, damit ich sehen kann, wie es die roten und weißen Streifen auf dem Tischtuch bricht.«[2]

Tamaras Hingabe an ihre Kunst war echt. Sie suchte genauso verbissen nach dem perfekten Abbild wie Zelda im Ballettstudio nach dem perfekten Sprung oder der perfekten Balance. Dabei wollte sie mit denselben Maßstäben gemessen werden wie ihre männlichen Kollegen. Picasso und die anderen Maler in Paris nahmen sich Geliebte und lebten, wie es ihnen passte –

und sie rechtfertigten ihr Verhalten im Namen der Kunst. Tamara sah es als ihr Recht, ja als ihre Pflicht an, sich dieselben Freiheiten zu nehmen.

Je mehr Erfolge sie feierte, desto klarer wurde ihr, wie sehr sie würde kämpfen müssen, um sich mit ihrer Kunst zu behaupten. Anders als Marie Laurencin, die von ihrem Liebhaber Apollinaire unterstützt wurde, oder Émilie Charmy mit Matisse als Mentor hatte sie keine einflussreichen männlichen Verbündeten. Tamara gehörte auch keiner politisch einflussreichen Gruppe wie etwa den Surrealisten an. Als Porträtistin verdiente sie dennoch gut und wurde für ihren eigenständigen, unbestechlichen Blick gelobt. Als sie 1923 André Gide porträtierte, verdichtete sie die intelligenten Züge des Schriftstellers ins Maskenhafte, die Augen erscheinen wie zwei schwarze, funkelnde Schlitze in den Flächen des Gesichts. Bei dem 1927 entstandenen Porträt ihres Freundes, des exilierten Großfürsten Gabriel Konstantinowitsch, traf sie genau jene Mischung aus Nobilität und Dekadenz, die einerseits sehr persönlich, zugleich aber typisch für seine Schicht war. Doch wie eindrucksvoll ihre Werke auch sein mochten, in der Kunstwelt gab es weiterhin viele, die im kommerziellen Porträtieren eine Altlast aus dem vergangenen Jahrhundert sahen, wenig bedeutsam für den Kanon der modernen europäischen Malerei. Mit diesem Genre konnte Tamara kaum Eindruck machen.

Allerdings gab es eine Stilrichtung, der sie sich später gewinnbringend zuordnete – *art déco* oder *art moderne** –, doch 1925 galt die dekorative Kunst noch als Bewegung innerhalb des kommerziellen Designs. Der Name war der »Exposition Internationale des Arts Décoratifs et Industriels Modernes« entlehnt, die im April dieses Jahres in Paris stattfand. Die Ex-

* Der Begriff »Art déco« wurde erst um 1960 gebräuchlich.

ponate reichten von Möbeln und Küchenausstattung bis hin zu Kleidung und Architekturdesign und setzten die Vision eines chromglänzenden, selbstbewussten Stils um, der dem Lebensgefühl der Nachkriegsära entsprach. Die Produkte zeichneten sich durch frische Farben und funktionale, geometrische Formen aus und atmeten durch die Verschmelzung kultureller und historischer Zitate einen kosmopolitischen Geist – ein Radio in Form einer aztekischen Pyramide, ein bürgerliches Essensservice mit afrikanischen Stammesmotiven. Kaum einer der Besucher, die in die Ausstellung strömten, konnte sich wie die Murphys eine ganze Art-déco-Villa mit entsprechender Ausstattung leisten, aber viele hatten genug Geld übrig, um sich ein kleines Stück davon mit nach Hause zu nehmen – eine Kaffeekanne aus Edelstahl, eine Puderdose mit Muschelrand oder einen abgeschrägten Parfümflacon.

Die Verbindung zwischen Tamaras Malerei und der Art-déco-Ästhetik wurde erst mit der Zeit offenkundig. 1978 sollte sie sogar behaupten, mit ihrem 1925 entstandenen Bild *Irene und ihre Schwester* eine der Initiatorinnen der Bewegung gewesen zu sein, und nannte das ihre größte Errungenschaft. Doch in ihren Anfängen bot die Bewegung Tamaras Arbeiten kaum eine Plattform; um weiterzukommen, musste sie sich nach externen Sponsoren und Unterstützern umsehen. Die Salons, an denen sie teilgenommen hatte – Le Salon d'Automne und Le Salon des Indépendants – hatten ihre Bilder einem großen Publikum zugänglich gemacht. Doch in der Pariser Kunstwelt gewannen mittlerweile die kleinen, unabhängigen Galerien immer mehr an Bedeutung, und eine solche wollte Tamara 1925 finden, um ihre Karriere voranzubringen.

Ihr Instinkt sagte ihr, dass es besser wäre, sich außerhalb der überfüllten Pariser Szene umzusehen. Auf der Italienreise mit Kizette und Malwina machte sie auf dem Rückweg in Mailand Halt, um den reichen Sammler Conte Emanuele Castelbarco zu besuchen. Später stilisierte sie das Treffen zur Zufallsbegegnung zwischen der nervösen Künstlerin und dem eindrucksvollen Granden, doch in Wirklichkeit war alles genau geplant; sie hatte eine Mappe mit Fotos ihrer Werke parat und eine genaue Verhandlungsstrategie. Und sie hatte Erfolg: Der Graf bot ihr spontan eine zweiwöchige Soloausstellung in seiner Mailänder Galerie an, der Bottega di Poesia.

Die Vernissage sollte Ende November, also schon in vier Monaten, stattfinden, und Tamara kehrte voll Adrenalin und Tatendrang nach Paris zurück. Sie überredete Freunde und Verwandte, für sie zu sitzen, experimentierte mit Stillleben, und als sie nach Italien zurückkehrte, hatte sie fünfzig Arbeiten im Gepäck. Der Graf hatte mittlerweile die italienische Kunstkritik und alle seine Freunde zusammengetrommelt, um sie willkommen zu heißen. Seit sie in St. Petersburg in ihrem Hochzeitskleid zum Altar geschwebt war, hatte Tamara sich nicht mehr so glücklich und beachtet gefühlt. In Mailand schien jeder sie zu kennen und zu bewundern. Das Vorwort für den Katalog hatte der französische Kritiker Jacques Reboud geschrieben, der nicht mit Lob für ihre »Genialität« sparte und sie eine »Evangelistin« des Kubismus nannte. Die italienische Kritik war ebenfalls begeistert, und nicht weniger ermutigend war die Aufmerksamkeit, die Tamara von Castelbarcos reichem und kultiviertem Freundeskreis erhielt.

Es waren fast durchweg Kosmopoliten und Aristokraten, jene Art von Leuten, unter denen Tamara sich spontan wohlfühlte. In Paris gab es so viele unterschiedliche Zirkel, mit denen man sich vernetzen musste – die Schriftsteller und die Maler, das Rive Gauche und das Rive Droite, die Sozialisten und die Surrealisten –, und Tamara hatte sich mächtig ins Zeug gelegt, um in den meisten präsent zu sein. Auf den chaotischen Partys von Jules Pascin (dem einschlägig bekannten, exzentrischen Maler, der im Stierkämpferkostüm malte und in Morgenrock und Zylinder speiste) hatte sie Rive-Gauche-Größen wie Hemingway und Lucia Joyce kennengelernt. Im Salon von Natalie Barney traf sie Luisa Casati, Mercedes de Acosta und die Schriftstellerin Colette. Sie war flüchtig bekannt mit Janet Flanner, Nancy Cunard, Zelda Fitzgerald und Sara Murphy, und schon etwas enger mit Jean Cocteau, den praktisch jeder kannte. Sie zählte Coco Chanel und Jean Patou zu ihren Freunden und rühmte sich, mit André Gide gekokst zu haben. Aber nur mit wenigen dieser Leute war sie wirklich vertraut, was bei den amerikanischen und englischen Expats sicher auch an der Sprachbarriere lag, denn Tamaras Englisch ließ weiterhin zu wünschen übrig.

In Mailand hingegen war sie unter ihresgleichen: Männer und Frauen, von Geburt privilegiert, politisch eher rechts und hedonistisch in ihren Vorlieben. Zu ihren besten Freunden zählte nun auch der Marquis Guido Sommi Picenardi, ein schnieker junger Mann, der in Europa alles kannte, was Rang und Namen hatte, von der Familie Polignac bis zu Alice Keppel und ihrer Tochter Violet Trefusis (Erstere bekanntlich die Mätresse von Edward VII., Letztere die Geliebte von Vita Sackville-West). Picenardi wurde ein wichtiger Mentor für Tamara und vermutlich auch ihr Liebhaber. »Ich versagte mir nichts«, prahlte sie später. »Ich hatte immer *innamorati*, immer. Ich brauchte das für meine Inspiration, dass ich jeden Abend ausging und ein gutaussehender Mann mir sagte, wie schön ich sei oder was für eine großartige Künstlerin – und dabei berührte er meine Hand. Ich liebte es! Ich brauchte es.«[3]

Tamara verbrachte mehrere Wochen in Mailand, festigte ihre neuen Kontakte und amüsierte sich mit neuen Liebhabern. Sie schaffte es gerade noch rechtzeitig, zu Weihnachten nach Hause zu kommen, wie sie es Kizette versprochen hatte, doch sie war so erfüllt von ihrem Erfolg, dass sie kaum Zeit für Familienfeiern fand und sich gleich wieder in die Arbeit stürzte. Im November 1925 erschien in *Harper's Bazaar* eine ganze Seite mit Fotos, die sie und Kizette beim »Reifenspiel« im Bois de Boulogne zeigten. Tamara behauptete, die Aufnahmen seien ein glücklicher Zufall gewesen, Schnappschüsse eines vorbeikommenden Fotografen, der sie bat, für ihn zu posieren. Doch die Bilder wirken gestellt, und vermutlich hat Tamara das Ganze inszeniert. Mutter und Tochter sind makellos gekleidet, Tamara in einem gestreiften Wollmantel mit breiten Samtaufschlägen, Kizette in strahlend weißen Handschuhen und Strümpfen und einem Mantel mit Würfelmuster. Tamaras Hand liegt locker auf dem Reifen und hält ihn so, dass er Kizettes Hüfte umfängt und deutlich zu sehen ist. Beide lächeln fröhlich in die Kamera, als wäre es das Normalste der Welt, den ganzen Tag zusammen zu spielen.

Dabei sah Kizette ihre Mutter zu jener Zeit kaum. Nach der Rückkehr aus Mailand nutzte Tamara ihr dortiges Debüt, um mit der seriösen und erfolgreichen Kunsthändlerin Colette Weil eine Ausstellung in deren Pariser Galerie zu planen. Wieder galt es, neue Werke zu produzieren, und wieder arbeitete sie lange Tage im Atelier, um rechtzeitig fertig zu werden. Inzwischen war sie besessen von der Aktmalerei, von der Herausforderung, den Körper in eine formale Komposition zu bringen und Lichteffekte auf der Haut einzufangen; nebenbei fand sie ein geradezu narzisstisches Vergnügen an der Schönheit weiblicher Formen.

Eine ihrer wegweisenden Arbeiten aus dieser Zeit war *Das Modell* (1925); hier experimentierte Tamara erstmals mit dem Effekt körperlicher Überzeichnung. Eine einzelne, stehende Frau nimmt fast die ganze Leinwand ein, der gehobene Arm, mit dem sie ihr Gesicht vor dem Betrachter verbirgt, hat eine gewisse Schwere, und entsprechend massiv wirkt das vorgeschobene linke Bein. Diese beiden besonders betonten Elemente geben dem gesamten Bild einen s-förmigen Rhythmus. Aber noch wichtiger ist die konzentrierte Leiblichkeit, die dadurch erzielt wird: Die Frau scheint völlig versunken in das Drama ihres eigenen Körpers.

In *Gruppe der vier Nackten* (1926) ging Tamara einen Schritt weiter in der Balance von Form und Sexualität. Die Bildoberfläche hat einen theatralischen Glanz, die Gesichter der vier Frauen sind lasziv geschminkt, ihre Haut leuchtet makellos. Doch die intimen Verschlingungen der Leiber verweisen zugleich auf einen inneren Zwang, auf ein geheimes Leben. Zusammen mit *Rhythmus,* das sie als Gegenstück dazu malte, erhielten die *Vier Nackten* die besten Kritiken ihrer bisherigen Laufbahn, wobei mehrfach auf den Einfluss durch Ingres und den Kubismus hingewiesen wurde.

Ein anderer, sehr viel konkreterer Aspekt von Tamaras Faszination an der Nacktheit bestand in dem Kick, sich das jeweilige Modell zu suchen. Ihre Jagdgründe waren die Pariser Bars, Theater, Parks und Straßen, und während so manche Fremde, die sie ansprach, den Anschein von Professionalität machten – entweder als Modelle oder Prostituierte –, erwies sich das Unternehmen bei anderen als sehr viel gewagter. Im Herbst 1931, als sie an ihrem Bild *Adam und Eva* malte, entdeckte sie einen Polizisten im Dienst, der ihr der perfekte Adam zu sein schien, und sie verbuchte es als beruflichen Erfolg, als der Mann einwilligte, für sie Modell zu stehen. Er kam nach Feierabend in ihr Atelier und zeigte keinerlei Scham, »als er seine Sachen auszog und sie ordentlich auf einen Stuhl legte, obenauf den großen Dienstrevolver«.[4] Er sei, so sagte er, ebenfalls Künstler.

Ein anderer Glücksfall war die mondäne Dame, der sie im Publikum des Théâtre de France begegnete. Tamara war begeistert von der Eleganz ihres Profils und der Linie ihrer nackten Schultern im Abendkleid: Sie wäre die ideale fünfte und letzte Figur für das Bild, an dem sie gerade arbeitete – vermutlich *Rhythmus.* Auf eine Abfuhr gefasst, tippte Tamara der Fremden auf die Schulter und fragte, ob sie nicht für sie sitzen wolle. Zu ihrem Erstaunen sah die vornehme Dame sie »gelassen« an und willigte ein. Die nächsten drei Wochen saß sie

Modell, mit nichts als einem durchsichtigen grünen Musselinhemdchen bekleidet. Tamara erinnerte sich gern an ihr Lieblingsmodell: »Ein perfekter Körper und ein wunderbarer Hautton, hell und golden.«[5] In ihrer Dankbarkeit versuchte sie, der Frau Blumen, Schokolade oder Geld aufzudrängen, doch diese lehnte ab. »Danke, nein … ich kenne und bewundere Ihre Bilder«, sagte sie, bevor sie zum letzten Mal das Atelier verließ. »Dann war sie weg. Ich habe nie herausgefunden, wer sie war.«[6]

Möglicherweise hat Tamara diese Geschichte etwas ausgeschmückt – die Zahl der reichen, respektablen Pariser Damen, die sich als Aktmodell hergaben, dürfte begrenzt gewesen sein, und Tamara hätte wohl die meisten von ihnen gekannt. Aber die zu Grunde liegende Vorstellung ist aufschlussreich. Tamara sah sich gern als verdeckte Ermittlerin auf der Suche nach Menschen, die ebenso kühn und ungewöhnlich waren wie sie selbst: stets »an den Rändern der Gesellschaft« unterwegs, eine Frau, die in Palästen ebenso zu Hause war wie in der Gosse, aber sich von allem distanzierte, was »bürgerlich, mittelmäßig oder lediglich *hübsch*« war.[7]

Dass Tamara sich als einsame Jägerin sah, war ein Grund, warum sie nun nicht mehr so oft in die Rue Jacob ging. Natalie Barneys Salons waren ihr zu schrullig, zu sicher; jetzt, wo sie Geld hatte (ihre Bilder gingen für durchschnittlich 50 000 Franc das Stück weg), begann sie, in ihrem eigenen ausgefallenen Stil Partys zu geben. Im Paris der zwanziger Jahre schockierend zu sein, war kein Leichtes; man kannte dort einfach schon alles. Auch Zelda und Scott mussten feststellen, dass ihre Eskapaden diesseits des Atlantiks weniger Eindruck machten; als sie im Lido Cabaret in den Pool sprangen, ernteten sie von den anwesenden Parisern kaum mehr als ein elegantes Schulterzucken. Kaum erfolgreicher war Caressa Crosby, Frau des amerikanischen Ästheten Harry Crosby, als sie einen Babyelefanten mietete, der sie als Inka-Prinzessin, die nackten Brüste nur spärlich hinter einer langen, blauen Perücke verborgen, zu einem Künstlerball brachte.

Tamaras Soireen waren erwachsener und ganz bewusst choreografiert. Sie war eine eindrucksvolle Gastgeberin: makellos gekleidet, mit großen, schimmernden Augen und ausladenden, gebieterischen Gesten – und es gelang ihr spielend, anderen ihren Willen aufzuzwingen. Bei manchen Partys mussten die Serviermädchen verführerisch knappe Kostüme tragen wie im Folies Bergère. Bei anderen Anlässen arbeiteten sie zunächst vollständig bekleidet, mussten aber jedes Mal, wenn ihr Tablett mit Canapés leer war, ein Kleidungsstück ausziehen. Tamaras Lieblingsgag war es, die Häppchen auf dem nackten Leib einer jungen Frau zu dekorieren und unter den Gästen eine Diskussion darüber anzuregen, von welchen Körperteilen sie wohl am besten schmeckten.

Die Anwesenden beschrieben die Atmosphäre auf ihren Festen später als frivol, aber nicht bedrohlich. Drogen waren an der Tagesordnung – Kokain oder kleine Haschkügelchen (laut einem Freund waren sie so gängig wie »Pfefferminzbonbons«), die man sich in seinen Cocktail rührte.[8] Die Angestellten waren oft ebenso high wie die Gäste, die offenbar nach ihrer Bereitschaft ausgewählt wurden, sich in sexuelle Abenteuer jedweder Art verwickeln zu lassen. In dieser Art von Fantasie schwelgte Tamara gern: genauestens geplant, aber mit einem Hauch von Gefahr, ritualisiert und zugleich höchst sinnlich.

Dennoch war es keine schöne Frau, der sie seinerzeit geradezu obsessiv nachstellte, sondern ein Mann Anfang sechzig. Gabriele D'Annunzio, der gefeierte italienische Dichter, hatte rein gar nichts von dem athletischen Schmelz, den Tamara so bewunderte. Er war klein, gerade mal ein Meter sechzig, hatte einen kahlen Schädel, blasse Haut, einen gewachsten Spitzbart und lüsterne Eidechsenaugen, die einer zeitgleich faszinierten und angewiderten Geliebten zufolge »kackbraun« waren.[9]

Doch »Il Commandante«, wie er sich gern nennen ließ, war eine Legende: Italiens inoffizieller Nationaldichter und Nationalheld* und der größte Erotomane seiner Zeit.

Angeblich hatte er in den vergangenen vier Jahrzehnten jede Frau besessen, die sich durch Schönheit, Rang oder Genie hervortat: die Schauspielerinnen Sarah Bernhardt und Eleonora Duse, die Tänzerin Isadora Duncan und die erstaunliche Luisa Casati, sie alle waren seine »Trophäen«. Und als er Tamara Ende 1925 in Mailand traf, schien er geneigt, sie der Liste seiner Eroberungen hinzuzufügen; sie ihrerseits war ausreichend von seinem Ruf beeindruckt, um auf seine Avancen einzugehen. Was dem dreiundsechzigjährigen Dichter an Schönheit fehlte, machte er durch Einfluss wett, und es reizte Tamara, seine hypnotische Ausstrahlung auf die Leinwand zu bannen – eine interessante künstlerische Herausforderung, die zudem enormes Prestige versprach.

Als D'Annunzio sie zum ersten Mal aufforderte, ihn zu porträtieren, war das eher kokett gemeint, doch 1926, als Tamara erneut in Italien war und an einem Porträt von Picenardi arbeitete, erhielt sie eine Einladung des Dichters zum Essen in seine palastartige Villa über dem Gardasee. Bis zu ihrer Ankunft in Il Vittoriale hatte sie geglaubt, sie könne die Flirtmanöver des Dichters ignorieren und ihn stattdessen zu einem ernsthaften Auftrag bewegen. Doch bald merkte sie, mit welcher Art von Persönlichkeit sie es zu tun hatte. Hier war ein Mann, neben dem sich ihr eigenes Ego und ihre Willenskraft fast bescheiden ausnahmen.

Tamara stellte fest, dass in der Villa alles dazu angetan war, ihren Besitzer zu verherrlichen. Auf dem Grundstück gab es einen Hangar, in dem D'Annunzios berühmter Doppeldecker

* Unmittelbar nach Kriegsende eroberte er im Handstreich die umkämpfte Stadt Fiume, damit sie nicht an Jugoslawien fiel.

untergebracht war (während des Krieges hatte er damit über feindlichen Truppen Flugblätter abgeworfen, die sie zur Kapitulation aufriefen). In den Innenräumen hatte er seine monumentale Kunstsammlung inszeniert: Buddha- und Marienstatuen, Gipsabgüsse von Michelangelo-Plastiken und dem Parthenon-Fries. Ein in Blutrot gehaltenes Zimmer enthielt seine Trophäensammlung: ein Paar Handschuhe von jeder seiner Geliebten. Es gab ein Musikzimmer, das je nach Stimmung mit roten oder schwarzen Draperien verhängt werden konnte, aber der Höhepunkt war das Zimmer mit D'Annunzios künftigem Sarg, in dem er angeblich schlief, um sich auf den Tod vorzubereiten.

Diesen Hang zum Makabren teilten auch andere Prominente seiner Zeit – Sarah Bernhardt hatte ebenfalls einen Sarg in ihrem Schlafzimmer stehen. Während die Flapper aus Tamaras Generation es herrlich schockierend fanden, ihre Cocktailpartys von der Badewanne aus zu geben, war das Schlafen im Sarg eher ein Überbleibsel der Fin-de-Siècle-Dekadenz.

Tamara war aus dem Konzept gebracht. Beim Essen überschüttete ihr Gastgeber sie zwar mit charmanten Fragen zu ihrem Leben und ihrer Arbeit, wich aber jedes Mal aus, wenn sie das Gespräch auf das Porträt lenken wollte. Am Ende des Tages verließ sie die Villa mit nichts als ein paar Komplimenten und dem vagen Versprechen, dass man sich gewiss wiedersehen werde.

Doch Tamara war entschlossen, D'Annunzio konkretere Zusagen abzuschmeicheln, und als sie später im Herbst wieder in Italien war, schlug sie ihm brieflich vor, ihn auf der Rückreise zu besuchen. Da sie ihr Opfer inzwischen besser zu kennen glaubte, sparte sie nicht mit Anspielungen, die deutlich machten, dass ihr Interesse an ihm nicht nur professioneller, sondern auch sexueller Natur war: »Wollen Sie auch, dass ich zu Ihnen komme? (Im wörtlichsten Sinne?) Ich würde gern – wie steht es mit Ihnen? Ich schicke Ihnen, mein Bruder, all meine Gedanken, die guten und die schlechten, die unartigen und jene, die mich leiden lassen.«

Als D'Annunzio ihrem Besuch zustimmte, schrieb ihm Tamara erneut, ihre mädchenhafte Erregung ins Absurde steigernd: »Ich bin so froh – und furchtsam. Wie sind Sie? Wer sind Sie? Und ich? Wünschen Sie mich als kleines Schulmädchen, ganz ohne meine Pariser Roben, ohne Schminke, etc. etc.?«[10] Doch wenn sie glaubte, den Dichter nun so weit zu haben, dass er für sie saß, hatte sie sich getäuscht. Was folgte, war klassischer Komödienstoff: zwei starke Egos, von denen jedes seinen Willen durchsetzen wollte und keines ihn bekam.

Tamara hatte nicht die Absicht, D'Annunzio an sich heranzulassen. Selbst bei Modellen, bei denen sie sich versucht fühlte, hielt sie Sex und Arbeit stets strikt getrennt. »Wenn ich male, konzentriere ich mich nur auf mein Bild. Da gibt es kein Flirten. Wer für mich Modell sitzt, wird zur Statue ... Flirten kann man abends, mit einer anderen Person. Nie mit der Person, die man gerade porträtiert.«[11] D'Annunzio wollte aber keineswegs nur Tamaras Statue sein. Und als sie im Dezember 1926 bei ihm Station machte, erkannte sie, dass sie sich mit einem ebenbürtigen Gegner eingelassen hatte.

D'Annunzio hatte die Angewohnheit, täglich große Dosen Kokain zu konsumieren, und aß und schlief entsprechend unregelmäßig. Alle Mitglieder des Haushalts mussten sich seinen exzentrischen Gepflogenheiten unterordnen, und Tamara, die selbst im Exzess noch ihre feste Routine brauchte, begann sich ernstlich unwohl zu fühlen. Ihre Verdauung und ihr Schlafrhythmus spielten verrückt, und je mehr sie um Rücksicht bat, desto energischer forderte der Dichter ihre Aufmerksamkeit ein. Er ließ ihr keine ruhige Minute, ständig stellte er ihr nach und versuchte, sie zu liebkosen oder ihr zweideutige Offerten ins Ohr zu flüstern. Jedes Mal, wenn sie vorschlug, jetzt mit den Sitzungen zu beginnen, wischte er die Idee des Porträts beiseite. Nach mehreren aufreibenden Tagen und zermürbenden Nächten gab sich Tamara geschlagen. Sie packte ihre Sachen und stahl sich ohne Abschied aus dem Haus.

Doch das Spiel war noch nicht zu Ende. D'Annunzio bombardierte sie mit Telegrammen und Briefen, deren sehnsuchtsvoller Ton sie tatsächlich zur Rückkehr bewegte. Vielleicht glaubte sie, ihn diesmal herumkriegen zu können, ohne ihn in ihr Bett zu lassen. Ihre zweite Kampagne erstreckte sich über ganze zehn Tage. Mit geheuchelter Faszination lauschte sie D'Annunzios endlosen Abhandlungen über Seele und Sex und ließ sich von ihm küssen, dachte sich aber alle möglichen Vorwände aus, warum er auf keinen Fall weiter gehen dürfe – von der Treue zum Ehemann bis zur Angst vor Geschlechtskrankheiten (D'Annunzio war tief gekränkt). Sie musste sogar mit anhören, wie der Dichter es geräuschvoll mit der Hausangestellten Aélis im Korridor vor ihrem Zimmer trieb.

Es war scheußlich und manchmal auch beängstigend. D'Annunzio beschimpfte und beleidigte Tamara und hielt ihr vor, dass sein Hausfrieden »an einem einzigen Haar ihres Geschlechts« hänge.[12] Er bot ihr Kokain an, um ihren Willen zu brechen, und war kurz davor, sie zu vergewaltigen, als sie mit leichtem Fieber das Bett hüten musste. Beide erkannten, dass sie in einem unersprießlichen, nicht zu entscheidenden Kampf gefangen waren: Wenn D'Annunzio Tamara nicht im Bett haben konnte, sollte sie ihn auch nicht auf der Leinwand haben, und Tamaras Standpunkt war ebenfalls nicht verhandelbar.

Erschöpft und angewidert verließ sie Il Vittoriale, doch bei allem Groll mussten beide anerkennen, dass sie ebenbürtige Gegner waren. Tamara bekam ihr Porträt nicht, aber D'Annunzio machte ihr ein Geschenk, einen Ring mit einem großen Topaz, den sie zu Ehren des Dichters bis zu ihrem Tod trug. Es fiel ihr nicht schwer, seine gruseligen Annäherungsversuche rasch zu verdrängen. Bevor sie nach Paris zurückkehrte, verbrachte sie einige ergötzliche Tage in den Armen eines ihrer *innamorati* – vermutlich Picenardi oder ihr venezianischer Freund Conte Marcello Vettor.

Als sie nach Hause kam, trug sie eine selbstgefällige und für Tadeusz aufreizend befriedigte Miene zur Schau. Schon seit Monaten wusste er um Tamaras Tändelei mit D'Annunzio und hatte viele seiner schwülstigen Liebesbriefe gelesen, die zu verbergen sie sich nicht die Mühe machte. Natürlich musste er annehmen, dass sie geradewegs aus dem Bett des Dichters kam; er wütete erbittert durch die Wohnung und weigerte sich, ihren Beteuerungen zu glauben, es sei nichts gewesen und sie habe den Dichter nur um der Kunst willen in seiner Villa besucht, letztlich also zum Besten der Familie.

Tamara scherte sich wenig darum, was Tadeusz glaubte. Sie war an seine eifersüchtigen Szenen gewöhnt und genoss sie bisweilen sogar, war sie doch überzeugt, auf diese Weise bleibe die sexuelle Spannung in ihrer Ehe erhalten. Dabei kam ihr nicht in den Sinn, dass ihr Ehemann seine Situation auf die Dauer unerträglich finden könnte. Aber die Vorwürfe, mit denen Tadeusz sie nach ihrer Rückkehr aus Italien empfing, endeten nicht wie gewöhnlich im Bett oder damit, dass Tamara aus der Wohnung stolzierte, um ihre Freunde zu treffen. Stattdessen verkündete Tadeusz triumphierend, er werde sie wegen einer anderen Frau verlassen. Auf einer Dienstreise nach Polen hatte er die reiche, geschiedene Irene Spiess kennengelernt, die sich in ihn verliebt hatte und mit ihm in Warschau leben wollte. Für Tamara kam diese Neuigkeit so unerwartet, dass der Schock sie überwältigte und ihr jeglichen Kampfgeist nahm. Sie musste zusehen, wie Tadeusz seine Sachen packte und auszog. In den folgenden Tagen brachte sie kaum die Kraft auf, sich anzuziehen, geschweige denn, zu malen. Kizette, die es gewohnt war, stundenlang sich selbst überlassen zu sein, erschrak über die plötzliche Intensität mütterlicher Zuwendung.

Aus Angst vor der leeren Wohnung ließ Tamara Kizette zeitweilig nicht einmal in die Schule gehen.

Lebenslang hatte sie zwischen Phasen von Euphorie und Anfällen von Selbstmitleid geschwankt, aber der Verlust ihres Ehemannes stürzte sie in eine schlimme Depression. Vielleicht beschwor er auch vergangenes Leid herauf, denn den Albtraum bei der Tscheka in St. Petersburg und das Elend ihrer ersten Pariser Monate hatte sie noch immer nicht ganz verarbeitet. Das Ritual mit den Diamantarmbändern, die sie sich von ihren Einnahmen kaufte, war nicht bloß Angeberei, es war auch eine Rückversicherung gegen den Verlust, tragbares Kapital, das sie mitnehmen konnte, sollte ihre Welt ein zweites Mal zusammenbrechen. Während der vergangenen Jahre hatte sie so sehr im Triumph finanzieller Sicherheit geschwelgt, dass sie nicht damit rechnete, ihre Ehe könnte in die Brüche gehen.

Einige Wochen lang war Tamara überwältigt von Angst und Verlust, doch sie hatte als fünfzehnjähriges Schulmädchen für Tadeusz gekämpft und war, sobald der Nebel der Depression sich lichtete, bereit, das wieder zu tun. Sie reiste nach Polen, entschlossen, ihn zur Rückkehr zu verführen, zu überreden oder schlichtweg zu zwingen. Und nachdem er ihr beim ersten und auch beim zweiten Besuch widerstanden hatte, spielte sie bei der dritten Reise ihre Trumpfkarte aus: Sie nahm Kizette mit.

Tadeusz war ein hingebungsvoller Vater, und wie Tamara gehofft hatte, verfehlte der Anblick einer bleichen Kizette, die ihn zur Rückkehr bewegen wollte, ihre Wirkung nicht. Er willigte ein, mit den beiden Ferien am Comer See zu machen und eine Versöhnung zu versuchen. Aber er und Tamara waren viel zu wütend aufeinander. Am 21. Mai 1927, als in Paris die Massen Charles Lindbergh nach seiner Atlantiküberquerung bei der Landung in Le Bourget zujubelten, schrien sich die beiden Lempickis so lautstark an, dass der Hoteldirektor drohte, sie vor die Tür zu setzen.

In Kizettes Erinnerung rechtfertigte Tadeusz seine Affäre

mit Irene durch die lange Liste an Tamaras Treuebrüchen und Beleidigungen, die sie ihm in den letzten fünf Jahren zugefügt hatte. Tamara ihrerseits wies jede Verantwortung weit von sich und reagierte mit der üblichen wütenden Verachtung: »Du weißt wohl nicht, wen du vor dir hast! Ich bin Künstlerin! Und du bist ein Niemand! Nicht einmal ein hübsches Mädchen konntest du finden, nimmst mit der ersten grauen Maus vorlieb, die dir über den Weg läuft!«[13]

Kein Wunder, dass Tadeusz daraufhin abreiste, nicht ohne Tamara vorher versichert zu haben, dass ihn nun nichts mehr daran hindere, die Scheidung einzureichen und Irene zu heiraten. Wieder war Tamara niedergeschmettert, und wieder musste die arme, verwirrte Kizette sich um ihre Mutter kümmern, die sich auf den Boden warf und jammerte: »O Gott, aber ich liebe ihn doch so sehr!«

Es war nicht nur der Verlust von Tadeusz, der Tamara traf, es war auch die Verletzung ihres Stolzes und ihres sorgsam konstruierten öffentlichen Images. Sie hatte so viel Energie darauf verwandt, als Frau dazustehen, der bei der Arbeit und zu Hause einfach alles gelang. Erst kürzlich war sie in der Februarausgabe von *Vanity Fair* gefeiert worden für das »epochale Ereignis« ihrer Debütausstellung in Mailand und den »exquisit neumodischen« Stil, mit dem sie das Heim der Familie in der Rue Guy de Montparnasse eingerichtet hatte.[14] Erst 1979 sollte Tamara einräumen, wie stolz und ehrgeizig sie immer gewesen war. Sie wollte nicht nur die beste Künstlerin sein, sondern auch »den besten Ehemann, das hübscheste Haus, die schönsten Kleider haben«,[15] und die Vorstellung war ihr unerträglich, dass die Leute sie nun als verlassene Frau, als ein Objekt des Mitleids und nicht mehr des Neids und der Bewunderung sahen.

Trotz allem konnte sie sich immer noch nicht eingestehen, dass sie Tadeusz' Reaktion zum Großteil mitverschuldet hatte. Am Comer See gab sie nicht nur ihm die Schuld am Scheitern der Versöhnung, sie warf auch Kizette vor, sich nicht klar genug auf ihre Seite gestellt zu haben. Kompromisse und Empathie hatten in Tamaras Familiennarrativ nie eine Rolle gespielt; sie hatte Tadeusz und Kizette ihr Skript zugewiesen, und wenn sie sich nicht daran hielten, packte Tamara der Zorn.

Tamara konnte selbstsüchtig, narzisstisch und grausam sein, aber sie rechtfertigte ihr Verhalten auch weiterhin damit, dass sie zuerst und vor allem für ihre Arbeit lebte. Sie hielt es geradezu für ihre Pflicht, die Welt ihrem kreativen Willen zu unterwerfen, und mit dieser Ansicht war sie keineswegs allein. In einem Jahrzehnt rasanten gesellschaftlichen Wandels war die Grenze zwischen Freizeit und Selbstsucht, Ego und Egoismus ein heiß umkämpftes moralisches Terrain.

Der Vorrang des Individuums vor der Gesellschaft wurde den männlichen Künstlern und Schriftstellern der zwanziger Jahre zu einem ihrer wichtigsten Anliegen. Nach dem Krieg stellten sie die Frage nach dem moralischen Selbst mit neuer Dringlichkeit. Für F. Scott Fitzgerald war angesichts gescheiterter Ideologien und zerbrochener Träume »Charakter das Einzige, was sich nicht abnutzt«, für D.H. Lawrence war das Selbst eine mystische Flamme, die man der zerfallenden modernen Welt entgegenhalten konnte.

Die meisten Frauen hingegen erlebten den Spagat zwischen individueller Freiheit und Gesellschaft sehr viel konkreter und problematischer in ihrem häuslichen Umfeld. Theoretisch lebten sie in einer Epoche der Emanzipation – viele durften wählen gehen, viele erlangten finanzielle Unabhängigkeit, und das in Filmen und Magazinen propagierte Flapper-Image feierte die persönliche Entscheidungsfreiheit. Doch die meisten Flapper-Heldinnen aus den 1920ern, von Betty Lou in *It* bis zu Monique in *La Garçonne*, wurden schließlich mit der Ehe belohnt oder vielmehr in eine solche eingesperrt. Damit war die Geschichte in der Regel zu Ende. Und wenn eine emanzipierte Frau nicht heiratete, ging die Sache fast immer tragisch aus –

wie bei Iris March, die schließlich gegen eine alte Ulme raste, eine letzte einsame Geste der Integrität.

Doch wie ein erwachsener, verheirateter Flapper die Balance zwischen Unabhängigkeit und Familienleben in der Praxis verwirklichen sollte, dafür gab es kaum Handlungsanweisungen. Zelda war zwar beauftragt worden, den ein oder anderen Artikel über die moderne Ehe zu schreiben, und in England äußerten sich Schriftsteller von D.H. Lawrence bis Violet Bonham Carter in Zeitungskolumnen zu diesem Thema. Doch auch dabei kam kaum zur Sprache, wie schwierig und verwirrend es für Frauen war, die eigenen Ambitionen mit den Kompromissen zu vereinbaren, die Ehemänner und Kinder ihnen abverlangten. Diana Cooper und Zelda Fitzgerald wussten nur, dass sie nicht so werden wollten wie ihre Mütter, eine andere Richtschnur besaßen sie nicht. Und Tamara hatte ihren Tadeusz verloren, weil sie ihm nicht genug eigene Bedürfnisse zugestand. Wie sehr sie sich auch zu rechtfertigen suchte, am Ende fühlte sie sich doch verlassen und bloßgestellt. Man hatte sie in dem Glauben erzogen, dass eine Frau, die von ihrem Mann sitzen gelassen wird, eine Versagerin sei.

Das Einzige, was sie diesem Gefühl des Scheiterns entgegensetzen konnte, war, eine noch bessere Malerin zu werden. Kizette erinnerte sich, dass ihre Mutter in dieser Zeit »entweder wie wild malte oder monatelang im Bett blieb«;[16] Tamara zeigte bereits Symptome einer bipolaren Störung, die sich im mittleren Alter noch verstärken sollten, aber immerhin konnte sie im Gegensatz zu Zelda ihre »manischen« Phasen für die Arbeit nutzen. Bezeichnenderweise ist eines ihrer besten Bilder aus dieser Zeit ein Porträt von Tadeusz. Es war Hommage und Kritik zugleich: Sie gab ihrem Mann das gefährlich gute Aussehen, die dunkle, charismatische Schönheit, in die sie sich einst verliebt hatte, ließ aber die linke Hand, an der er seinen Ehering getragen hätte, absichtlich unvollendet. Der Titel, den sie dem Bild gab – *Portrait d'homme inachevé* [Porträt des unfertigen Mannes] –, drückte ihre ganze Unzufriedenheit mit Tadeusz als schwachem Menschen und unzulänglichem Ehemann aus.

Ende 1927 oder Anfang 1928 wurde die Scheidung vollzogen. Damit verschwand Tadeusz endgültig aus ihrem Leben, und Tamara konzentrierte sich verstärkt auf ihre Tochter – zumindest auf der Leinwand. Sie malte Kizette nun öfter, und die Tochter erwies sich als williges Modell, dankbar für die vermehrte Aufmerksamkeit ihrer Mutter und stets bestrebt, während der 45-minütigen Sitzungen reglos zu verharren. Es sind unbehagliche Bilder, die so entstanden – eines zeigt Kizette auf dem Balkon sitzend und bringt einen unausgesprochenen, aber machtvollen Widerstand in der Beziehung zu Tamara zum Ausdruck. Während die rechte Hand ruhig in ihrem Schoß liegt, sind die blauen Augen halb gelangweilt, halb herausfordernd auf die unsichtbare Frau gerichtet, die sie porträtiert. Die Kunstwelt feierte das Gemälde als eindringliches, ausdrucksstarkes Werk (das Tamara zudem den ersten Preis in der »Exposition Internationale des Beaux-Arts« in Bordeaux einbrachte) – aber ein glückliches Bild ist es nicht.

Aus Sicht von Kizette fiel ihre Chérie in die fatalen alten Muster zurück: »Sie pflegte erst spät nachts heimzukommen, machte sich dann so voll Energie an die Arbeit, als wollte sie zwölf Stunden ohne Unterbrechung malen. Danach brauchte sie Baldrian, um ein wenig Schlaf zu finden.«[17] Tamara malte, um Tadeusz aus ihren Gedanken zu vertreiben, aber sie wurde auch beflügelt von einem neuen Modell. 1927 ging sie einmal im Bois de Boulogne spazieren, als sie vor sich eine Menschenmenge gewahrte. Die Leute blieben stehen, verlangsamten ihren Schritt oder drehten die Köpfe. Der Grund war eine junge Frau, die auf Tamara zukam. Es war einer jener Momente, erinnerte sie sich später, in denen ihre Wahrnehmungsfähigkeit aufs Höchste gespannt war und der Puls plötzlich schneller ging.

Die Frau war wunderschön, und als Tamara kühn darum bat, sie malen zu dürfen, willigte sie nur zu gern ein. Rafaela war, wie sich herausstellte, ein Profi und arbeitete als Modell und gelegentlich auch als Prostituierte. Das war an sich keine Seltenheit, doch sie besaß darüber hinaus eine körperliche Reife und einen Glanz auf der Haut, wie sie Tamara noch nie untergekommen waren. Sie hätte Rafaela sofort ins Bett geholt, wäre sie nicht so versessen darauf gewesen, sie als Modell zu haben, und die drei Porträts, die sie von ihr malte, waren aufgeladen von unterdrückter Begierde. In *La Bella Rafaela* schimmern die Kurven des jugendlichen Körpers in sanftem Licht; durch die bewusste Verkürzung und Überzeichnung bekommen sie eine parfümierte Schwere und wirken verletzlich und befriedigt zugleich. In *Der Traum* oder *Rafaela vor grünem Hintergrund* ist ein Moment von seltener Intimität auf der Leinwand festgehalten: Tamara hat ungewöhnlich sanfte Hauttöne verwendet, wodurch Rafaelas Körper besonders verwundbar wirkt, denselben schutzlosen Ausdruck haben die Augen des Modells, in ihnen herrscht eine Dunkelheit, die sich eben zu lichten beginnt, als wäre sie gerade aufgewacht.

Künstlerisch und gesellschaftlich näherte sich Tamara dem Zenit ihres Erfolgs. Inzwischen teilten auch die britischen Kunstkritiker das Interesse ihrer europäischen Kollegen an ihrem Werk. Die *Sunday Times* verglich sie wohlwollend mit Wyndham Lewis, und das Magazin *Graphic* druckte *La Belle Rafaela* zusammen mit einer schmeichelhaften Kritik. 1928 wurde sie angefragt, einige Cover für *Die Dame*, eine deutsche Modezeitschrift, zu gestalten. Es war einer der wichtigsten Aufträge ihrer Laufbahn, und er brachte Tamara nicht nur den Durchbruch auf dem Massenmarkt, sondern auch sehr viel Geld; eines der Bilder, *Auto-Porträt* oder *Tamara im grünen Bugatti*, wurde zu ihrem am häufigsten reproduzierten Werk. Es zeigt eine Rennfahrerin, in Handschuhen und Fliegerhaube, die mit ihren blonden Haaren und den schmalen

Augen mit den schweren Lidern unschwer als Tamara erkennbar ist.

Sie malte sich als Ikone der Dekade, und während ihr gesellschaftliches Ansehen stieg, reichte ihr Leben endlich auch an die Perfektion heran, die sie auf der Leinwand schuf. Ihr Äußeres wirkte teuer und gestylt: Die kurzen blonden Haare waren modisch onduliert, und ihre scharlachroten Lippen und Fingernägel bildeten ein Gegengewicht zu den dichten, künstlich verlängerten Wimpern. Sie trug Abendkleider von Paul Poiret und der jungen Elsa Schiaparelli, deren kunstvolle Faltenwürfe und Draperien ihren Kurven schmeichelten, hatte aber auch Modelle von Marcel Rochas im Schrank, geliehen oder geschenkt vom neuen Stern am Designerhimmel. Sie hatte jede Menge Geliebte, männlich wie weiblich, und als ihre Entfremdung von Tadeusz schließlich zu Trennung und Scheidung führte, band sie sich immer enger an einen ihrer Gönner.

Baron Raoul Kuffner hatte in den späten zwanziger Jahren begonnen, Tamaras Arbeiten zu sammeln, und beauftragte sie 1928 mit dem Porträt seiner Geliebten, der spanischen Tänzerin Nana de Herrera. Es ist nicht klar, ab wann Tamara in Kuffner einen potenziellen Ehemann sah. Er war damals noch mit seiner ersten Frau verheiratet, und seine untersetzte Figur und das schüttere Haar machten ihn nicht gerade attraktiv, aber er war sehr reich, kultiviert und liebenswert, und Tamara scheint ihm die Möglichkeit einer gemeinsamen Zukunft nahegelegt zu haben. Das Porträt, das sie von de Herrera malte, geriet absichtlich unschmeichelhaft – schmale Schultern und ein verkrampftes Lächeln –, und als Kuffners Frau 1934 starb, scheint Tamara keine Zeit verloren zu haben, sich ihn und sein Vermögen zu angeln.

Tamara behauptete zwar, gegen Ende des Jahrzehnts mehr als eine Million Dollar verdient zu haben, doch sie fühlte sich dennoch nie reich oder beneidenswert genug. Ihr Bedürfnis, sich abzusichern, war geradezu zwanghaft. In den späten zwanziger Jahren trat der reiche Wissenschaftler Pierre Boucard an sie heran, der mit dem Patent für das Verdauungsmittel Lactérol ein Vermögen gemacht hatte. Er beauftragte Tamara, ihn, seine Frau und die gemeinsame Tochter zu porträtieren. Zudem wollte er sich das Vorkaufsrecht an allen ihren Werken sichern. Die Konditionen, die Tamara aushandelte, ermöglichten es ihr endlich, sich das Heim zu verwirklichen, von dem sie seit ihrer Ankunft in Paris geträumt hatte – ein Schaukasten für ihre Arbeit und ein Monument für sich selbst.

1929 kaufte sie ein über drei Etagen gehendes Apartment in der Rue Méchain. Es war groß genug, um als Wohnung und Atelier zu dienen, und sie beauftragte den Stararchitekten Roger Mallet-Stevens und ihre Schwester Adrienne mit dem Umbau und der Ausstattung der Räume. Dort wollte sie ihre eigene Vorstellung von zeitgenössischem Luxus verwirklicht sehen, mit luftigen Edelstahl- und Glaskonstruktionen an den Treppen und Zwischengeschossen, modernen Fenstern und Heizkörpern; das Ganze ergänzt durch theatralischen Glamour. Sie ließ nach eigenen Entwürfen ein Paar Vasen herstellen, deren im Fuß eingebaute Beleuchtung ihre geliebten Callablüten optimal zur Geltung brachte, und das große Sofa war mit einem plüschigen, grünen Stoff bezogen, in dessen Muster ihre Initialen eingewebt waren.

Fotos von Tamara an der Staffelei, angetan mit Juwelen und einer aufwändig drapierten Abendrobe, erschienen in der Presse. Es war die Apotheose des von ihr angestrebten Images: vermögend, berühmt und schön, Herrin über ihr eigenes Reich. Und der nächste Auftrag, den sie bekam, schien nur der nächste logische Schritt in ihrer Karriere zu sein, brachte er sie doch ans andere Ufer des Atlantiks.

Der junge amerikanische Millionär Rufus Bush hatte sie nach New York eingeladen, damit sie seine Frau malte, und bot ihr dafür 40000 Franc, dazu üppige Spesen. Anfang Oktober trat Tamara also ihre erste Reise in die Vereinigten Staaten an; sie logierte in einer Erste-Klasse-Kabine und speiste jeden Abend an der Kapitänstafel. Bush und seine Frau waren bei ihrer Ankunft mit zwei Rolls-Royces am Hafen vorgefahren, um sie und ihr Gepäck ins Savoy Hotel an der 5th Avenue zu bringen, einen erst kürzlich eröffneten Art-déco-Tempel der Schönheit und des Prunks.

Vom ersten Tag an fühlte Tamara sich in Manhattan wie zu Hause. Die Stadt feierte den amerikanischen Traum bis zum Exzess, und die stetig steigenden Aktienkurse versprachen eine Saison mit immer noch extravaganteren Partys und noch üppigerem Konsum. Tamara war begeistert vom Treiben der Stadt: »Frauen, die … flirteten und scherzten, während ihre Männer Reichtümer anhäuften und ihnen als ›kleine Aufmerksamkeiten‹ Nerzmäntel und Diamantarmbänder und Tausenddollarnoten schenkten.«[18]

Doch dann, neun Tage nach ihrer Ankunft, kam es zum großen Börsenkrach.

Den ganzen Sommer über hatte die Wall Street nur so gebrummt vor Spekulationsgeschäften. Noch im August hatte der Finanzier John Jakob Raskob einen Artikel mit der Überschrift »Jeder soll reich sein« veröffentlicht. Darin rechnete er vor, dass eine Investition von nur 15 Dollar monatlich im Lauf zweier Jahrzehnte zu einer Summe von 80000 Dollar (nach heutigem Wert etwa eine Million) anwachsen könne, und viele glaubten ihm. Anfang September schwang sich der Dow Jones dann zu einem Rekordhoch von 381 Zählern auf, und die Amerikaner tauschten eifrig Börsentipps aus.

Am 24. Oktober führte die Besorgnis über wachsende Verschuldung und laxe Marktüberwachung zu nervösen Verkäufen. Zu Beginn des Parketthandels brach der Markt um elf Prozent ein, und in den folgenden Tagen wurden immer mehr Anleger in den Strudel der Panik gerissen, während der Dow Jones ins Trudeln geriet. Die Versuche einiger Millionäre, ihn durch den Ankauf großer Aktienpakete zu stabilisieren, blieben erfolglos, und am 13. November war der Index unter die Marke von 200 Zählern gefallen.

Tamara, die nur schlecht Englisch sprach und nichts von den Mechanismen der Wirtschaft verstand, konnte zwar nicht genau nachvollziehen, was um sie herum vorging, spürte aber sehr wohl die allgemeine Nervosität. Am schlimmsten traf es all jene, die sich in großem Stil Geld geliehen hatten, um in Aktien zu investieren. Auch die Geschäftswelt wurde durch Kapitalverlust, Kreditminderung und mangelnde Investitionen schwer in Mitleidenschaft gezogen. Während der folgenden Monate mussten über hunderttausend amerikanische Firmen schließen, und fünftausend Banken wurden zahlungsunfähig – die Große Depression war eingeläutet.*

Manhattan war wie im Fieber, ein Kriegsgebiet, in dem sich die Menschen in ihr Elend zurückzogen oder noch wilder feierten. Was Tamara betraf, war die Situation zwar verunsichernd, aber nicht katastrophal – sie verlor ein Gutteil ihrer amerikanischen Einkünfte, weil sie sie auf einer bankrotten Bank deponiert hatte. Doch in Amerika gab es weiterhin Leute, deren Vermögen ausreichend groß oder gut gemanagt waren und für die der Crash kaum mehr war als eine vorübergehende Kalamität. Tamara erhielt während ihres Aufenthalts mehrere lukrative Aufträge und schaffte es sogar, in Pittsburgh eine Ausstellung zu organisieren.

Für sie war die Party noch nicht zu Ende. Weiterhin schrieb sie Briefe nach Hause, in denen sie die Wunder von Manhattan in allen Einzelheiten schilderte: die Kaufhäuser an der 5th Avenue, die perfekte Art-déco-Skyline und die Nachtklubs von Harlem, die, wie sie Kizette versicherte, »die besten

* Die amerikanische Wirtschaft brauchte zwanzig Jahre, bis sie sich wieder ganz erholt hatte (im April 1932 sank der Dow Jones noch einmal bedenklich, diesmal bis auf 41.22 Punkte).

der Welt« seien.[19] Mitte Dezember traf sie einen hübschen Cowboy, der ihr ein Zugticket nach New Mexiko gab und sie auf seine Ranch einlud. Eigentlich hatte sie Kizette und Malwina versprochen, an Weihnachten zu Hause zu sein, doch das Abenteuer war zu verlockend, und sie kehrte erst Ende Januar nach Paris zurück.

Kizette, die inzwischen ein katholisches Mädcheninternat besuchte, hatte sich sehr auf festliche Tage mit Chérie und ihrer Großmutter gefreut, und als Malwina ihre Enttäuschung sah, war sie erbost über den Egoismus ihrer Tochter. In dem neuen Apartment gab es einen Schrank eigens für Tamaras enorme Hutsammlung – dort war alles vertreten, von den theatralisch großen Wagenrädern, die sie in den frühen Zwanzigern getragen hatte, bis hin zu den eng anliegenden Cloches, die sie jetzt bevorzugte, jeweils Dutzende davon in allen Farben und Ausführungen. Malwina räumte den Schrank leer, brachte die Hüte nach unten und übergab sie einen nach dem anderen den Flammen im Kamin.

Es ist nicht bekannt, wie Tamara nach der Heimkehr auf die Zerstörung ihrer Hutsammlung reagiert hat. Sie war anderweitig beschäftigt. Auch Paris bekam die Auswirkungen des Börsenkrachs zu spüren, besonders durch den stetigen Exodus der dort lebenden Amerikaner. Wie Janet Flanner in einem ihrer Artikel für den *New Yorker* berichtete, wurden Aufträge für teuren Schmuck kurzfristig storniert, Kunstsammler kauften nicht mehr, und in den teuren Hotels mussten »die hübschen Damen ihre Cocktails plötzlich selbst bezahlen«.[20] Tamaras Kundenliste wurde hingegen immer länger. In Paris wie in New York gab es weiterhin Leute mit viel Geld, und sie schienen entschlossen, es auszugeben. Unter den zahlreichen gesellschaftlichen Ereignissen, denen Tamara in jenem Jahr beiwohnte, war auch die »silberne Party«, die Jean Patou auf seinem Dachgarten gab. Sämtliche Oberflächen, einschließlich der Bäume, waren mit Silberfolie bedeckt. In silbernen Käfigen saßen riesige ausgestopfte Papageien, und drei Löwenbabys wurden an der Leine durch die Menge der auffallend modisch gekleideten Gäste geführt.

Doch niemand war so schick wie Tamara. Dass sie sich nun im Besitz eines wunderschönen Apartments, einer teuren Garderobe und eines beneidenswerten Gesellschaftslebens wusste, war Balsam für ihre Seele. Sie hatte die Wirtschaftskrise nicht nur überlebt, sondern triumphierte, wo andere scheiterten – ein sichtbarer Beweis für ihr Talent und ihren Unternehmergeist. Als sie 1934 Kuffner und sein enormes Vermögen heiratete, konnte sie sich für den Rest ihres Lebens vor Gefahren sicher wähnen. Und doch ging mit der Wende des Jahrzehnts auch für Tamara eine Epoche zu Ende.

Von 1930 an litt sie zunehmend an nervösen Zuständen und Depressionen. Ihre robuste Gesundheit begann zu schwächeln, und sie bekam chronische Magenbeschwerden. Sie vermisste Kizette, die sie in ein Internat nach England geschickt hatte, von dem sie sich eine bessere Erziehung und Versorgung erhoffte als von dem Konvent in Frankreich. Sie vermisste Ira Perrot, mit der sie sich hoffnungslos zerstritten hatte, und sie betrauerte den Verlust von Jules Pascin, der im Juni 1930 als grausiges Memento für eine ganze Dekade gestorben war: Betrunken und unglücklich hatte er sich die Pulsadern aufgeschnitten und sich in seinem Atelier auf dem Montmartre erhängt.

Doch es war nicht allein ihr Privatleben, das Tamara entglitt. Als sie 1934 Freunde in Berlin besuchte, war sie ernstlich alarmiert von ihrer ersten Begegnung mit dem Nationalsozialismus in Deutschland. Sie hat behauptet, dass sie die Angst auf den Straßen riechen konnte, und als Beamte in Nazi-Uniform ihren Reisepass sehen wollten, kamen die scheußlichen Erinnerungen an die Tscheka in St. Petersburg wieder hoch. Ganz offensichtlich steuerte die Welt auf eine neue Katastrophe zu, und Tamara war sich nicht mehr so sicher, ob ihr Talent ihr diesmal weiterhelfen würde. Sie spürte ihr Alter und ihre Verletzlichkeit, während die Welt im Umbruch war.

Die zwanziger Jahre hatten Tamara hervorgebracht, hatten ihr einen Stil, ein Thema und einen Markt geboten. Ihre Malerei erreichte objektiv gesehen zwar nicht die Meisterschaft, die sie sich erhofft hatte, aber sie diente als beispielloses Register des Zeitgeists. Tamara gelang es, das Tempo und die Farben des Jazz einzufangen, des Art déco, von Coco Chanel und *la garçonne*; sie beschwor die Caféhauskultur des Rive Gauche und den geldgeschwängerten Luxus des Rive Droite herauf. Mit einer sich so rasch wandelnden Welt konnte sie jedoch nicht Schritt halten. In den folgenden Jahrzehnten experimentierte sie mit unterschiedlichen Techniken und Themen, doch das Ergebnis war meist kitschig, sentimental oder krude. Gegen Ende der zwanziger Jahre schien sie den Kontakt mit ihrer Materie verloren zu haben, und als sie und Kuffner nach Hollywood übersiedelten, wurde Tamara immer mehr zur verschrobenen Baronesse, die »diese amüsanten Bilder malte«.[21] Immerhin wurde sie alt genug, um die Renaissance ihres Frühwerks noch mitzuerleben, aber auch um zu wissen, dass ihre goldene Zeit als Malerin enttäuschend kurz ausgefallen war und im Grunde mit der Dekade endete, die sie hervorgebracht hatte.

JOSEPHINE BAKER

KAPITEL 12

Als Josephine Baker am 22. September 1925 in Paris eintraf, war die Stadt gerade dabei, sich als Hochburg der *années folles* neu zu erfinden. Sämtliche Faktoren, die ihr das Vorankommen bis dato erschwert hatten, wurden dem hiesigen Publikum bald als dionysisch und neu verkauft. Sie sollte das typische »Harlem Jazz Babe« darstellen, ein modernes, Schwarzes Flapper-Girl, und gleichzeitig das primitive Klischee der afrikanischen Göttin bedienen. Wie der Pariser Historiker Jean Prasteau bemerkte, war ihr Timing perfekt: »Sie kam just in dem Moment, da sie gebraucht wurde. Mit ihren kurzen Haaren, ihrer ungezwungenen Art, ihrer dunklen Haut und ihrem amerikanischen Akzent verkörperte sie die Trends, Geschmäcker und Sehnsüchte einer ganzen Epoche.«[1]

Auch Josephine blickte voller Erwartung in die Zukunft, als sie mit dem Rest der Truppe am Gare Saint-Lazare aus dem Zug stieg. Eine Bordromanze mit dem Bandleader Claude Hopkins und Caroline Dudleys vollmundige Versprechungen hatten dafür gesorgt, dass ihre Angst vor der Atlantiküberquerung rasch verflogen war. Obwohl ein herbstlicher Nieselregen die Stadt in ein tristes Grau hüllte, nahm Josephine auf der gesamten Busfahrt ins Hotel die Aussichtsplattform in Beschlag, um bloß nichts zu verpassen: die Taxis, die munter hupend durch die Straßen flitzten, die Straßencafés mit ihren bunten Markisen und die breiten Prachtboulevards, nicht minder beeindruckend als die Museen Manhattans. In den steilen Kopfsteinpflastergassen des Montmartre kam sie aus dem Staunen gar nicht mehr heraus: Dort sah man Weiße und Schwarze ungezwungen am Straßenrand miteinander plaudern oder zusammen in Bars sitzen. Auf den ersten Blick mutete Paris an wie das Paradies, und am Abend kreisten Josephines Gedanken beim Einschlafen nur um die Frage, »wie es wohl zu erobern« sei.[2]

Eroberung war das Letzte, woran Rolf de Maré dachte, als er tags darauf der ersten Probe von *La Revue Nègre* beiwohnte. Dass seine anspruchsvolle Pariser Klientel mit der kruden Mischung aus Jazz, Stepptanz und Charleston-Nummern etwas anfangen konnte, hielt er für äußerst fraglich. Mit ihren geglätteten Haaren und den gepuderten und bepinselten Wangen entsprachen die Tänzerinnen nicht einmal den gängigen Klischees, ganz zu schweigen von ihrem offenbar auf ein weißes US-Publikum zugeschnittenen Bühnenstil. Vergeblich suchte de Maré in dem vielköpfigen Ensemble nach den Attributen, aus denen sich sein stereotypes Bild des »typischen Schwarzen« zusammensetzte: schwarzblaue Haut, Kringellöckchen und das exotische »Dynamit«, mit dem er gehofft hatte, Paris vom Hocker zu reißen.

Da bis zur Premiere nur noch rund eine Woche Zeit blieb, versuchte er, der Show auf die Schnelle einen »originelleren« Anstrich zu verpassen. Sein Produzent André Daven hatte begeistert davon erzählt, wie der fröhliche Trupp am Gare Saint-Lazare aus dem Zug gequollen war, ein »dynamischer, chaotischer bunter Haufen; alles redete laut durcheinander, einzelne brüllten vor Lachen. Rote, grüne, gelbe Hemden, erdbeerrosa Jeans und Kleider mit Tupfen und Karos. Sagenhafte Hüte, sogenannte Melonen, in Cremefarben, Orange und Mohnrot.«[3] Harlem und seine ganz spezielle Energie – das kannte man so nicht in Paris, und auf Anraten von Jacques Charles, einem gewieften Varieté-Veteranen, beschloss de Maré, dieses Lebensgefühl zum Schlüsselelement der Revue zu machen. Neue Kostüme wurden geordert und die ausgefallensten Stücke wild kombiniert – federbesetzte Hüte à la Louis XIV. mit Overalls und Strohhütchen mit echtem Pelz; für das Bühnenbild wurden die Skyline von New York und Mississippi-Dampfer in knallige Jahrmarktfarben getaucht. Außerdem durchkämmte Charles halb Paris nach Künstlern mit möglichst dunkler Haut, die das Ensemble verstärken sollten, und engagierte unter anderem Joe Alex, einen Tänzer von den Antillen. Auf das letzte, entscheidende Detail, das der Inszenierung noch fehlte, kam er jedoch erst ganz zum Schluss. In Frankreich standen erotische Darstellungen von Schwarzen Schönheiten hoch im Kurs, von Gauguin bis hin zu Postkarten von halb nackten Algerierinnen, die man an jeder Ecke kaufen konnte. Für Charles stand fest: »Wir brauchen Titten. Diese Franzosen mit ihrem Faible für Schwarze Frauen – alles, was die wollen, sind *des nichons.*«[4]

Neben dem berühmten – weißen – Folies Bergère setzte auch eine Reihe von anderen Bühnen, die mit Varieté nur am Rande zu tun hatten, auf blanke Brüste. Für die Pariser waren solche offenherzigen Einblicke nichts Neues: Seit ein Gericht im Jahr 1908 einen juristischen Unterschied zwischen »ästhetischer« und »obszöner« Nacktheit festgestellt hatte, war das Publikum an Busenblitzer oder entblößte Pobacken unter kunstvoller Draperie gewöhnt. Aber Charles lag mit seiner Vermutung richtig, dass de Marés Klientel sich von dieser neuen amerikanischen Truppe mehr erwartete. Deswegen hatte er für die Chorus Line mehrere Oben-ohne-Momente eingeplant, und regte zudem ein Duett zwischen Josephine und Joe Alex mit dem Titel »La Danse Sauvage« an, bei dem Josephine praktisch nackt auftreten sollte, abgesehen von einem Gürtel aus Federn und einem winzigen Unterhöschen.*

* Josephines Outfit sollte Assoziationen mit Fatou-gaye wecken, der verführerischen jungen Schwarzen in Pierre Lotis bekanntem Roman *Le Roman d'un spahi*.

Während Charles hoffte, dass diese Änderungen der Show den erhofften »Sex-Appeal« verpassen würden, stieß er bei den Tänzerinnen damit auf tränenreiche Gegenwehr. Im seriösen amerikanischen Theater waren Nacktauftritte eine Seltenheit, und dass sie in einer vermeintlich niveauvollen Produktion nun plötzlich ihre Brüste zeigen sollten, empfanden die jungen Frauen als Beleidigung. Auch Josephine reagierte aufgebracht und verstört. Sie war nach Paris gekommen, um sich als Künstlerin zu profilieren – Caroline Dudley hatte ihr im Grunde eine Gesangskarriere in Aussicht gestellt –, und jetzt nur mit ein paar Federn bekleidet einen »wilden« Tanz aufzuführen, klang wie ein Rückschritt ins theatralische Getto.

Aber Charles verstand es, Josephine ruhigzustellen, indem er ihr versicherte, das Duett mit Joe Alex sei Kunst pur und verspreche, der absolute Höhepunkt der Revue und *das* Gesprächsthema in der Presse zu werden. Außerdem hatte Josephine ohnehin keine Wahl. Sie befand sich in einer fremden Stadt, sprach kein Wort Französisch und hatte nicht genug Geld, um sich ein Rückfahrtticket zu besorgen.

Während sie in den Tagen bis zur Premiere im Terminchaos zwischen Probebühne und Kostümfundus versank, wurde sie das ungute Gefühl nicht los, in der Revue gänzlich fehl am Platz zu sein. André Davens PR-Team gab alles, um auf den letzten Metern noch einmal die Werbetrommel für die Show zu rühren: »Bei uns erleben Sie diese fünfundzwanzig Neger erstmals, wie Gott sie schuf, und in typischen Szenen. Es wurde nichts verändert oder verfälscht. Negerkunst ist nichts für jeden, aber dennoch absolut bemerkenswert. Die weltgrößten Künstler rühmen ihre … Kraft.«[5] Doch trotz der gezielten Kampagne machten schon im Vorfeld negative Gerüchte die Runde; so hieß es, das Niveau der Tänzer entspreche nicht den Pariser Standards, und die Musik sei zu wild für Pariser Ohren. Die Sängerin Mistinguett ließ gar verlauten, dass ihre

Fans diese »dahergelaufenen Amerikaner« niemals akzeptieren würden.

Am Premierenabend lagen die Nerven blank. Obwohl vor dem Théâtre des Champs-Elysées alles mit »Ausverkauft«-Schildern zugepflastert war und sich vor dem Bühnenausgang die Blumen häuften, klafften im zweitausend Plätze fassenden Zuschauerraum deutliche Lücken, als sich der Vorhang zur ersten Hälfte der Vorstellung hob. Dieses »Vorprogramm« hatte mit der Revue an sich nichts zu tun, sondern bestand aus einer Varietéshow mit Sängern, Tänzern und japanischen Akrobaten, doch während Josephine sich hinter der Bühne aufwärmte, machte sie sich innerlich auf ein Fiasko gefasst.

In der Pause begann sich das Theater allerdings rasant zu füllen, und als Josephine die Bühne betrat, um ihre erste Nummer, einen komischen Charleston, zu tanzen, schlug ihr aus dem Zuschauerraum eine warme, angeregte Atmosphäre entgegen. Bei ihren waghalsigen Sprüngen gab es Szenenapplaus, und das Publikum röhrte vor Lachen, als sie mit den Augen rollte, jodelte, die Backen aufblies und zum Schluss auf allen Vieren mit dem Hintern in der Luft von der Bühne wackelte. Die Stimmung im Saal näherte sich dem Siedepunkt, als Sidney Bechet »Big City Blues« anstimmte, eine Nummer, in der die Straßen von New York besungen wurden. Caroline Dudley schwor später, dass bei den ersten strahlenden Klängen seiner Klarinette beinahe das Gebäude ins Wanken geriet – »wie die Trompeten von Jericho, die Leute haben getobt«.

Für Josephine war das alles nichts Neues. Doch als sie hinter der Bühne auf die ersten Takte ihres »Danse Sauvage« wartete, zog es sie auf einmal unwiderstehlich in eine ganz andere Richtung. Als Joe und sie mit ihrem Verführungsduell begannen – ihre Körper schnellten vor und zurück, ihre Füße stampften einen grimmigen Rhythmus –, verfiel sie in eine Art von Ekstase: »Im Bann einer fremden, finsteren Macht fing ich an, zu improvisieren«, erinnerte sie sich. »Ich war wie besessen von der Musik, von dem brütend heißen, zum Bersten gefüllten Theater und dem grellen Licht der Scheinwerfer ... Bei jedem Sprung hatte ich das Gefühl, als könnte ich den Himmel berühren, und wenn ich wieder aufkam, schien die Erde mir ganz allein zu gehören. Es war ... wie ein Rausch.«[6] Auch wenn Josephine bei diesem Auftritt sämtliche Klischees von exotischer Erotik bemühte, witterte sie bei aller Nacktheit und Verletzlichkeit im Tanzen fortan eine ungeahnte kreative Freiheit.

Die Lobeshymnen ihrer Bewunderer gaben ihr dennoch Rätsel auf. Für den bedeutenden Tanzkritiker André Levinson war sie der Inbegriff des »afrikanischen Eros«, die »Schwarze Venus aus Baudelaires Träumen«;[7] Picasso sah in ihr »die Nofretete von heute«,[8] und der Schriftsteller Paul Morand beschrieb sie als Naturgewalt, als *»une machine à danser«*.[9] Mit diesen Anspielungen konnte Josephine natürlich nichts anfangen, weshalb sie ihren Erfolg lieber daran bemaß, wie viele Reporter am Morgen nach der Premiere vor ihrem Hotel warteten, in der Hoffnung auf ein Foto und einen Kommentar von Paris' neuem Superstar. Zudem fand ein solcher Ansturm auf Tickets für die Revue statt, dass die ursprünglich anberaumte Spielzeit von zwei Wochen schleunigst verlängert wurde. Ihre ersten tausend Francs Gage steckte die abergläubische Josephine sich unters Strumpfband, bis der Schein so zerknittert und verblasst war, dass man ihn nicht mehr benutzen konnte. Den Rest begann sie auszugeben. Sie gönnte sich eine Suite im Hôtel Fournet mit zwei Zimmern und eigenem Bad – bis vor Kurzem noch ein unvorstellbarer Luxus. Und sie fing an, sich Dinge zu leisten, von denen sie als Kind stets geträumt hatte: einen Kretonne-Bettbezug mit Blumenmuster aus den Galeries Lafayette, eine ganze Reihe von Babypuppen, die eigene Namen trugen und zwischen ihren Kopfkissen thronten, und einen kleinen Wanderzirkus, zu dem zwei Kaninchen, eine Schlange, ein Papagei und ein Schwein namens Albert gehörten.

Dass Stars ein tierisches Gefolge um sich scharten, galt damals nicht als ungewöhnlich. Sarah Bernhardts riesiger Privatzoo war legendär, und es sprach für Josephines erhebliche Prominenz, dass ihr das Hotel trotz des Drecks, des Lärms und des Stallgeruchs so viele Haustiere durchgehen ließ. In erster Linie suchte sie mit diesen Capricen jedoch nicht nach Bestätigung, sondern nach Trost. Sie vermisste ihre Geschwister, mit denen sie sich zu Hause eine Matratze geteilt hatte, und in Gesellschaft der grunzenden, neugierigen Tiere war die Einsamkeit leichter zu ertragen. »Ich habe alles mit ihnen geteilt«, bekannte sie später, »Freud wie Leid.«[10]

Josephine lernte also, ihr Geld stilgerecht unter die Leute zu bringen, aber ihr Erfolg bewirkte auch, dass jeden Tag unzählige Geschenke für sie ankamen: Blumen, Briefe mit Gedichten, kleine Schmuckstücke und vor allem Kleidung. Die Couturiers der Stadt – die genau wussten, bei welchem Nachwuchstalent sich der Aufwand lohnte – schickten ihr Kleider, Hüte und Schuhe, und während eine überglückliche Josephine sich zunächst vorkam wie ein Kind im Süßwarenladen, wuchs ihr die Situation binnen kürzester Zeit über den Kopf. Sie hatte keine Ahnung, wie oder wann sie die Sachen tragen sollte, und ließ selbst raffiniert geschnittene Edelroben von Molyneux oder Patou nach dem Auspacken kurzerhand auf dem Boden liegen. Die Sängerin Bricktop, eine neue Freundin von Josephine, schimpfte deswegen mit ihr und riet, die zerknitterten Haufen doch wenigstens von einem Zimmermädchen aufhängen zu lassen, worauf Josephine nur hilflos mit den Schultern zuckte: »Ach nein, Brickie, morgen räumt die sowieso jemand weg und bringt mir einen neuen Stapel Pakete.«[11]

Was Josephine an ihrem Erfolg mit am meisten genoss, war jedoch, endlich in einer Stadt zu leben, in der so gut wie keine Rassentrennung herrschte. Dass sie, wie sie ein paar Journalisten weiszumachen versuchte, auf der Premierenparty von *La Revue Nègre* zum ersten Mal in ihrem Leben mit Weißen an einem Tisch gesessen hatte, stimmte natürlich nicht, aber nichtsdestotrotz war es eine enorme Befreiung, in Paris durch die Straßen spazieren zu können, ohne wegen seiner Hautfarbe beschimpft zu werden oder jedes Mal ausweichen zu müssen, wenn ihr jemand Weißes entgegenkam. Zwar gab es durchaus ein paar erbärmlich rassistische Reaktionen auf die Show, etwa von Robert de Flers, der im *Figaro* beklagte, dass »wir dank diesem schaurigen transatlantischen Exhibitionismus … schneller wieder bei den Affen sind, als man Evolution sagen kann«,[12] doch gingen diese in der allgemeinen Begeisterung unter. »In Paris war jeden Tag Weihnachten, so haben die Leute uns vergöttert«, erzählte die Tänzerin Mildred Hudgens. »Da vergaß man manchmal glatt, dass man schwarz war.«[13]

Trotzdem fühlte Josephine sich in den Vierteln Montmartre und Pigalle am wohlsten. Die Straßen erinnerten sie an Harlem und St. Louis; aus winzigen Kneipen schallte Musik, und oft wurde die ganze Nacht vor den Häusern geschwatzt und gesungen. Außerdem klangen beruhigend viele dieser Stimmen nach zu Hause. Viele Schwarze US-Soldaten hatte es nach dem Krieg in diese Stadtteile gezogen, und viele waren Musiker: »Das Talent lag dort geradezu auf der Straße«, erinnerte sich Sidney Bechet. »Und überall herrschte Aufbruchsstimmung … alle wollten was aus sich machen.«[14]

Josephine und ihre Kollegen hatten bald ein paar taugliche Etablissements für ihre allabendlichen Partys nach der Vorstellung ausgemacht, darunter Le Rat Mort, einen harten, aber florierenden Klub, der einem korsischen Mafiaclan gehörte, und Le Grand Duc, zu Ehren seiner singenden »Wirtin« auch bekannt als Bricktop's. Ada Beatrice Queen Victoria Louise Virginia Smith, wegen ihrer kompromisslos rot gefärbten Haare »Bricktop« genannt, galt als Patin der Musikszene auf dem Montmartre. Wie Josephine hatte sie ihr Handwerk auf Amerikas Kleinkunstbühnen erlernt, bevor sie in Harlem zur Gastgeberin im Barron Wilkins Club aufgestiegen war und neben Florence Mills mit dem gefeierten »Panama Trio« auftrat. Aber erst in Paris wurde sie ab 1924 zu einer festen Größe im Nachtleben.

Im Le Grand Duc, wo sie jeden Abend Hof hielt, sang sie nicht nur für ihre Gäste, sondern gab auch private Charleston-Stunden – zu ihren Schülern gehörten die Cole Porters, die Fitzgeralds, Hemingway und sogar der Prinz von Wales. Gegen Ende des Jahrzehnts sollte sie Josephine nur noch als treulose Freundin und berufliche Rivalin betrachten, aber als Bricktop im Herbst 1925 die junge Kollegin unter ihre Fittiche nahm, geizte sie nicht mit wertvollen Ratschlägen, und zeitweise waren die beiden sogar ein Liebespaar.

Zu Josephines engen Vertrauten in Paris zählte auch Jocelyn Augustus Bingham, ein Schwarzer Musiker und Tänzer, der unter dem Künstlernamen »Frisco« auftrat. Einst als Soldat nach Frankreich gekommen, war es ihm seither gelungen, sich als Pianist in den schicken Bars und Klubs von Paris sowie als Tanzlehrer ein hübsches Auskommen zu sichern. Frisco sprach nicht nur neun Sprachen, darunter fließend Französisch, sondern galt auch als Experte, was die hiesigen Gepflogenheiten betraf. Zu Beginn ihrer Zeit in Paris waren Bricktop und er Josephines wichtigste Ansprechpartner in Sachen Großstadtetikette.

Josephine wusste selbst, dass sie bei ihrer Ankunft ausgesehen hatte wie ein Trampel: »Ich trug ein kariertes Kleid mit Taschen und karierte Hosenträger über einer karierten Bluse. Auf dem Kopf hatte ich einen Hut mit Federn, auf meiner linken Hüfte saß eine Kamera und auf der rechten ein monströser Feldstecher.«[15] Wenn Passanten sie um ein Autogramm baten, schrieb sie ihren Namen so langsam und unbeholfen aus wie ein kleines Kind (auf Anraten Bricktops besorgte sie sich alsbald einen Gummistempel mit ihrer Signatur).

Sie lernte jedoch schnell, und begann unter Anleitung von Caroline Dudley, an ihrem Pariser Image zu feilen. Die strengen Linien von Chanel passten nicht zu Josephine, dafür fand Dudley, dass die eher extravaganten Entwürfe von Poiret ihr hervorragend stehen müssten, und der betagte Designer, dem seit geraumer Zeit eine neue Generation von Couturiers im Nacken saß, versprach sich von der Zusammenarbeit mit dem jungen, aufstrebenden Star einen zweiten Karrierefrühling. Nach ihrem Kennenlernen auf der Art-déco-Ausstellung in Paris (wo Poirets Entwürfe auf zwei festlich geschmückten Flusskähnen gezeigt wurden) lud er Josephine in sein Atelier ein und verkündete, ihr ein Abendkleid auf den Leib schneidern zu wollen.

In Amerika hatte Josephine es oft nicht einmal in einen gewöhnlichen Laden an der 5th Avenue geschafft, doch in Poirets Atelier fühlte sie sich vom ersten Moment an wie eine Königin. Zwei Assistenten nahmen ihr die Sachen ab, während ein dritter mit einem riesigen Ballen Stoff auf sie zukam, »herrlich silbern ... wie ein glitzernder Fluss«. Während Poiret sich ans Drapieren machte und den Stoff so an ihrer Taille feststeckte, dass er üppig die Beine umspielte, kam Josephine sich vor wie eine »Meeresgöttin, die der Gischt entsteigt«.[16] Die Opulenz des Entwurfs sagte ihr allerdings nicht restlos zu, weshalb sie sich Stift und Papier geben ließ, um das in ihren Augen perfekte Outfit für sich zu skizzieren, ein kurzes Harlem-Flapper-Hängerchen mit pinken Fransen von Schulter bis Saum. Was auch immer Poiret von ihrem Entwurf hielt, er beteuerte glaubhaft, »begeistert« zu sein und gelobte nicht nur, dieses »Josephine-Baker-Kleid« zu schneidern, sondern auch, es offiziell in seine nächste Kollektion aufzunehmen.

Bald sah man Josephine nicht mehr in Overalls und Söckchen. Mithilfe von Caroline Dudley stellte sie sich aus dem Angebot des Modeschöpfers eine Tagesgarderobe aus Seidenkreppkleidern, Schlangenlederschuhen und Glockenhüten zusammen. Als Nächstes ging es zu Helena Rubinstein, wo man ihr das passende Make-up verkaufte: eine gelbliche Grundierung namens Crème Gypsy und einen dunkelroten Lippenstift als Kontrast zu ihrem tiefschwarzen Eyeliner. Bricktop erinnerte sich, wie gut Josephines knabenhafter Körper in der eleganten neuen Kleidung aussah: »Die Franzosen liebten dieses Mondäne, regelrecht durchgedreht sind sie.«[17]

In diesen aufregenden ersten Wochen in Paris fand Josephine darüber hinaus Zeit für eine Affäre mit dem Künstler Paul Colin. Sie hatte für ihn Modell gestanden, als er Skizzen für die Revueplakate anfertigen sollte, und er hatte im Gegenzug schamlos damit angegeben, als erster Franzose mit der »Schwarzen Venus« geschlafen zu haben, aber letztlich erwies er sich als zärtlicher, fürsorglicher Freund, von dessen Erfahrung Josephine enorm profitierte. Colin wusste genau, wo es ratsam war, sich sehen zu lassen, beim Pariser Herbstsalon etwa (wo gleich mehrere Gemälde von Tamara de Lempicka ausgestellt wurden) und im Le Bœuf sur le Toit, wo Jean Cocteau Schlagzeug spielte. (Letzterer hielt Jazz für das beste Rauschmittel der Welt: »Es ist, als würden zwanzig Arme gleichzeitig an einem zerren. Man ist der Gott des Radaus.«[18])

Auch im Bal Nègre in Montparnasse machte Colin Josephine mit einigen wichtigen Leuten bekannt – André Gide, Jules Pascin, Nancy Cunard –, aber eigentlich musste man sie den Parisern längst nicht mehr extra vorstellen. Fasziniert von Josephines Ausstrahlung und ihrer vollendeten Körperbeherrschung standen die Maler und Bildhauer der Stadt bei ihr Schlange, und auch der Rest der Szene brannte darauf, sie kennenzulernen. Der Komponist Darius Milhaud und die Surrealisten Picabia und René Clair warteten vor ihrer Garderobentür; Ravel erklärte, sie unbedingt treffen und »in diese Bouillon der Kulturen eintauchen« zu wollen; und Prinzessin Murat – dieselbe Prinzessin Murat, deren Garderobe

Diana Cooper in Belvoir so bewundert hatte – bat Caroline Dudley, sie doch endlich einmal mit Josephine zu besuchen.

Der war ihre plötzliche Prominenz nach wie vor nicht geheuer. Wenngleich sie den stürmischen Applaus des Publikums genoss, konnte sie sich beim besten Willen nicht vorstellen, wen oder was diese ganzen gebildeten Pariser jenseits der Bühne in ihr sahen. Manchmal geriet sie auf einer Party mit lauter Fremden von einer Sekunde zur anderen in Panik und ergriff die Flucht ins Hotel, um bei ihren Tieren Schutz zu suchen, obwohl sie wusste, dass die Leute über sie herzogen und man ihr inzwischen eine schlechte Kinderstube nachsagte. Eines Tages stand sie schluchzend vor Friscos Tür, überzeugt, bei den Parisern demnächst unten durch zu sein. »Auf einmal sah sie wieder sehr jung aus«, erinnerte er sich. »Im Grunde war sie ja auch noch ein Kind.« Er versuchte, ihr gut zuzureden: »Jo ... du bist jetzt im richtigen Land. Reiß dich am Riemen, dann wirst du's weit bringen. Sehr weit.«[19]

Sich am Riemen zu reißen, fiel Josephine allerdings gar nicht so leicht. An sämtlichen Kiosken konnte man Postkarten mit ihrem Konterfei kaufen, Werbeplakate für die Revue hingen überall, und obwohl sie weiterhin unter Panikattacken litt, stieg ihr die öffentliche Anbetung allmählich zu Kopf. Ein verliebter Student, der sie zum Essen eingeladen hatte, durfte für das Vergnügen am Ende tausend Franc auf den Tisch blättern. »Ich habe Josephine mein ganzes Geld gegeben und nichts zurückbekommen«, beschwerte er sich bei Caroline Dudley, »rein gar nichts.«[20] Josephine wusste, dass es charakterlos war, ihre neue Macht so zu missbrauchen – »Ich war nicht nur verrückt, ich war auch richtig fies«[21] –, aber nach neunzehn Jahren verzweifelten Sehnens nach Liebe und Anerkennung konnte sie einfach nicht widerstehen. »Paris ... hatte mir ein wenig den Kopf verdreht«, gab sie im Nachhinein zu.[22]

Es dauerte nicht lange, da nahmen ihre Starallüren geradezu groteske Züge an. Wegen der Spielzeitverlängerung der Revue am Théâtre des Champs-Elysées musste unter anderem eine Reihe von Vorstellungen von Anna Pawlowas Kompanie abgesagt werden. Die große russische Ballerina, inzwischen vierundvierzig, war tödlich beleidigt, und Josephine streute Mitte November nach dem Umzug der *Revue Nègre* ins Théâtre de l'Étoile noch zusätzlich Salz in die Wunde, indem sie in ihr eigenes Programm eine derbe Persiflage von Pawlowas bekanntestem Solo, dem Sterbenden Schwan, einbaute. Dabei musste sich Josephine eigentlich nichts mehr beweisen, Paris rannte ihr förmlich die Bude ein – allein Cocteau, das Trendbarometer schlechthin, hatte ihre Revue schon sechsmal gesehen. Obendrein plante Caroline Dudley im Winter und Frühjahr einen Eroberungsfeldzug durchs restliche Europa, mit Gastspielen in Brüssel, Berlin und Moskau.

Kaum vorstellbar, wie der Empfang dort ausgesehen hätte, wäre die Truppe bis nach Moskau gekommen. Jazz war unter dem neuen Sowjetregime zwar nicht grundsätzlich verboten* – immerhin durften Valentin Parnach und seine wegweisende Band, das »Erste Exzentrische Orchester der Russischen Sozialistischen Sowjetrepublik«, 1923 vor dem Komintern auftreten –, aber für gewöhnlich machte bereits der geringste Anflug von »westlicher Dekadenz« die Funktionäre nervös. Der ein oder andere hätte in Josephines »Danse Sauvage« vielleicht das Symbol eines revolutionären Schwarzen Feminismus gesehen, doch beim Gros der Parteileute wäre diese »billige Zurschaustellung kolonialer Unterdrückung« wohl auf scharfe Ablehnung gestoßen.

Die letzte Station auf der Tour war Berlin, und selbst dort wurde den Künstlern einmal mehr vor Augen geführt, wie angreifbar sie jenseits einer vergleichsweise toleranten Stadt wie Paris waren. Jazz hatte in Berlin viele Anhänger, und Schwarze

* Sidney Bechet etwa sollte in den späten zwanziger und frühen dreißiger Jahren mit Noble Sissles Band durch Russland touren.

Musiker galten dort nicht als Kuriosum,* doch als die Revue Ende Dezember im Nelson-Theater Premiere feierte, marschierte draußen vor dem Gebäude eine aggressive Gruppe von Braunhemden auf, die sich lautstark über die »schwarzen Affen« und ihre »degenerierte Musik« ereiferten und Parolen aus Hitlers kürzlich erschienenem *Mein Kampf* skandierten, während sie Flugblätter verteilten, auf denen die unverzügliche Absetzung der Show gefordert wurde. Bald sollten diese faschistischen Ideologen eine ernsthafte Gefahr für Josephine darstellen, aber 1926 war sie zu abgelenkt von dem Abenteuer Berlin, um ihnen ansatzweise Beachtung zu schenken.

Die grellen Lichter und der hektische, nassforsche Hedonismus der deutschen Hauptstadt faszinierten sie. Frauen trugen in aller Öffentlichkeit Smoking und Monokel, Männer wie selbstverständlich Lippenstift und Kajal. Im Gegensatz zu Paris, wo die anrüchigen Klubs und Bordelle in die Arbeiterquartiere abgedrängt wurden oder sich hinter geschlossenen Türen versteckten, frönte man in Berlin ungeniert allen erdenklichen Lastern. In den gediegensten Vierteln traf man auf Prostituierte und Drogendealer, und selbst auf den großen Prachtboulevards wie Unter den Linden waren direkt neben den gut besuchten Cafés und schicken Restaurants Travestiekabaretts, Pornokinos und Striplokale zu finden.

Das Berlin der Weimarer Zeit tanzte am Rand eines wirtschaftlichen Abgrunds. Nach dem Krieg waren viele Bürger durch Inflation und Arbeitslosigkeit in bittere Armut abgerutscht, während unerwartete Kursgewinne am Aktienmarkt unter den Glücklichen, die davon profitierten, unlängst die reinste Partywut ausgelöst hatten. Als Louise Brooks 1929 in

* Eine Version der Revue *Chocolate Dandies*, mit der Josephine in Amerika den Durchbruch geschafft hatte, war gerade mit sensationellem Erfolg in Europa gelaufen.

der Stadt *Die Büchse der Pandora* drehte,* hatte sie den Eindruck, dass alles und jeder zum Verkauf standen. Josephine hingegen nahm die Probleme der Stadt gar nicht groß wahr. Die verrammelten Läden, verwahrlosten Kriegsveteranen und Scharen von Kindern, die auf der Suche nach Nahrung die Mülltonnen durchstöberten, muteten allenfalls an wie Szenen aus ihrer Kindheit und taten ihrer überschäumenden Freude über den Erfolg der *Revue Nègre* keinen Abbruch. Genau wie in Frankreich sparte die Berliner Presse nicht mit hymnischem Lob für ihre Auftritte. Das Kunstmagazin *Berliner Illustrierte Zeitung* oder *BIZ* feierte sie als »Heldin des zeitgenössischen deutschen Expressionismus«, als Inbegriff von moderner Form und primitiver Dynamik, und sie wurde von allen Seiten mit geradezu grotesk luxuriösen Geschenken überhäuft: »Ringe mit Steinen so groß wie Hühnereier ... historischer Ohrschmuck, der einer Herzogin aus dem 18. Jahrhundert gehört hatte, Perlen ... Armreifen ... Pelze.«[23] Verehrer standen Schlange, um sie in Berlins angesagteste Nachtlokale zu entführen: ins Ballhaus Resi, wo man sich per tischeigenem Telefon zum Rendezvous verabreden konnte, und in einen Klub namens Kuka, der so in war, dass er erst um drei Uhr morgens öffnete.

Die größte Genugtuung bereitete Josephine jedoch das Interesse von Max Reinhardt. Reinhardt galt nach wie vor als einflussreichster Theatermacher Deutschlands; er war Intendant von vier Bühnen und hatte in Berlin eine eigene Schauspielschule gegründet. Sein Gespür für Talent war legendär – sowohl Marlene Dietrich als auch Greta Garbo waren schüchterne graue Mäuse gewesen, als Reinhardt sie an seiner Schule aufnahm. Gleich bei ihrem ersten Treffen geriet Reinhardt ins

* In Georg Wilhelm Pabsts Film, der lose auf zwei Bühnenmelodramen von Frank Wedekind basierte, war Brooks bei einem der ersten lesbischen Küsse der Kinogeschichte zu bewundern.

Schwärmen über Josephines »Schätze« – »die Spontaneität der Bewegung, der Rhythmus, die farbige Gefühlsskala«. Er würde ihr beibringen, »Emotion [darzustellen], wie sie noch nie dargestellt wurde«.[24] Normalerweise hätte Josephine den Regisseur als selbstverliebten Intellektuellen abgehakt, der wortreich versuchte, sich ihren beispiellosen Erfolg zu erklären. Aber sie spürte, dass da zur Abwechslung jemand mit echtem Einfluss vor ihr stand, und Reinhardts leise, klangvolle Stimme und sein durchdringender Blick aus blitzblauen Augen zogen sie ebenso in ihren Bann wie dereinst Diana Cooper. Als er sich erbot, Josephines Mentor zu werden, fühlte sie sich zutiefst geschmeichelt und fügte sich nur zu gern seinem Wunsch, sie seinen Berliner Freunden vorzustellen.*

Reinhardt hielt große Stücke auf Josephines Talent, doch ging er nicht annähernd so behutsam und respektvoll mit ihr um wie seinerzeit mit Diana. Eine der ersten Veranstaltungen, zu denen er sie einlud, war eine Privatparty bei Karl Gustav Vollmoeller, dem Librettisten von *Das Mirakel*, und schon bei der Ankunft wurde Josephine klar, dass es sich um eine Art Junggesellenabschied handelte, bei dem sie für Unterhaltung sorgen sollte. Folgsam, wie sie war, kam sie direkt zur Sache und ließ zunächst die Hüllen fallen, um im Anschluss mit einer anderen Tänzerin ein verführerisches Duett aufs Parkett zu legen. Ihr Widerstand hielt sich auch deshalb in Grenzen, weil sie inzwischen zu wissen glaubte, wie der Hase lief: Mädchen wie sie hatten mächtigen Männern mit Geld zu Diensten zu sein. Außerdem stand sie vermutlich unter Drogen, immerhin wurde einem in Berlin gefühlt an jeder Ecke Kokain angeboten.

Doch einer der Gäste – der Diplomat Harry Graf Kessler –

* Obwohl Josephine *Das Mirakel* wohl nie gesehen hatte, fand die Ikonografie von Dianas Madonna an verschiedenen Stellen Eingang in ihre Arbeit, 1949 etwa in eine Folies-Bergère-Nummer.

stellte überrascht fest, dass es Josephine offenbar selbst unter diesen Umständen gelang, beim Tanzen alles um sich herum zu vergessen. Sie schien die glotzenden Männerhorden einfach auszublenden und verlor sich stattdessen in den Bewegungen ihres Körpers. In Kesslers Augen zumindest hatte sie damit jedwede Erotik eingebüßt; es war, als hüllte sie sich stattdessen in die ungezwungene Anmut und Würde ihrer Kunst.

Diese Verwandlung fand er faszinierend, auch, weil Josephine ihn an Sulamith aus der Bibel erinnerte, die sich selbst in König Salomos Harem ihre spirituelle Reinheit bewahrt. Seiner Meinung nach waren eine Pantomime oder ein Ballett frei nach dieser Geschichte trefflich dazu geeignet, ihre Talente zur Geltung zu bringen,* weshalb er sie zu sich nach Hause einlud, um in größerer Runde das Projekt zu diskutieren. Josephine, die angenommen hatte, dass es sich bei der Zusammenkunft um eine Party à la Vollmoeller handelte, musste bei ihrer Ankunft entsetzt feststellen, dass auch weibliche Gäste geladen waren, und machte Kessler unmissverständlich klar, dass ein Striptease vor Damen für sie nicht in Frage komme, weil dadurch ihr persönlicher Ehrenkodex verletzt werde. Als Kessler ihr jedoch erklärte, worum es eigentlich ging, hob sich schlagartig ihre Stimmung, und sie ließ es sich nicht nehmen, direkt in seinem Wohnzimmer ein Solo als Sulamith zu improvisieren.

Kessler war begeistert von ihrer Einlage. In besagtem Zimmer stand die Skulptur einer kauernden Frau von Aristide Maillol, von der Josephine sich instinktiv inspirieren ließ. Sie tanzte um das Kunstwerk herum, als wäre es eine Götterstatue und sie eine Priesterin in Ekstase; gleichzeitig schien sie die Formen der Skulptur in sich aufzunehmen und ahmte mit ihren Bewegungen Haltung und Gestalt der Frau nach. Danach

* Ihm schwebte vor, sie neben Sergei Lifar zu besetzen, dem neuesten jungen Superstar der »Ballets Russes«.

waren Kessler und Reinhardt sich einig, dass Josephine unbedingt in Berlin bleiben musste, um unter ihrer Regie ihr Talent erst so richtig auszuspielen.

Natürlich war das ein verlockendes Angebot. Diese Männer verfügten fraglos über das nötige Geld und den nötigen Einfluss, um Josephines Karriere endgültig ins Rollen zu bringen. Außerdem konnte sie sich durchaus vorstellen, nach Berlin zu ziehen, dessen Straßenszene und Esskultur sie entfernt an zu Hause erinnerten. Und so signalisierte sie Kessler und Reinhardt nickend und lächelnd ihr Einverständnis, übersah dabei aber geflissentlich, dass sie bereits anderweitig vergeben war – in erster Linie an ihre Revue, die, wenn es nach Caroline Dudley ging, noch viele Monate laufen sollte. Und dann war da noch ein Vertrag mit dem Folies Bergère, den Josephine bereits vor ihrer Abreise nach Berlin unterzeichnet hatte.

Paul Derval, Besitzer und Direktor der prestigeträchtigen Varietébühne, hatte nach ihrem Pariser Debüt schnell gemerkt, dass Josephine ein Publikumsmagnet war, und ihr unter vier Augen eine Rolle in seiner Frühlingsinszenierung *La Folie du Jour* angeboten. Ohne Caroline Dudley – oder sonst irgendjemandem – etwas davon zu sagen, hatte Josephine bei Derval unterschrieben und das Ganze dann mehr oder weniger vergessen. In ihrer Welt hatten Unterschriften nichts zu bedeuten: Heiratsurkunden und Scheidungspapiere waren kaum das Papier wert, auf dem sie standen.

Jetzt, da ihre Berlin-Pläne allmählich Form annahmen, betonte sie der Presse gegenüber immer wieder, wie wohl sie sich in der Stadt fühle, und irgendwann erreichten ihre achtlosen Kommentare auch Derval. Ein Mitarbeiter wurde nach Berlin entsandt, um Josephine an ihren Vertrag zu erinnern und sie nach Paris zurückzupfeifen, wo inzwischen die Proben angefangen hatten. Als Josephine erkannte, was sie angerichtet hatte, versuchte sie, das Beste aus dem Chaos zu machen. Solange Derval darauf bestand, dass sie ihren Vertrag erfüllte, kam

Berlin nicht mehr in Frage, also sollte er wenigstens dafür bezahlen, dass er ihr diese Chance verbaut hatte – und zwar 400 Franc extra pro Vorstellung, wodurch sich Josephines Monatsgage ab dem Frühjahr auf rund 5500 Dollar belief, eine stattliche Summe, dank der sie zur wohl bestbezahlten Bühnenkünstlerin von ganz Paris aufstieg.

Was die *Revue Nègre* betraf, so musste die Show in Zukunft eben ohne sie auskommen. Caroline Dudley war entsetzt, als sie vom bevorstehenden Ausstieg ihres Stars erfuhr, und da die Zukunft ihres Projekts auf dem Spiel stand, ließ sie nichts unversucht, um ihren Schützling umzustimmen. Vorwurfsvoll erinnerte sie Josephine daran, was sie der Show alles zu verdanken habe, und appellierte an ihre künstlerischen Instinkte, indem sie sie davor warnte, sich auf der kommerziellen Folies-Bühne zur »willenlosen tanzenden Schaufensterpuppe« degradieren zu lassen. Josephine blieb jedoch ungerührt. Carolines theatralische Prophezeiung, sie werde durch den Weggang »Schaden an [ihrer] Seele nehmen«, quittierte sie nur mit einem eiskalten »Ich bin sehr zufrieden, Missus«.[25] Daraufhin überlegte Caroline, sie wegen Vertragsbruchs zu verklagen, brachte es letztendlich aber nicht übers Herz. Sie kannte Josephine gut genug, um zu wissen, dass Loyalität ein abstraktes Konzept für sie war, das die junge Frau sich nie hatte leisten können: »Sie war immer noch ein Kind, ein Straßenkind, das sich nahm, was es brauchte.« Josephines Kollegen hingegen reagierten bei Weitem nicht so verständnisvoll; gerade mal eine Woche nach ihrem Abgang wurde *La Revue Nègre* abgesetzt, und diejenigen, die in Europa kein Engagement fanden, mussten aus Geldmangel wieder die Heimreise antreten. Caroline blieb auf 10 000 Dollar Schulden sitzen, was ihrer Tochter Sophie zufolge dazu führte, dass ihr Mann sich von ihr scheiden ließ.

Caroline Dudley war nicht die Einzige, die fürchtete, dass Josephines einzigartigem Talent die gnadenlose Kommerzialisierung drohte. In ihrer Kritik für *Vogue* monierte Nancy Cunard, sie habe jenes »ungetrübte Vergnügen«, für das Josephine normalerweise stand, bei ihrer Performance in *La Folie du Jour* leider vermisst.[26] Doch für die karrierebewusste Josephine markierte die 500 000 Dollar teure Nobelproduktion natürlich einen strategischen Meilenstein. Das Folies galt als älteste Varietébühne der Stadt; dort waren schon Maurice Chevalier, Charlie Chaplin und vor allem auch Mistinguett aufgetreten, die französische Chanteuse, in der Josephine indessen nicht nur ihr größtes Vorbild, sondern auch ihre größte Konkurrenz ausgemacht hatte. Der halbseidene Ruf des Etablissements war Geschichte, seit Derval die Prostitution hinter den Kulissen konsequent unterbunden und die Nacktszenen – ein Markenzeichen des Folies – durch moderne Technik und opulente Ausstattung salonfähig gemacht hatte.

Jedes Programm kreiste um eine Art Leitmotiv. In *La Folie du Jour* wollte Derval die »primitive« Energie von Josephines Tanzstil szenisch mit dem Firlefanz der »künstlichen« Zivilisation konfrontieren. Alle anderen Tänzerinnen waren blond oder rothaarig, und wahlweise vor einer atemberaubenden Versailles-Kulisse als Geliebte von Louis XIV. im Einsatz oder als Pariser Flapper-Girls in einer Parodie auf den modernen Schaufensterbummel (*»lèche-vitrine«*). Dagegen strahlte Josephine bei ihrem Tanz die pure, pralle Lebensfreude aus. Nur mit einem winzigen Tutu aus Plastikbananen bekleidet kroch sie einen Baumstamm hinunter,* während im Hintergrund ein als Jäger verkleideter Kollege »vor sich hin döste«, und obwohl sie damit eine weiße Männerfantasie bediente, hatte sie in den vergangenen sechs Monaten in Paris und Berlin genug

* Die Idee zu dem Bananenröckchen, das Josephines Markenzeichen werden sollte, stammte angeblich von Jean Cocteau.

Selbstbewusstsein gesammelt, um der Szene etwas gleichermaßen Raffiniertes wie Anarchisches abzugewinnen.

Mit dieser Nummer (verewigt in Filmaufnahmen aus dem Jahr 1927*) stellte sie zudem ihr tänzerisches Können eindrucksvoll unter Beweis. Beim typischen Charleston-»Gefächel« überkreuzte sie ihre Knie und Arme so blitzschnell wie ein Magier die Hände beim Kartentrick, zu jeder Schrittfolge fiel ihr eine rhythmische Pointe ein, und sie geizte nicht mit spektakulären Sprung- und Spagateinlagen. Doch der hypnotische Reiz ihres Auftritts rührte vor allem von der Selbstironie, die Josephine dabei an den Tag legte: Furchtlos spielte sie mit dem Dschungelmotiv, anstatt sich davon vereinnahmen zu lassen.

Als »Bananentanz« sollte die Nummer in die Geschichte eingehen. 1926 konzentrierte Josephine sich allerdings erst einmal darauf, das medienwirksame Potenzial ihres Folies-Engagements voll auszuschöpfen. So kam sie bei einem ihrer Auftritte in einer riesigen Kristallkugel vom Schnürboden geschwebt, und als sie danach zum Charleston ansetzte und sich dabei beinahe splitternackt in den blinkenden Oberflächen spiegelte, verwandelte sich ihr Körper in eine Orgie aus Kanten und Kurven, unterlegt von einem Chor aus tanzenden Schatten – Josephine als fleischgewordenes kubistisches Kunstwerk.

Derval hatte Recht behalten: Seit sie am Folies tanzte, ging Josephines Erfolg durch die Decke. Inzwischen war sie eine echte *vedette*, ein Star, dessen Name in grell leuchtenden Lettern an der Fassade des Theaters prangte, das mit riesigen Fotoplakaten für ihr Programm Reklame machte. Kurz vor Weihnachten kamen die ersten Josephine-Baker-Puppen in den Handel, und da bald immer mehr Firmen mit ihr warben, galt Josephine bald als Inbegriff eines neuen, modernen Schön-

* Aus Rücksicht auf die amerikanischen Zensoren trug Josephine dabei einen BH aus Kokosnussschalen.

heitsideals – eine erstaunliche ästhetische Kurskorrektur. Eine der ersten, die ihren Look kopierten, war Nancy Cunard. Sie trug ohnehin mit Vorliebe afrikanischen Schmuck, und in Anlehnung an Josephines Haar ließ sie sich auch noch eine eng anliegende schwarze Kappe anfertigen. Ein paar Monate später bot man Josephine eine Werbekampagne für eine Haarpomade namens »Bakerfix« an, und bald zierte ihr Konterfei überall in Paris die Plakatwände. Nachdem Chanel, Sara Murphy und der Riviera-Jetset den Trend zum Sonnenbad angestoßen hatten, kam tiefe Bräune dank ihr nun wieder groß in Mode, und in sämtlichen Frauenzeitschriften war zu lesen, dass Walnussöl blasse Haut zum Strahlen bringe. Seit der Hersteller seinen Kundinnen »einen Körper wie Josephine Baker« versprach, erzielte »Valaze Water Lily«-Schönheitscreme Rekordabsätze, und in einem teuren Geschäft am Place de l'Opéra stand neben den Cremetiegeln ein lebensgroßes, bewegliches Josephine-Modell im Schaufenster.

Auch dem Charleston verhalf Josephine in Frankreich endgültig zum Durchbruch. Wenngleich ihn wahrscheinlich die weiße Amerikanerin Bee Jackson 1924 zum ersten Mal in Paris tanzte, sorgten Josephines Grazie und Rhythmusgefühl dafür, dass er bald allenthalben als *der* Tanz der *années folles* galt. Natürlich ließ sich aus seiner Beliebtheit tüchtig Kapital schlagen, und zwar nicht nur seitens von Künstlern wie Bricktop, die zehn Dollar für eine Privattanzstunde verlangte und um einiges mehr für eine abendliche Party. Auch die Verkaufszahlen von Schuhen, Kleidern und sonstigen Extras wie Perlenketten und klimpernden Armbändern schnellten nach oben. Sogar Badesalz-Hersteller profitierten von der Hysterie, indem sie ihre Produkte als perfekte Kur für geschundene Füße nach einer durchtanzten Nacht anpriesen.

Als Botschafterin des Charleston und Ikone eines neuen, zeitgenössischen Stils steigerte Josephine ihren Marktwert ins Unermessliche. Mit gerade mal einundzwanzig konnte sie angeblich schon über vierzigtausend Liebesbriefe und zweitausend Heiratsanträge vorweisen. Parallel zum Erfolg stiegen ihre Einnahmen, weshalb sie in den darauffolgenden Jahren mehrfach umzog, von einer schicken Adresse zur nächsten, bis sie eine Wohnung in der exklusiven Avenue Pierre 1er de Serbie gefunden hatte. Auch jenseits der Bühne gab sie sich größte Mühe, stets so glamourös wie möglich auszusehen. Einige ihrer schönsten Kleider und Accessoires waren Geschenke, und selbst ihr neues Auto – einen mit Schlangenleder ausgekleideten Voisin in Hellbraun, passend zu ihrem Teint – hatte sie angeblich nicht selbst bezahlt. Mit Geld ging Josephine verschwenderisch um, und bisweilen warf sie mit Summen um sich, von denen Arthur und Carrie jahrelang ihre Miete hätten bestreiten können.

In ihrer ersten Spielzeit am Folies war sie vor einer Vorstellung mit Langston Hughes verabredet. Als Josephine dem Fond des Voisin entstieg, kam zur Verblüffung des Dichters wie auf Kommando ein ganzes Rudel von Bediensteten auf sie zugeschossen. Einer nahm ihr den Mantel ab, ein anderer kümmerte sich um Handschuhe und Tasche; in der Garderobe zog ihr eine Garderobiere die Schuhe aus, während eine zweite ihr ein Handtuch umlegte, damit der Maskenbildner sich auf der Stelle ans Werk machen konnte. »Vor mir saß ein echter Star«, schrieb Hughes später, »der mehr hofiert wurde als jeder Star, ob weiß, ob schwarz, ob grün oder grau, in Amerika.«[27]

Nach der Vorstellung kamen Josephine und ihr Gast ins Plaudern. Obwohl sie ihren Untergebenen demonstrativ von oben herab begegnete, spürte Hughes, wie sehr es noch immer an ihrem Selbstvertrauen nagte, auf halbem Weg festzustecken zwischen dem Elend, das sie hinter sich gelassen hatte, und dem Luxusleben, das sie inzwischen führte. Als Florence Mills ein Gastspiel in Paris gab, legte Josephine sich mächtig ins Zeug, um der Sängerin zu beweisen, dass sie genauso wichtig war wie sie, etwa indem sie bei Mills' Auftritt mit Verspätung in den Zuschauersaal gerauscht kam, angetan mit einem bodenlangen Hermelinmantel und in Begleitung von acht jungen Männern in Frack und Fliege. Und nach der Vorstellung unterhielt sie sich zwar angeregt mit Mills, würdigte Johnny Hudgins, ihren alten Freund aus Standard-Tagen, der zum Ensemble der Show gehörte, jedoch keines Blickes.

Josephine wollte nicht nur bei ihren ehemaligen Bühnenidolen Eindruck schinden, sie wollte auch unbedingt zur schicken Pariser Gesellschaft gehören. Aber obwohl sie versuchte, sich mithilfe einer Sammlung von *Contes de Fées*, Märchen also, selbst Französisch beizubringen, und die Pariser Kultur aufsog, wo immer sie konnte, war sie mit so mancher Situation hoffnungslos überfordert. Im Restaurant eine Bestellung aufzugeben oder sich pannenfrei durch ein Galadinner zu manövrieren, empfand sie nach wie vor als die reinste Mammutaufgabe, und im persönlichen Gespräch drängte sich dem jeweiligen Gegenüber ihr Mangel an Bildung geradezu auf. Dass die unvergleichliche Josephine, wie von Bricktop behauptet, noch immer kaum Englisch, geschweige denn Französisch konnte, war natürlich eine dreiste Unterstellung, aber in gewissen Kreisen wurde sie durchaus so wahrgenommen. Je weiter sie sich vom Montmartre und seiner entspannten Multikulti-Szene entfernte, desto brutaler ließ man sie ihre Getto-Herkunft und Hautfarbe spüren. Zwar erteilte die *Vogue* Schwarzen Künstlern mit viel Pathos ihren Segen – Zitat: »Der Neger ... komponiert besser als Beethoven und tanzt besser als Nijinsky«[28] –, aber spätestens als Sem, der führende Karikaturist der Stadt, Josephine porträtierte, wurde auch dem letzten Optimisten klar, dass Teile der Pariser Bevölkerung in ihr nicht mehr sahen als ein exotisches Sexpüppchen.

In Sems Karikatur trug sie ein elegantes Abendkleid, aus dem ein Affenschwanz hervorblitzte, um dessen Ende dreist eine Fliege summte. Angesichts von solchen Abscheulichkeiten war es kein Wunder, dass Josephine jedem Schönheitstrend hinterherjagte, der versprach, ihre Haut auf magische Weise heller zu machen. Sie rieb sich von oben bis unten mit Zitronensaft ein und badete in einer Mischung aus Ziegenmilch und Bleiche, wobei sie sich laut ihrem Kollegen Harry Watkins jedes Mal »die Muschi wegätzte«.[29] Und es war auch kein Wunder, dass sie sich nach einem Partner sehnte, einem Pariser Prince Charming, der sie vor Schmach und Diffamierung beschützte.

Ein paar Wochen lang glaubte sie bei einem reichen, jungen Playboy namens Marcel fündig geworden zu sein, der ihr nicht nur Liebe, sondern auch ein Leben im Luxus in Aussicht stellte: Er brachte sie in einem großen, von Poiret feudal eingerichteten Apartment auf den Champs-Elysées unter, das nicht nur über einen marmornen Swimmingpool verfügte, sondern auch über ein Doppelbett, in dem einst ein venezianischer Doge geschlafen hatte. Sobald Josephine jedoch durchblicken ließ, dass sie sich eine Hochzeit und vielleicht sogar ein Baby mit Marcel vorstellen konnte, verlor er schlagartig das Interesse. Mit Georges Simenon erlebte sie eine ähnliche Enttäuschung. Simenon – damals noch nicht als Krimiautor bekannt – hatte angeboten, Josephine den verhassten Briefverkehr abzunehmen, worauf sie sich prompt in das sensible Raubein mit der Gangstervisage verliebte. Insgeheim hoffte Josephine, Simenon werde seine Frau für sie verlassen, aber obwohl er gern damit angab, dass sie die einzige Frau in Paris sei, die es mit seiner Ausdauer im Bett aufnehmen könne, dachte er auch nach einem Jahr Beziehung nicht mal im Traum daran, sie zu heiraten.

Frisco fand Josephines Sehnsucht, geliebt zu werden, ergreifend. Es rührte ihn, wie kindisch glücklich man sie mit einem kleinen Geschenk oder einer simplen romantischen Geste machen konnte. Doch eine Frau mit ihrem Männerverschleiß musste über kurz oder lang natürlich um ihren Leumund fürchten, vor allem, wenn sie Schwarz war und so tanzte wie Josephine. Zumal viele ihrer Affären maßlos übertrieben, was ihre Libido anging, nur um selbst wie tolle Hengste dazustehen. Ein Komponist aus Berlin behauptete, sie sei »ganz wild auf Sex und stets auf der Suche nach dem perfekten Penis«,[30] während ein österreichischer Schauspieler zu berichten wusste, dass sich abends vor ihrem Schlafzimmer regelrechte Schlangen bildeten. Es hieß sogar, dass sie hin und wieder im Bordell arbeite, nur um ihren unbändigen Appetit zu stillen.

Hemingways Beschreibung eines Abends mit Josephine im Jockey Club auf dem Montparnasse liest sich, als hätte er eine seltene Rassekatze erbeutet. Sie war »das reinste Prachtweib … groß, Kaffeeteint … paradiesische Beine, ein Lächeln für die Ewigkeit … Beim Tanzen trug sie einen schwarzen Mantel, und ihr Busen liebkoste den Pelz, als wäre er aus Seide«. Eigentlich hatte Josephine mit einem englischen Offizier getanzt, aber als Hemingway sich dazwischenschob, »schmiegte sie sich sofort an mich« und »alles unter dem Pelz sprach zu mir«.[31]

Allmählich zählte Josephine selbst zu den Attraktionen der Stadt: Inzwischen hatte es sich unter den reichen amerikanischen Studenten in Paris eingebürgert, vom Maxim's weiter ins Bal Tabarin mit seinen Cancan-Mädchen zu ziehen und den Abend dort ausklingen zu lassen, »wo Mlle Bakaire gerade Hof hielt«.[32] Und »Mlle Bakaire« war geradezu omnipräsent. Neben ihren ganzen Liebesabenteuern und den verbissenen Versuchen, in der Pariser Gesellschaft Fuß zu fassen, arbeitete sie mittlerweile an die zehn Stunden täglich, angefangen in einem *Thé dansant*-Klub namens Les Acacias, der seit Kurzem von der kleinen, beleibten amerikanischen Salonlöwin Elsa Maxwell betrieben wurde.* Maxwell inszenierte sich

* Zuvor hatte er Maurice Chevalier gehört.

gern als Trendsetterin; so hatte sie nicht nur – angeblich im Alleingang – Bricktop »entdeckt«, sondern auch die berühmten Schnitzeljagden erfunden, bei denen die jugendliche High Society von London und New York um die Wette durch die nächtlichen Straßen der Stadt jagte. In Paris konzentrierte sie sich nun verstärkt auf Frauen ihres Alters, die nicht mehr jung oder schlank genug waren, um sich in den schicken Nachtklubs willkommen zu fühlen. Deshalb konnte man im Acacias sogenannte »Taxi«-Partner mieten – charmante junge Männer, die Maxwells reife Klientel galant über die Tanzfläche bugsierten – und bekam darüber hinaus Gelegenheit, in entspanntem Ambiente prominente Künstler und Künstlerinnen wie Josephine bei der Arbeit zu erleben.

Vom Les Acacias ging es für Josephine geradewegs ins Folies und danach in eine Reihe von Klubs und Varietés, wo sie von Mitternacht bis zum Morgengrauen tanzte. Ein anstrengendes Programm, aber wie sie dem jungen Schriftsteller Marcel Sauvage anvertraute, fühlte sie sich eben nur wirklich geliebt, solange sie auf der Bühne stand. Ursprünglich war Sauvage in ihr Leben getreten, um ihr mit dem autobiografischen Vorwort zu *Le Tumulte Noir* zu helfen, einer Sammlung von Lithografien Paul Colins, in der auch Josephine mehrfach vorkam. Als er jedoch erkannte, wie viel sie zu erzählen hatte und welche Möglichkeiten sich dadurch auf dem Buchmarkt auftaten, blieb er.

Durch die monatelange gemeinsame Arbeit an ihren Memoiren kannte Marcel Josephine bald besser als sonst irgendjemand in Paris. Sie betrachtete den jungen Autor als ihren Beichtvater und ersparte ihm nichts. Oft empfing sie ihn splitternackt (so fühlte sie sich einfach am wohlsten) und machte keinerlei Anstalten, die Stapel von Zeitungen, Klamotten und Platten wegzuräumen, die überall herumlagen, geschweige denn teure Kunstobjekte in Sicherheit zu bringen oder gar für Ruhe zu sorgen. Der Geräuschpegel in ihrer Wohnung, so erinnerte sich Marcel, war enorm: Albert, das Schwein grunzte, der Papagei kreischte, aus dem Grammofon tönte Musik, und zwischendurch wurde immer wieder in einer Mischung aus Englisch und Französisch am Telefon geschnattert.

Als Marcel seinen Verlegern vorschlug, Josephines Erinnerungen aufzuschreiben, hielten die das zunächst für einen Scherz: 1926 pflegte man einzig Würdenträgern oder ausreichend betagten Persönlichkeiten Biografien zu widmen. Aber Marcel erklärte, Josephine sei nicht nur Tänzerin, sondern »ein Phänomen«.[33] Seiner Meinung nach war alles an ihrem Leben für die Öffentlichkeit von Interesse, und letztlich griff er mit seinem Buch der modernen Promibiografie vor. Er ergänzte Josephines Lebensgeschichte mit kleinen Anekdoten und Notizen, auf die sich ihre Fans unter Garantie stürzen würden – Auflistungen ihrer kostbarsten Geschenke und berühmtesten Verehrer, Schönheits- und Lifestyletipps und sogar das Rezept ihres Leibgerichts, Hackfleisch mit Hotcakes und Sirup. Außerdem hütete er sich wohlweislich davor, die skurrile Logik ihrer Erinnerungen zu hinterfragen: Marcel sah sich als Geschichtenerzähler, nicht als Historiker, weshalb er kritiklos alles niederschrieb, was Josephine sich für ihn ausdachte, von ihren Eltern, die in schönster Romeo-und-Julia-Manier ausgebüxt seien, um gegen den Willen ihrer Familien zu heiraten, bis zu ihrer eigenen aschenputtelgleichen Spontanverwandlung vom halb verhungerten Kind zum gefeierten Star. Auch offenkundige Widersprüche ließ er ihr durchgehen. An einer Stelle hielt Josephine sich ihr berufliches Engagement zugute – »Leben ist tanzen, und am liebsten würde ich an Atemnot sterben, vor lauter Erschöpfung nach einem Tanz« –, gleichzeitig beklagte sie jedoch die »unnatürliche Existenz«, die sie ihrer Begabung zu verdanken habe, und schwor, ihren »bedauerlichen Entscheidungen« eines Tages den Rücken zu kehren und sich aufs Land zurückzuziehen: »Ich werde einfach heiraten«, verkündete sie, »und Kinder und viele Tiere haben. Ich liebe Kinder und Tiere, und will in Frieden unter ihnen leben.«[34]

Mit der Realität hatten diese Anwandlungen allerdings wenig zu tun. Während sie sich vor Marcel noch pastoralen Zukunftsvisionen hingab, war Josephine hinter den Kulissen längst wieder dabei, ehrgeizige Karrierepläne zu schmieden, und zwar mithilfe ihres neuesten Liebhabers, einem Mann, der sich als Graf Pepito de Abatino ausgab. Josephine hatte ihn über seinen Cousin Zito kennengelernt, der in der Bar Zelli's Karikaturen der Gäste anfertigte. Für die unbedarfte Josephine war der schmale, bleiche Sizilianer um die dreißig der Inbegriff eines italienischen Adeligen: hohe Stirn unter zurückgekämmtem, schwarzem Haar und ein kühn-intellektueller Zug um die Augen, wohl dank des Monokels, das er demonstrativ mit sich herumtrug. Manchmal erinnerte er sie an den Schauspieler Adolphe Menjou, den gutaussehenden Arzt aus *The Sheik* mit Rudolph Valentino. Auch seine tadellosen Manieren hatten etwas von einem Filmstar – nicht nur, dass er Josephine ansah, als wäre sie das Schönste, was er je vors Monokel bekommen hatte, und beteuerte, sie sei die größte Tänzerin aller Zeiten, er schrieb ihr auch ellenlange Liebesbriefe und verwöhnte sie nach Strich und Faden.

Dabei war Pepitos vornehme Herkunft genau wie seine geliebten gelb-weiß gestreiften Gamaschen nur ein Accessoire. Nachdem er seinen Handwerksberuf an den Nagel gehängt hatte, war der gelernte Steinmetz auf die Idee gekommen, sich einen Titel zuzulegen, um als professioneller Tanzpartner und Gigolo ein neues Leben zu beginnen. Josephines Freunde durchschauten ihn sofort. Bricktop, die der überparfümierten Pomade und den glitzernden Ringen und auffälligen Klamotten des Italieners von Anfang an misstraute, bezeichnete ihn abfällig als »Schnorrer« und »Schwindler«.[35] Sie war überzeugt, dass es ihm nur darum ging, Josephine auszunehmen. Die hingegen interessierte sich nicht sonderlich für den Wahrheitsgehalt von Pepitos Geschichten – für sie zählte nur, dass ihr neuer Freund versprochen hatte, nachhaltig ihre Karriere anzukurbeln.

Gerade weil Pepito selbst aus einfachen Verhältnissen stammte, konnte er Josephine so gut verstehen und auf ihrem Weg unterstützen. Im Gegensatz zu den anderen Pygmalion-Figuren in ihrem Leben wusste er aus eigener Erfahrung, auf welch wackeligen Beinen ihr neues Image stand. Obwohl sie aussah wie ein Star und sich zumeist auch wie einer benahm, fehlte es ihr an Selbstbewusstsein, weshalb sie mit jemandem, der sich darauf verstand, an ihrem Auftreten und ihrer Ausdrucksweise arbeiten wollte.

Dafür war Pepito der ideale Kandidat, zumal er es an der Zeit fand, dass Josephine endlich ihr Repertoire erweiterte. Langsam hatte sie Charleston, »Bananentanz« und Co. nämlich satt, außerdem träumte sie nach wie vor davon, ihrem Idol, der Varieté-Chanteuse Mistinguett, nachzueifern. Doch bislang hatte keiner ihrer Produzenten Wort gehalten und sich ihre Stimme auch nur angehört, weshalb Pepito Josephine unmissverständlich klarmachte, dass sie, wenn sie Sängerin werden wollte, die Dinge selbst in Angriff nehmen musste. Es galt nicht nur, sich einen Lehrer zu nehmen, sondern auch, nach Auftrittsgelegenheiten Ausschau zu halten.

Josephines Plattendebüt, einen sentimentalen kleinen Song namens »Who«, bei dem sie von einer mittelmäßigen Band begleitet mit dünnem, ungeschultem Sopranstimmchen ins Mikrofon hauchte, hatte sie Pepito wohl eher nicht zu verdanken. Dafür sorgte dieser quasi im Alleingang für die Eröffnung von Josephines eigenem Nachtklub, wo sie sowohl ihr Material als auch ihr Image zum ersten Mal selbst in der Hand hatte. Dank der großzügigen Finanzspritze eines glühenden Fans (einem Dr. Gaston Prieur, der mit der Vertuschung von Krankenversicherungsbetrug reich geworden war) kam Pepito nach längerer Suche an ein kleines Lokal in der Rue Fontaine, im Herzen des Montmartre, und am 14. Dezember 1926 öffnete Chez Joséphine offiziell seine Pforten.

Doch wie so oft in ihrer Karriere gingen Josephines Erfolg bitter enttäuschte Erwartungen voraus. Nur ein paar Häuser weiter befand sich das Imperial, ein Klub, der seinen Namen erst kurz zuvor in Josephine Baker's Imperial geändert hatte, nachdem sie dort einen Einjahresvertrag als Tänzerin unterzeichnet hatte. Nicht genug, dass Josephine wieder einmal vertragsbrüchig geworden war, sie riss sich auch noch die halbe Belegschaft des Imperial unter den Nagel – sowie bald darauf einen erheblichen Teil seines Stammpublikums.

Allein durch die Exklusivität und Originalität ihres Vorhabens fühlte Josephine sich im Recht. Pepito und sie hatten für das Chez Joséphine einen behutsamen Stilmix aus Neuer und Alter Welt konzipiert. Auf der Speisekarte ihres amerikanischen Küchenchefs standen Innereien, Augenbohnen und Hahnenkamm neben Tatar und Kiebitzeiern, und Josephine pflegte als Gastgeberin einen Look zwischen Bardame aus Harlem und französischer Diva. In der *Vogue* stand beschrieben, wie sie eines Morgens gegen eins in den Klub geschwebt kam, im Schlepptau eine Entourage aus Günstlingen, Dienstmädchen, ihrem Chauffeur und einem kleinen weißen Hund. Sie trug ein Tüllkleid mit blauem Schlangenlederkorsett und passenden Schuhen, vorn auf der Taille funkelte ein Diamant. Ihre Garderobenwände waren übersät mit Zeitungsausschnitten und Fotos, und das Fell des Hundes zierte dort, wo sie ihn geküsst hatte, ein dunkelroter Abdruck ihrer Lippen.

Bei allem Glamour strahlte Josephine immer auch etwas Nahbares aus. Während sie ihre Runden durch das Lokal drehte, trottete ihre neue Hausziege neben ihr her (Albert, das Schwein durfte sein Frauchen nicht in den Klub begleiten, sich dafür aber in der Küche über die Reste hermachen, weshalb das arme Tier ungeheuer fett wurde). Wie zu ihren Anfangszeiten in St. Louis griff sie sich flirtanfällige Herren heraus, zupfte neckisch an ihren Schnurrbärten und flüsterte ihnen frivole Zärtlichkeiten ins Ohr. Und bei ihren Gesangseinlagen mischte sie unter ihr Repertoire aus romantischen französischen Balladen auch die ein oder andere kritische Bluesnummer.

In jeder freien Minute arbeitete sie jetzt an ihrer Stimme, nicht zuletzt, weil der ehrgeizige Pepito sie erst so richtig anspornte. Manchmal ging sein Temperament mit ihm durch und er vergriff sich im Ton, wenn er das Gefühl hatte, dass sie die Proben zu locker angehen ließ. Hin und wieder wurde er sogar handgreiflich. Doch sein strenges Regiment zeigte Wirkung. Schon gegen sieben oder acht strömten die Gäste ins Chez Joséphine, um noch einen Tisch zu ergattern, und harrten geduldig aus, bis in den frühen Morgenstunden endlich die Show der Hausherrin begann. Selbst der Aga Khan war bald Stammgast des Klubs, genau wie Colette, die sich in die immer länger werdende Schlange von älteren Frauen einreihte, die ein halb mütterliches, halb sexuelles Interesse an Josephine hegten.

Colette schickte ihr zärtliche Briefe, geschrieben auf den papiernen Platzdeckchen aus dem Klub, nannte Josephine ihre »kleine braune Tochter«, und eine Zeit lang sagte man den beiden Frauen eine Affäre nach.[36] Wie auch immer ihre Beziehung geartet war, Josephine profitierte immens davon. Colette galt als eine der führenden Schriftstellerinnen Frankreichs, und durch ihr Interesse wurde Josephine zunehmend als echte Pariserin wahrgenommen. Seit Eröffnung des Klubs ein paar Monate zuvor war deutlich zu spüren, wie sich ihre Wahrnehmung in der Öffentlichkeit verändert hatte: Immer öfter trudelten jetzt Einladungen zu Wohltätigkeitsbällen, Partys und Galas ein, sie durfte 1927 die Tour de France eröffnen, und das Restaurant Tour d'Argent benannte ein neues Gericht nach ihr (»Poulet Joséphine Baker«).

Endlich war sie nicht mehr nur die sexy Jazzattraktion aus

Harlem. Unter Pepitos Anleitung perfektionierte sie mit der Zeit auch ihren Look: Eine verruchte Schmachtlocke hing ihr in die Stirn, ihre Haut wurde immer heller, und was ihren Namen betraf, bestand sie neuerdings auf der Schreibweise Joséphine. Bei der nächsten Folies-Show im April 1927 musste sie zwar wie zu alten Zeiten eine Nummer in zerlumpten Latzhosen absolvieren, ansonsten hatte man ihr aber einen eher klassischen Pariser Stil verpasst: Zu ihren Kostümen gehörten ein Rock aus Marabufedern und ein tief ausgeschnittener, metallisch glänzender Bikini mit strassbesetzten Trägern, die die Wölbung ihrer blanken Brüste nachzeichneten. Selbst ihren berühmten Bananenrock zierten inzwischen unzählige funkelnde Steine.

Beflügelt vom Erfolg seines Projekts beschloss Pepito, Josephines kommerzielles Potenzial maximal auszuschöpfen, weshalb er ihr neben dem Vertrag mit »Bakerfix« auch noch eine landesweite Werbekampagne für den Spirituosenhersteller Pernod sicherte, mit der die beiden ein Vermögen verdienten. Gleichzeitig liefen sie jedoch Gefahr, sich hoffnungslos zu übernehmen. Am 20. Juni 1927 gaben sie eine große Pressekonferenz, auf der sie ihre Eheschließung bekannt gaben. Josephine führte dabei das Wort. Sie erklärte, Pepito an ihrem einundzwanzigste Geburtstag das Jawort gegeben zu haben, und dass ihr frisch Angetrauter sie nicht nur mit einem gewaltigen Diamantring, sondern auch mit unzähligen »Juwelen und Erbstücken aus dem Privatschatz seiner Familie« überrascht habe. Die Abatinos, so versicherte sie der versammelten Presse, seien ein altehrwürdiges Adelsgeschlecht mit »Wappen und allem, was dazugehört, und soweit ich weiß, wohnen sie in einem gigantischen Schloss« – zur Sicherheit habe sie nämlich einen Privatdetektiv auf sie angesetzt.[37] Mit atemberaubend falschem Lächeln beteuerte die Braut, nie zuvor verheiratet gewesen zu sein, und dass die Ehe einfach »einen Riesenspaß« mache.

Von Juwelen oder einem Schloss konnte natürlich keine Rede sein, geschweige denn von einer Hochzeit – Josephine war ja von ihrem letzten Ehemann Billy noch gar nicht geschieden. Doch während sie stolz Ring und Titel in Paris spazieren trug, glaubte sie kurzzeitig wirklich daran, mit ihrer Geschichte durchzukommen. In Amerika jedenfalls wurden die Hochzeitsnachrichten anstandslos in Umlauf gebracht – die *New York World* etwa verkündete auf ihrer Titelseite »Negertänzerin heiratet römischen Grafen« und teilte ihren Lesern aufgeregt mit, dass »Josephine Baker aus Harlem das Herz eines europäischen Adeligen erobert« habe. Laut *Variety* war ihr »Liebesbündnis mit dem Grafen« weltweit Gesprächsthema Nummer eins, und wenngleich die Geschichte in der weißen US-Presse durchaus Beachtung fand, wurde in den Schwarzen Zeitungen tagelang über nichts anderes mehr berichtet, wortreich die gesellschaftliche Tragweite dieser Verbindung beschworen und sogar ein Interview mit Pepitos Vater fingiert, der angeblich ganz entzückt darüber war, Josephine zur Schwiegertochter zu haben.

Natürlich fungierte ihre vermeintliche Hochzeit unter der Schwarzen Bevölkerung Amerikas auch als Motivationsnarrativ. Im Jahr zuvor waren in den Schaufenstern Harlems ein paar Josephine-Puppen aus französischer Produktion aufgetaucht und in Windeseile zum Stolz des gesamten Viertels avanciert. Jetzt ließ die *New York Amsterdam Press* sich zu der gewagten These hinreißen, dass »in der Geschichte Amerikas noch keine Frau eine derart verheißungsvolle Reise über den Ozean der Ehe angetreten« habe wie Josephine.[38] Landauf, landab träumten Schwarze Mädchen davon, es ihr gleichzutun; sie himmelten Josephine an wie Tallulah einst die Filmstars in *Picture-Play*. Der Sänger Bobby Short, damals noch ein Kind, erinnerte sich, dass Josephines Erfolgsgeschichte zwischen den Müttern und Töchtern seiner Heimatstadt in der Provinz eine Zeit lang Dauerthema war, wobei es immer hieß: »Mein Gott, erst hat sie Frankreich erobert und jetzt auch noch einen Grafen geheiratet.«[39]

In Paris hatten unterdessen ein paar Reporter bei Nachforschungen festgestellt, dass sowohl von offiziellen Heiratspapieren als auch von einer Adelsfamilie namens Abatino jedwede Spur fehlte. Die in ihrer Berufsehre gekränkten Journalisten ließen Josephine in den Kommentarspalten deutlich spüren, was sie von ihrem Verwirrspiel hielten. Ein paar Pressespitzen waren derart giftig, dass sie fürchten musste, verhaftet zu werden, und anfing, panisch zurückzurudern, indem sie das Ganze als Scherz hinstellte, der übers Ziel hinausgeschossen sei: »Die Ehe ist scheinbar das reinste Vergnügen, also habe ich kurzerhand herumerzählt, ich sei verheiratet – und Sie wissen doch, wie schnell solche Gerüchte die Runde machen.«

Aber am Ende erhöhte der Skandal nur Josephines Marktwert. Vielleicht hatten Pepito und sie darauf sogar spekuliert, immerhin sollte demnächst Marcels Buch, *Les Memoires de Joséphine Baker* (dt. *Ich tue, was mir passt*), erscheinen. Und siehe da, drei Wochen später stürzte die sensationshungrige Presse sich auf ihre Memoiren und Josephines Fauxpas war Geschichte. La Baker galt wieder als Everybody's Darling. Trotzdem wurde Pepito seine grenzenlose Selbstüberschätzung ein ums andere Mal zum Verhängnis. So entpuppte sich das von ihm gegründete und von Simenon herausgegebene Magazin mit Fotos von Josephine und ihren berühmten Gästen als grandioser Flop, und auch sein Versuch, sie als Filmschauspielerin zu lancieren, kam zum denkbar ungünstigsten Zeitpunkt.

Seit geraumer Zeit erreichten Josephine immer wieder Angebote aus Hollywood, doch bislang hatte sie stets widerstanden. Die meisten Drehbuchautoren schienen bei der Figurenentwicklung nicht in der Lage, über die Klischees hinauszudenken, gegen die Josephine sich stets so erbittert gewehrt hatte, zum Beispiel das ulkige Schwarze Mädchen von der Plantage. Für eine Filmrolle sprach laut Pepito jedoch, dass sich damit ihre Reichweite enorm steigern lasse – Kino galt in Frankreich längst als Millionengeschäft, und viele traditionelle Boulevardtheater wurden damals in große Kinos umgewandelt –, und als ein Drehbuch von Maurice Dekobra eintrudelte, das der französische Romancier Josephine angeblich auf den Leib geschrieben hatte, gab sie sich schließlich geschlagen.

In *La Sirène des Tropiques* (dt. *Die Sirene der Tropen*) ging es um Papitou, eine junge Frau von den Antillen, die sich in einen französischen Ingenieur verliebt und dem Mann in der Hoffnung, von ihm geheiratet zu werden, heimlich nach Paris folgt. Abgelenkt durch eine erfolgreiche Karriere als Tänzerin, macht Papitou ihren Liebsten erst wieder ausfindig, als er sich mit einer anderen Frau verlobt hat, worauf sie heldenhaft auf ihre große Liebe verzichtet und den Zuschauern und sich selbst versichert, dass »Opfer zu bringen die größte, reinste Freude auf Erden« sei.[40] Diese Wendung war zwar nicht sonderlich originell – eigensinnige junge Frauen mit Herzen aus Gold hatte Tallulah schon dutzendfach gespielt –, aber Josephine gefiel an Papitou, dass ihre Hautfarbe im Grunde keine Rolle spielte; sie war einfach nur eine verliebte junge Frau. Jedenfalls wurde ihr der Film im Vorfeld so verkauft. Später sollte Josephine behaupten, man habe ihr das Drehbuch nicht korrekt übersetzt, weshalb ihr auch nicht bewusst gewesen sei, wie viele plumpe Scherze auf Kosten von Schwarzen darin vorkamen. (In einer besonders befremdlichen Sequenz hatte Papitou in einen Kohlenverschlag zu fallen und danach eine alte Dame zu erschrecken, die dachte, sie habe einen schwarzen Teufel gesehen; kurz darauf passierte das Gleiche mit Mehl, worauf die alte Frau glaubte, ihr sei ein Gespenst erschienen.)

Dass es Josephine zudem nicht gelang, über das krude Material hinauszuwachsen, machte alles nur noch schlimmer. Schon die Dreharbeiten empfand sie als reinste Qual; genau wie Diana Cooper machten ihr das grelle Scheinwerferlicht und die endlosen Wartezeiten zwischen den Aufnahmen schwer zu schaffen. Außerdem war sie stets übermüdet, kein Wunder, hatte sie zumeist doch bis in die frühen Morgenstunden in ihrem Klub gesungen und bis zum Drehbeginn nur ein paar Stunden Schlaf abbekommen. Erschöpft und reizbar, wie sie war, hatte nicht nur das Filmteam mit ihren Launen zu kämpfen, sondern auch der Regisseur seine liebe Not mit ihr.* Bei der Premiere am 30. Dezember 1927 brach Josephine in Tränen aus, weil sie die »hässliche, alberne Person« auf der Leinwand nicht wiedererkannte. Da sie nicht hatte einsehen wollen, dass es beim Spiel vor der Kamera galt, sich etwas zurückzunehmen, muteten ihr übertriebenes Augenrollen und ihre flirrende Bühnenenergie nun manisch, ja geradezu grotesk an.

Josephine wollte unbedingt als Künstlerin reifen, aber das erforderte eben viel Zeit und Einsatz. Der Traum, einmal so angebetet zu werden wie die großen Stars, war noch immer unerreichbar. Unlängst war Florence Mills gestorben – vorgeblich an einer verpfuschten Blinddarmoperation, aber wahrscheinlich an Tuberkulose –, und als ihr Leichenzug sich durch die Straßen von New York bewegte, war ganz Harlem auf den Beinen, um der Sängerin das letzte Geleit zu geben und den Vogelschwarm zu bestaunen, der in Anspielung auf *Blackbirds*, Mills' berühmteste Show, aus einem Flugzeug in die Freiheit entlassen wurde. Von Eifersucht schier zerfressen, fragte Josephine sich, ob die Menschen sie wohl auch jemals so vergöttern würden. Obwohl sie am Mikrofon durchaus Fortschritte machte, waren selbst die Musiker ihrer Band der Ansicht, dass ihre Stimme einfach nicht ausreichte, um jemals »einen Stich zu machen«, zumal sie derzeit nur vor einem kleinen, ausgewählten Publikum in ihrem Klub auftrat. Ende 1927 beschloss

* Josephines Wutanfälle waren derart heftig, dass Luis Buñuel, der bei dem Film als Regieassistent arbeitete, mittendrin entnervt hinschmiss.

Pepito, dass es an der Zeit war, Josephine auf Tournee zu schicken – nicht nur, um ihren internationalen Durchbruch zu forcieren, sondern auch, um etwas Abstand zu ihrem blamablen Filmdebüt zu gewinnen. Bei einem emotionalen Auftritt vor der Presse gab sie nicht nur ihren Fortgang bekannt, sondern kündigte auch eine Wiedergeburt an: »Der Charleston, die Bananen, das ist vorbei.* Verstehen Sie, ich muss mich Paris erst würdig erweisen, ich muss eine richtige Künstlerin werden.«

Pepito hatte eine Gastspielreise monumentalen Ausmaßes auf die Beine gestellt. Zwischen Anfang 1928 und Ende 1929 sang und tanzte Josephine in vierundzwanzig Städten Europas und Südamerikas; zudem trat sie bei jeder Station in einem Nachtklub auf, der dazu vorübergehend in Chez Joséphine umbenannt wurde. Mit auf Reisen gingen nicht nur ihre gesamte Entourage, sondern auch fünfzehn Überseekoffer mit Equipment, darunter 137 Kostüme, 196 Paar Schuhe, 64 Kilo Gesichtspuder und 30000 Promobilder, die vor Ort verteilt werden sollten. So anstrengend die Tournee war, Josephine lernte dabei binnen kürzester Zeit, was ein echter Star alles zu leisten hatte. Als Hauptattraktion der Show musste sie auch auf schlecht ausgestatteten Bühnen, trotz miserabler Musiker und vor lustlosen Zuschauern jeden Abend eine gelungene Performance abliefern und erfuhr am eigenen Leib, wie wichtig es war, seine Stimme, seinen Körper und seine Persönlichkeit bestmöglich in Szene zu setzen. In jeder freien Minute hatte sie Gesangs- und Tanzunterricht, nahm sich Sprachlehrer, um ihr Französisch zu verbessern und ihr Englisch aufzupolieren, und besuchte zusätzlich Kurse, die ihrem Konversationsgeschick auf die Sprünge helfen sollten. Selbst gegen

* Diese Ansage erwies sich als etwas voreilig. Die Bananen galten längst als Josephines Markenzeichen, ob sie wollte oder nicht. 1934 trug sie bei sämtlichen Presseterminen für den Film *Zouzou* ihr Bananenröckchen, und an die Pariser Obst- und Gemüsehändler wurden Klebeetiketten mit ihrem Konterfei verschickt.

Ende 1927 verband die breite Öffentlichkeit mit Josephine immer noch etwas Animalisches – dass sie mit den Fingern aß, stimmte natürlich nicht, aber viele Leute glaubten an solche Märchen. Binnen zwei Jahren gelang ihr dank harter Arbeit jedoch ein bemerkenswerter Imagewandel, den der Fotograf George Hoyningen-Huene 1929 für die *Vogue* festhielt. Josephines neue Eleganz kam nicht nur durch die sinnliche Choreografie des Bildes zum Ausdruck, auf dem die fließenden Linien ihres Körpers im Fall der Perlen und dem seidigen Stoff, den sie sich anmutig vor die Brust hielt, ein Echo fanden – was besonders auffiel, waren ihr gelassener Blick und ihre souveräne Ausstrahlung. Von der Tänzerin, die wahlweise mit einem Känguru, einem Boxer, einem Affen und einer Wilden verglichen worden war, fehlte auf dem Foto jedwede Spur.

Pepito zahlte für den Erfolg seiner Liebsten jedoch einen hohen Preis. Während Josephine sich allmählich ihres St.-Louis-Akzents und ihrer unbeholfenen Art entledigte, verlor sie unweigerlich auch das Interesse an ihrem falschen Grafen. In mancherlei Hinsicht war sie nach wie vor auf ihn angewiesen – als beruflicher Ratgeber und geneigtes Ohr, wenn sie Kummer oder Klagen hatte –, aber mit der Zeit fiel es ihr zunehmend schwer, seine glitzernden Ringe und bunten Gamaschen, sein perfekt einstudiertes Repertoire an Komplimenten und Smalltalk ernst zu nehmen. Im Vergleich zu den Männern, die ihr inzwischen den Hof machten – darunter Kronprinz Gustav Adolf von Schweden, der unverwüstliche Fjodor Schaljapin und Charles-Édouard Jeanneret-Gris, ein Schweizer Architekt, der unter dem Künstlernamen Le Corbusier firmierte –, wirkte Pepito mitunter fast schon erbärmlich.

Josephine und Le Corbusier hatten sich in Südafrika kennengelernt und zwei Monate vor Ende ihrer Tournee eine Affäre begonnen. Mit seiner dicken Brille und dem langen, intelligenten Gesicht entsprach der Architekt eigentlich nicht mal ansatzweise ihrem Beuteschema, aber Josephine fühlte sich von seiner Genialität nicht nur geschmeichelt, sondern auch geradezu magisch angezogen, weshalb sie gebannt lauschte, wenn er von der Architektur als Motor des sozialen Wandels erzählte, und mit Vergnügen für seine erotischen Skizzen posierte. An Bord des Schiffes von Rio nach Bordeaux trafen sich die beiden wieder – vorsätzlich, versteht sich –, und auf dieser Reise kam Josephine zum ersten Mal der Gedanke, mit ihrem Vermögen eines Tages irgendwo auf dem Land ein Dorf bauen zu lassen, in dem Menschen unabhängig von Hautfarbe und Schicht zusammen eine Utopie à la Corbusier leben konnten.

Diese Idee ließ sie zeitlebens nicht mehr los und führte letztlich auch dazu, dass sie irgendwann einen ganzen »Regenbogen« von Waisenkindern adoptierte, denen sie in einem Château auf dem Land ein neues Zuhause bot. Auch deshalb pflegten Le Corbusier und sie weiterhin freundschaftlichen Briefkontakt, obwohl sich in romantischer Hinsicht ihre Wege bald trennten; der Architekt kehrte zu seiner Verlobten Yvonne zurück und Josephine nach Paris, ihrer erklärten »großen Liebe«. Einer wartenden Reporterschar verkündete sie, der Stadt wie versprochen nun würdig zu sein, denn »jetzt bin ich eine Frau«.[41]

Diese neue, künstlerisch gereifte Josephine fühlte sich auch bereit, ihrer Jugendikone und ewigen Widersacherin Mistinguett endgültig den Kampf anzusagen. Mit den Auftritten im Klub war leider Schluss: Prieur hatte in Josephines Abwesenheit keinen Ersatz für seinen Star gefunden und saß inzwischen ohnehin wegen Versicherungsbetrugs im Gefängnis. Dafür bot das Casino de Paris, wo unlängst noch Mistinguett aufgetreten war, ihr eine Hauptrolle in seiner neuen Produktion *Paris qui remue* (dt. *Das fidele Paris*) an. Die Show war als Antwort auf die bevorstehende »Exposition Coloniale« der Stadt konzipiert, weshalb sich jemand wie Josephine für die exotischen

Afrikaszenen natürlich als Idealbesetzung erwies. Und obwohl sie auf der Bühne vornehmlich Hochglanzvarianten ihrer alten Nummern wie dem »Danse Sauvage« zum Besten geben sollte, durfte sie in *Paris qui remue* endlich auch vor großem Publikum singen.

Die Besitzer des Casino, Henri Varna und Oscar Dufrenne, hatten ihre Bedenken, was Josephines Stimmvolumen anging, verdrängt und den Komponisten Vincent Scotto beauftragt, ihr eine leichte, romantische Ballade zu schreiben. Wie damals »La Danse Sauvage« entpuppte »J'ai deux amours (mon pays et Paris)« sich als großer Wurf und bedeutender Wendepunkt in ihrer Karriere. Scotto achtete darauf, ihrem bescheidenen Vokalumfang zu schmeicheln, und Josephine sang das Stück mit einem bestechenden, sehnsüchtigen Schillern in der Stimme, das ihm eine zutiefst persönliche Dimension verlieh, in der die Geschichte ihres eigenen Lebens anklang. Das Publikum war begeistert, und der Song galt bald nicht nur als einer der Höhepunkte von *Paris qui remue*, das stolze dreizehn Monate lang durchgespielt wurde, sondern die Tonaufnahmen verkauften sich auch beeindruckende dreihunderttausendmal. Die Kritik schwärmte in den höchsten Tönen von der »neuen Josephine«: »Sie ging als *negresse*, drollig und primitiv, und kommt zurück als begnadete Künstlerin«, »Die schöne Wilde hat das Tier in sich gezähmt«.[42] Auch diesmal nahm die Industrie von ihrer Verwandlung Notiz, und Traditionsfirmen wie Sévigné-Schokolade und der Radiohersteller Vitus engagierten sie als Werbegesicht.

Die allergrößte Genugtuung bereitete Josephine jedoch die Reaktion von Mistinguett, die in ihrer jungen Kollegin mittlerweile eine erbitterte Konkurrentin sah. Das fünfundfünfzigjährige Varieté-Urgestein wurde von den Parisern geliebt – Maurice Chevalier bezeichnete sie als stadteigenes »Symbol für Heiterkeit, Humor, Courage und Herz«[43] –, doch ihr unverhohlener Hass auf Josephine nagte an ihrem Image. Sie nutzte jede Gelegenheit, scharf gegen »la petite nègre« zu schießen, und als ihr Josephine eines Abends auf einer Filmpremiere über den Weg lief, rief sie leichtsinnigerweise: »Na, du kleines Negerbaby, wieso kommst du nicht her und kniest vor mir nieder?«[44] Das ließ Josephine sich nicht zweimal sagen. Schäumend vor Wut kam sie anmarschiert und verpasste Mistinguett mit den Fingernägeln eine blutige Schramme, was diese mit einem geübten Fausthieb quittierte. Doch für die entzückten Zuschauer sah es so aus, als hätte vor allem die ältere Sängerin um ihren Ruf zu kämpfen.

Überall, wo Josephine hinkam, sorgte sie inzwischen für Menschenaufläufe, und das nicht nur, weil sie ein Star war, sondern auch, weil sie mit einem spektakulären neuen Accessoire aufwarten konnte, einem zahmen Geparden mit edelsteinbesetztem Halsband,* den sie an der Leine führte. Wie Bricktop kommentierte: »Ganze Straßenzüge standen still, wenn Josephine um die Ecke bog. Unter den Franzosen – und den Französinnen – hieß es nur: Joséphine, belle Joséphine, tapfere Joséphine!«[45] Der ein oder andere trauerte jedoch der alten Josephine hinterher. »Tja, leider ist aus ihr fast eine kleine Dame geworden«, klagte Janet Flanner mit gespielter Besorgnis. »Ihr Karamellkörper hat sich verschlankt, sieht domestiziert, beinahe zivilisiert aus … In ihren hübschen Raubtieraugen steht auf einmal eine Traurigkeit, die mit Gefangenschaft nichts zu tun hat, sondern mit aufdämmernder Erkenntnis.«[46]

Doch Josephine brannte nicht nur vor Ehrgeiz, sie ging auch mit der Zeit. Die wirtschaftliche Krise, mit der das alte Jahrzehnt geendet und das neue begonnen hatte, versetzte der Begeisterung fürs Experimentelle und Exotische einen Dämp-

* In einer ihrer wiederholten Pleiteperioden pfändete sie das Tier für 20000 Dollar.

fer. Die ungezähmte Schwarze Garçonne à la 1925 war nicht mehr in Mode, und dass Josephine sich als Diva-Chanteuse neu erfunden hatte, entsprach dem Geschmack der 1930er viel eher. Nicht zuletzt war sie dadurch auch gegen den drohenden politischen Stimmungsumschwung in Europa besser gewappnet.

Bereits 1927 war Josephine aufgefallen, dass sich in ihrer Wahlheimat ein schleichender Wandel vollzog. Damals begann ein neuer amerikanischer Touristentyp Paris unsicher zu machen, dem es statt um die einzigartige Kultur offenbar eher um den billigen Franc ging, und seither nahm der Alltagsrassismus in der Stadt ungeahnte Ausmaße an. Auf der Straße hieß es plötzlich in einer Tour »Neger!«, und ein Hotel verwehrte Pepito und ihr den Einlass mit der Begründung, die anderen amerikanischen Gäste könnten sich von Josephine gestört fühlen. Die bislang größte Demütigung erlebte sie am Abend von Charles Lindberghs Ankunft am Flughafen Le Bourget im Mai 1927. Ganz Paris war in Feierlaune – an den Trambahnen flatterte die amerikanische Flagge, auf dem Place de l'Opéra hatte sich die halbe Stadt versammelt, und auf der Bühne des Folies Bergère durfte ausgerechnet Josephine die freudige Nachricht von Lindberghs sicherer Landung verkünden. Doch als beim Galadinner im L'Abbaye de Thélème nach der Vorstellung ein amerikanischer Gast am Tisch neben ihr Platz nehmen sollte, beschwerte der Mann sich lautstark: »Bei uns zu Hause stehen die Neger in der Küche!«

Josephine schrieb später: »In dem Moment wäre ich am liebsten im Erdboden versunken.«[47] Doch dieser demütigende Zwischenfall war nichts im Vergleich zu dem, was sie 1928/29 auf ihrer Tournee erwartete. In Amerika machte der Ku-Klux-Klan längst Jagd auf alles, was nicht dem weißen Ideal entsprach – Flapper, Jazzmusiker, Kommunisten, Homosexuelle und natürlich Schwarze. Und in einem zusehends reaktionären Europa drohte Josephine nicht nur ihre Hautfarbe zum

Verhängnis zu werden, sondern auch ihre leicht bekleideten Auftritte und häufigen Partnerwechsel.

Die erste Tourneestation war Wien, und schon Tage vor ihrer Ankunft formierte sich öffentlicher Widerstand gegen Josephine und ihre »schamlosen Heidentänze«. Als sie in der Stadt ankam, läuteten zur Warnung der Gläubigen im 4. Bezirk die Glocken, und Anhänger Hitlers gingen auf die Straße, um gegen ihre »verseuchende« Anwesenheit in der Stadt zu protestieren. Kirche und Nationalsozialisten fuhren dermaßen scharfe Geschütze auf, dass sowohl der Stadtrat als auch das österreichische Parlament sich gezwungen sahen, ernsthaft über ein Auftrittsverbot für Josephine zu debattieren. Gegen einen derartigen Bann sprach sich unter anderem der liberale Aristokrat Graf Adalbert Sternberg aus, indem er mit der »urdeutschen« Tradition der Freikörperkultur argumentierte, wonach Vorbehalte gegen Josephine im Grunde blasphemisch seien, da Gott den menschlichen Leib erst erschaffen habe. Und obwohl sie in dem ursprünglich für sie gebuchten Theater, dem Ronacher, am Ende nicht auftreten durfte, erlaubte man ihr, ins kleinere Johann-Strauß-Theater umzuziehen, wo sie einen Monat lang vor vollem Haus spielte.

Trotzdem eskalierte der Konflikt. In Prag, Budapest und Zagreb taten sich erneut studentische Provokateure und katholische Sittenwächter zusammen und marschierten vor den Theatern auf, um Ammoniakbomben zu werfen und »Geh doch heim nach Afrika« zu skandieren. In München durfte Josephine gar nicht erst auftreten, und nachdem in Berlin im Theater des Westens jeden Abend Sympathisanten der Nationalsozialisten die Vorstellung störten, musste sie die geplanten sechs Monate auf drei Wochen verkürzen. Die Querelen folgten ihr sogar über den Atlantik, als sie 1929 nach Argentinien weiterreiste und sich dort sowohl von der Kirche als auch von Seiten des Präsidenten Verstöße gegen die guten Sitten vorwerfen lassen musste.

Der ganze Gegenwind führte letztlich dazu, dass Josephine sich mit der Zeit immer entschlossener gegen die primitivistischen Motive in ihren Bühnenprogrammen zur Wehr setzte. Denn obwohl sie die ständigen Anfeindungen ärgerten und oft auch ängstigten, begann sie allmählich, die gesamtgesellschaftlichen Zusammenhänge zu begreifen, die dahintersteckten. Auf ihrer Reise durch Europa wurde ihr klar, dass sich jenseits ihrer Erfolgsblase eine Welt aus Hass und Unheil auftat, eine Welt, mit der es sich gleichwohl irgendwie auseinanderzusetzen galt.

In Sachen Politik war Josephine schlecht informiert und sentimental veranlagt, aber sie besaß einen ausgeprägten Sinn für Gerechtigkeit,* der nicht nur ihren Traum von einem utopischen Dorf nährte, sondern sie auch auf die Idee brachte, nach der Tournee einen Roman über Rassendiskriminierung zu schreiben. *Mon sang dans tes veines* (dt. *Mein Blut in deinen Adern*) erschien 1931, unter Mitwirkung des Ghostwriters Félix de la Camera, und wenngleich der literarische Mehrwert des Endproduktes zu wünschen übrig ließ, öffnete der Schreibprozess Josephine gleich doppelt die Augen, weil er sie einerseits zwang, sich den Traumata ihrer Kindheit zu stellen, und sie andererseits mit dem Rassismus der Welt konfrontierte, in der sie inzwischen lebte. Der Roman, eine moderne Romeo-und-Julia-Geschichte, handelte von dem Schwarzen Mädchen Joan und ihrer Jugendliebe, einem reichen weißen Jungen namens Fred. Als Erwachsene werden sie vom Schicksal entzweit, doch dann hat Fred einen Unfall, und Joan bietet sich selbstlos als Blutspenderin für die lebensrettende Transfusion an. Durch dieses Opfer kehrt ihr verlorener Liebster symbolisch zu ihr zurück, denn in den frühen dreißiger Jahren

* Womit sie wahrscheinlich sogar Kronprinz Gustav Adolf beeindruckte, der sich nach ihrem Techtelmechtel zum glühenden Verfechter der Bürgerrechtsbewegung aufschwang.

glaubte man noch, Rasse werde mit dem Blut »übertragen«. Dass Fred dank Joans Geschenk quasi zu einem der ihren wird, mutet nicht zufällig an wie eine romantische Rachefantasie.*

Josephine konnte und wollte die Vergangenheit, der sie stets so verzweifelt zu entkommen versucht hatte – das Getto von St. Louis, die Schwarzen Provinzbühnen, die unwürdige Anonymität der Chorus Line –, nicht länger ruhen lassen. Ein paar Monate nach der Rückkehr nach Paris erreichte sie eine Nachricht aus ihrem früheren Leben, in Form eines Päckchens von Dyer Jones, der Trompeterin aus St. Louis, für die Josephine als Elfjährige gearbeitet hatte. Darin befanden sich ein Glücksbringer – ein rostiger Nagel, den Dyer mit einer Haarsträhne von sich umwickelt hatte – und ein kleiner Zettel, auf dem nur stand: »Ich denke an dich. Dein Erfolg macht mich froh.«[48] Ein, zwei Jahre zuvor hätte Josephine den Nagel noch achtlos weggeworfen, weil er sie an eine Zeit erinnerte, die sie vermeintlich hinter sich gelassen hatte. Doch genau wie Nancy Cunard und andere Vertreterinnen ihrer Generation sah sie die Welt mittlerweile mit anderen, politisch wachsameren Augen. Just als sie endlich drauf und dran war, das Stigma ihrer Hautfarbe zu überwinden und in Paris auch als Chanteuse Erfolge zu feiern, besann sie sich wieder auf ihr Schwarzsein – als zentralen Bestandteil ihrer Identität und als handfestes Politikum.

* Dieses Bild lässt sich womöglich auf einen Abend mit Le Corbusier an Bord des Schiffes nach Frankreich zurückführen. Während Josephine und er sich fürs Dinner am Kapitänstisch fertig machten, »tauschten« sie kurzerhand die Hautfarbe: Josephine legte eine dicke weiße Puderschicht auf, und Le Corbusier malte sich das Gesicht schwarz an wie ein Minstrel.

EPILOG

Als Josephine Bakers Sarg am 15. April 1975 feierlich durch die Stadt transportiert wurde, säumten 20000 Menschen die Straßen von Paris. Viele weitere Tausend saßen vor den Fernsehgeräten, um einen Blick auf die berühmten Gesichter in der Pfarrkirche La Madeleine zu erhaschen – und weil zum ersten Mal in der Geschichte Frankreichs einer Amerikanerin ein Begräbnis mit militärischen Ehren zuteilwurde. Seit Florence Mills 1927 von ihren Fans in Harlem geradezu hollywoodreif verabschiedet worden war, hatte Josephine von einer solchen Bestattung geträumt. Dass Paris nun ihretwegen sämtliche Register zog, sprach für die Ausdauer, mit der sie im Lauf ihrer langen Karriere stets um die Liebe der Stadt gekämpft hatte.

Fast ein halbes Jahrhundert war es her, dass ganz Paris sich um die »Schwarze Venus« gerissen hatte, und spätestens mit fünfzig hatte Josephine sich nach allen Regeln der Kunst in eine alterslose Diva verwandelt, bewaffnet mit falschen Wimpern und federnbesetztem Kopfputz. Selbst mit achtundsechzig pflegte sie immer noch erfolgreich dieses Image, wenn sie ihr nunmehr klassisches Liedrepertoire in strassverzierte Mikrofone hauchte und dabei beherzt einen Charleston andeutete.

Jenseits der Bühne war sie jedoch kaum wiederzuerkennen. Die jahrelange Behandlung mit der giftigen »conk«-Tinktur hatte ihr bis auf ein paar klägliche Büschel alle Haare weggeätzt, und ihre langen Tänzerinnenbeine mussten stets sorgsam bandagiert werden, um sie vor Kälte und Zerrungen zu schützen. Aber kaum hatte sie ihre Perücke auf und etwas Schminke im Gesicht, sorgten Bühnenbeleuchtung und Adrenalin wie von Zauberhand dafür, dass ihr jugendlicher Esprit wieder zum Vorschein kam. In ihrer letzten Revue, *Joséphine*, die am 8. April 1975 ihre Pariser Premiere feierte, gab sie vierunddreißig Lieder zum Besten und wagte sich sogar an ein paar legendäre Jazztanzfiguren.* Das Feuilleton überschlug sich schier vor Begeisterung.

Die Show wurde als einer der größten Triumphe ihrer Karriere gefeiert und war auf Wochen hinaus ausverkauft, doch drei Tage nach der Premiere kam Josephine nicht zur gewohnten Zeit aus dem Hotel. Als ein paar besorgte Angestellte ihr Zimmer betraten, lag sie mit verrutschter Lesebrille ohnmächtig im Bett, um sich herum Berge von aufgeschlagenen Zeitungen, die atemlos von ihrem jüngsten Erfolg berichteten. Ein paar Stunden später war sie tot. Als offizielle Todesursache wurde ein Schlaganfall angegeben, doch trösteten ihre Freunde sich mit dem Gedanken, dass sie wohl einfach vor lauter Glück gestorben war.

Eines der vielen Gratulationstelegramme, die sie am 8. April bekommen hatte, stammte von Präsident Giscard D'Estaing, »im Namen eines dankbaren Frankreichs, dessen Herz so oft mit dem Ihren im Gleichtakt schlägt«.[1] Diese Nachricht zeugte nicht nur von Josephines Beliebtheit beim französischen Volk, sie war auch Ausdruck ihres Rufs als aufrechte Patriotin und Heldin des Zweiten Weltkriegs.

Dabei war es kein Wunder, dass sie sich nach Frankreichs Kriegseintritt so für die französische Sache einsetzte. Ihr Hass auf das Naziregime saß tief – immerhin war ihr damals auf Tournee in Österreich und Deutschland übel mitgespielt wor-

* Die Revue war davor im Winter 1974 in Monte Carlo gelaufen.

den. Vielleicht auch aus diesem Grund nahm sie ihre patriotischen Pflichten weitaus ernster als die meisten ihrer Kollegen: Neben regelmäßigen Auftritten vor den französischen Truppen war Josephine für den Geheimdienst als Spionin im Einsatz.

Zu Kriegsbeginn, als sie noch auf Botschaftspartys eingeladen war, wurde sie von der französischen Militärpolizei beauftragt, im Plausch mit den staatstragenden Gästen die Ohren nach sachdienlichen Informationen offen zu halten. Als 1940 die deutschen Truppen auf Paris marschierten, war sie aufgrund ihrer Hautfarbe gezwungen, die Stadt zu verlassen, und schloss sich dem Massenexodus nach Süden an. Von dort aus lieferte sie dem Geheimdienst fortan entscheidende Hinweise. Außerhalb der deutschen Besatzungsgebiete konnte sie sich relativ frei bewegen, und so reiste sie unter dem Deckmantel einer groß angelegten Tournee durch neutrale Zonen wie Portugal, Spanien und Teile Nordafrikas. Begleitet wurde sie dabei von einem Nachrichtenoffizier, der sich als ihr Assistent ausgab, und in ihrem Gepäck befanden sich Botschaften der freifranzösischen Streitkräfte an ihre Verbündeten, zumeist in Form von mit unsichtbarer Tinte beschriebenen Notenblättern.

Angesichts der Gefahren, denen die Kämpfer der Résistance ausgesetzt waren, mutet Josephines Beitrag zum Kriegsende fast schon lächerlich an, doch verglichen mit Zeitgenossen wie Mistinguett und Maurice Chevalier, die kurzerhand im besetzten Paris blieben, um dort vor dem Feind aufzutreten, bewies sie geradezu Heldenmut.* Als sie 1944 in die Stadt zurückkehrte, wurde sie mit offenen Armen empfangen und kam neben etlichen Auszeichnungen, darunter die *Médaille*

* Mit Erscheinen von *La guerre secrète de Josephine Baker*, geschrieben von Jacques Abtey, ihrem Geheimdienstoffizier, lebte der Mythos 1948 noch einmal neu auf.

de la Résistance, sogar in den Genuss eines handgeschriebenen Dankesbriefs von Charles de Gaulle.

Dem Jazzmusiker Alain Romans zufolge wirkte Josephine bei ihrer Rückkehr nach Paris »französischer als Louis XVI«.[2] Gleichwohl war sie entschlossen, ab sofort mehr für ihre »eigenen Leute« zu tun – gemeint war die Schwarze Bevölkerung Amerikas. Im Rahmen eines Gastspiels bei den New Yorker Folies 1936 war ihr wieder einmal bewusst geworden, unter welchen Schikanen ihre nichtweißen Landsleute tagtäglich zu leiden hatten. Anstatt Josephine wie einen Star auf Heimaturlaub zu begrüßen, wies der Manager des Hotels St. Moritz sie an, während ihres Aufenthalts bitte den Dienstboteneingang zu nehmen und die Lobby zu meiden, da das Hotel seine »Gäste aus den Südstaaten« nicht verärgern wolle.[3]

Nach Kriegsende stellte Josephine ihre Popularität ganz in den Dienst der Aufdeckung und Bekämpfung von rassistischen Strukturen in ihrer Heimat. So bereiste sie 1948 im Auftrag der französischen Zeitung *France-Soir* inkognito den amerikanischen Süden, wo sie versuchte, öffentliche Einrichtungen zu nutzen, die Weißen vorbehalten waren. Die Festnahmen, Angriffe und Drohungen, mit denen sie sich daraufhin konfrontiert sah, fanden Eingang in eine Reihe von entrüsteten Reportagen. Drei Jahre später setzte Josephine ein noch deutlicheres Zeichen: Bei einer ausgedehnten Tournee quer durch sämtliche Staaten trat sie aus Prinzip nicht in Städten auf, die ihr den Zutritt zu Luxushotels verwehrten, und bestand zudem auf einer Schwarzen Bühnencrew. Sie warb in den Geschäften und Restaurants vor Ort für mehr Offenheit und Toleranz, und als der Klan ihr dafür wie erwartet mit Vergeltung drohte, ging sie damit sofort an die Presse.

In einer Zeit, da prominente Schwarze Aktivistinnen und Aktivisten noch Mangelware waren, galt Josephine als mächtige Stimme im Ringen um gesellschaftlichen Wandel. Ihre Initiativen wurden im Kongress debattiert, und nach Auffassung des *Chicago Examiners* hatte sie mit ihrem beherzten Kampf gegen Rassismus und Unterdrückung »die beste PR-Kampagne aller Zeiten« hingelegt.[4] Am 20. Mai 1951, dem offiziellen Josephine Baker Day, fand ihr zu Ehren in den Straßen Harlems ein Autokorso statt, mit der Namenspatronin an der Spitze.

Josephine war von Idealismus beseelt, aber sie war auch naiv und dickköpfig. Schwarze Bürgerrechtler sahen mit Sorge, dass ihre Protestaktionen immer seltener mit politischem Pragmatismus zu tun hatten, geschweige denn mit der Realität. Manche Aussagen, zu denen sie sich Anfang der 1950er hinreißen ließ, waren so haarsträubend extrem und einige ihrer Ansichten derart bizarr – zum Beispiel war sie der Meinung, dass der argentinische Diktator Juan Perón nichts als ein brüderliches Miteinander anstrebte –, dass sie den Menschen, für die sie sich einsetzte, damit letztlich einen Bärendienst erwies. Erst als sie 1963 in die USA zurückkehrte, um Martin Luther King und den March on Washington zu unterstützen, wurde sie wieder als Galionsfigur der Bürgerrechtsbewegung akzeptiert.

Dass es Josephine mitunter schwerfiel, die Welt um sich herum korrekt zu deuten, hatte auch damit zu tun, dass ihr Leben als gefeierter Star einer Art Märchenlogik gehorchte. Als Heldin ihrer eigenen Aschenputtelgeschichte war sie es gewohnt, dass alles nach ihren Vorstellungen lief. Wenn sie etwas wollte oder etwas für wahr hielt, stieß sie höchst selten auf Widerstand. Und diese Anspruchshaltung hatte nicht nur ihr politisches Urteilsvermögen getrübt, sondern auch dafür gesorgt, dass sie privat zu Selbstüberschätzung und Schönfärberei neigte, insbesondere bei ihrer Mission, Mutter zu werden.

Es ist nicht restlos geklärt, was Josephine daran hinderte, eigene Kinder zu bekommen – fest steht, dass sie an chronischen Unterleibsbeschwerden litt, und vielleicht wollte sie ihrem geschundenen Körper einfach keine Schwangerschaft zumuten. Zum Ausgleich setzte sie alles daran, eine Adoptivfamilie zu gründen, und zwar im ganz großen Stil. Ab 1954 reiste sie um die Welt und sammelte auf Schritt und Tritt Babys und Kleinkinder ein, die eines nach dem anderen nach Les Milandes gebracht wurden, Josephines Château in der französischen Provinz. 1965 zählte ihre multiethnische »Regenbogenfamilie«, wie sie es selbst formulierte, ein ganzes Dutzend Kinder (mit Jean-Claude Baker, ihrem »inoffiziellen« Adoptivsohn und künftigen Biografen, als Nummer dreizehn).

Dass sie es immer nur gut meinte, steht außer Frage. Josephine hatte ihre Schützlinge allesamt aus verarmten Verhältnissen in Afrika, Asien und Südamerika befreit und war überzeugt, mit ihrer multiethnischen Familie die Basis für eine Gemeinschaft zu schaffen, in der Liebe und Gerechtigkeit regierten. Dennoch trug das Projekt von Anfang an ihre impulsive, narzisstische Handschrift. Daran, dass man diese Kinder nicht einfach so ihrem gewohnten Umfeld entreißen konnte, und dass es nunmehr an ihr war, ihnen ein geregeltes Familienleben zu bieten, hatte sie im Vorfeld keinen Gedanken verschwendet. Wie auch? Häusliche Pflichten waren ihr neu, und alles, was sie übers Muttersein wusste, hatte sie von Carrie gelernt. Obwohl Jo Bouillon, seit 1947 Josephines fünfter »Ehemann« (wenn auch nicht vor dem Gesetz),* auf Les Milandes Hausherr spielte, tobte dort meistens das Chaos. Kindermädchen, Lehrer, Gärtner und Hausangestellte gaben sich die Klinke gleichsam in die Hand, und da Josephine äußerst unregelmäßig zu Besuch kam und dabei nicht nur Liebe und Geschenke,

* Pepito war 1936 an Krebs gestorben, Josephines Beziehung zu seinem wesentlich jüngeren Nachfolger Jean Leon währte nicht lange, und ihre Ehe mit Bouillon (ab 1947) war eine reine Zweckgemeinschaft und hatte mit echter Leidenschaft wenig zu tun.

sondern auch Kritik und Strafen verteilte, waren die Kinder renitent, ängstlich und verwirrt.

Als kleines Mädchen hatte sie stets verzweifelt versucht, zu Hause alles zusammenzuhalten, hatte Mülltonnen nach Spielzeug für ihre Geschwister durchwühlt und in der Gratiot Street im Keller für sie getanzt, doch dieses Talent, selbstlos zu lieben, war ihr mit der Zeit abhanden gekommen; sie spielte schon zu lange die erste Geige, um sich auf die Kompromisse eines Familienlebens einlassen zu können. Kein Wunder, dass ihre letzte, kurze sechste »Ehe«* vor allem Symbolcharakter besaß – die Beziehung zu ihrem »Mann«, einem Playboy mit Künstlerambitionen namens Robert Brady, spielte sich hauptsächlich per Brief ab.

Josephines gewagtes Experiment war gescheitert. Dabei hatte sie eigentlich längst eine Familie: ihr Publikum. Auch wenn sie hin und wieder ans Aufhören dachte, weil sie das Gefühl hatte, sich langsam lächerlich zu machen und demnächst ohnehin in der Bedeutungslosigkeit zu verschwinden, hielten die französischen Fans ihr bis zuletzt die Treue. Ihre pompöse Beerdigung in Paris war der Höhepunkt einer stürmischen, nahezu lebenslangen Romanze zwischen einem Star und seiner Stadt, und von diesem Großereignis sollte in den folgenden Jahrzehnten auch ihre Legende zehren. Nicht einmal Josephine hätte ahnen können, auf wie viel Resonanz ihre Geschichte seither gestoßen ist. Ein Schwarzes Mädchen aus dem Getto, das sich unbeirrt die Karriereleiter emporgekämpft hat, ein Freigeist, eine Politaktivistin, eine kleine Revuetänzerin, die irgendwann berühmter war als die Pawlowa – ganze Generationen haben sie sich zum Idol erkoren, ohne sie jemals auf der Bühne erlebt zu haben.

* Die beiden gaben sich zwar im kleinen Kreis in einer Kirche das Jawort, hielten es aber nicht für nötig, das Ganze auf einem Standesamt offiziell zu machen.

Josephines letzte Vorstellung und die Krönung ihrer Laufbahn war eine Beerdigung, die so schnell keiner vergessen würde. Nancy Cunard hingegen hatte sich durch ihre politischen Kreuzzüge immer weiter isoliert. Als sie im März 1965 zusammenbrach, war sie geisterhaft dünn, verwirrt und allein, und von der kleinen Beisetzungsfeier, die man in der Kirche der Britischen Botschaft für sie abhielt, hieß es im *Evening Standard*, es sei »ein trauriger und einsamer Abschied von einem Star der zwanziger Jahre« gewesen.[5]

In Wahrheit hatte Nancy die Zwanziger längst hinter sich gelassen. Schon zu Beginn der dreißiger Jahre während der Arbeit an *Negro* hatte sie den Frivolitäten der vorangegangenen Dekade den Rücken gekehrt und war stattdessen erfüllt von gerechtem Zorn und Abscheu darüber, wie man mit den Schwarzen umging. Ihren alten Freunden und Bekannten entfremdet, hatte sie keine neue Nische in den Kreisen der politisch Engagierten gefunden. Ihre Ansichten waren einfach zu unorthodox. Auch die Inhalte der Anthologie wurden wegen ihrer kulturellen und politisch-historischen Bandbreite* als verwirrend eklektisch empfunden, weshalb Nancy als ideologisches Pulverfass galt. Die Schwarzen in den USA hatten ein Problem mit ihrer wachsenden Sympathie für den Kommunismus, aber mehr noch mit ihrer lockeren Sexualmoral. Nancy nahm keine Rücksicht auf die örtlichen Gepflogenheiten, wenn sie in den Staaten unterwegs war, und machte aus ihrem Interesse an Schwarzen Männern keinen Hehl; wie Josephine verstand sie die subtilen, pragmatischen Verhaltensregeln nicht, nach denen sich Bürgerrechtsaktivisten dort richten mussten. Sie hatte nur ihre flammenden Visionen von richtig und falsch vor Augen.

Der Ausbruch des Spanischen Bürgerkriegs bescherte Nan-

* Es sollte noch 35 Jahre dauern, bis die Forschung *Negro* als dokumentarische Pionierleistung und wichtige Quelle für die Black Studies erkannte.

cy dann eine neue Mission, die sie noch mehr in Anspruch nahm als der Kampf für die Rechte der Schwarzen. Während der Recherchen für *Negro* hatte sie den Kontakt zur Associated Negro Press (*ANP*) hergestellt, und 1935 beauftragte sie der Nachrichtendienst, nach Mussolinis Einmarsch in Abessinien über die Verhandlungen in den Vereinten Nationen zu berichten. Die Arbeit als Reporterin lag ihr, hier konnte sie sowohl ihre literarische wie ihre politische Leidenschaft einbringen, und im Folgejahr schickte die *ANP* sie als ihre offizielle Kriegsberichterstatterin nach Spanien.

Die Zugfahrt nach Barcelona im Herbst 1936 markierte eine Zäsur in Nancys Leben – künftig teilte es sich in ein »vor Spanien« und ein »nach Spanien«. Sie verliebte sich in das Land und mehr noch in seine Menschen, die für sie den Kampf um den Weltfrieden repräsentierten – Franco und seine Truppen natürlich ausgenommen. Während der zweieinhalb Jahre, die sie über den Bürgerkrieg berichtete, machte sie die beglückende Erfahrung, Teil einer geeinten Bewegung zu sein. In Spanien fanden sich Schriftsteller, Künstler, Journalisten und Idealisten – kurz gesagt Leute wie sie – aus ganz Europa und Amerika zusammen. Ständig traf Nancy irgendwelche alten Bekannten wie etwa Hemingway, und knüpfte neue Freundschaften mit Gleichgesinnten wie dem Dichter Pablo Neruda. Sie alle teilten die Überzeugung, dass sich mit dem Kampf gegen Franco das Schicksal der freien Welt entscheiden würde. Und auch wenn Nancy oft belastend fand, was sie sah – die Hungernden, die Verwundeten, die Vertriebenen, die zerstörten Dörfer und Städte –, hatte sie sich doch niemals im Leben nützlicher und erfüllter gefühlt.

Doch sie wollte mehr tun, fand es unerträglich, dass es noch immer Leute gab, denen die Situation in Spanien gleichgültig war. 1937 schickte sie einen Fragebogen an 200 Schriftsteller und forderte sie auf, Partei für die Republikaner zu ergreifen. Fast 150 davon antworteten, und das Ergebnis erschien im

New Left Review unter dem Titel »Schriftsteller beziehen Stellung im Spanischen Bürgerkrieg«. Die meisten unterstützten die Republikaner, aber der Fragebogen war so provokant formuliert, dass Nancy auch ein paar aggressive Antworten bekam. In George Orwells (unveröffentlichter) Replik heißt es, das Ganze sei »verdammter Blödsinn«, das Produkt eines ignoranten Dilettantismus, und er führte aus: »Ich habe sechs Monate in Spanien verbracht, die meiste Zeit im bewaffneten Kampf, ich lebe mit einer Kugel im Körper und gedenke nicht, irgendwelches Blabla im Dienste der Demokratie oder eines ritterlichen kleinen Niemand abzulassen.«

Orwell war angewidert von den ideologischen Grabenkämpfen, die die republikanischen Kräfte spalteten, und geißelte die Schwarz-Weiß-Malerei des Fragebogens zu Recht als naiv. Der Vorwurf der Ignoranz war hingegen nicht gerechtfertigt. Während ihrer Zeit in Spanien eilte Nancy oft als Erste an besonders gefährliche Kriegsschauplätze und nahm dabei Kälte, Hunger und Schlafentzug klaglos in Kauf. Selbst bei der Niederlage der republikanischen Armee war sie vor Ort und dokumentierte das Leid von einer halben Million Menschen auf der Flucht vor Francos Truppen, die in provisorischen Lagern an der französischen Grenze interniert wurden. Nancys leidenschaftliche Reportagen für den *Manchester Guardian* und die *ANP* halfen, eine Hilfsaktion ins Leben zu rufen, die die Flüchtlinge mit Nahrungsmitteln, Kleidern und Geldspenden unterstützte.

Sie war stolz darauf, ihren, wenn auch kleinen, Beitrag zur Linderung der unmenschlichen Bedingungen in den Lagern geleistet zu haben. Francos Triumph dagegen sah sie als persönlichen Affront. Nach ihrem Spanienaufenthalt erholte sie sich mit Freunden in Südamerika, und als die Alliierten Deutschland den Krieg erklärten, hatte sie einfach nicht mehr genug Energie, es mit dem nächsten faschistischen Gegner aufzunehmen.

Erst 1941 kehrte sie nach Europa zurück und ließ sich mit großen Vorbehalten in London nieder. Nancy hatte eine tief sitzende Abneigung gegen ihre Heimatstadt entwickelt, und wegen ihres Widerstands gegen Maud und die britische Oberschicht hielt sie es dort nie länger als ein paar Monate aus. Doch der Krieg ließ ihr keine andere Wahl, und trotz der Bombardierungen und der Lebensmittelknappheit war sie in den dreieinhalb Jahren, die sie in London verbrachte, auf seltsame Weise zufrieden. Zum ersten Mal in ihrem Erwachsenenleben befand sie sich emotional und politisch im Einklang mit dem Rest der Bevölkerung. Sie konzentrierte sich auf sinnvolle Arbeit, zumeist Übersetzungen für die französische Exilregierung, fand aber auch die Zeit für Gedichte und brachte einen Lyrikband als Hommage an ihr geliebtes, gebeuteltes Frankreich heraus.

Das Kriegsende war für sie eine eher schmerzliche Erfahrung, zwang es sie doch, ihre Lebensumstände neu zu überdenken. Wo sollte sie hin? Das Haus in Réanville war keine Option. Als sie hinfuhr, um dort nach dem Rechten zu sehen, musste sie mit Entsetzen feststellen, dass all ihre kostbaren Bücher und Kunstwerke geplündert oder zerstört worden waren. Aber schlimmer noch war die Erkenntnis, dass die übelsten Vandalen nicht der Feind, sondern ihre französischen Nachbarn gewesen waren.

Dort konnte Nancy also nicht bleiben, und so reiste sie weiter in den Süden, wo sie ein neues, bescheidenes Heim in dem Weiler Lamothe-Fénelon fand. Sie war zwar nicht mehr reich, aber immerhin unabhängig, und fortan pflegte sie ihre Sommer in Frankreich zu verbringen und der Winterkälte zu entgehen, indem sie Reisen machte und Freunde besuchte.

Es war ein ungebundener, aber oft auch einsamer Lebensstil. An die Stelle der Kameradschaft während ihrer Zeit in Spanien trat in den kommenden zwanzig Jahren kein neues politisches Engagement. Natürlich wütete Nancy weiter gegen

Francos anhaltende Diktatur und die Diskriminierung der Schwarzen, doch es fehlten ihr sowohl die finanziellen Ressourcen wie auch die persönlichen Kontakte, um effektive Maßnahmen ergreifen zu können. Da sie nicht zu Gruppenbildung oder zur Mitgliedschaft in politischen Parteien neigte, wurde sie politisch marginalisiert und auch im Privatleben isoliert.

Dennoch mangelte es Nancy nie an Gesellschaft. Sie blieb eine charismatische Persönlichkeit, schlagfertig, informiert, eine überraschend geistreiche Gesprächspartnerin und erstaunlich elegante Erscheinung. In mancherlei Hinsicht mag ihre Ästhetik in den 1950ern exzentrisch gewirkt haben – die unzähligen Armreifen und farbenprächtigen Schals –, aber gleichzeitig war sie mit Mitte fünfzig schöner denn je, sodass Männer sie weiterhin begehrenswert fanden. Auf ihren Reisen fand sie überall neue Freunde – und Liebhaber. Die früheren Freundschaften hingegen bröckelten: Alter, Krankheit oder räumliche Trennung lösten die alten Bindungen in Paris und London auf. Als Nancy und Iris Tree sich in Rom zufällig über den Weg liefen, erschraken beide darüber, dass sie sich zwanzig Jahre lang nicht mehr gesehen hatten. Was Iris jedoch weit mehr schockierte, waren die Veränderungen, die sie an Nancy feststellte. Diana gegenüber äußerte sie die Vermutung, die gemeinsame Freundin führe ein Leben, das »irgendwie schädlich für sie ist, und [in dem] es ihr an der Sympathie und Zuneigung ihrer Mitmenschen mangelt«.[6]

Der Bruch zwischen Nancy und ihrer Mutter war jedenfalls nie geheilt. Als Lady Cunard einmal während des Krieges durch London fuhr, hatte sie Nancy auf dem Gehweg entdeckt, aber nicht angehalten. 1948 war es dann zu spät. Diana informierte Nancy, dass ihre Mutter im Sterben liege, und flehte sie an, einen letzten Versöhnungsversuch zu unternehmen, doch Lady Cunard verlangte nicht nach Nancy, und diese machte auch keine Anstalten, den Konflikt zu entschärfen.* Die einzigen Familienmitglieder, zu denen sie Kontakt hielt, waren ihre Cousins Victor und Edward. Ihr Ersatzvater George Moore war bereits 1933 gestorben.

Ihm hat Nancy liebevolle Erinnerungen gewidmet; zusammen mit ihrem Buch über Norman Douglas gehören sie zum Besten, was sie nach dem Krieg geschrieben hat. Sie schrieb eigentlich ständig, vor allem Gedichte, erwartete aber längst nicht mehr, dafür bejubelt zu werden. Den Text jedoch, auf den Verleger wie Leser am sehnlichsten warteten, ihre Autobiografie, konnte sie nicht liefern. Sie wollte den Tratsch aus dem Paris der Zwanziger nicht weitertragen, fand es unmoralisch, über ihre noch lebenden, engen Freunde aus dieser Zeit zu schreiben. Es wäre einem Verrat an ihrer innigen Verbindung gleichgekommen.

Nancy war aber durchaus in der Lage, Freundschaften auf andere Weise zu unterminieren. Iris hatte recht mit ihrer Beobachtung, dass Nancy in den fünfziger Jahren kein gutes Leben führte: Sie trank zu viel, aß zu wenig und echauffierte sich über das politische Unrecht in der Welt. Fremde mochten sich von ihr verzaubern lassen, aber für ihre Freunde war sie manchmal ziemlich anstrengend. Selbst die, die sie wirklich mochten, schreckten davor zurück, sie länger als ein paar Tage zu sich einzuladen, denn dann mussten sie ihre alkoholbedingten Stimmungsumschwünge ertragen und sich wegen ihrer Einstellung zur Spanienfrage auf den Zahn fühlen lassen.

Das Land und sein Schicksal zehrten immer noch an ihr, und sie fuhr so oft wie möglich hin. Trotz ihrer Faszination für die Menschen, die Landschaft und die Kultur konnte sie ihren privaten Feldzug gegen seine faschistischen Herrscher

* Das ihr zufallende Drittel vom stark geschrumpften Vermögen ihrer Mutter schlug Nancy hingegen nicht aus. Ebenfalls ein Drittel bekam Diana, die sich zwar gelegentlich über Lady Cunard lustig gemacht, sie aber immer gemocht hatte; vermutlich war sie die Tochter, die Maud sich gewünscht hatte.

einfach nicht aufgeben, und umsichtige Freunde registrierten den negativen Effekt, den das auf Nancys psychisches Gleichgewicht hatte. Während der fünfziger Jahre wurde ihr Verhalten immer aggressiver; sie beschimpfte die spanische Polizei, zettelte Auseinandersetzungen mit Fremden an und stellte in aller Öffentlichkeit gefährliche Forderungen wie etwa die Freilassung aller politischen Gefangenen. Während eines Aufenthalts im Jahr 1960 benahm sie sich derart daneben, dass sie verhaftet und des Landes verwiesen wurde.

In ihrer Jugend wäre ihr eine solche Behandlung aus propagandistischen Gründen gerade recht gekommen, doch nun bewirkte sie bloß eine Verschlimmerung ihres Zustands. Auf der Rückreise nach London verschlechterte sich Nancys ohnehin labile psychische Verfassung, und als sie dort eintraf, war sie völlig verstört und paranoid. Freunde, die sie zu beruhigen suchten, wurden als faschistische Spione beschimpft. Sie fand keine Ruhe mehr; durch die Straßen irrend beschimpfte sie Polizisten und machte wildfremden Passanten sexuelle Avancen. Als sie schließlich im Gefängnis landete, stellte der hinzugezogene Arzt fest, dass sie dringend einer psychiatrischen Behandlung bedürfe.

Nancy verbrachte den Sommer in einer geschlossenen Abteilung des Holloway-Sanatoriums einige Kilometer außerhalb von London. Die Mischung aus Ruhe, Sedativa und ordentlichem Essen stabilisierte sie, raubte ihrem Leben aber auch den Sinn. Im Juli resümierte sie in einem Brief an Janet Flanner, sie sei stolz auf *Negro* und auf ihre Berichterstattung aus Spanien, aber in der Liebe und in der Poesie sei sie gescheitert.

Bei ihrer Entlassung im September gab man ihr Antidepressiva und die strenge Anordnung mit, sich vom Alkohol fernzuhalten. Doch während sie zu ihrer gewohnten geistigen Beweglichkeit zurückfand, begann sie körperlich abzubauen, und 1963 wurde bei ihr ein Emphysem festgestellt. Nancy war es gewohnt gewesen, immer fit zu sein und einen funktionstüchtigen, agilen Körper zu haben. Wie Michelet so zutreffend bemerkt hatte, musste sie immer ein bisschen schneller sein als ihre Dämonen. Nun war sie kurzatmig und wackelig auf den Beinen, ein für sie unerträglicher Zustand. Um mit dem Frust fertigzuwerden, betäubte sie sich immer öfter mit immer mehr Alkohol, was 1965 zu einem schlimmen Sturz führte. Sie stolperte und brach sich den Oberschenkel, und nachdem ihr die Ärzte gesagt hatten, sie dürfe sich drei Monate lang nicht bewegen, sah sie sich gezwungen, das Angebot ihres alten Freundes, des französischen Malers Jean Guérin, anzunehmen, der sich um sie kümmern wollte.

Guérins Villa an der Riviera war herrlich, und er erwies sich als feinfühliger Gastgeber, doch Nancy konnte weder das eine noch das andere schätzen. Schon vor ihrem Sturz hatte sie um ihre Unabhängigkeit gebangt: Ihr ererbtes Kapital schmolz rasch zusammen und die Lebenshaltungskosten stiegen.* Nun, nach ihrem Unfall, hatte sie panische Angst davor, nie wieder reisen oder allein leben zu können. Und da sie sich angewöhnt hatte, ihre Medikamente mit tröstenden Mengen an Alkohol einzunehmen, trieb diese Angst Nancy erneut an den Rand des Wahnsinns.

Entsprechend schwierig wurde ihre Pflege: Sie hörte nicht auf ihre Ärzte, verweigerte die Nahrung und war unverschämt zu allen, die sie umsorgten. Nach einer besonders unschönen Szene legte Guérin ihr nahe, sein Haus zu verlassen, und Nancy, getrieben von der Wucht ihres Zorns, schaffte es, sich und ihre Habseligkeiten zum nächsten Bahnhof zu schleppen. Sie landete auf der Türschwelle von Solita Solano, die in einem

* Ironischerweise hinterließ sie bei ihrem Tod ein Vermögen von über 120 000 Pfund. Hätte Nancy ihre Finanzen ordentlich verwalten lassen, hätte sie ihre letzten Jahre in sehr viel komfortableren Umständen verbringen können.

Vorort von Paris lebte, doch zu diesem Zeitpunkt benötigte sie bereits intensive medizinische Versorgung. Außerdem hatte Solita kein ordentliches Zimmer für Nancy, und so veranlasste sie, dass sie am folgenden Tag zu Janet Flanner übersiedeln sollte, die im Stadtzentrum wohnte.

Dort kam Nancy allerdings nie an. Sie hatte es sich in den Kopf gesetzt, bei Raymond Michelet unterzukommen, obwohl dessen winzige Wohnung noch weniger Platz bot als Solitas kleines Haus. Michelet war entsetzt über Nancys verheerenden Zustand, und mit der Unterstützung von Georges Sadoul, einem gemeinsamen Freund aus den Tagen des Surrealismus, bekniete er Nancy, in ein Hotelzimmer zu ziehen, wo sie sich von einem Arzt gründlich untersuchen lassen konnte.

Sadoul bezweifelte allerdings, dass ein Arzt ihr noch helfen konnte. Nancy schien jenseits jeder Therapie: »Ihr Geist war gebrochen, ihre wunderbare Intelligenz vernebelt, und sie war zu nichts anderem mehr in der Lage, als ihre besten Freunde, anwesend und abwesend, zu beschimpfen.«[7] Sie traute niemandem und entwickelte nachts die Wahnvorstellung, der von Michelet gerufene Arzt sei Teil einer faschistischen Verschwörung gegen sie. Am Morgen des 12. März zündete sie die wenigen Papiere an, die sie bei sich hatte, und versuchte zu fliehen. Als der Taxifahrer, den sie vor dem Hotel herbeiwinkte, ihre ungepflegte Kleidung, ihre zitternden Glieder und den wilden Gesichtsausdruck sah, brachte er sie geradewegs zum nächsten Polizeirevier.

Zwei Tage später starb Nancy in einem öffentlichen Krankenhaus. Es war ein kleiner, erbärmlicher Tod, und für alle, die sie gekannt hatten, ein tragisches Ende. Doch selbst in ihrer allergrößten Not war sie sich selbst treu geblieben. Ein Leben lang war sie ihren Überzeugungen gefolgt, und noch als ihr Körper und Geist bis zur Unkenntlichkeit entstellt waren, weigerte sie sich, dem Drängen anderer nachzugeben. Die Bedingungen ihres Todes waren ganz und gar ihre eigenen.

Zelda Fitzgerald sah jedwede Hoffnung auf so etwas wie Freiheit schwinden, als sie 1930 ihren ersten Zusammenbruch erlitt. Nach ihrer Einweisung in die Schweizer Prangins-Klinik plagten sie nicht nur Halluzinationen und Depressionen, sondern auch ein hartnäckiges Ekzem, das inzwischen nicht nur ihr Gesicht, sondern auch ihren Hals und Oberkörper in Mitleidenschaft gezogen hatte. Wenn ihre Verfassung es zuließ, schickte sie lange Briefe an Scott, in denen sie ihm und sich zu erklären versuchte, wie sie an diesen Scheideweg gelangt war, und ihren Mann anflehte, zusammen mit ihr »dieses heillose psychologische Durcheinander zu entwirren«.

Dabei schwankte sie zwischen Schuldgefühlen und Hass, machte sich einerseits Vorhaltungen wegen ihrer »lächerlichen Abhängigkeit« von Scott und ereiferte sich andererseits über seinen Alkoholkonsum und seine Selbstsucht. Er hingegen übte sich nach Kräften in Geduld: »Ich liebe Dich von ganzem Herzen«, heißt es in einem undatierten Brief an Zelda, »weil Du mein Mädchen bist, und das ist mein einziger Gedanke.«[8] Doch in seiner Verzweiflung – und Erschöpfung – ließ er sich ab und an auch zum postalischen Gegenschlag hinreißen, wobei er mit Vorliebe wieder und wieder Zeldas sämtliche Vergehen und Versäumnisse aufs Tapet brachte. Über ein Jahr lang stolperten die beiden streitend durch die Trümmer ihrer Vergangenheit und machten sich gegenseitig das Leben zur Hölle.

Im Herbst 1931 hatte Zelda sich so weit erholt, dass sie die Rückfahrt nach Amerika antreten konnten, wo das Paar zunächst eine Weile in Montgomery lebte, während Scott arbeitete. Doch der plötzliche Tod ihres Vaters 1932 stürzte Zelda unerwartet in die Krise, und nach einem erneuten Zusammenbruch wurde sie in die Phipps-Klinik in Baltimore eingewiesen. Allerdings erlebte sie ihre Zeit dort ganz anders als den Aufenthalt in Prangins, denn sie fiel zeitlich mit einer ihrer intensivsten Schaffensperioden zusammen. Während die Ärzte Zelda als still und verschlossen wahrnahmen, hatte sie innerlich zum Flug angesetzt und schrieb täglich mehrere Stunden an ihrem autobiografischen ersten Roman, *Save Me The Waltz*.

Aus rein therapeutischer Sicht erwies sich dieses Projekt als Wendepunkt: Zum ersten Mal erzählte Zelda in eigenen Worten aus ihrem Leben, ohne dass Scotts Sicht der Dinge alles überlagerte, und mithilfe ihrer Hauptfigur Alabama kam sie der Frage, wer sie eigentlich war und was sie getan hatte, ein ganzes Stück näher. Melancholisch sinnierte sie über ihren jugendlichen Widerstand gegen die Moralvorstellungen ihres Vaters, seine Integrität und Disziplin, und stellte sich vor, was passiert wäre, wenn sie zwei Jahre zuvor den Mut gehabt hätte, Julia Sedowas Einladung an das Ballett der San-Carlo-Oper anzunehmen. Im Roman schafft es Alabama immerhin bis in eine billige Pension in Neapel und steht nach mehreren Soloauftritten kurz vor dem Durchbruch als Ballerina. Doch ist es vielleicht als versteckter Seitenhieb auf ihre eigene Feigheit zu verstehen, dass Zelda ihre Heldin kurz darauf mit einer Verletzung straft, die deren Karriere beendet. Am Ende kommt Alabama wieder mit ihrem Mann David zusammen, und in der Schlussszene sieht man die beiden wie eh und je zwischen den ranzigen Überresten einer rauschenden Party sitzen.

Viel entscheidender als die therapeutische Logik des Romans war allerdings, dass Zelda mit *Save Me The Waltz* endgültig den Beweis dafür erbrachte, dass sie schreiben konnte. Der Text hat technisch durchaus seine Schwächen, er ist schlampig strukturiert und die überfrachtete Sprache kreist nur um sich selbst; dazwischen finden sich jedoch Passagen, deren Bildgewalt und sinnliche Präzision Alabamas Erfahrungen eine geradezu halluzinatorische Klarheit verleihen. In der Hoffnung auf positive Resonanz rang Zelda sich schließlich dazu durch, dem Verlagshaus Scribner's ihr Manuskript zu schicken.

Vor allen Dingen erhoffte sie sich natürlich Zuspruch und Unterstützung von Seiten ihres Mannes, aber Scott wurde mehr denn je von Selbstzweifeln gequält und wähnte sein Talent ob der ständigen Sorgen um Zeldas Gesundheit und der horrenden Kosten für ihre Behandlung und Scotties teures Internat schon »tot und begraben«.[9] Sein qualvoll langsam erzählter vierter Roman, *Tender is the Night*, war so gut wie fertig, aber weil Zeldas Buch sich inhaltlich über weite Strecken mit seinem überschnitt und zentrale Bilder und Beschreibungen szenenweise auch bei ihm auftauchten, redete er sich ein, sie habe aus purer Bosheit zum Präventivschlag ausgeholt. Er fühlte sich verraten und bedroht, und ohne Rücksicht auf Zeldas labilen Zustand fing er an, sie, ihren Arzt und den Verlag mit vernichtenden Briefen zu bombardieren, getrieben von purer Versagensangst.

Dabei stand seine Hysterie in keinem Verhältnis. Zwar nimmt *Save Me The Waltz* inzwischen einen festen Platz im feministischen Literaturkanon ein, neben berühmten Werken von Charlotte Perkins Gilmour und Virginia Woolf. Zum Zeitpunkt seines Erscheinens floppte der Roman jedoch gewaltig. Er verkaufte sich weniger als 1500-mal, und obwohl eine Handvoll Kritiker Zeldas originellen Erzählstil hervorhoben, einigte das Feuilleton sich recht schnell darauf, dass der Text zu weiten Teilen unlesbar war.

Auch wenn Zelda keine ernst zu nehmende Konkurrenz für Scott darstellte, kam in dem Gerangel um ihr Buch einmal mehr der fundamentale Konflikt zwischen den Eheleuten zum Ausdruck. Dem prickelnden, profitablen Abenteuer, auf das die beiden sich 1919 eingelassen hatten – die große Liebe der Fitzgeralds –, verdankten sie unzählige Chancen und weltweiten Ruhm, aber das, was sie einst verbunden hatte, war mit der Zeit zum Gefängnis geworden. Die Legende, die sich um die beiden rankte, bot weder Zelda noch Scott genug Raum, um sich voll zu entfalten. In dem ein oder anderen schwachen Moment begann Scott damals mit dem Gedanken an Scheidung zu spielen – wenn er schon seine Ehe nicht retten konnte, dann zumindest sich selbst.

Inzwischen konnte man Zelda mit Fug und Recht als invalide bezeichnen. Trotz ihrer lebhaften Gedankenwelt war ihr fahles Gesicht von Falten durchzogen, ihre Lippen aufgebissen und ihr Mund häufig zu einem leeren Lächeln verzogen. Es gab immer wieder Zeiten, in denen es ihr gut genug ging, um zusammen mit Scott irgendwo zu leben, und an manchen Tagen war es fast, als wäre die alte Vertrautheit zwischen den beiden wieder eingekehrt. Doch in Zeldas Worte und Gesten hatten sich bedenkliche Aussetzer eingeschlichen – eine ihrer Nachbarinnen in Baltimore verglich sie mit einer »kaputten Uhr«[10] –, und abseits von diesen halbwegs stabilen Phasen unternahm sie nicht nur mehrere Selbstmordversuche, sondern legte mittlerweile auch eine beängstigende Bibelfestigkeit an den Tag.

Scotts Notizbucheinträge aus dem Jahr 1935 klingen hochgradig verzweifelt: »Arbeit und Sorgen … schreckliche Schulden … Zelda geht durch die Hölle.« Doch ein Jahr später ging es schon wieder bergauf. Scott zog es zur Erholung seit geraumer Zeit immer öfter ins ländliche North Carolina, und nachdem er beschlossen hatte, sich für absehbare Zeit in Asheville niederzulassen, ließ er Zelda ins nahe gelegene Highland Hospital verlegen. Die von Nonnen geleitete Anstalt ging mit neurotischen, »kunstaffinen« Patientinnen nicht gerade zimperlich um, aber zum Glück galt dort nicht nur das Prinzip »Abhärtung durch körperliche Ertüchtigung«, sondern Zelda durfte auch malen, wodurch sich 1936 ein ganz neues Betätigungsfeld vor ihr auftat.

Schon in der Phipps-Klinik hatte sie wieder regelmäßig zum Pinsel gegriffen, und Scott – insgeheim vielleicht, um seinen Sturmlauf gegen *Save Me The Waltz* wiedergutzumachen – hatte eine kleine Ausstellung ihrer Arbeiten in New York organisiert. Zelda nahm enttäuscht zur Kenntnis, dass sie in der Presse mehrheitlich immer noch unter »legendäre, fast schon sagenhafte Gestalt der zwanziger Jahre« geführt wurde, doch das Nachrichtenmagazin *Time* würdigte ihre Bilder als »Arbeiten eines hochbegabten introvertierten Menschen ... eindringlich und ungemein rhythmisch«.[11] Auch im Highland-Sanatorium verlor sie ihr Ziel nicht aus den Augen, brach die schiere Masse und Energie ihrer Porträts und Landschaften zunehmend auf fantastische abstrakte Kompositionen herunter und versuchte, Formen und Farben zu finden, die es mit der emotionalen Wucht dessen aufnehmen konnten, was in ihr vorging.

Derweil hockte Scott in Hollywood und schrieb für höchst willkommene 1000 Dollar die Woche Drehbücher für MGM. Auch ihm ging es bedeutend besser – kein Wunder, hatte er sich doch neu verliebt. Die junge englische Journalistin Sheilah Graham war hübsch, blond und sportlich und erinnerte Scott in gewisser Weise an Zelda, mit dem Unterschied, dass Sheilah nicht nur einen erfrischenden Pragmatismus, sondern auch eine überschäumende Herzlichkeit an den Tag legte. Hingerissen beschrieb er sie als eine der wenigen schönen Frauen aus Zeldas Generation, »die die Jahre bis 1938 unversehrt überstanden hat«.[12]

Wenngleich nie ernsthaft zur Debatte stand, dass Sheilah Zeldas zentralen Platz in Scotts Leben einnehmen könnte, lag auf der Hand, dass die Fitzgeralds es keine paar Tage oder Wochen am Stück mehr miteinander aushielten – weshalb Zelda nach ihrer Entlassung aus dem Highland Hospital im Frühjahr 1940 zunächst zu ihrer Mutter nach Montgomery zog. Scott teilte einstweilen sein Leben mit Sheilah, arbeitete an seinem fünften Roman, *The Last Tycoon* (dt. *Der letzte Taikun*), und obwohl er mehr trank, als ihm guttat, hatte er sowohl seine Launen als auch seine Motivationsprobleme weitaus besser im Griff als früher.

Zelda und er schrieben einander jede Woche – lange, liebevolle Briefe, in denen sie der Vergangenheit nachhingen und sich Diskussionen über die Gegenwart zumeist auf Scottie beschränkten, die inzwischen am Vassar College studierte. Ihre gesamte Jugend über hatte Scott sich wegen seiner Tochter verrückt gemacht und war bei jeder schlechten Note in Panik verfallen, aus Angst, sie könnte die leichte Ader ihrer Eltern geerbt haben. Doch Scottie hatte die familiären Verwerfungen erstaunlich gut überstanden; die junge Frau war nicht nur reif für ihr Alter, sondern zeigte auch erste Anzeichen von schriftstellerischem Talent, worüber Zelda und Scott sich voller Stolz austauschten. Durch diese Briefe ließ sich zumindest die Illusion aufrechterhalten, sie wären immer noch eine Familie.

Die beiden hatten sich anderthalb Jahre nicht gesehen, als Zelda am 21. Dezember 1940 einen Anruf von Harold Ober erhielt, der ihr mitteilte, Scott habe einen tödlichen Herzinfarkt erlitten. Auf diese Nachricht war sie hoffnungslos unvorbereitet. Obwohl Scott ein paar Wochen zuvor bereits mit Herzproblemen im Krankenhaus gewesen war, hatte er ihr versichert, auf dem Wege der Besserung zu sein, und sich voller Tatendrang an die letzten Kapitel seines Romans gemacht. Zelda hatte nicht einmal ansatzweise darüber nachgedacht, wie ihr Leben ohne ihn aussehen sollte. Scott und sie hatten einander über zwanzig Jahre lang gekannt und geliebt, und auch wenn sie ihn mitunter hasste, auch wenn ihre Ehe gescheitert war, sah sie in ihm nach wie vor ihren »besten Freund«, ihren Vertrauten. Vor allem hatte er auf magische Weise stets dafür gesorgt, dass sie nie den Glauben daran verlor, jederzeit wieder von vorn anfangen zu können. Sie ertrage den Gedanken nicht, schrieb sie an Edmund Wilson, dass er nie wieder zur Tür hereinkommen würde, »die Taschen voller Verheißung und im Herzen einen neuen Schwung Hoffnung«.[13]

Um an der Beerdigung teilzunehmen, war sie zu gebrechlich; gleichwohl biss sie die Zähne zusammen und verschrieb sich fortan dem beschaulichen Tagesrhythmus im Haus ihrer Mutter, wo sich das Leben zwischen Garten und Küche abspielte. Anfang 1942 schließlich begann eine neue Schaffensperiode: Zelda nahm ihren zweiten Roman, *Caesar's Things*, in Angriff und widmete sich zudem verstärkt ihrer Kunst. Obwohl sie zwischendurch immer wieder ins Highland-Sanatorium musste, war sie in der Lage, ganz behutsam eine enge Beziehung zu Scottie aufzubauen, die 1943 heiratete und drei Jahre später ihr erstes Kind zur Welt brachte.

Auf eine Art hatte Zelda zur Ruhe gefunden. Doch ein Selbstporträt aus dem Jahr 1942 beweist, dass sie und ihr Umfeld einen hohen Preis dafür zahlten. Auf dem Gemälde sind ihre Lippen qualvoll zusammengepresst, und ihre Augen lodern, als könnte der Wahnsinn es kaum erwarten, endlich aus seinem Gefängnis auszubrechen – was er auch immer wieder tat. Bei der Geburt von Scotties zweitem Kind 1948 war Zelda wieder in der Klinik, und am 9. März brachte sie in einem rührend optimistischen Brief ihre Hoffnung zum Ausdruck, bald wieder bei Kräften zu sein, um die kleine Familie zu besuchen. In der darauffolgenden Nacht jedoch brach in der Küche des Highland Hospitals ein Feuer aus, und während die Insassen auf den unteren Stockwerken alle rechtzeitig in Sicherheit gebracht werden konnten, kam für Zelda und sechs andere Patienten, deren Zimmer im Dachgeschoss offenbar abgesperrt waren, jedwede Hilfe zu spät. Als man Zelda am Morgen darauf fand, war ihr Leichnam derart vom Feuer entstellt, dass sie nur noch anhand eines verkohlten Pantoffels identifiziert werden konnte.

Sie wurde neben Scott in Rockville, Maryland beigesetzt, und nach der Beerdigung schrieb Scottie an ihre Großmutter, es sei »ein tröstlicher Gedanke, dass diese zwei Himmelsstürmer nun endlich Seite an Seite ihren Frieden gefunden haben«. Sie wünsche sich nichts sehnlicher, als das Leid der letzten Jahre aus ihrem Gedächtnis zu verbannen und ihre Eltern »so in Erinnerung zu behalten, wie sie damals als junge Leute gewesen sein müssen«.[14]

Dem Rest der Welt ging es genauso. Trotzdem hatte Zelda

in ihren düsteren, desolaten Zeiten auf gewisse Weise mehr erreicht als in den zehn Jahren als Kultfigur des Jazz-Age. Durch die Zwangstrennung von ihrem Mann war sie auch vor den Fallstricken des gemeinsamen Ruhmes gefeit und konnte ihre Kreativität und Energie mit einem Mal ganz anders ausspielen als in irgendwelchen Zeitungsspalten oder als Stofflieferantin für Scotts Romane. Wer weiß, welche Kunstwerke sie noch erschaffen hätte, wenn sie als junge Frau vernünftiger gewesen oder ihre Krankheit besser behandelt worden wäre. Was uns bleibt, sind die Briefe, Romane und Gemälde aus den letzten achtzehn Jahren ihres Lebens, die ein seltsam lichtes und erschütternd lebendiges Zeugnis ablegen vom heldenhaften Kampf einer Frau darum, sich selbst zu erkennen und erkannt zu werden.

Zelda und Scott Fitzgerald hatten ihre Seelen dafür verkauft, berühmt zu werden, dasselbe galt für Tamara de Lempicka. Jean Cocteau pflegte von ihr zu sagen, dass sie »die Kunst und die High Society gleichermaßen liebte«, und ein Jahrzehnt lang diente sie beiden zu gleichen Teilen. Doch die Strömungen in Mode und Zeitgeschehen, die ihr einst zu Weltruhm verholfen hatten, änderten zu Beginn der dreißiger Jahre ihren Kurs, und obwohl in der Öffentlichkeit weiterhin viel von Tamara die Rede war, spürte sie insgeheim, dass ihr der Puls der neuen Dekade entglitt. Im Juni 1935 schrieb sie an Gino Puglisi: »Meine ›Depression‹ hat mich immer noch nicht verlassen – ich habe kein Interesse mehr am Leben«, und sie bekannte, seit Wochen nicht mehr gearbeitet zu haben.[15] Durch die extravaganten Urlaubsreisen ins Ausland, die sie mit ihrem neuen Ehemann, dem Baron Raoul Kuffner, unternahm, verstärkte sich nur ihr Gefühl, aus dem Tritt gekommen zu sein. Im Jahr darauf schrieb sie wieder an Gino: »Ich bin ein unglücklicher Mensch, gequält, ohne Heimat, ohne Volk, immer allein!«[16]

Auch die wachsenden politischen Spannungen in Europa trugen zu Tamaras Misere bei. Besuche in Österreich und Berlin ließen Erinnerungen an den bolschewistischen Terror hochkommen, und sie wurde sich bewusst, dass ihre und Raouls jüdische Herkunft eine Gefahr darstellte. 1938 konnte sie ihren Mann davon überzeugen, nach Amerika überzusiedeln, und als sie sich 1940 endgültig in Hollywood niederließen, war sie optimistisch und glaubte an einen Neuanfang. Die hohe Dichte an reichen, erfolgreichen Menschen, die sie dort vorfand, erinnerte sie an Paris zu seiner Blütezeit. Tamara liebte die Mischung aus altem amerikanischen Geldadel und neuer Filmstar-Aristokratie und investierte viel Energie und beträchtliche Summen von Raouls Geld in Partys in ihrer gemieteten Villa in Beverly Hills.

Sie begann auch wieder zu malen. Und als ihr 1941 der einflussreiche Galerist Julian Levy das Angebot einer Einzelausstellung in New York machte, fasste sie wieder Selbstvertrauen und übernahm selbst die Promotion für die Show. Ihre groß angelegte Werbekampagne brachte ihr zwar viel Presse ein, aber es war die falsche Art von Publicity. Die Journalisten hechelten nur nach Geschichten über ihre Beverly-Hills-Freunde und berichteten von Tamaras Outfits und sogar von ihren Schlankheitskuren. Sie wurde zur »Baronesse mit dem Pinsel« abgestempelt, und ihr Werk galt als »très Hollywood«. Als Peggy Guggenheim ein Jahr später ihre neue Galerie The Art of this Century eröffnete, hing dort keines von Tamaras Bildern.

Sie hatte sich verkalkuliert und wurde zugleich Opfer der sich rapide wandelnden Kunstszene. Eine neue Künstlergeneration, angeführt von Jackson Pollock, schuf expressive Formen aus der heroischen, chaotischen Körperlichkeit der Farbe. Im Vergleich dazu wirkten Tamaras exquisit ausgeführte Oberflächen altmodisch, ja fast leblos. Als Raoul und sie 1942 nach Manhattan zogen, musste sie sich der Kluft zwischen ihren Arbeiten und dieser neuen Kunstrichtung stellen. Sie versuchte, in ihrem riesigen, umgebauten Apartment einen wöchentlichen Salon zu etablieren, aber die Upper East Side war nicht das Montparnasse der zwanziger Jahre – das kreative Zentrum Manhattans lag weiter downtown, im Greenwich Village, und würde die fünfziger Jahre hindurch auch dort bleiben, erfüllt vom Geist der Beat-Poeten und Nachkriegsexistentialisten.

Tamara de Lempicka sehnte sich nach der Gesellschaft interessanter Leute, sie brauchte den Impuls der Jugend. Und mit den Jahren beobachteten Freunde an ihr eine wachsende Frustration, eine aufgestaute Energie, die sie, trotz aller Produktivität, nicht ausleben konnte. Außerdem fürchtete sie sich vor dem Tod. Zwei ihrer wichtigsten Bezugspersonen hatte sie bereits verloren: Malwina war 1945 in Frankreich gestorben, und Tadeusz erlag 1951 in Polen dem Krebs. Und dann wurde Raoul 1961 unerwartet von einem Herzinfarkt dahingerafft.

Jahrelang hatten Tamara und er eine höchst zivilisierte Ehe geführt. Sie hatten ihre jeweiligen Liebhaber, aßen zu unterschiedlichen Zeiten und lebten sogar in verschiedenen Gebäuden. Wenn Tamara zehn Stunden am Stück malte, beklagte sich Raoul nicht wie einst Tadeusz darüber, dass er sich vernachlässigt fühle. Trotzdem blieben sie einander eng verbunden. Er ließ sie als reiche Witwe zurück, aber auch sehr einsam und verletzlich. 1963 kam sie nicht mehr allein zurecht und zog nach Houston, um näher bei Kizette und ihrem Mann Harold Foxall, einem Geologen aus Texas, zu sein. Die beiden hatten zwei Töchter, Victoria Ann, die Tamara Putti nannte, und Christie, der sie den Spitznamen Chacha gab.

Kizette war nicht gerade begeistert. Ihr Verhältnis zur Mutter war immer angespannt und konfliktreich gewesen. Obwohl Tamara sich während der Kriegsjahre große Sorgen um die Tochter in Paris gemacht und sämtliche Hebel in Bewegung gesetzt hatte, sie in die Staaten zu holen, tat sie damals doch wenig, um Kizette in ihrem neuen amerikanischen Leben willkommen zu heißen. Sie war viel zu sehr damit beschäftigt, unter den Promis von Beverly Hills einen auf jugendlich zu machen, und im Grunde war sie enttäuscht von ihrer Tochter. Kizette hatte in Oxford studiert, war intelligent und sah gut aus, doch in Tamaras Augen fehlte ihr jedwedes künstlerische Talent. Außerdem lebte sie mit Harold eine Art von bürgerlicher Spießigkeit, die sie selbst immer zutiefst verachtet hatte.*

Obwohl Tamara ganz bewusst in Kizettes Nähe gezogen war, kritisierte und nervte sie ihre Tochter nun ständig. Zwar war es ihrer Ansicht nach zu spät, Kizette vor der Mittelmäßigkeit zu retten, aber so konnte sie wenigstens etwas für ihre Enkelinnen tun. Sie verwöhnte Putti und Chacha nach Strich und Faden, kaufte ihnen hübsche Kleider und entführte sie nach Paris, wo sie sich die gerade berühmt gewordenen Beatles ansehen durften. Ebenso penetrant mischte sie sich in die Erziehung der beiden ein, überwachte ihre Schulleistungen und urteilte über ihr Aussehen und ihre Freunde. Auf einem Foto von 1963 zieht sie ihre Enkelin mit einem Finger am Kinn zu sich; es könnte eine zärtliche Geste sein, wirkt aber eher so, als unterzöge sie das Gesicht des Mädchens einer gestrengen, kritischen Prüfung.

Vielleicht muss man Frauen wie Tamara, die außergewöhnlichen Erfolg hatten und in außergewöhnlichen Zeiten lebten, eine gewisse Unduldsamkeit im Umgang mit dem Gewöhnlichen nachsehen. Diana Cooper hatte die höchsten Erwartungen an ihren Sohn John Julius, und Josephine konnte sehr ungehalten werden mit ihren Adoptivkindern. Aber Tamaras Kontrollsucht nahm in den Augen ihrer Familie geradezu pa-

* In Wirklichkeit glich Kizette mehr ihrer Mutter, als diese sich eingestehen wollte, auch sie hatte zahlreiche außereheliche Affären.

thologische Züge an. Als Putti sich verlobte, machte Tamara eine Riesenszene, weil der junge Mann die Erlaubnis dazu bei Harold eingeholt hatte, aber nicht bei ihr – angesichts der großen Summen, die sie in den Haushalt investiere, habe sie ja wohl als dessen Oberhaupt zu gelten.

Nicht nur die Familie fand ihr Verhalten krass, halb Houston sah das so. Tamaras europäische Hochnäsigkeit und ihr altbackener Glamour – sie war inzwischen fast siebzig – wirkten auf bizarre Weise überholt. Die feine Gesellschaft von Houston, die sich an ihrer notorisch unflätigen Ausdrucksweise und den Nikotinflecken auf ihren Zähnen störte, sah sich in ihrem Urteil bestätigt, als Tamara bei einem Empfang im französischen Konsulat von einer Gruppe durchreisender distinguierter Pariserinnen öffentlich in Verlegenheit gebracht wurde. Diese Frauen, alle etwa in Tamaras Alter, waren ganz offensichtlich von ihrer Anwesenheit irritiert und murmelten: »Was machst du denn hier, Tamara?«, bevor sie sie den Rest des Abends mieden. Später erklärte Tamara der Gastgeberin, einer ihrer wenigen Freundinnen in der Stadt, dass diese Pariserinnen ihr offenbar immer noch das »obszöne Betragen« übelnähmen, für das sie damals in den 1920er Jahren berüchtigt gewesen sei.[17]

Trotz regelmäßiger Reisen nach Europa beklagte sich Tamara, gesellschaftlich und beruflich in diesem »unzivilisierten Kaff«, wie sie Houston verächtlich nannte, gestrandet zu sein. Erst zu Beginn der siebziger Jahre begann die Kunstwelt endlich wieder, von ihr Notiz zu nehmen. Die Art-déco-Bewegung der zwanziger und dreißiger Jahre erlebte eine Renaissance, und als der französische Historiker und Sammler Alain Blondel zufällig auf einige von Tamaras frühen Werken stieß, feierte er das als außerordentliche Entdeckung. 1972 organisierte er in seiner Galerie du Luxembourg eine Ausstellung von 48 Bildern, die zwischen 1925 und 1935 entstanden waren. Das Presseecho fiel gemischt aus, aber die positiven Kritiken priesen die Qualität der Arbeiten und monierten die unerklärliche Nichtbeachtung ihrer Schöpferin.

Dieser Erfolg löste einen Schneeballeffekt aus. Als 1975 anlässlich des Internationalen Frauenjahres eine große Kunstausstellung abgehalten wurde, war Tamara dort prominent vertreten. Zwei Jahre später brachte Franco Ricci einen aufwändigen Band zu ihrem Leben und Werk heraus. Tamara war außer sich, als sie entdeckte, dass er neben Briefen, die sie Mitte der zwanziger Jahre während ihrer unseligen Affäre mit dem Dichter D'Annunzio an ihn geschrieben hatte, auch einen skandalösen Auszug aus dem Tagebuch von dessen Haushälterin Aélis enthielt. Doch allem Klatsch zum Trotz konnte die Presse nicht länger ignorieren, dass Tamaras Bilder wieder angesagt waren.

Die 1920er wurden als goldenes Zeitalter des Glamours und des Highlife wiederentdeckt: Mode, Inneneinrichtung und Musik dieser Zeit markierten eine nostalgische Rückkehr ins Jazz-Age, und Tamaras Arbeiten waren dabei ein wichtiger Bezugspunkt. Bei einer Ausstellung zur Mode des frühen 20. Jahrhunderts im Victoria and Albert Museum im Jahr 1976 bildeten Tamaras Bilder den zentralen Blickfang. Zwei Jahre später schmückte ihr *Auto-Porträt* das Cover der Neuauflage von Huxleys *Point Counter Point* (dt. *Kontrapunkt des Lebens* – der Roman, in dem Lucy Tantamount vorkommt, eine der vielen literarischen Figuren, die Nancy Cunard nachempfunden waren). Jahrelang hatte Tamaras Ruf darunter gelitten, dass man sie immer in Zusammenhang mit den zwanziger Jahren brachte, doch nun erwies sich das als Vorteil, und ihr Werk erfuhr als Kleinod der Dekade neue Anerkennung.

Zunächst war Tamara überrascht, dass ihr »altes Zeug« so viel Aufmerksamkeit erregte; bald jedoch fand sie heraus, dass sich dieses Interesse in klingende Münze verwandeln ließ, ja sie behauptete sogar, die eigentliche Initiatorin der Art-déco-Bewegung gewesen zu sein. Sie sonnte sich in ihrem Ruhm, und für die vielen Journalisten, die sie nun umgarnten, wurde die alte Dame zur lustigen, charmanten Fundgrube für Anekdoten. Zu Hause hingegen benahm sie sich geradezu unmöglich. Es zeigten sich bereits die ersten Anzeichen jener Arteriosklerose, an der Tamara sterben sollte, und ihre heftigen Stimmungsschwankungen wurden immer unberechenbarer; sie beschimpfte Kizette, und ihr Gedächtnis ließ nach.

Zum Glück für die Familie hatte sie fern von Houston einen noblen Zufluchtsort gefunden, die kosmopolitische Stadt Cuernavaca in Mexiko, die sich seit den Tagen Al Capones zum Resort für die Reichen, Schillernden und Gefährlichen entwickelt hatte. Tamara war begeistert von der großen Zahl an Künstlern und nomadisierenden Aristokraten, die sich dort zusammengefunden hatten und unter denen sie nun Hof hielt. Einer ihrer aufmerksamsten neuen Freunde war Robert Brady, ebenjener Playboy-Künstler, mit dem Josephine für kurze Zeit eine »platonische Ehe« eingegangen war. Brady stand offenbar auf berühmte ältere Damen: Er redete Tamara am liebsten mit »Baronesse« an, schmeichelte ihrem Talent und entlockte ihr Geschichten. Aber Tamara verlustierte sich lieber mit Victor Contreras, einem jungen mexikanischen Bildhauer. Trotz ihrer mittlerweile achtzig Jahre malte sie jeden Tag, und Contreras schien intuitiv zu erfassen und zu schätzen, was sie da tat. In seiner Gegenwart fühlte sie sich als Frau und als Künstlerin wieder jung, und nachdem sie sich 1978 ein eigenes Haus in Cuernavaca gekauft hatte, waren die beiden pausenlos zusammen.

Cuernavaca hätte ein ruhiger Rückzugsort für Tamara sein können, wären da nicht ihre Gesundheitsprobleme gewesen. Ihre Lungen und Arterien waren zerstört, sie litt am Emphysem und an immer längeren Phasen von Verwirrtheit und Vergesslichkeit. Im Herbst 1979 war sie auf einen Sauerstoffbehälter angewiesen und schaffte es nur mühsam von einem Zimmer ins andere. Sie nahm kaum noch etwas zu sich außer den Cocktails, die sie – und darauf bestand sie – auch ihren wenigen, ausgesuchten Besuchern servierte. Sie trug weiterhin ihren Schmuck, ihre Hüte und Kleider in leuchtenden Farben. Dennoch war sie, als sie am frühen Morgen des 16. März 1980 starb, nur noch ein Schatten ihres früheren Selbst.

Robert Brady, der die Trauerrede hielt, drückte darin seine Genugtuung aus, dass sie die unglaubliche Renaissance ihres Werkes noch hatte erleben dürfen.[18] Das mochte schmeichelhaft gemeint sein, doch niemand hat so fest wie Tamara an ihre Wiederauferstehung geglaubt. Auch ihr letzter Wunsch an Contreras, dass ihre Asche über dem Gipfel des Popocatépetel ausgestreut werde, war nicht nur Ausdruck einer sentimentalen Anhänglichkeit an den Vulkan, der Cuernavaca überragte; Tamara sah sich vielmehr bereits als Phönix aus den Feuern des »Il Popo« aufsteigen.

Und tatsächlich wuchs ihr Ruhm immer weiter. 1981 inszenierte der kanadische Regisseur Richard Rose ein experimentelles Theaterstück, das von ihrer Beziehung zu D'Annunzio handelte. Als *Tamara* 1984 auch in Los Angeles mit Anjelica Huston in der Titelrolle aufgeführt wurde, erlangte das Stück Kultstatus, der auch die drei Jahre Laufzeit in New York hindurch anhielt. Gleichzeitig kletterten die Preise für Tamaras Bilder in schwindelnde Höhen. Prominente Sammler wie Jack Nicholson und Madonna trieben sie über die 2-Millionen-Dollar-Marke, und Madonna beanspruchte den erotisierten Glamour von Tamaras Porträts auch für sich, indem sie einige davon in ihren Musikvideos zeigte. Gleichwohl blieb sie in Kunstkreisen umstritten. Anlässlich der sensationellen Ausstellung von 1994 in Montreal titelte die Zeitschrift *Newsweek*: »Wer hat das Recht auf seiner Seite, die Kritik oder die Filmstars?«[19] Doch selbst wenn Tamaras Werk nicht in den Kanon aufgenommen wurde, bleiben ihre Déco-Gemälde doch einer der sichtbarsten, charismatischsten Fixpunkte der zwanziger Jahre. Die Debatte über den Rang ihres künstlerischen Erbes dauert an, aber es gibt wenige Maler, die ein spannenderes

Zeugnis dieser Epoche und der Frauen, die sie verkörperten, abgelegt haben.

Tamara war drei Jahrzehnte lang in der Bedeutungslosigkeit verschwunden, bevor sie und ihre Kunst wiederentdeckt wurden. Als Tallulah Bankhead 1931 nach Amerika zurückkehrte, musste auch sie feststellen, wie rasend schnell sich Geschmäcker und Trends ändern konnten. Die Paramount-Studiobosse hatten es sich in den Kopf gesetzt, den Theaterstar mit der samtenen Stimme und den schweren Lidern als neue Marlene Dietrich zu verkaufen, in der Hoffnung, dadurch etwas von dem Nimbus des deutschen Stars mit der geheimnisvollen Aura abzugreifen. Doch weder ihre Rechnung noch ihr Timing gingen auf.

Zunächst einmal hatte das Studio nicht bedacht, dass Tallulah mit ganz anderen Tugenden gesegnet war als Dietrich. Das Publikum liebte sie für ihren komödiantischen Esprit, und trotz ihres beachtlichen Talents fürs Frivole war sie nicht die laszive Femme fatale, von der die Produzenten im Vorfeld geträumt hatten. Die tiefe Kluft zwischen Tallulah und ihrem neuen Image wurde bereits bei ihren ersten drei Filmen für Paramount deutlich, in denen sie sowohl billig als auch dröge wirkte. Dadurch, dass keine der Rollen zu ihr passte, fiel zudem umso störender auf, dass sich ihr Gesicht im bewegten Bild nicht besonders gut machte. Als Teenager hatte ihre jugendliche Frische stets über sämtliche Makel hinweggetäuscht, aber jetzt wirkte ihre Schönheit auf der Leinwand fast wie eine Karikatur, als könnte die Kamera in ihren markanten fraulichen Zügen weder Rätsel noch Zwischentöne ausmachen.

Anfang 1932 schickte das Studio Tallulah nach Hollywood, um ihrer ins Stocken geratenen Karriere auf die Sprünge zu helfen. Tapfer verschrieb sie sich fortan dem Leben als Filmstar, legte sich eine Partygarderobe zu, mietete sich eine riesige

Villa und lud dorthin so viele bekannte Gesichter ein wie möglich. Sie flirtete, was das Zeug hielt, und geizte nicht mit deftigen Sprüchen, trieb es regelmäßig zu weit und sah wie immer zu, dass die Gerüchte, die über sie im Umlauf waren – so hieß es etwa, sie habe eine Affäre mit keiner Geringeren als eben Marlene Dietrich gehabt –, die Wahrheit an Dramatik sogar noch überboten.

Ihre tüchtigen Selbstvermarktungsversuche konnten jedoch nicht darüber hinwegtäuschen, dass Tallulahs Ankunft in Hollywood zu einem denkbar ungünstigen Zeitpunkt stattgefunden hatte: In den frühen dreißiger Jahren sorgte die Katerstimmung der Depressionsjahre für einen neuen Keuschheitskult im Kino. Reißerische Geschichten über das ausschweifende Leben der Stars und unzensierte sexuelle Inhalte, die beide maßgeblich zum sprunghaften Wachstum der Branche beigetragen hatten, galten nunmehr als anstößig. Stattdessen kam der sogenannte »Motion Picture Production Code« zum Einsatz, der festlegte, was in Zukunft auf der Leinwand gezeigt werden durfte.

Aber Tallulah lag es fern, sich zu mäßigen: Im Spätsommer gab sie dem Magazin *Motion Picture* ein Interview über ihr neues Leben in Los Angeles und lenkte das Gespräch binnen kürzester Zeit auf die Themen Liebe und Sex. »Seit einem halben Jahr hatte ich schon keine *affaire* mehr«, schmollte sie. »Alles, was ich will, ist EIN MANN!«[20] Selbst im Sündenpfuhl Hollywood war man es nicht gewohnt, dass Frauen so ungeniert über ihre Bedürfnisse sprachen. Obwohl das Zitat überall aufgegriffen wurde und die Auflage der Zeitschrift davon enorm profitierte, machte Tallulah die Filmwelt nervös: »Wir hatten alle ein wenig Bammel, ein wenig Bedenken«, erinnerte sich Douglas Fairbanks junior. »Sie war absolut unberechenbar.«

Genau wie ihre vorlaute Art passte auch das Image, das man Tallulah zwangsverpasst hatte, überhaupt nicht ins neue, züchtige Hollywood. Dort waren nicht nur Sexskandale passé, auch Sirenen im Stil Dietrichs hatten allmählich ausgedient; Paramount war bereits auf der Suche nach unverbrauchten neuen Gesichtern, die eher den Typus »Mädchen von nebenan« verkörperten. Ein Jahr später beschloss Tallulah, ihre Sachen zu packen, und als selbst die feierwütige Elsa Maxwell nicht zu ihrer Abschiedsparty auftauchte, wusste sie, dass sie richtig entschieden hatte.

Sie kehrte dorthin zurück, wo sie sich heimisch fühlte: auf die New Yorker Bühne. Und da ihr klar war, dass einem nach zehn Jahren Abwesenheit am Broadway nicht der rote Teppich ausgerollt wurde, finanzierte sie ihre Comeback-Inszenierung, die Komödie *Forsaking All Others*, kurzerhand selber. Das Stück war ihr wie auf den Leib geschrieben: Es ging um eine lebenslustige junge Braut, die vor dem Altar sitzen gelassen wird, und die Männer, mit denen sie sich im Anschluss tröstet. Doch obwohl die Inszenierung für viel Zulauf bei ihren alten Fans und durchaus solide Kritiken sorgte, wurde sie nach nur drei Monaten abgesetzt und machte 40 000 Dollar Verlust. Das amerikanische Theater steckte tief in der Krise, und obwohl es Tallulah gelang, ihre Bühnenkarriere am Laufen zu halten, konnte sie erst 1939 wieder einen echten Langzeithit landen.

Zumal sie mittlerweile schon über dreißig war und ein bisschen zu abgeklärt und damenhaft wirkte, um weiter die niedlichen Gören zu spielen. Obwohl sie 1938 als Favoritin auf die Rolle der Scarlett O'Hara in *Gone with the Wind* (dt. *Vom Winde verweht*) gehandelt wurde, ging der Part an eine unbekannte englische Schauspielerin namens Vivien Leigh, die fast zwölf Jahre jünger war als Tallulah. Sie wusste, dass der Jugendwahn in der Filmbranche zum Alltag gehörte, und trotzdem hatte sie das Gefühl, langsam, aber sicher aufs Abstellgleis geschoben zu werden.

Der drohende Karriereknick hätte sie vielleicht weniger gestört, wäre ihr das harmonische Familienleben vergönnt gewesen, nach dem sie sich – zumindest theoretisch – immer gesehnt hatte. Als Tallulah 1933 nach einer Gonorrhö-Diagnose die Gebärmutter entfernt werden musste, brach für sie eine Welt zusammen. Es ging das Gerücht um, sie hätte sich die Krankheit beim »göttlichen« Gary Cooper geholt, den »flachzulegen« seit jeher zu ihren erklärten Zielen gehört hatte. Nun sah es so aus, als hätte dieses Abenteuer sie die Kinder gekostet, von denen sie so lange geträumt hatte, und noch Monate nach der Operation war Tallulah zu depressiv, um zu arbeiten.

Frustriert und emotional angeschlagen reiste sie 1937 nach London, wo sie auf Napier Alington traf, der nach dem Tod seiner Frau wieder zu haben war. Cecil Beaton traf die beiden zusammen auf einer Party und spürte Tallulahs Verzweiflung: »Napier und sie legten einen wilden Apachentanz aufs Parkett, und nachdem er gegangen war, haderte sie unter Tränen damit, dass er sie nie geheiratet hatte, bevor sie sämtliche Klamotten von sich warf, um das Publikum mit ein paar ›klassischen‹ chinesischen Tänzen zu beglücken. Ich konnte mich jedenfalls nur schweren Herzens von dem Spektakel losreißen.«[21]

Auch Tallulah tat sich schwer damit, loszulassen, weshalb sie bald wieder in alte Muster verfiel und sich Hals über Kopf in einen Mann verliebte, der ganz anders war als Naps. John Emery, ein blendend aussehender Schauspieler mit diskretem Charme, bot auf den ersten Blick das perfekte Kontrastprogramm zu ihrer tückischen, treulosen einstigen Liebe, und Tallulah hatte es sich in den Kopf gesetzt, ihn zu erobern. Ende Juli lernte sie Emery kennen, ein paar Tage später machte sie ihm einen Antrag, und am 31. August wurde geheiratet. Ihre Ungeduld rührte nicht nur daher, dass sie sich nach Liebe und Stabilität sehnte, sondern hatte auch mit ihrem Vater zu tun, dem sie ihr neues Leben gleichsam zum Geschenk machen wollte. Ein Jahr zuvor war Will zum Sprecher des US-Repräsentantenhauses gewählt worden, wodurch auf einmal sogar die Präsidentschaft in greifbare Nähe rückte, und Tallulah hatte schon früh begriffen, dass ihr zweifelhafter Ruf ihren Vater vor seinen Anhängern in Verlegenheit brachte.

Um als gründlich geläuterte Tochter dazustehen, galt es die Ehe mit Emery also für einen Imagewechsel zu nutzen, hin zum soliden, seriösen Schauspielerpaar. Mit den ordinären Komödien und frechen Sprüchen war es ein für alle Mal vorbei, stattdessen kratzte Tallulah im Herbst 1937 eigenhändig das Geld für eine Produktion von *Antony and Cleopatra* zusammen, in der ihr Mann Octavius Cäsar und sie natürlich Cleopatra spielte. Der Satz »Tallulah Bankhead ist gestern Abend den Nil runtergeschippert und ersoffen« fasst das allgemeine Fazit der Premierenkritik leider recht treffend zusammen. Und wie sich alsbald herausstellte, war sie nicht nur als Shakespeare-Heldin eine Fehlbesetzung, sondern auch für die Ehe denkbar ungeeignet.

Ihre Beziehung zu Emery ging vor allem deshalb in die Brüche, weil Tallulah ihm mit ihrem ständigen Heischen nach Aufmerksamkeit und Gesellschaft den letzten Nerv raubte. Als sie überall herumerzählte, ihr Mann sei nicht gut genug bestückt gewesen, um sie im Bett zufriedenzustellen, gab er zurück, um von seinen Liebeskünsten etwas mitzubekommen, hätte sie nur mal für ein paar Minuten den Schnabel halten müssen – ihre Ehe war also schon lange, bevor sie im Sommer 1941 endlich geschieden wurde, am Ende. Die öffentliche Demütigung machte Tallulah zu schaffen, traf sie aber nicht annähernd so hart wie die zwei Todesfälle, die sie etwa zur selben Zeit zu beklagen hatte. Im September zuvor hatte ihr durch eine schwere Grippe geschwächter Vater eine tödliche Unterleibsblutung erlitten, und nur einen Tag nach ihm war Naps gestorben, an einer Lungenentzündung, die er sich beim Kriegsdienst in Kairo zugezogen hatte. Erst durch den Tod dieser Männer, die so wichtig für sie waren, wurde Tallulah jäh bewusst, dass auch ihr eigener Lebensabend erbarmungslos näher rückte.

Für Ablenkung sorgte auch damals zum Glück ihre Karriere, in die 1939 unerwartet neuer Schwung kam, als sie die Hauptrolle in dem Broadway-Stück *The Little Foxes* (dt. *Die kleinen Füchse*) ergatterte, einem galligen Politdrama von Lillian Hellman über den mörderischen Kampf einer Südstaatenfamilie um Geld und Macht. Tallulah spielte Regina Giddens, eine raffgierige, freiheitsliebende Intrigantin, die nicht nur erheblich unsympathischer als ihre bisherigen Figuren war, sondern auch um einiges älter. Obwohl sich die Rolle in vielerlei Hinsicht als Neuland entpuppte, erkannte Tallulah schnell, dass Reginas komplexe Geschichte und ihr maliziöses Charisma enormes schauspielerisches Können erforderten, weshalb sie den Anweisungen ihres Regisseurs Herman Shumlin anstandslos Folge leistete. In der Presse wurde sie für ihre Darstellung frenetisch gefeiert, und die Inszenierung überlebte nicht nur zwölf Monate in New York, sondern Tallulah ging damit auch noch ein Jahr lang auf Tournee.

Es folgten weitere bedeutende Rollen, unter anderem in Thornton Wilders *The Skin of our Teeth* (dt. *Wir sind noch einmal davongekommen*), Alfred Hitchcocks *Lifeboat* (dt. *Das Rettungsboot*) und in einer Produktion von Noël Cowards *Private Lives* (dt. *Hochzeitsreise*), die Tallulah selbst finanzierte. Mit fast fünfzig – einem Alter, vor dem ihr früher immer gegraut hatte – war es ihr nicht nur gelungen, sich als gereifte Schauspielerin zu etablieren, sondern auch als gefährliche Frau von Welt. 1950 bekam sie beim Radiosender NBC eine eigene Talksendung, *The Big Show*, in der sie sich in der Rolle des schlagfertigen, trinkfesten weiblichen Roués selbst aufs Korn nahm und damit ein Millionenpublikum begeisterte. Zwei Jahre später stürmten ihre Memoiren *Tallulah* sämtliche Bestsellerlisten und wurden danach von diversen internationalen Zeitungen in Serienform abgedruckt. In Las Vegas spielte sie nicht nur Abend für Abend vor ausverkauftem Haus, sondern kassierte für ihr Varietéprogramm mit schlüpfrigen Anekdoten und frechen Promi-Parodien wöchentlich 20 000 Dollar Gage. Tallulah schien das Älterwerden allem Anschein nach problemlos zu verkraften und war sogar reicher und berühmter als jemals zuvor.

Doch wer sie kannte, wusste, dass sich hinter der nonchalanten Fassade längst tiefe, trostlose Risse auftaten. Wenn Tallulah auf einer Party oder in einer Bar gleich zum Auftakt »Will mich denn hier keiner vögeln?« johlte und immer wieder dieselben wilden Geschichten aus ihrer Jugend auspackte, wirkte ihre einst so erfrischende Respektlosigkeit mit einem Mal reichlich überstrapaziert.[22] Mithilfe von Schönheitsoperationen und schichtweise Make-up versuchte sie, den glamourösen Status quo bestmöglich zu konservieren, da sie es aber maßlos übertrieb, erinnerte ihr ehemals so ergreifend ausdrucksvolles Gesicht mit der Zeit immer mehr an eine hölzerne Maske. Und je erfolgreicher sie ihren Fans diese Illusionen verkaufte, desto akuter lief sie Gefahr, als Schauspielerin an Glaubhaftigkeit einzubüßen. Wie Tamara, die damit um die Gunst Hollywoods buhlte, ließ Tallulah sich dazu hinreißen, ein Image zu bedienen, das ihr am Ende nur schaden sollte.

Die große Ernüchterung kam 1956, als sie in einer Neuinszenierung von Tennessee Williams' *A Streetcar Named Desire* (dt. *Endstation Sehnsucht*) Blanche DuBois spielen sollte. Die Rolle versprach eine der größten Herausforderungen ihrer Karriere zu werden, und Tallulah war fest entschlossen, sich ihr zu stellen. Allerdings hatten ihre jüngsten werbewirksamen Auftritte für viel Beifall unter den jungen Homosexuellen des Landes gesorgt, und diese neue Klientel saß nun scharenweise bei *Streetcar* im Publikum. Dass sie nun auch noch als Schwulenikone galt, kam für Tallulah einer Tragödie gleich, denn jeder ihrer Sätze als Blanche sorgte unversehens für schallendes Gelächter, und egal, was das Ensemble auf der Bühne anstellte, die Zuschauer bestanden darauf, in Williams' Stück eine schrille Farce zu sehen.

Zwar läutete diese unschöne Episode nicht das Ende ihrer Karriere ein, aber danach hatte Tallulah zu kämpfen. Anfang der Sechziger sah sie mit einem Mal wesentlich älter aus, als sie war. Einige Nikotin- und Alkoholschäden ließen sich nach wie vor mit Schminke übertünchen, doch durch den jahrelangen Drogenmissbrauch litt sie an Kurzatmigkeit und hatte ihren Körper oft nicht mehr unter Kontrolle. Sie, die früher mit ihren sexuellen Bedürfnissen geradezu hausieren gegangen war, hasste es mittlerweile, aus der Nähe betrachtet oder gar berührt zu werden. Liebhaber gab es keine mehr, stattdessen wurden taktvolle junge Herren angeheuert oder sonst wie dazu überredet, sich um Tallulah zu kümmern und sie auf Veranstaltungen zu begleiten. Nichtsdestotrotz stand sie immer noch auf der Bühne und lieferte an manchen Abenden durchaus solide Leistungen ab; oftmals wirkte sie aber auch bedenklich unkoordiniert, und mitunter verließ sie mitten in der Vorstellung sogar ihr an sich so scharfes Gedächtnis, und sie gab zur Verwirrung ihrer Kollegen Text aus einem völlig anderen Stück zum Besten.

Tabletten und Alkohol bewahrten Tallulah vor der bitteren Erkenntnis, dass sie einsam und ihr Stern am Sinken war, hatten aber auch zur Folge, dass es mit ihrer Gesundheit rapide bergab ging. Mit gerade einmal Mitte sechzig wurde sie immer öfter von Halluzinationen geplagt, ihre Lungen gaben allmählich den Geist auf, und irgendwann verlor sie auch noch den Appetit. Als im Dezember 1968 die Asiatische Grippe in Amerika wütete, wog sie nur noch 45 Kilo, und ihr Körper war viel zu geschwächt, um sich gegen die Infektion zur Wehr zu setzen. Von dem Kampfgeist, den ihr Großvater John seiner Enkelin einst so stolz attestiert hatte, war nichts mehr übrig.

Keine der sechs Frauen in diesem Buch hat ihre Version des Flapper-Experiments mit mehr öffentlichem Bravado ausgelebt als Tallulah Bankhead. Im Gegensatz dazu scheint sich ausgerechnet Diana Cooper mit einem ruhigen, eher konventionellen Lebensabend beschieden zu haben. Nachdem sie im Frühjahr 1933 ihre Theaterkarriere an den Nagel gehängt hatte, widmete sie ihr Leben zunehmend Duffs politischer Laufbahn. Sie gab elegante kleine Dinner für seine Kollegen, und als er 1937 zum First Lord of Admiralty House – dem Ersten Lord der Admiralität – ernannt wurde, drückte sie dessen offizieller Residenz, dem Admiralty House, ihren glamourösen Stempel auf. Sie begleitete ihren Mann aber auch auf Dienstreisen, etwa nach Amerika, wo er für die britische Sache warb, nach Indien und in den Fernen Osten zur Truppeninspektion und 1944 nach Algier, wo er als Botschafter tätig war.

Als Duff 1945 britischer Botschafter in Paris und Diana Hausherrin der Vertretung wurde, schien sie auf den ersten Blick die untadelige Diplomatengattin zu sein. Doch auch wenn es so aussah, als hätte sie ihr Streben nach Unabhängigkeit aufgegeben, passte sie nicht ganz ins Bild. Die Ehe mit Duff hielt weiterhin ihre Überraschungen bereit, und während einige seiner Geliebten (einschließlich der hartnäckigen Diana Fellows) Diana nach wie vor ein Dorn im Auge waren, konnte sie andere, wie die Schriftstellerin Louise de Vilmorin, in ihr Leben integrieren.

Duff hatte sich bald nach Amtsantritt in Paris in die zierliche, aparte Lulu verliebt, doch Diana – in ihrer idealisierenden Art – sollte die junge Frau bald noch mehr lieben. Sie richtete ihr in der Botschaft ein Zimmer ein und orchestrierte so eine zärtliche, für alle Parteien erfreuliche Ménage-à-trois. Obwohl sie überzeugt war, keine lesbischen Bedürfnisse zu haben, gestand sie ihrem alten Freund Conrad Russell, dass Lulu sie dazu ermutigt habe, ein bisschen von »den natürlichen Gepflogenheiten« abzuweichen.[23]

Auch mit Susan Mary Alsop freundete sie sich an, einer an-

deren Geliebten von Duff, die sogar ein Kind von ihm bekam.*
Auch wenn manche ihrer Bekannten fanden, Diana sei zu tolerant im Hinblick auf Duffs Affären, scheint sie selbst durchaus für Ausgleich gesorgt zu haben. Einer davon war Conrad Russell, Neffe des Duke of Bedford. Sie hatte ihn in den frühen dreißiger Jahren als zurückhaltenden Mann kennen- und schätzen gelernt, der die Landwirtschaft der Politik oder dem gesellschaftlichen Leben vorzog. Er verwöhnte Diana mit Geschenken und schrieb ihr romantische Briefe, in denen er sie seiner uneingeschränkten Hingabe versicherte, etwas, das ihr Selbstvertrauen offenbar immer noch brauchte. Sie liebten sich platonisch bis zu seinem Tod 1947. Allerdings wurde das Arrangement für Russell auf eine schwere Probe gestellt, als Diana eine Affäre mit Carl Burckhardt, dem Hochkommissar des Völkerbundes, begann, den sie 1938 kennengelernt hatte.

Dieser Beziehung schien etwas geradezu Schicksalhaftes zu eignen, denn Burckhardt war bei Hugo von Hofmannsthal aufgewachsen, dem Vater von Raimund, ihrem »jugendlichen Liebhaber« aus *Mirakel*-Tagen. Auf Diana wirkte Burckhardt auf frappierende Weise wie ein vertrauter und sehr verführerischer älterer Bruder Raimunds, und sie fragte sich, ob Raimund bei Carl womöglich »Anleitung und Tipps« eingeholt hatte, denn beide Männer übten eine ungewöhnlich starke erotische Anziehung auf sie aus. Jedenfalls erreichte die Affäre einen solchen Grad an körperlicher Leidenschaft, dass der eifersüchtige Russell sich erkundigte, ob das Paar vorhabe, »gemeinsam durchzubrennen«.[24]

Dianas Liebe zu Duff blieb trotz allem unerschütterlich, und ihre Sehnsucht galt eher dem Abenteuer als der Sexualität. Die dreißiger Jahre waren für sie eine Art Schwebezustand. Während eine jüngere, rebellische Generation sich lie-

* Das Kind wurde ihrem Mann untergeschoben, und die wahre Vaterschaft kam erst 2008 ans Licht.

ber dem Kommunismus als dem Kokain zuwandte, blieb ihre eigene Welt weitgehend unverändert. Viele ihrer Bekannten hatten kaum unter der Wirtschaftskrise zu leiden. Sie veranstalteten weiter ihre Picknicks, Schnitzeljagden und Partys, und Diana war überall eingeladen. Doch trotz dieser privilegierten Vergnügungen und dem sicheren Wissen, zu Hause von Duff und John Julius erwartet zu werden, litt sie darunter, das »Leben nicht so geliebt zu haben, wie es geliebt gehört«. Sie hatte schon immer eine Neigung zu Depression und Hypochondrie, vor allem dann, wenn sie keine ernsthafte Beschäftigung hatte. Sie diagnostizierte bei sich selbst eine »Angst vor der Innenschau [und] mangelndes Interesse«, schaffte es aber nicht, ein Projekt zu finden, das an die Stelle der Schauspielerei treten konnte.[25]

Wieder einmal war es der Krieg, der Diana dazu zwang, über sich hinauszuwachsen. Zunächst war sie traumatisiert und weinerlich gewesen: Den Schmerz der schrecklichen Verluste des Ersten Weltkriegs noch in den Knochen, befürchtete sie, dass eine zweite Runde kriegerischer Auseinandersetzungen nur noch schlimmer werden konnte. Ihre größte Angst galt John Julius, und als sie ihn im sicheren Amerika wusste, raffte sie sich dazu auf, etwas Sinnvolles zu tun. In manchen Phasen des Krieges musste sie Duff auf offiziellen Reisen begleiten, aber wenn Diana in England war, betätigte sie sich als selbstversorgende Bäuerin im Landhaus der Familie am Meer bei Bognor Regis. Die Arbeit war hart, und sie hatte keine Ahnung von Landwirtschaft, war aber auf ihre bescheidenen Erfolge mit Bienen, Hühnern, Enten, Kühen und Schweinen ebenso stolz wie seinerzeit auf ihre Arbeit als Krankenschwester im Guy's. Es bereitete ihr große Genugtuung, dass sie ausreichend Lebensmittel produzieren und damit einen Beitrag zur Erleichterung der kriegsbedingten Versorgungsknappheit leisten konnte.

1944 wurde Duff nach Algier versetzt, und Diana scheute

zunächst vor einem weiteren Umzug zurück. Doch als Hauptquartier der französischen Exilregierung hatte sich Algier zu einem faszinierenden Mikrokosmos entwickelt, bevölkert von einer wilden Mischung aus Politikern, Journalisten und Geflüchteten. Bald schon war Diana Gastgeberin von Charles de Gaulle und André Gide, Evelyn Waugh und Martha Gellhorn, und entdeckte dabei einen Geist der Ungezwungenheit und Improvisation, den sie aus der Zeit ihrer Tournee mit dem *Mirakel* kannte.

Als Duffs Versetzung nach Paris anstand, bedauerte sie die Rückkehr nach Frankreich. Sie stellte sich das Leben an der Botschaft mit seinen steifen Umgangsformen als eine endlose Folge aus förmlichen Abendessen vor. Aber da hatte sie sich selbst unterschätzt. Bei der Zusammenstellung von Gästelisten für Botschaftsempfänge nahm sie keinerlei Rücksicht auf politisches Paktieren oder alte Feindschaften. Sie ignorierte auch den Makel der Kollaboration, der einigen Pariser Künstlern anhing, etwa Jean Cocteau, den sie unvoreingenommen in »la bande« aufnahm, die Clique ihrer speziellen Lieblinge. Ihr Rezept gegen die Langeweile war ein guter Mix der Gäste: Sie veranstaltete Abendessen, bei denen Clement Attlee, der neue Labour-Premierminister, neben Jean Cocteau saß, und Partys, bei denen der Tory-Ästhet Chips Channon mit einem jungen, kommunistischen Gewerkschaftler, für den Diana gerade schwärmte, Scharaden spielte.

Manchmal jedoch lief die Sache eher zäh. Ernest Hemingway zum Beispiel empfand Diana als »den größten Langweiler aller Zeiten«, und sie war gar nicht begeistert, wenn sie die im Exil befindlichen Duke und Duchess of Windsor bewirten musste. Vor dem Krieg war sie ein widerwilliges Mitglied des Kreises um Edward VIII., den ehemaligen Prince of Wales, auf dessen Landsitz Fort Belvedere gewesen und hatte seine aufkeimende Beziehung zu Wallis Simpson eher mitleidig betrachtet. Jetzt in Paris fand sie ihn noch »alberner und öder« und seine »Becky Sharp« von Gattin »noch gewöhnlicher«.[26]

Doch selbst die weniger geglückten Dinner erhöhten den Ruf der Botschaft als gesellschaftlichem Treffpunkt. Die Leute rissen sich gerade deshalb um eine Einladung, weil der Ausgang so wenig vorhersehbar war. In politischen Kreisen war man sich einig, dass Duff den Botschafterposten nur wegen des gastgeberischen Geschicks seiner Frau so lange innehatte; trotz seines unerschütterlichen Konservativismus blieb er auch unter der neuen Labour-Regierung noch anderthalb Jahre im Amt. Diana sonnte sich in ihrem Erfolg, und als Duff im Herbst 1947 schließlich abgelöst wurde, war es Diana, die am meisten darunter litt. Sie blieben in der Nähe von Paris und mieteten sich in dem romantischen, aus dem 18. Jahrhundert stammenden Château Saint-Firmin ein. Duff schrieb dort mehr oder weniger zufrieden an seinem nächsten Buch, doch Diana konnte sich mit ihrer »Absetzung« nicht abfinden. Sie äußerte sich höchst abfällig über den neuen Botschafter und dessen Frau und etablierte in Saint-Firmin einen konkurrierenden Hof, indem sie durchreisende Würdenträger und Prominenz zu sich lud und dafür sorgte, dass ihre eigenen eleganten Partys zu unüberbietbaren Erfolgen wurden.*

Gäste wie Greta Garbo und Princess Margaret taten zwar ihrem Ego gut, aber Diana war es einfach nicht gewohnt, ausgeschlossen zu werden, und vertraute ihrem Tagebuch an, dass sie sich nach Duffs Abdankung »plötzlich alt gefühlt« habe.[27] Sie trauerte vor allem ihrer schwindenden Schönheit hinterher. Obwohl gutes Aussehen schon lange keine berufliche Notwendigkeit mehr war, glaubte sie doch, dass es die Voraussetzung für Zuneigung und Erfolg sei. Mit Ende fünfzig klam-

* Diese Praxis, die mit Schmunzeln, aber auch mit Stirnrunzeln aufgenommen wurde, hat auch Eingang in die Anfangskapitel von Nancy Mitfords 1960 erschienenem Roman *Don't Tell Alfred* (dt. *Alfred darf's nicht wissen*) gefunden.

merte sie sich an das, was noch von ihrer jugendlichen Erscheinung übrig war; sie experimentierte mit Perücken und ließ zahlreiche Schönheitsbehandlungen über sich ergehen, darunter ein schmerzhaftes Facelifting. Duff hat diesen Kampf mitfühlend in seinem Tagebuch kommentiert – »Sie hasst das Alter und fürchtet sich vor dem Tod.« –, und er fand auch Eingang in Enid Bagnolds 1951 erschienenen Roman *The Loved and Envied* (dt. *Geliebt und beneidet*).

Doch Diana hatte weit mehr zu verlieren als ihr gutes Aussehen. Duffs Gesundheit, von jahrelangem exzessivem Essen und Trinken beeinträchtigt, ließ immer mehr nach; im Mai 1953 erlitt er eine schwere Magenblutung und spuckte große Mengen an erschreckend dunklem Blut. Er erholte sich so weit, dass Diana Ende des Jahres eine zur Erholung gedachte Kreuzfahrt mit ihm unternehmen konnte, doch auf dem Schiff hatte er eine zweite Blutung und starb am Nachmittag des 1. Januar. Während seiner letzten Stunden verschanzte Diana sich im Badezimmer, weil sie den Anblick seines vor Schmerzen gekrümmten Körpers und den Todeskampf, dem er schließlich erlag, nicht ertragen konnte.

Nach seinem Tod zog sie sich für lange Zeit in sich zurück. Sie weigerte sich, an Duffs Beerdigung teilzunehmen; ihre Trauer öffentlich zur Schau zu stellen, schien ihr unerträglich, geradezu obszön, und in den folgenden Monaten dachte sie immer wieder an Selbstmord. Evelyn Waugh gestand sie, kein Zutrauen in ihre Fähigkeit zu haben, allein zu leben. In der Öffentlichkeit mochte sie weiterhin eine »strahlende Aura« besitzen, doch insgeheim spürte sie, dass sie nie etwas anderes gewesen war »als ein furchtsames Herz, das für Duff und um ihn herum schlug«.[28]

Aber wie so oft war Diana auch diesmal stärker, als sie es sich zunächst zutraute. Reisen und Freunde retteten sie. Mit Iris Tree ging es nach Nordafrika, wo sie versuchten, von Haschischpaste high zu werden. Während Iris die Nacht hindurch wilde Gedichte schrieb, stellte Diana enttäuscht fest, dass sie von dem Zeug bloß schlechte Träume bekam. 1955 hatte sie sich so weit wieder gefangen, dass sie neue Projekte in Angriff nahm. Sie schrieb den ersten Teil ihrer dreibändigen Memoiren, und 1960 kehrte sie nach London zurück, um näher bei John Julius und seiner Familie zu sein. In ihrem kleinen Haus in Nordwest-London konnte sie ein neues und in vielerlei Hinsicht zufriedenes Kapitel ihres Lebens aufschlagen. Die sechziger Jahre gefielen Diana, sie erinnerten sie an die bunten, turbulenten Zwanziger, als man nach Neuem dürstete und alles im Fluss war. Sie pflegte vor allem Umgang mit alten Freunden und der Familie, ab und an jedoch landete sie auch auf Partys, bei denen sie interessante junge Männer wie Mick Jagger und Andy Warhol kennenlernte.

Diana stellte fest, dass das Alter auch gewisse Freiheiten bot, die sie durchaus zu schätzen wusste. Endlich musste sie niemandem mehr etwas beweisen und hatte, zumindest in ihren Augen, auch nichts zu bereuen, dabei benahm sie sich John Julius und seiner Frau Anne gegenüber manchmal genauso fordernd und unvernünftig wie einst ihre eigene Mutter ihr gegenüber. Auch in der Kunst der emotionalen Erpressung stand sie der Duchess in nichts nach. Anne hatte gehofft, ihre Schwiegermutter würde sich nach der Rückkehr in Clapham niederlassen und der Familie ein bisschen mehr Freiraum lassen. Dianas beleidigte Reaktion darauf wäre der verstorbenen Maud durchaus würdig gewesen, denn prompt zog sie in ein Haus nur wenige hundert Meter von Sohn und Schwiegertochter entfernt.

Zumeist aber war die alternde Diana eine amüsante und ziemlich aufmüpfige Persönlichkeit. Als in London gesetzliche Regelungen für das Parken eingeführt wurden, hinterließ sie schmeichlerische Zettel wie den folgenden an ihrer Windschutzscheibe: »Liebster Verkehrspolizist. Schneidezahn abgebrochen. Sehe mit 81 aus wie ein alter Pirat. Bin beim Zahnarzt auf 19a. Alt – gebrechlich – keine Parkuhr in der Nähe.«[29] Sie konnte großspurig, aber auch überraschend praktisch sein. Als sie einmal zu einem Ball in Wilton House eingeladen war und feststellte, dass für die Unterkunft der Gäste nicht gesorgt war, mietete sie einfach einen Wohnwagen und campte auf dem Grundstück. Seit sie die achtzig erreicht hatte, hielt sie – so erzählte sie zumindest allen – am Bett eine Giftampulle bereit für den Fall, dass das Alter ihr unerträglich wurde. Doch auch wenn sie schlecht sah, immer weniger hörte und die letzten beiden Jahre bettlägerig war, meinte das Leben es in seiner Endphase gut mit ihr. Diana starb mit dreiundneunzig und wurde in Belvoir, wo auch der Rest der Familie lag, an der Seite von Duff begraben.

In Nachrufen und Erinnerungen wurde sie als geistreiche, elegante Dame der Gesellschaft und liebende Ehefrau gefeiert. Die turbulenten Jahre, in denen sie um Duff und für ihre Unabhängigkeit hatte kämpfen müssen, schienen längst vergessen, und sind dennoch der Schlüssel zu ihrer Geschichte. Auch wenn Dianas herrschaftliche Erziehung Lichtjahre entfernt ist von Josephine Bakers Kindheit im Armenviertel von St. Louis, rebellierte doch auch sie gegen das Schicksal, in das sie hineingeboren wurde. Sie zeigte dieselbe Neigung zur Selbstbestimmtheit, die Josephine mit dreizehn dazu veranlasste, dem Getto den Rücken zu kehren und erst wieder anzuhalten, als sie ein Star war. Und wie Josephine wurde Diana dabei von der Ruhelosigkeit einer ganzen Generation angetrieben.

Scott Fitzgerald hat darauf hingewiesen, dass der Typus des Flappers aus einem emanzipatorischen Geist heraus entstand, der schon seit der Jahrhundertwende gärte. Aber erst die gesellschaftliche Ausnahmesituation der Kriegsjahre und der technische Fortschritt hatten die Hoffnungen und Ambitionen der jungen Frauen ausreichend beflügelt, um die zwanziger Jahre zu einem Neuanfang werden zu lassen. Und die kollektive Woge ihrer Erwartungen trug sie weiter, als ihre Mütter und Großmütter es sich je hatten träumen lassen.

Gleichwohl war der Umschwung nicht leicht. Es war ein verwirrender, schmerzhafter und am Ende auch zerstörerischer Prozess, der Zelda von ihrer kindlichen Trotzhaltung zu einer erwachseneren Form der Rebellion führte. Und Frauen, die damals auf provokante Weise ihre sexuelle Freiheit einforderten, brauchten gar noch mehr Mut. Wir sind es gewohnt, die sechziger und siebziger Jahre als große Zeit der Frauenbewegung zu sehen, betrachtet man aber die selbstlose Sturheit, mit der Nancy Cunard auf sexueller Gleichberechtigung bestand, oder die Kühnheit, mit der Tallulah Bankhead und Tamara de Lempicka ihre erotischen Abenteuer durchzogen, muss man sagen, dass sie diese Revolution um einige Jahrzehnte vorwegnahmen.

Die Art, wie die sechs Frauen in diesem Buch Tabus brachen und ihr öffentliches und privates Leben in Einklang zu bringen suchten, wirkt auf uns heute sehr modern. In den 1920er Jahren wurden die ersten internationalen Stars geboren, und die schillernde Kultur des Kinos und des Radios, der Werbung, Mode und Boulevardpresse katapultierte alle sechs in die höchsten Höhen des Ruhms. Selbst Nancy Cunard und Zelda Fitzgerald, die als Schriftstellerinnen keinen so hohen Bekanntheitsgrad erreichten, wurden zu Ikonen ihrer Zeit – unzählige Male fotografiert und gemalt und in Klatschkolumnen und Illustrierten zu modernen Märchenheldinnen stilisiert. Wie viele Prominente des 21. Jahrhunderts wurden manche von ihnen aber auch zu Opfern ihres eigenen Ruhms, weil sie das Zerrbild ihres öffentlichen Images am Ende für wahr hielten. Allen jedoch stellte sich die Kernfrage unserer modernen Zeit: Wie lassen sich Karriere und Familie, eigene Interessen, Ehe und Liebe miteinander vereinbaren?

Wenn sich aus ihren Erfahrungen etwas lernen lässt, dann, dass Fortschritt selten linear verläuft. Vieles von dem, was die

Flapper wollten, ist durch die Ereignisse der dreißiger und vierziger Jahre abgewürgt oder verzögert worden. Einige unermüdliche Kämpferinnen wie Nancy haben den Flapper-Geist der Auflehnung weitergetragen und in einen größeren politischen Kontext gestellt. Erst Mitte der 1960er Jahre griff die Nachkriegsgeneration die Themen aus den Zwanzigern wieder auf. Einmal mehr wagten es Dandys und junge Frauen in Miniröcken, gegen den pflichtschuldigen Konservativismus ihrer Eltern auf die Barrikaden zu gehen; sie forderten sexuelle Emanzipation und Gedankenfreiheit, nahmen Drogen und tanzten zu einer Musik, die in den Ohren der Älteren wie ein Affront klang.

Es ist daher kaum verwunderlich, dass Diana Cooper zwischen den Sechzigern und ihrer eigenen Jugend Parallelen ausmachte. Und noch ein halbes Jahrhundert später können wir uns erstaunlich gut mit ihr und ihren Zeitgenossinnen identifizieren. Diana, Nancy, Tamara, Tallulah, Zelda und Josephine gehörten einer Generation der Andersdenkenden an und schreckten nicht davor zurück, überall anzuecken. Ihre Forderungen und ihre Kämpfe sind auch heute noch aktuell und setzen einen Standard, an dem sich unsere eigenen Errungenschaften messen lassen.

ANMERKUNGEN

VORWORT

1 Jean-Claude Baker und Chris Chase, *Josephine: The Hungry Heart*, New York 2001, S. 3.
2 Laura Claridge, *Tamara de Lempicka: A Life of Deco and Decadence*, London 2001, S. 116 [dt. *Tamara de Lempicka: Ein Leben für Dekor und Dekadenz*, Frankfurt 2005, S. 140].
3 F. Scott Fitzgerald, »The Offshore Pirate«, in: *Flappers and Philosophers,* Serenity Rockville 2009, S. 9 [dt. *Junge Wilde und Philosophen: Die kultigen Kurzgeschichten »Flappers and Philosophers«,* Norderstedt 2020, darin »The Offshore Pirate«, S. 7-56].
4 Ebd., S. 27.
5 *The Times* vom 5. Februar 1920.
6 F. Scott Fitzgerald, *Der große Gatsby* [1925], Berlin 2012, S. 38.
7 *New York Times* vom 4. Juni 1923.
8 Dorothy Dunbar Bromley, »Feminist – New Style«, in: *Harper's Monthly Magazine* vom Oktober 1927, S. 560, zitiert nach Joshua Zeitz, *Flappers*, New York 2006, S. 112.
9 Robert A. Schanke, *That Furious Lesbian*, Southern Illinois University Press, 2003, S. 2.
10 Nicholas Murray, *Aldous Huxley: An English Intellectual*, London 2002, S. 157.

DIANA COOPER

Kapitel 1

1 »Erwartungen und Hoffnungen«, zitiert nach Joyce Marlow (Hg.), *Woman and the Great War*, London 1999, S. 1.
2 Zitiert nach Ziegler, *Diana Cooper*, London 1981, S. 145.
3 Zitiert nach Juliet Nicolson, *The Perfect Summer*, London 2006, S. 68.
4 Zitiert nach Ziegler, S. 53.
5 Diana Cooper, *The Rainbow Comes and Goes* (*RCG*), London 1984, S. 156.
6 Ebd., S. 17.
7 Zitiert nach Ziegler, S. 31.

8 Cooper, *RCG*, S. 73.
9 Ebd., S. 81.
10 Zitiert nach Ziegler, S. 55.
11 Cooper, *RCG*, S. 73.
12 Zitiert nach Ziegler, S. 55.
13 Jane C. Desmond (Hg.), Meaning in Motion: New Cultural Studies of Dance, Duke University Press, 1997, S. 140.
14 Cooper, *RCG*, S. 77.
15 Ebd., S. 84.
16 Ebd., S. 88.
17 Zitiert nach Ziegler, S. 33.
18 Cooper, *RCG*, S. 82.
19 Ebd., S. 106.
20 Ebd., S. 82.
21 Zitiert nach Ziegler, S. 36.
22 Cooper, *RCG*, S. 96.
23 Artemis Cooper (Hg.), *A Durable Fire: The Letters of Duff and Diana Cooper, 1913-1950*, London 1983, April 1913, S. 6.
24 Zitiert nach Ziegler, S. 59.
25 Ebd., S. 15.
26 Ebd., S. 16.
27 Ebd., S. 63.
28 Ebd., S. 22.
29 Zitiert nach Nicolson, S. 78.
30 Zitiert nach Marlow, S. 22.
31 Ebd., S. 49.
32 Cooper, *RCG*, S. 132.
33 Zitiert nach Ziegler, S. 65.
34 Enid Bagnold, *A Diary Without Dates*, London 1918.
35 Cooper, *RCG*, S. 131.
36 Zitiert nach Ziegler, S. 65.
37 Cooper, *RCG*, S. 129.
38 Zitiert nach Marlow, S. 4.
39 Zitiert nach Ziegler, S. 114.
40 Ebd., S. 61.
41 *Daily Mail* vom 6. September 1916, zitiert nach Lois Gordon, *Nancy Cunard: Heiress, Muse und Political Icon*, New York 2007, S. 63.
42 Zitiert nach Ziegler, S. 71.
43 Cooper, *RCG*, S. 151.
44 John Julius Norwich (Hg.), *The Duff Cooper Diaries*, London 2005, Eintrag vom 31. Juli 1916, S. 34.
45 Ebd.
46 Cooper, *RCG*, S. 96.
47 Ebd., S. 144.
48 Zitiert nach Ziegler, S. 71.
49 Ebd., S. 79.
50 Cooper, *RCG*, S. 142.
51 Zitiert nach Ziegler, S. 80.
52 Ebd., S. 46.
53 Ebd., S. 84.
54 *Letters D and D Cooper*, Brief vom 3. Mai 1913, S. 7.
55 Ebd., Brief vom 23. Juni 1914, S. 14.
56 Ebd., Brief vom 2. Juli 1916, S. 29.
57 *The Duff Cooper Diaries*, 6. März 1916, S. 26.
58 Ebd., 27. August 1915, S. 82.
59 Zitiert nach Ziegler, S. 82.
60 Ebd., S. 97.
61 Ebd., S. 98.
62 *Letters D and D Cooper*, Brief vom 27. September 1917, S. 39.
63 *The Duff Cooper Diaries*, 29. März 1917, S. 49.
64 Ebd., 17. Mai 1917, S. 53.
65 Cooper, *RCG*, S. 152f.

66 *Letters D and D Cooper*, Brief vom 28. April 1918, S. 49-50.

67 Cooper, *RCG*, S. 149.

68 *Letters D and D Cooper*, Brief vom 27. September 1917, S. 39.

69 Cooper, *RCG*, S. 173.

70 Ebd., S. 156.

71 *Letters D and D Cooper*, Brief vom 3. Juni 1918, S. 69.

72 Ebd., Brief vom 5. Juni 1918, S. 70.

73 Cooper, *RCG*, S. 162.

74 Zitiert nach Ziegler, S. 123.

75 *Letters D and D Cooper*, Brief vom 8. Juli 1918, S. 81.

76 Ebd., Brief vom 4. Juli 1918, S. 80.

77 Cooper, *RCG*, S. 205.

78 Zitiert nach Ziegler, S. 121.

79 *The Duff Cooper Diaries*, 31. Oktober 1918, S. 85.

80 Cooper, *RCG*, S. 215.

81 Ebd.

NANCY CUNARD

Kapitel 2

1 Nancy Cunard, *GM: Memories of George Moore (GM)*, zitiert nach Gordon, S. 60.

2 *The Duff Cooper Diaries*, 11. Juli 1916, S. 33.

3 Zitiert nach Gordon, S. 89.

4 Ebd., S. 63.

5 Zitiert nach Anne Chisholm, *Nancy Cunard*, 1979[1], London 1981, S. 31.

6 Zitiert nach Gordon, S. 12.

7 Zitiert nach Daphne Fielding, *Emerald and Nancy: Lady Cunard and her Daughter*, London 1968, S. 24.

8 Nancy Cunard, *Album Amicorum (AA)* (unveröffentlicht), zitiert nach Chisholm, S. 41.

9 Zitiert nach Fielding, S. 20.

10 Cunard, *AA*, zitiert nach Chisholm, S. 40.

11 Cunard, *GM*, zitiert nach Chisholm, S. 32.

12 Christopher Hassall, *Edward Marsh, Patron of the Arts*, London 1959, zitiert nach Fielding, S. 26.

13 Zitiert nach Gordon, S. 22.

14 Zitiert nach Chisholm, S. 51.

15 *Manchester Guardian* vom 4. Dezember 1913, zitiert nach Paul O'Keefe, *Some Sort of Genius: A Life of Wyndham Lewis*, London 2000, S. 141.

16 Zitiert nach Gordon, S. 25.

17 Zitiert nach Chisholm, S. 55.

18 Ebd.

19 Iris Tree, »We Shall Not Forget, for Nancy Cunard«, in Hugh Ford (Hg.), *Nancy Cunard*, S. 21, zitiert nach Gordon, S. 59.

20 Cunard, *GM*, zitiert nach Fielding, S. 59.

21 Zitiert nach Juliet Nicolson, *The Great Silence*, London 2009, S. 33.

22 Zitiert nach Virginia Nicholson, *Singled out*, London 2008, S. 23.

23 Cunard, Tagebuch (unveröffentlicht), zitiert nach Gordon, S. 76.
24 Ebd., S. 74.
25 Ebd., S. 75.
26 Ebd., S. 76.
27 Ebd., S. 73.
28 Cunard, Tagebuch (unveröffentlicht), zitiert nach Chisholm, S. 72.
29 Ebd., zitiert nach Gordon, S. 87.
30 Ebd., S. 83.
31 Cunard, Tagebuch, zitiert nach Chisholm, S. 76.
32 Ebd., S. 79.
33 Ebd., S. 85.
34 Ebd., S. 76.
35 Cunard, Tagebuch (unveröffentlicht), zitiert nach Gordon, S. 84.
36 Ebd., zitiert nach Chisholm, S. 89.
37 Ebd., zitiert nach Gordon, S. 87.
38 Ebd., S. 87.
39 Ebd.
40 Ebd., zitiert nach Chisholm, S. 90.

TAMARA DE LEMPICKA

Kapitel 3

1 Vgl. Laura Claridge, *Tamara de Lempicka. Ein Leben für Dekor und Dekadenz*, S. 85.
2 Zitiert nach Justine Picardie, *Coco Chanel: The Legend and the Life*, S. 128.
3 Zitiert nach Kizette de Lempicka-Foxall und Charles Phillips, *Passion by Design: The Art and Times of Tamara de Lempicka*, S. 36.
4 Ebd., S. 22.
5 Zitiert nach Claridge, *Ein Leben*, S. 51.
6 Ebd., S. 56.
7 Zitiert nach Stefanie Penck, *Tamara de Lempicka*, München 2004, S. 20.
8 Zitiert nach Foxall, S. 38.
9 Zitiert nach Lynn Hanley, *Naked at the Feast: A Biography of Josephine Baker*, London 1981, S. 51.
10 Vgl. Claridge, *Ein Leben*, S. 99.
11 Zitiert nach Diana Souhami, *Wild Girls*, London 2004, S. 60.
12 Ebd.
13 Zitiert nach Suzanne Rodriguez-Hunter, *Found Meals of the Lost Generation*, London 1994, S. 94.
14 William Carlos Williams, *The Autobiography*, New York 1967, S. 229, zitiert nach Brenda Wineapple, *Genêt: A Biography of Janet Flanner*, London 1989, S. 85.
15 Vgl. Claridge, *Ein Leben*, S. 119.
16 Zitiert nach Foxall, S. 42.
17 Ebd., S. 172.

TALLULAH BANKHEAD

Kapitel 4

1 Zitiert nach Joel Lobenthal, *Tallulah! The Life and Times of a Leading Lady*, S. 16.
2 Tallulah Bankhead, *Tallulah: My Autobiography*, S. 22.
3 Ebd., S. 32.
4 Ebd., S. 24.
5 Zitiert nach Lobenthal, S. 10.
6 Bankhead, S. 22.
7 Ebd., S. 42.
8 Ebd., S. 45.
9 Frances Marion, *Off With Their Heads!*, London 1972, zitiert nach Tim Lussier, »The Mysterious Death Of Olive Thomas«, www.silentsaregolden.com.
10 Bankhead, S. 54.
11 Zitiert nach Lobenthal, S. 34.
12 Bankhead, S. 57.
13 Zitiert nach Lobenthal, S. 20.
14 Bankhead, S. 60.
15 Ebd., S. 74.
16 Ebd., S. 57.
17 Zitiert nach Lobenthal, S. 24.
18 Ebd.
19 Ebd., S. 21.
20 Bankhead, S. 58.
21 Zitiert nach Lee Israel, *Miss Tallulah Bankhead*, S. 56.
22 Zitiert nach Lobenthal, S. 38.
23 Ebd., S. 30.
24 Bankhead, S. 56.
25 Ebd., S. 73.
26 Ebd., S. 70.
27 Ebd.
28 Ebd., S. 90.
29 Zitiert nach Israel, S. 75.
30 Ebd., S. 72.
31 Zitiert nach Lobenthal, S. 28.
32 Ebd., S. 17.
33 Ebd., S. 36.
34 Zitiert nach Israel, S. 68.
35 Zitiert nach Lobenthal, S. 43.
36 Zitiert nach Israel, S. 66.
37 Zitiert nach David Bret, *Tallulah Bankhead: A Scandalous Life*, S. 25.
38 Zitiert nach Lobenthal, S. 50.
39 Ebd., S. 37.
40 Bankhead, S. 98.
41 Zitiert nach Israel, S. 179.
42 Zitiert nach Lobenthal, S. 55.

ZELDA FITZGERALD

Kapitel 5

1 Zitiert nach Sally Cline, *Zelda Fitzgerald: Her Voice in Paradise*, S. 85.
2 Edmund Wilson, *Letters on Literature and Politics*, New York 1977, S. 478, zitiert nach Matthew J. Bruccoli, *Some Sort of Epic Grandeur*, S. 132.
3 Zitiert nach Zeitz, S. 53.
4 F. Scott Fitzgerald, *Diesseits vom Paradies*, S. 92.
5 Zitiert nach Nancy Milford, *Zelda. Die Biografie des amerikanischen Traumpaares Zelda und F. Scott Fitzgerald (Zelda)*, S. 66.

6 Zitiert nach Zeitz, S. 47.
7 Nancy Milford, *Zelda Fitzgerald (ZF)*, S. 63.
8 Zitiert nach Milford, *Zelda*, S. 55.
9 Barry Paris, *Louise Brooks: A Biography*, S. 33.
10 Zelda Fitzgerald, *Ein Walzer für mich*, S. 9.
11 Zitiert nach Milford, *Zelda*, S. 16.
12 Fitzgerald, *EWFM*, S. 52.
13 Zitiert nach Milford, *Zelda*, S. 16.
14 Zitiert nach Cline, S. 39ff.
15 Ebd., S. 40.
16 Zitiert nach Milford, *Zelda*, S. 23.
17 Zitiert nach Cline, S. 33.
18 Ebd.
19 Ebd., S. 36.
20 Zelda Fitzgeralds Briefe (ZFB, unveröffentlicht), zitiert nach Milford, *Zelda*, S. 48.
21 Ebd., zitiert nach Cline, S. 42.
22 Fitzgerald, *EWFM*, S. 98.
23 Zitiert nach Cline, S. 42.
24 Fitzgerald, *EWFM*, S. 62f.
25 Zitiert nach Cline, S. 47.
26 ZFB, zitiert nach Cline, S. 45.
27 Fitzgerald, *EWFM*, S. 67.
28 F. Scott Fitzgerald, *Der große Gatsby*, S. 178.
29 Zitiert nach Milford, *Zelda*, S. 32.
30 Ebd., S. 36.
31 ZFB, zitiert nach Milford, *Zelda*, S. 40.
32 Ebd., S. 45.
33 Zitiert nach Milford, *Zelda*, S. 46.
34 ZFB, zitiert nach Milford, *Zelda*, S. 46.
35 Ebd., S. 49.
36 Milford, *ZF*, S. 61.
37 Zitiert nach Zeitz, S. 51.
38 ZFB, zitiert nach Milford, *Zelda*, S. 59.
39 Zitiert nach Bruccoli, S. 111.
40 Fitzgerald, *EWFM*, S. 74.
41 Ebd., S. 80f.
42 Zitiert nach Cline, S. 84.
43 Ebd., S. 86.
44 Zitiert nach Milford, *Zelda*, S. 65.
45 Zelda Fitzgerald, *Caesar's Things* (unveröffentlicht), zitiert nach Cline, S. 85.
46 ZFB, zitiert nach Milford, *Zelda*, S. 72.
47 Zitiert nach Milford, *Zelda*, S. 75.
48 Ebd., S. 75.
49 Zitiert nach Cline, S. 111.
50 Ebd., S. 109.
51 Zelda Fitzgerald, »A Millionaire's Girl«, zitiert nach Cline, S. 31.
52 Zitiert nach Cline, S. 116.
53 Ebd.
54 ZFB, zitiert nach Bruccoli, S. 109.
55 Zitiert nach Cline, S. 126.
56 John Peale Bishop, *Collected Essays*, New York 1948, zitiert nach Cline, S. 121.
57 ZFB, zitiert nach Milford, *Zelda*, S. 44.
58 Zitiert nach Cline, S. 123.

59 Zitiert nach Milford, *Zelda*, S. 83.
60 Zitiert nach Cline, S. 124.
61 ZFB, zitiert nach Milford, *Zelda*, S. 48.
62 Unveröffentlichtes Tagebuch von Alec McKaig, zitiert nach Milford, *Zelda*, S. 75.
63 Zitiert nach Bruccoli, S. 161.
64 Zitiert nach Milford, *Zelda*, S. 87.
65 John Dos Passos, *The Best Times*, New American Library, New York 1966, S. 129, zitiert nach Bruccoli, S. 171.
66 Zitiert nach Cline, S. 99.
67 Zitiert nach Bruccoli, S. 177.
68 Zitiert nach Cline, S. 137.
69 Unveröffentlichtes Tagebuch von Alec McKaig, zitiert nach Milford, *ZF*, S. 88.
70 Zitiert nach Cline, S. 138.

JOSEPHINE BAKER

Kapitel 6

1 Zitiert nach Phyllis Rose, *Josephine Baker oder Wie eine Frau die Welt erobert*, S. 87.
2 Zitiert nach Baker und Chase, S. 55.
3 Ebd., S. 18.
4 Ebd.
5 Ebd., S. 19.
6 Zitiert nach Haney, S. 17.
7 Zitiert nach Baker und Chase, S. 24.
8 Ebd., S. 36.
9 Ebd., S. 42.
10 Ebd., S. xxi.
11 Haney, S. 38.
12 Ebd., S. 25.
13 Zitiert nach Baker und Chase, S. 55.
14 Ebd., S. 57.
15 Zitiert nach Paris, S. 72.
16 Zitiert nach Baker und Chase, S. 63.
17 Ebd., S. 62.
18 Ebd., S. 70.
19 Zitiert nach Haney, S. 40.
20 Zitiert nach Baker und Chase, S. 74.
21 Lucy Moore, *Anything Goes: A Biography of the Roaring Twenties*, S. 49.
22 Jeffrey H. Jackson, *Making Jazz French: Music and Modern Life in Interwar Paris*, S. 1.
23 Zitiert nach Baker und Chase, S. 59.
24 Ebd., S. 91.
25 Ebd.
26 Ebd., S. 97.

DIANA COOPER

Kapitel 7

1 Zitiert nach Ziegler, S. 123.
2 Ebd., S. 126.
3 Cooper, *RCG*, S. 219.
4 Zitiert nach Ziegler, S. 129.
5 Cooper, *RCG*, S. 220.
6 Ebd., S. 221.

7 Ebd.
8 *Letters D and D Cooper*, Brief vom 30. Januar 1929, S. 264.
9 *The Duff Cooper Diaries*, 2. Juni 1919, S. 103.
10 *The Duff Cooper Diaries*, 13. Oktober 1919, S. 109.
11 D.H. Lawrence, *Aaron's Rod*, London 1922, S. 157.
12 Clement Scott, 1898, zitiert nach Catherine Haill in: *Women in the 19th Century Theatre*, V & A Museum.
13 Zitiert nach Ziegler, S. 147.
14 *The Duff Cooper Diaries*, 2. Juni 1919, S. 102.
15 Zitiert nach Ziegler, S. 146.
16 Ebd.
17 *The Duff Cooper Diaries*, 22. Juli 1921, S. 148.
18 Zitiert nach Ziegler, S. 148.
19 Ebd., S. 149.
20 Ebd., S. 153.
21 *The Duff Cooper Diaries*, 16. Oktober 1923, S. 181.
22 Diana Cooper, *The Light of the Common Day* (*LOCD*), 1959[1], London 1984, S. 11.
23 *Letters D and D Cooper*, Brief vom 13. Januar 1927, S. 249.
24 John Charmley, *Duff Cooper: The Authorized Biography*, London 1987, S. 33.
25 Zitiert nach Ziegler, S. 134.
26 *The Duff Cooper Diaries*, 12. Oktober 1925, S. 211.
27 Cooper, *RCG*, S. 172.
28 *The Duff Cooper Diaries*, 2. Dezember 1923, S. 183.
29 Cooper, *LOCD*, S. 12.
30 Zitiert nach Ziegler, S. 155.
31 Cooper, *LOCD*, S. 29.
32 *Letters D and D Cooper*, Brief vom 8. Dezember 1923, S. 149.
33 Cooper, *LOCD*, S. 13.
34 Ebd., S. 15.
35 *Letters D and D Cooper*, Brief vom 3. Januar 1924, S. 153.
36 Zitiert nach Ziegler, S. 158.
37 Cooper, *LOCD*, S. 26.
38 Ebd., S. 27.
39 *Letters D and D Cooper*, Brief vom 13. Februar 1924, S. 166.
40 *The Duff Cooper Diaries*, 5. Mai 1924, S. 195.
41 Zitiert nach Ziegler, S. 162.
42 Cooper, *LOCD*, S. 39.
43 Zitiert nach Ziegler, S. 180.
44 Cooper, *LOCD*, S. 40.
45 Ebd., S. 34.
46 Ebd., S. 18.
47 Ebd., S. 33.
48 Zitiert nach Ziegler, S. 159.
49 *Letters D and D Cooper*, 24. Januar 1927, S. 247.
50 Zitiert nach Lynn Garafola, *Diaghilev's Ballets Russes*, New York 1989, S. 250.
51 Cooper, *LOCD*, S. 46.
52 Ebd., S. 47.
53 Ebd., S. 51.
54 *Letters D and D Cooper*, Brief vom 3. Oktober 1925, S. 202f.
55 Cooper, *LOCD*, S. 50.
56 *Letters D and D Cooper*, Brief vom 3. Oktober 1925, S. 202f.
57 Cooper, *LOCD*, S. 20.

58 *Letters D and D Cooper*, Brief vom 3. November 1925, S. 209.
59 Ebd., Brief vom 10. Oktober 1925, S. 206.
60 Ebd., Brief vom 9. Dezember 1926, S. 232.
61 Ebd., Brief vom 8. Januar 1927, S. 244.
62 Ebd., Brief vom 4. Dezember 1925, S. 212.
63 Cooper, *LOCD*, S. 74.
64 Ebd., S. 76.
65 Ebd., S. 13f.
66 Ebd., S. 67.
67 *Letters D and D Cooper*, Brief vom 14. Dezember 1926, S. 234.
68 Ebd., Brief vom 19. Dezember 1926, S. 237.
69 Cooper, *LOCD*, S. 90.
70 *Letters D and D Cooper*, Brief vom 28. Januar 1929, S. 261.
71 Ebd., Brief vom 30. Januar 1929, S. 263.
72 Zitiert nach Ziegler, S. 119.

TALLULAH BANKHEAD

Kapitel 8

1 *Letters D and D Cooper*, Brief vom 8. Dezember 1924, S. 186.
2 Bankhead, S. 105.
3 Zitiert nach Israel, S. 82.
4 Bankhead, S. 105.
5 Zitiert nach Lobenthal, S. 56.
6 Ebd., S. 57.
7 Ebd., S. 70.
8 Zitiert nach Israel, S. 81.
9 Bankhead, S. 145.
10 Zitiert nach Israel, S. 84.
11 Bankhead, S. 122f.
12 Ebd., S. 122.
13 Zitiert nach Lobenthal, S. 72.
14 Ebd., S. 89.
15 Bankhead, S. 145.
16 Zitiert nach Lobenthal, S. 91.
17 Ebd., S. 93f.
18 Bankhead, S. 125.
19 Zitiert nach Lobenthal, S. 96.
20 Ebd., S. 94.
21 Bankhead, S. 143.
22 Zitiert nach Israel, S. 89.
23 Zitiert nach Lobenthal, S. 84.
24 Ebd., S. 161.
25 Zitiert nach Israel, S. 95.
26 Zitiert nach Lobenthal, S. 97.
27 Bankhead, S. 127.
28 Ebd., S. 130.
29 Zitiert nach Lobenthal, S. 91.
30 Bankhead, S. 131.
31 Zitiert nach Lobenthal, S. 105.
32 Zitiert nach Israel, S. 112.
33 Bankhead, S. 110.
34 Zitiert nach Lobenthal, S. 118.
35 Bankhead, S. 107.
36 Zitiert nach Israel, S. 116.
37 Zitiert nach Lobenthal, S. 99.
38 Zitiert nach Israel, S. 106f.
39 Zitiert nach Cline, S. 184.
40 Bankhead, S. 109.
41 Zitiert nach Lobenthal, S. 101.
42 Ebd., S. 171.
43 Ebd., S. 95.
44 Ebd., S. 117.
45 Ebd., S. 111.
46 Ebd., S. 113.
47 Zitiert nach Israel, S. 113.

48 Ebd., S. 114.
49 Zitiert nach Lobenthal, S. 160.
50 Ebd., S. 164.
51 Ebd., S. 132.
52 Bankhead, S. 157.
53 Zitiert nach Lobenthal, S. 108.
54 Ebd., S. 147.
55 Ebd., S. 123.
56 Ebd., S. 147.
57 Zitiert nach Israel, S. 123.
58 Zitiert nach Lobenthal, S. 148.
59 Bankhead, S. 149.
60 Zitiert nach Lobenthal, S. 174.
61 Ebd., S. 142.
62 Ebd., S. 227.
63 Ebd., S. 156.
64 Zitiert nach Israel, S. 126.
65 Zitiert nach Lobenthal, S. 167.
66 Ebd., S. 168.
67 Ebd., S. 131.

NANCY CUNARD

Kapitel 9

1 Zitiert nach Chisholm, S. 96.
2 Ebd., S. 100.
3 Aus Nancy Cunards unveröffentlichtem Tagebuch, zitiert nach Gordon, S. 131.
4 Zitiert nach Chisholm, S. 99.
5 Ebd.
6 Ebd., S. 98.
7 Ebd., S. 142.
8 Ebd., S. 101.
9 Michael Arlen, *Piracy*, zitiert nach Chisholm, S. 102.
10 Zitiert nach Chisholm, S. 404.
11 *Daily Mail* vom 17. September 1921, London, zitiert nach Gordon, S. 119.
12 Zitiert nach Gordon, S. 92.
13 *The Autobiography of William Carlos Williams*, zitiert nach Gordon, S. 127.
14 Zitiert nach Chisholm, S. 199.
15 Zitiert nach Paul O'Keefe, S. 245.
16 Zitiert nach Norman Murray, S. 183.
17 Zitiert nach Chisholm, S. 112.
18 Aldous Huxley, *Antic Hay*, 1923[1], London 2004, S. 75.
19 Ebd., S. 78.
20 Zitiert nach Chisholm, S. 118.
21 Zitiert nach Murray, S. 146.
22 Zitiert nach Chisholm, S. 120.
23 Ebd., S. 92.
24 Zitiert nach Murray, S. 146.
25 Zitiert nach Gordon, S. 127.
26 Zitiert nach Chisholm, S. 123.
27 Ebd., S. 125.
28 Zitiert nach Gordon, S. 101.
29 Zitiert nach Chisholm, S. 141.
30 Ebd., S. 223.
31 Zitiert nach Gordon, S. 127.
32 Zitiert nach Chisholm, S. 138.
33 Nancy Cunard (Hg.), *Negro*, London 1934, zitiert nach Gordon, S. 90.
34 Zitiert nach Gordon, S. 108.
35 Ebd., S. 124.
36 Ebd.
37 Zitiert nach Chisholm, S. 232.
38 Ebd., S. 41.
39 Ebd., S. 143.
40 Zitiert nach Gordon, S. 143.

41 Ebd.
42 Ebd., S. 147.
43 Zitiert nach Chisholm, S. 208.
44 Ebd., S. 233.
45 Ebd., S. 169.
46 Ebd., S. 163.
47 Ebd., S. 179.
48 Ebd., S. 169.
49 Ebd., S. 172.
50 Ebd., S. 171.
51 Ebd., S. 186.
52 Ebd., S. 176.
53 Ebd., S. 183/178.
54 Ebd., S. 174.
55 Ebd.
56 Ebd., S. 202.
57 Ebd., S. 205.
58 Ebd., S. 186.
59 Ebd., S. 264.
60 Zitiert nach Gordon, S. 157.
61 Zitiert nach Chisholm, S. 247.
62 Zitiert nach Gordon, S. 160.
63 Zitiert nach Chisholm, S. 223.
64 Ebd., S. 224.
65 Ebd., S. 250.

ZELDA FITZGERALD

Kapitel 10

1 Zitiert nach Moore, S. 125.
2 Fitzgerald, *EWFM*, S. 137.
3 Zitiert nach Bruccoli, S. 191.
4 Ebd., S. 196.
5 F. Scott Fitzgerald, *Der große Gatsby*, S. 53.
6 Ebd., S. 81.
7 Fitzgerald, *EWFM*, S. 139.
8 Zitiert nach Milford, *Zelda*, S. 95.
9 Fitzgerald, *EWFM*, S. 153.
10 Zitiert nach Milford, *Zelda*, S. 156.
11 Ebd., S. 98f.
12 Ebd., S. 99.
13 Zitiert nach Bruccoli, S. 217.
14 Zitiert nach Cline, S. 157.
15 Ebd., S. 161.
16 Zitiert nach Milford, *Zelda*, S. 102.
17 Ebd., S. 100.
18 Zitiert nach Bruccoli, S. 221.
19 Zitiert nach Milford, *Zelda*, S. 161.
20 Ebd., S. 109.
21 Zitiert nach Milford, *ZF*, S. 138.
22 Zitiert nach Cline, S. 168.
23 Zitiert nach Milford, *Zelda*, S. 101.
24 Ebd., S. 94.
25 Zitiert nach Cline, S. 166.
26 Ebd., S. 175.
27 Zitiert nach Milford, *ZF*, S. 136.
28 Ebd.
29 Zitiert nach Claridge, *Ein Leben*, S. 118.
30 Zitiert nach Cline, S. 173.
31 Zitiert nach Milford, *ZF*, S. 267.
32 Fitzgerald, *EWFM*, S. 123.
33 Zitiert nach Milford, *ZF*, S. 137.
34 Ebd., S. 267.
35 Zitiert nach Cline, S. 184.
36 Zitiert nach John Richardson, *A Life of Picasso, Volume 3*, S. 287.
37 Zitiert nach Bruccoli, S. 254.
38 Ebd., S. 253.

39 Zitiert nach Milford, *ZF*, S. 139.
40 Zitiert nach Milford, *Zelda*, S. 109f.
41 Ebd., S. 113.
42 Zitiert nach Cline, S. 210.
43 Zitiert nach Milford, *Zelda*, S. 118.
44 Ebd., S. 124.
45 Ebd., S. 117.
46 Fitzgerald, *EWFM*, S. 213.
47 Zitiert nach Cline, S. 258.
48 Fitzgerald, *EWFM*, S. 262.
49 Zitiert nach Milford, *Zelda*, S. 123.
50 Ebd., S. 129.
51 Zitiert nach Cline, S. 222.
52 Ebd., S. 281.
53 Zitiert nach Bruccoli, S. 271.
54 Ebd., S. 294.
55 Zitiert nach Cline, S. 229.
56 Zitiert nach Milford, *Zelda*, S. 165.
57 Zitiert nach Cline, S. 274.
58 Zitiert nach Milford, *Zelda*, S. 136.
59 Fitzgerald, *EWFM*, S. 170.
60 Zitiert nach Milford, *Zelda*, S. 146.
61 Ebd., S. 138.
62 Ebd., S. 132.
63 Zitiert nach Milford, *ZF*, S. 194.

TAMARA DE LEMPICKA

Kapitel 11

1 Zitiert nach Milford, *Zelda*, S. 148.
2 Zitiert nach Claridge, *Ein Leben*, S. 141.
3 Zitiert nach Foxall, S. 58f.
4 Ebd., S. 82.
5 Ebd., S. 81.
6 Ebd.
7 Ebd., S. 43.
8 Zitiert nach Claridge, *Ein Leben*, S. 108 [Zitat in der deutschen Übersetzung nicht auffindbar].
9 Ebd., S. 136 [Zitat in der deutschen Übersetzung nicht auffindbar].
10 Zitiert nach Foxall, S. 68.
11 Zitiert nach Claridge, *Ein Leben*, S. 165.
12 Ebd., S. 160.
13 Ebd., S. 171.
14 Ebd., S. 173.
15 Zitiert nach Foxall, S. 172.
16 Zitiert nach Claridge, *Ein Leben*, S. 172.
17 Ebd., S. 172f.
18 Ebd., S. 198.
19 Ebd., S. 199.
20 Janet Flanner, *Paris Was Yesterday*, London 2003, S. 73.
21 Zitiert nach Foxall, S. 138.

JOSEPHINE BAKER

Kapitel 12

1 Zitiert nach Baker und Chase, S. 116.
2 Ebd., S. 130.
3 Zitiert nach Haney, S. 50.
4 Zitiert nach Baker und Chase, S. 111.
5 Zitiert nach John Kirby Abraham, *In Search of Josephine Baker*, S. 23.
6 Zitiert nach Bennetta Jules-Rosette, *Josephine Baker in Art and Life: The Icon and the Image*, S. 48.
7 Zitiert nach Haney, S. 64.
8 Ebd.
9 Ebd., S. 69.
10 Ebd., S. 103.
11 Zitiert nach Baker und Chase, S. 120.
12 Zitiert nach Abraham, S. 29.
13 Zitiert nach Baker und Chase, S. 120.
14 Zitiert nach Haney, S. 75.
15 Zitiert nach Jules-Rosette, S. 142.
16 Ebd.
17 Zitiert nach Baker und Chase, S. 119.
18 Zitiert nach Haney, S. 67.
19 Ebd., S. 80.
20 Ebd., S. 82.
21 Zitiert nach Baker und Chase, S. 119.
22 Ebd.
23 Ebd., S. 124.
24 Zitiert nach Rose, S. 125 f.
25 Ebd., S. 122.
26 Ebd., S. 145.
27 Zitiert nach Haney, S. 115.
28 Ebd., S. 110.
29 Zitiert nach Baker und Chase, S. 137.
30 Zitiert nach Haney, S. 87.
31 Ebd., S. 104.
32 Ebd., S. 105.
33 Ebd., S. 111.
34 Zitiert nach Jules-Rosette, S. 161.
35 Zitiert nach Haney, S. 119.
36 Ebd., S. 126.
37 Ebd., S. 133.
38 Ebd., S. 134.
39 Ebd., S. 135.
40 Zitiert nach Jules-Rosette, S. 78.
41 Zitiert nach Rose, S. 195.
42 Zitiert nach Baker und Chase, S. 171.
43 Zitiert nach Haney, S. 160.
44 Ebd., S. 161.
45 Ebd., S. 163.
46 Flanner, S. 87.
47 Zitiert nach Haney, S. 130f.
48 Ebd., S. 167.

EPILOG

1 Zitiert nach Haney, S. 332.
2 Ebd., S. 236.
3 Ebd.
4 Ebd., S. 253.
5 Zitiert nach Chisholm, S. 441.
6 Ebd., S. 403.

7 Ebd., S. 438.
8 Zitiert nach Milford, *Zelda*, S. 143f.
9 Ebd., S. 232.
10 Zitiert nach Milford, *ZF*, S. 287.
11 Ebd., *ZF*, S. 322.
12 Zitiert nach Milford, *Zelda*, S. 274.
13 Zitiert nach Milford, *ZF*, S. 388.
14 Zitiert nach Cline, S. 43.
15 Zitiert nach Claridge, *Ein Leben*, S. 232.
16 Ebd., S. 238.
17 Ebd., S. 365.
18 Ebd., S. 416.
19 Ebd., S. 428.
20 Zitiert nach Israel, S. 145.
21 Ebd., S. 171.
22 Ebd., S. 259.
23 Zitiert nach Ziegler, S. 272.
24 Ebd., S. 214.
25 Ebd., S. 201.
26 Ebd., S. 278.
27 Diana Cooper, *Trumpets from the Steep*, [1960], London 1984, S. 245.
28 Zitiert nach Ziegler, S. 321.
29 Ebd., S. 359.

BIBLIOGRAFIE

Abraham, John Kirby, *In Search of Josephine Baker*. London, 2001.
Acton, Harold, *Memoirs of an Aesthete*. London, 1948.
Adickes, Sandra, *To Be Young Was Very Heaven: Women in New York Before the First World War*. New York, 1997.
Arlen, Michael, *Der grüne Hut: ein Roman für Wenige*. Berlin, 1926.
Bagnold, Enid, *A Diary Without Dates*. London, 1918.
Dies., *The Loved and Envied*. London, 1951.
Bailey, Catherine, *The Secret Rooms: A True Gothic Mystery*. London, 2012.
Baker, Jean-Claude/Chase, Chris, *Josephine: The Hungry Heart*. New York, 2001.
Bankhead, Tallulah, *Tallulah: My Autobiography*. London, 1952.
Barnes, Djuna, *Ladies Almanach*. Frankfurt, 1990.
Baughman, Judith S. (Hg.), *American Decades: 1920-1929*. Detroit, 1995.
Beaton, Cecil, *The Glass of Fashion*. London, 1954.
Benstock, Shari, *Women of the Left Bank: Paris, 1900-1940*. London, 1987.
Blakiston, Georgiana, *Letters of Conrad Russell*. London, 1987.
Bret, David, *Tallulah Bankhead: A Scandalous Life*. London, 1996.
Brittain, Vera, *Testament of Youth*. New York, 1933.
Bruccoli, Matthew J., *Some Sort of Epic Grandeur: The Life of F. Scott Fitzgerald*. Columbia, 2002².
Bryer, Jackson R./Barks, Cathy W., *Dear Scott, Dearest Zelda: The Love Letters of F. Scott and Zelda Fitzgerald*. New York, 2002.
Charmley, John, *Duff Cooper: The Authorized Biography*. London, 1986.
Cheng, Anne Anlin, *Second Skin: Josephine Baker & the Modern Surface*. New York, 2011.
Chisholm, Anne, *Nancy Cunard*. [1979], Harmondsworth, 1981.
Claridge, Laura, *Tamara de Lempicka: A Life of Deco and Decadence*. [1999], London, 2001.

Dies., *Tamara de Lempicka. Ein Leben für Dekor und Dekadenz*. Frankfurt, 2005.
Cline, Sally, *Zelda Fitzgerald: Her Voice in Paradise*. London, 2002.
Connolly, Cressida, *The Rare and the Beautiful*. London, 2004.
Cooper, Artemis (Hg.), *A Durable Fire: The Letters of Duff and Diana Cooper 1913-50*. London, 1983.
Cooper, Diana, *The Rainbow Comes and Goes*. [1958], London, 1984.
Dies., *The Light of Common Day*. [1959], London, 1984.
Dies., *Trumpets from the Steep*. [1960], London, 1984.
Dies., *Die Memoiren der Lady Diana Cooper*. Frankfurt, 1962.
Cowley, Malcolm, *Exile's Return: A Literary Odyssey of the 1920s*. New York, 1951.
Cummings, E.E., *Der ungeheure Raum*. Roman. Stuttgart, 1982.
Cunard, Nancy, *These Were the Hours: Memories of My Hours Press*, Reanville and Paris, 1928-1931. Carbondale, 1969.
Dies., *Negro: An Anthology*. [1934]. Herausgegeben und gekürzt von Hugh Ford. New York, 1970.
Dies., *Nancy Cunards Negro*. Herausgegeben von Karl Bruckmaier. Hamburg, 2020.
Desmond, Jane C. (Hg.), *Meaning in Motion: New Cultural Studies of Dance*. Durham, 1997.
Douglas, Ann, *Terrible Honesty*. [1995], London, 1996.
Fass, Paula S., *The Damned and the Beautiful: American Youth in the 1920s*. New York, 1977.
Fielding, Daphne, *Emerald and Nancy*. London, 1968.
Fitzgerald, F. Scott, *Diesseits vom Paradies*. Zürich, 2007.
Ders., *Flappers and Philosophers*. [1920], Rockville, 2009.
Ders., *The Beautiful and Damned*. [1922], London, 1966.
Ders., *Der große Gatsby*. Roman. Berlin, 2012.
Ders., *Tender is the Night*. [1934], London, 1997.
Fitzgerald, Zelda, *Ein Walzer für mich*. Zürich, 2013.
Flanner, Janet, *Paris Was Yesterday*. London, 2003.
Ford, Hugh (Hg.), *Nancy Cunard*. London, 1968.
Ders., *Four Lives in Paris*. San Francisco, 1991.
Garafola, Lynn, *Diaghilev's Ballets Russes*. New York, 1989.
Glendinning, Victoria, *Edith Sitwell: A Unicorn Among Lions*. New York, 1981.
Gordon, Lois, *Nancy Cunard: Heiress, Muse and Political Icon*. New York, 2007.

Gottlieb, Robert, *Sarah: The Life of Sarah Bernhardt*. New Haven, 2010.
Haney, Lynn, *Naked at the Feast: A Biography of Josephine Baker*. London, 1981.
Hemingway, Ernest, *Paris – ein Fest fürs Leben*. Hamburg, 1965.
Huxley, Aldous, *Narrenreigen*. München, 1985.
Ders., *Parallelen der Liebe*. München, 1993.
Israel, Lee, *Miss Tallulah Bankhead*. London, 1972.
Jackson, Jeffrey H., *Making Jazz French: Music and Modern Life in Interwar Paris*. Durham, 2003.
Jules-Rosette, Bennetta, *Josephine Baker in Art and Life: The Icon and the Image*. Urbana und Chicago, 2007.
Kurth, Peter, *Isadora: A Sensational Life*. London, 2002.
Lawrence, D.H., *Aaron's Rod*. [1922], Harmondsworth, 1950.
Lempicka-Foxall, Kizette de/Phillips, Charles, *Passion by Design: The Art and Times of Tamara de Lempicka*. Oxford, 1987.
Lobenthal, Joel, *Tallulah! The Life and Times of a Leading Lady*. London, 2004.
Mackrell, Judith, *Bloomsbury Ballerina: Lydia Lopokova, Imperial Dancer and Mrs John Maynard Keynes*. London, 2008.
Dies., *Der unvollendete Palazzo. Liebe, Leidenschaft und Kunst in Venedig*. Berlin, 2019.
Marlow, Joyce (Hg.), *The Virgo Book of Women and the Great War*. London, 1999.
Meade, Marion, *Bobbed Hair and Bathtub Gin*. New York, 2004.
Mellow, James R., *Invented Lives: F. Scott and Zelda Fitzgerald*. Boston, 1984.
Milford, Nancy, *Zelda Fitzgerald*. [1970], Harmondsworth, 1974.
Dies., *Zelda. Die Biographie des amerikanischen Traumpaares Zelda und F. Scott Fitzgerald*. München, 1987.
Moore, Lucy, *Anything Goes: A Biography of the Roaring Twenties*. London, 2009.
Murray, Nicholas, *Aldous Huxley: An English Intellectual*. London, 2002.
Nicholson, Virginia, *Among the Bohemians: Experiments in Living 1900–1939*. London, 2003.
Dies., *Singled Out*. London, 2008.
Nicolson, Juliet, *The Perfect Summer. Dancing into Shadow in 1911*. [2006], London, 2007.
Dies., *The Great Silence*. London, 2009.

Norwich, John Julius (Hg.), *The Duff Cooper Diaries*. London, 2005.
O'Keeffe, Paul, *Some Sort of Genius: A Life of Wyndham Lewis*. London, 2000.
Paris, Barry, *Louise Brooks: A Biography*. Minneapolis, 2000.
Penck, Stefanie, *Tamara de Lempicka*. München, 2004.
Picardie, Justine, *Coco Chanel: The Legend and the Life*. London, 2010.
Reynolds, Michael S., *Hemingway: The Paris Years*. New York, 1999.
Richardson, John, *A Life of Picasso*, Bd. 3. London, 2007.
Rodriguez-Hunter, Suzanne, *Found Meals of the Lost Generation: Recipes and Anecdotes from 1920's Paris*. London, 1994.
Roojen, Pepin van, *Art Deco Fashion*. Amsterdam, 2007.
Rose, Phyllis, *Josephine Baker oder Wie eine Frau die Welt erobert. Eine Biographie*. Wien und Darmstadt, 1990.
Ryersson, Scot D./Yaccarino, Michael Orlando, *Infinite Variety: The Life and Legend of the Marchesa Casati*. New York, 1997.
Sauvage, Marcel, *Les Mémoires de Joséphine Baker*. Paris, 1949.
Schanke, Robert A., *That Furious Lesbian: The Story of Mercedes Acosta*. Carbondale, 2003.
Showalter, Elaine, *Daughters of Decadence: Stories by Women Writers of the Fin-de-Siecle*. London, 1993.
Souhami, Diana, *Gertrude und Alice: Gertrude Stein und Alice B. Toklas*. München, 1994.
Stein, Gertrude, *Autobiographie von Alice B. Toklas*. Zürich und Hamburg, 2006.
Dies., *Paris, Frankreich*. Frankfurt, 2008.
Stenn, David, *Clara Bow: Runnin' Wild*. [1998], New York, 2000.
Taylor, D.J., *Bright Young People: The Rise and Fall of a Generation 1918-1940*. London, 2007.
Troy, Nancy J., *Modernism and the Decorative Arts in France: Art Nouveau to Le Corbusier*. New Haven, 1991.
Vaill, Amanda, *Everybody Was So Young: Gerald and Sara Murphy: A Lost Generation Love Story*. Boston, 1998.
Wilhelm, J.J., *Ezra Pound in London and Paris 1908-1925*. University Park, 2008.
Wineapple, Brenda, *Genêt: A Biography of Janet Flanner*. London, 1989.
Zeitz, Joshua, *Flapper: A Madcap Story of Sex, Style, Celebrity, and the Women Who Made America Modern*. New York, 2007.
Ziegler, Philip, *Diana Cooper*. [1981], Harmondsworth, 1983.

DANKSAGUNG

Den Folgenden danke ich für die großzügige Erlaubnis, aus veröffentlichten und unveröffentlichten Werken zu zitieren: der Felicity Bryan Literary Agency und John Julius Norwich bzw. The Estates of Lady Diana Cooper und Duff Cooper für Auszüge aus *Durable Fire: the Letters of Duff and Diana Cooper*, herausgegeben von Artemis Cooper, Auswahl © Artemis Cooper 1983; *The Rainbow Comes and Goes, The Autobiography of Lady Diana Cooper* © The Estate of Lady Diana Cooper 1958; *The Duff Cooper Diaries 1915–1951*, herausgegeben und eingeleitet von John Julius Norwich © 2005; der Cooper Square Press für Auszüge aus *Josephine Baker: The Hungry Heart* von Jean-Claude Baker und Chris Chase; der Aurum Press für Auszüge aus *Tallulah! The Life and Times of a Leading Lady* von Joel Lobenthal; Random House für Auszüge aus *Save me the Waltz* von Zelda Fitzgerald; Gollancz für Auszüge aus *Tallulah: My Autobiography* von Tallulah Bankhead; Scribner & Sons für Auszüge aus Werken von F. Scott Fitzgerald und aus Briefen von Scott und Zelda Fitzgerald; dem Harry Ransom Center für Auszüge aus den persönlichen Unterlagen von Nancy Cunard; The Estate of T.S. Eliot und Faber & Faber Ltd. für Auszüge aus *The Waste Land*; The Estate of Tamara de Lempicka für Auszüge aus *Passion by Design: the Art und Times of Tamara de Lempicka* von Kizette de Lempicka-Foxall und Charles Phillips © 2013 Tamara Art Heritage, Museum Masters NYC.

Neben den Biografen und Historikern, auf deren Vorarbeit

ich mich stützen konnte und deren Werke in der Bibliografie verzeichnet sind, möchte ich all jenen danken, die mich beim Schreiben und bei der Veröffentlichung dieses Buches freigiebig mit Rat und Hilfe unterstützt haben.

Gillian Darley und Michael Horowitz sowie Kate und Paul Bogan gewährten mir ihre wunderbare Gastfreundschaft; an vielen meiner Freunde konnte ich meine Ideen ausprobieren, besonders Debra Craine hat mir durch kritische Lektüre und Kommentierung im frühen Manuskriptstadium viel geholfen.

Großer Dank geht an meine hervorragende Lektorin Georgina Morley – immer präzise, humorvoll und herausfordernd –, aber natürlich auch an das gesamte Team von Macmillan einschließlich der geduldigen Herstellungsleiterin Tania Wilde und der sorgfältigen Korrektorin Shauna Barlett. Und wieder einmal ein dickes Dankeschön an meine Agentin Clare Alexander für ihren treuen Beistand.

Dazu natürlich, wie immer, alles Liebe an meine Familie.

Judith Mackrell, Januar 2013

Abbildungsnachweise

akg-images, Berlin: Abb. 16

bpk, Berlin: 6 (Curtis Moffat/Victoria and Albert Museum, London)

Bridgeman Images, Berlin: 15 (Archives Charmet/Private Collection); 30 (Stefano Bianchetti); 24 (CSU Archives/Everett Collection/RexFeatures); 13 (Fine Art Images); 7 (The Stapleton Collection/© Wyndham Lewis Memorial Trust)

Condé Nast, New York: 11 (© Cecil Beaton Archive)

ddp images, Hamburg: 5 (Estate of Bertram Park/Camera Press)

Getty Images, München: 1 (APIC); 26 (Bettmann); 12 (d'Ora/Imagno); 17 (Hulton Archive); 14 (Imagno); 10 (Keystone-France/Gamma-Keystone); 27 (Mondadori); 18 (NBC Television); 20, 21, 22, 33 (Popperfoto); 2, 3, 29 (Topical Press Agency); 4 (Topical Press Agency/Hulton Archive); 32 (Roger Viollet/Lipnitzki); 31 (Walery)

National Portrait Gallery, London: 19 (© Estate of Paul Tanqueray)

Princeton University Library: 23, 25 (Department of Rare Books and Special Collections/F. Scott Fitzgerald Papers, Manuscripts Division/ Harold Ober Associates)

Separate Cinema Archive: 28 (John D. Kisch)

The Harry Ransom Center, University of Texas at Austin: 9 (Barbara Ker-Seymer); 8 (Bertram Park)

PERSONENREGISTER

D

N

O

P